NOTIZEN

Die Schriftenreihe des Instituts für Kulturanthropologie und Europäische Ethnologie der Universität Frankfurt am Main

Band 28: Oktober 1988  F.M.-Druck, 6367 Karben

# Kulturkontakt Kulturkonflikt

Zur Erfahrung des Fremden

26. Deutscher Volkskundekongreß
in Frankfurt vom 28. September bis 2. Oktober 1987

Herausgegeben
von
Ina-Maria Greverus
Konrad Köstlin
Heinz Schilling

Teil 2

Redaktion, Computer–Satz und Gestaltung:
Elke–Nicole Kappus
Cornelia Rohe
Sven Sauter
Heinz Schilling
Marietta Schult
Hermann Tertilt
Katja Werthmann

Linotype–Satz: Sylvia Müller

Illustrationen: Karin Dreyer

Titelfotos: Tomke Böhnisch, Thomas Ludwig, Sven Sauter

Copyright © 1988 Institut für Kulturanthropologie und
Europäische Ethnologie, Frankfurt/Main

CIP-Titelaufnahme der Deutschen Bibliothek

**Kulturkontakt, Kulturkonflikt** : zur Erfahrung d. Fremden / 26. Dt. Volkskundekongress in Frankfurt vom 28. September - 2. Oktober 1987. [Inst. für Kulturanthropologie u. Europ. Ethnologie d. Univ. Frankfurt am Main]. Hrsg. von Ina-Maria Greverus ... - Frankfurt am Main : Inst. für Kulturanthropologie u. Europ. Ethnologie.
 (Notizen / Institut für Kulturanthropologie und Europäische Ethnologie der Universität Frankfurt am Main ; Bd. 28)
 ISBN 3-923992-26-2
NE: Greverus, Ina-Maria [Hrsg.]; Deutscher Volkskunde-Kongress <26, 1987, Frankfurt, Main>; Institut für Kulturanthropologie und Europäische Ethnologie <Frankfurt, Main>: Notizen

Teil 2 (1988)

# Inhalt

*Band 2:*

**Arbeitsgruppe 4: Fremde Kultur als Muster für Alternativkulturen und soziale Bewegungen**

*Sabine Künsting und Gisela Welz*
Fremde Kultur als Muster für Alternativkulturen und soziale Bewegungen ... 403

*Andreas Bruck*
Kulturenvergleich zur Kulturkritik.
Wege und Probleme der Nutzung fremder Kulturen, analysiert am Beispiel
der Ehe- und Sexualreformbestrebungen um die Jahrhundertwende ... 411

*Erika Haindl*
Im Schatten des Lebensbaums die ganze Gesundheit wiederfinden.
Ganzheitliche Gesundheit als Phänomen ausbalancierter Kräfte ... 421

*Projektgruppe Frankfurt*
Urbanität und Spiritualität: Die Konvergenz von eigener und
fremder Kultur in den Raumaneignungen der "New Age"–Bewegung ... 435

*Cillie Rentmeister*
Frauenwelten – fern, vergangen, fremd?
Die Matriarchatsdebatte und die Neue Frauenbewegung ... 443

*Volker Hamann und Barbara Wolbert*
"Brücke zwischen zwei Welten" und "Zwischenfeld zwischen den Kulturen".
Vorstellungen zu kulturellen Übernahmen aus Afrika
in der deutschen Alternativkultur ... 461

*Hannelore Vögele*
Anders leben lernen. Veränderte Lebenspraxis ehemaliger
Entwicklungshelfer am Beispiel der "Lernwerkstatt" ... 471

*Gabriele Speckels*
Naturkost: Geschmack am Fremden ... 479

*Lothar Voigt*
Der Punk im Alltag ... 483

**Arbeitsgruppe 5: Medien und Kulturkontakt**

*Rolf Wilhelm Brednich*
Medien und Kulturkontakt — 489

*Andreas Hartmann*
Reisen und Aufschreiben 1795. Die Rolle der Aufschreibsysteme
in der Darstellung des Fremden — 499

*Peter Mesenhöller*
"Wenig über das Thier erhaben". Zum Bild der Maori
in den populären Medien des frühen 19. Jahrhunderts — 507

*Hartwig Gebhardt*
Kollektive Erlebnisse. Zum Anteil der illustrierten Zeitschriften
im 19. Jahrhundert an der Erfahrung des Fremden — 517

*Thomas Theye*
Vergessene Schränke. Fotosammlungen des 19. Jahrhunderts
in deutschen Völkerkundemuseen — 545

*Brigitta Hauser–Schäublin*
Die Rolle der Völkerkundemuseen bei der Vermittlung von Fremdbildern — 555

*Ansgar Häfner*
Das Kinder– und Jugendbuch als Träger und Vermittler von Fremdbildern — 563

*Herbert Jost*
Möglichkeiten und Grenzen der Darstellung
fremder Lebensweisen im Fernsehen — 571

*Dirk Sager*
Bilder von den Russen. Erfahrungen als Auslandskorrespondent — 575

*Rolf Wilhelm Brednich*
Medien und Kulturkontakt. Zusammenfassung der Diskussion
in der Arbeitsgruppe 5 — 579


**Arbeitsgruppe 6: Eigene Fremde**

*Heinz Schilling*
Eigene Fremde oder: Die Chance des Fremden, fremd zu bleiben — 585

*Heinz Schilling*
Vertraut und unbekannt. Fremdheitserfahrungen im eigenen Land — 591

*Mathilde Schulte–Haller*
Die Schweiz und ihre Fremden. Die Rolle der nationalen Identität
im Umgang mit dem Fremden — 603

*Ueli Gyr*
Binnenmobilität und interkulturelles Alltagsverhalten — 613

*Katharina Steffen*
Die Schweiz aus der Ferne. Ein Land zwischen Babylon,
terrain vague und Garten Eden .......... 623

*Hans–Achim Schubert*
Entfremdung in der eigenen Gesellschaft oder "eigene Fremde" .......... 637

*Roderich Feldes*
Das Knopfgießersyndrom. Psychische Klimaveränderungen in einem Dorf .......... 643

*Signe Seiler*
"Wir sind hier, um euch zu beschützen".
PCS to Germany (permanent change of station) .......... 655

*Mechthild Weß–de Velásquez*
Ein Ausländerprojekt als Erfahrungsprozeß .......... 665

*Beatrice Ploch, Susanne Raschke–Ostermann und Hermann Tertilt*
Eigene Fremde jenseits der Grenze .......... 673

**Die Exkursionen: Fremdes in der Nähe sehen**

*Kristin Koch, Regina Römhild und Cornelia Rohe*
Stadtgeschichte und Identitätsmanagment.
Aspekte aktueller Architekturrezeption in Frankfurt .......... 689

*Erika Haindl*
Dorferneuerung – ten years after. Exkursion nach Waldamorbach .......... 703

**Anhang**

Autorenverzeichnis .......... 713

Sach– und Ortsregister .......... 717

Literaturverzeichnis .......... 725

Arbeitsgruppe 4
# Fremde Kultur als Muster für Alternativkulturen und soziale Bewegungen

*Sabine Künsting und Gisela Welz*

# Fremde Kultur als Muster für Alternativkulturen und soziale Bewegungen

*Wir haben das, was die Primitiven besitzen – ein unmittelbares und weitverzweigtes Gefühl für die Person und ... eine existentielle Menschlichkeit – in großem Umfang verloren. Genau dies muß die Zivilisation selektiv in sich aufnehmen (Diamond 1976, 128).*

Das Thema unseres Arbeitskreises bezieht sich auf kulturelle Innovationen der Alternativbewegung in westlichen Industrieländern, die auf fremde Kulturen als Vorbild zurückgreifen. "Fremde Kultur" heißt in diesem Zusammenhang nicht nur die für uns exotisch erscheinende Lebensweise der von Diamond angesprochenen sogenannten "Primitiven", sondern insgesamt fremde Kulturen, was auch die eigene, vielleicht mythisch verklärte Vergangenheit meinen kann.

In unserer eigenen Gesellschaft hat sich seit den sechziger Jahren eine Bewegung etabliert, die – aus unterschiedlichen kulturellen Quellen schöpfend – ihren eigenen Weg in der gestaltenden Konstruktion eines "neuen Alltags" sieht. Diese Alternativbewegung ist anzusehen als vorerst letzte Station in einer Reihe von zivilisationskritischen sozialen Bewegungen, die sich in den westlichen Industriegesellschaften spätestens seit dem 19. Jahrhundert entwickelt haben.

In den Referatsbeiträgen der Arbeitsgruppe werden zwar nur einzelne Ausschnitte der Alternativbewegung dargestellt. Diese Beispiele dokumentieren aber das breite Spektrum gegenwärtiger kollektiver Handlungsentwürfe und historischer Gegenmodelle. So beschreiben Barbara Wolbert und Volker Hamann eine städtische Subkultur, die sich künstlerisch–ästhetisch an afrikanischen Vorbildern orientiert. Erika Haindl bezieht sich auf Heilungspraktiken und -vorstellungen jenseits der Schulmedizin, die für die Alternativbewegung Relevanz gewonnen haben. Die veränderte Lebenspraxis von zurückgekehrten Entwicklungshelfern, die aus ihren Erfahrungen in der Dritten Welt Konsequenzen ziehen für ihren Alltag in der eigenen Gesellschaft, ist Thema des Beitrags von Hannelore Vögele. Cilie Rentmeister geht auf die Matriarchatsdebatte in der Neuen Frauenbewegung ein. Vertreterinnen einer studentischen Projektgruppe vom Frankfurter Institut für Kulturanthropologie und Europäische Ethnologie berichten aus der städtischen New Age–Szene. Andreas Bruck schließlich analysiert die Lebensreformbewegung.

Diese Beispiele illustrieren, daß der Vorbildcharakter fremder Kulturen sich darin manifestieren kann, daß ihre wirtschaftlich–technologischen, politischen und sozialen Einrichtungen sowie ihre sinngebende Weltsicht als Muster für die Konstruktion eigener kultureller Alternativen dienen. Dabei kommt es nicht selten zu einem selektiven Herausgreifen einzelner Kulturelemente, die kreativ überformt und synkretistisch kombiniert werden.

## Gegenbild und Vorbild:
### Fremde Kulturen in westlichen Denktraditionen

*Die Figur des Guten Wilden ist so alt, wie die Geschichte der europäischen überseeischen Entdeckungen selbst. Schilderungen der physischen Erscheinungsform und der naturgemäßen*

*Lebensweise der Völker der Neuen Welt, die sie als in einem Zustand der Fülle und der Sorglosigkeit, der Tugendhaftigkeit, der Unschuld und des Friedens lebend erscheinen lassen, finden sich bereits in den Berichten der ersten Entdecker (Kohl 1983, 12).*

In dieser Aussage von Karl–Heinz Kohl klingt bereits an, was Stanley Diamond meint, wenn er von der Idee des Primitiven als einem Konstrukt spricht (Diamond 1976, 61). Dieses Konstrukt ist zu verstehen als Resultat einer Geschichte des Kulturkontaktes und einer Suche nach Erfüllung von Bedürfnissen, die in der eigenen Gesellschaft nicht befriedigt werden. Wie sich der Zugewinn an Kenntnissen über fremde Lebensformen und die Unzufriedenheit in der eigenen Kultur gegenseitig befruchten und in einer Zivilisationskritik münden, schlüsselt Urs Bitterli in seiner Studie "Die 'Wilden' und die 'Zivilisierten'. Grundzüge einer Geistes– und Kulturgeschichte der europäisch–überseeischen Begegnung." (1976) historisch auf. Am Beispiel des Indianerbildes seit den frühen Eroberern entwickelt Karl–Heinz Kohl, welchen Stellenwert der "Wilde" im philosophischen Diskurs der Aufklärung gewinnt, und beschließt seine Analyse mit der Darstellung des Rousseau'schen "homme naturel", wobei Rousseau nicht – wie seine Vorgänger – die "Wilden" als einen idealen Urzustand der Menschheit setzt, sondern vielmehr auf ethnographisches Wissen über fremde Kulturen zurückgreift, um sein Bild des "Natürlichen Menschen" zu konstruieren. Die Besonderheit dieses Modells besteht darin, daß es die primitiven Kulturen bereits als geschichtlich geprägt begreift (Kohl 1983, 193).

Daß jede fremde Kultur ein Resultat adaptiver und kreativer Auseinandersetzungen mit der räumlichen und sozialen Umwelt darstellt, tritt bei gegenwärtigen Autoren, die Stammesgesellschaften als zivilisationskritische Gegenbilder beschreiben, tendenziell in den Hintergrund: Die "Primitiven" haben ein respektvolles Verhältnis zur Natur bewahrt, wir hingegen haben es verloren. Sie haben sich ein enges, befriedigendes Gemeinschaftsleben erhalten, wir jedoch haben uns von dieser Lebensform entfernt. Für die "Primitiven" ist das Heilige ein Teil des Alltagslebens, aber dies gilt nicht mehr für uns (Marcus/Fischer 1986, 129). Wenn Diamond von *den* primitiven Gesellschaften oder sogar von *dem* Primitiven spricht, setzt er sich – obwohl seine Thesen offenbar aus dem Vergleich konkreter Stammeskulturen gewonnen sind – dem Vorwurf der Pauschalisierung und Idealisierung aus. Diamonds "Kritik der Zivilisation" erschien im Original 1974 und ist somit einzuordnen in denjenigen zeitlichen Rahmen, in dem sich auch die Alternativbewegung entwickelte. Für die Alternativbewegung wurde das Gegenbild des Primitiven zum Vorbild. Die polarisierende Kraft, die von solchen Vereinfachungen ausgeht, äußert sich in einer Dichotomie von verteufelter Zivilisation und idealisierter Nicht–Zivilisation. Obwohl gerade diese Dichotomisierung den Vorbildcharakter der fremden Kulturen unterstreichen soll, geraten diese dadurch nur allzuleicht zu "Projektionsflächen des in der eigenen Gesellschaft Unterdrückten und Verdrängten" (Kohl 1983, 19), was wiederum die Chance, sie zu Ansatzpunkten der Kreation neuer bedürfnisgerechter Systeme zu machen, verringert.

Betrachtet man nun den Prozeß, in dem fremde Kulturen tatsächlich zum Vorbild für gegenkulturelle Lebensentwürfe in Vergangenheit und Gegenwart werden, kommt über die Idealisierung des Fremden hinaus zusätzlich ein selektives Prinzip zum Tragen. Dieses selektive Prinzip wirkt auf zwei Ebenen. Einmal werden nur bestimmte Kulturen als Vorbilder gewählt. Es sind typischerweise die gleichen Kulturen, die schon im Zusammenhang mit der Vorstellungskonstruktion des Guten Wilden als Gegenbilder zur Zivilisation herangezogen wurden, nämlich die Kulturen des Pazifik sowie Nord– und Südamerikas. Zwar bezieht man sich neuerdings auf afrikanische Kulturen, aber auch hier beschränkt sich die Auswahl auf "typische" Stammeskulturen mit Gemeinwirtschaft, einem hohen Grad an kultureller Integration, gemeinschaftlicher traditionaler Führerschaft, einer in den Alltag integrierten

Ökonomie und einer Denkweise, die "ihrem Wesen nach konkret, existentiell und nominalistisch innerhalb eines personalistischen Kontexts" ist (Diamond 1976, 104). Zum zweiten werden aus diesen Kulturen nur bestimmte Elemente zur Übernahme herausselektiert. Die neuen Lebensentwürfe berücksichtigen nur diejenigen Aspekte fremder Kulturen, die eine positive Lösung des in der eigenen Gesellschaft problematisierten Mangels anbieten. Das wird bei allen Beispielen deutlich, die die Referenten der Arbeitsgruppe vorstellen. Besonders herausgearbeitet wird der Prozeß der Selektion fremder Kulturelemente und ihres Einbaus in das eigene Gegenmodell von Andreas Bruck. Anhand von Ehe- und Sexualreformversuchen in der Lebensreformbewegung thematisiert er, wie fremdkulturelle Elemente im Übernahmeprozeß eine Veränderung und Umwertung erfuhren, und stellt auch die Frage nach der dahinterstehenden Intentionalität, die sich im mit der Wirklichkeit der Bewegung zu vergleichenden Anspruch äußert.

**Binnenexotik und Nostalgie:**
**Auf der Suche nach dem einfachen Leben in der eigenen Vergangenheit**
Dem Ausgriff auf die fremde Kultur entspricht der Rückgriff in die Vergangenheit der eigenen Kultur.
Angeregt vor allem durch die jüngsten Ausprägungen kultureller Wiederbelebungsprozesse zum Beispiel im Umkreis der "Grünen" kristallisiert sich immer deutlicher die Umwertung des Folklorismus von einer eher peinlichen Volkstümelei zu einer spezifischen Form kultureller Reaktion heraus (Bodemann 1983, 103).
Während Ulrike Bodemann den Folklorismus erst für die allerjüngste Zeit als spezifische Form kultureller Reaktion verstanden wissen möchte, konstatiert Hermann Bausinger historisierende Tendenzen in der Volkskultur im Sinne eines "Aufsuchens und Ausgrabens des Vergangenen" (Bausinger 1986b, 98) schon für das 19. Jahrhundert. Was sich im vergangenen Jahrhundert – nicht zuletzt durch das Wirken der Volkskunde – als Bauernromantik manifestierte, stellt sich im 20. Jahrhundert als komplexer Mechanismus der Historisierung dar, der sowohl auf möglicherweise fiktive Muster der Vergangenheit zurückgreifen kann als auch gegenwärtig vorhandene Muster historisch zu begründen sucht (Bausinger 1986b, 125).
Hier wird schon deutlich, was Ulrike Bodemann dann als die besondere "Folklorisierbarkeit" von Traditionen bezeichnet, die "regional, historisch oder auch funktional in Randpositionen zurückgedrängt sind, so daß sie freigemacht werden können für die Einbettung in neue Funktionszusammenhänge", und die "das Merkmal der öffentlichen Inszenierbarkeit" (Bodemann 1983, 106) tragen. Zwar wird hier ein ähnliches Prinzip der Selektivität sichtbar, wie es sich bereits im Ausgriff auf fremde Kulturen zeigte, aber damit ist noch keine Erklärung gefunden für eine solche Anleihe bei der eigenen Vergangenheit. Bezieht diese Rückwendung ihren Antrieb letztlich – ebenso wie die mit dem Bild fremder Kulturen operierende Zivilisationskritik – aus der Unzufriedenheit mit den Angeboten der gegenwärtigen Kultur?
Wenn man die Erklärungsmodelle der "nostalgischen Reaktion" (Greverus 1979, 174) und des "Nativismus" (Mühlmann 1961; Linton 1964) heranzieht, läßt sich diese Frage positiv beantworten. Beide Bewältigungsstrategien reagieren auf gesellschaftliche Krisen, in denen individuelle ebenso wie kollektive Identitätsverluste erfolgt sind oder zumindest befürchtet werden. Während die nostalgische Reaktion aber eher eine "Flucht in die Vergangenheit" (Greverus 1979, 174) ist, die eine kreative Nutzbarmachung von historischen Kulturmustern für gegenwärtige Lebensentwürfe weitgehend ausschließt, meint Nativismus soziale Bewegungen, in denen nicht nur Vergangenes wiederbelebt wird, sondern gestaltend eingebaut wird in neue kulturelle Konstruktionen.

Die nostalgische Fluchtreaktion und die nativistische Neukonstruktion lassen sich aber nicht so eindeutig trennen, betrachtet man Beispiele gegenkultureller Bewegungen, wie etwa die Jugendbewegung zu Anfang dieses Jahrhunderts, deren historisierende Auswahl von Liedgut im 1908 erstmals herausgegebenen "Zupfgeigenhansel" Hermann Bausinger analysiert hat (Bausinger 1986b, 102 ff.). Gleiches gilt für aktuelle gegenkulturelle Ansätze wie die Landbewegung Westeuropas, die von einer idealisierenden Verklärung des Bauern, des Dorfes und des Landlebens gespeist wird. Im Versuch, ein solches Leben selbst aufzubauen, scheitern diese Projekte nicht selten gerade an ihren falschen Vorstellungen von noch vorhandener Identität und noch intakter Harmonie von Mensch und Umwelt auf dem Lande. Solche Rückgriffe müssen aber nicht zwangsläufig scheitern. In ihrem Beitrag über alternative medizinische Praktiken stellt Erika Haindl die These auf, daß verdrängte Kenntnisse über Heilungsmöglichkeiten den Gesundheitserfordernissen des Menschen in Industriegesellschaften u.U. besser gerecht werden als die Schulmedizin. Dabei bezieht sich das Streben nach "ganzheitlicher Gesundheit" im Rahmen der Alternativbewegung aber nicht nur auf die Volksmedizin des eigenen Kulturbereichs, sondern versucht, sie mit den Konzepten und Therapieansätzen fremder Kulturen zu verküpfen.

**Neukombination und Synkretismus:**
**Wie kulturelle Anleihen in die Nehmergesellschaft eingeführt werden.**
Die Alternativbewegung kombiniert Elemente aus fremden Kulturen selektiv mit Traditionen der eigenen Kultur und strebt deren synkretistische Verschmelzung an. Der anthropologische Begriff des Synkretismus beschränkt sich nicht auf religöse Phänomene, sondern ist auf die Neukonstruktion kultureller Systeme insgesamt übertragbar. Diskrepanzen zwischen Bedürfnissen und Angeboten zu ihrer Erfüllung, die durch Krisen in tradierten kulturellen Systemen auftreten können, sind häufig Anlaß zu solchen Neukonstruktionen. Voraussetzung für die synkretistische Gestaltung neuer bedürfnisgerechterer Ordnungen ist der Kontakt und die Kommunikation zwischen Kulturen. Gerade im Zusammenhang mit jugendlichen Subkulturen weist Ina–Maria Greverus darauf hin, daß eine solche "Möglichkeit der integrativen Aneignung fremder und konträrer Welten ... erst auf Grund unserer gegenwärtigen kommunikativen Reichweite und der Durchlässigkeit regionaler, ethnischer und sozialer Schranken" (Greverus 1978, 153 f.) entstanden ist.
Die gegenwärtige Schrankenlosigkeit des fremdkulturellen Zugriffs zeigt sich vor allem im Tourismus und in der Medienberichterstattung. Anregungen unterschiedlichster Herkunft können so in unser Blickfeld geraten und von Subkulturen aufgegriffen werden. Dann, wenn im Ursprungskontext "fundamental verankerte" Kulturelemente aber übernommen werden in Zusammenhänge, mit denen sie nur bedingt kompatibel sind, können hieraus Gefahren für die Nehmergesellschaft entstehen. Ein Beispiel ist die Übernahme von in Lateinamerika kulturell integrierten psychoaktiven und halluzinogenen Drogen in westliche Industriegesellschaften mit den bekannten Konsequenzen der Unfähigkeit des geregelten Umgangs mit der Droge und des resultierenden Gesundheitsverlusts sowie des Abgleitens der Drogenkonsumenten in die Illegalität (Deltgen 1987).
Wenn auch der Umgang mit fremden Kulturelementen in Normalfall keine solchen dramatischen Risiken birgt, so ist die Einpassung von Mustern, die aus fremden Kontexten herausgelöst worden sind, grundsätzlich problematisch. Am Beispiel der "New Age"–Bewegung im großstädtischen Milieu spricht eine Projektgruppe des Frankfurter Instituts für Kulturanthropologie und Europäische Ethnologie diese Frage an. Der Werkstattbericht aus der laufenden Forschung versucht zu klären, ob die vielfältigen Gruppen und Lehr– bzw. Therapieangebote der "spirituellen Szene" lediglich eine wilde Collage (Greverus 1976) von im

Grunde nicht zu vereinbaren den Anregungen unterschiedlichster Herkunft darstellen, oder ob hier tatsächlich Modelle von kultureller Tragfähigkeit geschaffen werden. Überprüfbar wird diese kulturelle Tragfähigkeit vor allem an konkreten Raumaneignungen in der städtischen Umwelt.

**Die Anthropologie als Vermittlerin von Kenntnissen über fremde Kulturen**

Wenn die Alternativbewegung fremde Kulturen nicht nur als "zufällige und präformierte Fluchtangebote" (Greverus 1978, 153) aufgreift, sondern von ihnen lernen will, ganzheitliche und sinnvolle kulturelle Konstruktionen zu schaffen, dann fällt der Anthropologie als Vermittlerin des Wissens über fremde Kulturen eine besondere Rolle zu. Diamond schreibt dazu:

> *Es handelt sich nicht und kann sich auch nicht um die Frage handeln, primitive Formen auf zivilisierte Strukturen aufzupropfen und auch nicht darum, sich in die primitive Vergangenheit "zurückzuziehen". Es geht nicht um die Frage, ein verlorenes Paradies oder den Adel der Wildheit wiederzugewinnen, die in der Form wie ihre Verfechter dies darstellen, nie existiert haben. Das Problem, und dies bleibt das zentrale Problem der Anthropologie, besteht darin, zeitgenössische Formen entwerfen zu helfen, die den Menschen mit seiner Geschichte wiedervereinigen, den Primitiven mit dem Zivilisierten versöhnen; es geht darum, den Fortschritt ohne Verzerrung theoretisch möglich zu machen oder uns zumindest in die Lage zu versetzen, die Eigenschaften zu erfahren, die primitive Völker im Alltag aufweisen (Diamond 1976, 129).*

Die Anthropologie stellt das Angebot an fremden Kulturmustern bereit, aus dem die Versuche der Gestaltung eines neuen Alltagslebens schöpfen. Sie verdeutlicht, daß andere Lebensformen neben der eigenen existieren. Ethnographien fächern einen Markt der Möglichkeiten auf, aus dem sich Subkulturen, die nach Lösungen für spezifische Probleme suchen, ihre Modelle zusammenstellen können. Eine wichtige Bezugsquelle dieser Art sind für die bundesrepublikanische Alternativbewegung diejenigen Verlage, in deren Programmen ethnographische Darstellungen der Lebensweise "exotischer" Gruppen mit zunehmender Häufigkeit auftauchen.

Die Rolle des Anthropologen als Entdecker und Anbieter eines kombinatorischen Potentials, das im Alltagsleben fremder Völker zu lokalisieren ist, wird insbesondere auch von George Marcus und Michael Fischer in ihrem 1986 erschienen Buch "Anthropology as Cultural Critique" thematisiert. Sie schreiben, daß Ethnographien die vielfältigen Möglichkeiten, die in der empirischen Realität existieren, ausgraben und durch die Veröffentlichung als kulturelle Alternativen anbieten. Kulturkritische Anthropologie kann und darf sich aber nicht in der reinen Bereitstellung fremdkultureller Anregungen und Vorbilder erschöpfen, denn: "Anthropology is not the mindless collection of the exotic, but the use of cultural richness for self–reflection and self–growth" (Marcus/Fischer 1986, IX). Den Gedanken, daß Anthropologie die Nutzbarmachung kultureller Reichhaltigkeit zum Zweck der Reflexion über die eigene Kultur und zu ihrer emanzipatorischen Weiterentwicklung sein sollte, drückt auch Stanley Diamond in einem 1982 unter dem Titel "Was wir von den primitiven Gesellschaften lernen können – und lernen müssen" veröffentlichten Interview aus (Diamond 1982). Die Kritische Anthropologie, zu deren Vertretern Diamond zu rechnen ist, bemüht sich also auch darum, die Richtung eines Kulturwandels zu bestimmen, der sich nicht in parallel zur "herrschenden Kultur" existierenden Alternativen erschöpft, sondern die westliche Zivilisation insgesamt verändert.

**Diskussion**
Wenn geklärt werden soll, welche Chancen für die Gestaltung eines "neuen Alltags" der Umgang mit fremdkulturellen Lebensweisen bietet, muß die Diskussion zwangsläufig die Ebene verlassen, auf der verallgemeinernd von der Alternativbewegung und von der fremden Kultur gesprochen wird. Es muß der Heterogenität der Alternativbewegung ebenso Rechnung getragen werden wie der Vielfalt der Kulturen, aus denen Gegenmodelle bezogen werden. Damit stellen sich zwei Fragen:
Welche Gruppen und Ansätze, die zur Alternativbewegung zu zählen sind, setzen bevorzugt Anregungen aus fremden Kulturen um?
Und welche fremden Kulturen haben Lösungen für die spezifischen Probleme der westlichen industriellen bzw. postindustriellen Gesellschaften anzubieten?

Mit einer differenzierten Beschreibung der zivilisationskritischen "Nehmer"–Seite, der die fremdkulturellen Gruppen gegenüberstehen, die – mehr oder minder unfreiwillig – zum Reservoir alternativer Strategien gemacht werden, ist es aber nicht getan. Vielmehr muß Bedeutung und Wirkung des innovativen Potentials der westlichen Alternativbewegung einer kritischen Analyse unterzogen werden. Handelt es sich wirklich um die Einleitung eines langfristigen und positiven Kulturwandels, oder sind diese neuen kulturellen Bastelein lediglich die utopischen Projektionen einer kleinen Minderheit?

**Diskussionsbericht der Arbeitsgruppe 4**
Welche Teile der sehr heterogenen Alternativbewegung setzen bevorzugt Anregungen aus fremden Kulturen um? Diese erste von drei diskussionsleitenden Fragen nach denjenigen Gruppen und Strömungen innerhalb der gegenkulturellen Alternativbewegung, die besonders stark auf fremde Kulturen als Vorbilder zurückgreifen, wurde im Gespräch der Arbeitsgruppenteilnehmer nur andiskutiert. Die vielfältigen Beispiele der Referenten – aus Frauenbewegung, Lebensreform, Punk–Subkultur und "New Age"–Bewegung, über "Neues Heilen" und "bewußte Ernährung" bis hin zu den Lebenskonzepten zurückgekehrter Entwicklungshelfer und afrikanisch inspirierter Tänzerinnen – dokumentierten und illustrierten das breite Spektrum solcher Ansätze aber ausreichend.
Das Gegenstück zum ersten Diskussionspunkt, nämlich die Frage danach, welche Kulturen bevorzugt als Vorbilder herangezogen werden, wurde im Gespräch demgegenüber kritisch aufgegriffen und zugespitzt formuliert: "Haben fremde Kulturen denn überhaupt Lösungsstrategien für die Probleme der westlichen industriellen bzw. postindustriellen Gesellschaften anzubieten?" Sich hier äußernde Zweifel an der Richtigkeit der Annahme, daß fremdkulturelle Angebote und Anregungen die eigene Kultur positiv transformieren können, gaben der Diskussion um Kohärenz und Permanenz der aus verschiedensten Quellen schöpfenden alternativen Kultur–Collagen besondere Brisanz. Hieran wurde ein Bruch in der Gruppe der Diskutierenden deutlich: diejenigen unter ihnen, die selbst fremdkulturelle Wirklichkeitsmodelle im eigenen Alltagsleben umsetzen, erklärten solche Zweifel von vorneherein als nichtig. Andere dagegen bemühten sich, durch Schlagworte wie "Austauschbarkeit der fremdkulturellen Anreger", "Beliebigkeit der Auswahl" und schließlich "Manipulation" die kulturelle Tragfähigkeit synkretistischer Neukombinationen grundsätzlich in Frage zu stellen.
Dementsprechend nahm dann die Problematisierung von Übernahmeprozessen einen breiten Raum in der Diskussion ein: die Unvereinbarkeit fremder und eigener Kulturmuster kam dabei ebenso zur Sprache wie die im Zusammenhang mit der Alternativbewegung

immer wieder zu erwähnenden Kommerzialisierungsmechanismen. Die hinter den fremdkulturellen Anleihen stehenden nicht befriedigten Bedürfnisse, die ja Auslöser der Suche nach anderen, alternativen Möglichkeiten sind, wurden leider kaum thematisiert.
Als Resümee stellte die Arbeitsgruppe nicht ohne Bedauern fest, daß sich für jene interkulturellen Lernprozesse der schöpferischen Kulturverflechtung, wie sie der Plenarvortrag von Sabine Künsting und Gisela Welz programmatisch beschrieben hatte, nur wenige erfolgreiche Beispiele finden lassen.

*Andreas Bruck*

# Kulturenvergleich zur Kulturkritik
**Wege und Probleme der Nutzung fremder Kulturen, analysiert am Beispiel der Ehe– und Sexualreformbestrebungen um die Jahrhundertwende**

### 1. Einleitung
In unserer Arbeitsgruppe wollen wir uns mit der Nutzung und den Nutzungsmöglichkeiten "fremder" Kultur(en) zur Kritik der eigenen Kultur und zum Erfinden, Erproben oder Durchsetzen von Handlungsalternativen beschäftigen. Uns geht es also nicht um die vorhandenen oder historischen fremden bzw. alternativen Kulturen und deren Merkmale, sondern allein um die Beziehungen zwischen diesem Eigenen (Alternativkultur) und dem Fremden. Grafisch verdeutlicht geht es nicht um die beiden Kästchen, sondern um den Pfeil:

Unser Ziel muß daher das Herausfinden von Strategien und Techniken, Problemen und Lösungen, Möglichkeiten und Grenzen solcher Anleihen sein, und zwar als Grundlage für positive praktische Veränderung unserer eigenen Gesellschaft (was müssen wir bedenken, wenn wir fremde Kultur als Anreger nutzen wollen?), nicht um der analysierten Beispiele willen!

Deshalb dürfen im Vordergrund unserer Diskussion nicht die fremden und/oder die eigenen Kulturen, auch nicht die jeweiligen Fallbeispiele stehen, sondern nur die in und an diesen Fällen erkennbare Form der Beziehung, d.h. die Art und Weise des Einsatzes der fremden Kultur.

Diese Wege und Probleme der Nutzung fremder Kultur habe ich hier am Beispiel der Ehe– und Sexualreformbestrebungen um die Jahrhundertwende analysiert, die im weitesten Sinne der "Lebensreformbewegung" zugerechnet werden können (vgl. Frecot u.a. 1972, 51). Den Ausschnitt Ehe und Sexualität habe ich ausgewählt, weil er ein immer noch und immer wieder problematischer Lebensbereich ist und zu einem meiner Arbeitsschwerpunkte (sexuelle Geschlechterbeziehungen und ihre Probleme, vgl. Bruck 1985a; 1988) gehört. Zum Betrachten des Beispiels Lebensreformbewegung hat mich ihre historische Bedeutung (auch für die heutigen alternativen Bewegungen; vgl. Conti 1984; Krabbe 1974; Raschke 1985; Spitzer 1983; Wintersberger 1986) angeregt, die ich in einer Veranstaltung von Helmut Möller am Seminar für Volkskunde der Universität Göttingen kennenlernte.

Nun scheint die Analyse von fremdkulturellen Einflüssen für bestimmte Kulturen generell durch folgendes Untersuchungsproblem erschwert zu sein: Anregungen oder Anleihen aus anderen Kulturen werden selten und wenn, dann eher dürftig expliziert, sie sind auch den Aufgreifern gar nicht immer bewußt. Bei einem historischen Beispiel (wie meinem) wird diese Untersuchungssituation zusätzlich erschwert, weil sogar wahrscheinliche oder augenscheinliche Nutzungen selbst mit umfangreichem und differenziertem Quellenstudium oft nicht exakt zu beweisen sind. Die Folge ist, daß ich nur bei wenigen Ehe- und Sexualreformern deutliche "Außenbeziehungen" zu anderen Kulturen gefunden habe, obwohl ich sehr viele Dokumente (meist programmatischer Natur) durchgesehen habe. Bei Berücksichtigung unseres allgemeinen Interesses (Nutzung fremder Kultur, nicht Lebensreform!) und unserer Arbeitsgruppenaufgabe (Herausarbeiten von Formen, nicht Beschreiben von Fällen!) reicht das gefundene Material aber für einen fruchtbaren Beitrag aus.

Die Ziele meines Referates sind – wie meine Auffassung von der Aufgabe unserer Arbeitsgruppe – weitgehend durch die Einsicht bestimmt, daß es derzeit in den empirischen Kulturwissenschaften nicht an Fallbeschreibungen, sondern an theoretischer bzw. theoriebildender Aufarbeitung fehlt (vgl. Künsting u.a. 1987). Auch weil ich der erste Referent bin, möchte ich deshalb einige allgemeine Grundlagen und Bausteine zur Theoriebildung in der Arbeitsgruppe einführen und zur Diskussion stellen. Und ich möchte dadurch zugleich die Wichtigkeit und Fruchtbarkeit theoriebildenden Fallauswertens (auch historischer Ereignisse) demonstrieren und damit dazu anregen, im Sinne einer pragmatisch orientierten und verantwortungsbewußten Forschung, weniger Daten zu sammeln, sondern mehr Theorien zu bilden, d.h. vor allem nach Lösungen für lebenspraktische Probleme zu suchen.

Entsprechend ist mein Vorgehen: Ich werde zunächst die erforderlichen sachlichen, begrifflichen und terminologischen Grundlagen einführen, darauf aufbauend dann die an meinem Fallbeispiel erkennbare Nutzung und Nutzungsmöglichkeit der fremden Kultur(en) erörtern und abschließend einige wichtige der dabei auftretenden Probleme anschneiden.

## 2. Grundlagen
### 2.1 Alternativkultur und Alternativbewegung

Die von mir betrachteten Ehe- und Sexualreformer der Jahrhundertwende fordern oder propagieren Monogamie (vgl. Meisel-Hess 1916), eine Verstärkung der geschlechtsspezifischen Rollen- und Arbeitsteilung in der Ehe (vgl. Nordau 1884), Ehe- und Sexualität als Mittel der Rassenauswahl und Rassenförderung oder die Abgeschlossenheit der Frauen, weil diese "das Glück und die Ruhe der Ehe" fördere (vgl. Paungarten 1913, 111). Das sind nun nicht gerade die Programme, an die wir denken, wenn wir von "Alternativkultur" oder "Alternativbewegung" sprechen. Habe ich also ein falsches Fallbeispiel ausgesucht? Ich denke nein: Wir dürfen zum einen das Wort "Alternativbewegung" nicht nur auf eine bestimmte soziale Bewegung in einem spezifischen historischen und situativen Kontext anwenden; auch in anderen Zeiten und Räumen gab und gibt es (Bemühungen um) "Alternativen" zur herrschenden Kultur. Und wir dürfen zum anderen "alternativ" nicht – wie manchmal geschehen – automatisch mit "fortschrittlich" oder "verbessernd" gleichsetzen. Systematisch betrachtet sollte jede im Vergleich zu einer existierenden andere Kultur eine "Alternativkultur" genannt werden, und zwar unabhängig von der Anzahl ihrer Vertreter (es gibt also nicht nur [sub]-sozietäre, sondern auch personelle Alternativkulturen), von der Qualität und Quantität der Veränderung, und unabhängig davon, ob sie "progressiv", "regressiv", "reaktionär", "reformerisch", "revolutionär" usw. ist. Dabei kann eine Alternativkultur im Vergleich zur Ausgangskultur (auf die sie immer zu beziehen ist) Subkultur, Superkultur oder Juxtakultur sein. Eine "Alternativbewegung" sollte dann jede (Menge von) Alternativkultur(en) genannt werden, die von einer größeren Zahl von Menschen vertreten und/oder praktiziert wird.

In diesem Sinne waren die Bestrebungen um eine Ehe- und Sexualreform um die Jahrhundertwende Alternativkultur und (zum Teil) Alternativbewegung, insofern ist mein Beispiel also passend!

## 2.2 Kulturelle Theorie und kulturelle Praxis

Einer der auch heute noch bekanntesten Lebensreformer, Hugo Höppener (besser bekannt als Fidus), propagierte freie Liebesgemeinschaften ohne "Spießerehelichkeit" und "falsche Gattentreue", ohne aber diese Utopien selbst verwirklichen zu können (vgl. Spitzer 1983, 36 f.; Hermand 1972, 79 ff.; Frecot u.a. 1972, 49 ff. und 216 ff.). Dieses Beispiel macht (wie beliebig andere) deutlich, daß wir es im Zusammenhang mit Alternativkultur(en) mit zwei verschiedenen und nicht immer direkt verknüpften Ebenen zu tun haben:

1) Einer Ebene der Ideale, Utopien, Wünsche, Vorschläge, Regeln, Normen usw. Diese möchte ich die "kulturelle Theorie" nennen.

2) Einer Ebene der Umsetzung, Anwendung, Praktizierung usw. dieser kulturellen Theorie. Diese soll die "kulturelle Praxis" heißen.

"Alternative Kultur" kann sich also sowohl auf die kulturelle Theorie als auch auf die kulturelle Praxis beziehen. Wie das Beispiel Fidus zeigt, und wie es gerade bei den Ehe- und Sexualreformbestrebungen häufig der Fall war, muß keine automatische Übereinstimmung zwischen der (erhofften) kulturellen Theorie und der (verwirklichten) kulturellen Praxis bestehen. Eine solche ist offensichtlich auch umso unwahrscheinlicher, je weniger angemessen die alternative Theorie existierende biotische, biokulturelle und kulturelle Erfordernisse berücksichtigt, je utopischer sie ist. Hier zeigt sich auch eines der Probleme und eine der Grenzen des kulturenvergleichenden Suchens nach fremdkulturellen Lösungen für eigene Probleme (s. genauer in 4.).

## 2.3 Die eigene und die fremde Kultur

Unser Thema ist das Aufnehmen und/oder Übernehmen "fremder" Kultur. Mit "Kultur" bezeichne ich hier ganz systematisch alle nicht genetischen und nicht vererbten (sondern tradierten) Innovationen (vgl. Rudolph und Tschohl 1977, 111). Das ist relativ unproblematisch. Offen bleibt dann aber die unseren Kongreß (mit-)charakterisierende Frage: Was heißt in diesem Zusammenhang "fremd"? Ohne hier eine erschöpfende Differenzierung anbieten zu können, zeigen sich in den von mir analysierten Fällen doch mindestens drei Dimensionen von Fremdheit, die wir unterscheiden und berücksichtigen sollten. Diese Dimensionen sind:

*"Fremd 1" = "unbekannt".*
Alles, was wir (noch) nicht kennen, ist uns in diesem Sinne fremd. Zu den fremden Kulturen dieser Art gehören alle historischen, über die wir keine Kenntnisse mehr haben, aber auch diejenigen, deren Ethnografien wir noch nicht gelesen haben. Die Ehe- und Sexualreformer um die Jahrhundertwende haben bei ihren Suchen nach Alternativen diesen immensen Fundus an unbekannt-fremden Kulturen offensichtlich relativ wenig ausgeschöpft. Diese Art von Fremdheit finden wir vor allem im zeit- oder raumgreifenden Kulturenvergleich über Sozietätsgrenzen hinweg.

*"Fremd 2" = "nicht praktiziert".*
In einer anderen Bedeutung sind uns fremd alle Dinge, Ereignisse, Regeln usw., die uns zwar bekannt sind, die wir aber nicht selber praktizieren. Dazu gehören beispielsweise von unseren eigenen abweichende Partnerschafts- und Sexualverhalten unserer Nach-

barn, Freunde oder Kinder. Diese Art von Fremdheit finden wir – weil sie Kenntnis voraussetzt – vor allem innerhalb unserer eigenen Sozietät.

*"Fremd 3" = "schlecht".*
Viele können sich auch mit dem, was sie selber praktizieren, nicht identifizieren. Sie empfinden also auch eigene, bekannte Verhaltensweisen oder Einstellungen als irgendwie "fremd". Fremd in diesem Sinne ist das, was ich "schlecht" finde, "negativ" bewerte. Beispiele hierfür sind im Zusammenhang meines Falles die eigene (Un–)Treue, eigene Eifersucht oder eigene Verklemmtheit, die – obwohl bekannt und praktiziert – als in dieser Art "fremd" beurteilt wird. Diese Art von Fremdheit finden wir (und fanden offensichtlich viele Ehe– und Sexualreformer) sehr häufig innerhalb unserer eigenen, personalen kulturellen Theorie und Praxis.

Werden diese Dimensionen miteinander verknüpft, so ergibt sich eine vielfältige Matrix von unterschiedlichen Arten von Fremdheit. Bei der Betrachtung dieser verschiedenen Arten fremder Kultur(en) müssen wir zudem die beiden grundsätzlichen Beziehungsebenen berücksichtigen: Fremd kann uns sein

a) eine Gesamtkultur oder ein Kulturelement und/oder
b) eine kulturelle Praxis und/oder eine kulturelle Theorie.

### 3. Nutzungsmöglichkeiten der fremden Kultur
#### 3.1 Der Prozeß der Einführung von Alternativen

Wenn wir uns mit den fremdkulturellen Einflüssen beim Einführen von Alternativen zu einer bestehenden Kultur beschäftigen wollen, müssen wir zunächst auch noch klären, wie solche Innovationen ablaufen und wo dabei die fremde Kultur genutzt wird und genutzt werden kann. Das Einführen einer alternativen Kultur ist immer ein funktionaler Prozeß (vgl. Bruck 1985b, 79 ff.), der mehrere Erfordernisse hat und entsprechend aus mehreren Schritten besteht. Hintergrund jeder Kulturkritik und Einführung von Neuerungen ist ein grundlegendes funktionales Erfordernis menschlicher Existenz: der Wunsch nach Zufriedenheit mit der eigenen kulturellen Theorie und Praxis.

1) Auslöser für die Suche nach Alternativen zur herrschenden Kultur ist dann immer eine Unzufriedenheit (mit der kulturellen Theorie und/oder der kulturellen Praxis), die Nichterfüllung dieses Zufriedenheitserfordernisses. Also eine diagnostische Kritik der herrschenden Kultur. So kritisiert zum Beispiel August Bebel die Theorie der Ehe in seiner Zeit als eine Zwangstheorie ("Zwangsehe"), weil sie – vor allem für Frauen – die einzige "moralische" und gesellschaftlich sanktionierte Verbindung der Geschlechter sei (Bebel in Paungarten 1913, 4 ff.). Hingegen wehrt sich der Kulturkritiker Max Nordau gegen die kulturelle Praxis: Die monogame Ehe habe ihre "sittliche Weihe", ihre "anthropologische Berechtigung" und ihren Inhalt aufgrund der wirtschaftlichen Organisation (Egoismus als Grundlage) und der christlichen Sexualmoral (die antisexuell sei) vollständig verloren (Nordau 1884, 315 ff.). Hier ist dann auch die erste Einsatzmöglichkeit für fremde Kulturen: Ihre Kenntnis kann die Kulturkritik auslösen, anregen oder präzisieren.

2) Wenn die herrschende Kultur als unzureichend oder ungünstig bewertet worden ist und an diesem Zustand etwas geändert werden soll, ist das zweite Erfordernisse die Suche nach und Entscheidung von Alternativen. Auch und vor allem hier ist der Kul-

turenvergleich ein besonders geeignetes und deshalb häufig wenigstens implizit oder unbewußt genutztes Mittel. Die Ehe- und Sexualreformer haben dieses - abgesehen vom Vergleich mit ihren eigenen Fremd-3-Kulturen - allerdings recht zurückhaltend genutzt.

3) Weil zum einen die eigene Kultur niemals in toto kritisiert wird und verändert werden soll und weil zum anderen fremde Kulturen nicht einfach komplett übernommen werden können, ist das nächste Erfordernis das Aufgreifen der ausgewählten oder erfundenden Alternativen und der Einbau dieser neuen Kulturelemente in eine alternative kulturelle Theorie (die therapeutische Kulturkritik). Deshalb entwickelt Bebel neue Regeln, Normen und Ideale; deshalb beschreibt Nordau neue Durchsetzungs- oder Anwendungstheorien für die existierenden Ehe- und Sexualtheorien. Werden Elemente aus fremden Kulturen aufgegriffen und in eine alternative kulturelle Theorie eingebaut, so schlage ich vor, im Zusammenhang unseres Themas vom "Aufnehmen" fremder Kultur zu sprechen.

4) Wie ich gleich noch verdeutlichen werde, ist es mit dem Entwickeln einer neuen kulturellen Theorie noch nicht getan. Wenn der Vielzahl mehr oder weniger utopischer kultureller Theorien nicht nur eine weitere hinzugefügt werden soll, wenn also auch die kulturelle Praxis verändert werden soll, dann ist das vierte (und letzte) Erfordernis das Umsetzen der neuen (alternativen) kulturellen Theorie (der Kulturkritik) in die kulturelle Praxis. Damit haben - wie angedeutet - insbesondere die Ehe- und Sexualreformer um die Jahrhundertwende ihre Probleme gehabt. Werden nun Elemente aus fremden Kulturen aufgegriffen und in einer alternativen kulturellen Praxis eingesetzt, dann schlage ich vor, im Zusammenhang unseres Themas vom "Übernehmen" fremder Kultur zu sprechen.

Wie das Beispiel der ja bis heute andauerden Bemühungen um eine Veränderung der (nicht nur sexuellen) Beziehungen zwischen den Geschlechtern verdeutlicht, handelt es sich beim Einführen von alternativen Kulturen um einen oft mehr oder weniger kontinuierlichen und dabei nicht immer vollständigen Prozeß, der in einer Art Spirale, d.h. auf dem Vorhandenen aufbauend, Unzufriedenheiten mit der kulturellen Theorie und/oder Praxis zu beseitigen sucht - ohne immer Erfolg haben zu müssen.

### 3.2 Der Kulturenvergleich als Mittel

Eine Beziehung zwischen einer eigenen und einer fremden Kultur wird, unabhängig von der jeweiligen Absicht, immer durch einen Kulturenvergleich hergestellt. Dieser ist deshalb auch das zentrale Mittel bei der Nutzung fremder Kultur(en) für eigene kulturelle Veränderungen. Dabei gibt es zwei Grundmöglichkeiten: den direkten, persönlichen Kulturkontakt und den indirekten, medial vermittelten Kulturkontakt. Die Ehe- und Sexualreformer um die Jahrhundertwende haben sich des Kulturenvergleichs explizit oder mindestens implizit von Anfang an bedient. Sie wußten oder konnten aufgrund des verbreiteten Wissens zur Kenntnis nehmen, daß andere Ethnien Polygamie (genauer: fast immer Polygynie) erlaubten und/oder praktizierten, daß sie teilweise außereheliche Beziehungen zuließen, daß sie andere Schambegriffe und -grenzen hatten, daß sie andere sexuelle Techniken und Befriedigungsformen nutzten usw. Dabei haben sie den Kulturenvergleich vor allem für drei verschiedene Zwecke eingesetzt: Erstens als Auslöser für die diagnostische Kulturkritik, zweitens als Fundgrube für neue Lösungen (die therapeutische Kulturkritik) und drittens als "Beweis", als positives oder negatives "Vorbild" für eigene Ideen. (Sie haben übrigens nicht nur intraspezifisch Kulturen verglichen, sondern in ähnlicher Weise auch Speziesvergleiche genutzt, vgl. beispielsweise Anita Augspurg in Dohm u.a. 1911, 19 ff., Fidus in Paungarten 1913, 17 ff. oder Sigurd Ipsen in Paungarten 1913, 42 ff. Darauf gehe ich hier jedoch nicht weiter ein.)

*3.2.1 Die fremde Kultur als Auslöser der Kulturkritik*
Auslösend oder mitauslösend für die diagnostische Kulturkritik und die Suche nach Alternativen ist fremde Kultur – wenn ich meine Fälle betrachte – wohl vor allem, wenn sie aus eigener Anschauung (direktem Kulturkontakt) gekannt wird, nicht so sehr, wenn diese Kenntnis aus zweiter oder dritter Hand stammt. Ein Beispiel hierfür ist Hermann Vambéry:

> *Nachdem ich viele Jahre meines Lebens mit Orientalen im langen und regen Verkehr gestanden, und sozusagen Türke, Perser und Tartare geworden bin, so kann ich Ihnen mit ziemlicher Genauigkeit meine Beobachtungen bezüglich des Eheleben jenes Teiles der Menschheit mitteilen. Im allgemeinen ist das Eheverhältnis in Asien, namentlich im moslimischen Osten, ein glücklicheres und mehr stabiles, als bei uns in Europa (Vambéry in Paungarten 1913, 111).*

Es folgen fünf Gründe und die propagierende Bestätigung der besseren Qualität dieser kulturellen Praxis und Theorie.

Auslösend ist aber offensichtlich oft auch ein Widerspruch zwischen eigenen Begehren oder Bedürfnissen, zum Beispiel zwischen dem Wunsch nach freierer und ungezwungener Sexualität (als "eigener" Kultur) und der offiziell geforderten Moral, den sozietär-kulturellen Normen (als "fremder" Kultur – im Sinne von "fremd 3"). Es gibt also mindestens zwei Möglichkeiten, durch Kulturenvergleich Kulturkritik auszulösen:

  a) Eine "besser" bewertete kulturelle Theorie oder Praxis (positives Muster) kann als erstrebenswertes Vorbild gesehen werden oder
  b) eine "schlechter" angesehene kulturelle Theorie oder Praxis (negatives Muster) kann den Versuch auslösen, diese abgelehnte Kultur zu verändern.

*3.2.2 Die fremde Kultur als Fundgrube für neue Lösungen*
Daß fremde Kulturen ein – wenigstens auf den ersten Blick, d.h. ohne Berücksichtigung der Umsetzungsprobleme (s.u. 4.6) – idealer Fundus für die Suche nach alternativen Lösungen existierender Probleme sind, haben auch einige der Ehe- und Sexualreformer erkannt. So bezieht sich z.B. August Bebel ausführlich auf Morgan, Bachofen, Bastian, Ellis u.a. Berichterstatter über "exotische" Kulturen, berücksichtigt er nicht nur außereuropäische, sondern auch historische Formen bei uns. Er kommt dadurch zu der Erkenntnis, daß es Frauen schon einmal besser ging und daß es bessere Eheformen gibt oder gab und zieht daraus folgende Konsequenz:

> *Da alle diese unnatürlichen, vorzugsweise der Frau schädlichen Zustände im Wesen der bürgerlichen Gesellschaft begründet sind und mit der Dauer ihres Bestandes sich steigern, so erweist sich dieselbe als unfähig, diese Übel zu heben und die Frau zu befreien. Es ist also hierzu eine andere gesellschaftliche Ordnung nötig (Bebel 1985, 181).*

Und in Anlehnung an Morgan und Bachofen: "Und jetzt erhält auch die Frau die aktive Rolle wieder, die sie einst in der Urgesellschaft innehatte, aber nicht als Herrin, sondern als Gleichberechtigte" (Bebel 1985, 426).

*3.2.3 Die fremde Kultur als Vorbild oder Beweismittel*
Für mich besonders interessant (weil so krass nicht erwartet) war die weitgehende Beliebigkeit, mit der fremde Kulturen augenscheinlich als Beweismittel zur Untermauerung eigener

Interessen genutzt werden. So geht z.B. von Ehrenfels nach dem Schema "fremde Kultur als Positivmuster" vor: "Naturvölker" sind polygyn. Das "Natürliche" ist das Gute. Also ist Polygynie die "sittliche Form" der Ehe. Im Original:

> Die Polygynie ist bisher zweifellos die weitaus vorherrschende Begattungsart beim Menschen gewesen. Die ungefähr zwanzig Jahrhunderte, seit welchen die Monogamie als mehr oder weniger befolgte sittliche Forderung aufgestellt wird, wiegen gering gegen die ungezählten Jahrtausende der Herrschaft der Polygynie, für welche die im Rivalitätskampf um die Frauen allmählich herangezüchteten Eigentümlichkeiten der Konstitution des Mannes – seine im Vergleich zur Frau grösseren Körperdimensionen, seine grössere Kraft, der Bartwuchs, – endlich seine um zwei Jahrzehnte länger währende Zeugungsfähigkeit (sukzessive Polygynie!) – ein unwiderlegliches Zeugnis abgeben. Sowie die tatsächlich vorherrschende, ist aber die Polygynie auch zweifellos die für den Menschen einzig gesund natürliche Art des Sexuallebens (Ehrenfels 1907, 12 f., gekürzt!).

Aber es geht auch genau andersherum, d.h. nach dem Schema "fremde Kultur als Negativmuster": Andere Sozietäten oder Kulturen sind polygyn. Diese sind aber weniger entwickelt. Also ist Polygynie kein anzustrebendes Vorbild. So argumentiert Kügelgen: "Vielehe gelang nur bei weniger hoher Persönlichkeitsentwicklung, etwa bei den Türken und den Chinesen mit ihrer anders eingestellten Kultur" (Kügelgen 1925, 135).

### 4. Probleme beim Nutzen der fremden Kulturen

Meine Analyse der Versuche einer Veränderung der Ehe und der Sexualbeziehungen hat deutlich gezeigt, daß es – zum Teil erhebliche – Probleme beim Nutzen fremder Kulturen zur innovativen Veränderung der eigenen gibt. In meinem Fall waren die Schwierigkeiten beim Suchen und Auswählen sowie beim Übernehmen am größten. Das Aufnehmen, also das Einbauen in eine alternative kulturelle Theorie, bereitete demgegenüber deutlich weniger Probleme. Das dürfte verallgemeinerbar sein. Diese Probleme sind für uns besonders interessant, weil sie unsere Diskussion praxisbezogener machen können: vor allem durch eine genaue Analyse der Nutzungsprobleme können wir die Möglichkeiten und Grenzen zukünftiger Anwendungen des Kulturenvergleichs als Mittel zur diagnostischen wie therapeutischen Kulturkritik besser abschätzen.

### 4.1 Das Wissensproblem

Um überhaupt fremde Kultur als Vorbild oder Anregung nutzen zu können, ist – eine epistemische Selbstverständlichkeit – Wissen erforderlich. Dieses kann aus eigener Anschauung oder (vorwiegend) aus zweiter, dritter usw. Hand (allen Medien) stammen. In globaler Perspektive ist Sexualität ethnografisch zwar nicht optimal, aber doch ausreichend erforscht, um Anregungen zu erhalten. Eheliche Geschlechterbeziehungen sind vergleichsweise sehr genau und differenziert untersucht und beschrieben. Das für einen kulturkritischen Kulturenvergleich erforderliche Wissen ist also (und war um die Jahrhundertwende) vorhanden. Es muß(te) nur genutzt werden. Und hier zeigt sich ein zweiter, nicht zu unterschätzender Aspekt des Wissensproblems. Es reicht nicht, Kenntnisse zu haben oder zur Verfügung zu stellen, sie müssen auch genutzt werden. Dies war bei den Ehe- und Sexualreformern offensichtlich nicht immer der Fall. Sie haben zumindest das ethnografische Material nicht ausschöpfend genutzt – vielleicht auch, weil sie (realistisch) die doch eher geringen Auf- und Übernahmechancen vieler Lösungen sahen?

## 4.2 Das Richtigkeitsproblem

Das beim Entwickeln eigener Alternativen zugrundegelegte Wissen über fremde Kulturen erweist sich nicht immer als zutreffend. So schreibt z.B. Max Nordau zu dem Hinweis, bei Naturvölkern werde die Ehe nicht anders geschlossen als bei uns:

> *Auf diesen Einwand ist zu erwidern, daß die nicht auf Liebe, sondern auf Selbstsucht und Herkommen gegründete Ehe aus anthropologischen Ursachen bei Naturvölkern nicht dieselben schlimmen Folgen hat wie bei Kulturnationen. Innerhalb primitiver Völker sind die Individuen leiblich und geistig wenig differenziert. Bei allen Männern wie bei allen Weibern herrscht die Stammesart vor, während eine Eigenart gar nicht vorhanden oder nur im Keim angedeutet ist. Alle Individuen sind wie in einer einzigen Form gegossen und einander zum Verwechseln ähnlich; alle haben als Zuchtmaterial ungefähr den gleichen Werth. Da braucht dann der Paarung keine Zuchtwahl voranzugehen; ihr Ergebniß wird ungefähr dasselbe sein, die Eltern mögen sich wie immer zusammengefunden haben (Nordau 1884, 317).*

Das aber stimmt so nicht, sondern ist der (auch heute noch verbreitete) falsche Rückschluß aus den vielfach unzutreffend homogenisierenden Darstellungen in Ethnografien.

In diesem Zusammenhang stellt sich jedoch die Frage, die wir vielleicht noch genauer diskutieren sollten: Ist Richtigkeit des Wissens über die genutzte fremde Kultur überhaupt erforderlich? Es geht ja nicht um die fremde Kultur, sondern um die Veränderung der eigenen. Und die Angemessenheit einer kulturellen Lösung für unsere Probleme entscheidet sich nur und ausschließlich in der Anwendung bei uns, wobei es egal ist, ob die übernommene Lösung in der fremden Kultur so vorkommt und praktiziert wird oder nicht. Wir haben es hier also mit einer weiteren Beliebigkeit (vgl. oben 3.2.3) zu tun, die es beispielsweise auch erlaubt, fiktive fremde Kulturen erfolgreich als Anreger oder Vorbild zu nutzen (wie es im Fall wirklich innovativer Kultur–Neuerfindung ja immer der Fall ist!).

## 4.3 Das Bewertungsproblem

Auch die Einsicht in die kulturelle Verbreitung einer kulturellen Regelung muß nicht immer zur Nachahmung und Übernahme anregen. So erkennt beispielsweise Nordau aufgrund seines Spezies– wie Kulturenvergleichs: "Der Mensch ist thatsächlich kein monogamisches Thier" (Nordau 1884, 359), sieht er, "daß die Monogamie kein natürlicher Zustand des Menschen ist" (Nordau in Paungarten 1884, 351). Und:

> *Ferner aber gibt es doch zu denken, daß die Gesittung, der die Bezähmung anderer Instinkte gelungen ist, thatsächlich nie dahin gelangte, den polygamischen Instinkt zu unterdrücken, trotzdem die Kirche ihn mit Höllenstrafen bedrohte, das Gesetz ihn verdammte, die officielle Moral ihn für unsittlich erklärte (Nordau 1884, 365).*

Aber: trotz dieser Einsichten fordert und propagiert er doch die Monogamie, weil sie Bedürfnis und Schutz für das Kind und Bürgschaft für die Frau sei. Außerdem: "der polygamische Instinkt kann wie jeder andere Trieb diszipliniert werden" (Nordau in Paungarten 1913, 73). Daraus folgt: Das Wissen um das Funktionieren und die große Verbreitung einer kulturellen Lösung für spezifische Probleme impliziert nicht automatisch auch die Auf– oder Übernahme dieser fremden Lösung. Sie muß positiv bewertet und akzeptiert werden, wozu u.U. – gerade im Bereich der Geschlechterbeziehungen – tiefsitzende eigene Abneigungen zu überwinden sind.

## 4.4 Das Auswahlproblem

Jedem, der seine eigene Kultur mit Lösungen aus fremden Kulturen verbessern will, stellt sich das große Problem: Welche der fremdkulturellen Angebote oder Muster kann und sollte ich nehmen? Um zu verdeutlichen, daß sich dieses Problem auf mehreren Ebenen stellt, möchte ich als Beispiel die Vielfalt der alternativen Angebote der Ehe– und Sexualreformer um die Jahrhundertwende anführen. Diese propagierten nämlich recht Unterschiedliches: Monogamie oder Polygamie, Treue bis freie Liebe, Gleichberechtigung zwischen Mann und Frau bis klare Geschlechtsdifferenzen, Einfachmoral oder Doppelmoral usw. Was also wählen? Dieses Angebot vergrößert sich selbstverständlich nochmal, wenn ich global alle Eheformen und Arten von (sexuellen) Geschlechterbeziehungen hinzunehme! Hier wären für zukünftige Anwendungen genauere Auswahlkriterien erforderlich, die Ehe- und Sexualreformer gingen da sehr willkürlich vor.

### 4.5 Das Übertragbarkeitsproblem
Ein weiteres zentrales Problem bei der Nutzung fremder Kultur(en) zur Verbesserung der eigenen ist das Übertragbarkeitsproblem. Lebenspraktische Probleme sind ja zum Teil kulturenspezifisch, z.B. die Eheprobleme, die auf die wirtschaftlichen und machtpolitischen Verhältnisse der jeweiligen Sozietät zurückzuführen sind. Diese Spezifizität kann aber auch für die entsprechenden Lösungen gelten, die genauso kulturenspezifisch sein können und vielleicht nur dort wirksam sind, wo sie gefunden wurden. Dadurch gibt es Schwierigkeiten bei der Übertragung kulturenspezifischer Problemlösungen aus fremder in die eigene Kultur. Unter Umständen ist es erforderlich, nicht nur einzelne Kulturelemente zu übernehmen, sondern einen größeren Bereich oder sogar die Gesamtkultur umzugestalten. Einige der Ehe- und Sexualreformer haben dies erkannt und fordern deshalb nicht nur eine Veränderung der Einstellungen und Verhalten zu Ehe und Sexualität, sondern verlangen die Umgestaltung auch der Ursachenbereiche (vgl. Bebel). Aber nicht alle sehen ein Erfordernis, die gesamte Gesellschaft zu ändern; gerade die Lebensreformer im engeren Sinne waren ja vielfach Reformer innerhalb der bürgerlichen Gesellschaft, ohne den revolutionären oder gar anarchistischen Antrieb, den andere hatten. Auch hier gilt also: Es ist genaues Wissen darüber erforderlich und zu beschaffen, ob ein fremdes Kulturelement überhaupt übertragbar ist, was alles zu verändern ist, damit diese Übertragbarkeit funktionieren kann, welche Veränderungen ggf. erforderlich sind usw.

### 4.6 Das Übernahmeproblem
Gerade die Ehe- und Sexualreformer propagierten - freilich nicht nur fremdangeregt - viele Veränderungen und in ihrem Sinne Verbesserungen, sie haben eine Vielzahl "schöner" Theorien als Alternativen zur existierenden Kultur entwickelt, völkisch-reaktionäre bis anarchistisch-revolutionäre. Aber: Diese wurden nicht immer übernommen und wenn, dann eher von einigen wenigen Menschen wirklich in die Lebenspraxis umgesetzt. Dies ist freilich kaum überraschend. Das Problem der Übernahme ist im Zusammenhang der sechs von mir gefundenden Probleme sicherlich das am schwierigsten zu lösende, besonders in einem Bereich, der - wie die (sexuellen) Beziehungen zwischen den Geschlechtern - zum einen stark tabuisiert und irgendwie für "besonders" erachtet und entsprechend behandelt wird und der zum anderen weder ein reines Bio- noch ein reines Kulturphänomen ist, sondern in den besonders schwierigen Bereich des Biokulturellen fällt.

### 5. Fazit
Die erste Einsicht aus meiner Analyse der fremdkulturellen Einflüsse auf die Ehe- und Sexualreformbestrebungen um die Jahrhundertwende kann kaum überraschen: Der Nutzen und die Nutzbarkeit fremder Kultur(en) zum Verbessern der eigenen ist ein äußerst komplexes und kompliziertes Problem, bei dem es viele Möglichkeiten des Scheiterns (vor allem bei zu idealistischen alternativen kulturellen Theorien), aber auch große und eigentlich weitgehend ungenutzte Chancen des Verbesserns gibt.

Die scheinbare Banalität dieser Erkenntnis relativiert sich etwas, wenn wir den Kenntnisstand betrachten. Als Hauptproblem hat sich in meinem Fallbeispiel das Fehlen grundlegender Hintergrundkenntnisse über die allgemeinen wie spezifischen Probleme und Lösungen beim Nutzen fremder Kultur(en) erwiesen. Die Ehe– und Sexualreformer sind (wenn überhaupt) wohl weitgehend ad hoc und unreflektiert vorgegangen, und es sieht so aus, als hätte sich daran auch in anderen sozialen oder alternativen Bewegungen bis heute nicht viel geändert. Auch wegen dieses Kenntnismangels gibt es heute genauso viele wie kurzlebige kulturelle Alternativ–Theorien (mit Aufnahmen aus fremden Kulturen), aber demgegenüber nur bei relativ wenigen Menschen wirklich alternative kulturelle Praxis (mit Übernahmen aus fremden Kulturen).

Eine für die Kulturwissenschaften und damit für die über die Grenzen ihres traditionellen Gegenstandsbereichs hinausblickende Volkskunde genauso lohnende wie pragmatisch wichtige (und damit verantwortbare) Forschungsaufgabe ist deshalb das Erarbeiten von Theorien über die Schwierigkeiten bei der interkulturellen Übertragbarkeit von kulturenspezifischen Lösungen für personelle oder sozietäre Probleme und deren Bewältigung. Vielleicht kann unsere Arbeitsgruppe dazu anregen!

*Erika Haindl*

# Im Schatten des Lebensbaums
# die ganze Gesundheit wiederfinden

**Ganzheitliche Gesundheit als Phänomen ausbalancierter Kräfte**

**1. Subjektive Betroffenheit und Erfahrungen lassen sich bei dem Thema "Gesundheit–Krankheit" nicht gänzlich ausschalten**

Wie objektiv auch immer eine wissenschaftliche Betrachtung gesellschaftlicher Prozesse sein mag, im Falle des Komplexes "Gesundheit – Krankheit" ist niemand zugleich nicht auch subjektiv betroffen. Es ist also schlechterdings unmöglich, subjektive Erfahrungen und Vorstellungen im Zusammenhang mit einer wissenschaftlichen so objektiv wie möglichen Annäherung an das Thema gänzlich auszuschalten. Was immer auch unter dem methodischen Aspekt der Dokumentenanalyse oder der teilnehmenden Beobachtung an wissenschaftlich auswertbarem Material zusammengetragen werden kann, wird schon allein vom Erkenntnisinteresse her auch subjektive Momente erhalten, denn kaum ein Bereich menschlichen Lebens betrifft in gleicher Intensität alle Mitglieder einer Gesellschaft so sehr – und Wissenschaftlerinnen und Wissenschaftler sind ja wohl auch Mitglieder derselben! –, wie die Normen, unter denen Gesundheit und Krankheit gewertet werden.

**2. Die gesellschaftliche Bedeutung von Gesundheit und Krankheit**

Gesundheit und Krankheit sind zwei Bereiche menschlichen Befindens, die als entgegengesetzt erlebt und denen Wertungen wie "gut" und "schlecht" zugeordnet werden.
Ein ständig steigender Anteil des gesellschaftlichen Einkommens fließt in der Bundesrepublik Deutschland in die Erhaltung des einen und die Bekämpfung des anderen Zustandes. Die Ausgaben für die Finanzierung der Volksgesundheit haben inzwischen schwindelnde Höhen erreicht, die langfristig sich als immer unbezahlbarer erweisen (vgl. Scholmer 1984). Wir besitzen als eine der reichsten Industrienationen der Welt eine, zumindest unter fachspezifisch materiellen und infrastrukturellen Aspekten betrachtet, fast perfekt zu nennende medizinische Versorgung. Dieses System ist allerdings nicht gleichzusetzen mit dem tatsächlichen gesundheitlichen Befinden der Bevölkerung. Betrachtet man nämlich Gesundheit als Spiegel individueller und kollektiver mentaler Zustände, wird deutlich, daß wir weit davon entfernt sind, uns als gesund bezeichnen zu können: die Mitglieder der modernen Industriegesellschaften leiden neben neuen, durch Umweltverschmutzungen bedingten Krankheiten, in einem erheblichen Umfang an einem individuellen und kollektiven Sinn–Verlust, der aus einem entfremdeten und u.a. von Stress und Konkurrenzangst geprägten Alltag resultiert (vgl. Mitscherlich/Brocher/v. Merin/Horn 1984). Immer mehr Menschen fühlen sich psychisch krank und nicht mehr im Vollbesitz ihrer Leistungsfähigkeit (vgl. Fromm 1981). Zeitungsartikel mit Titeln wie "Krankheit kostet immer häufiger den Arbeitsplatz" oder "Allergien und Krebs verdrängen klassische Kinderkrankheiten" gehören für uns zu den Informationen, die alltäglich geworden sind.

Hartfiel–Hillmann haben Gesundheit als "allgemeinen Zustand körperlichen und geistigen ('normalen') Wohlbefindens" bezeichnet. Dieses Wohlbefinden könne "jedoch nicht bestimmbar allein nach naturwissenschaftlich–medizinischen Maßstäben" sein. "Gesundheit und Krankheit können letztendlich nur in Abhängigkeit von soziokulturellen Werten und Institutionen definiert werden, die von Gesellschaft zu Gesellschaft ... stark differieren" (Hartfield/Hillmann 1972, 263 f.).

In unserer Gesellschaft wird Krankheit kaum noch als ein Herausgefallen–Sein aus einer immer wieder herzustellenden ganzheitlichen, also physisch–psychischen Balance verstanden (vgl. Dethlefsen 1983), sondern Krankheit wird entsprechend dem vorherrschenden kulturellen Muster, das auf materialistischer Weltsicht und einer konsequent durchgeführten Segmentierung der Lebensvollzüge basiert, fast ausschließlich auf den physisch–materiellen Aspekt verkürzt. So liegt es auch auf der Hand, daß die konsequenteste Kritik des Gesundheitssystems der westlichen Industrie–Gesellschaften von den Kritikern eben dieser gesellschaftlichen Entwicklungen geäußert wurde: von Rudolf Steiner, von Alexander Mitscherlich, von Erich Fromm, von Ivan Illich, um nur einige der prägnantesten Kritiker zu nennen (vgl. Steiner GA 27; Mitscherlich 1984; Fromm 1981; Illich 1984).

### 3. Heteronyme Verwaltungsakte als Ersatz für Mitmenschlichkeit

Gesundheitspflege und Gesundheitswiederherstellung wurden mit steigender Tendenz bis in die Mitte der 70er Jahre umfassend medikalisiert, d.h. die physischen und psychischen Eigenkräfte, die einem ganzheitlichen Menschsein inhärent sind, werden als "organische Fähigkeit zur Lebensbewältigung weitgehend ausgeschaltet" (Illich 1984, 150). Für Illich wurde "Mitmenschlichkeit" als Gegenstand politischer Zielvorstellungen "durch heteronyme Verwaltungsakte ersetzt". Die fortschreitende Zerstörung der sozialen Beziehungsnetze drängt und drängte den Einzelnen mehr und mehr in die soziale Isolation ab und damit wird die soziale Kontrolle als Möglichkeit des Auffangens von Krisensituationen durch eine ehedem dem leidenden Individuum zugeordnete Gruppe ausgeschaltet. Illich bezeichnet die Übernahme der Verantwortung durch eine allbeherrschende Medizin und die damit vollzogene Entmündigung des Menschen in unserem durchrationalisierten Gesundheitssystem als "kulturelle Iatrogenesis":

> *Sie setzt ein, sobald der Medizin–Betrieb den Willen der Menschen schwächt, ihre Realität zu erleiden. Symptom solcher Iatrogenesis ist, daß das Wort "Leiden" inzwischen kaum noch geeignet ist, eine realistische menschliche Reaktion zu bezeichnen ... Die zünftig organisierte Medizin fungiert als allbeherrschendes moralisches Unternehmen, das jegliches Leiden durch industrielle Expansion bekämpfen will. Damit hat sie die Fähigkeit der Menschen zerstört, ihre Realität zu ertragen, ihre Wertvorstellungen zu artikulieren und ihre Unvermeidbarkeit und manchmal Unheilbarkeit von Schmerz und Schwäche, von Verfall und Tod zu akzeptieren (Illich 1984, 150 f.).*

Seelsorgerische Tätigkeiten der Kirchen, etwa in den Krankenhäusern, erfolgen additiv, zu abgehoben vom eigentlichen Krankenhausbetrieb. Eine integrierte gleichzeitige Behandlung der Physis und der Psyche ist in der Bundesrepublik nicht die Norm. Zwar gibt es Ausnahmen, wie etwa die anthroposophischen Krankenhäuser (vgl. Wolff 1977; Bühler 1981), aber der größte Teil der Patienten bleibt mit seinen seelischen Problemen allein. Geistheiler, wie sie etwa in England integriert in vielen Krankenhäusern arbeiten, werden bei uns nach wie vor als Scharlatane angesehen.

Um die komplizierten und immateriellen Beziehungen zwischen den Phänomenen Gesundheit und Krankheit erkennend zu verstehen, ist es eine unabdingbare Voraussetzung, daß

Wechselbeziehungen zwischen Gesundheit und Krankheit als eine der möglichen Ausdrucksformen einer Wechselbeziehung zwischen den betroffenen Menschen und ihren feinstofflichen und numinosen Lebensenergien anerkannt werden, wie es heute noch in vielen außereuropäischen Kulturen der Fall ist (vgl. Ackerknecht 1946, 467 ff.).

Auch unsere europäischen Traditionen haben dem einzelnen Menschen Möglichkeiten gegeben, "um Schmerz erträglich, Krankheit oder Schwäche verstehbar und den Schatten des Todes sinnvoll zu machen" (Illich 1984, 153). Aber, so Illich:

> *die Ideologie, die der moderne kosmopolitische Medizin–Betrieb propagiert, läuft diesen (Möglichkeiten, E.H.) zuwider. Er untergräbt radikal den Fortbestand alter Kulturprogramme und verhindert die Entstehung neuer, die Verhaltensmuster für Selbstbehandlung und Leiden bieten können. Wo immer in der Welt eine Kultur sich medikalisiert, da wird der traditionelle Rahmen der Sitten und Bräuche, die als persönliche Übung, in der Tugend der Hygiene bewußt werden können, zunehmend durch ein mechanisches System, durch einen medizinischen Kodex verdrängt, der von den Individuen verlangt, sich den Anweisungen von Hygiene–Aufpassern zu unterwerfen. Die Medikalisierung ist ein wucherndes bürokratisches Programm, das auf der Leugnung der menschlichen Notwendigkeit beruht, sich mit Schmerz, Tod und Krankheit auseinander zu setzen ... Die medizinische Zivilisation wird geplant und organisiert, um Schmerz abzutöten, Krankheit zu eliminieren und das Bedürfnis nach der Kunst zu leiden und zu sterben, abzuschaffen. Diese zunehmende Verflachung des persönlichen Tugendverhaltens ist ein neues Ziel, das noch nie zuvor Leitlinie des sozialen Lebens war. Leiden, Heilen und Sterben, also wesentlich intransitive Aktivitäten, die Kultur einst jeden einzelnen lehrte, werden heute von der Technokratie als Gegenstände politischen Gerangels beansprucht und als Funktionsfehler behandelt, von denen die Bevölkerung durch Institutionen befreit werden soll (Illich 1984, 155 f.).*

Eine Sensibilisierung für kulturabhängige Zusammenhänge wird, entsprechend in dem an naturwissenschaftlichen Kategorien orientierten bundesdeutschen Medizinstudium kaum vermittelt.

Es geht mir nicht darum, die medizinischen Institutionen und gesellschaftlichen Instrumente als unfähig zur Lösung der volksgesundheitlichen Probleme zu bezeichnen. Die menschliche Intelligenz, der wir die atemberaubenden Fortschritte in der naturwissenschaftlichen Erkenntnis von Krankheitsursachen und Krankheitszusammenhängen und deren Bekämpfung mithilfe komplizierter Medikamente und Apparate verdanken, ist uns im Lebensplan des Kosmos zugedacht. Unsere Fähigkeit zur Individualität, seit der Renaissance Motivation für die Herausbildung der kollektiven und individuellen Identität der europäischen Gesellschaft, hat uns jedoch langfristig in die Sackgasse unserer gegenwärtigen, ökologisch wie ökonomisch als selbstmörderisch zu bezeichnenden Situation geführt (vgl. Behrend 1980). Ursachen dafür sind in einer bewundernswerten Rasanz der Entfaltung der intellektuellen Kräfte des Menschen zu suchen, wie sie sich auch in der Entwicklung der Naturwissenschaften spiegeln; die Ausbildung eines adäquaten moralisch–ethischen Selbstverständnisses fehlt jedoch.

Die in Jahrzehntausenden gewachsenen mythischen Erfahrungen und das entsprechende spirituell–geistige Wissen Europas (vgl. Krug 1985) gingen im Wettbewerb, u.a. mit den entstehenden Naturwissenschaften verloren (vgl. Fontaine 1986) bzw. blieben nur noch in räumlichen und kulturellen Randzonen der Weltgesellschaft übrig (vgl. Chesi o.J.; Loth 1986).

Die Geschichte der europäischen Medizin ist, langfristig gesehen, eine Geschichte der Herauslösung der Phänomene Gesundheit und Krankheit aus der Zuordnung zum numinosen Bereich (vgl. Ackerknecht 1975). Reste des archaisch–religiösen Aspekts von Krankheit und Heilen blieben erhalten in der Volksmedizin (vgl. Hessische Blätter f. Volkskunde 1986), die, zwar abgedrängt in den Aberglauben, auch teilweise zur Unkenntlichkeit deformiert, eine außerordentliche Fähigkeit zum Überleben bewies. Als Teilbereich des gesamten gesellschaftlichen Lebens wurde jedoch Heilen reduziert auf die Wiederherstellung eines mechanischen Funktionierens des Körpers bei gleichzeitiger Außerachtlassung aller damit zusammenhängenden feinstofflichen geistig–psychischen Vorgänge. Die in diesem geschichtlichen Verlauf gleichzeitig erfolgende ausschließlich männliche Professionalisierung der Medizin (vgl. Unschuld 1978) führte u.a. zur systematischen Zerschlagung weiblichen d.h. historisch gesehen: ganzheitlichen Heilwissens (vgl. Becker/Bovenschen u.a. 1977; Scherzer 1988).

Der subjektive Mensch im Zustand der kranken, leidenden Kreatur wurde in diesem Jahrhunderte währenden Wandlungsprozeß zur Nummer, zum "Fall" degradiert. Krankheit wurde mehr und mehr zu einem Faktor des wirtschaftlichen Interesses. Alarmierende Berichte in der bundesdeutschen Presse über übermäßige Medikamentierungen unter anderem für alte und damit entscheidungsunfähigere Menschen machen in besonders krasser Deutlichkeit den kapitalistischen Aspekt unseres heutigen medizinischen Systems sichtbar. Krankheit ist zu einer unerschöpflichen Ressource des freien Marktes geworden, u.a. im Bereich des Apparatebaus und der Chemie. Auf der Hannover Industriemesse ist die Abteilung der Medizin–Technologie eine der wachstumsstärksten Branchen geworden. Ersatzteile für Herzen, Nieren, Gelenke, Brüste etc. lassen Körperbewußtsein zu einem Zerrbild werden. Archaischer Kannibalismus hat seine moderne Ausprägung gefunden (vgl. Attali 1981). Indem wir die uns von der Schöpfung zugeordnete Körperlichkeit durch Leihmütter und künstliche Ersatzteile austauschbar machen, verlieren wir als Art immer mehr von der uns entsprechenden Einbindung in die Natur.

Krankheit wird damit als Medium des Dialogs mit der Schöpferkraft, als Impuls zur individuellen und kollektiven Erkenntnisfindung um seinen Sinn gebracht. Die Aufarbeitung der Ursachen des Aus–der–Harmonie–gefallen–Seins bleiben dem einzelnen Individuum überlassen, das immer weniger in der Tradition des Gesprächs mit Gott aufwächst und sich dementsprechend hilflos Krankheit und Sterben als sinnlosem Leiden ausgesetzt vorfindet. Dabei gibt die Sprache auch heute noch deutliche Hinweise auf die ehemals religiöse Einbindung der Dreiheit Krankheit–Heilen–Gesundheit. Hoffnung auf Heil, Heilserwartung – kaum einer der großen Religionsgründer war nicht zugleich auch ein Heiler, worauf Begriffe wie "Christus der Arzt" oder "Christus der Gesalbte" hinweisen.

## 4. Die Suche nach einem neuen Lebensverständnis
## oder: Krankheit als Chance zur Erkenntnisgewinnung

So wie die "westliche Kultur" in der Hinwendung zu einer technologisch–materialistischen Weltsicht im Laufe der Jahrhunderte andere spirituell fundierte Kulturen der Welt geschwächt und zum Teil gänzlich zerstört hat, so, mit vermutlich ebenfalls globalen Auswirkungen, gehen heute von Bevölkerungsteilen der sogen. westlichen Industrienationen Suchaktionen aus nach den Resten eben dieser in Jahrhunderten und Jahrzehnten bis in die Gegenwart hinein zerstörten und immer noch zerstört werdenden Kulturen. Wenn es auch oft an dem Respekt vor den fremden Ritualen und heiligen Gegenständen mangelt (vgl. "2000" Okt. 1987, 61 ff.), so ist doch unverkennbar das Bewußtsein im Wachsen, daß unter der dünnen zerbrechlichen Schicht unseres materiellen Wohlstandes immer weniger tiefergehende Sinnhaftigkeit vorhanden ist. Aus dieser Erkenntnis ist ein ungewöhnlicher Hunger nach Spiritualität (Wilber 1981), nach Lebenssinn, nach einem anderen Verständnis von Gesundheit und Krankheit entstanden (Dethlefsen 1983), sind Bedürfnisse gewachsen, die sich aus der vorhandenen gesamtgesellschaftlichen Lebenswelt für viele, stetig wachsende kulturelle Minderheiten offensichtlich nicht mehr decken lassen.

Besonders aus Amerika wird sowohl Theorie als auch Praxis geliefert (Ferguson 1982; Capra 1984; 1987); Amerika hat auch im "New Age", wie in so vielen anderen Entwicklungen der "westlichen" Gesellschaft auch, Vorbildcharakter. Die Orientierungen dieser "westlichen" Gesellschaft erfolgen an so gut wie allen heute noch spirituell orientierten Kulturen der Erde. Die Grundlage der neuen Bewegung stellt dementsprechend weitgehend eine Collage nichteuropäischer, ethnisch-spezifischer Weltsichten und Glaubenslehren dar (vgl. Kakuska 1984).

### 5. Die Natur als "Offenbarung der lebendigen Realität"
In der Überschrift wird ein sehr spezifischer Bezug aufgegriffen: Die Bedeutung des "Lebensbaums" in der Rückkehr zu einem ganzheitlichen Heilverständnisses.

> *Die Natur ist die große, für den Menschen erkennbare Einheit des Seins. Des Menschen ratio vermag aber nicht das ganze Sein gleichzeitig zu erfassen, sondern immer nur Seiendes. So wird im menschlichen Glauben der Teil zum Sinnbild für das Ganze (Lurker 1976, 15).*

Mircea Eliade nennt die Natur die "Offenbarung der lebendigen Realität" (Eliade 1954, 374 f.). Die Natur gilt in allen Religionen als Manifestation göttlicher Gedanken. Sonne, Mond, Wasser und insbesondere auch der Baum wurden zu Sinnbildern der sich in der Natur offenbarenden numinosen Kraft.

Der Baum hat sowohl eine symbolische Bedeutung, aber zugleich kann er als ein realer aktiver Partner dem Menschen zur Verfügung stehen. So haben traditionelle Indianer auch heute noch einen persönlichen Baum, den der spirituelle Leader der Gruppe oder die Großmütter für das neugeborene Kind in einer Vision finden. In den Wurzelbereich eines derart ausgewählten Baums wird die Placenta nach der Geburt vergraben. Ein ganzes Leben wird ein traditioneller Indianer einen solchen Baum als Ratgeber und persönlichen Freund aufsuchen. "Nach der Dialektik des Sakralen", so Mircea Eliade, "gilt ein Stück soviel wie das Ganze, wird ein profaner Gegenstand zur Hierophanie" (Eliade 1954, 374 f.). Für die Angehörigen einer trotz der Verstümmelungen durch die umgebende und überlagernde materialistisch orientierte Gesellschaft noch immer spirituellen Kultur ist in diesem Fall der konkrete Baum die Materialisation des Prinzips des "Großen Geistes", d.h. des schöpferischen Gottes-Prinzips (vgl. Höhler 1985, 265 ff.). Die Bäume wurden, so die alten Mythen und Religionsbücher, von Gott selbst gepflanzt, wie es im Alten Testament, im Psalm 104,16 heißt: "Es sättigen sich die Bäume Jahwes, die Zedern des Libanon, die er gepflanzt hat", oder in der Genesis 2,8–9:

> *Und Gott der Herr pflanzte einen Garten in Eden gegen Osten und setzte den Menschen hinein, den er gebildet hatte. Und Gott der Herr ließ aufwachsen aus der Erde allerlei Bäume, ... und den Baum des Lebens mitten im Garten.*

"Lebensbaum" und "Baum der Erkenntnis" wird heute mehr und mehr von Religionswissenschaftlern als das gleiche erachtet; Erkenntnis und Weisheit sind dabei nicht zu trennen (vgl. Höhler 1985, 37 ff.). So ist der Baum auch das okkulte Symbol für Verwandlung (vgl. Lurker 1976, 91; Neumann 1957, 235): Seine Wurzeln greifen tief in den Körper der Erde, holen die Nahrung daraus hervor und verankern zugleich die gesamte Existenz des Lebewesens Baum in der Erde, vergleichbar der Psyche des Menschen, die sich im Physischen des menschlichen Körpers verankert.

Und wie aus einer Vielzahl von Wurzelenergien sich der Stamm eines Baumes aufbaut, um in Konzentration zu den Ästen hinzustreben, die in ungezählten Blättern im Austausch zwischen Materie und Licht Lebensenergien aus dem kosmischen Bereich holen, so braucht

der Mensch die Entwicklung in ein höheres Sein, um sich zu verwirklichen (vgl. Chardin 1981).
Viele der alten Religionen, wie etwa in Indien, wo der nordindische Fürstensohn Siddharta Gautama unter einem Feigenbaum erleuchtet und zum Buddha wurde, haben auch heute noch immer einen Baum neben dem Altar stehen oder ein solcher wächst aus einem Altarstein hervor (vgl. Selbmann 1984, 33).
Ebenfalls das Motiv "Quelle und Baum" im Zusammenhang mit dem Lebensbaum oder dem Weltenbaum wiederholt sich kulturübergreifend; auch unter der germanischen Weltenesche Ygdrasil sprudelt die Quelle des Lebenswassers und versiegt erst, wenn die Welt verbrennt, wie die Edda es beschreibt.
In alten Schriften werden immer besondere Baumarten herausgehoben genannt und bekommen damit eine wichtige kultische Bedeutung. Pyramidentexte berichten von der "hohen Sykomore, auf der die Götter sitzen". Christus wird der Palme verglichen, dem Sinnbild für Sieg und Freude. Die Darstellung der Eiche mit Vögeln ist als Baum des Lebens in der deutschen Volkskunst ein bekanntes Bild für Lebenskraft. An Ygdrasil, der Weltenesche, hing leidend Odin, sich selbst opfernd, neun Tage und Nächte lang, um mit dem höheren Wissen um die Runen auf den Erdboden zurückzukehren, wobei die Parallelen zu Jesus auffällig sind (vgl. Szabó 1985, 118 f.).
In der Alchimie waren Baum und Stein ("Erde", E.H.) zentrale Symbole in der doppelten Bedeutung als prima und ultima materia. Bei Carl Gustav Jung finden sich mehrere Textstellen, die erkennen lassen, daß Baum und Stein einander ersetzen können, ja identisch sind:

> *Der Stein der Weisen ist also aus sich und wird in sich selber vervollkommnet. Er ist nämlich ein Baum, dessen Zweige, Blätter, Blüten und Früchte aus ihm und durch ihn und für ihn sind, und er ist selbst ganz oder das Ganze und nichts anderes (Jung 1954, 438 f.).*

So ist es nicht erstaunlich, daß der Baum als einer der wichtigsten Archetypen zum Spiegelbild menschlichen Lebens wurde. Begriffe wie "Stammbaum", "Entwurzelung", "Verwurzelung", "Verzweigung", "von gutem Holz geschnitzt sein", "der Apfel fällt nicht weit vom Stamm", "stämmig gebaut sein", "an ihren Früchten sollt Ihr sie erkennen" und – auch in direktem spirituellen Zusammenhang stehend: "Wurzel Jesse" oder der Menora–Leuchter belegen dies.

## 6. Das Symbol des Lebensbaums in den alten Weisheitslehren
Wer sich mit der Kabbalah, mit dem Tarot oder mit Runen beschäftigt, stößt immer wieder auf die theoretische und sehr oft abstrahierte, d.h. auch verschlüsselte Konstruktion des "Lebensbaums" (vgl. Crowley 1985).
Betrachten wir zunächst die germanische Hagalrune, aus der alle anderen Runen herausgebildet werden können und der Sie in der Symbolsprache unserer Gegenwart noch immer laufend begegnen, auffallend häufig auf Wahlplakaten. Die Rune selbst verändert sich weder durch Wenden noch Umstürzen in die gegensätzliche Form; sie bleibt immer gleich, immer "heil". Sie ist das Symbol kosmischer Ganzheit. Sie ist im Runenalphabeth das siebte Zeichen, das heißt, die heiligste Rune. Vom Schema her stellt sie einen Baum dar mit drei Ästen in den Luft–Bereich und drei Wurzeln in den Erdbereich.
Eines der ausgereiftesten Systeme, das sich zentral auf die abstrakt–spirituelle Form des "Lebensbaums" bezieht, ist die Kabbalah als dem grundlegenden Schema für die gesamte europäische Esoterik (vgl. Wang 1985, 29). Wie beim Tarot so auch bei der Kabbalah gehen die Meinungen über ihren Ursprung auseinander. Relativ früh gehörte das Wissen wohl

*Im Schatten des Lebensbaums*

schon zum jüdischen esoterischen Wissen, d.h., ging vergleichbar dem christlichen esoterischen Wissen nur zögernd in den exoterisch orientierten Kultus ein. Vergleichbar der christlichen Kirche hat auch das exoterische Judentum die esoterischen Strömungen, wenn auch ohne Erfolg, zu unterbinden versucht. Im Laufe der Jahrhunderte wurde die Kabbalah christianisiert.

Die Kabbalah beruht auf zwei Grundprinzipien:
1. der Spiegelbildlichkeit von oben und unten, der Kernsatz der Lehre des legendären Hermes Trismegistos, und
2. der Vierteilung des göttlichen Namens.

Der göttliche Zustand ist die Einheit der Gegensätze und ist im höchsten Punkt des kabbalistischen Lebensbaums, in Kether, der Krone, dargestellt. Das Universum entwickelt sich zur niedrigsten Ebene hin, auf der sich das göttliche Prinzip materialisiert. Hier erfolgt die Trennung in die vier Elemente Feuer, Wasser, Luft und Erde, die in der Durchdringung mit dem göttlichen Prinzip immer als Kraftströme zugleich ihre spirituelle Bedeutung behalten. Die Figur des Kabbalah–Lebensbaums wird als System aus zehn Kugeln dargestellt, die durch 32 Pfade miteinander in Beziehung stehen. Nach der Zahlenmystik wird aus zehn durch Zusammenzählen eins und eins steht für den Schöpfergott. Alle Wege treffen sich in der Mitte zwischen dem rein geistigen Kether (Krone – 1 –) und der materialisierten Ebene Malkuth (Königreich – 10 –) im Punkt Tipareth (Schönheit – 6 –), das ist der Ort der Balance, der höchsten Ausformung von Harmonie.

Damit wird das Symbol des Lebensbaums zentral und Ausgangspunkt für ein esoterisches Lebensverständnis, in dessen Mitte der sich ständig wiederholende Vorgang der Ausbalancierung der Energien steht, nicht der aussichtslose Versuch, einen einzigen Zustand festzuhalten.

Diese kurze Erwähnung außerordentlich komplizierter Inhalte altkultureller Wissensysteme muß genügen als Brücke in die Komplexität des gegebenen Themas.

Ich möchte Ihnen anhand von drei Beispielen aufzeigen, wie, aus den unterschiedlichsten kulturellen Zusammenhängen entlehnt, neue Wege zu einem ganzheitlichen Verständnis von Krankheit, Gesundheit und Heilwerden gefunden und gegangen werden. Bei genauerem Hinsehen erweisen sich die aufgezeigten Möglichkeiten als auf die gleichen, alle Kulturen verbindenden Ebenen zurückreichend.

**Herkunftsbereiche alternativer Heil–Vorstellungen**

Es handelt sich bei den vorgestellten Beispielen nur um einen winzigen Ausschnitt aus der Fülle der Möglichkeiten, die zur Zeit ausprobiert werden:
1. Einflüsse aus dem Bereich ethnischer Minderheiten
2. Einflüsse aus kulturellen Rückzugsgebieten in Europa
3. Neuentwicklungen als Intensivierungen bereits vorhandener historischer medizinischer Alternativen

*1. Beispiel: Einflüsse aus dem Bereich ethnischer Minderheiten*

Anna G. wohnhaft in einem bundesdeutschen Ballungsgebiet, Sozialarbeiterin, 29 Jahre alt, litt seit vielen Jahren unter Rückenschmerzen. Einer der Rückenwirbel war bei einem Unfall beschädigt worden und hatte sich nicht wieder regeneriert. Keiner der vielen Ärzte, die sie aufgesucht hatte, konnte ihr helfen. Einer Operation, die nur ungewisse Aussichten auf Erfolg hätte, wollte sie sich nicht unterziehen.

Seit einigen Jahren hat Anna G. Kontakte zu nordamerikanischen Indianern. 1986 nahm sie zum ersten Mal an einem Sonnentanz der Lakota teil.

Der Sonnentanz ist eine der intensivsten religiösen Zeremonien innerhalb der indianischen Kulturen (vgl. Jorgensen 1972). In einem geschützten Kreis tanzen vier Tage lang, mit einer fast ständigen Blickorientierung in die Sonne hinein, Männer als auch Frauen, die sich im Idealfall das ganze Jahr auf die Teilnahme an diesem Ritual vorbereitet und das Versprechen abgelegt haben, vier Jahre hintereinander, entsprechend der heiligen Bedeutung der Zahl vier (Himmelsrichtungen, Elemente etc.) zu tanzen. Die Teilnehmerinnen und Teilnehmer nehmen während der vier Tage weder Speise noch Trank zu sich und unterziehen sich täglichen Reinigungsritualen in der Schwitzhütte.

In der Mitte des Sonnentanzkreises steht der Lebensbaum, der im Rahmen einer Zeremonie zuvor aus dem Wald geholt wird. Immer muß der Baum eine sichtbare Gabelung aufweisen, Symbol für die Dualität des Menschen.

Am höchsten Zweig des Baums ist eine möglichst vollkommene Adlerfeder befestigt, als Ehrerbietung für denjenigen Vogel, der wie kein anderer als spiritueller Sendbote wirkt und die Bitten der Menschen zum Ohr des Schöpfergottes tragen soll.

Die männlichen Tänzer binden sich mit ihren selbstgefertigten Seilen, die den spirituellen Pfad ihres Lebens darstellen, an den Lebensbaum an. Die beiden Seilenden werden durch Piercing an der Brust befestigt. In die Brust der Tänzer werden zwei Schlitze eingeschnitten, durch die kleine Holzpflöcke geschoben werden, an die das persönliche Seil angebunden wird. Im Verlauf der Zeremonie reißen die Männer sich los.

Die Bedeutung der Zeremonie ist außerordentlich komplex. Durch die nur bei grobem Hinschauen barbarisch anmutenden Archaik des personalen Blutopfers schimmert bei näheren Hinsehen ein Verständnis für die Einheit physischer und psychischer Zusammenhänge durch, für das wir uns erst wieder sensibilisieren müssen.

Sinn der Zeremonie ist es, dem Schöpfer ein Opfer zu bringen und da der Mensch nichts hat, als seinen Körper und seine Seele, werden Schmerzen und Ängste geopfert.

Zweiter Sinn ist es, mit diesem Opfer den Schöpfer, um Harmonie und Balance zwischen den gegensätzlichen Energien des Volkes zu bitten, vor allem zwischen den männlichen und den weiblichen Kräften. Da die Frauen durch ihre Fähigkeit zu gebären weitaus ursprünglicher in der Schöpfung verankert sind und diese Verankerung in ihrem alltäglichen Leben jahraus jahrein über Schmerzen und Rückbesinnung auf sich selbst immer wieder vollziehen, müssen die Männer dieses Leiden, vor allem die der Geburt, als Willensakt im Ritual nachvollziehen, damit die Balance und damit der Frieden und die Gesundheit des Volkes immer wieder hergestellt werden.

Die Einheit wird nicht nur symbolisch, sondern konkret erfahrbar im heiligen Sonnentanzkreis, ein mit einem Laubenumgang umfriedeter Kreis, in dessen Mittelpunkt der Sonnentanzbaum, der Lebensbaum des Kollektivs, steht. Im Außenring des Kreises bilden die anwesenden Stammesmitglieder, Verwandte und Freunde, ein das Geschehen im Inneren verstärkendes Feld. Gäste, Zuschauer gibt es dabei nicht: jeder ist unter unterschiedlichen Bedingungen Teil des ganzen Geschehens.

Der Baum im Zentrum ist nicht Symbol, sondern ragt für alle Teilnehmenden in der Zeremonie real als "axis mundi" durch die einzelnen Seinssphären und verbindet den Himmel, die Menschenwelt und die Erde miteinander. Er ist die Spirale in ein höheres individuelles und kollektives Bewußtsein.

Zentrale Idee ist auch, daß niemand für sich selbst betet, sondern immer für jemand anderes, für andere. Angesichts der Zerstörung der indianischen Kulturen durch das weiße Amerika erweist sich die Rückkehr zur traditionellen Kultur auch als Rückkehr zu einer indivi-

duellen und kollektiven Identität, als ganzheitliche Möglichkeit des Überlebens mit deutlich politischen Aspekten. Angesichts der Lebensbedingungen einer diskriminierten ethnischen Minderheit ist das Gebet "My people may live" das zentrale Anliegen (vgl. Buschenreiter 1983).
Es bedarf sicher keiner weiteren Schilderung, daß bei dieser Sonnentanz–Zeremonie ungeheure, für uns Weiße unvorstellbare spirituelle Energiefelder entstehen, deren Intensität durch spezifische Heilzeremonien für Kranke und Leidende noch erhöht wird.
Anna G. hat während des Sonnentanzes 1986 in einer solchen nächtlichen Zeremonie, unterstützt von der Gruppe der Anwesenden, um Heilung ihrer Rückenschmerzen gebetet. Im Laufe der folgenden Monate ließen die Schmerzen langsam nach, irgendwann war die völlige Schmerzfreiheit erreicht. Das Röntgenbild zeigte das Ergebnis eines Wachtumsschubs in dem ehemals beschädigten Wirbel. Anna G. kann, das hat ihr der entsprechende deutsche Spezialist gesagt, ihre Rückenschmerzen vergessen.
Anna G. machte zum Dank ein "give–away", wie es in der indianischen Kultur üblich ist. Früher, in den Jahrhunderten bevor die Weißen kamen, gab man anläßlich eines solchen Heil–Ereignisses seinen ganzen Besitz weg als Zeichen eines umfassenden Dankes und Neubeginns. Der Umfang der Opferung hat sich gewandelt, aber auch heute noch erfordert ein indianisches "Give–away" ein extremes finanzielles Opfer, für das die betreffenden Familien oft ein ganzes Jahr lang jeden möglichen Pfennig sparen.
Anna G. hat für die Ersparnisse ebenfalls eines ganzen Jahres eindrucksvolle Geschenke gegeben. Erst diese Dankes–Zeremonie verleiht nach indianischer Erfahrung der Heilung Dauerhaftigkeit.

Ich habe Ihnen dieses Beispiel vorgestellt, weil sich daran die grundsätzlich anderen Prinzipien eines ganzheitlichen Heilungsprozesses und Gesundheitsverständnisses aufzeigen lassen. Gewachsen aus der jahrhundertelangen Tradition einer erdverbundenen hochspirituellen ethnischen Minderheit ist, ausgelöst durch die ökologische Krise unserer Gegenwart, dieses Heilungsverständnis heute zugänglich auch für Angehörige anderer Kulturen, wenn sie bereit sind, sich mit dem entsprechenden Respekt anzunähern.
Lösen wir das Beispiel einmal in die unterschiedlichen Erlebensschichtungen auf.
Da ist zunächst das Vertrauen der Kranken. Sie war mit ihren ständigen Schmerzen, der Resignation und Verzweiflung, den enttäuschten Hoffnungen ins Gesundheitssystem zu den Indianern gekommen. Sie war mit Erfahrung fremdkultureller Phänomene im Zusammenhang Heilung als "Heil"–werden, als "Heilig"–werden konfrontiert worden, Erfahrungen, die ihr bisheriges europäisches Gesundheitsverständnis auf den Kopf stellten. Sie begann, die Krankheit als spirituelle Information zu verstehen, was ihr zugleich die Möglichkeit bot, sich als Trägerin numinoser Lebensenergien zu begreifen.
Wie die Gebete der Heilungssuchenden in der Heil–Zeremonie auf der Basis von "Wir"–Bewußtsein focussierten, so auch in der Danksagung für die Heilung.

*2. Beispiel: Einflüsse aus kulturellen Rückzugsgebieten in Europa*
Eines der beeindruckendsten Beispiele der Benutzung von archetypischen Energien, die in Rückzugsnischen der europäischen Kulturen erhalten geblieben und dementsprechend schneller in der Gegenwart für Heilzwecke reaktiviert werden konnten, erlebte ich in Glastonbury, jenem Ort in Südengland, der für Esoteriker seit Jahrhunderten einer der zentralen Kraft–Orte Europas ist (vgl. Pennick 1982; Caine 1978).
In einen energetischen Zusammenhang mit den großen prähistorischen Kultstätten Stonehenge und Avebury eingebunden, blieb in diesem Ort der Mythos von König Artus leben-

dig, wird die Anwesenheit des jungen Jesus mit seinem Onkel Joseph von Arimathia, der offensichtlich Handelsbeziehungen nach Südengland hatte, als tatsächlich geschehen angenommen. Landschaft und Geschichte geben genügend Ansatzpunkte, die Kraft der Mythen und des Energie–Austauschs zwischen Erde und Himmel lebendig zu erhalten (vgl. Michel 1986); ein besonders deutliches Beispiel etwa ein uralter, vom ungehindert über das Land wehenden Meerwind zerzauster Schwarzdornbusch auf einem der drei als heilig geltenden Hügel in der direkten Umgebung Glastonburys. Dieser Busch trägt jedes Jahr zur Weihnachtszeit einen blühenden Zweig. Dieser Blütenzweig wird seit vielen Jahrzehnten durch einen Kurier nach London gebracht, um die Weihnachtstafel der englischen Königsfamilie zu schmücken.

Im Mittelpunkt der Stadt Glastonbury befindet sich eines jener eigenartigen kleinen Türmchen, von denen die Geomanten sagen, daß sie seit altersher jene Punkte innerhalb einer Stadt kennzeichnen, an denen sich die weiträumig in der Landschaft gegebenen Energielinien bündeln. Erstaunlich genug: dieses Türmchen im Zentrum Glastonburys ist umgeben von esoterischen Einrichtungen, u.a. ein Gesundheitszentrum, in dem so gut wie alles zusammenkommt, was es an nichteuropäischen und alteuropäischen Heilmethoden gibt (1986).

Ich traf dort auf einen jungen unauffälligen Mann, der als spiritueller Heiler arbeitet. Seine Hauptwerkzeuge, außer Steinen und Kristallen, sind Holzstücke der verschiedenen Holzarten, von lebendigen Bäumen geschnitten, mit denen er die leidenden Menschen, die zu ihm kommen, an bestimmten, besonders gut zu sensibilisierenden oder erkrankten Körperstellen behandelt. Er arbeitet nach eigenen Angaben mit den "Tree–Spirits" zusammen, den Baumgeistern, die, so der Geistheiler, entsprechend dem unterschiedlichen Charakter des jeweiligen Holzes unterschiedliche Ebenen im Menschen erreichen.

Dabei tauchte ein traditioneller Zusammenhang auf, der schamanistische und spirituelle Heilkraft generell auszeichnet: das eigene Leiden als Voraussetzung zur Heilfähigkeit (vgl. Eliade 1975). Am Beispiel eines Holzes, das zum Heilen, vor allem zur Akupunktur verwendet wurde, war die Leidenserfahrung bereits auf der Ebene der Pflanze und nicht erst auf der des Menschen gemacht worden: der Haselstrauch, von dem ein kleines Stück mir vorgewiesen wurde und mit dem der Geistheiler die zentralen Energiezentren der Körper, die sogenannten Chakren reinigt, stehe, so der Heiler, auf einem, durch vorchristliche Tradition geheiligten Platz und sei von einer Waldschlingpflanze überwuchert worden. "Because the tree had been suffering from this strangulation, it wanted to become a healer" (Interview. Archiv d. Autorin 1986, Glastonbury).

Die Haselnußpflanze spielt bekanntlich in unseren eigenen Volksmärchen eine gewichtige Rolle als Vermittlerin zwischen den Menschen und zum Beispiel den Geistern von Verstorbenen. Das Lied vom Jäger und der schönen Maid, die aus einem Haselnußstrauch heraussprang, läßt sich in den Zusammenhang mit der systematischen Ausrottung weiser Frauen einordnen.

Auch für die nordamerikanischen Indianer ist der Haselnußstrauch als weibliche Pflanze besonders heilig und wird unter anderem bevorzugt als Baumaterial für Frauen–Schwitzhütten verwendet. Hier treffen sich die interkulturellen "Strömungen". Der englische Geistheiler in diesem Zusammenhang: "We have got an ancient tradition in this country which is positiv feminin, and we are just working on it."

Dieser englische Heiler arbeitet ganzheitlich über den physischen Körper in den mentalen Bereich hinein:

*Im Schatten des Lebensbaums*

> *When I work I first work for the energy of the body, for the reading of the chakras, then I look for the psychological causes of weakness, which may have their roots back in a former life.*

Und, so stellte es der junge englische Heiler dar, so wie der Körper, der Geist und die Seele der Kranken über den Zweig mit dem Heiler korrespondieren und Auskünfte geben über die Zusammenhänge, die zur Krankheit führten, so muß der Heiler auch auf die Bereitschaft der Bäume und Sträucher zur Zusammenarbeit mit ihm warten. Nicht er kann die Zweige, die Holzstückchen für eine Behandlung auswählen, sondern er muß zu diesem Zweck die Bäume selbst befragen:

> *You have to speak with the tree. And he will tell you. I can't just go and choose one, I have to take the one the tree tells me and at the time he's ready for it. He tells me, when he's ready to give me one.*

Sein kostbarstes Heil–Werkzeug ist ein relativ kleiner Zweig von dem Schwarzdornbusch vom Lichthügel etwas außerhalb von Glastonbury, von jenem sagenumwobenen Baumstrauch, der selbst in den kältesten Wintern zur Weihnachtszeit an einem Ast blüht. Der englische Heiler:

> *This is one for opening up the third eye, it is from the Glastonbury holy thorn. This is a very special one, it comes from a water–elven. It's quite a rare tree. Normally it's a very shy sort of tree, but it's grown on a very special place. This is thought as a high place where ley–lines are crossing. There's an underground of water. A tree by the sight of that becomes somewhat extrovert and so it's willing to do anything you want it to. So the tree has put a very powerful spirit in it even though it's just a small stick.*

Auf meine Frage, ob die Bäume ihn rufen, um eine Heilaufgabe zu übernehmen, was naheliegt bei den geschilderten Interaktionsformen, antwortet er:

> *Yes, well, usually they can tell me when people are going to discomfort them, they give me a warning. Just like when you once have established contact with the trees there's a constant telepatic link and they can call you at any time. Usually it is at the evening when I'm relaxing they put an image into my mind to where I've to go in the morning.*

Die Antwort auf die Frage, was ihm die Möglichkeit gab, auf dieser Ebene als Heiler zu arbeiten, ist geradezu klassisch:

> *It was handed down the family from my mother. My grandmother came from Ungary and even though she went to church and was a Christian she still had all her wisdom ... I've a spirit guide which used to teach my grandmother and the spirits gave it to me when she died.*

Er selbst studierte Akupunktur, alles andere ist "family wisdom", wie er das nennt.
Die Art und Weise, wie er Trommel und Rassel zur Auffindung von körperlichen und psychischen Blockaden einsetzt, ist für ihn altes europäisches Heilwissen. Angesprochen auf die Benutzung dieser magischen Instrumente im afrikanischen Schamanismus, in Tibet oder den heute noch lebendigen Kulturen der nord–, süd– und mittelamerikanischen Indianer, meint er: "This might be because the deeper level of all culture was the same".

Welche Rolle spielt ein solcher Heiler für die umgebende Gesellschaft? Er selbst pflegt die Kontakte von seiner Seite aus in Richtung moderne Medizin nicht besonders, aber in seiner bescheidenen Art belegt er das in England weitgehend übliche Zusammenarbeiten zwischen Geistheilern und den akademisch ausgebildeten Ärzten: "I have some doctors who send patients to me when they recognize, there is something I can do."
In diesem Zusammenhang wird deutlich, daß England eine grundsätzlich andere Haltung zum nicht–naturwissenschaftlich orientierten Heilen hat. Alteuropäische Heiltraditionen konnten sich hier halten und es ist nicht verwunderlich, daß auch eine andere Form der alternativen Heilweise in England eine gesonderte Entwicklung durchlaufen ist: die Homöo-

pathie. Sie hat bereits in der von Christian Friedrich Samuel Hahnemann um 1810 entwikkelten Form ausgesprochen ganzheitliche esoterische Aspekte (vgl. Hahnemann 1810), die von dem englischen Arzt Dr. Edmund Bach zur sogenannten Bachblüten–Therapie weiterentwickelt worden ist (Bach 1980; Scheffer 1981).

*3. Beispiel: Neuentwicklungen
als Intensivierungen bereits vorhandener historischer Alternativen*
Der Herstellungsprozeß der Bach–Blütenessenzen ist knapp etwa folgender: die Blüten von Wildpflanzen werden auf der Höhe ihrer Energieentfaltung gepflückt und zu ausgewählten Tageszeiten, in klares Quellwasser gelegt und der Sonne ausgesetzt. Unter dem Einfluß der Sonne, so Dr. Bach, löst sich die Lebensenergie aus dem Pflanzen–Stofflichen und geht in das Wasser über. Das Wasser wird außerordentlich hoch potenziert. Die so gewonnenen Essenzen wiederum sind Konzentrate, die zum Gebrauch nochmals verdünnt werden. Mit den herkömmlichen chemischen oder physikalischen Methoden können Sie in diesen Medikamenten keine materiellen Heilsubstanzen feststellen. Die Präparate wirken in den geistigen Bereich und erzeugen, vergleichbar den anthroposophischen Heilsubstanzen, nicht nur bei Menschen, sondern auch bei Tieren und Pflanzen erstaunliche Heilerfolge. In den USA wurde der Bachsche Ansatz inzwischen aufgegriffen und weiterentwickelt.
Edward Bach geht ebenfalls von einer holistischen Auffassung von Gesundheit, Krankheit und Heilung aus. Er sieht in dieser Dreiheit die "vollkommene Einheit allen Lebens und der absoluten Einzigartigkeit aller darin vorhandenen Systeme". Er schrieb 1934 über die Wirkung seiner Essenzen:

*Bestimmte wildwachsende Blumen, Büsche und Bäume höherer Ordnung haben durch ihre hohe Schwingung die Kraft, unsere menschlichen Schwingungen zu erhöhen und unsere Kanäle für die Botschaften unseres spirituellen Selbst zu öffnen; unsere Persönlichkeit mit den Tugenden, die wir nötig haben, zu überfluten und dadurch die (Charakter-)Mängel auszuwaschen, die unsere Leiden verursachen. Wie schöne Musik oder andere großartige inspirierende Dinge sind sie in der Lage, unsere ganze Persönlichkeit zu erheben und uns unserer Seele näher zu bringen ... Sie heilen nicht dadurch, daß sie die Krankheit direkt angreifen, sondern dadurch, daß sie unseren Körper mit den schönen Schwingungen unseres Höheren Selbst durchfluten, in deren Gegenwart die Krankheit hinwegschmilzt ... Es gibt keine echten Heilungen ohne eine Veränderung in der Lebenseinstellung, des Seelenfriedens und des inneren Glücksgefühls (Bach 1980, 15).*

Hinter dieser Erklärung steht die humanökologische Vorstellung von der Einbindung des Menschen in ein allgemeines Energiefeld höherer geistiger Qualität, von dem sich der Mensch durch seine Rationalität abgetrennt habe und an das er sich mithilfe anderer natürlicher Dinge, die als Vermittler dienen, wieder anschließen, er wieder an diesem "Höheren Selbst" teilhaben kann:

*Jeder von uns befindet sich auf einer einmaligen, in dieser Form unwiederholbaren Lebensreise und unser Gesundheitszustand ist ein Indikator dafür, an welchem Punkt dieser Reise wir momentan stehen. Jedes Krankheitssymptom, sei es körperlich, seelisch oder geistig, gibt uns eine spezifische Botschaft, die es zu erkennen, zu akzeptieren und für unsere Lebensreise zu nutzen gilt. Jedes echte Heilungsgeschehen ist ein Bejahung unserer Ganzheit, eine Bekräftigung unserer Heilheit oder Heiligkeit. Das System der Bach–Blüten läßt sich aus dieser Sicht als "Heilung durch Reharmonisierung des Bewußtseins" bezeichnen. Es bringt uns an den Schaltstellen unserer Persönlichkeit, an denen Lebensenergie in falschen Bahnen läuft oder blockiert ist, wieder in harmonischen Kontakt mit unserer Ganzheit, mit unserer wahren Energie–Quelle ... In der Terminologie angelsächsischer Medizin gehört das Bach–Blütensystem zu den "subtilen" oder feinstofflichen Heilmethoden ... Es wirkt nicht auf dem mühevollen Umweg über den physischen Körper, sondern auf feineren energetischen Schwingungsebenen direkt auf das Energiesystem Mensch ein" (Scheffer 1981, 10 f.).*

In Visionen erhielt Edward Bach, seinen eigenen Aufzeichnungen zufolge, Kenntnisse über die Zuordnung der Naturkräfte der Blüten zu bestimmten Erscheinungen der Balance–Störungen.
Hier stoßen wir auf ein Phänomen, das alle bisher genannten Beispiele kennzeichnet: die Rolle der medialen Fähigkeiten. Es geht nicht darum, den mühsamen Prozeß von rationalem Lernen zu überspringen. Die Fähigkeit zum Empfang von Informationen aus einem allgemeinen Energiefeld des höheren Selbst, gewissermaßen von einer "kosmischen Datenbank" setzt mit wenigen Ausnahmen eine außergewöhnliche Meditationspraxis voraus, über deren Qualitäten uns Menschen wie Hildegard von Bingen oder Katharina von Siena, Meister Ekkehard, Teilhard de Chardin etc. ausführlich Bericht gegeben haben.
Die Versenkung in das Absolut–Seiende gelingt heute sicher nur sehr wenigen westlichen Menschen, da uns Jahrhunderte rationalen Denkens von diesen geistigen Möglichkeiten abgetrennt haben. Haben wir es doch mit "anderen Wirklichkeiten" zu tun, die wir mit unseren heutigen Lebenskonzepten kaum zu erreichen, noch viel weniger zu füllen vermögen. Hier erweisen sich kulturelle Übernahmen aus denjenigen Kulturen, für die "partizipierendes Bewußtsein" selbstverständlicher Bestand ihres kollektiv–spirituellen Lebens ist, als eine Hilfe.
Auch in der neuen Bewegung in Europa, insbesondere im Zusammenhang mit Heilungsvorgängen, bekommt die visionäre Schau immer größere Bedeutung, wobei auch die Ausstrahlungen alter, längst vergessener "Kraftplätze" wieder entdeckt werden. Es soll bei dieser Gelegenheit nicht verschwiegen werden, daß mit diesen kultisch–räumlichen Zusammenhängen auch außerordentlicher Mißbrauch getrieben wurde und leider nach wie vor wird, was die jeweiligen, in die eigene kurze Gegenwart sich auswirkende Aneignungsformen eines Ortes zwar verunklären kann, jedoch an den in der prähistorischen und historischen Vergangenheit entstandenen Bedeutungen und Nutzungsmustern, d.h. an dem immateriellen Informationsmaterial nichts verändern kann.

## 7. "Andere Wirklichkeiten"

Ich habe aus der Fülle der Möglichkeiten einige wenige Beispiele herausgegriffen. "Berührung mit dem Fremden" und "Erfahrung des Fremden" haben viele Varianten, eine davon ist sicher die Irritation im Gesundheitswesen: die Verunsicherung durch die ökonomische Unsinnigkeit einerseits, die Verankerung im Mythischen einiger praktizierter Alternativen andererseits. Wenn ich Ihnen auch gerne zugestehe, daß die Beispiele, die ich Ihnen vorgestellt habe, schwierig zu verstehen sind, geht man von einem allgemeinen Verständnis für medizinische Sachfragen aus, so sind sie doch nichtsdesto weniger Bestandteile dieser realen Welt: alternative Heilvorstellungen sind inzwischen gesellschaftliche Realität.
Allerdings haben die Gesellschaftswissenschaften bisher für die sich dahinter verbergenden Zusammenhänge wenig Interesse gezeigt, weil die wissenschaftlichen Konstruktionen des "homo oeconomicus" und des "homo sociologicus" wenig Spielraum lassen für die Wahrnehmung des Immer–noch–Wirkens archaischer und frühgeschichtlicher Tiefenschichtungen, die unter bestimmten Bedingungen, wie etwa der Zerstörung der natürlichen Lebensgüter Wasser und Luft zum Atmen, heute wieder wirksam werden. Dieses kollektive Erbe hat sich angesichts des Rationalismus unserer Gesellschaft nur als Bestandteil der Behandlung psychisch kranker Menschen verwerten lassen, d.h. wurde nicht als Bestandteil des psychischen Lebens der sog. normalen Gesellschaft akzeptiert, mit anderen Worten: wurde als krankhaft und aus der Ordnung fallend beiseite schiebbar gemacht. Zugleich wurde damit legalisiert, daß sowohl die Kirche als auch seit der Aufklärung die Wissenschaften

"Heidnisches" ebenso wie altes hochkulturelles Wissen bis heute als nicht mehr für die Gegenwart relevant abtun oder als Aberglaube brandmarken. Aber weder Inquisition noch Aufklärung und die daraus resultierenden naturwissenschaftlich-technischen und politischen Entwicklungen konnten die archaischen Schichten und die Erinnerung an sie auslöschen. Wie individuelle pränatale und frühkindliche Erfahrungen nicht rückgängig gemacht werden können, so bleiben diese ins Dunkel der Zeit zurückreichende Erfahrungsebenen als kollektives Erbe der Spezies Mensch erhalten (vgl. Mühlmann 1962; Jung 1984; Hübner 1985). Das Zurückgreifen in diese Ressourcen menschlichen Seins bleibt schon deshalb möglich, weil das Wissen um das Vorhandensein dieser Ressourcen in vielen Kulturen außerhalb Europas und auch in Rückzugsnischen in Europa selbst, etwa in England, lebendig bleiben konnte.

Der amerikanische Historiker Morris Berman hat auf einer Konferenz, die 1983 unter dem Titel "Andere Wirklichkeiten" in Alpbach/Österreich stattfand, ein Modell vorgestellt, das auf dem Prinzip des Pendelschlags zwischen mythischem und rationalem Denken basiert. Er konstatierte für die letzten 3000 Jahre zwei relativ kurze, von rationalem Denken geprägte Perioden, die in relativ langen Phasen mythischen Denkens eingebettet waren, in denen sich die Menschen über ein "partizipierendes Bewußtsein" mit ihrer Umwelt verbunden fühlten. Verlängert man die dreitausendjährige Kurve über die von Berman ausgewählte Zeitphase von 1000 v.Chr. bis 2000 n.Chr. in die nach zehntausenden Jahren zählende Früh- und Vorgeschichte hinein, wird die zeitliche Geringfügigkeit der Vorherrschaft rationaler Kategorien, rationaler Wertvorstellungen unübersehbar. In unserer Gesellschaft heute gilt "partizipierendes Bewußtsein" als typisches Kennzeichen von Schizophrenie. Diese Fähigkeit war jedoch für Jahrtausende bestimmend für die Möglichkeit des Überlebens überhaupt. Die Fähigkeit des Übereinstimmens und der Kommunikation mit der Umwelt, d.h. mit den anderen Teilen der Natur, war nicht nur im spirituellen Bereich, sondern ganz konkret im alltagsweltlichen Bereich notwendige Voraussetzung, um zu überleben. Diese Einbindung ermöglichte, präzise Informationen über gegebene natürliche Zusammenhänge oder kommende Umstände im Zusammenhang mit der umgebenden Natur zu erhalten. Diese Übereinstimmung zwischen Natur und Mensch, konkret faßbar in diesem "partizipierenden Bewußtsein", manifestierte sich nicht nur in der Trance spirituellen Versunkenseins oder schamanistischer Praxis, sondern war die Grundlage stammesgesellschaftlicher alltäglicher Lebensvorsorge (vgl. Derlon 1982). Dieses Wissen war, etwa bei den Zigeunern, wie es Pierre Derlon beschreibt, aufgrund ihrer Minderheiten-Benachteiligung bis weit in die jüngste Vergangenheit hinein entscheidend für das Überleben, das heißt für die Erhaltung ihrer körperlichen und mentalen Gesundheit in der ihnen feindlich gesinnten, umgebenden Gesellschaft.

"Im Schatten des Lebensbaums die ganze Gesundheit wiederfinden" bedeutet also eine Rückkehr aus der Segmentierung der Lebensvollzüge in die Ganzheit von Körper, Seele und Geist. Das ist, angesichts der Verteilung von Zuständigkeiten und Befindlichkeiten unserer körperlichen und geistigen Existenz in die Schubladen der zuständigen Experten und verbürokratisierten Versorgungsinstitutionen unserer Gesellschaft zugegebenermaßen ein schwieriges Unterfangen. "Doch" – so der Geologe und Esoteriker Bonewitz:

> wenn wir über Wesenheiten sprechen, die aus Energie bestehen, so sind wir damit kaum weniger wissenschaftlich als ein Physiker, der über die Auswirkungen der Schwerkraft spricht, jedoch keinerlei Vorstellung davon hat, was Schwerkraft tatsächlich ist (Bonewitz 1983, 117).

*Christine Blaser, Christel Gärtner, Regina Koy,*
*Monika Neuhoff, Cornelia Rohe, Katja Werthmann*

# Urbanität und Spiritualität

**Die Konvergenz von eigener und fremder Kultur
in den Raumaneignungen der "New Age"–Bewegung**

In den letzten Jahren ist in Frankfurt ein auffallend starkes Anwachsen der "spirituellen Szene" zu beobachten. An einem einzigen Wochenende können Sie in Frankfurt an einem Einführungskurs in Transzendentale Meditation teilnehmen, in den frühen Morgenstunden in einer Zen–Gemeinschaft eine Stunde Zazen mitmachen, in esoterischer Literatur auf den Auslagetischen von einem halben Dutzend spezialisierter Buchhandlungen blättern, am Samstagabend ein Konzert mit meditativer Musik in der Alten Oper genießen, ein Live–Video von einer von Bhagwans kürzlich gehaltenen Audienzen in Poona sehen, bei einem "Trance–Tanz"–Workshop dabeisein, den Worten eines durchreisenden tibetischen Lamas im Vortragssaal des ehrwürdigen Senckenbergmuseums lauschen, im Rudolf–Steiner–Haus die Ausstellung eines anthroposophischen Malers betrachten, einen Termin ausmachen mit einer Therapeutin, die mit Reiki, einer traditionellen japanischen Heilkunst, arbeitet.
Zahlreiche Gruppierungen und Organisationen, die dem "New Age" oder den sogenannten "Neuen Religionen" zuzuordnen sind, haben Frankfurt als Standort für ihre Hauptquartiere oder Nebenzentren gewählt. Kaum einer der international bekannten Heiler oder Lehrmeister spiritueller Schulen läßt auf seiner Europa–Tournee Frankfurt aus.
So dargestellt, kann das Phänomen einmal verstanden werden als Entwicklung neuer lukrativer Wirtschaftszweige des Freizeitmarktes. Für uns ist diese Expansion spiritueller Angebote aber auch ein Indiz für einen gesamtgesellschaftlich wahrnehmbaren Prozeß, der unter den Bezeichnungen "New Age", "Verschwörung im Zeitalter des Wassermanns", "Neuer Okkultismus" usw. ein Symptom für die "Sinnkrise" in den postindustriellen Gesellschaften darstellt. Gesellschaften, die gekennzeichnet sind durch die Auflösung des Ideals der Vernunft und des Fortschritts, den Verlust der Selbstbestimmung, Überschaubarkeit und der sozio–kulturellen Bezüge für den Einzelnen.

### "New Age" als Forschungsfeld
Als Prozeß des Wandels, aber auch als Krisenbewältigungsstrategie wird das Phänomen "New Age" zu einem Forschungsfeld für ein Fach wie Kulturanthropologie, das sich auch als "Krisenwissenschaft" versteht und in eben diesen Schnittstellen und Brüchen von Gesellschaften die Möglichkeit sieht, menschliche Kulturfähigkeit und –bedingtheit zu erkennen.
Im folgenden wollen wir in einem Werkstattbericht Teile unserer laufenden Forschung skizzieren.
Wir betrachten das Phänomen im Rahmen unseres Projektes vor allem in bezug auf die Wechselbeziehungen von Urbanität und Spiritualität. Daran kann man verschiedene Fragen knüpfen:
   – Weswegen siedelt sich die "New Age"–Bewegung bevorzugt in der Großstadt an?
   – Welche Teile der Großstadtbevölkerung sind involviert bzw. angesprochen?

- Welche Stadtteile werden (aufgrund von räumlichen und sozialen Merkmalen) als "Standorte" bevorzugt?
- Wie sehen die Räume aus, in denen die anfangs vorgestellten Angebote stattfinden und wie bringen sie die dahinterstehende Sinnordnung zum Ausdruck?

Wir wollen uns nun vor allem dieser letzten Frage nach der "spirituellen" Überformung von Räumen zuwenden, denn dabei kommt eines der Hauptmerkmale des "New Age" zum Tragen: die Kombination von Anleihen aus verschiedenen Quellen als Synkretismus, kulturelle Collage oder "bricolage", was sich sowohl auf Glaubensinhalte als auch auf deren Objektivationen in Ritualen, Symbolen, Raumaneignungen bezieht.

**Inhaltlicher Synkretismus**

Synkretismus meint: Elemente aus mehreren Kulturen – der fremden und der eigenen – werden übernommen, zusammengesetzt und umgedeutet, um ein neues Ganzes zu schaffen. Dies geschieht einmal auf der Ebene von Inhalten.

Dabei sind zunächst Lehren zu nennen, die in ihrem Wesen *traditionell* sind, sich aber auf der äußersten Ebene der Vermittlung und Aneignung von Inhalten an die Bedürfnisse und Gewohnheiten der westlichen Interessenten angepaßt haben.

Die Tradition des tibetischen Buddhismus z.B. ist an sich sehr "magisch–mystisch", d.h. die Existenz von Göttern und Geistwesen wird als Realität angesehen. Die Praxis ist mit vielen Zeremonien und Ritualen angereichert, die der Beschwörung von und der Kommunikation mit diesen Geistwesen dienen. Diese Zeremonien und Rituale werden im westlichen Kontext nicht durchgeführt; lediglich einige, die das Lehrer–Schüler–Verhältnis betreffen und die Ehrung des Meisters als Inkarnation eines höheren Wesens zum Inhalt haben, werden beibehalten. Die praktische Anwendung der Lehre, die auf einem gründlichen Studium buddhistischer Theorie anhand von Originaltexten basiert und durch körperliche, geistige und sprachliche Praktiken die vollkommene Verinnerlichung dieser Theorie anstrebt, bleibt unverändert.

Lama Sogyal Rinpoche hat jedoch eine davon abweichende Art und Weise entwickelt, die Lehre zu verbreiten. Er ist ein tibetischer Lehrer und Meditationsmeister, der in Indien und Cambridge Philosophie und Religionswissenschaften studiert hat. In seiner Form der Vermittlung werden die Originaltexte, z.B. das tibetische Totenbuch, nicht rigide übernommen, sondern in eine westliche Alltagssprache bzw. in westliche psychologische Terminologien übersetzt und auf westliche Verhaltensweisen übertragen. Anfänglich stieß er damit auf Widerspruch, wird aber jetzt von den großen tibetischen Meistern, einschließlich des Dalai Lama, anerkannt und unterstützt.

Der Großteil der Gruppen und Angebote bezieht sich jedoch inhaltlich nicht mehr nur auf *eine* Tradition, sondern kombiniert Elemente *verschiedener* Traditionen und verschmilzt sie miteinander.

Ein bekanntes Beispiel dafür, wie neue spirituelle Lehren gerade auch aus vielfältigen Quellen entwickelt werden, ist die von dem Inder Bhagwan Shree Rajneesh gegründete Sannyas–Bewegung. Aus der von den Sannyasins herausgegebenen Literatur, insbesondere der Schriften Bhagwans selbst, geht hervor, daß hier östliche "Weisheitslehren" mit den Erkenntnissen westlicher Psychologie verknüpft werden.

Auch der Frankfurter Ring e.V., der in Frankfurt ein weitgefächertes Angebot an Vortragsveranstaltungen, Kursen und Wochenendseminaren den Interessierten zugänglich macht, versteht sich selbst als ein Forum spiritueller Ansätze. In jeder Ausgabe der vom Verein herausgegebenen Programmzeitschrift "WEGE zur Synthese von Natur und Mensch" heißt es:

*Urbanität und Spiritualität*

> *Der FRANKFURTER RING ist nach allen Seiten hin offen, er pflegt das europäische Erbe, insbesondere Meditation und Mystik, läßt sich befruchten von den Lehren und Praktiken des Orients und nimmt auch die neuen therapeutischen Methoden im Rahmen seiner Tätigkeit auf, wie sie in den beiden letzten Jahrzehnten vor allem in Amerika entwickelt worden sind.*

Die Personen, die die breitgefächerten Angebote nutzen, legen sich meist nicht auf eine spirituelle Richtung fest, sondern nehmen an verschiedenen Gruppen, Vorträgen, Therapiesitzungen und Wochenendseminaren der verschiedensten Richtungen teil. Sie treffen dabei aus dem breiten Spektrum des Angebots eine ihnen gemäße Auswahl. Diese Auswahl kann eine Form des *individuellen* Synkretismus bedeuten, in der der Einzelne eigenverantwortlich eine Neukombination verschiedener spiritueller Angebote vornimmt.

**Synkretismus in der Raumaneigung**

Das synkretistische Grundmuster der Inhalte und Praktiken drückt sich vor allem auch in der baulichen Gestaltung und symbolischen Überformung von Räumen aus. Hier setzt unsere Forschung schwerpunktmäßig an. Wir gehen davon aus, daß gruppenspezifische Sinnordnungen Räume prägen und von ihnen geprägt werden.
Bisher sind wir bei den untersuchten Gruppen der Neuen Spirituellen Bewegung auf drei Formen der Raumaneignung gestoßen, deren Übergänge fließend sind.

1. Eine Gruppe konstituiert einen eigenen Raum. Sie entwickelt neue architektonische Konzepte, die ihre Sinnordnung in konkrete Gebäude umsetzen.

> *Die spirituelle Strömung wird erst die neue Kultur, die sie zu bringen berufen ist, heranführen können, wenn es ihr vergönnt sein wird zu wirken bis hinein in das rein physische Gestalten, selbst der Mauern, die uns umgeben (Festschrift zur Einweihung des Rudolf-Steiner-Hauses 1986).*

Diese programmatische Forderung Rudolf Steiners ist im allgemeinen innerhalb der Großstadt aus planungsrechtlichen und wirtschaftlichen Gründen schwer zu realisieren.
In Frankfurt kennen wir nur zwei Beispiele für die Umsetzung dieser Forderung.
Das "Pueblo" im Frankfurter Stadtteil Niederrad war ursprünglich als ganzheitliches Regenerationszentrum geplant, das die Möglichkeit bieten sollte, körperliche Aktivität, sinnliche Wahrnehmung und Kreativität in verschiedenen Bereichen ohne Leistungsdruck umzusetzen. Das Freizeitzentrum ist architektonisch dem altamerikanischen Pueblostil nachempfunden, wodurch u.a. auch eine Nähe zur indianischen Philosophie ausgedrückt wird. Trotz der Variationsbreite der Angebote fand sich das entsprechende Publikum nicht ein. Genutzt wird heute nur noch der kommerzielle Teil (Sauna, Squash, Restaurant, Musikveranstaltungen), die Einnahmen tragen das Unternehmen nicht. Eine Ursache für das Scheitern ist möglicherweise die Lage des Pueblo in einer infrastrukturell "armen" Bürostadt.

Das Rudolf-Steiner-Haus entspricht weitgehend den Forderungen Steiners. Es ist den Anthroposophen gelungen, durch die spezifische Konstruktionsweise "ein prägendes Geschehen beim Durchschreiten" zu bewirken. Die Architekten und Bildhauer erreichen dies durch die Formverdichtung der äußeren Gestalt des Hauses und die phantasievolle Formgebung der inneren Räumlichkeiten.

Abb. 1: Eingangssituation des Rudolf-Steiner-Hauses in Frankfurt mit typisch anthroposophischen Architekturelementen.

Abb. 2: Das Frankfurter Freizeitzentrum "Pueblo", dessen Architektur dem altamerikanischen Pueblostil nachempfunden wurde.

Abb. 3: Ansicht des spirituellen Ferienzentrums Etora auf Lanzarote

Abb. 4: Das Innere der Meditationspyramide von Etora: auf dem Boden liegen Meditationskissen, in der Ecke befindet sich eine Buddhafigur.

Abb. 5: Ansicht der Meditationspyramide auf dem Dach von Etora, an der Mauer ein Horus–Auge.

Demgegenüber bieten Bereiche außerhalb und jenseits unserer urbanen Gesellschaft größere Freiräume für "spirituelle" Raumaneignungen. Ein Beispiel außerhalb Frankfurts ist das spirituelle Zentrum Etora auf Lanzarote. Die Idee zu diesem spirituellen Urlaubszentrum ging von einer Gruppe aus, deren Hauptsitz sich in Freiburg befindet, realisiert wurde das Vorhaben auf Lanzarote. Es ist baulich ein Teil eines Ferienzentrums, wodurch die Architektur teilweise vorgegeben war. Sie wurde jedoch erweitert durch eine auffällige Pyramide auf dem Dach des Gebäudes.

Ziel von Etora ist die Vermittlung der "Ganzheitslehre" (Mikrokosmos als Entsprechung des Makrokosmos) zum Zweck der Vorbereitung auf das sog. "Wassermannzeitalter". Selbstfindung und Bewußtseinserweiterung, "Läuterung, Metamorphose und Wiedergeburt" sollen durch Kurse, Seminare und Vorträge verschiedener Art unterstützt werden.

Außer der Meditationspyramide, die Elemente aus ägyptischer Mystik, fernöstlicher Philosophie (Zen-Meditationskissen), und europäischer Klosterform (vier Eingänge) in sich vereint, werden auch noch andere Symbole synkretistisch kombiniert und gezielt eingesetzt: Horus-Auge, Quadrate, Yin-Yang, Waagen, Knoten, Spiegel, Farben ...

Die Kombination von Urlaub und Erleuchtung, angeboten von überzeugtem, ambitioniertem Personal, ist offensichtlich attraktiv für viele Sinnsucher, die sich auch nicht von den hohen Kurs- und Übernachtungsgebühren abschrecken lassen.

2. Eine Gruppe überformt durch Umgestaltung einen vorgefundenen Raum und macht ihn dadurch zum eigenen Raum. Die Überformung erfolgt durch das Einbringen oder Hinzufügen von besonderen Objekten, die die Sinnordnung symbolisch bündeln.

Als synkretistisch ist auch die Einrichtung des Meditationsraum eines dem Frankfurter Ring assoziierten Freundeskreises zu bezeichnen. Im Raum, in dem die Gruppe zusammenkommt, sind sakrale Objekte aus verschiedenen Traditionen auf einem Altar arrangiert: Christus-Bild, tibetische Glocke, eine Kerze mit Om-Zeichen, eine kleine Leuchte in Form einer Lotusblüte. Daneben stehen Musikinstrumente aus verschiedenen asiatischen Kulturen. Im Raum verteilt liegen Zen-Meditationskissen, vergleichbar denen in Etora.

3. Eine Gruppe eignet sich einen Raum durch Handlungen bzw. Rituale und/oder Benennungen an, die die Sinnordnung reflektieren.

Ist eine Gruppe darauf angewiesen, einen öffentlichen Raum zu nutzen, in dem keine permanenten Markierungen möglich sind, erfolgt die Aneignung mit anderen Mitteln. So finden z.B. im Rahmen der Veranstaltungsreihe des Frankfurter Rings, der Bürgerhäuser und Vortragssäle nutzt, auch Abende statt, bei denen das Publikum nicht nur Wissen rezipiert, sondern in kollektive, rituelle Handlungen einbezogen wird. So muß man z.B. einen Kreis bilden, sich an den Händen fassen, gemeinsam tanzen, singen, meditieren etc.

Ein anderes Beispiel ist ein Vortrag, der im Rahmen der Buchmesse 1986 (Schwerpunkt Indien) zum Thema "Reinkarnation" im Bürgerhaus Gallus (Frankfurt) gehalten wurde. Obwohl dies aus der Ankündigung nicht ersichtlich war, handelte es sich dabei – mehr oder weniger – um eine "Promotionveranstaltung" der Anhänger der "Vedic Studies", besser bekannt als Hare-Krishna-Bewegung.

Der Ablauf der Veranstaltung erinnerte an das Modell des Rituals in drei Stufen, das der amerikanische Sozialanthropologe Victor Turner in Anlehnung an van Gennep entwickelt hat. Die erste Stufe, Herauslösung aus dem Alltag, bestand aus einem einstündigen Musikvortrag auf traditionellen indischen Instrumenten, der schließlich in einem meditativen

*Urbanität und Spiritualität* 441

"Hare krishna, hare hare, hare krishna, hare rama" mündete. Nach und nach fielen in den Gesang der fünf Musiker auch die restlichen Gruppenmitglieder ein, die im Raum verteilt saßen, so daß der Ritualcharakter deutlich wurde. Während der zweiten Stufe, der Vermittlung der Sinnordnung, hielt ein Gruppenmitglied einen Vortrag über Reinkarnation, anschließend konnten Fragen gestellt werden. Die Entlassung in den Alltag, die dritte Stufe, erfolgte in Form eines Händedrucks beim Verlassen des Vortragssaals, im Foyer wurden noch vegetarische Häppchen und nicht-alkoholische Getränke kostenlos verteilt.

**Transformation oder Regeneration?**
Die Aneignung eines Raumes über Symbole und Rituale kann als ein kollektiver, sinnstiftender Akt begriffen werden. So geht Victor Turner davon aus, daß Rituale diejenigen Räume und Zeiten darstellen, in denen zwischen den teilnehmenden und das Ritual mitgestaltenden Menschen "communitas" entsteht, eine Form von Gemeinschaft, die die "draußen" in der Gesellschaft geltenden sozialen Normen temporär außer Kraft setzt und eine kulturelle Kreativität ermöglicht, welche neue Sinnordnungen zu schaffen vermag. Communitas transformiert – aus dem Außeralltäglichen heraus – den Alltag und beweist in ihm kulturelle Tragfähigkeit (Turner 1969). Dies gilt – vor allem was die zeitliche Komponente und die Herauslösung aus dem Alltag angeht – zumindest teilweise auch für die Rituale der Neuen Spirituellen Bewegung. Es bleibt allerdings zu fragen, ob der Alltag wirklich transformiert wird, oder ob nicht der temporäre Ausstieg nur der Regeneration des Einzelnen dient, um den Alltag besser zu ertragen. So werden innerhalb der Bewegung kaum kritische Fragen an die herrschenden gesellschaftlichen Verhältnisse gestellt.
Die New Age-Bewegung versucht, die Sinnkrise der Moderne durch das Angebot einer neuen, sinn-vollen kulturellen Ordnung zu überwinden. Es werden jedoch in den seltensten Fällen Neuentwürfe einer anderen, besseren Gesellschaft entwickelt. Bedeutet die Vielfalt der Angebote, das Gebot der gegenseitigen Toleranz und das gleichzeitige Geltenlassen unterschiedlicher Wertsysteme eine "schöpferische und poetische Integration disparater Elemente in ein sinnvolles Neues" (Greverus 1977, 5), wie Greverus eine gelungene, d.h. kulturell tragfähige Neukombination definiert, oder spiegelt sich darin nicht eher die "Sinnkrise der Moderne" mit ihrem Fehlen einer kollektiv getragenen Sinnordnung?

*Cillie Rentmeister*

# Frauenwelten – fern, vergangen, fremd?
**Die Matriarchatsdebatte und die Neue Frauenbewegung**

Ende der sechziger und Anfang der siebziger Jahre begannen junge, gebildete, radikale, sensible Frauen, sich in der Männerwelt nicht mehr heimisch zu fühlen. Einer Welt voll Ungerechtigkeit und Gewalt wollten sie eigene Frauenwelten entgegensetzen: "Wir sind Frauen, wir sind viele, wir haben die Schnauze voll!" Die Neue Frauenbewegung kam in die Welt, – fast gleichzeitig in vielen Teilen der Welt.

Wenn ich hier den Verlauf, die Themen und die Bedeutung der Matriarchatsdebatte in der neuen deutschen Frauenbewegung schildere muß ich natürlich ein sehr grobes Raster anlegen. Das tue ich am Modellfall Berlin – weil es von Anfang an eines der großen Zentren der deutschen Frauenbewegung war, schön modellgerecht umgrenzt ist, und weil ich dort von Anfang an dabei war: als teilnehmende Beobachterin, in Gruppen, bei Aktionen, in der feministischen Wissenschaft, in Frauenrockbands.

Für die Jahre von 1968 bis heute zeigt mein Raster zwei Phasen, zwei Halbzeiten; und die gehen, wie bei Frauen nicht anders zu erwarten, mit Wechseljahren und all den damit verbundenen Wallungen und Irritationen ineinander über:

*1. Halbzeit: etwa von 1968 bis 1977, die Zeit der Amazonen
*2. Halbzeit: von 1978 bis heute, die Zeit der Mütter
*Wechseljahre: von 1978 bis etwa 1983

Natürlich gab es in beiden "Halbzeiten" Amazonen und Mütter gleichzeitig – so wie in vielen engagierten Frauen oft nicht nur ein Geist in einem Körper wohnte, sondern manchmal ganze Heerscharen, die miteinander kämpften und um synkretistische Koexistenz rangen.

## 1. Die Matriarchatsrezeption im "Modell der zwei Halbzeiten": ein Überblick

### 1. Halbzeit: Frauenkampf mit Doppelaxt

Die Zeit von 1968 bis 1977, das ist: die amazonische, die radikale Zeit, die Zeit der Studentinnen, die Gründerinnenzeit der Frauenzentren und Projekte. Ihre Vorreiterinnen: die Weiberrätinnen im SDS und die lesbischen Frauen, die mit der Homosexuellen Aktion Westberlin (HAW) sich nun selbstbewußt auf den Straßen und in den Medien zeigen.

Frauen schufen sich eigene Räume für Kommunikation und zum Feste feiern; Schutzräume auch gegen Männergewalt: dagegen, totgeschwiegen oder an die Wand geredet zu werden, ob in Universitätsseminaren oder politischen Gruppen; und gegen die allen Frauen allerorten drohende physische Gewalt. Das neue Selbstbewußtsein wurde heftig nach außen demonstriert, auf der Straße, bei Go ins, Sit ins, Sleep ins.

Es ist die Zeit der überschaubaren Größe und der Beschwörungen von Gemeinsamkeit: "Frauen gemeinsam sind stark!" Der Bestätigung, die Vergewisserung der Gemeinsamkeit z.B. in jenem großen Ritual, das vielen Beteiligten gar nicht als solches bewußt war: im Frauenfest. Es erfüllte die Funktion der Identitätsbestätigung durch Tanz, Musik, Essen, Lust, in wilder Mischung mit politischen und kulturellen Darbietungen, und gelang manchmal zum Gesamtkunstwerk.

Abb. 1: Frauenfestplakat, Berlin, Februar 1976

Zwei paradigmatische Slogans hießen: "Kinder oder keine, entscheiden wir alleine". Und: "Das Private ist politisch!".

Das richtete sich gegen die dualistische Existenz patriarchaler Herrschaft: gegen diskriminierende Genußstrukturen, gegen die gewaltsame Zweiteilung der symbolischen und materiellen Kultur – in die Domäne männlicher, herrschender Begriffe und Subjekte, und die Domäne weiblicher, zu beherrschender Begriffe und Objekte. (Lange vor Illichs "Genus"–Buch von 1983, das aufs Neue diese patriarchalen Genusfunktionen als ewig und unverrückbar hinstellt.) Dem Geist wollten die Frauen einen Körper zurückgeben, und ihrem Körper eine Seele.

Ganz eng verknüpft mit der neuen Lebenspraxis liefen Theoriediskussionen. Eine zentrale Rolle spielten Geschichts– und Matriarchatsforschungen, und vielleicht waren sie niemals später wieder so wichtig wie Anfang der siebziger Jahre; denn es ging um das Selbstbewußtsein der jungen Frauenkultur. Die neu entstehende Identität mußte ja in einer offen feindseligen und spottenden Umwelt entwickelt werden und bestehen. Anders gesagt: Es ging um nichts weniger als die Bestätigung eines neuen gesellschaftspolitischen Paradigmas, und um Theorien, die solchen konzeptionellen Kataklysmus begründen könnten.

Die Debatte kreiste um drei Fragen:
1. Separatismus und Autonomie
2. Gleichberechtigung oder Emanzipation?
3. Ist das Patriarchat universell?

1. Mit Separatismus und Autonomie setzte sich die Frauenbewegung von der Linken ab, die Frauen nur als sogenannte "Durchlauferhitzer" ansah. Als Hauptwiderspruch der Geschichte galt ihr der Klassenantagonismus, und der konnte nur in geeintem Kampf aufgehoben werden. Mit der Linken (auch der im eigenen Kopf) mußte deshalb die "Nebenwiderspruchsdebatte" ausgetragen werden. Die autonomen Frauen befanden, daß die Frauenfrage den Hauptwiderspruch bilde, sich diachronisch, sozusagen längs durch die patriarchale Geschichte ziehe, und damit älter sei und umfassender als der industriegesellschaftliche Klassenkampf. Keine bisherige Revolution habe die Frauen frei gemacht. Um Traueninteressen überhaupt erkennen zu können und sie durchzusetzen, müsse frau sich autonom und separat organisieren.

Vergeblich warnte Ernst Bloch:

> *Die Geschichte wird mit solch romantischen Weibzentrierungen erotisiert, in die Geschlechtsdifferenz aufgeteilt, ja, in eine politische Idolatrie der Geschlechtsdifferenz (zit. nach: Rentmeister 1985, 35).*

2. Damit verknüpfte sich die Frage nach "Gleichberechtigung oder Emanzipation?" als dem klassischen Dilemma der Frauenbewegung, in dem sich auch bis heute die Genusdebatte verstrickt. Sollte nach Gleichberechtigung im patriarchalen Wertsystem gestrebt werden? Das schloß die Annahme von der prinzipiellen Gleich*artigkeit* der Frauen ein, und sie müßte sich also – mit einem Wort Erich Fromms – schlicht zum bürgerlichen vergleichberechtigen, sich angleichen. Oder waren Frauen und Männer von fundamental verschiedenem Wesen, und man müßte die Welt so umbauen, daß endlich diese beiden Wesen darin koexistieren und sich entfalten könnten?

3. Die Frage nach der Universalität des Patriarchats: Lebten die Menschen schon immer, ewig und überall in einer Männerwelt? Ist Gewalttätigkeit von Männern, als die Basis ihrer Herrschaft universell, eine "anthropologische Konstante"? (Dies wird immer wieder bejaht – zu Beginn der Frauenbewegung, 1969, von Valerie Solanas, die provozierend erklärte: "der Mann muß dauernd zwanghaft kompensieren, daß er keine Frau ist", und andauernd seine nichtexistente Männlichkeit zu beweisen versuchen; 1982 von dem Hamburger Anthropologen Knussmann, der Männergewalt als Natur– bzw. Hormonphänomen und den Mann zum "Testosteronsklaven" erklärt [Solanas 1969, Knussmann 1982].).

Andersherum:
Gab oder gibt es Kulturen, in denen Frauen nicht Geschöpfe, sondern Schöpferinnen der Lebensverhältnisse waren? Wie sehen diese Kulturen aus? Wie ist die Genusfrage, wie die Gewaltfrage gelöst? Was sind eigentlich die Stärken von Frauen?

Vielleicht war die Kulturgeschichtsforschung durch Frauen(gruppen) nie wieder so verwegen interdisziplinär und so genial dilettantisch – denn es wilderten nun meist Studentinnen der Politologie und Psychologie in kulturwissenschaftlichen Territorien – uneingeschüchtert von Kapazitäten und gerade herrschenden Paradigmen der Fächer.

Was gesellschaftspolitische Autoritäten zur Matriarchatsfrage geäußert hatten, ermunterte nicht gerade zu historischen Exkursionen: Friedrich Engels vermittelte in seinem

"Ursprung der Familie ..." das Bild beerensammelnder, ebenso urkommunistischer wie urferner Matriarchinnen; und Simone de Beauvoir beharrte: "Diese Welt hat immer den Männern gehört."

Doch staunend sahen nun die Studentinnen, daß Matriarchatsforschung immer wieder eng mit der Geschichte des Widerstands und der Emanzipationsbestrebungen von Frauen verwoben war: im 19. Jahrhundert, und in den 20er und 30er Jahren unseres Jahrhunderts. (Zum Beispiel bei den "Radikalen" Lida Gustava Heymann und Anita Augspurg.)
Den ersten Schub in der Neuen Matriarchatsdebatte gab es 1973/74; da wurde die Schrift Mathilde Vaertings von einer Gruppe im Berliner Frauenzentrum wiederentdeckt und als "1. Frauenraubdruck" neuaufgelegt: "Frauenstaat und Männerstaat" aus dem Jahre 1921. Im Vorwort der Herausgeberinnen spiegelt sich die erregte und erleichtert–triumphierende Aufbruchstimmung:

*Das Buch ... brachte uns umwerfende historische Erkenntnisse: e s  g a b  a b s o l u t e  F r a u e n h e r r s c h a f t – und nur das ist Matriarchat– in N a t u r – und hochentwickelten  K u l t u r völkern! So denken wir, daß dies ein unentbehrlicher Beitrag ist für das Selbstverständnis der Frauenbewegung ... Wir wollen damit keine entgültigen Antworten anbieten, aber ... Biologie ist nicht Schicksal ... Nur die Macht kann die Frauen freimachen! (Vaertings 1974).*

So wird Matriarchat, statt als das "ganz andere", hier noch als reine Umkehrung des Unterdrückungs–Verhältnisses gesehen. Das ließ sich nicht lange halten, ebensowenig wie Vaertings "Pendeltheorie", wonach einseitige Vorherrschaft eines Geschlechts automatisch zu Machtmißbrauch und darauf zur Herrschaft des anderen Geschlecht führe.
Vaertings Verdienst liegt darin, daß sie zu einer *ideologiekritischen Re–Vision der Geschichte* aus weiblicher Sicht aufforderte ("durch die Mütter zurückdenken", wie Virginia Woolf diesen kritischen Identifikationsvorgang genannt hat). Vaerting brachte Beispiele für den Kampf gegen die historischen Spuren der Frauenherrschaft und wies mit den Worten eines allseits bekannten Dichters auf die Bestrebung des herrschenden Geschlechts hin, seine Herrschaft für ewig zu erklären: "Es ist der Herren eigener Geist, in dem die Zeiten sich bespiegeln" (Vaerting 1974, 146 ff.).

Die Zeiten änderten sich; neue Spiegel wurden den Herren vorgehalten. Allein in den Jahren 1974/75 gab es einen Boom an Neu– und Wiederveröffentlichungen zum Thema Matriarchat, und auch ältere Werke wurden nun beachtet. Die AutorInnen beschäftigten sich meist mit der Vorgeschichte der europäischen Patriarchate. Es gab neue Materialien und Funde, aber auch neue Theoriegebäude, die darauf errichtet wurden.
1975 veröffentlichte Ernest Bornemann "Das Patriarchat". Ihm gebührt das Verdienst, ausgerechnet "unsere" römischen und griechischen Vorläuferkulturen in neuem, grausamem Licht zu zeigen. Er stellte in einem Merkmalskatalog matristische und patristische Wertsysteme gegenüber – eine nützliche idealtypische Meßlatte; er machte auf den Zusammenhang zwischen Patriarchat und explosivem Bevölkerungswachstum aufmerksam; und er suchte Licht auf eine matrifokale europäische Vorgeschichte zu werfen und aufs "Dunkle Zeitalter", die Zeit des Übergangs zum Patriarchat. Diese wichtige Frage nach dem "Wann" und dem "Warum" des Übergangs bewegt bis heute viele, taucht in jeder Matriarchatsdiskussion auf – ist aber letztlich ein Sphinxrätsel geblieben. Archäologische Detailforschung ließ Szenen dieses Übergangsgeschehens rekonstruieren; ich nenne mal meine Untersuchung zur Sphinx als der Vertreterin älterer matriarchaler Weisheit und deshalb Gegenspielerin des Ödipus, der sie erschlug und dann in Theben die patrilineare "Ordnung" errichtete (Rentmeister 1979). Eine von Bornemann abweichende, aber sehr interessante

sozialtheoretische Rekonstruktion des Übergangsgeschehens legt dann (1984) erst wieder Gunnar Heinsohn vor: er verknüpft ursächlich die Entstehung von "Privateigentum, Patriarchat und Geldwirtschaft" – und streicht das "Dunkle Zeitalter" völlig aus der Geschichte (Heinsohn 1984).

Ausgerechnet auf die (zufällig?) vielgeschmähte Steinzeit warfen nun verschiedene AutorInnen ein neues, frauenfreundliches Licht. Besonders die Neusteinzeit – Zeit der Erfindung des Ackerbaus, der Seßhaftigkeit in Dörfern – wurde nun als egalitär, matrifokal, dezentral, ökologisch gut angepaßt und erstaunlich friedlich beschrieben. Schnell berühmt und zum Prototypen wurde das anatolische Catal Hüyük, gerade erst von James Mellaart ausgegraben und (1967) publiziert: ein großes Dorf, um 6.000 v.u.Z., und über 600 Jahre keine Spuren von Krieg nachweisbar.

Durch die archäologischen Arbeiten von Marija Gimbutas, durch Ranke–Graves' Grabungen unter der Asche der Mythen, auch durch Erich Neumanns Wunsch– und Wirklichkeitsbilder in der "Großen Mutter" taten sich in einer reichen Bilderwelt, mit vielen Funden aus Symbol– und Werkzeugkultur, weibliche Universen auf: fast keine Männerdarstellungen, keine Phallussymbole – dafür Frauen in Fülle, thronend, als Herrinnen der Tiere und der Pflanzen. Und ihre Symbole: Brust, Biene, Schoßdreieck, Ei, Haus, Baum, Berg, Nabelstein ...

Chaotisch, aber anregend: Elizabeth Gould Davis' "Im Anfang war die Frau" (Gould Davis 1977), mit dem Anspruch im Untertitel: "Die neue Zivilisationsgeschichte aus weiblicher Sicht".
Später befreiten dann Marie E.P. König (und Fester) die paläolithischen Frauen(darstellungen) aus dem Ruch, nur Sexobjekte und Fruchtbarkeitsidole ihrer Jäger–Gatten gewesen zu sein. Sie interpretierte die vielen Frauendarstellungen, die Schoß–, Vulva–, und Nabelbildnisse als Ausdruck eines Wiedergeburtsglaubens. Edith Hollinger hatte schon viel früher (Hollinger 1972) den modernen Vermehrungsprojektionen eine Rekonstruktion steinzeitlicher Bevölkerungskontrolle entgegengehalten, und fand nun Beachtung. (Mellaart 1967; Hollinger 1972; Gimbutas 1974; Ranke–Graves 1960, 1965; Neumann 1974; König 1979; Gould–Davis 1977).

Zweifellos war (und ist) eine neue feministische Sicht auf die vor– und frühgeschichtlichen Funde inspirierend, und Matriarchatsthesen schärfen dabei den Blick. Diese Sichtweise dient nicht nur vordergründigen Zielen feministischer Politik, sondern korrigiert auch lächerliche Verzerrungen und Interpretationsfehler, wie sie z.B. in der Archäologie bis heute gang und gäbe sind.
Hier nun ein Beispiel dafür, wie Funde, wie Symbolkultur vereinnahmt werden, und sich dabei unbestreitbare Kapazitäten ihres Faches als "teilnehmende Beobachter" erweisen: Colin Renfrew, Spezialist für die Kultur der Kykladen, erblickt in deren Kultur im 3. Jahrtausend v.u.Z. "die ersten Schritte zur Schöpfung einer europäischen Kultur". Wohl die Fundstücke vor dem geistigen Auge – Frauenfiguren, nichts als Frauen –, drückt er seine Gefühle mit einem Gedicht Carlyles aus:

> *Versetzt Euch in die frühe Kindheit der Völker, das erste schöne Morgenlicht Europas ... Staunen, Hoffnung, unendliches Strahlen von Hoffnung und Staunen – in den Herzen dieser s t a r k e n   M ä n n e r ! (Renfrew zit. in Thimme 1976; weitere Beispiele in Rentmeister 1985, 87 f.; siehe Abb. 3).*

Abb. 2: "Herrin der Tiere", Catal Hüyük/Anatolien, um 6000 v.u.Z. (Neusteinzeit)

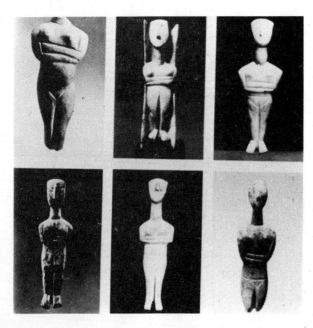

Abb. 3: Frauen"idole" von den Kykladeninseln, 3. Jahrtausend v.u.Z. (Neusteinzeit)

*Frauenwelten – fern, vergangen, fremd?*

In dieser 1. Halbzeit der Frauenbewegung bleiben die matrifokalen (matrilinearen, matrilokalen) Kulturen der Gegenwart merkwürdig blaß, fern und exotisch.

Und das, obwohl Bertha Eckstein–Diener in ihrem vielgelesenen "Mütter und Amazonen"–Buch nicht nur prähistorische "Damenreiche" vorstellte, sondern – mit ihren Worten – auch "einen ethnologischen Spaziergang durchs Mutterrecht" anleitete (Eckstein–Diener, Raubdruck von 1975; Original von 1932). Zwar wurden uns dadurch Begriffe geläufig wie Couvade, Polyandrie, Männerhaus – aber die zugehörigen Völkerschaften blieben merkwürdig ungreifbar, mythischer fast als die "sagenhaften" Amazonen.
Ob das an ihrer schillernden Schreibweise lag, die Gegenwärtiges und längst Vergangenes durch überzeitlich–ironische Perspektive (zu)gleich nah und weit weg rückte; oder am Fehlen von aktuelleren ethnologischen Bildern und Filmen – denn von den prähistorischen und antiken Frauengestalten gab es eher und mehr Bilder zu sehen und wohl auch eine ausgeprägtere populärwissenschaftliche Tradition; oder an der doch größeren Vertrautheit mit dem eigenen "Kulturkreis", dem größeren Bedarf an "eigener" europäischer Vor–Geschichte; Penthesilea und Sappho, Isis und die Venus von Willendorf, die Sabinerinnen und die Sphinx: die historisch ferneren Gestalten rückten jedenfalls rascher nahe als die lebendigen, aber geographisch ferneren ZeitgenossInnen.
Kaum, daß diese Namen, diese Gestalten wieder ein Begriff wurden, da mahnten, als hätten sie sich zu einem Frühwarnsystem verbündet, auch schon feministische Autorinnen vor dem Matriarchats–Gespenst. Ute Gerhard, Janssen–Jurreit, später Bernard/Schlaffer, der Tenor war immer der gleiche: Der Glaube an ein ursprüngliches Matriarchat könne ja tröstlich sein, helfe aber nicht weiter. Frauen "… sollten nur beweisbare historische Fakten in ihre Argumentation einbeziehen …" (Janssen–Jurreit 1978, 148). Jedoch: Wieviel läßt sich, bei der schwierigen Materiallage, nach nur zwei, drei, vier Forschungsjahren schon beweisen? Viel zu schnell und ängstlich – vielleicht aus Sorge, gleich wieder unter die Misfits gereiht zu werden – wurden Denkverbote ausgesprochen; oft von AutorInnen, die sich selber kaum ideologiekritisch mit archäologischen und/oder anthropologischen Materialien auseinandergesetzt hatten. (Zur Kontroverse um den Begriff "Matriarchat" Rentmeister 1985, 31 ff.).

Natürlich begannen manche Frauen schon in der ersten Halbzeit der Frauenbewegung, kleine eingeweihte Gruppen zu bilden, oft auf dem Lande, und den wiedergefundenen Göttinnen und Idolen eine quasireligiöse, neuheidnische Aufmerksamkeit und Verehrung zu schenken. Aber die generelle Haltung zum Matriarchat (und darunter verstanden alle etwas anderes) war säkular, weltlich, kaum je sektiererhaft oder eskapistisch, – eher materialistisch im Wortsinn: Mater, Materie …

Auf den Frauenfesten wurde zum Matriarchatsblues getanzt; die Doppelaxt der Amazonen, oft als Reiseandenken aus Kreta mitgebracht, trugen vor allem lesbische Frauen demonstrativ um den Hals. Matriarchatsideen gaben Stärke. Die Frauen holten sich ihre Gestalten und Symbole zurück.
Wenn ich eine Minangkabau wäre, würde ich die erste Halbzeit in ein Epigramm fassen, etwa so: "Die Sprühdose in der linken Hand, das Buch in der Rechten, die Doppelaxt um den Hals".

## 2. Halbzeit und "Wechseljahre": "Die Göttin in Dir"

Die soziologischen und historisch-politischen Strukturwandlungen der Frauenbewegung in dieser zweiten Halbzeit und während der "Wechseljahre" 1978 bis 1983 fasse ich mal so zusammen:

Die Studentinnen sind nun diplomiert, haben promoviert. Es ist die Zeit der Professionalisierung, Institutionalisierung, auch der Akademisierung der "Frauenfrage". Frauenbewegung bleibt als Begriff. Aber der *Feminismus* prägt diese 2. Halbzeit – als ein Set von Ideen, die mitgenommen wurden oder übergesprungen sind in weite gesellschaftliche Kreise, in die Männerwelten der Institutionen, der Parteien, der Korporationen. Manche Frauenprojekte bleiben autonom, neue kommen hinzu. Amazonisches, separatistisches Verhalten verschwindet keineswegs, wird aber eine Möglichkeit unter vielen.

Die Berliner Sommeruni 1979 widmet sich bereits sehr kritisch dem neuen Hang zu Mütterlichkeit und Innerlichkeit. Die lesbischen Aktivistinnen bleiben von zentraler Bedeutung. Aber z.B. im literarischen, psychologischen und politischen Bereich greifen nun Frauen feministische Themen auf und erreichen Leserinnen, die mit der alten separatistisch-aktivistischen Basis wenig zu schaffen haben (wollen). Sie stärken die heterosexuelle Komponente im Feminismus, geprägt von ihrer Suche nach neuen Männern für Liebe und politische Partnerschaft, nach Männern, die bereit sind, im Namen einer neuen Ganzheitlichkeit die patriarchalen Altlasten in ihrem Verhalten zu entsorgen.

Die Wandlungen und Umorientierungen zur innerlichen und mütterlichen Frau möchte ich kurz psychosoziologisch interpretieren, wobei sich diese beiden Erklärungsmuster überschneiden. Im Grunde halte ich vieles von dem, was nun an die Oberfläche kam, für eine Begleiterscheinung der Auseinandersetzung mit dem Tod:

- mit einer vom Tod bedrohten Umwelt und Natur: Metapher Baumsterben;
- mit der Nachrüstung, die für viele zum ersten Mal auch physische Berührung mit (künftigen) Atomwaffenlagern und ihren Bewachern brachte;
- mit dem Todesschrecken, den 1979 das Menetekel von Harrisburg hervorrief;
- vielleicht auch der Tod, der schmerzhafte Abschied von radikalen Idealen, von Träumen von leichterer Veränderbarkeit: der herrschenden Verhältnisse, wie auch der eigenen Verhaltensweisen.

So suchten viele, Zeichen zu setzen gegen den Wahn, den Tod: einen Glauben, ein Ritual, ein Kind.

Diese Gegenentwürfe sind auf die unterschiedlichsten Arten mit Matriarchatsideen verknüpft, über die Themen von Wiedergeburt, zyklischer Wiederkehr, von Geburt.

*1. Das Kind*

1980, mitten in der Wende zu Innerlichkeit und Mütterlichkeit, riefen Grüne Frauen und Feministinnen in Gorleben zum Gebärstreik auf. Mit wenig Erfolg. Aber die Idee war, daß Frauen der Gesellschaft das Wichtigste und Elementarste verweigern sollten, was sie ihr zu

geben haben, und daß in dieser Verweigerung vielleicht die einzig wirklich große Macht der Frauen liegt.
Andere Frauen dagegen glaubten, gerade mit einem Kind symbolisch und materiell ein Zeichen ihres mächtigen Überlebenswillens setzen zu können. Nicht wenige berichteten auch, sich während Schwangerschaft, Geburt und der ersten Lebensjahre des Kindes als mächtig matriarchalisch zu empfinden, in einem Zustand wörtlich gelebten Mutter–Rechts.
Solche Empfindungen wurden u.a. von Psychologinnen auch in den achtziger Jahren gestützt, die die uterine und frühkindliche Phase als "psychisches Matriarchat" bezeichnen. "Zumindest im Psychischen besteht ein Matriarchat vor dem Patriarchat", schrieb Marina Gambaroff (Gambaroff 1984, 29). Die Mutter wird vom Kind als omnipotent erlebt, bzw. erlebt sich gegenüber dem Kind als solches. Ein trügerisches Matriarchat, denn meist fehlt die materielle Basis. Die Enttäuschung ist vorprogrammiert: für das Kind bricht die Muttermacht zusammen, wenn es wahrnimmt, daß die Mutter selbst eine Beherrschte ist. Ein Buch mit dem schönen Titel "Bauchlandungen" zeigt an vielen Beispielen, wie Frauen sich selbst getäuscht haben. Nur zu oft kam es zur Schwangerschaft in Situationen von Ohnmachtsgefühlen und Sinnkrisen: in Partnerschaft, Beruf, oder Studium. Im täglichen Leben erfahren die jungen Mütter dann immer wieder, daß Huldigungen an die Mutterschaft mehr allegorisch oder bevölkerungspolitisch gemeint sind, sich aber ökonomisch leider nicht auszahlen (Häussler/Helfferich u.a. 1983).

## 2. Der Glaube

In der zweiten Halbzeit der Frauenbewegung findet eine Renaissance, eine Wiedergeburt der Religiosität statt. Zwei der bedeutenderen Gruppierungen, die "matriarchale Spiritualität" für sich entdecken und beanspruchen, sind das "New Age" und die feministische Theologie.
Die matriarchale Spiritualität ist eingebaut in eine Allegorie der neuen Ganzheitlichkeit, in eine neue weibliche Dreifaltigkeit: Feminismus, Spiritualität und Ökologie.

Daß die Vernichtung ganzheitlichen, matriarchalen Bewußtseins die Hauptsünde der monotheistischen patriarchalen Religionen sei, meinen feministische Religionswissenschaftlerinnen und Theologinnen.
In den achtziger Jahren veröffentlichen sie ihre Rekonstruktionen matriarchaler Lebenspraxis und Religiosität. Mit den Reisen in diese versunkenen Frauenwelten wird stets die Hoffnung auf irdischen Frieden, auf ein Überleben in der Zukunft verknüpft. Als Beispiel sei hier nur Gerda Weiler genannt: "Ich verwerfe im Lande die Kriege. Das verborgene Matriarchat im Alten Testament" (Weiler 1983). Ihr Buch ist ein eindrucksvolles Beispiel dafür, was spezialisierte Matriarchatsforschung noch zutage fördern kann. Den hoffnungstiftend–rhetorischen Bogen allerdings, den sie zwischen versunkenen und kommenden Welten schlägt (eine auch bei anderen AutorInnen beliebte Floskel), kann ich nicht nachvollziehen:

> *Mit der matriarchalen Welt ist das ganzheitliche Bewußtsein verloren gegangen, sind gesellschaftliche Werte vernichtet worden, aus denen – stünden sie uns zur Verfügung – die heutige Menschheit die Kräfte zum Überleben schöpfen könnte ... Im matriarchalen Bewußtsein bewegt sich die Welt in Zykladen. Alles Vergangene kehrt wieder! Und unsere Reise zu den Ursprüngen ist zugleich der Weg in unsere Zukunft (Weiler 1984, 36 und 59).*

Solch starke Behauptungen überdecken viele Fragen. Zum Beispiel: Müssen wir nicht annehmen, daß die vergangenen Matriarchate aus bestimmten historischen Gründen vergangen sind und es auch bleiben? Alle Großen Göttinnen, alle die unterstellte ganzheitliche

Geisteskraft und Lebensweise der frühen matriarchalen Menschen haben die Zerstörung ihrer Ordnung nicht verhindern können. Gut, das kann ein Unterliegen unter Brachialgewalt gewesen sein. Aber, wie oben erwähnt, zu viele Rätsel ranken sich noch um die Fragen, wie, wann und warum dann eine solche Gewalt sich zusammenballen und die Oberhand gewinnen konnte.

Und welche Erfahrung berechtigt zu der kategorischen Aussage: alles Vergangene kehrt zurück? Warum, weshalb und wie sollte das geschehen? (Lenkt nicht eher die Vorstellung, daß Vergangenes im gleichen Gewande wiederkehren könnte – Beispiel Neo-Nazismus – von der viel wichtigeren Frage ab, welche Werte, Strukturen und Begriffe eine Gesellschaftsordnung prägten, und in welchem modernisierten, zeitgemäßen Gewand sie dann, nicht auf Anhieb durch die alte Kostümierung identifizierbar, daherkommen und weiterleben?) Falls es eine Moral von der Geschichte gibt, die Frauen heute innere und äußere Stärke und eine rettende Macht auf den Gang der Welt verleihen könnte, wo wäre sie zu suchen? Vielleicht auf dem Gebiet der Fortpflanzungskontrolle durch Frauen? (s.u.)

Die amerikanische "New Age"-Bewegung gewinnt etwa ab 1982 auch unter westdeutschen Frauen an Einfluß. Sie beansprucht "Alte Weisheiten und moderne Naturwissenschaften" zu einem neuen, wiederum Ganzheitlichkeit beanspruchenden Paradigma zu verschmelzen. So lautete das Thema der wegweisenden Konferenz 1982 in Bombay, veranstaltet von der Transpersonalen Gesellschaft (vgl. Rentmeister 1983; 1984).

Unter die alten Weisheiten zählt man auch matriarchale Weltbilder, "matriarchale Spiritualität" und Gestalten Großer Göttinnen. Fritjof Capra stellt die gesamte Wendezeit unter das Zeichen der erwähnten neuen Trinität aus Spiritualität, Feminismus und Ökologie (Capra 1983, 469 ff.).

Für Charlene Spretnak, eine der New-Age-Protagonistinnen, besitzen Frauen

> *aufgrund ihrer spezifischen Erfahrungen ein engeres Verhältnis zum ganzheitlichen Denken ... Erfahrungen, die drei Bereichen entstammen: der vorpatriarchalischen Geschichte, der Weisheit des weiblichen Körpers und der politischen Erfahrung der Frauen (Spretnak zit. in: Lutz 1984, 15 ff.).*

Vom europäischen Neolithikum, sagt Spretnak, haben wir den Frieden geerbt: diese Kulturen waren matrifokal, besaßen eine Bilderwelt für zyklische Zeiten und Begriffe wie Erneuerung und Regeneration; und sie besaßen ein ganzheitliches Verständnis der Menschen und der Natur – also das, was man im "New-Age" mit Systemdenken bezeichnen würde.

Das New-Age-Denken mit seiner "Ökosophie" (womit hier die weibliche Sophia gegenüber dem männlichen Logos hervorgehoben sei) wirkt übrigens durchaus hinein in politische Organisationen und ihre Praxis, – gehört z.B. bei etlichen Grünen Frauen mit zur weltanschaulichen Grundausstattung, und hat der Feminatsidee mit zur Geburt geholfen.

Es geht mir nicht um die Feststellung von Mutterschaftsrechten an Ideen, aber im Rahmen dieses historischen Rückblicks will ich noch einmal erinnern, daß die Sehnsucht nach Ganzheitlichkeit von Anfang an eine Triebkraft der Frauenbewegung war, indem sie ja die Aufhebung der destruktiven patriarchalen Dualismen forderte. Von Anfang an gehörten auch Feminismus und Ökologie zwillingsschwesterlich zusammen, ausgedrückt zum Beispiel in dem Satz: "Zwischen der Vergewaltigung einer Frau, eines Landes und der Erde besteht kein wesentlicher Unterschied." Schon 1975 entwarf Francoise d'Eaubonne ein "ökofeministisches Manifest", das die Verantwortung und potentielle Macht der Frauen in der Bevölkerungskontrolle und -ökologie betonte (d'Eaubonne 1975; In ihrem Buch "les femmes avant patriarcat" von 1976 verbindet sie diese Ideen mit Matriarchatsthesen, – da aber keine deutsche Ausgabe erschien, spielte es in der deutschen Frauenbewegung keine der von "Feminismus oder Tod" vergleichbare Rolle.).

Das New Age ist allerdings "ganzheitlicher" als die älteren ökofeministischen Entwürfe, – es hat nicht nur die Tendenz, die gesellschaftliche Machtfrage auszuklammern, indem es reale sozioökonomische Interessenkonflikte unter den Teppich einer verschwommenen Versöhnlichkeit kehrt; das "New Age" grenzt auch die Männer nicht aus, – um den Preis, daß viele gleich wieder in ihre vertraute Rolle als Stimmführer schlüpfen ...

*3. Das Ritual*
In der 2. Halbzeit der neuen Frauenbewegung drückt sich der Wunsch nach Gemeinschaft und Identitätsbestätigung auch in einer Renaissance der Rituale aus. Manchmal werden sie noch in der rauhen Wirklichkeit ausgeführt; zum Beispiel 1983 in Hasselbach, vor den künftigen Lagern der Cruise Missiles: als ein Versuch, Gegenmacht auszuüben.
Meist aber werden Rituale nun ausgegrenzt in "geheiligte", in spirituelle Räume. Sie werden zelebriert zu "Zeiten der Macht an Orten der Kraft": zum Beispiel zur Wintersonnenwende an den Externsteinen. Matriarchale Rituale werden neu erfunden oder rekonstruiert und unter Anleitung durchgespielt, z.B. als Bestandteil einer "matriarchalen Ästhetik", wie sie Heide Göttner–Abendroth propagiert.
Auch sie spricht von ganzheitlichen Lebens– und Politikformen, gegen mystische Weltflucht und für Übernahme von Verantwortung. Daß Göttner–Abendroth in besonderer Weise zur mütterlich– heterosexuellen zweiten Halbzeit gehört, drückt sich schon im Titel ihres ersten Buches aus: "Die Göttin und ihr Heros" (Göttner– Abendroth 1980). Der menschlich–männliche Partner der Göttin, seine Integration ins weibliche Universum wird nun ein wichtiges Thema. Damit wendet sich auch historisch das Augenmerk auf jene späteren, nachsteinzeitlichen Phasen, in denen sich ein wichtiger symbol– und sicher auch soziokultureller Wandel vollzieht: den bisher, in Kunst und Mythen parthenogenetisch, allein und selbständig wiedergegebenen Frauengestalten wird nun ein Mann (ein Heros?) zugestellt.
In "Die tanzende Göttin" (Göttner–Abendroth 1982) beschreibt Göttner–Abendroth dann matriarchale Kunst und Rituale als neue Lebensform, ausgedrückt vor allem in Jahreszeiten–Tanzfesten, zum Beispiel im "Mondin–Sonnenspiel":

> *So werden wir, indem wir unsere eigene Gegenwart schaffen, fremd in dieser Gegenwart. Wir schaffen uns Raum in einer feindlichen Gesellschaft und den Ausgang in eine andere Welt. Denn die Feste des Jahreszeiten–Zyklus haben die Tendenz zur Allgemeinheit, so allgemein, wie sie als Volksfeste einmal waren ... (Das Fest wird) zur zentralen gesellschaftlichen Praxis, die die Risse und Wunden aus lebensfeindlichem Verhalten heilt (Göttner–Abendroth 1982, 250).*

Die Trennung zwischen Kunst und Öffentlichkeit sei aufgehoben, da doch alle zu Teilnehmerinnen werden könnten, in einem gleichberechtigten, offenen Prozeß:

> *Matriarchale Kunst als Prozeß zwischen allen Beteiligten kann weder von außen kritisiert und interpretiert werden, noch kann sie als Ware auf dem Kunstmarkt verkauft ... werden (Göttner–Abendroth 1984, 169).*

Aber sie kann auf dem Spiritualität–Workshop–Markt verkauft werden? Die Teilnahme an den Festen der zehn, der hundert oder der tausend Frauen wird, verglichen mit den Frauenfesten der "1. Halbzeit", mit therapeutisch–hohen Preisen bezahlt – wofür frau vielleicht tatsächlich tiefergehende oder auch einfach schöne, erhebende und stärkende Erlebnisse geboten bekommt.

Trotz des Kritikverbots für Außenstehende möchte ich jedoch noch zwei Unbehagen gegen solche Ritual–Renaissancen ausdrücken:

1. Wenn ausdrücklich ein Anspruch auf egalitäre Ganzheitlichkeit vorgetragen, und dennoch wieder in sakrale und profane Räume und in Teilnehmerinnen und Hohepriesterinnen geschieden wird (Beispiel: zur Eröffnung der "Privat–Akademie Hagia" 1986 wird zu einer "Kosmischen Schlacht" eingeladen; die Mitbegründerinnen der Akademie als neun Planetinnen, die zahlenden Teilnehmerinnen als Ko–Planetinnen, und das ganze Spiel kreist um die Sonne, gespielt von Heide Göttner–Abendroth. Denn, wie sie im Einladungsschreiben sagt: "9 Planetinnen und eine Sonne gründeten diese Akademie!").

2. Zyklen– und Jahreszeiten–Nostalgie kann ich in gewissen Grenzen nachvollziehen. Trotzdem ist es mir unbehaglich gegenüber solchen rekonstruierten Ritualen und den zugehörigen Kostümierungen: waren sie nicht nur echte und mächtige Rituale zu ihrer Zeit?

Von der Innerlichkeit und der Vergangenheit nun noch eine kurze Reise in ferne Frauenwelten, von den Göttinnen und alten und neuen Priesterinnen zu ganz lebendigen, (allzu)menschlichen "starken Frauen". Denn auch das ist ein Thema, das Frauen in der 2. Halbzeit bewegt.

## II. Frauenkulturen in der Ferne – näher als gedacht?
### Die Minangkabau und Seitenblicke auf die Nayar

Für die 2. Halbzeit der Frauenbewegung läßt sich, wenn ich eimal von von meinen Erfahrungen her urteile, ein leicht wachsendes ethnologisches Wissen und Interesse verzeichnen. Das ist weniger einem heißen Bemühen von EthnologInnen oder KulturanthropologInnen um Popularisierung ihres Wissens zu danken, als vielmehr solchen Fernsehfilmen wie von Troeller/Deffarge über die Minangkabau und die Campa.

Ich selber bin seit Abfang der 80er Jahre öfter nach Asien gereist und dabei auch in matrifokalen Kulturen zu Besuch gewesen: bei den Minangkabau (in Westsumatra), den Nayar (in Südindien) und den Karen (in Nordthailand und Burma).

Ich will gleich die Tür dorthin wenigstens einen kleinen Spalt weit aufmachen – für ein paar (Augen)blicke auf die Frauen– und Männerwelten der Minangkabau, mit ein paar Seitenblicken auf die Nayar.

Vorher eine Anmerkung zu einem Wandlungsprozeß in der kulturanthropologischen Diskussion, so wie ich es als Außenstehende wahrnehme: hier nähern sich Frauen und Männer seit einigen Jahren einem neuen Genus–Konzept, in dem sich gewisse "alte bzw. neue feministische Weisheiten" niederschlagen.

So beschäftigte sich 1982 in Bellagio/Italien eine AnthropologInnen–Konferenz mit dem Thema "Feminismus und Verwandtschaftstheorie" (vgl. Rentmeister 1985, 37 ff.). Die TeilnehmerInnen bezweifelten, daß die übliche Unterscheidung zwischen politischer und häuslicher Domäne universell gültig, und überhaupt nützlich und angemessen sei. Diese Domänen–Ideologie tauche erst mit den modernen Staaten–Gesellschaften auf. Selbst noch in modernen westlichen Gesellschaften führe diese klischeehafte Trennung als analytische Kategorie in die Irre und verdunkele die durchaus unterschiedlichen Implikationen für Genus–Beziehungen und die Hierarchie.

Man stellte fest: Feministinnen hätten die Bedeutung des Begriffs "politisch" verändert.

Abb. 4: "Rumah Gadang" der Minangkabau/Westsumatra: Neubau im traditionellen Stil

Abb. 5: Im Innenhof eines "Taravad" der Nayar in Kerela

Abb. 6: Hochzeit bei den Minangkabau/Westsumatra: Feier unter Frauen

Politik sollte als ein System von Machtbeziehungen und Wertehierarichien definiert werden, die notwendigerweise Männer und Frauen einschließen. Männliche Aktivitäten machten keineswegs das menschliche Universum aus.

## 1. Alam Minangkabau – Die Welt der Minangkabau

Zweieinhalb Millionen Minangkabau leben heute in Westsumatra nach dem "Adat", nach den matrilinearen, matrilokalen Regeln ihres Mutterrechts, in Dörfern, in tropischen Berggegenden. Diese Regeln werden auch noch in der Hafenstadt Padang (200.000 EinwohnerInnen) und der eigentlichen "Hauptstadt" in den Bergen, in Bukittinggi befolgt, einem "großen Dorf" mit 50.000 EinwohnerInnen.
Westsumatra bildet das "Herzland" (darek) der Minangkabau; hunderttausende leben aber heute in vorübergehender oder ständiger Emigration, meist auf Java, – fast alle weiterhin nach dem Adat. Auf eine Eigenart und ein Wunder will ich gleich hinweisen, die die Kultur der Minangkabau in doppeltem Sinne als "Zwei–Welten– Kultur" erscheinen lassen:

* Die Eigenart: eine Art Passagenritual, das Perantau – ursprünglich nur die vorübergehende Emigration von (jungen) Männern, die sich in der "Außenwelt" bewähren und mit neuen Erfahrungen und Gütern als umso würdigere Heiratskandidaten zurückkehren sollten in den Schoß der Muttersippe.

* Das Wunder: ein Wunder weiblicher Diplomatie – die seit dem 16. Jahrhundert, trotz Phasen blutiger Auseinandersetzungen, bis heute durchgehaltene Koexistenz von mutterrechtlichem Adat und dem tendenziell männerrechtlich–aggressivem Islam. Die Minangkabau fassen ihre Lebensweisheiten und Regeln in Bilder, in Sprichwörter. Zu diesem historischen Kompromiß sagen sie: "Islam stieg herauf (von der Küste), Adat stieg herab (vom Vulkan Merapi)".

Auch hat das Adat die nivellierenden Eingriffe des indonesischen Nationalstaates seit der Unabhängigkeit 1945 überstanden, also das Überstülpen männlich–öffentlich–rechtlicher politischer Strukturen.
Begeben wir uns aufs Dorf, das Nagari – von dem Josselin de Jong sagt, daß man innerhalb eines einzigen Dorfes die grundlegende Sozialstruktur der Minangkabau verstehen könne (De Jong 1980, 13).

## 2. "Aus einem Mutterleib" – Sippe, Haus und Dorf als vernetztes, selbstorganisierendes System

Betrachten wir die traditionelle Sozialstruktur, wie sie in verschiedenen Abwandlungen und Aspekten noch immer gelebt wird.
Das Mutterrecht materialisiert sich in großzügig angelegten und wohlhabenden Dörfern, organisch eingelagert in Reisterassen, blühende Gärten und tropischen Wald.
Land und Häuser gehören bis heute (fast hundertprozentig) den Frauenclans (sukus).
Zentrum, Kristallisationspunkt so eines Clans ist das Langhaus (rumah gadang) – holz– und steingewordene Sozialstruktur; in ihm wohnt (traditionell) die Hausgemeinschaft, die "paruik", und das heißt "ein Mutterschoß".
Die geräumige Halle dient als Wohn– und Speiseraum, Schlafraum, und als Versammlungsraum für den Clan. An die Halle schließen die "Appartments" der Frauen an, je ein Raum für eine Frau bzw. eine Mutter mit ihren Kindern. Der "Mutterschoß" besteht aus drei bis vier Generationen von Frauen: der ältesten Frau, ihren noch lebenden Schwestern, der Töchtergeneration und deren Kindern. "Mutterrecht", und das ist vielleicht ein wichtiger

*Frauenwelten – fern, vergangen, fremd?*

Hinweis für westliche Frauen, bezeichnet keineswegs die Allmacht der einzelnen biologischen Mutter über ihre Kinder, sondern ein Netz von (matrilinear–verwandten) wichtigen Bezugspersonen, das die kleinfamilialen Klammerverhältnisse normalerweise verhindert. In der matrilinearen Terminologie der Minangkabau gibt es wegen der systemtypischen Autonomie der Dörfer nur für zwei grundlegende soziale Gruppen auch gleiche Begriffe:

* die kleinste Einheit (samandai) ist *eine Mutter mit ihren Kindern* – der Begriff von einer Kleinfamilie mit biologisch/sozialem Vater fehlt ursprünglich völlig, was bei Anthropologen immer wieder zu verzerrten Wahrnehmungen führte (Prindiville 1985, 38).
* die größte Einheit (suku) – der matrilineare Clan.

In einem Clanhaus wohnten früher 20-40 Personen; außer den Frauen und ihren Kindern die männlichen Blutsverwandten, die noch früher nur über Nacht, auf "Besuchsehe", in das Mutterhaus ihrer Ehefrauen gingen. Die Institution des "Männerhauses", das nach der Islamisierung mit der Funktion der Moschee kombiniert wurde, gab man schon im letzten Jahrhundert auf.

Bei den Nayar wohnten die männlichen Blutsverwandten in einem eigenen Gebäude des "taravad", eines Gebäudekomplexes der matrilinearen Großfamilie, siehe Abb. 5. Bei ihnen hat sich die Besuchsehe in erstaunlichem Maße erhalten: noch um 1965 bei 60% der Männer! Und nur 7% lebten zu diesem Zeitpunkt virilokal (vgl. Fuller 1976, 140).

Dieser Clanhaushalt ist *die* ökonomische und politische Domäne, das allumfassende soziale Zentrum und Netz, in dem Sozial-, Werkzeug- und Symbolkultur verwoben sind – von Frauen:

– die Muttergruppe kontrolliert die ökonomischen Ressourcen, zum Beispiel die temporären Nutzungsrechte für Anbauflächen;
– die Muttergruppe bestimmt die Bürgerschaftsrechte im Dorf und den Zugang zu den "politischen" Adat–Ämtern;
– in die Muttergruppe floß (und fließt zum Teil noch heute) selbsterworbener, temporärer (Geld–)Besitz nach dem Tode der ErwerberInnen zurück und wurde zu "unbeweglichem Claneigentum" (Banda–Beckmann 1980, 4).

> *Man stellte fest, daß das tatsächliche Dorfleben von den Frauen gewoben wird. (Es wird) die Herkunft von Mutter auf Tochter gerechnet, und das Wohnsitzmuster ist uxorilokal.*
> *Es stimmt, daß heute viele Leute für ihre eigenen Kinder ein eigenes Haus neolokal errichten; aber dieses Haus wird sich auf dem Clanland der Frauen befinden. So bleibt die enge Wechselbeziehung zwischen einer Frau und ihren Nachbarn und ihrer Familie ... unberührt. Das verschafft ihr eine starke Position gegenüber ihrem Ehemann und beträchtliche Bewegungsfreiheit ... (Pak 1980, 8 f.).*

Für die Stellung der Frauen könnten wir sagen: Nicht "die Frau gehört ins Haus", sondern: "Die Häuser gehören den Frauen". Diese ökonomische Fundierung des Mutterrechts kann nicht genug betont werden.

### 3. Der Status der Männer in Groß–Familie und Clan

Die Mutterbrüder tragen als "mamak" Mitverantwortung für die Kinder der Schwestern. Einer von ihnen wird zum nominellen Haushaltsrepräsentanten gewählt (penghulu) und vertritt den Clan im Dorfrat, wo alle Penghulus zusammenkommen (zu den Entscheidungsprozessen s.u.). Die Minangkabau gehen von einem größeren Gewaltpotential bei Männern aus, und von einem größeren Geltungsbedürfnis. Geschickt haben sie dafür Genusfunktionen geschaffen, die diese Eigenschaften zu sozialisieren vermögen. Beispielsweise wird der Penghulu nach Kriterien gewählt – von Frauen und Männern natürlich –, die einen Politiker hierzulande schon im Vorfeld scheitern lassen würden: Kompromißfähigkeit, Duldsamkeit, Toleranz, würdevolles Betragen.

> *Er soll alle Probleme des Clans glücklich lösen. Dafür muß er ein gutes Herz haben und ein freundlicher Mann sein (Interview mit Mr. Azhar zit. in: Rentmeister 1985, 53).*

Den Kindern wird schon die Erzählung von der mythischen Königin Bundo Kanduang nahegebracht: sie lehrt ihren Sohn vor allem "nakal", die Vernunft zu gebrauchen, um "nafsu", die Impulse zu steuern. Auch bei den Minangkabau– Männern tragen z.B. Titel zur Identitätsbestätigung und Befriedigung von Geltungsbedürfnis bei.

Bald nach der Geburt gibt es die "kleinen Namen"; nach der Heirat die ererbten "kleinen Titel"; dann folgen die Steigerungen: "mamak" (Onkel), "tungganai" (ältester mamak), "penghulu andiko" (gewählter Clansprecher), "putjuk suku" (oberster Clansprecher) ... Der Rang wird durch Attribute demonstriert: goldener Gürtel, Turban, Ehrendolch, Spazierstock.

In ihrer zweiten Rolle, als Ehemännern von Schwestern eines Clans, heißen sie "Ehrengäste" und begegnen sich als "seresam", d.h. "in derselben Position".

So soll Streit unter ihnen vermieden werden, der natürlich auch von Frauen ausgelöst werden kann, wenn sie Leistungen und Tugenden ihrer Ehemänner konkurrierend vergleichen ...

## 4. Heirat, Ehe, Scheidung

Frauen bestimmen nicht nur die Haushaltsökonomie in einem Dorf, sondern spinnen auch die wichtigen verwandtschaftlichen Netze in ihm. In diesem Rahmen entfaltet sich weibliche Diplomatie; und vor allem die identitätsstiftenden Feste und (Heirats–)Zeremonien bieten die erwünschte Gelegenheit zur Stärkung gegenseitiger Bande.

Was die Bedingungen für eine "erfolgreiche" Ehe angeht, so ist für westliche Feministinnen wichtig zu sehen, daß

- echte ökonomische Unabhängigkeit der Ehe– und Liebespartner die gegenseitige Achtung stärkt und die Gefahr von männlichen Übergriffen mindert;
- diese Gefahr durch den räumlichen Separatismus der "Besuchsehe" zusätzlich gemindert werden soll(te).

Auf Bräutigampreis, Hochzeit etc. gehe ich hier nicht ein. Da ich kein Bild von der Scheidung habe, zeige ich hier ein Bild jener wichtigen Hochzeits–Zeremonien, die die Braut mit den Frauen des Clans begeht. Denn nehmen wir an, daß es zu einer Scheidung kommt, dann hat die Leichtigkeit des mutterrechtlichen Verfahrens für westliche Frauen etwas Bestechendes: Eine Scheidung verläuft noch heute recht problemlos für beide Teile. Für die Frau ändert sich ja nichts an Wohn– und Besitzverhältnissen und um die Kinder muß nicht gestritten werden – es sind ihre. Bei den Minangkabau kommt es relativ häufig zu Scheidungen; die matrilinearen Verwandten üben soziale Kontrolle aus und beobachten das Wohlverhalten des Ehemanns.

> *Wenn sich ein Ehemann schlecht benimmt, ... wird er ohne viel Aufhebens vor die Tür gesetzt. Für das Verfahren mit solchen Ehemännern haben wir ein Sprichwort: "Asche auf dem abgebrannten Reisfeld wird leicht vom Wind weggefegt". Den Ehemännern geht es wie der Asche. Die Ehefrauen müssen nach unserer Sitte geehrt werden (Interview mit Mr. Azhar zit. in: Rentmeister 1985, 57).*

Bevölkerungspolitisch ineressant ist, daß Minangkabau–Frauen und Männer in Bezug auf Verhütungskenntnisse und –bereitschaft zu den aufgeklärtesten Volksgruppen Indonesiens zählen (außer Chinesen), daß sie im Schnitt auch weniger Kinder in die Welt setzen und beim Geschlecht des Kindes keine Präferenzen angeben.

## 5. Ein Blick auf die Rechts–Kultur

Wegen ihrer Entscheidungsfindungsprozesse und ihrer Rechts–Kultur wurde die Gesellschaft der Minangkabau als "ideale Demokratie", von Watson gar als "ultrademokratisch" (Watson zit. in: Thomas/Benda–Beckmann 1985, 167) bezeichnet.

Als ideal–demokratisch gilt, daß in wichtigen Belangen Beratung aller und einstimmige Entscheidung verlangt wird. Es kann also nicht eine evtl. kleine Minderheit eine große Mehrheit dominieren. Wenn wir die Entscheidungsfindungsprozesse bei den Minangkabau untersuchen, erweist sich wieder einmal unsere begriffliche Zweiteilung von männlich–politisch–entscheidend und weiblich–häuslich–untergeordnet als irreführend und deren "reconceptualizing" ist angesagt (vgl. Thomas/Benda–Beckmann 1985, 5). Denn Entscheidungen werden keineswegs von den "Penghulus" im Rathaus getroffen, sondern in einem dreistufigen System. Man muß unterscheiden zwischen

– dem Prozeß der Entscheidungs–Affirmation und Bewertung (eine Aufgabe der Männer als "Stimme" des Clans);
– und den Prozeß der Entscheidungs–Realisierung (im großen Maße eine Angelegenheit der Frauen).

Solche basisdemokratischen Prozesse, – das ist für Alternative hierzulande vielleicht ein Hinweis – gedeihen nur auf dem Boden dezentraler Organisation, bei überschaubarer Größe der Gemeinwesen.

## 6. Wohltätige Auswirkungen und Zukunftsaussichten der matrifokalen Kultur

Im nationalen indonesischen Vergleich heben sich die Minangkabau durch bedeutend größeres soziales und gesundheitliches Wohlergehen, Fehlen von existentiell bedrohender Armut und durch hervorragende, auch formale Bildung heraus (vgl. Daten in: Tan/Soeradji 1985).

Dasselbe Phänomen ist bei den drei Millionen Nayar festgestellt worden, und wird auch dort als (Nach/Aus–)Wirkung des matrifokalen Systems gedeutet (Zachariah 1984). Für die Nayar bedeutet das noch heute viel geringere Säuglingssterblichkeit als sonst in Indien, hohen formalen Bildungsstand der Frauen, bessere medizinische Versorgung und die einzige zugunsten der Frauen verschobene Geschlechterratio in Indien, mit 1.019 Frauen auf je 1.000 Männer.

Über die Zukunft des Adat lassen sich kaum Prognosen stellen. Aber in der anthropologischen Forschung der letzten Jahre ruft bei vielen KennerInnen der Verhältnisse, einheimischen wie fremden, immer wieder das flexible Festhalten der Minangkabau am Adat Erstaunen hervor. Man muß sehen, daß im Vielvölkerstaat Indonesien der sich gegenwärtig fast noch verstärkende Stolz der Minangkabau auf ihr besonderes soziales System auch wichtige identitätsstiftende Wirkung hat. SozialwissenschaftlerInnen sprechen sogar von der "Allgegenwart" matrilinearer Elemente im sozialen Leben und der sozialen Organisation:

> Alle konstatierten Wandlungen, aber durchaus Wandlungen innerhalb des matrilinearen Systems. Niemand sprach von einem Zusammenbruch des Systems (Benda–Beckmann 1980, 2; vgl. Kato 1982).

### III. Wie fremd sind die fernen und die vergangenen Frauenwelten?

Das muß natürlich jede/r für sich selbst beurteilen.
Ich war auch in den "fernen Frauenwelten" der Minangkabau und der Nayar eine Fremde.
Die Welt der Frauenclans zeigt viele sinnvolle Einrichtungen, doch es ist nicht meine Welt.
Aber die relative Wohlhabenheit, die Bildung, vor allem das Selbstbewußtsein der Frauen und Männer dort – mir gegenüber, "meiner" Kultur gegenüber – erzeugt, zu Recht oder Unrecht, eine Art von "unimperialistischem" Wohlbefinden. Meine eigene feministische Distanz zu "meiner" europäischen Kultur erzeugte wiederum Nachdenklichkeit und auch Zustimmung bei meinen GesprächspartnerInnen dort; erzeugte bei manchen jüngeren Gesprächspartnerinnen auch erstauntes Befremden, streben doch manche nach westlichen Vorbildern: auf der Suche nach romantischer, lebenslanger Liebe und trauter Zweisamkeit, und nach totaler Unabhängigkeit, auch vom Clan.

Und die Beschäftigung mit den "vergangenen Frauenwelten"?
Christa Wolfs Frankfurter Vorlesung zum Kassandra–Stoff am Ende der "Wechseljahre" der Frauenbewegung fanden gerade unter Frauen viel Resonanz. Sie hat mit ihrer Reise durch Jahrtausende, durch die Vor– und Frühgeschichte des europäischen Patriarchats, von seinen ersten Katastrophen zu seinen vielleicht letzten, ein dankbares Publikum von Frauen gefunden, denen die vergangenen Welten bekannt sind und etwas in Bezug auf Gegenwart und Zukunft bedeuten.
Kassandra/Christa Wolf spricht:

> *Mir ist bewußt, daß mein Rückgriff in eine weite, ur–weit zurückliegende Vergangenheit (der beinahe schon wieder zum Vorgriff wird) auch ein Mittel gegen diese unauflösbare Trauer ist, die Flucht zurück als eine Flucht nach vorn (Wolf 1983, 72),*

die, bei ihr, in Gelassenheit mündet.
Dies ist eine von vielen möglichen angenehmen Distanz– Haltungen, die Beschäftigung mit vergangenen und fernen Welten erzeugt. Sie könnte auch in milde Ironie münden – vielleicht sogar in Selbstironie?
Ich selbst bin ja immer wieder aus den real existierenden Frauenwelten zurückgekehrt. Für mein Verhältnis zur Matriarchatsforschung würde ich sagen: ich bemühe mich, diese Kulturen nicht statisch zu sehen, und auch ihre Schatten wahrzunehmen. Aber zu nicht wenigen feministischen Ideen und Verhaltensweisen, die wir anfangs intuitiv praktizierten, finden sich überraschende Parallelen und Bestätigungen. Schließlich fällt mir noch eine "alte Weisheit" aus der Segelfliegerei ein, und das ist ein Naturgesetz: Auftrieb gibt es nur über hellen Flächen.

*Volker Hamann und Barbara Wolbert*

# "Brücke zwischen zwei Welten" und "Zwischenfeld zwischen den Kulturen"

**Vorstellungen zu kulturellen Übernahmen aus Afrika in der deutschen Alternativkultur**

Wir haben uns mit Menschen beschäftigt, die versuchen, sich in den Bereichen Bildende Kunst, Musik/Tanz und Literatur an afrikanischer Kultur zu orientieren. Wir haben in Berlin und in Westdeutschland Performances und Workshops besucht, haben mit Zuschauern, Teilnehmern, Künstlern und Lehrern gesprochen, mit Afrikanern und Deutschen. Die Interviews haben wir aufgezeichnet. Wir sind Hinweisen in Anzeigen, Anschlägen und Artikeln nachgegangen und haben Material zur augenblicklichen "Faszination Afrika" gesammelt.

Wir sind dabei auf sehr unterschiedliche Formen der Auseinandersetzung mit afrikanischer Kultur getroffen: auf ein Entdecken und Aneignen, auf ein Wahrnehmen und Umdeuten afrikanischer Rhythmen und Formen, auf Versuche der Analyse der eigenen Kultur durch Erkenntnis der fremden und auf Grenzüberschreitung und Vernetzung der Kulturen.

Innerhalb der Alternativkultur ist in der Trommel- und Tanzszene die Orientierung an Afrika am augenfälligsten. Wir konzentrierten uns auf diesen Bereich.

Wir stellen zuerst Monika Mirja vor, eine Tänzerin und Lehrerin für afrikanischen Tanz. Uns interessiert, wie sie zu afrikanischem Tanz fand und was sich für sie damit verbindet. An ihrem Beispiel zeigt sich, wie sich die Suche in afrikanischer Kultur biographisch herausbilden kann. Monika Mirja hat uns ihre Suche nach sich selbst im Fremden geschildert. Sogar dieses Interview hat sie zur eigenen Selbstfindung gegeben; sie hat sich selbst als Fall behandelt.

Danach machen wir mit einen Reiseunternehmen bekannt, das unter anderem in Afrika Tanzworkshops anbietet. Die Geschäftsideologie des Unternehmens formulierte Dr. Martin Altenberg. Er bietet ein Konzept von "Kulturaustausch" an, in dem die Möglichkeiten und Grenzen kultureller Übernahme den Geschäftsinteressen entsprechend interpretiert werden. Dr. Martin Altenberg und Franziska Kleinert, die das Reiseunternehmen betreiben, sind zwar auch Insider derselben Tanzszene, sie treten jedoch als Experten für Theorie und Praxis des Kulturkontakts auf. Mit Angaben über die eigene Person waren sie zurückhaltend.

Von mehreren Interviews mit Trommlerinnen oder Tänzerinnen wählten wir dasjenige, das auch die in den übrigen Interviews vorhandenen Züge besonders deutlich aufwies. Außerdem wählten wir das Interview mit einem Konzept über Kulturkontakt aus, das dem ausgesuchten Fall auf den ersten Blick am krassesten entgegensteht.

Unsere Fallauswahl folgte dem Prinzip des größtmöglichen Kontrastes. Zwischen den kontrastierenden Positionen streuen die Haltungen, mit denen kulturelle Elemente aus Afrika übernommen werden. Unser Anliegen ist es, Interviewmaterial strukturiert und nachvollziehbar der Diskussion zur Verfügung zu stellen. Monika Mirja und Martin Altenberg repräsentieren die an Afrika orientierte Tanzszene aus verschiedenen Innenperspektiven. Sie vertreten extreme Positionen der professionellen Distanz und Nähe zu afrikanischen Kulturen. Wir stellen Material zu folgenden Fragen zusammen: Wie sehen Mirja und Altenberg die eigene Kultur? Was suchen sie in Afrika? Und: Was sagen sie selbst über Möglichkeiten kultureller Übernahme? Welche Bedeutung messen sie ihr bei?

## "Brücke zwischen zwei Welten" – ein Verbindungskonzept

### Die Person Monika Mirja/Monika Nägele

Monika Mirja kam zu dem Interview mit der erklärten Motivation der Selbsterkenntnis. Monika Mirja, mit bürgerlichem Namen Monika Nägele, ist Tochter eines Handwerkermeisters aus einer süddeutschen Kleinstadt. Sie ist 25 Jahre alt. Nach dem Abitur hatte sie während eines USA– Aufenthaltes Kontakt zu Trommlern und Tänzern bekommen. Zurückgekehrt ging sie in die Großstadt, nahm Tanzunterricht. Bei einem Workshop im Senegal verliebte sie sich in einen jungen Mann aus einer Griotfamilie. Zum Zeitpunkt des Interviews lebt sie mit ihm, von dem sie ein Kind erwartet, und zweien seiner Brüder in Deutschland. Sie bezieht Bafög, jobbt, erteilt und nimmt Tanzunterricht und plant gemeinsame Arbeit mit ihren afrikanischen Freunden.

Monika Mirja tritt als Profi auf, will ihren "Tanzlebenslauf" erzählen, verweist auf ihre Lehrer Marc Headly und Ismail Ivo, spricht von Schülern, die sie hat, bezeichnet sich als "Tanzlehrerin", als "Tänzerin", als "Künstlerin". Sie zählt auf, was sie im "Tanzbereich" schon alles "abgedeckt" hat.

Doch sie stockt auch. Als sie über ihre Familie spricht, gerät ihre Stimme nah ans Weinen. Sie sagt, sie sei da in etwas "reingerutscht". Was mit ihr passiert ist, sei ihr selbst nicht so ganz klar. Sie empfindet "... Traurigkeit darüber, daß ich diesen weiten Weg gehen mußte, um wirklich zu finden, was Leben ist. Ich bin wirklich von 'Stammheim' nach Senegal gegangen." Sie betont: sie sei geheilt aus eigener Kraft, erfüllt mit Liebe, Freude, Glück. Sie habe ihre "Rolle" gefunden, ihre "Aufgabe" erkannt, nämlich "Brücke zwischen zwei Welten" zu sein.

Was sind das für "Welten"? Was macht sie zur "Brücke" zwischen diesen "Welten"?

### Die zwei Welten

Sie teilt die Wirklichkeit in zwei Welten, hier die deutsche, westliche Kultur und dort die afrikanische Kultur. Sie kommt aus Reblingen, einer kleinen Stadt, einer – wie sie sagt "engstirnigen Welt".

> *Was ich wirklich hasse an dieser Welt: ... Ich nenne es einfach mal "lusttötende Atmosphäre" überall, egal wo, ob das in der Kirche ist, auf der Straße, im Supermarkt oder sonst irgendwo. Es ist ein ganz bestimmtes Symptom dieser Gegend, also speziell auf dem Land. Oder wenn Lust, dann immer mit Alkohol verbunden. ... Das ist ganz kurz gesagt so die Welt, aus der ich komme.*

In ihrer Familie speziell sei Freude "fast verboten" gewesen. Überhaupt sei in Deutschland die Tradition des Ausdrucks eigener Gefühle, die es einmal gegeben hätte, abgerissen:

> *... durch das dritte Reich wurde eben alles, was mit Lust und Gefühlen und Freuden zu tun hatte, abgewürgt. Also diese Freuden, die im dritten Reich eben gelebt wurden, waren eben Massenfreuden, waren zu Diensten einer menschenunwürdigen Ideologie.*

"Jede zweite Familie" hätte "den Nazismus unterstützt" und so "mit der Ermordung der Juden" zu tun gehabt, sagt sie und folgert für sich:

> *Das sind alles Dinge, die muß ich mir nicht anziehen, die kann ich mir aber auch nicht ausziehen. ... Wir sind einfach Nachkommen dieser Generation, die die deutsche Kultur ... deutsche Kultur ist überhaupt ein schwieriger Ausdruck, den man gar nicht mehr definieren kann, weil er eben beladen ist.*

Diese Welt ist für sie ein "Stammheim". Das heißt: Ort absoluter Isolation für die sensiblen Teile der deutschen Jugend, die den faschistischen Terror fortleben sahen und die Hoffnung, nicht allein kämpfen zu müssen, aufgegeben hatten.

Die andere Welt, Afrika und afrikanischer Tanz, das sind nun die verbotenen Früchte des eigenen Selbst, die tabuisierten Zonen der eigenen Kultur, die als 'das Andere' genossen und betreten werden dürfen.
Lust, Freude, Verbundenheit mit der Natur und Zusammengehörigkeitsgefühl unter den Menschen ist das, was hier nicht mehr vorhanden ist und was Afrika bietet:

> *Ich bin vielleicht in Afrika geheilt worden. Ich drücke es mal so aus. Ich würde wirklich sagen, ich habe durch afrikanischen Tanz und Afrikanisches an sich, also durch die Verbindung, ... meine Hemmschwellen zu überwinden, mit Freude zu zeigen, daß ich wirklich auch Freude in mir habe. ... Das zu fühlen und das zu wissen, das verbindet das einfach ganz speziell mit den Menschen, die mit dabei geholfen haben. ... Wir sind einfach verbunden, verbunden, Verbündete. Es sind meine Freunde, einfach Freunde fürs Leben.*

Die eigene Kultur macht sie krank. Die Aufnahmebereitschaft und die Ausdruckskraft für das Gefühl, die für sie zentrale Momente afrikanischer Kultur sind, gelten ihr als Schlüssel zur Selbsttherapie.

**Der lange Weg**
Anhand einzelner Situationen zeichnet Monika Mirja ihren Weg nach, mit dem sie sich schließlich zu ihrer Aufgabe, "Brücke zwischen den Kulturen" zu sein, prädestiniert hat: Da gibt es ein Einstiegserlebnis, das sie schildert, als wäre es irreversibel wie eine Initiation.

> *Es war ein schwarzer Trommler. ... Wir haben einfach zusammen getanzt. Es war für mich das erste Mal, einfach nur zu tanzen, rein intuitiv, nichts zu überlegen. ... Es kam einfach von alleine. Es war plötzlich da. Ich habe getanzt und habe mich völlig gehen lassen. Es war afrikanischer Tanz ohne Vorkenntnisse. Danach war ich eine andere.*

Der Reiz des afrikanischen Tanzes liegt für sie in einer indirekt zum Ausdruck gebrachten sexuellen Lust sowie in der Leichtigkeit, "einfach ein Erlebnis zu haben, ... und dann weiß man, da ist etwas, das man entdecken möchte, wo man tiefer eindringen möchte."

Der nächste Schritt ist die Großstadt, "... Afrikaner zu finden und Zugang zu haben zu deren Kultur auf deutschem Boden." Nach Afrika geht sie dann im Rahmen eines Workshops, wie sie zugibt "aufgehoben, nicht einfach ins Land geworfen." Sie sagt, daß sie "sehr offen war für diese Kultur", sie habe "wirklich alles wissen" wollen, sei dadurch "besonders verletzlich" gewesen, sie habe sich als "auffällig erlebt", sie habe sich "bedroht" gefühlt, hätte sich "schützen" müssen. Ihr Resümee: "Ja, ich hatte Angst vor mir selbst wahrscheinlich." Als sei es eine Traumerinnerung, schildert sie eine der Situationen:

> *Sie trägt stolz eine Hose, Kleidungsstück für Männer einer moslemischen Sekte, wie sie später erfährt. Sie geht über den Markt in der Erwartung, man registriere erfreut die Tatsache ihrer kulturellen Übernahme.*

> Um sich zu integrieren, verhält sie sich ausgerechnet so, wie das kein Einheimischer tun würde, und isoliert sich damit umsomehr. Zur Rede gestellt, ob sie Mitglied der Sekte werden wolle, rettet sie sich mit dem Hinweis auf ihre angesehenen Gastgeber aus der Peinlichkeit.

Sie möchte dazugehören und für ihre kulturelle Offenheit gelobt und geliebt werden. Eine andere im Doppelsinn 'traumhafte' Erinnerung ist ein Gegenbeispiel, mit dem sie ihre Entwicklung beweist:

> Mit dem Ballett der Griot–Familie, in der sie "gewohnt, gelebt, geliebt" hat, tanzt sie in einem Hotel vor europäischen Touristen, für sie "das große Erlebnis": "Ich stehe da mitten drin, tanze wie die und sehe aus wie die anderen!"

Sie räumt ein, Phasen gehabt zu haben, in denen sie sich "wirklich als Afrikanerin gefühlt" habe.
Das Gefühl der Zugehörigkeit zu einer afrikanischen Familie und deren afrikanischen Freund gibt ihrem Weg weiter Kontur:

> *Ich habe die Leute besucht und war sofort angenommen als Familienmitglied. Überhaupt Gastfreundlichkeit in der Form zu finden, war für mich ein Erlebnis.*

Und zu der Beziehung zu dem Partner sagt sie:

> *... es ist eine besondere Situation für mich, als deutsche Frau mit diesem Afrikaner zusammenzusein und keine Probleme zu haben. ... Also ich kenne keine weiße Frau, die k e i n e Probleme hat mit ihrem afrikanischen Mann. Und das sind Fragen der Kultur und der Herkunft. Und ich habe diese Schwellen überwunden. Und das ist meine Bestätigung, mein Zeichen dafür, ... daß man irgendwann mal diese ganzen Mauern, Hemmschwellen, Vorhänge, Nebel oder was weiß ich was, nicht mehr sieht. Und dann gibt es nur noch Menschen. Menschen mit individuellen Gefühlen, die aber dennoch zusammenkommen können.*

Sie zeigt sich als eine Auserwählte. Diese Position, die sie als "Brücke zwischen den Welten" bezeichnet, stellt sich für sie als Berufung dar.

> *Ich verstehe mich selbst als Brücke zwischen deutscher, westlicher und afrikanischer Kultur. Das ist meine Rolle: Ich möchte nicht Gast dort sein, bin aber auch nicht ... bin dort nicht geboren. Brücke ist für mich ein Begriff, der für mich am meisten trifft, was meine Aufgabe ist.*

Daß Gastfreundschaft dem Fremden gilt und nie identisch ist mit einer Aufnahme als Familienmitglied, bleibt ihr verborgen. Sie macht sich zur Auserwählten, die über den sozialen Regeln steht. So kann sie für sich Menschlichkeit und Zugehörigkeit beanspruchen, ohne auf die sozialen Verpflichtungen einzugehen.

**Die Brücke**
Im engen Reblingen, in der deutschen Tradition ist sie beheimatet, fühlt sich aber dort nicht zuhause; in der senegalesischen Familie fühlt sie sich zu Hause, ist sich aber des Als–Angehörige–aufgenommen–Seins nicht sicher. Umsomehr spielt sie die Bindung an ihre Herkunft herunter und betont die Verbindung. Insofern ist ihre Rolle als Brücke die Positivformulierung des "Nirgendwo–richtig–Dazugehörens".
Sie arbeitet in Deutschland,

> *um hier in dieser Stadt speziell, aber hoffentlich über ganz Deutschland einfach diesen spirit, dieses Lebensgefühl hierherzubringen.*

Sie sagt, daß sie zwar afrikanischen Tanz benutzt, aber die eigene "Botschaft rüberbringt mit Hilfe des afrikanischen Tanzes." Als Botschafterin mit der Aufgabe, einen bestimmten Geist zu bringen, verleiht sie ihrer Arbeit als Lehrerin für afrikanischen Tanz ein besonderes Gewicht. Sie spricht von ihrem Unterricht als Tätigkeit mit besonderer Verantwortung. Sie beschreibt genau, wie sie den Unterricht gliedert, Übungen aufeinander aufbaut, wie sie Elemente traditionellen afrikanischen Tanzes abwandelt, welchen Wert sie der Kreisform beimißt, die "Gemeinschaftsgefühl rüberbringt." Sie plant:

> Ich möchte auch einmal mit meinen Leuten eine Gruppe oder so aufbauen und tanzen, afrikanisch.

Sie erzählt von früherer Zusammenarbeit "mit verschiedenen Afrikanern und Afrikanerinnen" und sagt: "Wir haben uns wieder voneinander distanziert." Sie gibt an, mehrere Angebote von Tanzkompanien bekommen zu haben, die sie abgelehnt hätte, weil sie die Zusammenarbeit nicht hätte vereinbaren können mit ihrer eigenen Auffassung von afrikanischem Tanz. Sie wendet sich gegen eine afrikanische Tänzerin, die Workshops abhält und mit Trance arbeitet. Deren "Anhänger" bezeichnet sie als "starke Gruppierung":

> Das sind Leute, bei denen ich sehr umstritten bin ... wir reiben uns auch immer auf an der Diskussion "Was ist afrikanischer Tanz"? Wir müssen feststellen, wir können uns nicht gegenseitig austauschen. Es sind zwei verschiedene Welten, ... Afrikanischer Tanz ist eben nicht nur afrikanischer Tanz. Es ist fast eine Ideologie.

Monika Mirjas Wunsch, anders zu bleiben und zugehörig zu sein, scheint sich mit ihrer Hinwendung zu afrikanischem Tanz verwirklichen zu lassen. In Afrika findet sie Tradition, Familie und eine Tanzgruppe. Mit dieser "afrikanischen" Zugehörigkeit kann sie in Europa ihre Andersartigkeit aufrechterhalten. Monika Mirja beschwört die Gemeinschaft und erhofft sie sich. Sie lehnt aber Angebote zur beruflichen Zusammenarbeit von all jenen ab, die sich ebenfalls als Vermittler hervorheben. Sie hat ihr "Stammheim" zwar verlassen, bleibt jedoch wieder isoliert.

Als Brücke sieht sich Monika Mirjam in einer tragenden Funktion. Der Austausch zwischen Afrika und Europa ist die Last, die sie auf sich genommen hat. Sie stellt sich zur Verfügung für andere: selbst geheilt und berufen, nimmt sie es als ihre Aufgabe an, nun ihrerseits therapeutisch zu wirken. Der afrikanische Tanz ist die Medizin, die sie verabreichen kann. Ihr Verantwortungsgefühl und die Tatsache, daß sie sich als Brücke freudig und hingebungsvoll in den Dienst anderer stellt, erinnert an religiös motivierte krankenpflegerische Tätigkeit. Als derzeit einzig verantwortbare Verbindung zwischen Kulturen, als Medium macht sie sich auch entsprechend unverzichtbar. Als müßte sie sich selbst vergessen, möchte sie jede Distanz aufgeben und muß sie zu eigenen Selbstbestimmung immer wieder herstellen.

## "Zwischenfeld zwischen den Kulturen" – ein Auswahlkonzept

### Das Unternehmen "Bewegung und Reise"

Dr. phil. Martin Altenberg hat zusammen mit Franziska Kleinert das Reiseunternehmen "Bewegung und Reise" gegründet und gibt zusammen mit ihr eine Tanzzeitschrift heraus. Franziska Kleinert, deren Name in einem Artikel über einen Tanzworkshop in Afrika genannt war, ist zum Interview eingeladen gewesen. Martin Altenberg erschien ohne Einladung als "Zuständiger" für die programmatischen Äußerungen.

Über das Projekt "Bewegung und Reise" erfuhren wir: Das Reisebüro vermittle Tanzreisen in verschiedene Länder. Nach Afrika reisten überwiegend Menschen aus pädagogischen oder medizinischen Berufen, in der Mehrzahl Frauen. Für "ein paar Tausend Mark" seien die Teilnehmer in Gruppen für 14 Tage in einem Hotel untergebracht und erhielten Tanzunterricht. Dafür sei ein afrikanischer Tänzer engagiert, der aus Europa käme und mit europäischem Tanz vertraut sei. Altenberg nennt seine Kunden "ein Publikum, ... das im Grunde genommen eine Resozialisation, eine Gruppendynamik, eine Regeneration sucht" und Franziska Kleinert ergänzt:

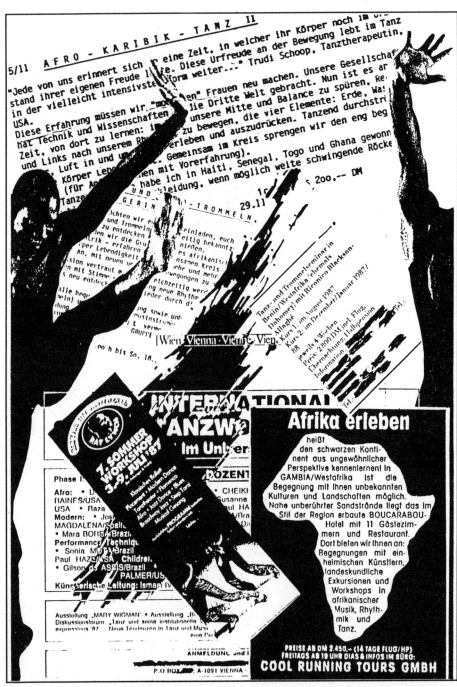

*Und dann hast du vielleicht bei 25, 30 Leuten so ein, zwei Therapeuten dabei, die dann wiederum diese Erfahrung nutzen für ihre Arbeit. Mit anderen Worten: Diese Pädagogen oder Tänzer, die werden ausgesogen, lauter Blutegel kleben an denen.*

> *Die meisten haben mal einen afrikanischen Workshop hier ... in Deutschland gemacht ... und haben dann diese sehr, sehr schönen Momente, die in den Workshops immer wieder auftauchen und möchten die wiederhaben, wieder, wieder. Der kulturelle Kontakt zum Tänzer wird stärker und natürlich die Sehnsucht danach, dieses Land einmal wieder zu sehen.*

Dieses Bedürfnis der Kunden aber, das die Marktlücke öffnet, birgt gleichzeitig auch die Gefahr, daß sie sich allzu schnell wieder schließt. Das Problem des Kulturkontakts im Rahmen ihres Angebots bringt Franziska Kleinert auf den Punkt: Sie sagt, daß die Teilnehmer eines Workshops, nachdem sie die guten Tanzerfahrungen gemacht haben, die jeweilige Ursprungskultur aufwerten und fährt fort:

> *Und diese Aufwertung der Kultur bricht auf einmal zusammen wie ein Kartenhaus, wenn du in diese Kultur kommst, ganz konkret mit ihren Anforderungen. Die Kultur gibt ja nicht nur, die will ja auch was von dir, wenn du mit den Anforderungen dieser Kultur konfrontiert wirst. ... Das ist eben die Frage, was danach passiert, dann auf einmal der ganze Tanz nicht mehr.*

An diesem Punkt greift eine besondere Leistung des "Bewegung und Reise"-Angebots. Altenberg liefert ein Konzept zur Begegnung mit der fremden Kultur, eine "Ideologie", wie er sagt.

Beiläufig lassen Kleinert und Altenberg einfließen, daß ihr Unternehmen in der Kalkulation ein Mißerfolg sei. Das Engagement jedoch, mit dem Altenberg sein Konzept interkultureller Übernahme entfaltet, läßt darauf schließen, daß er es auch sonst in der Reisebranche oder in anderen Bereichen für verwertbar hält.

**Die eigene Kultur und vom Nutzen der fremden**
Grundlage für sein Konzept ist die Einschätzung der eigenen Kultur, ihrer Mängel und Möglichkeiten:
Martin Altenberg sagt, die eigene Gesellschaft ermögliche keine "wesentliche" Erfahrung. Schlüsselworte, mit der er sie charakterisiert, sind "Schreibtisch-Erfahrung", "theoretische Erfahrung" und "bürokratische Erfahrung". "Der eigene Körper" gehöre zu den Dingen, "die negiert sind in unserer Kultur."

> *Ideologisch ist vielleicht eins noch sehr wichtig: Wir gehen davon aus, daß es in unserer Gesellschaft zwei sehr, sehr wichtige Modelle gibt. Das eine ist die Reise, das andere ist die Bewegung ...*

Wie funktioniert sein Konstrukt "Bewegung und Reise"? Nach Altenberg ermöglicht die Reise Erfahrungen – oder vielmehr Erlebnisse – die in der eigenen Kultur nicht so leicht möglich sind und ist deshalb legitim.
Afrikanische Länder zählt Altenberg zu den "Ländern, in denen sie (die Erfahrungen, V.H./ B.W.) grundsätzlich gemacht werden, auch besser nachvollziehbar sind." Sein Interesse an Afrika beschränkt sich auf afrikanischen Tanz. Afrikanischer Tanz sei "spielerisch" zu lernen, "nicht über den Kopf", sondern "mehr oder weniger über den Körper" (F.K.) und das sei "nur von afrikanischen Lehrern zu lernen" (M.A.).
Es geht ihm keineswegs darum, afrikanische Kultur zu sehen, kennenzulernen, zu verstehen.

> *Also, es geht uns, und das muß immer wieder betont werden, auch in Bezug auf die Leute, die mit uns reisen ... geht es nicht um Authentizität.*

Gefragt, ob das Herauslösen einzelner kultureller Elemente aus ihrem Kontext, sie nicht zu "entfremdeten Bruchstücken" mache, anwortet er:

> *Ja, Gott sei Dank, es müssen ja Fragmente, Bruchstücke sein, damit kann man ja arbeiten. Wie gesagt, über diese Authentizitätsdiskussion sind wir hinweg. Das interessiert uns in dem Sinne nicht mehr. Uns interessiert einfach, was man von diesen Bruchstücken in unserer Kultur verwenden und nutzen kann.*

Der kulturelle Kontext des Tanzes interessiert nicht. Ein Workshop in Afrika ist somit lediglich eine höhere Dosis der Droge "Erleben–am–eigenen–Leib", die auch schon im heimischen Workshop verabreicht wird. Im fremden Land stellt sich das Erlebnis rascher ein, als das in der hiesigen Umgebung möglich wäre. Afrika dient als Vorlage zur Selbstbefriedigung.

> *Es gibt dann eine Betroffenheit, die eben aus der intellektuellen Unverarbeitbarkeit, wenn man das so sagen darf, entsteht. Ich habe Leute immer wieder bei Veranstaltungen gesehen, die sich völlig verkrampft haben. Solche, die mit Kopfschmerzen herausgekommen sind. Das heißt also, es passiert etwas in dir und das sind Erfahrungen, die vielleicht teilweise schwer zu beschreiben sind, aber auf jeden Fall Erfahrungen, die stattfinden. Und diese Erfahrungen bleiben, auch wenn die Sache nicht in ihrem Kontext verstanden ist. Sie hat etwas aufgewühlt. Also körperliche Erfahrungen sind viel direkter, viel verständlicher.*
>
> *Und da liegt auch die Bedeutung des afrikanischen Tanzes, der im Grunde genommen Ebenen anspricht, die bei uns noch verschüttet sind. Da kann der Dialog mit dem Wilden noch so lange geführt werden, es kommt nicht heraus, man muß ihn sich bewegen sehen, sich bewegen sehen. Und da muß er nicht für tanzen.*

Mit einem Trick paßt Altenberg das Leiris'sche Konzept der Reise einem 14–Tage–Afrika–Budget an:
Kultur ist nach Altenberg "ein individueller Begriff geworden." Statt um Erkenntnis der eigenen Kultur geht es um die Entdeckung des eigenen Ichs. Der Weg dazu ist nicht die Konfrontation mit der fremden Kultur, sondern die Konfrontation mit sich selbst vor der Kulisse, die das fremde Land bietet. Leiris für jedermann – Altenberg machts möglich!
Erkenntnismodell sei die Reise

> *... und zwar die Reise, so wie sie Michel Leiris in der Griaule–Expedition geführt hat. Einmal mit sich selbst grundlegend konfrontiert zu werden, zum anderen das Zwischenfeld zwischen der fremden und der eigenen Kultur in allen Möglichkeiten auszukosten.*

**Das Zwischenfeld**
Dieses Zwischenfeld, das Altenberg postuliert, ist ein Niemandsland, angesiedelt zwischen Europa und Afrika. Es wird bevölkert von Tänzern und Choreographen, die sich aus dem ursprünglichen Kontext ihres Tanzes entfernt und in die europäische "Tanzszene" integriert haben. In dieses Feld will Altenberg die Exkursionen des Workshopteilnehmers führen. Er beruft sich auf Maurice Bejart und andere bekannte Namen. Ein Beispiel:

> *Aber wenn du einen Tänzer nimmst wie Ismail Ivo, der mit dem Voodoo Kult vertraut ist ... der diesen Tanz in den Kontext unserer europäischen Kultur stellt, der Artaud in Zusammenhang zu diesem Voodoo ... stellt, dann ist da im Grunde genommen genau der gleiche Prozeß wie Genet und wie Fichte ...*

Der afrikanische Lehrer wird aus Europa mit in den Senegal genommen. Die senegalesische Kultur bezeichnet Altenberg als "die Europa nächste Kultur, die sich Europa am weitesten geöffnet hat." Ein afrikanischer Tänzer mit europäischem Hintergrund sei ein "richtiger" Tänzer im Gegensatz zu den einheimischen Lehrern, die in den Projekten anderer beschäftigt wurden. Was schließlich getanzt wird, nennen Altenberg und Kleinert "Afro". Was dieses europäische Derivat afrikanischen Tanzes ausmacht, bleibt diffus:

> Altenberg: *Also ich habe ehrlich gesagt gar keine feste Vorstellung mit Afro.*
> Kleinert: *Das ist einfach ein Begriff, der hängt vollkommen in der Luft. Das kannst du nicht festmachen zur Zeit.*

Das "authentische Afrika" bleibt abgeschirmt und wird nach europäischem Bedarf gefiltert genossen. Die Rede ist dabei von "Transformation", vom "Versuch eines Zwischenweges zwischen den Kulturen, der die Erkenntnisse beider Seiten in einer Verarbeitung nutzt"

> ... und der ... auf diese ... inzwischen völlig veraltete Diskussion der Ethnologen verzichtet. Einfach weil er es tut, weil er nicht als Ethnologe auf sich selbst zurückfällt, sondern weil er dadurch, daß der tanzt, mittendrin steht in dem Prozeß mit seinem Körper.

Im Klartext der Paraphrase heißt das: man geht nach Afrika, schließt die Augen vor der fremden Kultur, greift blind Erlebnisträchtiges heraus, erlebt, spürt sich endlich und reist wieder ab. Man ist zu keiner Gegenleistung verpflichtet, alles ist pauschal bezahlt. Eine Begegnung hat nicht stattgefunden: An die Stelle eines Bedürfnisses nach Verarbeitung tritt der Wunsch nach Wiederholung.

Die Herausforderung, der sich Altenberg stellt, ist also, die Sehnsucht nach der fremden Kultur zu befriedigen und diese Sehnsucht gleichzeitig aufrechtzuerhalten. Er kann den Kulturkontakt nicht vermeiden und muß den Kulturkonfliktstoff ausschalten. Das Konzept "Leiris für Jedermann" ist Altenbergs Kunstgriff, diesen Widerspruch zu lösen. Altenberg ist nicht jemand, der eine Geschäftsstrategie vertritt, an deren Grundlagen er selbst nicht glaubt. Vielmehr lebt er auf in der Rolle desjenigen, der an Leiris und Levi–Strauss anknüpft und den Ansatz weiterführt. Läßt die Analyse das Konzept auch als Trick erscheinen, so ist es für den Autor doch und möglicherweise auch für die Reisebranche eine bestechender Versuch, dem gerade gefragten interkulturellen Lernen das Riskante, das Mühevolle und Langwierige zu nehmen.

Altenberg könnte sein Konzept auch in anderen Sparten als im Tanzbereich anwenden oder auf einer anderen Ebene weitervermarkten. Mit der Gründung der Zeitschrift für Tanz hat Altenberg ohnehin schon diversifiziert. Auch muß Afrika nicht Bezugspunkt bleiben.

Die in Afrika lieferbare Ware, ein Rhythmus, ein Erlebnis, eine therapeutische Beziehung, ist auch woanders zu finden, folgt man noch einmal Franziska Kleinert:

> Man darf den afrikanischen Tanz nicht überbewerten. Ich will damit sagen, daß im Grunde genommen die Phase, wo der afrikanische Tanz wichtig war oder hätte wichtig werden können, schon längst wieder vorbei ist ... Ich würde sagen, er hätte bestimmt sehr nützlich sein können vor der Bauchtanzphase.

**Afrikanische Kultur und Alternativkultur**
Altenbergs "Zwischenwelten" sichern nicht nur den Teilnehmern seiner Workshops, sondern auch ihm selbst eine Begegnung ohne Berührung mit afrikanischer Kultur, die er "auskosten" kann. Er macht sich zu einem "Herr der Zwischenwelten", der über die Qualitätskriterien bestimmt, die der afrikanischen Seite den direkten Zugang verwehren. Altenberg setzt Überformung nach europäischem Geschmack voraus und betätigt sich als Vorkoster. Monika Mirja dagegen führt als "Brücke" zwischen den Kulturen alles das Afrikanische nach Europa, was sie für heilsam hält; den hiesigen Interessenten an Afrikanischem dient sie als Medium.
Gemeinsam ist beiden, daß sie kanalisieren, abgrenzen, und sich eine zentrale Funktion im interkulturellen Prozeß einräumen.

Monika Mirja sieht in dem, was für sie kulturelle Praxis in Afrika ist, die Chance einer Heilung. Bei ihr wird "afrikanische Kultur" verabreicht und in kleinen Dosen geschluckt.

Bei Altenberg fungiert der afrikanisch–europäische Lehrer als Therapeut, der die "Resozialisierung" der Teilnehmer in deren eigene Gesellschaft übernehmen soll. Das erinnert an Wiedereingliederung nach einem Ausstieg ins "Asoziale", nach einem Aufenthalt in einem Krankenhaus oder Gefängnis.
Die eigenen Landsleute oder Szenezugehörigen sind sowohl bei Monika Mirja als auch bei Martin Altenberg Patienten oder Klienten. Aus diesem Blickwinkel präsentieren sie sich in ihrer Spezialisierung auf Afrikanisches und auf kulturelle Übernahme in der machtvollen Position von Spezialisten, die Chancen vergeben können.

Gemeinsam ist Mirjas und Altenbergs Vorstellungen von kultureller Übernahme aus Afrika und deren Bedeutung für die eigene Kultur, daß afrikanische Kultur für die Bedürfnisse der eigenen Kultur aufbereitet werden muß und daß damit wiederum die Alternativkultur gemeint ist.
Die Kritik an der eigenen Kultur hatte sich auf die engstirnige Welt der lustfeindlichen und freudlosen Provinz oder auf die kopflastige, körperferne Schreibtischwelt von Mirjas und Altenbergs Herkunft bezogen. Die "Aufnahmekultur" für die Übernahme "aus Afrika" ist dagegen die Alternativkultur, von der gesagt wird, daß ihre Mitglieder ein Defizit verspüren, Heilung brauchen und ein Selbsterlebnis ersehnen. Afrika scheint ihnen ausbeutbare Ressourcen zu bergen, die die europäische "Herkunftskultur" nicht mehr zu bieten hat.
Elemente afrikanischer Kultur gelangen dabei unverbunden herausgerissen, gestutzt, überformt und zusammengewürfelt in die Alternativkultur. Es fehlt die Fähigkeit oder das Interesse, sie überhaupt in Afrika differenziert und in ihrem Kontext auszumachen und sie zu verstehen und anzuwenden. Was immer dann auf solche Weise aus Afrika herüberkommt, wird noch einmal auf die Bedürfnisse der Kundschaft oder der Workshopteilnehmer zugeschnitten.

In der Praxis schneller Umsetzung und Verwertung konkurrieren viele Anbieter. Die seit ein paar Jahren tanzende Germanistikstudentin bezeichnet sich als "Tänzerin", die Masseurin, die seit zwei Jahren trommelt, nennt sich "Musikerin". Es ist üblich, eine bestimmte Szenenzugehörigkeit für sich in Anspruch zu nehmen und einen afrikanischen Lehrer oder eine Schule zu finden, sich in deren Tradition zu stellen und sich mit einer "Ideologie" über afrikanischen Tanz, afrikanische Musik und ihre Bedeutung für die eigene Kultur, zu identifizieren. Dabei spaltet sich die Tanz– und Trommelszene in Gruppen und Projekte, Spezialisten und Richtungen, die sich wiederum trotz ihrer Abgrenzung voneinander auf Afrika beziehen. Im Vordergrund steht nicht die Auseinandersetzung mit afrikanischer Kultur, sondern eine Auseinandersetzung innerhalb der Alternativkultur.

*Hannelore Vögele*

# Anders leben lernen

**Veränderte Lebenspraxis ehemaliger Entwicklungshelfer am Beispiel der "Lernwerkstatt"**[*]

## 1. Einführung

Die Lernwerkstatt: das ist eine Idee, eine Praxis und ein Ergebnis von Kulturkontakt. Die Lernwerkstatt ist ein selbstverwaltetes Tagungshaus. In der BRD gibt es heute etwa 160 solcher Häuser (Kraftzwerg 1986, 3). Durch die Idee der Selbstverwaltung sind sie zu einem Teil der alternativen Kultur geworden (Kraftzwerg 1986, 9; Müschen 1982; Brand/Büsser/ Rucht 1986; Dudeck 1987). Die Mitarbeiter in diesem alternativen Dienstleistungssektor kommen überwiegend aus sozialen, pädagogischen und handwerklichen Berufen. Die "Lernwerkstatt e.V., Bildungs- und Begegnungshaus" gibt als Grundlage des Projektes Erfahrungen ehemaliger Entwicklungshelfer an.

Als Entwicklungshelfer haben sie ohne Erwerbsabsicht in einem Entwicklungsland Dienst geleistet, um in partnerschaftlicher Zusammenarbeit zum Fortschritt dieser Länder beizutragen (Entwicklungshelfer-Gesetz). Aber auch als Rückkehrer in der BRD sollen sie sich für die Interessen der Entwicklungsländer einsetzen. Ihre gesellschaftliche Aufgabe wird hoch bewertet, wie in den folgenden Worten Richard von Weizsäckers zum Ausdruck kommt: "Hier sind sie eine Quelle der Information und der Hilfe für eigenes Umdenken und Umstellen, für die wir keinen gleichwertigen Ersatz haben" (Schumacher-Just 1986, 3).

Mehr als die Hälfte (61%) von 524 befragten Rückkehrern sehen den alternativen Bereich als eine Arbeits- und Lebensmöglichkeit. Gründe hierfür liegen in dem Wunsch nach selbstbestimmter, verantwortlicher Arbeit, der Verneinung der "normalen" Arbeits- und Lebensform sowie in einer kritischen Haltung zur Konsumgesellschaft (Waniorek 1986, 39 ff.).

Soviel zur Einordnung meines Themas. Ich möchte den folgenden Ausführungen eine These voranstellen: Leben in der Alternativkultur ermöglicht ehemaligen Entwicklungshelfern, den Status des Fremden aufrechtzuerhalten.

Meinen Ausführungen liegen verschiedene Texte zugrunde: schriftliche Selbstdarstellungen der Lernwerkstatt, wie sie in Zeitschriften, alternativen Broschüren oder als Informationsblatt vorliegen, die von der Lernwerkstatt herausgegebenen Rundbriefe, Interviews mit den Projektmitgliedern und Bewohnern des Dorfes, in dem das Tagungshaus seinen Sitz hat.

---

[*] Für Gespräche und Anregungen danke ich B. Balleier, D. Fraiberg, Prof. Dr. U. Oevermann.

## 2. Warum alternativ? Rechtfertigung und Identität

Ich werde zunächst auf die Selbstdarstellungen eingehen, die ich als Dokumente von Rechtfertigungsversuchen auffasse (vgl. Scott/Lyman 1977). Gerechtfertigt wird die Wahl eines alternativen Arbeits– und Lebensstils, wobei das Handeln als natürliche Konsequenz aus der Identität Entwicklungshelfer und Rückkehrer dargestellt wird.

Die von der Lernwerkstatt formulierten Ziele, Veränderung in Richtung auf eine menschlichere Gesellschaft und Verwirklichung des ganzheitlichen Lebens, resultieren aus einem Unbehagen an der Gesellschaft und Zivilisationskritik: "Entwicklung tut vor allem bei uns not", so die Erfahrung als Rückkehrer. Die Ziele beruhen weiterhin auf der "Erfahrung", daß eine Interdependenz zwischen der Ersten und der Dritten Welt bestehe. Da Armut und Unterentwicklung eng mit unserem Wohlstand und unserer Lebensweise verknüpft seien, müßten hier Veränderungen stattfinden. Daraus folgen die konkreten Handlungsziele: 1. Lernen und 2. Lehren. 1. Neue Verhaltensweisen einüben, einfacher und bewußter leben lernen, sich selbst entwickeln. Lernen könne man von den Menschen in der Dritten Welt und der Landbevölkerung hier. 2. Erfahrungen vermitteln und informieren durch Bildungsarbeit mit und für gesellschaftliche Gruppen. Zielgruppe ist auch die Dorfbevölkerung.

Die Handlungsformel Lernen und Lehren, nach der Rückkehr eingesetzt, wird auch auf den Entwicklungsdienst bezogen:

> *Rückblickend können wir sicherlich sagen, daß wir während unseres Aufenthaltes mindestens ebensoviel gelernt wie gelehrt haben. Unsere Erfahrungen dort waren ausschlaggebend für unsere ganze weitere Entwicklung. Wir alle haben in unseren Gastländern gelernt, daß jeder einzelne von uns eigentlich viel mehr kann, als er hier in herkömmlichen Arbeitsbereichen "darf". Wir versuchen nun gemeinsam, alle unsere Kenntnisse, Fähigkeiten und Erfahrungen ganzheitlich in Leben und Arbeit einzusetzen.*

Wie lautet nun die Rechtfertigung für die Wahl dieser Altenative? Man begründet sie 1. mit der Solidarität mit den Menschen in der Dritten Welt und 2. mit dem Wunsch nach Selbstverwirklichung.

Zahlreich sind die Verweise auf Erfahrungen. Hierin liegt die Andeutung eines Prozesses, in dem Unerwartetes erlitten wurde. Was genau und wie war das? möchte man fragen. Aber deutlich wird nur die Wichtigkeit, von Erfahrungen zu reden, um 1. Kompetenz zu behaupten und 2. die Zugehörigkeit zu einer Gruppe zu betonen. Wo der Kern "Erfahrung" heißt, die eben kaum vermittelt werden kann, sondern selbst erworben werden muß, und sich auch noch an eine Rolle knüpft – da wird Rechtfertigung zur Mystifikation.

Der Bezug auf die Entstehung des Projektes: gegründet von ehemaligen Entwicklungshelfern, die Basis: ihre Erfahrungen, ist wesentlicher Bestandteil aller Selbstdarstellungen in den Jahren zwischen 1983 und 1987. Dadurch wird rhetorisch Stabilität erzeugt. Die Präsentation nach außen aber steht im Widerspruch zur labilen Verfaßtheit des Projektes nach innen.

Die Lernwerkstatt besteht seit 1983 in dem 300–Einwohner–Dorf Wiesenthal in der Eifel. Sie wird von einer Projektgruppe geführt, die aus vier Personen besteht. Träger ist ein gemeinnütziger Verein, der schon 1978 von ehemaligen Entwicklungshelfern gegründet wurde. Seit der Einweihung hat sich die Beteiligung laufend geändert. Vom vierköpfigen Gründerstamm ist nur eine Person übriggeblieben, Angela B., 33 Jahre alt, Erzieherin und zwischen 1976 und 1978 Entwicklungshelferin in Malaysia. Die hohe Fluktuation ist typisch für Alternativprojekte. Ich möchte weitere Probleme nur andeuten: verschiedene Auffassungen über die Umsetzung einer verbindlichen Ideologie, Ausbildung einer Hierarchie, Spezialisierung im Arbeitsbereich, Trennung von Arbeit und Freizeit, ungleiche Besitzverhältnisse.

Angestrebt aber wird das ganzheitliche Leben, in dem mit neuen Qualitäten zusammengefügt werden soll, was in unserer Kultur gespalten wurde: die Verbindung von selbstbestimmter Arbeit und bewußtem Leben, von gleichbewerteter Kopf- und Handarbeit, von Autonomie und Solidarität, sowie das Ineinander von Lernen und Lehren.

Weil die Umsetzung dieser Soll–Sätze in die Praxis so schwierig ist, sucht Angela B. nach Gründen: Die Sozialisation in eine Gesellschaft, in der Leistungsdenken vorherrsche und das Konkurrenzprinzip walte, verhindere eine geschmeidigere Praxis. "Anders leben wollen" heißt also: Resozialisierung. Und hier wird die fremde Kultur zum Vorbild: für die Möglichkeit in Gemeinschaft zu leben, Arbeit und Freizeit zu verbinden, menschlicher und verantwortungsbewußter zu handeln; für die Fähigkeit zur Gastfreundschaft und Offenheit, zu Gefühlen und Zwanglosigkeit.
Neben diesen positiven Momenten als Lernziele, führt Angela B. noch eine wichtige Erfahrung aus dem Entwicklungsdienst an:

> *Daß ich durch die Distanz lerne, meine eigenen Werte und Normen in Frage zu stellen. Offener zu werden dadurch für unsere Mitmenschen. Das kann eine sehr große Hilfe sein, sich selbst einmal als Fremder zu fühlen in einem anderen Land.*

Der Ort der Veränderung aber liege *hier*. Sie meint: "Die Menschen dort, die könnten sich alle selber helfen, wenn wir sie nicht permanent daran hindern würden, ihren eigenen Weg zu gehen."
Was von der fremden Kultur gelernt werden kann: alles bleibt sehr abstrakt. Nur wenn Angela B. angibt, warum sie ihren Vertrag beim Deutschen Entwicklungsdienst abgebrochen hat, dann erzählt sie. Sie nennt mehrere Gründe, so

> *daß an einem Tag in dem Kindergarten eingebrochen war und alles, was wir mit Müh und Not hergestellt hatten an Spielzeug, kurz und klein geschlagen war. Und ich konnte das den Leuten gar nicht übel nehmen. Ich habe einfach gespürt, daß die Leute gar nicht wußten, weshalb ich eigentlich dasein soll, daß sie nicht das Gefühl hatten, daß ich für sie und ihre Belange da war, daß ich ihnen helfen, in Gänsefüßchen, helfen wollte. Und helfen hätte können.*

### 3. Entwicklungshilfe im eigenen Land
Wir dürfen nicht vergessen, daß der Kulturkontakt *institutionalisiert* ist und im Rahmen Entwicklungshilfe stattgefunden hat, bei der durch die Handlungsformel "Lernen und Helfen" die Ziele festgeschrieben sind. Man soll lernen, um helfen zu können. Daß die Lernwerkstatt die Fortschreibung des Entwicklungsdienstes unter eben dieser, wenn auch leicht abgewandelten Leitformel, nämlich "Lernen und Lehren", verwirklicht, wird deutlich, wenn wir uns dem Projekt im Dorf zuwenden. Ich werde das Verhältnis von Lernwerkstatt und Dorfbevölkerung aus beiden Perspektiven betrachten.

Die Lernwerkstatt liegt mitten im Kern des kargen Dorfes Wiesenthal. Genau gegenüber der Kirche: die Scheune, in der Werkstätten und Abstellräume untergebracht sind. Dann auf der anderen Seite des Hofes: die renovierte Gaststätte mit 27 Betten für die Gruppen, die hier Seminare abhalten, sich selbst versorgen oder von der Projektgruppe verpflegt werden. Es ist nicht viel los in Wiesenthal: Edeka–Laden, Elektrogeschäft, Gaststätte, Sparkasse. Seit sich Mitte der 60er Jahre ein metallverarbeitender Betrieb niedergelassen hat, arbeiten hier 75 männliche Dorfbewohner; Landwirtschaft wird von 3 Familien im Nebenerwerb betrieben, Fremdenverkehr fehlt. Die Busverbindungen sind schlecht. Schüler, die nicht die Hauptschule im Dorf besuchen, fahren in die 20km entfernte Kleinstadt. Allabendlich vor dem Edeka–Laden treffen sich die Jugendlichen mit ihren Mofas.

Mit der zentralen Lage im Dorf begründen die Projektmitglieder in ihren Selbstdarstellungen eine Art des sozialen Kontakts zu den Nachbarn. Die Wichtigkeit des Gesprächs über den Gartenzaun wird betont: die zufällig sich ergebende Unterhaltung, so wie sie in einem guten Nachbarschaftsverhältnis üblich ist. Die Bereitschaft zur Anpassung wird signalisiert. Indem die Bildung eines alternativen Ghettos zurückgewiesen wird, soll einer doppelten Gefahr begegnet werden: 1. freiwillige oder unfreiwillige Absperrung des Projekthauses und 2. freiwilliges oder unfreiwilliges Verharren in einem geistigen Rahmen. Im Ghetto leben, sich nicht an der normalen Kommunikation beteiligen, das hieße Fremde im Dorf bleiben.

Die Unverbindlichkeit als Merkmal von Nachbarschaftsbeziehung wird aber nur als das Fundament gesehen, auf dem Vertrauen aufgebaut werden soll, denn die Veränderung der Lebens- und Arbeitsweise ist mit politischem und gesellschaftlichem Engagement gekoppelt. Die Dorfbevölkerung möge umdenken – sie ist die nächstliegende Zielgruppe. So heißt es im Text: "Nicht *was* wir reden ist wichtig, sondern *wie* wir auf die Menschen hier zugehen und sie ernst nehmen. Viel erinnert uns an diesem Ort an unsere Situation als sog. Entwicklungshelfer." Hier werden Inhalte zugunsten einer Form des Umgangs mit Menschen zurückgestellt. Sie verstehen wollen impliziert, daß die Lebenspraxis der Wiesenthaler als fremd empfunden wird. Sie ernst nehmen, heißt eine Beziehung definieren, die an ein Arbeitsbündnis erinnert und in der man sich dem emanzipatorischen Denken verpflichtet fühlt (vgl. Müller 1986).

Welche Inhalte können nun wie vermittelt werden? Für den Weg nutzt Angela B. ihre Erfahrungen mit Selbsthilfegruppen in Sri Lanka. Dort hätten Leute in ihren Dörfern Kursangebote entwickelt und darüber versucht, Vertrauen zu gewinnen. In Wiesenthal wendet sich die Lernwerkstatt mit Vorträgen und Seminaren an die Bevölkerung. Der Veranstaltungskalender ist reichhaltig: 1987 stehen unter anderem auf dem Programm: ein Vortrag zur Dorfverschönerung, ein Wochenendseminar zur Umweltkrise mit Rudolf Bahro, handwerkliche und Kurse zum Obstbaumschneiden.

In den handwerklichen Kursen kann nicht nur Kreativität vermittelt werden, sondern es können auch Probleme besprochen werden. Mit den Frauen aus dem Dorf ließe sich über Persönliches sowie die Situation der Frau reden. Hiermit werde ein Tabu gebrochen und ein Defizit beseitigt, denn die dörfliche Kommunikation lasse diese Gespräche nicht zu. Angela B. erinnert sich an Malaysia, wo Frauen nicht über Männerprobleme redeten. Ein weiteres Beispiel: die Obstbaumschneidekurse. Die heimischen Obstsorten sollen gepflegt werden. Klar, daß man hier die Brücke zur Dritten Welt schlagen kann. Chilenische Granny Smith sind nicht nur vitaminarm, sondern ihr Verzehr trägt zur Ausbeutung der Menschen auf den Obstplantagen bei. Es geht natürlich auch um bewußte Ernährung.

Es soll vermittelt werden, daß die Lebensweise in den westlichen Industrieländern auf Kosten der Menschen in der Dritten Welt geht. Stichworte: Rohstoffverschwendung, Umweltzerstörung, Ernährungslage. Das Thema des Hauses: Unsere Ernährung (der Fleischkonsum) führe dazu, daß Menschen anderswo hungerten. So sieht die Lernwerkstatt in der vegetarischen Kost einen Beitrag zur Solidarität mit der Dritten Welt. Ein solidarisches Leben auf der ganzen Welt mit Menschen unterschiedlichster Kulturen sei möglich, wenn wir uns umbesännen und anders lebten. Und es soll vermittelt werden, daß dieses Leben nicht Verzicht, sondern das Wiedergewinnen von Lebensqualität bedeutete.

Freilich biete das Dorf noch mehr Lebensqualität als die Stadt. Hier werde ein ganzheitliches Leben erst möglich. Leben im Dorf, das hieße ja Lernen und Lehren. Lernen könne Angela B. vom Gemeinschaftsleben: hier sei noch vieles intakt, was in der Stadt längst

Die "Lernwerkstatt liegt im Kern des Dorfes Wiesenthal. Das Gespräch über den Gartenzaun wird zum wichtigen Faktor erklärt.

Monika M. und Adreas V. bei der Gartenarbeit. Hat der Garten erstmal Erträge gebracht, dann soll den Dorfbewohnern demonstriert werden: Gärtnern ohne Gift ist möglich.

Der Zaun, den die Lernwerkstatt errichtete, hat die Dorfbewohner erregt.

kaputt sei; von der Gartenarbeit: der Rhythmus der Jahreszeiten sei noch in den Menschen drin; vom spontanen Feiern: das ganze Dorf oder die Nachbarn werden eingeladen.
Die Beispiele sind wenig überzeugend. Wird doch andererseits beklagt, daß Frauen einsam seien, mit Gift gegärtnert wird, und die Spontaneität der Feste steht ganz in Frage, da es sich um feste Anlässe handelt. Lernen und Lehren, das ist der Versuch, symmetrische Reziprozität zu behaupten. Letztendlich werden Defizite diagnostiziert, um hier erfolgreiches Lehren praktizieren zu können.

### 4. Das Dorf und die Fremden
Wenden wir uns der Dorfbevölkerung zu. Wie sehen die Einheimischen die Lernwerkstatt? Was hat sie im Dorf ausgelöst?
"Auf keinen Fall wollen wir uns abkapseln und ein alternatives Ghetto bilden", so die Lernwerkstatt in ihrer Selbstdarstellung. Der Bürgermeister und der Schulrektor nehmen Stellung, ohne daß ich danach gefragt hätte. Ein kleiner Fehler sei am Anfang gemacht worden, meint der Rektor, man habe den Hof durch einen Zaun abgeriegelt, so daß die Bewohner glaubten, die von der Lernwerkstatt igelten sich ein, und man hätte sich gefragt: "Was geschieht hinter den Mauern?" und die Antwort sei gewesen: "Etwas Mysteriöses".
Auch wenn durch Aufklärung (etwa durch einen Tag der offenen Tür) und freundliches, offenes Verhalten der Projektmitglieder, dann die Schranken gefallen seien, ist durch die Abgrenzung zunächst das bewirkt worden, was die Lernwerkstatt auf keinen Fall wollte: Sie haben selbst einen Zaun errichtet, der in der zitierten Rede gar zur Mauer wird, über den hinweg sie das Gespräch mit den Nachbarn dann natürlich erst suchen mußten.
Der Zaun als Ärgernis wird nur verständlich, wenn man die anfängliche Skepsis der Dorfbewohner berücksichtigt, die der Rektor so zusammenfaßt: "Hier kommen Fremde hin. Was haben die gemacht? Die kommen aus der Entwicklungshilfe. Bah, was soll denn das hier? Was wollen die hier? Hier ist ja nichts zu entwickeln!" Die Fremden haben sich dem Dorf als ehemalige Entwicklungshelfer präsentiert. Hiermit verweisen sie aber nur auf ihre Tätigkeit in der Vergangenheit. Ihre Anwesenheit im Dorf können sie damit nicht erklären. Es sei denn, die Dorfbewohner würden sich als entwicklungshilfebedürftig definieren.
Der Bürgermeister bringt in ähnlicher Weise Fremdsein, Inselbildung und Unklarheit zusammen. Während der Rektor den Zaun als anfängliche Hürde sieht, die überwunden wurde, ist für den Bürgermeister der Zaun zur Markierung einer Insel geworden, die da entsteht, wo Fremde unter sich leben:

> *Die älteren Leute stoßen sich noch mehr dran: Was machen die da? Weil mehr oder weniger, die bewegen sich innerhalb dieses Gebäudes. Das ist eine Insel für sich. Bedingt dadurch, daß sie untereinander, das sind alles Fremde für uns. Der Nachteil ist ja nun einfach gegeben.*

Die Personen, die in der Lernwerkstatt arbeiten, sind für die Wiesenthaler zuerst ein Fall von Fremden. Das Verhalten gegenüber Fremden muß dem erläutert werden, der nicht vom Dorf und aus diesem Dorf kommt, und nach einem Fall von Fremden fragt, also auch mir. Formal wird das Verhalten Fremden gegenüber aus fünf Perspektiven wahrgenommen: aus der Perspektive der Eifler, eines Dorfes allgemein, dieses Dorfes, eines Dorfes, das politisch so konservativ ist wie Wiesenthal, des einzelnen Dorfbewohners. Zur Illustration gebe ich Zitate wieder: "Der Eifler ist ein bißchen zurückhaltend. Aber wenn man Kontakt gefunden hat, dann ist er genauso offenherzig und jeder Fremde willkommen", sagt der Bürgermeister. "Das ist ein Dorf. Und da kommen nicht gut Fremde rein", sagt die Ladenbesitzerin. "Wir haben von 7 Gemeinderatsmitgliedern nur drei, die Hiesige sind. Das heißt, daß jeder, der sich dem Dorfgeschehen hier anpaßt, automatisch die Chance hat, in den

Gemeinderat rein zu kommen", meint der Bürgermeister. Der Rektor bezeugt aber die Haltung derjenigen, die nicht einen Fremden in den Gemeinderat wählen würden: "1972, da kamen 11 rein, da waren 7, die waren zugezogen. Bei manchen war das unmöglich. Was? 7 Auswärtige? 7 Eindringlinge hier? Und die regieren unser Dorf!" Und die persönliche Einstellung der Ladenbesitzerin: "Ich finde, ein Dorf soll auch mal aufgelockert werden. Es sollen fremde Leute kommen, es soll ander Blut mitreinkommen."
Wenn die politische Ausrichtung des Dorfes zum Argument für das Verhalten Fremden gegenüber wird, werden die Fremden in ihrer politischen Haltung näher bestimmt. In diesem Fall werden die Fremden zu den "Grünen". Und die Grünen, das sei die zweite Klasse Menschen gewesen, meint die Ladenbesitzerin. Der Verwaltungsangestellte sieht das so: Jeder, der im Umfeld der Lernwerkstatt auftaucht (also auch ich), werde zunächst mal in die grüne Zone gesteckt. "Die Grünen", das sei zur Redensart geworden, wie auch der ganze Widerstand, den es der Lernwerkstatt gegenüber gab, nur aus Redereien bestanden hätte. Dauernd zu reden gibt es da, wo es nicht nur um Information geht, sondern um Spekulationen, Enthüllungen, um soziale Kontrolle. Die Frage "Was machen die da?", kann weder vom Bürgermeister noch vom Rektor beantwortet werden. Eine Aufzählung der Aktivitäten, die man beobachten kann, gibt keine Gewißheit über das, was tatsächlich geschieht. Zum Beispiel der Name: Lernwerkstatt. Er verhüllt mehr, als er aufklärt. In der Eifel, so der Rektor, verstehe man unter Lernwerkstatt, daß da etwas hergestellt würde, oder Leute ausgebildet würden. Anfangs hätte man geglaubt, es würden Entwicklungshelfer ausgebildet. Der Name sei nicht passend gewählt für das, was dort geschähe. Aber was geschieht dort?

Die Lernwerkstätter sind Fremde, Grüne und ehemalige Entwicklungshelfer, so bezieht man sich auf sie. Entwicklungshelfer, das sei etwas Wunderbares, meint der Bürgermeister. Doch der nicht wegzudiskutierende Nachteil: Fremdsein und Grünsein. Daß die Lernwerkstatt im Dorf etwas bewirkt hat, das glauben alle. Fairerweise, so betont der Bürgermeister, müsse man die guten Seiten nennen: Jugendarbeit, Engagement bei der dörflichen Aktion, die Umwelt sauber zu halten, Mithilfe beim Bau des Gemeindehauses, Beteiligung bei den Dorffesten und Gründung einer Bürgerinitiative gegen den Bau eines Ferienparkes. Das Kursangebot wird von ihm, wie auch vom Rektor gelobt. Auch glauben alle Befragten im Dorf, daß man für die Problematik der Dritten Welt sensibilisiert worden sei. Durch die Fremden, die hier immer wieder zu Seminaren ins Dorf kommen, seien Berührungsängste abgebaut worden, glaubt der Verwaltungsangestellte, der der Lernwerkstatt positiv gegenübersteht. Bislang war er allerdings noch nicht im Haus, hat keine Veranstaltung besucht, nein, er wisse nicht, womit sie ihn reizen könnten. Er macht seine Erfahrungen selbst auf jährlichen Fernreisen. An die Lernwerkstatt habe man sich gewöhnt, meint der Sohn der Ladenbesitzerin, und sie sei eine richtige Vitaminspritze gewesen. Nun sei wenigstens was los in Wiesenthal. Der Nachbarin kommt es vor allem auf das gute Verhältnis an, mehr brauche man ja nicht. Und die Ladenbesitzerin, die mit ihrem Mann ab und zu bei der Arbeit Unterstützung leistet, schätzt die Anregungen durch die jungen Leute – und profitiert geschäftlich. Von den Gegnern und Skeptikern weiß jeder zu reden, von denjenigen, die es mit der Redewendung "das sind halt die Grünen" belassen und immer wieder auf die Fluktuation in der Lernwerkstatt hinweisen, und wenn es dann auch einigen Bewohnern gelingt, gegen die Jugendarbeit zu hetzen, die in der Folge von der Lernwerkstatt aufgegeben wurde, dann wird die Skepsis bestärkt. Und der Rektor räumt diesen Skeptikern in seiner Rede immer wieder Platz ein und läßt sie prophezeien: "Laß nur noch ein paar Jahre rum sein, dann sind alle wieder weg." Und er resümiert: "Also ein Fehlschlag".

## 5. Ergebnis

Ich möchte das Ergebnis aus meinem Fallbeispiel zusammenfassen. Die fremde Kultur liefert hier wenige inhaltliche Modelle, die in die eigene Lebenspraxis übernommen werden. Vielmehr gibt das Verhältnis zur fremden Kultur das Muster ab, nach dem Beziehungen zur Dorfbevölkerung gestaltet werden.

Der Alltag der Dorfbewohner wird verzaubert und verfremdet, um ihn sich wieder aneignen zu können. Fremdheit wird konstruiert und bewahrt; sie liefert den Gegenstand für neue Erfahrungen und sie legitimiert die eigene Abgrenzung. Das wird deutlich in der Präsentation gegenüber den Dorfbewohnern: Vorstellung als ehemalige Entwicklungshelfer, Errichten des Zaunes und der Name "Lernwerkstatt". Diese Präsentation macht es natürlich auch der Dorfbevölkerung leicht, das Moment des Fremdseins zu betonen.

Die Lernwerkstatt im Dorf, das ist Entwicklungshilfe im eigenen Land. Vergleichen wir die Situation mit der Erfahrung von Angela B. im Entwicklungsdienst, stellen wir auch hier eine strukturelle Ähnlichkeit fest: sich niederlassen in der Peripherie mit dem Ziel, Innovation einzuführen. Handelte es sich im Entwicklungsland um die Verbesserung der Lebensbedingungen, geht es im Dorf um Gesinnungsmodernisierung. Wird aus dem Entwicklungsdienst die Konsequenz gezogen, daß Hilfebedürftigkeit jeweils selbst erkannt und formuliert sein müsse, und die eigene Entwicklung selbst in die Hand zu nehmen sei, gilt dies für die Dorfbevölkerung nicht mehr. Daß auch bei den Dorfbewohnern das Ziel der Lernwerkstatt und ihre Anwesenheit im Dorf unverständlich bleibt, provoziert eine Abwehr, die in der Voraussage vom Scheitern des Projektes ihren Höhepunkt findet.

Die Handlungsformel Lernen und Lehren behält auch im Dorf ihre Gültigkeit. Wieder reproduziert sich eine Struktur. Lernen von den anderen für die eigene Entwicklung und lernen, um lehren zu können. Gelernt wird nicht als Mitglied einer Kultur, sondern aufgrund eines privilegierten Status gegenüber der Kultur. Ihre strukturellen Defizite und angenommene Bedürftigkeit ermöglichen erst das Lehren und die Erfahrung, mehr zu können als man sonst darf. Die anderen etwas lehren können, was ja den realen Abstand voraussetzt, enthält eine moralische Komponente, die sich mit dem Wort helfen am besten ausdrücken läßt. Helfen, das ist vielleicht das verpönteste Wort unter Entwicklungshelfern, und doch zeigt es das strukturelle Problem von Entwicklungshilfe am deutlichsten.

Mein Fallbeispiel handelte von einer Form des Kulturkontaktes, der institutionalisiert ist und im Rahmen Entwicklungshilfe stattfand und hier in der BRD durch die aufrechterhaltene Identität "Entwicklungshelfer" seine Fortsetzung gefunden hat. Übernommen in die hiesige Lebenspraxis wurde vor allem eine formale Beziehung zur fremden Kultur. Das Lernen von den anderen für die eigene Entwicklung wird allemal dominiert durch das Bedürfnis zu lehren. Die eigentliche Selbstverwirklichung liegt in der Aufgabe und Gelegenheit, Lehrende sein zu dürfen.

Ich möchte schließen mit einer These: Leben in der Alternativkultur ermöglicht ehemaligen Entwicklungshelfern, den Status des Fremden aufrechtzuerhalten.

*Gabriele Speckels*

## Naturkost: Geschmack am Fremden

Dieser Beitrag stützt sich auf eine Feldforschung, die ich 1985/86 an Regensburger Naturkostläden durchgeführt habe (Speckels 1986). Ziel war, herauszufinden, wie Naturkost in den herkömmlichen Ernährungskontext integriert wird, bzw. ob und in welcher Form "alternative" Lebensweise um Naturkost mit dem eigenen Alltagsleben verbunden wird. Es ging mir um die Art des Umgangs mit den Naturkost zugeschriebenen Ideologien sowie deren Einfluß auf den Geschmack der befragten Personen: Warum schmeckt Tofu?
Tofu ist eine Art Sojaquark, weiß bzw. hell, der in Körnerläden gewürfelt oder in halbpfündigen Stücken verkauft wird. Er ist sehr eiweißhaltig und darum im Bereich der Naturkost als Fleischersatz sehr beliebt. Tofu ist relativ geschmacksneutral und somit sowohl von der Konsistenz her als auch geschmacklich sehr vielseitig zuzubereiten. Es bietet sich an, ihn in andere Rezepte oder Gerichte zu integrieren.
Tofu ist ein Lebensmittel ostasiatischer Herkunft, unserer Nahrungskultur also, und damit sind wir beim Thema, fremd.

**"Fremde Kultur" als Gehalt von Naturkost**
Außer Tofu gibt es im Bereich der Naturkost noch eine Reihe anderer Nahrungsmittel mit so exotischen Namen wie Gomasio, Miso–Paste, aber auch: Dinkel oder Grünkern. Die zu ihnen gehörenden "Mutter–Erde"–Empfindungen oder "Yin/Yang"–Mystik, ausgeformt in Ernährungs– und Lebenslehren wie Anthroposophie oder Makrobiotik, sind unserer herkömmlichen Nahrungskultur nicht weniger fremd.
Die Berücksichtigung von Naturkost in der Ernährung ist zumeist mit einer Zivilisationskritik verbunden, die ihre Gegenbilder aus anderen kulturellen Deutungsmustern von Natur – nämlich solchen *geographischer* oder *zeitlicher* Ferne – gewinnt bzw. auf sie projiziert.
Denjenigen, die sich der Naturkost zuwenden, ist die eigene Lebensweise fremd geworden. Auf der Suche nach Gesundheit oder aus gesellschaftskritischem Habitus, im Hinblick auf ökologische Denkmodelle oder aus Solidarität mit den Menschen der Entwicklungsländer, wird Naturkost zum Bestandteil eines neuen Lebensstils. Damit wird sie auch zum Symbol politischer Präsenz.
Naturkost steht so für einen kulturellen Bereich der *Eigenmächtigkeit*. Hinsichtlich der gesellschaftlichen Verortung ist sie fremd und transportiert *utopische* Ferne.
Eine Finanzamtsangestellte beispielsweise, die sich nach einer Geburt nicht nur der "natürlichen" Ernährungsweise, sondern auch einer Bekleidungsart nach "natürlichen" Kriterien zugewandt hat, erzählte mir, daß sie für die geplante Rückkehr in ihren Beruf ihre "alte" Kleidung aufbewahre. In Schafwollpullover und mit Birkenstocksandalen würde sie nicht ins Finanzamt gehen.

## Die einverleibte Fremde

Von der Kirche bis zur Krankenkasse knüpfen heute die unterschiedlichsten Institutionen ihr Interesse an Schlagworte wie "Gesunde Lebensweise", "Natürliche Ernährung" etc.

Je fremder uns die Natur wurde, umso entfremdeter und mythologisierender wurde ihre kulturelle Darstellung. Umso stärker auch wurde die Natur als Reproduktions"raum" dem menschlichen Körper einbeschrieben (Sport, Sexualität, Ernährung, Gesundheit). Analog zur Individualisierung wird der Mensch selbst, seine angestrebte Gesundheit, zur einzig zuverlässig erfahrbaren und: kontrollierbaren Natur.

Diesen Prämissen entgeht auch Naturkost nicht. Zwar reproduziert sie auch andere ökonomische, gesellschaftliche, zudem: ökologische und utopische Produktions– und Denkweisen. Doch in der Radikalität, mit der diese Denkweisen auf Körper, Geschmack und Lebensweise übertragen werden (sollen), werden die herkömmlichen Produktionsweisen und Ideologien wiederholt (vgl. Rath 1984, 170).

Mit dem an "Vollwertigkeit" orientierten Qualitätsbegriff der Naturkost wird der herkömmlichen Nahrungswissenschaft (Nährstoffe, Kalorien) zunächst nur ein eigenes System entgegengesetzt. Um diese Idee der Vollwertigkeit rankt sich eine Ideologie des "natürlichen Lebens", die, weit über die Nahrung hinausgreifend, gerade in ihrer Mischung von Ethik, politischer Einstellung, gesellschaftlicher Kritik und Religiösität fast alle von Roland Barthes beschriebenen Kennzeichen des Mythos beinhaltet:

> *In der bürgerlichen Gesellschaft ... muß alles, was nicht bürgerlich ist, bei der Bourgeoisie borgen ... Gewiß gibt es Revolten gegen die bürgerliche Ideologie ... Aber diese Revolten sind von der Gesellschaft her begrenzt, sie können ihr wieder einverleibt werden (Barthes 1982, 125).*

Speziell zum "linken" Mythos schreibt Barthes:

> *Der linke Mythos erscheint genau in dem Augenblick, in dem die Revolution sich in die "Linke" verwandelt, d.h. bereit ist, sich zu maskieren, ihren Namen zu verschleiern, eine unschuldige Metasprache hervorzubringen und sich in "Natur" zu verwandeln (Barthes 1982, 135).*

Gerade die gesellschaftliche Wirkung/Vereinnahmung der Ideologie um Naturkost zeigt, daß es sich hier längst nicht mehr um einen "linken Mythos" handelt, vielleicht nie gehandelt hat. Als ein solcher soll er vielmehr kolonisiert werden.

Zwar lebt auch der Mythos um Naturkost von Tautologien; auch er bietet ein geschlossenes Identifikationssystem. Durch zahlreiche Effekte wird die Qualität von Naturkost im Naturkostladen quantifiziert, auf vielen Ebenen wiederholt, auch inszeniert.

Doch wenn auch die Lebensweise um Naturkost auf eine "mythische Metasprache" verweist, die die eigenen Bedürfnisse – kompensierend – auf fremde Kulturmuster projiziert: Im individuellen Aneignungsprozeß wird sie genau gegenteilig zu einer neuen "Objektsprache", die persönlich von den Dingen spricht. Damit wird die von Barthes beschriebene mythische Entpolitisierung aufgehoben, der "Ent–nennung" das Wort geredet. Und auch Barthes bietet als Lösungsmöglichkeit an: "Die beste Waffe gegen den Mythos ist vielleicht, ihn selbst zu mythifizieren, d.h. einen künstlichen Mythos zu schaffen" (Barthes 1982, 121).

Mit Naturkost wird also Natur *interpretiert*. Im Naturkostladen wird ein Bereich gesellschaftlicher und kultureller Reproduktion räumlich erfahrbar. Er läßt an einer Produktionsbasis partizipieren, die nicht immer wieder neu entfremdet. Solidarität und Familiarität zwischen Ladnern und Kunden läßt Selbstverständlichkeit erleben, die nicht wieder neu vereinzelt. So kann der Naturkostladen für den Kunden entlastend wirken und doch Platz genug für Eigenes lassen.

> *Wer sich selbst im Fremden sucht, aber nicht eingestehen will, daß der Fremde nur Projektion der eigenen Bedürfnisse, nur selbstgeschnitzt ist, begeht Götzendienst (Nordhofen, 1987).*

Wie wenig solch ein Götzendienst in Bezug auf Naturkost gewollt, wie wichtig dagegen das "Nur- Selbstgeschnitzte" ist, zeigt eine Reaktion auf einen meiner in Ökoläden ausgelegten Fragebögen:

> *Beim Beantworten der Fragen bleiben viele Begriffe unklar, da ich mich keineswegs ausschließlich von Naturkost ernähre: ... Außerdem gibt es zwischen "Naturköstlern" und "konventioneller" Ernährungsweise doch wohl einige Zwischenstufen. ... Ich glaube aus den Fragen die Vorurteile herauslesen zu können, die man beim Betreten eines Naturkostladens verspürt (z.B. grundsätzlich geduzt zu werden, Teil einer Minderheit; schulmeisterliche Belehrung über den Umgang mit Tüten ...!). Ich bin interessiert an gutem, vollwertigen und giftfreien Essen und möchte das im Naturkostladen ohne Dogma und Besserwisserei einkaufen können (Speckels 1986, 9).*

Nur eine Minderheit der von mir befragten und in Naturkostläden einkaufenden Menschen ernährt sich vollständig auf Naturkostbasis. Die Mehrzahl bekennt sich – z.T. schlechten Gewissens – zu einer der facettenreichen Mischformen, so wie eine andere Befragte: "Aber ich lebe gerne, esse, was mir Spaß macht und will mich nicht auf ein Dogma festlegen lassen" (Speckels 1986, 9).

Ausgrenzend wirkt der Naturkostladen durch sein Postulat der Ausschließlichkeit (nur als "natürlich" bestimmte Lebensmittel). Die Exklusivität seiner mit der Nahrung transportierten und einverleibten Werte; die Fremdheit, die seinem Handel mit Natur anhaftet, wird mit politischer Stigmatisierung (der Alternativbewegung, für die er im Moment steht) beantwortet. Er trägt

> *die Position des Außenseiters, des von der Exklusivität Betroffenen, des Nicht–Dazugehörenden. Er stand in der Regel vor der Notwendigkeit, zu seinem eigenen Nutzen die Rechte der eingesessenen Gruppe geschickt einzusetzen oder zu umgehen (Kramer 1974, 94).*

## VerFREMDung als Weg zur kulturellen Eigenständigkeit

Die im Naturkostladen (unter Rückgriff auf zeitlich, geographisch oder utopisch ferne Kulturmuster) vermittelten Interpretamente von Natur werden im eigenen Kontext des Naturkostessers zu neugefundenen "Traditionen". Das Fremde wird durch den Geschmack nah herangeholt, einverleibt. Zugleich wird das, was gegenüber Naturkost als herkömmliche Kost bezeichnet werden kann, im Alltagsvollzug zum neuen "Relikt", neue "Gleichzeitigkeit" kennzeichnend (vgl. Köstlin 1973). Der Geschmack an Naturkost symbolisiert den Geschmack am Eigenen, der, politisch, ökologisch und gesundheitlich als Gegensetzung betrachtet, wohl einer Kollektivierung bedarf, um die Berechtigung dieser Bedürfnisse zu erfahren. Stigmatisierung wäre hier die politische Folge eines kulturellen Vorgangs.

Der Geschmack an Naturkost zeigt auch den Geschmack am Fremden als gemeinsamen Fixpunkt, der, soll er nicht zur institutionalisierten Flucht werden, immer wieder einer Befragung des Eigenen, der eigenen Beweglichkeit, bedarf. Kulturelle Beweglichkeit wäre hier die Folge eines politischen Vorgangs.

Ferne und Nähe, Fremdes und Vertrautes, verbindet in der Naturkost z.B. Tofu. Wie schmeckt Tofu?

> *– Nach gar nix. Der schmeckt nach gar nix, gell. Und den iß i manchmal a Scheibe so, ... oder i tu ihn mit untern Gemüseeintopf.*

*– Nach Tofu. Also ich sag immer, wenn mich einer fragt, nach Tofu. ... So wie ich'n Käse aufs Brot leg', so leg' ich'n Tofu aufs Brot, gell. Oder ich koch ihn, ... oder braten einfach.*

*– Naja, wenn man's pur ißt, nach gar nichts, den muß man irgendwie zubereiten und würzen. Also ich tu's meistens vermischen mit Getreide ... (gequollen, G.S.) ... und Gemüseschnipseln und gut würzen. Das gibt dann n' Teig, gell, und den kann man entweder in der Pfanne ausbacken oder ihn sich aufs Brot schmieren, das schmeckt also nicht schlecht (Speckels 1986, 127).*

Warum schmeckt Tofu?

Weil er – sinnbildlich – die Diskontinuitäten von Zeit und Raum, von Geschichte und Gegenwart, ausfüllt; somit – einverleibt – eigenen Raum schafft. Weil er als Ausgleichsinstanz wirken kann und doch die eigene Erfahrung bewußt macht.

*Solange man im Rahmen von geschlossenen Zeit– und Raumbegriffen argumentiert, gibt es nur die Möglichkeit, mit dem revolutionären Akt eine neue Zeit und einen neuen Raum zu schaffen. ... Nur in den Brüchen und Diskontinuitäten des Raumes kann sich heute etwas anderes, Neues ereignen (Rosanvillon 1983, 226).*

*Lothar Voigt*

# Der Punk im Alltag

Diese Darstellung ist im Rahmen einer Dialektik des Verhältnisses von Alltäglichem und Außeralltäglichem angesiedelt, wobei unter dem Begriff "Alltag" keine normierbare "Normalität" oder unhintergehbare Größe verstanden wird. In Anbetracht dieser Aussage bedeuten Bewegungen hin zu einer alternativen Konzeption des eigenen Lebenslaufs immer zuerst eine Bewegung hin zu einem Außeralltäglichen, die Normalität des Alltags wird verlassen. Die Aufnahme von Bestandteilen fremder Kulturen erhält erst in diesem Rahmen ihre Bedeutung. Das Wort "Bestandteile" ist deswegen als entsprechend anzusehen, da hier davon ausgegangen wird, daß der Ausstieg aus einer Kultur, in die man einsozialisiert, bzw. eben "enkulturiert" wurde, in eine alternative in einer umgreifenden Vollständigkeit selbst für einzelne Personen kaum möglich ist. Der gänzliche Ausstieg ist nie für eine Bewegung möglich, eine Vorstellung solcherart wäre nur eine Neuauflage der Vorstellung menschlicher Allmacht, ein Ausdruck des Wunsches nach reiner Willkürlichkeit.
Nach einer gewissen Zeit der Existenz im Bereich des Außeralltäglichen ist einsichtig, daß sich dieser Bereich als etwas Alltägliches etabliert hat, zumindest intern für die Alternativen. Im Verhältnis zu dem Kulturbereich, der verlassen wurde, kann die Außeralltäglichkeit weiter bestehen, und zwar wechselseitig. Nach diesen Vorklärungen dürfte auch klar sein, daß unter Alltag hier nicht *der* Bereich des menschlichen Zusammenlebens verstanden wird, der aufgrund einer gewissermaßen "unnatürlichen" gesellschaftlichen Situation beständig in seiner Realisierung gestört wird.
Ausstiegsvorstellungen von Jugendlichen sind bekanntermaßen nichts Neues. Auch die Punks sind als "angry young men" in England nichts absolut Neues gewesen. Ähnliche Gruppierungen hießen Rocker, Mods, Teds u.ä.m., in diesem Zusammenhang, als Endpunkt quasi einer Sequenz, besitzen die Punks eine genauer zu klärende, besondere Bedeutung. Die Gründe, die zum Entstehen dieses Sachverhalts führten, sind vielfach untersucht worden, die Intentionen und Ausgangslagen dabei sind sehr vielfältig. Hier wird jetzt keine weitere Genese versucht, gegebenenfalls wird auf vorhandene zurückgegriffen.
Das zentrale Motto der Punks ist "No future", und eine daraus folgende Verhaltensmaxime läßt sich mit dem Begriff der Negation bezeichnen. Diese wird einmal an einer objektiv–generellen Weltlage festgemacht, denn es ist in dieser Perspektive, aufgrund einer angenommenen Zukunftslosigkeit, wegen der Atombombe z.B., jeglicher Sinn eines Handelns negiert. Zum anderen wird die Negation von den Punks selber auch aktiv betrieben. Über diesen Sachverhalt gelangt man zu einer sehr interessanten punk– immanenten Logik.
Wenn man eine Interpretation dieser zukunftslosen Sicht des Alltags im Rahmen eines Subjekt/Objekt–Verhältnisses vornimmt, entsteht die Frage: Warum machen Punks die, so nicht nur von ihnen deklarierte, zukunftsnegierende objektive Weltlage zu dem zentralen Orientierungspunkt ihres Handelns, d.h., warum generieren sie als Subjekte selber in erster Linie Negationen? Dahinter könnte man einen ganz radikalen Anspruch auf Wahrhaftigkeit erkennen, denn wenn die Lage nun mal so "beschissen" ist, wäre doch jede Handlung, die ihre eigene Sinnlosigkeit nicht schon gleichzeitig aufzeigen würde, nur eine Lüge. Gespeist ist dies Verhalten nun aber nicht nur aufgrund einer, diesen Jugendlichen doch erst einmal

ferner stehenden politischen Weltlage mit totaler Bedrohung der Welt, sondern hier sind sehr konkrete Erfahrungen der Armut oder Existenzunsicherheit z.B. grundlegend. Dazu gehört auch das, was als jugendliches Moratorium bezeichnet wird und was als ein festes Charakteristikum moderner Gesellschaften anzusehen ist.

Diese Ausführungen sind hier in erster Linie auf die Entwicklung des Punk in England zu beziehen, das ist wichtig bei der Betrachtung der Schärfe der Erfahrung dieser Jugendlichen, für die Beat– und Rockmusik auch immer ein wesentlicher Ausdruck einer Identifikation mit den starken sozialen Bezügen der Arbeiterklasse darstellte. Die Erfahrung war die, das diejenigen, die ihre Wünsche und ihre Wut, ihre Bedürfnisse und Ängste über die Musik formulierten, später so viel Geld verdienten, daß sie die entsprechende Klassenlage längst hinter sich gelassen hatten. Es stellte sich die Erkenntnis ein, daß sie es selbst waren, die die verhaßten neuen Bonzen fütterten. Ihre neue Musik sollte somit gar keine Musik sein, sie wäre doch nur wieder eine Kapitalanlage allein für Parvenüs geworden. Die Konsequenz daraus präsentierte sich in einer Art Minimalstmusik mit ganz einfachen Rhythmen von Trommeln und verzerrten Tönen der Gitarren, die elektronisch laut verstärkt sein mußten: Negation der Musik. Der Verweis auf eine ganz spezifische Ausgangslage für den Punk in England muß hier genügen, sie ist zu scheiden von einer Betrachtung der Punks in der BRD.

Um nun wieder auf die Interpretationsweise des Subjekt/Objekt–Modus zurückzukommen, so scheint sich das gestellte Problem von selbst gelöst zu haben: Der objektive Gang der Welt hat danach seinen negierenden Verlauf zur vollen Geltung gebracht, die Subjekte sind dabei nur noch ausführende Organe. Dies ist selbstredend eine recht trostlose Perspektive, doch, so drängt sich eine Vermutung auf, verweist sie eher auf ihren, in dieser Weise argumentierenden Vertreter, der ein Anhänger eines allbestimmenden Determinismus sein muß, einem Interpretationsmodus, der sich im Laufe der Reformationsgeschichte bei den Lutheranern herauszuschälen begann und die göttliche Vorbestimmung aller Dinge deklariert.

Dagegen gibt es eine andere Möglichkeit der Interpretation, die auf der eingangs erwähnten Dialektik von Alltäglichem/Außeralltäglichem beruht. Danach stellte sich für die (zumindest englischen) Punks ihre gesellschaftliche Lage im Alltag, durch die massive Bedrängung durch die Arbeitslosigkeit z.B. und dem gleichzeitigen Zerfall der englischen Arbeiterbewegung mitsamt dem Bewußtsein davon, als äußerst bedrückend dar. Dieser Situation entzogen sie sich durch Flucht in die als Asyl ausgebaute Außeralltäglichkeit, in die sie noch eine Menge an Gestaltungskraft einbrachten, was an den Formen ihrer Selbstdarstellung ablesbar ist. Sie führten damit eine Entwicklung von rund zwanzig Jahren fort, worin die spezifische Ausgestaltung des Außeralltäglichen mittels der Musik und der durch sie transportierten Werte und Vorstellungen eine immense Bedeutung annahm. Welch ein gewaltiger "kick" dem als Auslöser zugrunde lag, verdeutlicht die weltweite Verbreitung dieser Musikrichtung.

Selbstverständlich gehören zu der Verbreitung die Entwicklungen in den USA. Auch die Beatles spielten zuerst vor allem Blues Musik, so von Chuck Berry. Ihre Wirkung erzielten sie aber dann durch ihr adrettes Auftreten, sie wirkten reizvoll auf die europäischen Teenager mit der aufreizenden Musik zusammen. Die Bedeutung, die die Sexualität hinsichtlich einer als von Alltäglichkeit befreienden Wirkung besitzt, brauche ich nicht weiter auszuführen. Erinnert sei diesbezüglich nur noch an die Tanzorgiastik eines Elvis Presley. Die Blues Musik steht an dieser Stelle selbstverständlich für die "Fremde Kultur als Muster für Alternativkulturen". Das Interesse an ihr von den Weißen ging auch von einer kleinen Minderheit aus, die David Riesman 1950 in dem Aufsatz "Listening to Popular Music" einer sog. "Hörermajorität" entgegenstellte (Riesman 1983, 11 ff.). Jene war weniger an den Melodien interessiert, als an den musikalischen Arrangements und technischer Fertigkeit, gegen die namhafte Bands und die kommerziellen Hits in den Radios besaßen sie eine Abneigung. Riesman mutmaßte, daß sich deren unterschiedene Einstellung zu Wettbewerb und Zusammenarbeit in der amerikanischen Kultur hin zu einer Empfindung für Spontaneität bei Auftritten und einem Wohlwollen für kleine Jazzgruppen entwickelt habe. Dies sei verbunden mit einer Aufwertung des Selbstwertgefühls im persönlichen Auftritt, der Abneigung gegen Hauptdarsteller und dem Insistieren darauf, daß die Improvisation als eine aus der Gruppe heraus produzierte vorgetragen werden sollte.

Die Minorität machte sich zum Vorreiter einer Entwicklung, die die Hervorhebung des Selbstwertgefühls zum Programm hatte. Die Sinnfindung wurde nachhaltig außerhalb der Normalität des gesellschaftlichen Alltags betrieben. Die Filmtitel wie "The Wild One" und "Rebel Without a Cause" (1954/55) verweisen darauf, der Buchtitel "On the road" (Kerouac 1955) markiert die Fluchtbewegung. Wie gerade über Medien, dem Radio z.B., welches die "Hörerminorität" doch als "Macher" der Hits ablehnte, dann doch wiederum eine Veralltäglichung erzielt wurde, benötigt hier keine weitere Ausführung. Hierin ist das Scheitern erkennbar, welches die Punks zum Bestandteil ihres Darstellungskomplexes deklariert haben. Die Negation des Alltags ist als Quelle der Sinnfindung ausgefallen. Diese Erkenntnis führt zur Radikalisierung im Verhalten, zerrissene Kleidung und einfachste Rhythmen in der Musik stellen die eigene Perspektivlosigkeit demonstrativ heraus. Hier wird gewissermaßen die Negation der Negation betrieben. Nach dieser Logik stellen die Punks einen Endpunkt der Bewegung Jugendlicher nach dem Krieg dar, daß keine eindeutige Schwerpunktbildung darin in den letzten (ca.) drei bis vier Jahren mehr stattfindet, bestärkt diese Auffassung, wenn man gar überhaupt noch von "Bewegung" reden kann. Das, was die Punks als ihr Erscheinungsbild, bezogen auf ihre Weltsicht des "No future" entworfen haben, ist als ein modisches Auftreten längst alltäglich geworden.

Eine These, die aus dem Dargelegten gefolgert werden könnte, nimmt Bezug auf die eingangs genannte Dialektik im Verhältnis von Alltäglichkeit zur Außeralltäglichkeit. Die Radikalisierung der Erwartungen an eine Sinnfindung im Außeralltäglichen gingen im Dargelegten immer so weit, daß sie den Bezug zum Alltäglichen aufgegeben haben, zur Negation dieses werden konnten. Die Macht des Alltags konnte sich demgegenüber, mittels der Medien z.B., letztendlich durchsetzen. Da hier davon ausgegangen wird, das beide Seiten sich in einer konkreten Lebenspraxis dialektisch bedingen, lautet die Diagnose, daß ein ausgewogenes Verhältnis zueinander nicht besteht. Außeralltäglichkeit meint dabei immer auch die Chance für die Individuen, sich als aktive Mitglieder ihrer Kultur und Gesellschaft zu erkennen, sich als Mitgestalter der Normen und Regularien zu sehen, auf die sie im Alltag zwecks Reproduktion ihrer Kultur angewiesen sind.

Arbeitsgruppe 5
# Medien und Kulturkontakt

*Rolf Wilhelm Brednich*

# Medien und Kulturkontakt

Die Arbeitsgruppe 5 dieses Kongresses befaßt sich mit dem Thema "Medien und Kulturkontakt". Auf ihre Rolle bei der Vermittlung von kollektiven Fremdbildern werden dabei sowohl historische Print- und Bildmedien als auch die modernen Massenkommunikationsmittel befragt. Mein Plenarvortrag zu diesem Thema wird aus zwei Teilen bestehen: einem Beitrag zur Rolle des illustrierten Flugblattes bei der Vermittlung von Bildern aus der Fremde und einem Beitrag über das Medium des wissenschaftlichen Films. Damit soll dem Anliegen der Arbeitsgruppe Rechnung getragen werden, dem Thema sowohl unter historischem als auch dem gegenwärtigen Blickwinkel gerecht zu werden.

Zur Einstimmung in das Thema "Medien und Kulturkontakt" möchte ich einen Satz des Ethnologen Karl–Heinz Kohl zitieren, der in seinem kürzlich erschienenen neuen Buch sagt:

> *Der ethnographische Blick ist notwendig selektiv. Er vermag immer nur einen bestimmten Ausschnitt der Wirklichkeit der fremden Kultur wahrzunehmen (Kohl 1987, 4).*

Und ich füge hinzu: Der ethnographische Blick der Medien auf fremde Kulturen wird durch weitere Filter und Blenden eingeengt. Er ist durch die Zwänge und Selektionskriterien des Mediums zusätzlich eingeschränkt, darüber hinaus abhängig von individuellen Dispositionen und Wunschvorstellungen des Kommunikators und dem begrenzten Erfahrungshorizont seiner eigenen Kultur. Ethnologen sind zwar von Berufs wegen ständig auf der Suche nach dem Anderen in der Kultur. Doch selten sind sie in der Lage, die Andersartigkeit des Anderen in seinem ganzen Ausmaß zu erfahren und zu erfassen; um wieviel schwieriger haben es die Medien, zutreffende Bilder von fremden Kulturen zu vermitteln!

## I.

Unsere erste Frage in diesem Prozeß der Vermittlung kollektiver Fremdbilder gilt den an der Wende vom Mittelalter zur frühen Neuzeit entstehenden "neuen Medien" des Buchdrucks und ihrer Fähigkeit zur Übermittlung von Fremdbildern. Inwieweit haben – so wollen wir fragen – illustriertes Flugblatt, Newe Zeitung und Flugschrift dazu beigetragen, ein zutreffendes Bild z.B. von der durch die Entdeckung Amerikas veränderten Welt zu vermitteln? Haben diese Medien die Funktion erfüllt, breite Bevölkerungsschichten über die für das moderne Weltbild umwälzenden Erkenntnisse in Wort und Bild hinreichend zu informieren? Vom heutigen Standpunkt aus betrachtet muß das Jahr 1492 noch immer als der große epochale Einschnitt in der Weltgeschichte betrachtet werden. Zum ersten Mal drang durch die Reisen des Christoph Kolumbus die verläßliche Kunde von einer "terra nuova" in das Abendland; die bereits lange mündlich umlaufenden Traditionen von der Existenz eines unbekannten Kontinents im Westen der bewohnten Welt, wie sie sich etwa in der Legende von St. Brandans Seefahrt spiegeln, erfuhren ihre Bestätigung. Aus heutiger Sicht betrachtet müßte demnach das Jahr 1492 für die frühen Medien in Europa einen wichtigen Einschnitt bedeuten. Die Chance, die Menschen diesseits des Atlantiks an den sich anbahnenden Kontakten zu unbekannten Kulturen teilnehmen zu lassen, war jedenfalls durch das Vorhandensein neuer Kommunikationsmittel gegeben. Wurde sie auch genutzt?

Aus den neueren Forschungsergebnissen von Karl–Heinz Kohl (1982; 1987), R. Hirsch (1976) u.a. wissen wir, daß sich das Abendland von der Entdeckung Amerikas zunächst kaum beeindrucken ließ und daß die vorhandenen Medien zu dem Ereignis weitgehend schwiegen. In der gelehrten Literatur, d.h. vor allem in den großen Weltchroniken und Kosmographien des beginnenden 16. Jahrhunderts, werden die "Erfindungen" genannten Entdeckungen des Kolumbus und seiner Nachfolger zunächst nur beiläufig erwähnt, erst in den späteren Auflagen erobert sich die Neue Welt darin immer mehr Raum. Die Wahrnehmung des Fremden folgte dabei noch lange den Traditionen der christlich–antiken Mythologie und stellte das Neue als längst Bekanntes dar. Nur allmählich und widerstrebend brach sich in der Literatur die Erkenntnis Bahn, daß die "neugefundenen Inseln und Landen" nicht die östlichen Ausläufer Indiens waren, sondern eine riesige zusammenhängende Landmasse eines bis dahin unbekannten Kontinents. Betrachtet man die Berichte über die Entdeckung der neuen Territorien im Zusammenhang mit der gesamten übrigen Informationsliteratur der Zeit, so zeigt sich, daß die Neue Welt in den Printmedien des frühen 16. Jahrhunderts keineswegs den vordersten Rang einnimmt. Nachrichten aus Amerika stehen gleichberechtigt oder gar untergeordnet neben solchen von den türkischen Eroberungsfeldzügen im Vorderen Orient, neben Wundererscheinungen und Prodigien auf dem eigenen Kontinent, und spätestens mit der Reformation und den Bauernkriegen verfügte man in Deutschland über genug eigene Themen, die die Ereignisse jenseits der Weltmeere wieder in den Hintergrund treten ließen, zumal die Informationspolitik der spanischen Krone einer raschen Verbreitung von Neuigkeiten aus Amerika bald einen Riegel vorschob (vgl. Scharlau 1982). Die Entdeckung einer Neuen Welt sinkt in den populären Druckerzeugnissen der Zeit auf das Niveau einer Sensation herab, die ähnlich wie spektakuläre Mißgeburten, Sonnenfinsternisse, Nordlichter, Meteore, Bergstürze oder ruchlose Mord– und Greueltaten zur Nährung der verbreiteten apokalyptischen Vorstellungen vom nahen Weltende beitrugen (vgl. Dresler 1955, 12 f.). Darüber hinaus haben die wenigen Newen Zeitungen und Bildberichte mit Nachrichten aus der Neuen Welt daran mitgewirkt, die jahrzehnte–, ja jahrhundertelang fortdauernden stereotypen Vorstellungen über die Bewohner Amerikas in Europa zu verbreiten und einzuwurzeln. In dem fortwährenden Konflikt zwischen Imagination und Erfahrung, zwischen Eurozentrismus und zögernder Rezeption von Fremdbildern entwickelt sich allmählich das, was eine große Berliner Ausstellung 1982 die "Mythen der Neuen Welt" genannt hat (vgl. Kohl 1982). Diese Mythen sind zum Teil nichts anderes als die Wiederbelebung der mythischen Vorstellungen antiker Autoren, daß die sagenhaften Inseln im Westen mit legendären Monstren und halbmenschlichen Fabelwesen bevölkert seien. Zu ihnen gesellten sich – wiederum durch die Medien geschürt und illustriert – neue Mythen, etwa die von den Akephalen – kopflosen Menschen – oder vom ungeheuren Reichtum des El Dorado, an das sich die moderne Vorstellung vom Land der unbegrenzten Möglichkeiten fast nahtlos anschließt.

Drei Vorstellungskomplexe sollen hier herausgehoben werden, weil sie – durch die frühen Bildmedien vermittelt – in besonderer Weise das Fremdbild von den Ureinwohnern Amerikas bei uns mitbestimmt haben und den Eroberern die Legitimation für die Ausrottung der Indianer lieferten: ihr Nacktheit, ihre sexuelle Freizügigkeit und ihr Kannibalismus. Das Bild des naturverbundenen "Edlen Wilden", dessen Sanftmut und Schönheit in den frühen Reiseberichten eigens hervorgehoben werden, liegt von Anfang an in Widerstreit mit dem

Bild des kulturell völlig Andersgearteten und Widernatürlichen. Schon Amerigo Vespucci hat in seinen fast in alle westeuropäischen Sprachen übersetzten Briefen die Nacktheit und angebliche Naturnähe der amerikanischen Wilden durch Schreckensbilder perhorresziert; neben den Kulturkontakt tritt von Anfang an das Aufreißen von Abgründen. So schreibt Vespucci z.B:

> Sie haben noch einen anderen Brauch, der außerordentlich schamlos und gegen jedweden menschlichen Glauben ist. Denn ihre Frauen, die überaus lüstern sind, vermögen die Zeugungsglieder der Männer so zu erregen, daß diese riesenhaft anschwellen und häßlich und widerwärtig aussehen: das bewerkstelligen sie mittels eines gewissen Kunstgriffs, dem Biß bestimmter giftiger Tiere. Und eine Folge davon ist, daß viele Männer ihre Zeugungsglieder verlieren, weil sie abbrechen, wenn sie nicht aufpassen, und sie so zu Eunuchen werden (Vespucci 1504, zit. nach: Kohl 1987, 68).

Damit griff Vespucci auf eine Vorstellung zurück, die zu den geläufigen Motiven des spätmittelalterlichen Hexenglaubens gehört: den Vorwurf, Männer impotent zu machen und ihnen ihre Glieder wegzuzaubern, der ein Stereotyp in den europäischen Hexenprozessen der Zeit war.

Noch größere Klüfte zwischen den Bewohnern der Alten und der Neuen Welt reißt die Vorstellung vom Kannibalismus der Indianer auf. Wiederum ist es Vespucci, der als erster die entsprechenden Horrorgeschichten in die Welt setzt. Er berichtet vom ewigen Kriegführen der indianischen Nationen untereinander, das einzig dazu diene, möglichst viele Gefangene zu machen und diese dann aufzufressen. Menschenfleisch sei ihnen eine ganz alltägliche Nahrung, ja man habe schon manchen Vater gesehen, der seine Frau und seine eigenen Kinder gefressen habe. Er habe einen Mann gekannt, der mehr als 300 Menschen gefressen habe, und einmal sei er in einer Stadt gewesen, wo gesalzenes Menschenfleisch an den Balken zwischen den Häusern aufgehängt gewesen sei, wie man es bei uns mit Schweinefleisch und Geräuchertem zu tun pflegt (vgl. Kohl 1987, 70). Das Bild des Indianers als eines Kannibalen mit Federkopfputz findet sich zum ersten Mal auf einem wahrscheinlich 1505 in Augsburg oder Nürnberg veröffentlichten Holzschnitt zu einem Brief "De novo mondo" (Honour 1982, 24, Abb. 14).

Aufschlußreich in Bezug auf die Darstellung der Fremden ist auch ein Holzschnitt zu der "Newen zeittung von den lande, das die Sponier funden haben ym 1521. jare genant Jucatan" (o.O.u.J., wahrscheinlich Augsburg ca. 1522; Kohl 1982, 229, Abb. 219). Hier werden angebliche Kinderopfer der Azteken dargestellt; die Stadt Tenochtitlán mutet auf dem Holzschnitt sehr europäisch an, und die fast europäisch gekleideten Azteken werden zu ihrem bösen Tun – wie könnte es anders sein? – vom Teufel angestiftet.

Daß sich solche Horrorvisionen von der indianischen Promiskuität, von abartigen Liebesbräuchen und kannibalistischen Gewohnheiten bald in die populäre Literatur und Druckgraphik Europas fortpflanzten, wird an einem illustrierten Flugblatt aus dem Jahre 1567 deutlich. Es hat den Titel "Warhafftige Contrafey einer wilden Frawen/ mit jrem Töchterlein/ gefunden in der Landschafft Noua terra".

Die beiden von den Franzosen aus Übersee mitgebrachten Wilden wurden u.a. in Altdorf bei Nürnberg als Kuriositäten öffentlich zur Schau gestellt, und im beigegebenen Text kehren die Schreckensbilder vom wilden Kannibalen allesamt wieder. Der zugehörige Mann sei von den französischen Seefahrern mit einem Pfeil durchschossen und von einem Schwert an der Seite verwundet worden, er habe sein eigenes Blut mit der Hand aufgefangen und

Flugblatt Frankfurt a.M. 1567

getrunken und die Gegenwehr fortgesetzt, bis man ihm endlich die Kehle durchgeschnitten habe. Dieser Mann habe in 12 Tagen 12 französische und portugiesische Seeleute umgebracht und verspeist, und auch die Frau bekannte, daß sie "von vielen Menschen gegessen". Am Schluß des Textes heißt es:

> Last vns Gott ... dancken
> ... daß er vns in seinem Wort erleuchtet hat
> daß wir nicht so gar wilde Leit vnd Menschenfresser seind
> ... dan sie gar nichts von dem rechten waren Gott wissen
> sondern schier erger dann das Vihe leben
> Gott wölle sie auch in seiner erkenntnis bekeren
> Amen
> (Getruckt zu Franckfurt am Mayn 1567.
> Herzog–Anton–Ulrich–Museum Braunschweig, Kupferstichkabinett).

Die Botschaft, die dieses Flugblatt zu verkünden hat, könnte eindeutiger nicht sein: Der Fremde hat kein Recht zum Weiterleben in seinem angestammten Kulturzustand, er muß so werden wie die Europäer. Indem die Normen der eigenen Kultur verabsolutiert werden, erhalten die fremdkulturellen Verhaltensweisen, die zudem noch völlig verzerrt dargestellt werden, das Stigma einer "verkehrten Welt", deren Andersartigkeit zu beseitigen quasi zum missionarischen Auftrag der Alten Welt erhoben wird. Zum Sinnbild des neuentdeckten Kontinents wird daher für Jahrhunderte die nackte, männermordende Kannibalin "America", wie sie beispielsweise auf den Erdteilallegorien mit Kriegsaxt und Speer oder Pfeil und Bogen abgebildet ist (vgl. Kohl 1987, Abb. 13 und 14). Dieses Schreckensbild der nackten, verführerischen Menschenfresserin ist ein kollektives Phantasiegebilde, mit dessen Hilfe der alte Kontinent die Erfahrung des Neuen im Rekurs auf überlieferte Motive der eigenen Mythologie bewältigte (vgl. Kohl 1987, 87). Dies zeigt, daß das Fremde letzlich immer nur wir selbst sind und die zeitgenössischen Beobachtungen und Berichte mehr über die Urheber selbst, ihre Ängste und Phantasien aussagen als über die Menschen in den neugefundenen Territorien.

## II.

Im zweiten Teil meiner Ausführungen möchte ich das Medium des wissenschaftlichen Films in den Mittelpunkt rücken. Die Auseinandersetzung mit der Problematik des volkskundlichen Films ist überfällig, und Sie werden sicher Verständnis dafür haben, daß einem Göttinger aufgrund der Nähe zum Institut für den Wissenschaftlichen Film (IWF) dieses Thema besonders am Herzen liegt. Für diejenigen unter Ihnen, die mit dem Diskussionsstand nicht ganz so gut vertraut sind, möchte ich einige kurze Informationen zum Thema vorausschikken.

Mit der Erfindung der Fotografie und der Entwicklung der Kinematographie war in den ethnographischen Wissenschaften Ende des 19. Jahrhunderts die Illusion aufgekommen, man könne die sichtbare Realität fremder Lebenswelten und Kulturen durch mechanische, automatische Reproduktion für alle Zeiten wahrheitsgetreu protokollieren ("Die Bilder sind wahr", sagt E.E. Evans–Pritchard 1978; vgl. Die Fremden sehen 1984, 13). Wir wissen heute längst, daß diese Euphorie der Anfangsjahre trügerisch war. "Die Welt mit automatischen Mitteln zu reproduzieren, bedeutet noch nicht, sie auch wahrheitsgetreu oder objektiv zu reproduzieren" (M. Chanan 1980, zit. nach Die Fremden sehen 1980, 19). Auch die Kamera kann ein Mittel der Verfälschung sein, und je weiter die Reisen sind, die man damit zu den Fremden unternimmt, um so ungestrafter kann man damit zu Hause Lügengeschichten erzählen (in Abwandlung eines französischen Sprichworts, zitiert bei Devereux 1976, 229), und je fremder, unvertrauter die Realität, um so eher ist der Betrachter bereit, die filmische Realität gutgläubig mit der äußeren Realität gleichzusetzen. Hierin sehen wir heute eine der großen Gefahren des ethnographischen Films, nämlich eingefleischte Vorurteile und Ethnozentrismen zu bestätigen und den Blick auf die Fremden zu verstellen, anstatt verstehende Zugänge zu öffnen.

Die volkskundliche Filmarbeit nach 1945 ist wesentlich durch die zentrale Institution des IWF geprägt worden. Auf einige anderen Zentren des volkskundlichen Filmschaffens soll später noch kurz eingegangen werden. Zunächst wird es hier um die Filme des IWF gehen, das in seinen Katalogen derzeit ca. 1500 ethnologische Filme zur Ausleihe bereithält, darunter 320 zur Europäischen Ethnologie. Die Veröffentlichung dieser Filme erfolgt in der Regel in der Encyclopedia Cinematographica (EC), die so etwas wie ein Gütesiegel für den wissenschaftlichen Film überhaupt darstellen will. Ins Leben gerufen wurde die EC 1952 durch den Gründer des IWF, den Naturwissenschaftler Gotthard Wolf. Seine Absicht war es, den verschiedenen Wissenschaftsgebieten Dokumentationsfilme als Forschungsmaterialien an die Hand zu geben und diese Forschungsfilme nach ihren kleinsten thematischen Einheiten gemäß der wissenschaftlichen Systematik der einzelnen Fächer nach Art eines Baukastenprinzips zu ordnen. Jeder Disziplin sollten demnach Filmveröffentlichungen von Vorgängen zur Verfügung stehen, die entweder dem menschlichen Auge nicht erfaßbar sind, bei denen der Vergleich eine wesentliche Rolle spielt oder die einmalig sind und bei denen damit gerechnet werden muß, daß sie bald nicht mehr erfaßbar sein werden (z.B. handwerkliche Techniken oder seltene Bräuche und Riten) (vgl. Wolf 1967, 23). Bezeichnend für die schwierige Problematik von Film und Wirklichkeit ist z.B. der folgende Satz von G. Wolf aus den Anfangsjahren des Göttinger Instituts:

*Der Grad des Wirklichkeitsgehaltes bei der bildmäßigen Übertragung der Wirklichkeit auf das technische Medium des Filmbandes muß auf ein Maximum gesteigert werden (Wolf 1961, 8).*

Nach diesem Konzept mit seinem positivistisch anmutenden Anspruch, daß die Filmwirklichkeit eine bessere Forschungsgrundlage sei als die Wirklichkeit selbst, und mit seinem naturwissenschaftlichen Klassifikationsprinzip der kleinsten thematischen Einheit wurden in den 50er und 60er Jahren zahlreiche volkskundliche Filmdokumente hergestellt, meistens in Schwarzweiß, ohne Originalton und Kommentar, also stumm. So liegen z.B. vor: Zwei Filme aus Ebnet bei Freiburg über die Herstellung einer Karfreitagsrätsche (Ethnologie Europa 1983, 9, E 934) von 16,5 min Dauer, dazu eine zweite Filmeinheit "Karwoche–Ratschen" von nur 6 min. Dauer (E 935), d.h. die Herstellung des zum Brauch benötigten Gegenstandes nimmt das Dreifache an Zeit an als die Darstellung seiner Funktion im Brauchablauf. Über das Dorf und seine Bewohner erfährt man aus beiden Filmen nichts. Dies gilt allgemein: Die Möglichkeit zur Herstellung von Kontakten zur kulturellen Sphäre, in denen die Filme handeln und in denen die Gegenstände des Films eigentlich erst ihre Bedeutung erlangen, wird in diesem Filmgenre versäumt. Als Beispiel für eine solche EC–Einheit, die im Fernsehzeitalter mit seinen völlig veränderten Sehgewohnheiten fast antiquiert wirkt, dient uns ein Ausschnitt aus Film E 392 "Anfertigen von Holzschuhen in Westfalen" aus dem Jahre 1960.

## Videoclip 1

Die mangelnde didaktische Aufbereitung dieser EC–Filme (Grundsatz: "Dokumentieren – nicht interpretieren, registrieren – nicht gestalten", vgl. Wolf 1967, 35) sollte nach der Vorstellung des Editors dadurch ausgeglichen werden, daß die Projektion erst nach eingehendem Studium der Begleitpublikation vorgenommen wird (vgl. Wolf 1967, 31), außerdem empfiehlt er, die Filme mehrere Male hintereinander vorzuführen.

Diese wenigen Hinweise mögen genügen. Aus ihnen wird deutlich genug hervorgegangen sein, daß eine Revision dieser Konzepte dringend geboten erscheint. Die Kritik an der Wolfschen EC–Konzeption ist fast so alt wie das Konzept selbst. Auch in der Volkskunde wurden schon früh Bedenken gegen das positivistisch–naturwissenschaftliche Baukastenprinzip der EC laut. Im Jahre 1962 befaßte sich eine nach Göttingen einberufene Tagung mit dem Thema "Volkskunde und wissenschaftliche Bilddokumentation". Die meisten Referenten waren damals darum bemüht, Filme oder Filmprojekte vorzustellen, die die Göttinger Prinzipien befolgten. Um so erstaunlicher ist es, daß damals zumindest eine Stimme Forderungen in eine ganz andere Richtung erhob. Es ist die Hermann Bausingers, der z.B. meinte, der wissenschaftliche Film müsse auch dort, wo er "einfache handwerkliche Techniken zum Gegenstand nimmt, einen Einblick in die Lebenstotalität" vermitteln, und da der volkskundliche Film dies nicht tue, definiere er Volkskunde einseitig als periphere Reliktforschung (vgl. Ranke 1962, 89). Handwerkliche Filmdokumente müßten möglichst bis zur Gegenwart führen, Brauchfilme das Folklorismusphänomen berücksichtigen, und schließlich sollten auch für die Gegenwart charakteristische Entwicklungsvorgänge (z.B. bäuerliche Aussiedlung, Strukturwandel durch Fremdenverkehr) gefilmt werden. Die Volkskunde müßte den Mut zum "unwissenschaftlichen Film" aufbringen (vgl. Ranke 1962, 89 f.).

Diesen Mut hat die Volkskunde bis heute nur selten bewiesen. Die wissenschaftliche Filmarbeit im Fach stagnierte lange Zeit, und nach dem Auslaufen des großen VW–Förderungsprogrammes ist die Herstellung neuer volkskundlicher Filme durch das IWF fast ganz zum Erliegen gekommen. Eine 1967 auf dem Würzburger Volkskundekongreß ins Leben gerufene Kommission für den wissenschaftlichen Film stellte nach einem studentischen Go–in 1969 in Detmold ihre Arbeit bereits verschreckt wieder ein. Die Kritik an EC und IWF indes hält bis heute unvermindert an. Erst kürzlich hat Konrad Grunsky–Peper in der "Zeitschrift für Volkskunde" über die IWF–Produktion zusammenfassend das folgende vernichtende Urteil gefällt:

> Inzwischen ist ein Stand erreicht, wo die Verwendung der Göttinger Filme im Fach Volkskunde bei den Studenten, die heute sämtlich der Fernsehgeneration zuzuzählen sind, auf Befremden oder sogar Ignoranz stößt (Grunsky–Peper 1985, 251).

Aber die Kritik ist bisher über einen bestimmten Punkt nicht hinausgekommen. Was wir brauchen, sind keine weiteren Absgesänge auf den ethnologischen Film der alten Machart, sondern zukunftsweisende Konzepte und Projekte unter aktiver Beteiligung möglichst vieler medienerfahrener Mitarbeiter (vgl. Brednich 1986, 96). Die Kritik greift auch m.E. zu kurz, wenn sie die Fehler der Vergangenheit ausschließlich bei der Institution IWF sucht und darauf hofft, daß von dort neue Konzeptionen für den ethnologischen Film ausgehen könnten. Unser Fach ist selbst dafür verantwortlich. So sieht es auch der Deutsche Wissenschaftsrat, der in einer Resolution zum volkskundlichen Forschungsfilm im IWF kürzlich festgestellt hat, daß "vor dem Hintergrund neuer Entwicklungen im Fach" die herkömmliche volkskundliche Filmproduktion überprüft und ggfs. revidiert werden sollte (vgl. Ballhaus 1987. 125).

An neuen Entwicklungen im Fach ist zweifellos seit Falkenstein kein Mangel. Besonders in der volkskundlichen Feldforschung sind in letzter Zeit zukunftsweisende Konzepte einer qualitativen, humanitären und emanzipatorischen Praxis entwickelt worden (vgl. Brednich 1988). Wenn man mit Erhard Schlesier (1972) der Meinung ist, daß ethnologische Feldforschung und ethnologisches Filmen zwei aufeinander bezogene Größen sind, so können gerade aus der aktuellen Methodendiskussion in der Volkskunde fruchtbare Anstöße für die Revision veralteter Konzepte des Forschungsfilmes gewonnen werden, indem der wissenschaftliche Film in Überlegungen zum adäquaten Basisverhalten im Feld und zur "Rückgewinnung der ethnographischen Dimension" (Jeggle) integriert wird. Erfolgreiche Ansätze für neue Standards im volkskundlichen Film verdanken wir in dieser Hinsicht Ingeborg Weber-Kellermann, deren Filme oft das Ergebnis intensiver Feldstudien und langandauernder Zusammenarbeit mit den im Film Agierenden darstellen. Eindrucksvolle Beispiele eines unkonventionellen Stils im volkskundlichen Filmschaffen stellen die Filme der Schweizer Ethnologen Paul Hugger und Hans-Ulrich Schlumpf dar. Mit ihrem gemeinsamen Film "Guber. Die Arbeit im Stein" haben sie ein vollkommen neues Genre des volkskundlich-wissenschaftlichen Films zur Diskussion gestellt.

Worin besteht dieses Neue? Wenn wir kritisch auf die bisher geübte Praxis des Filmens zurückblicken, so fällt besonders die unsichtbare Scheidewand zwischen Filmenden und Gefilmten ins Auge. Im Bemühen um die möglichst wirklichkeitsgetreue Aufnahme blieb die Wirklichkeit des Lebens vielfach aus den Filmen ausgeklammert. Der sog. Rapport zwischen Kamera und Objekt wurde vermieden, Emotionen waren verpönt, und falls die Kamera solches doch einmal erfaßte, wurde es spätestens am Schneidetisch eliminiert. Auch mein letzter eigener Film über die Wolfacher Fasnet von 1984 (Brednich 1984) ist mit diesen Schwächen behaftet, und mir wurden sie erst bewußt, als der Südwestfunk Baden-Baden es ablehnte, den Film zu senden, mit dem Argument, es fehle ihm an Leben. Und dieser Vorwurf trifft in der Tat zu. Obwohl die Fasnet feiernden Menschen in diesem Film viel reden, singen, lachen, schreien und lärmen, kommen sie doch eigentlich nicht zu Wort. Auch hier erscheint der wissenschaftliche Film noch immer reduziert auf ein kühles und distanziertes "mechanisches Registrierungs- und Belegmittel" (Ballhaus 1987, 113), das genau den Teil der Wirklichkeit nicht reproduziert, in den die gezeigten Vorgänge eingebettet sind. Das gibt zu denken.

Die Filme von Hans-Ulrich Schlumpf dagegen strahlen Wärme und Menschlichkeit aus, Anteilnahme und erkennbares Interesse an der Arbeit der gefilmten Menschen, ihrer Lebensweise, ihren Schicksalen, ihren Sorgen und Nöten. Schlumpf bekennt sich zum neuen Genre eines engagierten Films, der künstlerische Qualität mit sozialem Problembewußtsein verbindet. Sein neuer Typus des Dokumentarfilms hat die Eigenschaft, "daß er einfachen Leuten, die über keinen Apparat verfügen, das Wort gibt" (Schlumpf 1978, 37). Der Guber-Film ist im Redaktionsausschuß der EC – wenn auch mit knapper Mehrheit – abgelehnt worden, immerhin hat er auch innerhalb dieses Gremiums eine neue Diskussion in Gang gesetzt, die noch andauert.

Zukunftsweisende Ansätze und Ideen gehen mittlerweile auch von einem in Niedersachsen beheimateten Filmprojekt aus, der "Volkskundlichen Filmdokumentation Niedersachsen". In Abstimmung mit der 1983 gegründeten Volkskundlichen Kommission für Niedersachsen e.V. entwickelt der für die Konzeption und Durchführung verantwortliche Wissenschaftler ein ursprünglich ebenfalls mehr dem gängigen Filmtypus zuneigendes Projekt zu einem Vorhaben von innovativer Bedeutung für das volkskundliche Filmschaffen weiter,

*Medien und Kulturkontakt* 497

von dem fruchtbare Diskussionen für die zukünftige Filmarbeit ausgehen können. Vor allem geht es bei den einzelnen Filmvorhaben dieses aus Landesmitteln geförderten Projektes um die Beachtung des Grundsatzes der Partizipation anstelle von Distanz. Die Filmdokumente sollen weniger am Objekt, sondern eher am Subjekt orientiert sein, es sollen dabei ganzheitliche Ansätze verfolgt werden, die den Menschen mit seinen Lebensbedingungen, seiner Arbeits- und Alltagswelt einschließen und ihn bei möglichst vielen Gelegenheiten selbst zu Wort kommen lassen (vgl. Ballhaus 1987, 119–125).

Ein Ausschnitt aus dem ersten fertiggestellten Film dieses Niedersachsenprojektes soll diese neuen Ansatz vorstellen. Es handelt sich um eine Dokumentation des Arbeitsalltags in der "Saline Luisenhall in Göttingen", der letzten noch arbeitenden Siedepfannensaline Deutschlands.

### Videoclip 2

Eine wesentliche Rolle bei diesem Filmtypus, der beim Betrachter Anteilnahme für die dargestellten Menschen und einen Verstehensprozeß für andere, vielfach fremde Lebensverhältnisse herbeiführen soll, spielt die Kamera.

> *Sie ist selten distanziert, begibt sich hinein in den Strom des Geschehens, wechselt jedoch auch bewußt den Blickwinkel; mal ist sie Auge des teilnehmenden Beobachters, mal gibt sie die Sichtweise des Arbeiters wieder, andererseits beobachtet sie auch distanziert und analytisch. Die Besonderheit der Aufnahmesituation und die Anwesenheit des Filmteams sollten nicht verleugnet werden. Spontane Reaktionen der Dargestellten, die dies bezeugen (Gruß oder Anrede) führen den Betrachter von der Illusionsebene auf den Boden der (selbst-)kritischen Wissenschaft zurück und weisen andererseits auf das tatsächlich bestehende Eingebundensein des Filmteams in den Arbeitsalltag hin (Ballhaus 1987, 123).*

Neue Möglichkeiten des Filmens und der Zusammenarbeit mit den Gefilmten erschließt auch die Videotechnik, bei der man – anders als beim 16 mm–Farbumkehrfilm – mit dem Filmmaterial streng haushalten muß. Der Monitor beispielsweise dient dabei zur Kontrolle der Filmarbeit, erfüllt aber auch wichtige Funktionen bei der Einbeziehung der Akteure in die Planung der einzelnen Einstellungen.

Abschließend sei hier auf die mittlerweile von Edmund Ballhaus veröffentlichten "Thesen zum volkskundlichen Film" hingewiesen (vgl. Ballhaus 1987, 126 f.), die ich unterstütze und von denen ich hoffe, daß sie die volkskundliche Filmarbeit voranzubringen vermögen. Der mit diesen Thesen beschriebene Film ist nicht länger Selbstzweck der Wissenschaft ("Forschungsfilm"), sondern ein Beitrag zur problembewußten Auseinandersetzung mit Vergangenheit und Gegenwart und zum Entwurf eines Zukunftsbildes, das dem besseren Verstehen des Fremden in der eigenen und anderen Kultur dient. So gesehen kann auch der wissenschaftliche Film eine neue, wichtige Aufgabe erfüllen: Medium zu sein im Kulturkontakt.

*Andreas Hartmann*

# Reisen und Aufschreiben 1795

## Die Rolle der Aufschreibsysteme in der Darstellung des Fremden

Am 20. Januar 1786 wird die Nachricht bekannt gemacht, daß ein in Paris lebender Deutscher namens Beyer durch eine bemerkenswerte Erfindung in Erscheinung getreten ist:

> ... ein Portefeuille, wodurch man schreiben kann, ohne es zu sehen, sogar in der Tasche und im Fahren. Man kann allemal drey Zeilen mit gehörigen Zwischenräumen schreiben, und alsdann das Papier im Finstern fortrücken, bis es auf hundert Zeilen angefüllt ist (Meusel 1785, 186 f.).

Dieses Portefeuille ersetzt oder erleichtert zumindest eine seltsame Art von Fingerakrobatik, die bereits zu Beginn des 18. Jahrhunderts der reisende Bibliomane Zacharias Konrad von Uffenbach (1683–1734) eingesetzt zu haben scheint; seine Reisenotizen nämlich zeichnete er auf der Stelle und unbemerkt auf, indem er in der Tasche mitschrieb. Er soll dies getan haben, weil er seinem Gedächtnis nicht traute (vgl. Posselt 1795, Bd. 2, S. 388). Die unbeobachteten Protokolle zielen darauf ab, Unzulänglichkeiten des Erinnerungsvermögens zu kompensieren; im Verborgenen angefertigt, sind sie außerdem darauf angelegt, den Informationsfluß "vor Ort" – zumal bei Unterredungen – nicht zu stören. Ganz im Sinne einer Anleitungsschrift zur Kunst des Reisens von 1795 machen sie mit der Empfehlung ernst, sich nicht anmerken zu lassen, daß man ein Journal führt: Denn – so heißt es darin – "sonst erfährt er nichts" (Posselt 1795, Bd. 2, 389).

An das direkte Mitschreiben "in der Tasche und im Fahren" knüpft sich die Illusion einer unmittelbaren, unverfälschten und möglichst vollständigen Fixierung äußerer Wirklichkeit. Die Prämissen, welche die Aufmerksamkeit des Reisenden leiten, bleiben dabei ausgeblendet; ebenso die Bedingungen und die Auswahlkriterien, nach denen er seine Beobachtungen zu Papier bringt. Beide aber, die Maßgaben des Wahrnehmens und die des Aufschreibens, stehen im Hintergrund der Botschaften, die sich in Reiseberichten mitteilen. An diesem Umschlag von Erfahrung in Text, an dieser "Nahtstelle" setzen meine Überlegungen an.

Mein Ausgangspunkt bezieht sich insofern auf die Fremdenbilder des 18. Jahrhunderts, als diese uns aus den Medien entgegentreten, in erster Linie aus Texten und Illustrationen. In diesem ideen-, kultur- und sozialgeschichtlichen Kontext erscheinen sie – und besonders der sogenannte Mythos vom Edlen Wilden – als ethnozentrische Projektionen der eigenen Gesellschaft. In ihrem medien- und materialgeschichtlichen Zusammenhang lassen sie sich als Ergebnisse von Verschriftlichungs- bzw. Ikonisierungstechniken "lesen", als Resultate von Strategien der Aufzeichnung, der Speicherung, der Bearbeitung, der Reproduktion und der Verbreitung. Den Fremdenbildern in den Köpfen liegt nicht zuletzt beschriebenes Papier zugrunde. Insofern ist die Frage nach der Beschaffenheit dieser Bilder mit der Frage verbunden, nach welchen Vorgaben und mit welchen Mitteln sie schriftlich festgehalten wurden.

Hinter der Erfindung des Portefeuilles steht die im 18. Jahrhundert des öfteren geäußerte Forderung, Beobachtungen und Gespräche möglichst ohne Zeitverzug schriftlich festzuhalten; andernfalls sei die Glaubwürdigkeit der mitgeteilten Nachrichten nicht gewährleistet. Denn das Gedächtnis, dem sie dann ausgeliefert wären, gilt als unzuverlässig, es sei weniger dazu angetan, Realitäten aufzubewahren als Schimären hervorzubringen. Das Bestreben, Ereignisse und ihre Aufzeichnung zu synchronisieren, geht erklärtermaßen mit der Ausgrenzung des Gedächtnisses einher. In den Augen der Zeitgenossen schiebt dieses Konzept den Imaginationen einen Riegel vor; es verspricht Originaltreue und soll neben den vertrauten vor allem den fremden Bildern den Makel jenes Sprichwortes nehmen, wonach gut lügen hat, wer aus der Ferne kommt. Von der Idee der Simultanprotokolle soll zunächst die Rede sein.

In den Vorbemerkungen zu seiner "Beschreibung einer Reise durch Deutschland und die Schweiz" (Nicolai 1783) spricht Friedrich Nicolai von der Insuffizienz des Erinnerungsvermögens und betont die daraus erwachsende Notwendigkeit sofortiger Mitschriften:

> *Es ist also nöthig, alles so geschwind aufzuschreiben, als nur immer möglich ist. ... . Denn wenn man sich bloß auf sein Gedächtnis verläßt, so wird man, bey dem besten Willen die Wahrheit zu sagen, von seiner Einbildungskraft betrogen, und schreibt die Sache auf, nicht wie man sie wirklich gesehen, sondern wie man sie sich nach einiger Zeit vorgestellt hat (Nicolai 1783, 20 f.).*

Nicolais Erwägung weist uns in die Geschichte der Debatten um das heute so bezeichnete Problem der Objektivität und mehr noch: Sie unterstreicht, daß mit diesen Debatten die Probleme des Aufschreibens sowie die des Gedächtnisses in Zusammenhang stehen. Die propagierten Direktmitschriften beanspruchen im Bereich der Datensicherung einen Grad an Wirklichkeitsnähe, hinter dem die Erinnerungsfähigkeit weit zurückzubleiben scheint; selbst unter Zuhilfenahme ausgefeilter mnemotechnischer Verfahren. Dieses Authentizitätsgefälle zwischen Aufzeichnen und Erinnern hat sich mit den späteren Techniken der Fotografie, der Tonaufnahme und des Films noch verstärkt.

Nach Freud stellt eine beschriebene Fläche "gleichsam ein materialisiertes Stück des Erinnerungsapparates" (Freud 1948, 3) dar. Für Originaltreue und Vollständigkeit beim "Abruf" des Niedergeschriebenen bürgen die Unveränderlichkeit sowie die Dauerhaftigkeit der einmal zu Papier gebrachten Lettern. Auf diese Weise entgeht der aufbewahrte Text den Entstellungen, die er vielleicht in der Erinnerung erfahren hätte. Auch nach Ansicht Friedrich Nicolais sind die im Gedächtnis gespeicherten Eindrücke von groben Verfälschungen und raschem Verlöschen bedroht. Dieses Verlöschen, dieses Verblassen der ins Gedächtnis eingeschriebenen Erinnerungsspur hat für ihn auf der Ebene der Schreibmaterialien sein – eher imaginäres denn reales – Pendant. Es manifestiert sich in der vermeintlichen Kurzlebigkeit der Bleistiftaufzeichnung, die der reisende Verleger während seiner Kutschenfahrten anfertigte und die er im nachhinein mit Tinte überzog, um die schwindende[*] Schrift zu sichern (vgl. Nicolai 1783, 22).

---

[*] Wie man allerdings im 5ten Band von Johann Beckmanns "Beyträge(n) zur Geschichte der Erfindungen" (Beckmann 1803) nachlesen kann, ist die Befürchtung des exakten Reisenden in der Tat unbegründet: Denn die Stifte, die ihren Namen auch damals schon nur aufgrund des verwandten Farbtones vom Blei bezogen, zeichneten sich durch eine dauerhafte Schrift aus, die sich im übrigen "nicht leicht verwischen" (Beckmann 1803, 236) ließ.

So scheint das Protokoll "vor Ort" durch die angebliche Flüchtigkeit seiner "Graphites"–Lettern gefährdet. Und die im abendlichen Wirtshaus mit ins Tintenfaß getauchter Feder verfaßte Niederschrift: sie scheint weniger die Originaleindrücke eines Reisetages zu fixieren, als ihre durch Imagination und Vergessen verursachten Zerrbilder. Doch Nicolai weiß mit einer brandneuen Erfindung aufzuwarten, die einen Ausweg aus diesem Dilemma verheißt. Enthusiastisch begrüßt er eine Art von Schreibfeder, die er in Leipzig kennenlernte. Sie konnte in der Tasche getragen werden und enthielt beständig Tinte:

> *Einem Jeden, der beym Spazierengehen, auf dem Lande, oder sonst, Gedanken geschwind aufzeichnen will, ist sie sehr bequem, aber besonders ist sie einem Reisenden von großem Nutzen. ... Vermittelst einer solchen Feder ... kann man jeden Augenblick benutzen. Man kann sogar Bibliotheken, Gemäldesammlungen, Naturalienkabinetter, mit der Feder in der Hand besehen, und von allen Gegenständen den Eindruck, den sie gemacht haben, getreuer verzeichnen (Nicolai 1783, 21 f.).*

Nach einigen Geschicklichkeitsübungen gelingt es dem Reisenden, diesen Prototyp des modernen Federhalters ebenfalls im rollenden Gefährt zu benutzen. Nun kann die Aufzeichnung auch unter erschwerten Umständen simultan vorgenommen werden, wobei die Haltbarkeit der Schrift gewährleistet ist; vorausgesetzt, man gebraucht eine unvergängliche Tinte z.B. – auf Anraten eines zeitgenössischen Tintenbreviers – die Mischung aus ungelöschtem Kalk und jungem Knabenharn (vgl. Tinten–Faß 1736, 38).

In dem Füller verkörpert sich zwar weniger spektakulär, dafür aber erfolgreicher als in Beyers Portefeuille die Vision einer direkten Koppelung von Originaleindrücken an den Text, der sie festschreibt. Die Instanz des Gedächtnisses scheint hierbei ihrer Funktion als bis dato unentbehrliches Zwischenglied beraubt. Nicht länger – so Nicolais Gedankenfigur – brauchen die Wahrnehmungen einem Körperteil eingeprägt zu werden, das als organische Apparatur der Wirklichkeit den Gehorsam verweigert; sondern die Erfahrungen auf Reisen können sich jetzt unmittelbar in das Papier einschreiben, das somit quasi als "Life–Dokument" auf den Plan tritt. Im Unterschied zur retrospektiven Notiz ist die Simultanmitschrift von der Aura einer Originalquelle umgeben.

Interessanterweise erfährt die Überlegenheit des Aufgeschriebenen gegenüber dem Erinnerten auch eine physiologische Begründung; nämlich dadurch, daß in der theoretischen Debatte über das Gedächtnis die Konzeption der Einschreibung, des "Petschaftabdrucks", der "Gedächtnispüppchen", kurz, die Konzeption materieller – und besonders der sinnlich aufgenommenen Außenwelt analoger – Erinnerungsspuren ins Wanken gerät. So spricht etwa Johann Albert Heinrich Reimarus in seiner schon im Titel programmatischen "Darstellung der Unmöglichkeit bleibender körperlicher, örtlicher Gedächtnis–Eindrücke" (Reimarus 1812) dem Erinnerungsvermögen die körperliche Basis ab; und damit zugleich jede physiologische Garantie einer Identität von Originaleindrücken und ihrem mnemischen Nachvollzug. Ohne die Versicherung eines physischen Korrelats seien die Gedächtnisbilder den Imaginationen des Halbschlafs, der Dämmerung und des Fiebers vergleichbar, die ständig "ihre Gestalt, Farbe und (ihren) Ort verändern. Sie schwimmen gleichsam umher, und schwinden gemählich in Finsterniß" (Reimarus 1812, 51). So erhalten die Einbildungen ungehinderten Zugriff auf die Erinnerungen; ganz in dem Sinne, aus dem heraus Friedrich Nicolai ihnen als Medium der Reisebeschreibung mißtraut.

Als eine weitere Schwäche des Gedächtnisses gesellt sich zur Verzerrung der Gegenstände außerdem noch das Vergessen; dagegen zieht eine Fülle mnemotechnischer Anleitungsschriften zu Felde, die auf dem Lehrbuchmarkt des 18. Jahrhunderts erhältlich sind. Aus der ehemaligen "Ars memorativa" hervorgegangen, haben sie allerdings deren Bedeutung als zentrale Technik der Datenspeicherung eingebüßt. Für Nicolais Ansprüche an die Wirklichkeitstreue jedenfalls sind die sogenannten loci communes, die Merkplätze, völlig unmaßgeblich. Vorbei sind die "großen" Zeiten der Gedächtniskunst, als man im Geiste die imaginäre Topographie ganzer Gedächtnislandschaften abschritt, um an festgelegter Stelle die dort verankerten Erinnerungsgegenstände aufzusuchen.

In bezug auf die Reisebeschreibung stand das Gedächtnis nicht von vornherein in Mißkredit; zumindest galt es als befähigt, fehlende Aufzeichnungen zu ersetzen. Der florentinische Kaufmann Francesco Carletti (1573–1636) z.B., der im Jahre 1594 zu einer Reise um die Welt aufbricht, beginnt seinen minuziösen und enorm faktenreichen Bericht mit der Bemerkung, er habe seine gesamten Reisenotizen verloren. Deshalb sei er genötigt, aus dem Gedächtnis zu memorieren. Auch Hans Staden aus Homberg, der anno 1549 zu seiner zweiten Brasilienreise absegelte, war bei der Abfassung seiner "Wahrhaftigen Historia der wilden, nackten, grimmigen Menschenfresser–Leute" wohl weitgehend auf sein Erinnerungsvermögen angewiesen. Von seinem brasilianischen Domizil aus begibt er sich eines Tages in den nahegelegenen Urwald, um Wildbret für ein Festessen zu besorgen. Es ist kaum anzunehmen, daß er auf diesem Waldspaziergang Schreibzeug bei sich hatte: Und wenn doch, so ging es ihm spätestens in dem Augenblick verloren, als eine Gruppe von Tupi–Indianern ihn aufgreift, nackt auszieht und gefesselt in eines ihrer Dörfer schleppt. Während seiner monatelangen Gefangenschaft muß der hessische Landsmann beinahe täglich mit seiner Hinrichtung und seiner anschließenden Verspeisung rechnen. Er wird dabei kaum Gelegenheit und Laune gehabt haben, sich als fleißig protokollierender Ethnograph zu betätigen. Sein aus der Erinnerung gespeistes, detailreiches, exakt beobachtendes Werk muß dennoch auch heute als eine zuverlässige und herausragende Monographie über die inzwischen längst vernichtete Tupinambà–Kultur angesprochen werden.

Zurück zur Idee der Simultanmitschrift; und mit ihr an jenen bezeichnenden Ort, an dem Beobachtung in Text umschlägt: Vorstellbar ist ein solcher etwa in Gestalt der fahrenden Kutsche, in welcher der Passagier Friedrich Nicolai mit Hilfe seines Federhalters notiert, was ihm zu Gesicht und zu Gehör gelangt. Den Subversionen des Gedächtnisses zuvorkommend, verspricht er sich von seinen verwackelten Aufzeichnungen ein Höchstmaß an Originaltreue.
Nicht zuletzt auch durch eine Erhöhung der Schreibgeschwindigkeit lassen sich die Wahrnehmungen und ihre Niederschrift synchronisieren. Neben der Papierersparnis war es vor allem der Zeitgewinn, weshalb den Reisenden geraten wurde, mit "Abbreviaturen" zu schreiben. Der erinnerungsscheue Uffenbach soll sich fleißig darin geübt haben, bevor er auf Reisen ging. Und die Fertigkeit, die er durch anhaltende Übung in dieser Kunst erwarb, kam ihm nach eigenem Bekunden sehr zu statten. Das Nonplusultra allerdings wäre in dieser Hinsicht eine sogenannte Tachygraphie oder Geschwindschreibekunst gewesen, deren Fehlen – zumindest fürs Deutsche – ein anonym schreibender Autor 1795 in seiner zweibändigen Reiseanleitung bedauert; nicht ganz zurecht jedoch, wenn man bedenkt, daß bereits anno 1679 ein Bändchen erschienen war, das den Titel trug: "Tacheographia. Oder Geschwinde–Schreib–Kunst / vermittelst Ein jedweder die Teutsche Sprache so geschwinde schreiben kan / als selbe mag geredet werden."

Die Forderung nach Simultanität und nach Ausgrenzung des Gedächtnisses wird zum Maßstab für die Verläßlichkeit der Reiseaufzeichnungen. Zur Umsetzung dieses Grundsatzes sollen Instrumente wie der Füller und Techniken wie die Stenographie beitragen. Der schriftliche Umgang mit der fremden Kultur gelangt hierbei, gegenüber dem mit der eigenen, nicht gesondert in den Blick. Die Logik der Aufschreibesysteme macht da keinen Unterschied. Und trotzdem hat sie in erheblichem Maße an der Sichtung des Fremden teil. So geraten etwa die Nachrichten älterer Berichte bereits deshalb leicht in den Verdacht der Unglaubwürdigkeit, weil nicht gewährleistet ist, daß sie unter den verlangten Bedingungen zu Papier gebracht wurden. Höchstens eine Komparatistik ethnographischer Texte vermag sie wieder zu rehabilitieren: Was sich indes an früheren Beschreibungen fremder Kulturen nicht in das völkerkundliche Universum des 18. Jahrhunderts einarbeiten läßt, präsentiert sich als Phantasiegebilde des Reisenden und seiner leichtgläubigen Zeit. Weiterhin läßt sich das Aufschreibreglement als Bestandteil eines detailliert ausgearbeiteten Programms verstehen, in dem die Erfahrung des Fremden keinen Platz findet: Der Reisende, auch der volkskundliche, wird nach diesem Programm quasi als Buchhalter auf den Weg geschickt, um aufzusuchen und zu notieren, was ihm schon im vorhinein bekannt ist.

Ein solches Arrangement trifft Franz Posselts "Apodemik oder die Kunst zu reisen", jene soeben erwähnte, anonym verfaßte Methodenlehre "zum Gebrauch junger Reisenden aus den gebildeten Ständen." Umfänglich befaßt sich der Autor mit der Problematik des Aufschreibens: Er handelt über den Federhalter und über das Verlöschen der Bleistiftschrift, auch von Beyers Portefeuille ist die Rede und von der Unverläßlichkeit des Gedächtnisses sowie von der Tachygraphie. Posselt, ein Propagandist der Simultanaufzeichnung, macht unbeabsichtigt, aber unmißverständlich klar, daß die "Vor–Ort–Mitschriften" mitnichten eine unmittelbare und ungefilterte Abbildung äußerer Wirklichkeit darstellen. Sie teilen weniger über den kulturellen Zusammenhang mit, in den der Reisende sich hineinbegibt, als über die Prämissen, denen seine Unternehmung verpflichtet ist.

Denn in Posselts Lehrgebäude ist die Reiseerfahrung in erster Linie ein Produkt von Texten und nicht umgekehrt. Hiernach ist die gesamte Fahrt durch ein sogenanntes Reisehandbuch vorzustrukturieren, das aus Exzerpten sämtlicher verfügbarer Literatur zusammengestellt werden soll, und in dem ausschließlich jene Gegenstände zu verzeichnen sind, die sich auf den Reisezweck beziehen. Dadurch – so der Autor – liegt an jedem Orte, wo der Reisende ankommt, gleichsam auf einem Blatte vor ihm, was er da zu verrichten und zu untersuchen hat; "Seine Aufmerksamkeit und sein Beobachtungsgeist (werden) nicht mehr umherschweifen, weil beyde schon auf gewisse und bestimmte Gegenstände gerichtet sind" (Posselt 1795, Bd. 2, 276). Die Reise selbst dient dazu, dieses Handbuch zu überprüfen, Unrichtiges zu verbessern und Fehlendes nachzutragen. Gleich einem klugen Rechnungsführer, der Einnahmen und Ausgaben in die Rechnungsbücher einträgt, möge auch der kluge Reisende verfahren (vgl. Posselt 1795, Bd. 2, 392).

In Posselts apodemischem System äußert sich eine Leidenschaft am Klassifizieren, die den Ansturm der Eindrücke zu bändigen und jeden Anflug einer Konfusion zu unterbinden trachtet. So ist beispielsweise die Erkundung einer Stadt quasi generalstabsmäßig vorzubereiten und zu absolvieren. Bei der Erstellung des Reisehandbuchs sollen sämtliche Gegenstände, die zur Untersuchung anstehen, nach Klassen geordnet und ausführliche Beschreibungen von ihnen angefertigt werden. Vor Reiseantritt ist die Exploration – wie übrigens die gesamte Fahrt – anhand dieser Zusammenstellung auf topographischen Karten zu simulieren. Ist der Reisende endlich am Ort, darf er *die Besichtigung und Untersuchung der Merkwürdigkeiten nur in eben der Ordnung vornehmen, in welcher sie im Reisehandbuch aufgezeichnet und beschrieben sind. Nur muß er sich hüten, von einer Klasse nicht eher zu einer anderen überzugehen, bis er mit der ersten fertig ist, und von einem merkwürdigen Gegenstande nicht eher zu der Untersuchung eines anderen fortzuschreiten, bis er den ersten ganz erschöpft hat (Posselt 1795, Bd. 2, 372).*

In dieses System ist der Diskurs über die Aufschreibtechniken eingebunden. Mit dem Konzept der Simultanisierung bringt er die Illusion von Unmittelbarkeit, Originaltreue und Vollständigkeit hervor. Doch die Nahtstelle von Wahrnehmung und Niederschrift ist durch die Prämissen definiert, welche die Aufmerksamkeit des Reisenden steuern, und sie ist an die Regeln gebunden, nach denen er seine Beobachtungen schriftlich festhält. Segmentierung und Selektion bestimmen sein Schreiben.

Die Mitschriften, welche an dieser Nahtstelle zustandekommen, stellen sich ihrerseits als Exzerpte aus einer Art von Buch dar, als welches der Prager Universitätsbibliothekar Franz Posselt die zu bereisende Welt betrachtet. Nach bindenden Direktiven abgefaßt, bewegen sie sich ganz in den Bahnen des bereits Bekannten, wobei der Akt des Aufschreibens dazu beiträgt, die Sinneseindrücke gleichsam an die Kette zu legen: Er "fixiert die Aufmerksamkeit und beugt der Zerstreuung und dem fruchtlosen Herumschweifen vor" (Posselt 1795, Bd. 1, 602). Nach nicht weniger bindenden Vorschriften gehen die Notizen in einen Textverarbeitungsprozeß ein, der in seinem Ergebnis – dem Reisebericht – hauptsächlich etwas über die Strategien des Abschreibens, des Aufschreibens und des Umschreibens auszusagen vermag; über Exzerpte, Protokolle und Literarisierung.

Das Reisen präsentiert sich vor diesem Hintergrund als ein hermetisches System permanenter Schreibtätigkeit, die einem vorgegebenen Beobachtungsprogramm folgen. Die Erfahrung wird zur Marginalie, im Extremfall so nachhaltig, daß der Aufbruch von zu Hause sich erübrigt. Dekuvrierend ist diesbezüglich die sonderbare Bewunderung, die der Verfasser des Reiselehrbuchs einem zeitgenössischem Berichterstatter dafür zollt, daß er "seine Reise nach Italien" schrieb, noch "ehe er dieses Land besuchte" (Posselt 1795, Bd. 2, 276).

Doch Posselt *argumentiert für* das Reisen, wenn auch nur im eingeschränkten Sinne eines repetierenden Anschauungsunterrichts. In seinem "systematischen Versuch" stellt er 23 Versionen zu reisen und zu beobachten vor, je nachdem, ob es sich um angehende Staatsgelehrte, Militärpersonen, Theologen, Tonkünstler, Ärzte, Kupferstecher, Gartenkünstler, Mathematiker, Ökonomen, Naturforscher usw. handelt. Bemerkenswert: Auch die reisenden Frauen finden in dem Spektrum Platz.

Ein quasi volkskundliches Erkenntnisinteresse entwirft er ebenfalls, und zwar – für die Fachgeschichte aufschlußreich – innerhalb seiner Anleitung für reisende Philosophen und Psychologen. In Abkehr von der Exotismuswelle seiner Zeit wird dieser Berufsgruppe das Alltägliche, auch das in der eigenen Kultur, zum Unbekannten, zum Fremden, das es zu ergründen gilt. Das Studium der Alltagserscheinungen macht es möglich, "die herrschenden Sitten und Gebräuche der Nation" (Posselt 1795, Bd. 1, 612) zu untersuchen; die Lustbarkeiten und Gewohnheiten, den Ton und die Gestalt der Gesellschaften, die Schauspiele, Nationalgesänge und Nationaltänze, das Erziehungssystem und die Gottesverehrung,

*die herrschenden Meynungen und Vorurtheile, die Art sich zu nähren, zu kleiden, zu wohnen usw. Selbst Sprichwörter und gewisse allgemein angenommene Ausdrücke und Redensarten könnten zu dieser Absicht benutzt werden. In England hört man das Wort 'non-sense' ... alle Augenblicke, so wie in Frankreich das Wort 'esprit' ... wie charakteristisch für beyde Nationen! (Posselt 1795, Bd. 1, 612).*

*Reisen und Aufschreiben 1795* 505

Mit dieser volkskundlichen Wendung beende ich meinen kurzen Parcours, der an Beyers Portefeuille und Nicolais Federhalter einsetzte, sodann zu einer Theorie der immateriellen Gedächtniseindrücke führte, das Feld der Mnemotechnik streifte und in das brasilianische Abenteuer des Homberger Hans Staden hineinblendete. Eine Reprise des Aufschreibthemas brachte die Stenographie ins Spiel und von hier ging es hinein in das starre Gefüge des apodemischen Systems von 1795: Reichlich Uneinheitliches also trat in einen Erörterungszusammenhang, den ich nun im Resümme auf unseren Tagungsgegenstand hin betrachten möchte.

Franz Posselts "Kunst zu reisen" (Posselt 1795) lieferte den Hintergrund für die verschiedenartigen Quellen, die zur Sprache kamen. Ihre Spur findet sich in seinen Bemerkungen über die Schreibtätigkeiten des Reisenden. Dort nahm ich die "Fährte" auf und folgte ihr ein Stück weit; z.B. in die Gedächtnistheorie hinein. Meine Ausführungen verstehen sich demnach (auch) als Mikrostudie zu dem speziellen Aspekt des Aufschreibens in Posselts Kontext. Das bedeutet: Sie handeln von einem historischen *Konzept*; und nur am Rande – etwa bei Nicolai – von einer historischen *Praxis*.

Das Universum des Reisenden erscheint in der Apodemik als ein Universum von Texten, die nach strengen Vorgaben abzufassen sind. Das Reisehandbuch – eine Exzerptesammlung – programmiert den Ablauf der Fahrt im vorhinein und steuert die Aufmerksamkeit während der Reise. Das Journal rekapituliert allabendlich den jeweiligen Reisetag, der den Prämissen des Handbuchs verpflichtet ist. Dorthin fließen die Tagebuchaufzeichnungen auch wieder zurück, nämlich in Form von Bestätigungen, Berichtigungen und Ergänzungen. Der Reisebericht schließlich kommt nach der Rückkehr am heimischen Schreibtisch zustande. Aus der Retrospektive verknüpft er die Erzeugnisse dieser doppelten Buchführung zu einem literarischen Produkt.

Der vor Reisebeginn aufgehäufte Stoff kehrt in einer Art von Recycling auf sämtlichen Textebenen wieder. Nur an jener Nahtstelle, an der Erfahrung und Schrift aufeinandertreffen, vermag durch die schmale Öffnung einer rigide filternden Wahrnehmung Neues in den Text einzudringen. Hier, wo die indoktrinierten Sinne an die Benutzung eines Schreibzeugs gekoppelt sind, entstehen die "Vor–Ort–Mitschriften" bzw. Simultanprotokolle als Rohmaterial für die weitere literarische oder ethnographische Bearbeitung. Es ist dies der gleiche "strategische" Ort, an dem heute Kameras und Mikrophone in vermeintlicher Unmittelbarkeit Bild– und Schallwellen aufzeichnen. Die Schreibutensilien und Schreibtechniken, die an diesem Nadelör Verwendung finden, sind in einen Diskurs eingebunden, der um das Thema der Originaltreue kreist. Im beschriebenen Falle lautet die Zauberformel: Geheimhaltung, Simultanisierung und Ausgrenzung des Gedächtnisses.

Die Frage nach der Vermittlung von Erfahrungen wird an der bewußten Nahtstelle als ein Problem der Klassifikation, der "Übersetzung" und der Aufzeichnung erkennbar. Die Analyse des Fremden in den Medien ist Bestandteil der Analyse dieses Übertragungsvorganges: Sie konzentriert sich auf das Spektrum jener Sinneseindrücke, die den mitgebrachten kulturellen Rastern Rätsel aufgeben; und sie behandelt die unterschiedlichen Vorgehensweisen, diesen Rätseln Bedeutungen zuzuschreiben.

*Peter Mesenhöller*

# "Wenig über das Thier erhaben"

Zum Bild der Maori in den populären Medien
des frühen 19. Jahrhunderts

"Kulturkontakt – Kulturkonflikt" ist das Leitthema dieses Kongresses – die Frage wird zurecht gestellt worden sein, warum sich ausgerechnet ein Volkskundler in die Südsee aufmacht, um nach der Geschichte sozialer und kultureller Beziehungen zwischen Europäern und ihren Antipoden zu forschen. Diese Aufgabe könne man doch getrost den Kollegen von der Völkerkunde überlassen, diese seien da ungleich versierter.

Um es vorwegzunehmen: ich werde in meinen Ausführungen nicht wirklich den Pazifik bereisen. Ich werde vielmehr eine Reise unternehmen durch die Südsee–*Bilderwelt* des frühen 19. Jahrhunderts. Der Südsee eignet dabei nicht zwangsläufig eine geographische oder ethnographische Dimension, sie ist vielmehr Metapher, imaginärer Ort, an dem geheime Wünsche in Erfüllung gehen und an dem der (Mittel–)Europäer uneingeschränkt, als Krone der Schöpfung, herrschen kann und darf. Damit begebe ich mich nicht eigentlich auf fremdes Terrain, die Erforschung von "images populaires" hat in unserem Fach ihren festen Platz. Und was die Völkerkunde betrifft: Ihre ehedem einseitige Objektbezogenheit ließ die diesseitigen Bedingungen der Genese und Wirkungsmechanismen solcher Bilder völlig außer acht. Unter dem Gesichtspunkt historischer Hermeneutik kann es zudem kaum darum gehen, den "Wahrheitsgehalt" der Bilder, ihren Quellenwert für die Ethnographie zu eruieren. Entscheidend ist vielmehr, *welche* Südseebilder *wie* im frühen 19. Jahrhundert vermittelt wurden bzw. präsent waren.
Wohl kaum ein Fremdbild hat in den vergangenen zweihundert Jahren dergestalt stimulierend auf die Entwicklung bürgerlicher Wissenschaften gewirkt, wie das vom sogenannten "Wilden". Seine Entdeckung wurde nachgerade zur konstituierenden Bedingung für die Herausbildung der Wissenschaftszweige Anthropologie und Ethnologie (vgl. Cocchiara 1971). Die Beschäftigung mit dem Bild des "Wilden" im mitteleuropäischen Kulturkreis ist so auch immer eine Auseinandersetzung mit der eigentlichen Fachgeschichte. Diese Tatsache bliebe, für sich genommen, nicht sonderlich erwähnenswert und darf als bekannt vorausgesetzt werden. Weniger bekannt hingegen dürfte sein, welchen (indirekten) Anteil die genannten Wissenschaftszweige im frühen 19. Jahrhundert an der *Popularisierung* des Bildes vom "Wilden" hatten – und zumal des Bildes vom "häßlichen" und "dummen Wilden", vom "Barbaren" also, um den es mir hier gehen wird.

Die Genese des Bildes vom "Barbaren" ist seit der Aufklärung unmittelbar mit der Darstellung und Vermittlung bürgerlichen Selbstwertgefühls verbunden. Besonders deutlich manifestieren sich solche Auto–Images in der in Mitteleuropa seit den Entdeckungsreisen von Louis–Antoine de Bougainville (1766– 1769) und James Cook (1768–1779) entbrannten anthropologischen Diskussion um die Einheit des Menschengeschlechts und den Ursprung der Rassen (vgl. Bitterli 1982, 325 ff.) sowie den Bemühungen der englischen Politischen

Ökonomie, die sich abzeichnende industrielle und "koloniale" Revolution zu theoretisieren (vgl. Leclerc 1976, 11 f.).

Die Gegner einer monogenetischen Theorie der Abstammung aller Völker von einem Elternpaar begriffen sich als Gipfelpunkt der Schöpfung. Keiner anderen Rasse als der weißen eigne die außerordentliche "Erfindungskraft" in Kunst und Wissenschaft. Es könne kaum angehen, so Johann Caspar Lavater 1775 in seinen *Physiognomischen Fragmenten*, ja

> *der gesunde Menschenverstand empört sich in der That gegen einen Menschen, der behaupten kann, daß N e w t o n und L e i b n i t z allenfalls ausgesehen haben könnten, wie ein Mensch im Tollhaus ..., und ... daß der eine von ihnen im Schädel eines Lappen die T h e o d i c e e erdacht, und der andere im Kopf eines Labradoriers (also eines Eskimos, abgebildet ist in den Fragmenten hingegen der Kopf eines Mohren; vgl. Abb.1), der weiter nicht, als auf sechse zählen kann, und was drüber geht, unzählbar nennt, die Planeten gewogen und den Lichtstrahl gespaltet hätte (Lavater 1775, 46).*\*

Abb. 1

Der Göttinger Philosoph Christoph Meiners gar sucht 1790 in einer Abhandlung "Ueber die Natur der Ostindischen Völker" den Nachweis zu erbringen, daß der Mangel der Südindier – also auch der Südsee–Insulaner (vgl. Krünitz 1841) – an "Erfindungskraft" unmittelbar in Zusammenhang stehe mit ihrer "widerlichen und affenartigen" Physiognomie:

> *Charakteristische Kennzeichen aller, oder des bei weitem grösten (!) Theils dieser Nationen sind plumpe Cörper, eine dicke Haut, grosse unförmliche entweder spitzige, oder kugelrunde Köpfe, grosse Ohren und Mäuler, eingedrückte Stirnen und Nasen, entweder runde, oder wenig geöffnete, und tiefgesenkte, oder hervordringende Augen, hohe Backenknochen, entweder ein langes, und spitzes, oder ein kurzes und abgeschnittenes Kinn, Baartlosigkeit, eine gelbbraune, oder rothe, oder schwarze Farbe, ungewöhnliche Gefühllosigkeit, Reitzbarkeit, und Schärfe der Sinne, sehr starkes Wortgedächtniß, und eine eben so grosse Gelehrigkeit für alle Arten von Handarbeiten, Mangel von Erfindungskraft, und Fähigkeit für Künste und Wissenschaften, Mangel von sympathetischem, und sittlichem Gefühl, und von allen den Tugenden, die aus diesen Gefühlen in besseren Menschen entstehen, ausserordentliche Trägheit, Furchtsamkeit, Rachgier, Genügsamkeit mit dem unentbehrlich nothwendigen (!), Verstellungskunst, und Verschmitztheit im Betrügen, Stehlen, und Ueberfällen, endlich Unzuverlässigkeit in allen Arten von Zeugnissen, Versprechungen, und Verbindungen. Unter allen diesen sichtbaren und unsichtbaren Merkmalen, besonders den cörperlichen hat sich nie ein einziges in einer ganzen weissen und schönen Nation gefunden ... (Meiners 1790, 304 f.).*

---

\* Zur zeitgenössischen Kritik der physiognomischen Betrachtungsweise vgl. Bitterli 1982, 364 ff.; sowie Schöne 1982, 7–10.

"Ungesunde Climate" sind es schließlich, die den "Primitiven" zur Kulturlosigkeit verdammen. Kultur und Reichtum sind in den Augen der englischen Politischen Ökonomie des späten 18. Jahrhunderts das Produkt der mühsamen Auseinandersetzung des Menschen mit der Natur; wo diese entfalle, werde der Mensch faul.

> Wenn der Boden fruchtbar und von warmem Klima und natürlichen Wasserläufen begünstigt ist,

schreibt 1770 John Steuart,

> fallen die Früchte der Erde fast von selbst an: dies läßt die Bewohner faul werden. Die Faulheit bildet das größte Hindernis für die Arbeit und die Industrie. Die Manufakturen könnten in diesen Gegenden nie aufblühen ... In den klimatisch weniger begünstigten Zonen, wo der Boden nur für jene Früchte trägt, die auch arbeiten und und entsprechend fleißig sind, können wir eine vielfältige Produktion erwarten ... (zit. nach Leclerc 1976, 12).

Dies gilt auch und vor allem für jenen "locus amoenus" O–Taheiti (Tahiti), den der sonst so nüchterne Johann Reinhold Forster noch 1783 beschrieb:

> Mit welchem Entzücken durchstreift man nicht auf O–Tahiti die Pflanzungen, wo Einfalt und Reichthum der Natur, wo Ueberfluß und Heiterkeit ein Volk beglücken, das unser Vorurtheil nur gar zu unbedächtig mit dem Namen der Wilden belegt! Ueberall Herden von Schweinen, vor jeder Wohnung Hunde, eine zweite Gattung von Mastvieh; auf dem Rasen ... umher oder auf den Bäumen das schönste Federvieh. Den ganzen Tag hindurch erschallt das Lied der kleinen Sänger, und die Taube girrt dazwischen wie in unseren Wäldern. Die See liefert ihre mannigfaltigen Bewohner ... (Forster 1783, 135 f.).

Damit ist wohl eines der gängigsten und folgenreichsten Stereotype geboren, die sich während der gesamten Kolonialzeit und weit bis ins 20. Jahrhundert erhalten haben: Der "Wilde" ist nicht nur häßlich, dumm und verschlagen, er ist vor allem faul. Ihn gilt es, zu Sittsamkeit und Arbeitsamkeit zu erziehen.

Zu Beginn des 19. Jahrhunderts scheint die Diskussion um das Wesen des Südsee–Insulaners unter den bürgerlichen Intellektuellen entschieden: Er ist ein rechter "Barbar" und dem Europäer keinesfalls überlegen. Wenn sich der Mythos vom edlen O–Taheiter dennoch durch das gesamte 19. Jahrhundert und bis heute beharrlich behauptet hat, so nicht als emanzipatorisches Konzept, sondern als affirmativer Topos (zur Geschichte europäischer Tahiti–Begeisterung vgl. Tahiti 1987). Die Südsee wird zum "Fluchtpunkt", gedanklich wie real, zum Ziel der "Aussteiger" aus einer Gesellschaft, die den Kontakt zu den "Wilden" nie wirklich gesucht hat. Es ist die "romantische Generation" im 19. Jahrhundert, die in ihren Liedern und Gedichten die aufklärerische Sehnsucht nach der Südsee internalisiert, zugleich aber der Verbreitung von negativen Vor–Urteilen über die Südsee–Insulaner in den ihr zugänglichen populären Medien Vorschub leistet. Es entbehrt nicht einer gewissen Pikanterie, wenn z.B. Jakob Grimm "Schlachtgesänge(n) und Schlachtgeschrei" der Südsee–Insulaner in der bekannten Volksliedersammlung (1806–1815) ausgesprochenes Interesse entgegenbringt, diese aber zugleich kommentiert: "Es liegt in der Natur roher ungebildeter Völker, daß sie sich nie anders als durch Leidenschaft oder wenigstens starken Reiz zur Anstrengung ihrer körperlichen Kräfte bewegen laßen" (Grimm 1985, 451) – womit er implizit das Arbeitsethos der "Wilden" kritisiert, das dem europäisch–bürgerlichen so konträr ist.

Es ist, wie bereits angedeutet, die Generation der um 1800 Geborenen, die in der ersten Hälfte des 19. Jahrhunderts zur Popularisierung solcher Stereotype wesentlich beiträgt. In Erfüllung des aufklärerischen Gedankens einer allumfassenden Volksbildung wählt sie sich hierfür vornehmlich den volkstümlichen Kalender, später auch die illustrierte Massenpresse[*] (z.B. das *Pfennig–Magazin*; vgl. Kaiser 1985), als literarisches Forum. Wie der Begriff "Volksbildung" allerdings hier zu verstehen ist, geht aus den Kalendern unmittelbar selbst hervor: "Vorzugsweise den goldenen Mittelstand haben wir bei unseren Bemühungen, uns nützlich zu machen, im Auge", ist im Vorwort zu *Weber's Volkskalender* Jg. 6 (1855) zu lesen (zit. nach Wiedemann 1984, 134), und der *Deutsche Pilger durch die Welt* (Wiedemann 1984, Nr. 104), zu dessen Autoren Gustav Schwab, Justinus Kerner, Emanuel Geibel, Ferdinand Freiligrath u.a. gehören, zeigt 1843 auf einer Titelvignette, an welche Leserschicht er sich wenden will: Die bürgerliche Familie des Biedermeier.

Abb. 2

Die Vermittlung des Wissens über fremde Länder und ihre Bewohner soll dabei an "Winterabenden" stattfinden (vgl. Wiedemann 1984, Nr. 147) und in Form von "Gesprächen hinter dem Ofen", wie der *Deutsche Pilger* (4 (1845), 192) schreibt – also in häuslicher Abgeschiedenheit und Zurückgezogenheit. Vor dem Hintergrund der Ereignisse des Vormärz – die bürgerliche Revolution von 1948/49 findet in vielen Kalendern überhaupt nicht erst statt – wird damit die Funktion solcher Lesestoffe deutlich: Sie sollen ablenken von den aktuellen

---

[*] Freundliche Hinweise und Gewährung der Einsichtnahme in umfangreiche Calendaria–Bestände dankt Verf. Frau Inga Wiedemann (Berlin), dem Museum für Deutsche Volkskunde Berlin (Dr. Konrad Vanja), dem Seminar für Volkskunde an der Universität Basel (Dr. Christine Burckhardt–Seebass) sowie Dr. Theo Ganter (Museum für Völkerkunde und Schweizerisches Museum für Volkskunde Basel).

sozialen und politischen Fragen der Zeit. "Der Volkskalender förderte" somit, um mit Rudolf Schenda zu sprechen, "den Status der nicht–informierten, falsch programmierten Gesellschaft" (Schenda 1970, 287). Der Vermittlung des Fremden im "Volkskalender" kommt aber noch eine weitere, psychologische Funktion zu: Dem lesenden Bürger wird ein Gefühl der Macht und moralischen Überlegenheit über den unzivilisierten "Wilden" suggeriert, die er in seinen persönlichen Bedingungen des Alltags nie hat.

Ich möchte dies an einigen Beispielen erläutern und beziehe mich dabei auf die Darstellung der neuseeländischen Maori in der populären Literatur vor 1884. Berichte über den "Neuseeländer" scheinen sich in Calendaria und Massenpresse besonderer Beliebtheit erfreut zu haben, sie sind in den konsultierten Quellen zahlenmäßig weit häufiger vertreten als z.B. jene über den O–Taheiter oder Tonganer. Diese Tatsache mag darin begründet liegen, daß von Wesen und Gestalt des Maori zum einen sicherlich das Fluidum des "edlen Wilden" ausgeht. Alle Quellen rühmen seine "Geistesanlagen" und seine körperliche Konstitution. So berichtet das *Pfennig–Magazin* 1834:

> *Die Neuseeländer haben viele Geistesanlagen, daher haben sie auch die Künste roher Naturmenschen möglichst ausgebildet und zeichnen sich besonders vor allen unkultivierten Völkern vortheilhaft aus (Pfennig–Magazin 2 (1834), 419),*

und ebenda 1838:

> *Die einfache Lebensweise ohne anstrengende Arbeit (sic), beständige Leibesübungen und Bewegung in der freien Luft und das gesunde Klima geben dem Körper des Neuseeländers eine kräftige Gesundheit und große Stärke. Sein äußeres Ansehen ist größtentheils sehr hübsch und die Hautfarbe lichtbraun, aber ihre Gesichter, die von Natur aus angenehme Züge haben, sind durch das Tatowieren entstellt (Pfennig–Magazin 6 (1838), 109).*

Weit bedeutender aber ist der Umstand, daß von der Person des Maori ein Faszinosum des Grauens ausgeht: er ist vor allem Anthropophage, ein echter "Barbar". Und welchem deutschen Michel stockte nicht am Winterabend und hinterm Ofen das Blut in den Adern bei folgender Beschreibung aus dem *Pfennig–Magazin* von 1834:

> *Zu läugnen ist freilich nicht, daß (die Neuseeländer) in anderer Hinsicht wenig über das Thier erhaben sind und zu den verabscheuungswürdigsten Kannibalen zählen. Mit thierischer Wollust lecken sie das Blut aus den Wunden ihrer im Todeskampf röchelnden Feinde und verzehren dann ihr Fleisch, nachdem sie es in Erdgruben gebraten haben (Pfennig–Magazin 2 (1834), 419).*

Über solch "unmenschliche Grausamkeit" (ebd.) kann auch nicht der Umstand hinwegtäuschen, daß "die Häuptlinge ... mehrere Weiber (haben)", eine für den männlichen Rezipienten des Magazins sicherlich aufregende Vorstellung, die aber der Moralist verurteilen muß: "(diese) Einrichtung (wirkt) auf die Wohlfahrt des Landes höchst verderblich und (gibt) oft zu Eifersucht, Kindermord und anderen Greueln (Veranlassung)" (Pfennig–Magazin 6 (1838), 110). Der Greuel nicht genug, schneiden die Maori ihren zu verspeisenden Feinden den Kopf ab, balsamieren ihn ein und treiben schwunghaften Handel damit, wie ein am "phrenologischen Studium" der kunstvollen Tätowierungen interessierter Europäer berichtet (*Pfennig–Magazin* 5 (1837), 285 f.). Auch werden die so präparierten Köpfe

> *zuweilen ... auf langen Stangen in der Nähe ihrer Wohnungen aufgepflanzt wo dann die unglücklichen Gefangenen bei ihren Arbeiten dazu verurtheilt sind, vielleicht die Züge eines geliebten Verwandten oder eines verehrten Häuptlings stets vor sich zu sehen (Pfennig–Magazin 5 (1837), 286).*

Der Maori weist alle typischen Merkmale des "echten Barbaren" auf: Er ist rachsüchtig gegenüber seinen Feinden, zeichnet sich durch seine "thierische Reitzbarkeit" (Meiners) aus, seine Physiognomie ist durch "abscheuliche" Tätowierungen entstellt und er ist Kannibale. Welche Bedeutung der Europäer der Tätowierung als vorgeblich charakterlichem Merkmal zumißt, wird weiter unten zu zeigen sein.

Ich darf an dieser Stelle auf die in Calendaria und Massenpresse genutzten Textsorten als Basis für die Struktur der Vermittlung von Fremdbildern eingehen. Das *Pfennig–Magazin* z.B. ist darauf bedacht, kurze, zuweilen in Fortsetzungen erscheinende enzyklopädische Artikel über das fremde Land und seine Bewohner zu veröffentlichen. Es handelt sich meist um Kompilationen aus zeitgenössischen Reiseberichten. Auf die Schilderung direkter Kontakte des Europäers mit dem "Wilden" wird so weit wie möglich verzichtet. Unter Ausschaltung subjektiver Momente wird als gültige Erkenntnis verkauft, was die Grundlage des Kulturkonflikts ist: Eurozentrismus und daraus resultierendes Sendungsbewußtsein. Anders der "Volkskalender": Auch hier werden zuweilen "Merkwürdigkeiten" über den Charakter der "Mensch(en) in allen Zonen" kompiliert (z.B. *Der Wanderer* 4 (1831), 153 ff.; vgl. Wiedemann 1984, Nr. 156), diese dienen aber eher der unverhüllten Diskreditierung des Fremden und werden unter Rubriken wie "Witziges" oder "Anekdotenhaftes" gehandelt. Der schlesische *Wanderer* berichtete 1830 über "Delikatessen verschiedener Nationen", daß die Maori Seife als ihre Lieblingsspeise verzehren (Der Wanderer 3 (1830), 120), und der Berner *Historische Kalender oder der Hinkende Bot auf das Schalt–Jahr Christi 1868* berichtet in einer Anekdote "Wie einer seine Frau los wird". Ein Missionar belehrt den jungen Maori–Häuptling, daß er als Christ monogam leben müsse:

> *In der Lage, in der Du Dich unglücklicher Weise befindest, glaube ich, daß Du nichts anderes thun kannst, als Dich fragen, welches Weib Du am meisten liebst. Diese magst Du behalten, die Andere mußt Du entfernen, doch auch für sie so sorgen, daß sie keinen Mangel leidet.*

Mit sichtlicher "innerer Zufriedenheit" sucht der Häuptling den Missionar nach einiger Zeit auf und berichtet, daß er sich von seiner zweiten Frau getrennt habe. Auf die Frage, ob er diese denn gut versorgt habe, antwortet der Häuptling lakonisch: "Ja, ich habe sie gegessen!"

Weitaus zahlreicher und aussagekräftiger sind Erlebnisberichte und Abenteuergeschichten, deren durchgängig subjektive Erfahrungshaftigkeit Anspruch auf identifizierenden Nachvollzug durch den Leser erhebt. Die direkte Ansprache an den Leser ("Du, lieber Leser, ...") – zu Beginn und am Ende der Geschichte – verstärkt den Identifikationseffekt und animiert zur direkten Anteilnahme am Geschehen. Zuweilen kommt ihr direkte Appellfunktion zu: dem Leser soll ein Gefühl der Mitverantwortung für das Geschehen suggeriert werden. Keinesfalls aber wird der Leser nach solchen, auf Spannungseffekte bedachten Kalendergeschichten in die persönliche Verantwortung entlassen. Jede Geschichte endet, wie es sich gehört: der Gute (Europäer) siegt über den Bösen ("Wilden"), einige moralische Sentenzen abstrahieren vom Geschehenen zusätzlich auf Sinn und Ordnung in dieser Welt.

Dies wird besonders deutlich dort, wo der Europäer in direkten Kontakt mit dem "Wilden" tritt. Der Europäer schließt sich entweder bewußt von der Kommunikation mit dem "Wilden" aus oder löst die Problematik der Kommunikation durch Herrschaft und kriegerische Auseinandersetzung. Der Konflikt wird zum Movens der Handlung. Der *Deutsche Pilger durch die Welt* veröffentlichte 1845 eine Kalendergeschichte "Abentheuer der neuesten englischen Expedition in das Innere von Neu–Seeland", in der das Kommunikationsverständnis des Europäers recht deutlich wird: Nach entbehrungsreichen Tagen ohne Wasser im undurchdringlichen neuseeländischen "Busch" kommt es zu einem Gespräch zwischen dem Expeditionsleiter und seinem eingeborenen Koch Impat. Der Expeditionsleiter zeichnet diese "spaßhafte Scene" auf.

> *Impat konnte ... nicht begreifen, warum ein weißer Mann sich freiwillig so schrecklichen Entbehrungen unterzog. Hier eine Probe seiner Fragen und Bedenken:*
> *Ich zündete ein Feuer an und legte mich nieder. Impat stellte die Speisen zum Feuer und sagte dann:"Wie kann es Euch, der viel Geld und genug zu essen hat, in den Sinn kommen, so weit in die Wildniß zu wandern?" – "Halts Maul," rief ich zornig; "Du weißt und verstehst nichts!"*
> *– "Ich verstände nichts?" entgegnete er; "ich verstehe wie man sich dick und fett erhält; die jungen Frauen sehen mich gern und sagen: Imbat (!) ist gar ein schöner und praller Mann – von Euch aber sagen sie: er ist dürrbeinig! Wozu wisset Ihr so viel, wenn Ihr nicht dabei fett bleiben könnt? Ich verstehe, wie man zu Hause bleibt und nicht, wie man sich in der Wildniß herumtreibt:" – "Du verstehst, wie man seine Zunge gebraucht, Plappermaul!" entgegnete ich, worauf Imbat (!), seinen Aerger vergessend, laut lachte (Deutscher Pilger 4 (1845), 191).*

Der "spaßhaften Scene" folgt eine "schreckliche", in der der Europäer seine wahre Überlegenheit beweisen kann: "ein fürchterliches Geheul (ertönte plötzlich) und wilde bewaffnete Männer umgaben uns von allen Seiten." Den sicheren Tod im Auge, schießt der Expeditionsleiter solange mutig um sich, bis auch nicht ein Maori mehr am Leben ist.

Den zivilisatorischen Errungenschaften des Europäers unter den "Barbaren" schließlich ist eine ganze Reihe Missionsgeschichten gewidmet, die vornehmlich in protestantisch geprägten "Volkskalendern", aber auch durchgängig in säkularen Medien zu finden sind. Der *Deutsche Pilger durch die Welt* äußert 1842 Genugtuung über die Erfolge europäischen Einflusses auf die "Barbaren" Neuseelands.

> *Bei der ersten Bekanntschaft der Europäer mit den Neuseeländern waren die letztern ein barbarisches Volk, das nur an Krieg und Mord, an Grimassen und Körperverdrehungen (beim traditionellen Kriegstanz, dem haka, P.M.), durch die man dem Feinde Schrecken einzujagen hoffte, Gefallen fand; aber ein vierzigjähriger Verkehr hat diese anscheinend unzähmbare Wildheit sehr gemildert, und sie finden jetzt an friedlichem Handel, Ackerbau und Erntetanz (Hakari) so viel Geschmack, als am wilden Kampf und Kriegstanz (Deutscher Pilger 1 (1842), 175).*

Wenn dies 1842 gelungen scheint, so kommt das Verdienst dem aufopfernden Missionar zu, der sich unter Lebensgefahr unter die "Wilden" begeben hatte. Als Prototyp des gottesfürchtigen, nicht aber den kannibalischen Maori fürchtenden Missionars, gilt der englische Reverend Samuel Marsden (vgl. Sinclair 1980, 36 ff.). Der "Sankt Augustin von Neuseeland", wie er zuweilen genannt wurde, kam 1814 als ehemaliger Gefängnispfarrer der australischen Strafkolonie Botany Bay nach Neuseeland, um die heidnischen Maori zum Christentum zu bekehren. Die Schilderungen seiner Bekehrungsversuche und -erfolge lassen den "christlich- ethnologischen" Blick auf den "Wilden" erkennen: Der Maori ist in seiner Unwissenheit um die christliche Ethik weniger als "Barbar", denn als "Naturkind" zu betrachten, das der Lenkung durch den "Vater" (= Missionar) bedarf (vgl. Jaspers 1972, 22). Damit wird auf den aufklärerischen Topos vom "Wilden" als auf der Kindheitsstufe der Zivilisation stehend rekurriert (vgl. Richter 1987, 156 ff.). In jedem europäischen Christenherz soll über die Missionarsgeschichte das Gefühl religiöser Mitverantwortung geweckt werden, den "wilden Heidenkindern" auf die höhere Stufe christlicher Kultur zu verhelfen. Die deutliche Apellfunktion solcher Missionarsgeschichten findet ihre Entsprechung in der Literatur der Erweckungsbewegung des 19. Jahrhunderts, deren sprachliche Mittel – die direkte Ansprache an den "lieben Vetter" und "Bruder" – übernommen werden. Auf dieser

Ebene gelingt es zudem, ein weiteres, für das späte 19. Jahrhundert entscheidendes Fremdbild aufzubauen: Das des nur–profitorientierten Engländers. "John Bull", für den Handel und Politik stehen, stört das organische Wachsen der dem Vater–Missionar anvertrauten Naturkinder durch Eigensinn und Eigennutz. "John Bull" hat nur "Grimm und Verachtung" für die Maori übrig. Anders der Missionar – und hier Samuel Marsden, wie *Des Volksboten Schweizer Kalender* im "Jahr nach der gnadenreichen Geburt Jesu Christi" 1855 berichtet:

> *Er konnte (die Neuseeländer) nicht mit Grimm und Verachtung ansehen; von ihrer Menschenfresserei wußte er wohl; wußte, wie viel Blut und Gräuel ihnen anklebten; er fühlte doch eine Liebe zu ihnen und mußte Tag und Nacht darüber nachsinnen, wie doch diesen Unglücklichen könnte geholfen werden – er wußte ja, daß durch die christliche Religion auch ihnen ein ganz neues Leben aufgehen könnte, wie es einst uns geschehen ist. Um zu helfen, dachte er, müssen mit Hülfe der englischen Missionsgesellschaft in Neuseeland christliche Kolonien errichtet werden; aber das erste ist, daß ich diesen Leuten zeige, wie sie mir so lieb sind (Des Volksboten Schweizer Kalender, Züricher Ausgabe 1855, 59).*

Die Geschichte der Auseinandersetzung des Missionars mit eigennützigen Händlern und Kolonisten sowie der Bekehrung der "lieben Kinder" wird auf ebenso einfache wie geschickte Weise dargestellt. Die Ankunft der Europäer in Neuseeland und ihr erster, blutiger Kontakt mit den Maori wird ebenda betitelt "Die braunen Menschenfresser und ihre schlimmen weißen Gäste". Als Gegenpart tritt der Missionar auf den Plan, ein Kapitel "Der gute weiße Mann und seine Brüder" berichtet hiervon. Wenn schließlich von der "neuen schönen Zeit" die Rede ist, hat das Gute gesiegt, die moralische Überlegenheit des Christentums sich bewährt. Die "lieben Vettern" und "Brüder" dürfen beruhigt schlafen gehen.

Abb. 3

*"Wenig über das Thier erhaben"*

Die "neue schöne Zeit" wird dem "lieben Vetter" aber auch ab-bildlich nahegelegt, er kann sich anhand "Zwei(er) Porträte aus Neuseeland und wie es dort aussieht" 1874 in *Des Volksboten Schweizer Kalender* auch optisch von den Bekehrungswerken der Missionare überzeugen.

Als Stigma des Heidentums gilt die Tätowierung des Maori, sie ist (physiognomischer) Inbegriff des "Barbarentums", das überwunden wurde. *Des Volksboten Schweizer Kalender* kommentiert "die zwei Köpfe":

> *Und nun mein Freund, schaue ... die beiden Maori-Köpfe an. Ist es nicht um die Umwandlung, welche in denselben ausgedrückt ist, etwas Großes! Links der Wilde mit der schauerlichen Signatur des Heidenthums. Augen, aus denen der Zorn glüht und die verhüllte Gier. Füße, die da eilten Blut zu vergießen; Hände, an denen Blut klebt. Links (!) der junge Maori, auch ein Gesicht voll Kraft, aber das Alte ist vergangen, siehe es ist alles neu geworden; kein Wandel nach väterlicher Weise; ein Herz, entzündet von der Liebe Jesu Christi, ein Mund, welchem die Botschaft des Friedens entströmt! (Des Volksboten Schweizer Kalender 32 (1874), 65).*

*Hartwig Gebhardt*

# Kollektive Erlebnisse

### Zum Anteil der illustrierten Zeitschriften im 19. Jahrhundert an der Erfahrung des Fremden

*Unsere moderne Cultur ist nicht bloß befruchtend wie das Wasser, sondern sie theilt auch mit diesem wohlthätigen Element die Eigenschaft, überall einzudringen, wo nur ein Zugang möglich ist. Bald ist es ein Einsickern durch tausend Ritzen und Spalten, bald ein Anwogen gegen Dämme oder ein Unterwaschen von Felsen und altersgrauen Bauten. Nicht ein einziges Reich des Ostens existirt mehr, das nicht eine dieser Einwirkungen an sich erfahren hätte (Illustrirte Zeitung, 1580/1873).*

Mit diesen Worten leitete der Berichterstatter der Leipziger "Illustrirten Zeitung" im Jahre 1873 seinen Artikel über den Antrittsbesuch der Gesandten einiger europäischer Staaten und der USA am Pekinger Hof ein und schilderte dann, daß die Audienz lange Zeit nicht zustande gekommen sei, da der Kaiser von China gemäß der Etikette gefordert habe, daß die Diplomaten einen Kotau vor ihm machten. Doch "dieser Demüthigung konnten sich die Gesandten Europas und Nordamerikas nicht unterwerfen", und so habe der Kaiser schließlich eingelenkt. Die Einführung der zeremoniellen Neuerung zeigte eine halbseitige Abbildung (Abb. 1).
Sechzehn Jahre früher – 1857 – hatte dieselbe Zeitschrift vom Besuch einer siamesischen Delegation am englischen Hof berichtet, die gekommen war, "sich der Freundschaft der mächtigen Königin zu versichern". Den Moment der Verlesung einer Adresse durch den Führer der Gesandtschaft gab eine Illustration wieder (Abb. 2).
"Es soll" – vermerkte der Bericht – "der gewaltigen Herrscherin und ihrer Umgebung schwer genug geworden sein, bei diesen Szenen das Lachen zu verbeißen" (Illustrirte Zeitung 755/1857). Die Abbildung scheint gefallen zu haben, denn als einige Zeit später eine siamesische Gesandtschaft Frankreich besuchte, ließ sich die "Illustrirte Zeitung" nicht die Gelegenheit entgehen, die auf allen Vieren Kriechenden in nur leicht variierter Form noch einmal zu zeigen (Abb. 3).
Die Erklärung für das Verhalten der Gesandtschaft, gegeben von einem ihrer Mitglieder: "Wer vor einem Großen sich demüthigt, ehrt nicht nur jenen, sondern auch sich selbst", wurde in dem Artikel mit der lapidaren, gleichwohl abwertenden Bemerkung kommentiert: "Des Menschen Wille ist sein Himmelreich" (Illustrirte Zeitung 942/1861). Und tatsächlich handeln die beiden Bilder von London und Paris, die die Perspektive der europäischen Zeitgenossen bei der Wahrnehmung des Fremden und seiner Kulturen geradezu programmatisch wiedergeben, nicht von der Ehre, sondern allein von Unterwerfung.

Der Kontakt mit fremden Kulturen war für den Europäer – und das ist bis heute im wesentlichen so geblieben – eine Erfahrung aus zweiter und dritter Hand. Es sind vermittelte Bilder, die die Vorstellungen und die Einstellungen zum Fernen und Fremden, zum nicht selbst Gesehenen und nicht selbst Erlebten prägen, allenfalls assoziiert und komplementiert mit authentischen oder auch wiederum nur vermittelten Erfahrungen der eigenen, "weißen" Lebenswelt. Die Erfahrung des Fremden reduziert sich unter diesen Bedingungen zu einer Erfahrung im Umgang mit Vorstellungen vom Fremden. Die Vermittlung solcher Vorstellungen geschah schon immer auf vielfältige Art und Weise. Die neuere Forschung hat sich bei den Versuchen, die Frage nach dem Anteil der Medien an der Entstehung und Entwicklung der im europäischen Kulturkreis herausgebildeten Vorstellungen vom Fremden zu beantworten, mit der Belletristik, der pädagogischen Literatur, den Reiseberichten, der Malerei und der Fotografie beschäftigt.[1] Wenig Beachtung hingegen hat ein Medium gefunden, daß man – gemessen an seinen spezifischen publizistischen Eigenschaften – an vorderer, im 19. Jahrhundert vielleicht sogar an erster Stelle unter den historischen Vermittlern des Bildes von dem und den Fremden vermuten darf: die illustrierten Zeitschriften.[2]

Ich werde im folgenden aus einer unübersehbaren Menge einschlägiger Bilder, die in den illustrierten Blättern im 19. Jahrhundert veröffentlicht wurden, einige wenige Beispiele vorstellen. Es handelt sich durchweg um typische Bilder, d.h. sie stehen thematisch und ästhetisch für viele ähnliche Illustrationen. Bei der für diesen Beitrag fälligen Durchsicht zahlreicher Zeitschriftenbände habe ich schnell gefunden – und damit nehme ich ein m.E. wichtiges Ergebnis vorweg –, daß die Bilder, auch wenn sie ausgesprochene Einzelillustrationen sind, in Verbindung untereinander stehen. Diese Verbindung kommt zum Ausdruck z.B. in den sich wiederholenden Bild– und Textmustern und in der Tatsache, daß die Geschichten von Kontakt und vom Konflikt der weißen Rasse mit den Fremden über längere Zeiträume, zuweilen sogar über Jahrzehnte hinweg in den illustrierten Zeitschriften erzählt wurden, gleichsam wie in einer Fortsetzungsgeschichte, deren frühere Folgen die Produzenten bei ihrer Leserschaft als bekannt voraussetzen durften und deren weiterer Verlauf schon erahnt werden konnte. Ich komme darauf zurück.

Zunächst möchte ich einen kurzen, nur grob skizzierenden Überblick über die Entwicklung der illustrierten Presse in Deutschland im vorigen Jahrhundert geben. Deren Aufstieg von einer sozial exklusiven Presseform zu Beginn des Jahrhunderts zu einem massenhaft verbreiteten und beim Publikum überaus beliebten und begehrten Medium vollzieht sich in der Hoch–Zeit des europäischen Kolonialismus. Im engen Zusammenhang mit einer verbilligten und zugleich verbesserten Bilddrucktechnik – der Xylographie, dem Holzstich – beginnt dieser bereits von den Zeitgenossen als bemerkenswert empfundene Aufstieg in den dreißiger Jahren des 19. Jahrhunderts. Schrittmacher sind in Deutschland die nach ihrem englischen Vorbild, dem 1832 gegründeten "Penny Magazine", genannten Pfennig–Magazine, an ihrer Spitze das ab 1833 in Leipzig herausgegebene Blatt gleichen Namens. Im deutschsprachigen Raum kommt es dann binnen kurzer Zeit zur Gründung weiterer ähnlicher Unternehmen. Mitte der 30er Jahre gibt es in Deutschland ein knappes Dutzend illustrierter, für den allgemeinen Leserkreis bestimmter Blätter mit einer geschätzten wöchentlichen Gesamtauflage von 100–150.000 Exemplaren. Die Pfennig–Magazine waren zwar im Unterschied zu den früheren, mit Kupferstichen ausgestatteten Zeitschriften "wohlfeil", wie es damals hieß, sie waren aber nicht – wie die Bezeichnung annehmen lassen könnte – billig. Das Publikum illustrierter Presse dürfte zu jener Zeit noch ein überwiegend wohlhabendes gewesen sein. In die Hände der die Masse der Bevölkerung bildenden kleinbürgerlichen und Unterschichten sind solche Zeitschriften seinerzeit wohl weniger gelangt. Bildpressegeschichtlich außerordentlich bedeutsam war dann in den 40er Jahren das Auftreten des Typs der sog. Illustrierten Zeitung mit den Merkmalen großformatiger, zeitungsähnlicher Aufmachung und umfangreicher Bebilderung. Erster und das ganze 19. Jahrhundert hindurch führender deutscher Vertreter dieses Typs war die seit 1843 ebenfalls in Leipzig erscheinende "Illustrirte Zeitung". Aufgrund ihrer opulenten Ausstattung war das Blatt sehr teuer und im Einzelabonnement nur von einem ausgesprochen wohlhabenden Publikum bezahlbar. Eine deutliche Ausweitung der Leserschaft illustrierter Presse wurde im folgenden Jahrzehnt, in

Die Audienz der Gesandten bei dem Kaiser von China in Peking am 29. Juni.

Abb. 1:
"Illustrirte Zeitung" Nr.1580/11.10.1873

Die Audienz der siamesischen Gesandtschaft am Hofe zu Windsor am 19. November.

Abb. 2:
"Illustrirte Zeitung" Nr.755/19.12.1857

Empfang der siamesischen Gesandtschaft im Saale Heinrich's II. zu Fontainebleau am 29. Juni. Nach einer Originalskizze.

Abb. 3:
"Illustrirte Zeitung" Nr.942/20.7.1861

den 1850er Jahren, mit dem Aufkommen der illustrierten Familienblätter eingeleitet, an deren Spitze die bekannte "Gartenlaube" stand. Der überragende Erfolg dieses Blattes zog die Gründung vieler ähnlicher Unternehmen nach sich. Illustrationsgeschichtlich wichtig waren auch die zahlreichen Blätter, die die Eigenschaften der illustrierten Zeitungen – großes Format, viele Abbildungen – mit denen der Familienblätter – vor allem der für den Mittelstand erschwingliche Preis – zu verbinden suchten.
Fünfzig Jahre nach dem Auftreten der Pfennig-Magazine war der Markt der illustrierten Zeitschriften in Deutschland umfangreich und vielgestaltig. Gegen Ende des vorigen Jahrhunderts gab es neben zahllosen kleineren, oft nur regional verbreiteten Bildblättern rund ein Dutzend, von den Zeitgenossen als "groß" bezeichnete illustrierte Zeitschriften mit Auflagen zwischen zwanzigtausend und einer Viertelmillion Exemplaren pro Woche. Ohne hier exakte Angaben machen zu können, läßt sich doch sagen, daß die damalige wöchentliche Gesamtauflage der Bildpresse einige Millionen Exemplare betrug. Dabei ist zu beachten, daß mit einer noch höheren Zahl von Konsumenten gerechnet werden darf. Wie die pressegeschichtliche Rezeptionsforschung zeigt, ist die Zahl der Leserkontakte pro Zeitungs- oder Zeitschriftenexemplar um so größer, je beliebter ein bestimmtes Blatt oder eine ganze Gattung ist, und daß die illustrierten Zeitschriften im 19. Jahrhundert zu den begehrtesten Lesestoffen überhaupt gehörten, wird durch Zeugnisse der Zeit vielfach belegt.

Waren, wie gesagt, die Chancen für weniger Bemittelte, Konsumenten illustrierter Blätter zu werden, zunächst noch relativ gering, wuchs diese Chance in der zweiten Jahrhunderthälfte mit sich beschleunigender Tendenz. Die Zeitschriften wurden vermehrt durch Lesezirkel und Lesegesellschaften verbreitet, sie lagen in Lesehallen und Volksbibliotheken aus, sie waren zugänglich bei Friseuren, in Cafés und Restaurants. Zwei zeitgenössische Zitate mögen die Beliebtheit der Bildpresse beim Publikum verdeutlichen:
"Es ist eine längst beobachtete Thatsache, daß man, wenn ein Gast eine Restauration betritt, denselben immer zuerst nach illustrierten Journalen greifen sieht", schrieb im Jahre 1887 der Verfasser eines Buches über die Reklame, und um dieselbe Zeit wurde in den Volksbibliotheken ein nur "mühsam zu stillende(r) Heißhunger" des Publikums nach illustrierten Zeitschriften beobachtet (vgl. Gebhardt 1983, 49). Es läßt sich die summarische Feststellung treffen, daß die Zugänglichkeit zur illustrierten Presse am Ende des 19. Jahrhunderts in Deutschland eine, jedenfalls theoretisch, allgemeine gewesen sein dürfte.
Fragt man nach den Gründen für die unterstellte Bedeutung der Bildpresse für die Vermittlung von Vorstellungen, wird man neben Publizität, also der großen und im Verlauf des Jahrhunderts immer weiter zunehmenden Verbreitung, auch die Periodizität nennen müssen. Das regelmäßige, meist wöchentliche Erscheinen der Zeitschriften bedingte ihren ebenso regelmäßigen Konsum. Das eröffnete für die Produzenten der Bildpresse Möglichkeiten, Aussagen und Aussagemuster ihrer Blätter zu variieren und zu wiederholen, letzteres bekanntlich eine wichtige Bedingung publizistischer Wirkung. Es ist davon auszugehen, daß Publizität und Periodizität im Zusammenwirken mit der vielfach dokumentierten großen Akzeptanz des Mediums durch das Publikum eine kollektive Ausprägung und Verfestigung intendierter Vor- und Einstellungen in der Öffentlichkeit begünstigt haben. In dieser Beziehung mag die illustrierte Zeitschrift sogar dem Buch überlegen gewesen sein. Selbst das Argument, Bücher hätten eine größere Langzeitwirkung, da jedes Zeitschriftenexemplar mit der Ausgabe der nächsten Nummer veralte, wäre nicht stichhaltig. Nicht zuletzt in Anbetracht der relativ hohen Anschaffungskosten war es im vorigen Jahrhundert üblich, die gesammelten Nummern eines Zeitschriftenjahrgangs binden zu lassen und dem privaten Bücherschrank ebenso wie den Beständen öffentlicher Bibliotheken einzuverleiben. Über

*Kollektive Erlebnisse* 521

die Langzeitrezeption gerade von illustrierten Zeitschriften besitzen wir zahlreiche Zeugnisse.
Als sicher wichtigstes Element im Ensemble rezeptionsbeeinflussender Eigenschaften aber wird man das gattungskonstituierende Merkmal der Bebilderung bezeichnen müssen. Dabei ist zu beachten, daß es sich eigentlich um das *Zusammenspiel* von Bildern und Texten handelte, denn Illustrationen ohne textliche Erläuterungen waren in den allgemeinen illustrierten Zeitschriften des 19. Jahrhunderts die Ausnahme. Die publizistischen Formen der Bildpräsentation und die Bild–Text–Beziehungen waren außerordentlich variantenreich. So gab es Abbildungen, die keiner langen Erläuterung bedurften, und solche, die ohne Beschreibung kaum oder gar nicht verständlich gewesen wären. Zu letzteren gehört das gleich folgende Beispiel, das zudem einen Eindruck vom internationalen Bilderhandel im 19. Jahrhundert vermittelt. Dieser weitverzweigte, Europa und Nordamerika umfassende Handel machte es möglich, daß ungezählte Abbildungen samt Erläuterungen durch die illustrierten Zeitschriften international verbreitet wurden. Das dürfte speziell für die Herausbildung einer tendenziell einheitlichen Haltung der Weißen und ihrer Kultur gegenüber den Kulturen der anderen Rassen nicht ohne Bedeutung gewesen sein.

Bevor ich mich den weiteren Bildbeispielen zuwende, möchte ich noch eine allgemeine Bemerkung zum Umgang mit dem Material einfügen. Die Gefahr, die Bildvorlagen interpretatorisch zu überfrachten, ist zweifellos gegeben und auch unausweichlich, wenn man nicht überhaupt auf die Analyse, d.h. den Versuch, das Verhältnis von Bildmedien und zeitgenössischer Öffentlichkeit zu bestimmen, verzichten will. Andererseits könnte eine zu defensive Haltung gegenüber den Bildern und ihren Texten dazu führen, die Professionalität der Produzenten – ihre darstellenden Fähigkeiten, ihre Fertigkeiten bei der Vermittlung von Vorstellungen an das Publikum, ihre Zielstrebigkeit bei der Benutzung und Ausgestaltung inhaltlicher und ästhetischer Muster – zu unterschätzen. Wir haben aber allen Anlaß zu der Annahme, daß das publizistische Angebot der damaligen illustrierten Zeitschriften nicht zufällig und nicht beliebig war, sondern bestimmbaren Strukturelementen folgte. Die Exempel dieses Beitrages mögen das belegen.
Im Jahre 1833 veröffentlichte die Zeitschrift der Königlich–Asiatischen Gesellschaft in London den Augenzeugenbericht eines britischen Kolonialoffiziers aus Indien über den Auftritt eines in Begleitung eines Gurus befindlichen Mannes, der vor einer Volksmenge ein bis zwei Schafe zu verzehren pflegte. Dem Bericht beigegeben war eine Bildtafel mit 7 Lithographien, die den beschriebenen Vorgang illustrierten (vgl. Hardwicke 1833, 379 ff.).[3] Das letzte und zugleich größte Bild der Reihe zeigte die beiden Hauptpersonen (Abb. 4).
Eine leicht gekürzte Fassung des Berichts erschien im folgenden Jahr im Londoner "Saturday Magazine" unter der Überschrift "The sheep–eater of Hindostan" mit einer Holzstichversion vorgenannter Lithographie (Abb. 5).
Das Bild hätte wohl, für sich genommen, bei den Lesern der Zeitschrift keine besondere Aufmerksamkeit erregt, sieht man von dem sonderbaren Bart des Gurus ab. Einen Reiz verleiht erst der Text der Illustration, die darauf berechnet war, die erzählte Geschichte zu dokumentieren und damit glaubwürdig zu machen. In dieser Geschichte heißt es u.a. – ich folge der deutschen Übersetzung in dem Prager Blatt "Panorama des Universums, das Bild und Text noch im selben Jahr (1834) (Abb. 6) brachte –:

> *Frühzeitig am Morgen erschien der Schafesser, von seinem Guru oder geistlichen Vater, begleitet, an der Spitze der versammelten Volksmenge. Er hatte zwei lebendige Schafe bei*

> sich, und nach einer kurzen Anrede an das Volk, fiel er über das eine her, faßte es mit den Zähnen am Fell und nachdem er es etwa eine Minute so gehalten, warf er es durch einen Schwung am Kopfe mit dem Rücken auf den Boden. In dieser Stellung hielt er das Thier, bis er es entzwei gerissen hatte, welches es bloß mit den Zähnen bewirkte, indem er das Fell von der Weiche bis zur Brust aufschlitzte, darauf das Eingeweide entfernte und seinen Kopf in das Thier steckte, um das Blut zu trinken. Dies beschäftigte ihn etwa eine oder zwei Minuten; dann zog er den Kopf, mit Blut besudelt wieder heraus, und blickte in Erwartung des Beifalls rings um sich, wobei er ein äußerst wildes Ansehen hatte. Hierauf zog er das übrige Fell von dem Thiere ab, bog die Rippen auseinander, sonderte die Glieder ab und trennte den Kopf vom Rumpfe; dann sammelte er alle Theile wieder zusammen und rieb jeden einzelnen mit Staub ein, wodurch er, wie er sagte, das Blut abtrockne, und das Fleisch dann besser von den Knochen und den Sehnen abnagen könne. Den Staub der an jedem Theile hängen blieb, beachtete er gar nicht, indem er ein Stück nach dem andern sammt allem daran hängenden Schmutze hinabschlang (Das wohlfeilste Panorama des Universums 43/1834).

Das Bild wird der Dramatik des geschilderten Vorganges offensichtlich nicht gerecht. Es zeigt nichts vom Geschehen, hat im Gegenteil einen unverkennbaren friedlichen Charakter. Daß der Moment dargestellt ist, unmittelbar nachdem der Mann das Schaf verschlungen hat, nun zur besseren Verdauung die Blätter einer bestimmten Pflanze kaut und den – nicht abgebildeten – Zuschauern anbietet, auch noch das zweite Tier auf dieselbe Art und Weise zu verspeisen, alles das muß der Leser aus dem Text rekonstruieren. Dort erfährt er zudem, daß der Mann ungeachtet seiner Freßorgien außergewöhnlich mager war, was das Bild nicht bestätigt. Trotz dieser offensichtlichen Mängel in der Bild–Text–Beziehung brachten nach dem "Saturday Magazine" nicht nur die genannte Zeitschrift in Prag die Geschichte, sondern 1835 auch das Leipziger "Pfennig–Magazin" (Abb. 7), das ebendort erscheinende "Pfennig–Magazin für Kinder" (Abb. 8) und noch 1937 das auch zur Gruppe der Pfennig–Magazine zählende "Heller–Blatt" in Breslau (Abb. 9). Es muß also an der Geschichte etwas "dran" gewesen sein, was die verschiedenen Zeitschriften bewogen hat, sie ihren Lesern zu präsentieren.

Ein entscheidender Hinweis auf die Intention dürfte in der Tatsache zu sehen sein, daß das "Saturday Magazine", das zuerst die Geschichte in popularisierter Form verbreitet hatte, ein von konservativ–anglikanischen Kreisen Großbritanniens herausgegebenes Blatt war, das in jeder Nummer auf seine Zusammenarbeit mit einer "Society for promoting Christian knowledge" hinwies. Unter christlichen Vorzeichen betrachtet, mußte die Geschichte als Ausfluß finstersten, das Kannibalische streifenden Aberglaubens erscheinen (der Schafesser trug übrigens, wie gleich zu Beginn vermerkt wurde, den Beinamen "der Kannibale"). In einer solchen religiösen Interpretation wurde unversehens der Guru zur eigentlichen Hauptperson des Geschehens, und dieses kommt auch in der bildlichen Darstellung zum Ausdruck. Nicht der Schafesser, dessen Verhalten dem damaligen Leser den Gedanken nahegelegt haben mag, es handele sich um einen Irren, sondern sein "geistlicher Vater" war letztlich für das Geschehen verantwortlich. Daß eine über das vordergründige Geschehen hinausgehende ideell–religiöse Bewertung bzw. Abwertung die publizistische Absicht prägt, geht auch aus dem Text im "Pfennig–Magazin für Kinder" hervor, der von dem in den anderen genannten Zeitschriften abwich. Dort heißt es nämlich, daß die Hindus zwar "sehr wohl gebildet" seien, aber neben dem Geiz, der Feigheit und der Trägheit auch der Aberglaube zu den Eigenschaften ihres Volkscharakters gehöre (Pfennig–Magazin für Kinder 37/1836, 292). Vermerkt zu werden verdient auch noch, daß die Holzstichversion des Bildes im Hintergrund eine Moschee zeigt, ein Detail, das in der lithographierten, nach der Zeichnung des Augenzeugen angefertigten Originalvorlage fehlt.

Europäische Anschauungen zugrunde gelegt, war der Guru kein "geistlicher Vater" und sein Jünger ein "Ungeheuer" ("monster"). Daß, wie es die Abbildung augenfällig darstellt,

Abb. 4: The Sheepeater and his Guru or Preceptor, "Transactions" 1833

Abb. 5: "The Saturday Magazine" Nr. 136/16.8.1834

die beiden sich für ihr Schauspiel Utensilien bedienten, die ausgerechnet an urchristliche Symbole – Lamm und Palmzweig – erinnerten, mag vom europäischen Betrachter des Bildes sogar als Provokation empfunden worden sein. So gesehen war der oben konstatierte Bruch in der Bild–Text–Beziehung doch keiner bzw. nur ein scheinbarer; in der zentralen Intention, den europäischen Rezipienten zu einer konfliktbereiten Einstellung gegenüber einer fremden Kultur zu veranlassen, wirkten Bild und Text zusammen.

Bedurfte vorstehendes Beispiel noch einiger interpretatorischer Rekonstruktionen des Verhältnisses von Bild und Text, steht das nächste Beispiel für zahllose illustrierte Berichte, deren Inhalt und Intention an Deutlichkeit nur wenig oder nichts zu wünschen übrig ließen. Es gehört zum europäischen Mythenkomplex "grausames Afrika", der zu einem wesentlichen Teil von der Vorstellung vom westafrikanischen Königreich Dahome geprägt wurde. Nachdem schon vorher mehrere Reiseberichte über dieses Land veröffentlicht worden waren, publizierte Frederick E. Forbes, ein im Londoner Regierungsauftrag reisender Engländer, 1851 Tagebücher über seinen Aufenthalt in Dahome in den Jahren 1849 und

1850, illustriert mit einer Anzahl Lithographien (vgl. Forbes 1851). Eine zeigt eine Szene aus dem Ritual der alljährlich stattfindenden Menschenopfer (Abb. 10).

Schon ein Jahr später – 1852 – veröffentlichten die in Stuttgart erscheinenden "Jugend–Blätter. Monatsschrift zur Förderung der wahren Bildung" einen nach der Forbesschen Vorlage der Opferszene angefertigten Holzstich (Abb. 11).

Nach einer kein Detail auslassenden Schilderung der Tötungen, einer Übersetzung der entsprechenden Passage bei Forbes, fügte die Zeitschrift am Ende des Artikels folgenden Fingerzeig zum rechten Verständnis und besonders auf die sich aus der Darstellung ergebenden Konsequenz hinzu:

*Hoffentlich wird keiner von meinen Lesern der Meinung seyn, daß es überflüssig wäre, in ein solches Land Missionare zu schicken. Man muß sich ja schämen, daß man ein Mensch ist, wenn solche Barbaren den gleichen Namen tragen; man müßte sich aber noch viel mehr schämen, ein Christ zu seyn, wenn man nicht dazu helfen wollte, diese Barbaren auch zu Christen und dadurch zu rechten Menschen zu machen (Jugend–Blätter 3/1852, 292).*

Ebenfalls auf Forbes stützte sich ein langer Artikel über Dahome in der Leipziger "Illustrirten Zeitung" im Jahre 1861. Die Darstellung besteht fast allein aus einer Aufzählung von Grausamkeiten und Greueltaten der Herrscherkaste gegen die eigene Bevölkerung und gegen Gefangene aus benachbarten Ländern. Auch hier spielt wieder die Beschreibung von Menschenopfern und Hinrichtungen eine große Rolle, daneben auch die der sagenhaften Amazonen des Königs von Dahome:

*Die 5000 Kriegerinnen ... bilden den tapfersten Bestandteil des Heeres und sind viel grausamer als die Männer ... Es ist für eine Amazone der höchste Ruhm, wenn sie mit dem Haupte eines besiegten Feindes vor den König hintreten kann und von ihm belobt wird (Illustrirte Zeitung 920/1861).*

Nachdem das Blatt die Schilderung schon einmal mit der Bemerkung unterbrochen hatte, "das alles ist entsetzlich, aber buchstäblich wahr", beteuerte es an anderer Stelle noch einmal die Wahrhaftigkeit der Beschreibungen, indem es auf eine große Bildtafel (Abb. 12) verwies, auf der einige der Forbesschen Illustrationen, wiederum in xylographischer Technik wiedergegeben, versammelt waren, darunter auch die nun schon bekannte Opferszene: "Der Leser wird jetzt unsere Abbildungen begreifen, welche Kapitän Forbes ... nach dem Leben zeichnete und seinen amtlichen Berichten beilegte. Sie sind authentisch ...".

Im Hinblick auf die Skepsis mancher Leser, mit der die Redaktion angesichts der dargestellten Ungeheuerlichkeiten zu rechnen schien, sollten also Bild und Text gegenseitig ihren Wahrheitsgehalt bezeugen. Die Beteuerungen waren wohl auch deshalb notwendig, weil der Artikel mitteilen mußte, daß "alle Beobachter und Augenzeugen ... darin überein(stimmen), daß die Leute in Dahomey mit ihren Einrichtungen und Zuständen in hohem Grade zufrieden seien". Den Widerspruch löste der Autor aber schnell auf: gerade weil "das Volk jubelt und ... guter Dinge (ist)", bewies es den niedrigen Stand seiner Kultur. Dieser "Einsicht" fügte der Autor die Bemerkung hinzu: "Aus sich selbst heraus hat er ("der schwarze Mensch in Afrika") es nie auch nur zu Anfängen und Ansätzen einer höhern Cultur oder Staatenbildung gebracht ... Wo der fremde Einfluß fehlt (gemeint ist der von Mohamedanern oder Europäern, H.G.), wo der alte naturwüchsige Fetischdienst noch ungeschwächt ist, dort finden wir die volle grauenhafte Barbarei". Der Artikel zieht aus dieser letzten Feststellung keine Schlußfolgerung. Dieses zu tun, überläßt er den Lesern wohl im sicheren Vertrauen darauf, daß auch diese es für an der Zeit halten, daß die Barbarei in Dahome (und überall dort, wo der "schwarze Mensch in Afrika" es nicht zu "Ansätzen einer höheren Kultur" gebracht hat) durch "fremden Einfluß" beendet wird.

Abb. 6: "Das wohlfeilste Panorama des Universums" Nr. 43/1834

Abb. 7: "Das Pfennig-Magazin" Nr. 102/14.3.1835

Abb. 8: "Das Pfennig-Magazin für Kinder" Nr. 37/1836

Abb. 9: "Das Heller-Blatt" Nr. 20/1837

Abb. 10: Fr.E.Forbes: Dahomey and the Dahomans (1851/1966),2.Bd.,nach S.44

Abb. 11: "Jugend-Blätter" Heft 3/1852

Abb. 12: "Illustrirte Zeitung" Nr.920/16.2.1861

Abb. 13: "Daheim" Nr.39/28.6.1873

Abb. 14: "Illustrirte Zeitung" Nr. 2185/16.5.1885

Abb. 15: "Der Kleine Missions-Freund" Nr. 8/1900

1872 berichtete das christliche Familienblatt "Daheim" über "Die Menschenopfer des Königs von Dahomeh", eigenartigerweise ohne Abbildungen. Wahrscheinlich hatte die Redaktion keine Illustration zur Verfügung, worauf auch ein Wortspiel am Anfang des Berichtes hindeutet: Es seien leider wenig "Lichtbilder" aus dem heidnischen Afrika vorhanden, deswegen bringe man ein "Nachtbild". Der Artikelschreiber weist zwar darauf hin, daß in den früheren Berichten über Dahome vieles übertrieben worden sei und man "allemal wenigstens die Hälfte von dem Gesagten abziehen" (Daheim 28/1861) müsse, wiederholt dann im wesentlichen aber doch nur die Greuelschilderungen. Zwar hätten die Regierungen von England und Frankreich den König von Dahome gebeten, die grausamen Bräuche einzustellen, doch sei Europa "dort so gut wie machtlos, und eine Änderung steht noch in weitem Felde". Immerhin: Der Dahome-Mythos zeigte erste Auflösungserscheinungen, denn der König, der bis dahin den Europäern als die Verkörperung des Systems staatlicher Grausamkeit vorgeführt worden war, soll einem englischen Reisenden zu verstehen gegeben haben, daß er die Zustände gerne ändern würde, aber es sei das Volk, in "seinem finsteren Aberglauben verharrend", das die Abschaffung der "gräßlichen Gebräuche" nicht wolle.

(In Parenthese sei vermerkt, daß das "Daheim" seinen Lesern als Ersatz für das entgangene Vergnügen eines Greuelbildes aus Dahome ein Jahr später die "Gepfählten Ilori" (Abb. 13) zeigte und nicht unterließ, darauf hinzuweisen, daß man sich "in der Nähe des so sehr gefürchteten Königreichs Dahome" befände (Daheim 28.6.1873). Fazit: Dahome war überall, wo die Schwarzen unter sich waren.)

In jenen Jahren waren die Franzosen bemüht, in der Region Fuß zu fassen, und als sich das Deutsche Reich in den 80er Jahren anschickte, auch zu einer Kolonialmacht aufzusteigen und sich im westlichen Afrika festzusetzen, wurde der Mythos Dahome der kolonialen Expansion hinderlich. Nachdem die Leipziger "Illustrirte Zeitung" 1885 einen nach einer Fotografie gefertigten Holzstich "Die Amazonen des Königs von Dahomeh" (Abb. 14) gebracht hatte, der nichts mehr gemein hatte mit den von derselben Zeitschrift ein Vierteljahrhundert zuvor wiedergegebenen Bildern, sprach drei Jahre später – 1888 – die "Gartenlaube" in einem Artikel über "Die Amazonen von Dahome" (Gartenlaube 25/1888) nur noch von einer "Weibergarde":

> Man darf ... dabei nicht an tapfere Amazonen denken, wie sie in der griechischen Sage geschildert werden: es sind Niggerweiber, weiter gar nichts, und zwar des Königs Weiber, die er unter der Fuchtel hält und die er schlauerweise zur Leibgarde gemacht hat. Der pfiffige König von Dahome weiß ganz genau, daß seine Weiber so faul sind wie alle Nigger, daß er aber mit ihnen ... ganz anders umspringen kann, als mit den Männern (Gartenlaube 25/1888).

Diese Weibergarde habe die Flucht ergriffen, "als die Pfeile wirklich flogen und die Flinten knallten". Eine Illustration war dieser Demontage einer bis dahin nützlich gewesenen Vorstellung in der europäischen Öffentlichkeit über fremde "Kultur" erklärlicherweise nicht mehr wert. Nur wenig später – 1892 – wurde Dahome von den Franzosen erobert.

Jahre später und fast genau ein halbes Jahrhundert nach seiner Erstveröffentlichung leistete das Bild mit der Opferszene in Dahome immer noch gute publizistische Dienste. Im August 1900 veröffentlichte die evangelische Kinderzeitschrift "Der kleine Missions-Freund" einen längeren Artikel über die Mission in Afrika. Darin enthalten sind Beschreibungen christlicher Eingeborenengemeinden in Transvaal und Deutsch-Ostafrikas, denen besagte Abbildung gegenübergestellt wurde (Abb. 15). Zu dieser Zeit gab es das gezeigte Ritual (wenn es sich jemals so abgespielt haben sollte) schon lange nicht mehr, aber darauf kam es den Herausgebern der Zeitschrift auch gar nicht an. Das Bild hatte allein die Funktion, Symbol zu sein für die Verhältnisse, wie sie – das suggeriert der Bericht – noch überall in Afrika herrschten und die zu beseitigen die Mission aufgerufen sei. Der Artikel endete mit einer Aufforderung an die jungen Leser – und damit knüpfte das Blatt an den zitierten Text der Jugendzeitschrift aus dem Jahre 1852 an –:

> *Ihr aber, liebe Kinder, gedenkt der Heiden, die noch nichts wissen von der Krippe und dem Kreuz des Herrn Jesu, die kein Weihnachten, kein Ostern und kein Pfingsten, die keinen schönen Sonntag und keinen rechten Festtag in ihrem Leben haben! Betet für die Missionare, die den Heiden jetzt die frohe Botschaft bringen, daß auch sie berufen sind einzugehen in Gottes Reich, und sammelt Gaben, damit mehr Missionare ausgesendet werden können. Gott wird es lohnen! (Der Kleine Missionsfreund 8/1900).* [4]

Soweit diese beiden Geschichten aus Indien und Westafrika, in deren Bildern allein das Fremde dargestellt ist und zwar so, daß die Produzenten darauf rechnen konnten, daß das europäische Publikum im Vorgang der Rezeption eine konfliktbezogene Haltung gegenüber dem Dargestellten einnahm. Die nächsten Beispiele zeigen die Protagonisten des Kulturkontakts bzw. –konflikts in der bildlichen Darstellung vereint. So unterschiedlich Inhalt und Ästhetik dargeboten werden, werden wir doch unterstellen dürfen, daß der zeitgenössische Konsument der Bildpresse die verwandten programmatischen Strukturen und Intentionen entschlüsselt haben wird.

Leicht macht es ihm das "Museo scientifico, letterario ed artistico", eine italienische Version des Pfennig–Magazin–Typs. Im Jahrgang 1840 dieser Turiner Zeitschrift findet sich ein Bericht über Patagonien. Der Text, offenbar zusammengestellt aus verschiedenen, auch sich widersprechenden Quellen, legt sich nicht fest; anders das Bild (Abb. 16).

Die Darstellung der Begegnung der Kulturen ist eindeutig in der Botschaft: die Europäer, groß, weiß, diszipliniert, treffen auf kleine, dunkle und undisziplinierte Eingeborene; Wissen und Vernunft begegnen Wildheit und Unwissenheit. Die Rollen sind verteilt, kaum daß der Kontakt begonnen hat. Damit deutet sich auch bereits die Fortsetzung der Geschichte an, die Besitzergreifung der Fremden durch die Weißen, symbolisiert durch das Einfangen des Eingeborenengesichts im Spiegel des Offiziers.

Von der Wildheit und der Unwissenheit der Eingeborenen handeln auch die beiden nächsten Bilder. Das eine, veröffentlicht 1879 in der Zeitschrift "Illustrirte Chronik der Zeit", stellt die "Verhöhnung weißer Gefangener durch die Siniri Indianer" in Peru dar. Der Begleittext erläuterte den damaligen Lesern das Geschehen. Die Indianer sind "fette braune Burschen, (die) noch auf der niedrigsten Stufe der Kultur stehen". Ihr Bedürfnis nach "Befriedigung eines angeborenen Hanges zur Grausamkeit" teilen sie mit allen Indianern des amerikanischen Kontinents, von den Patagoniern im Süden bis zu den Creeks im Norden. Ein weiterer Charakterzug sei ihre Hinterhältigkeit, denn bevorzugt überfielen sie die Weißen, die sie zuvor "gespeist und beschenkt" hätten, aber "Dankbarkeit, Treu und Glauben oder irgendetwas wie menschliche Regung ist unter diesen barbarischen Stämmen nicht zu finden" (Illustrierte Chronik der Zeit 1879, 169 ff.). Allerdings würden die Indianer den Gefangenen nichts zuleide tun, wenn diese sich nicht wehrten. Diese Situation stellt die Abbildung dar (Abb. 17). Die drei Weißen lassen die Verhöhnung über sich ergehen, wohl weil sie das Verhalten der Indianer kennen, und erweisen sich damit, weil diszipliniert, als die eigentlich Überlegenen. Immerhin mußte es einen zivilisierten Europäer und Leser der Bildpresse treffen, mit ansehen zu müssen, wie die besagten fetten braunen kulturlosen Burschen, nur weil sie in der Übermacht sind, sich herausnehmen, Weiße zu drangsalieren. Daß die Darstellung ikonographische Anspielungen auf Passionsszenen enthält, mag den Bildbetrachter in seinem Empfinden noch bestärkt haben.

Das andere Bild (Abb. 18), das von der Unwissenheit der Wilden und der Überlegenheit der Weißen erzählt, gehört mit weiteren Illustrationen zum Bericht eines Teilnehmers einer deutschen Expedition nach Ostafrika im Jahre 1890. Diese hatte u.a. den Zweck, ein Dampfsägewerk im Wituland (im heutigen Kenia) zu errichten. Als die Maschine aufgestellt war und die Dampfpfeife zum ersten Mal ertönte, zogen sich die zahlreich herbeigeströmten Eingeborenen – wie es im Bericht heißt – "einer über den anderen purzelnd, in angemessene Entfernung zurück, (weil) sie befürchten mochten, das gefährliche Ding werde sich plötzlich in Bewegung setzen" (Illustrirte Zeitung 2474/1890). Die Schilderung sollte wohl belustigend wirken, mag auch bei den Lesern Heiterkeit ausgelöst haben. Dabei war das Gesamtgeschehen, von dem berichtet wurde, durchaus nicht erheiternd, denn es ging um nichts anderes als die Vernichtung der Expedition durch die Eingeborenen. Nur der Berichterstatter überlebte mit knapper Not den Angriff. Die übrigen Abbildungen haben die Konfrontation und den Kampf zum Inhalt. Aus der Kenntnis der in der Bildpresse des 19. Jahrhunderts immer wieder vorkommenden Abbildungen von Niederlagen der Weißen im Kampf gegen Eingeborene läßt sich unschwer das Vorhandensein einer gemeinsamen Intention solcher Darstellungen ableiten: es geht regelmäßig darum, den europäischen Lesern die Überzeugung nahezubringen, daß die Verhältnisse in der Fremde so geändert werden müssen, daß sie ihre Bedrohlichkeit verlieren und sich künftig derartige Niederlagen nicht wiederholen. Obgleich vordergründig zum Genre "heitere Episode" zu zählen, dürfte auch diesem Bild eine dieser Zielsetzung dienende Funktion zugedacht gewesen sein. Es versinnbildlichte die Überlegenheit der europäischen Kultur über die der Schwarzen (wenn deren Kultur überhaupt diese Bezeichnung verdiente) und verschaffte dem Leser trotz des unglücklichen Ausgangs dieser Geschichte das Gefühl und die Gewißheit, daß das Vordringen der weißen Kultur durch schwarze Greuel nicht aufgehalten werden konnte (siehe auch Dahome!). Die Dampfpfeife ist den Eingeborenen die symbolische Künderin dieses Sieges. Das Symbolische spielte in den von der Bildpresse verbreiteten Darstellungen überhaupt eine große Rolle. "Schwarz und Weiß" nannte "Schorer's Familienblatt" 1886 eine kleine, unscheinbare Abbildung (Abb. 19). Der Text hingegen machte die dargestellte Szene zu einer schicksalsträchtigen, als er die Leser zu einem Vergleich inspirierte

> *zwischen dem aufblühenden weißen Kinde, das die Zukunft des jungen kolonialfreundlichen Deutschland repräsentiert, und dem alten wollhaarigen Sklaven, dessen Tage mit der Kultur seiner Rasse zu Neige gehe (Schorer's Familienblatt 2/1886).*

Dieselbe Zeitschrift veröffentlichte einige Zeit später eine xylographische Reproduktion eines Gemäldes des damals für seine allegorischen und Kinderbilder bekannten Malers Franz Lefler mit dem Titel "Besitzergreifung Afrikas" (Abb. 20). Die süßliche Brutalität des Bildes soll hier nicht weiter kommentiert werden (ich folge darin der Redaktion, die ebenfalls, wenn auch aus anderen Gründen, eine Erläuterung für nicht notwendig hielt). Wie die Besitzergreifung vor sich ging, führte die Zeitschrift ihren Lesern an anderer Stelle in Wort und Bild vor, z.B. in Gestalt gefangener aufständischer Einheimischer (Abb. 21). Der junge Mann in der Mitte wurde übrigens, wie der Berichterstatter mit Genugtuung vermerkte, "an den Galgen befördert" (Schorer's Familienblatt 2/1890).

Eine, wie ich finde, besonders interessante Variante des Kulturkontaktes stellt die folgende Szene dar, enthalten im Pfennigmagazin 1852: "Der Indianer neben seiner in der Europäercolonie erzogenen und zum Christentum bekehrten Tochter" (Abb. 22). Die Weißen treten hier nicht selbst auf, sondern lassen eine Angehörige einer farbigen Rasse den weißen Part spielen. Das ist wörtlich zu nehmen. Es handelt sich bei den beiden dargestellten Personen um Indianer, sogar um Blutsverwandte, und doch ist nur der Vater farbig. Die Bekehrung zum Christentum hat bei der Tochter offensichtlich auch Auswirkungen auf die Pigmentierung der Haut gehabt. Die junge Frau ist jedenfalls weiß und sieht ausgesprochen madonnenhaft aus. Das Vorlesen vermutlich christlicher Lektüre scheint auch beim "wilden" Vater erste Folgen zu zeitigen. Im Habitus noch rein indianisch, drückt seine Haltung schon die Bereitschaft zum Kontakt mit der Kultur der Weißen aus. Der wohltätige Einfluß der Tochter ist unverkennbar, die Fortsetzung der Geschichte konnte sich der zeitgenössische Betrachter unschwer selbst ausmalen.

Wo die Wilden sich keiner familiären Situation erfreuen konnten, die ihnen einen reibungslosen Zugang zur weißen Kultur ermöglichte, wurde der Kulturkonflikt bis hin zum Kampf auf Leben und Tod unvermeidlich. Zahllos sind die Kampf- und Kriegsbilder, in denen der Akt des Tötens im Mittelpunkt steht. Als ein Beispiel für viele steht die Darstellung einer Schlacht zwischen Sudanesen und Engländern im Jahr 1884, wiedergegeben in der in Wien erscheinenden "Neuen Illustrirten Zeitung" (Abb. 23).

Die realistische Darstellung des Tötens, das Durchbohren des Gegners, hat übrigens in den illustrierten Zeitschriften des 19. Jahrhunderts einen festen Platz im Bildrepertoire. Über die in dieser Abbildung enthaltenen Demonstration militärischer Stärke der Europäer hinaus scheinen derartige Darstellungen auch noch eine sozusagen innerkulturelle Funktion besessen zu haben: durch die visuelle Gewöhnung an den abgebildeten Vorgang einen Sozialisationseffekt beim Betrachter für sein eigenes Verhalten zu bewirken, für seine Bereitschaft, zu gegebenem Anlaß, d.h. beim nächsten Krieg gegen einen europäischen Nachbarstaat, sich ebenso zu verhalten wie die britischen Soldaten im Kampf gegen die Wilden. Ich kann diesen Aspekt hier nicht vertiefen, wollte aber diesen Gedanken, der sich auch auf andere hier gezeigte Themenkomplexe übertragen ließe, nicht unerwähnt lassen. Der dem Krieg regelmäßig folgende Vorgang der Unterwerfung der Fremden und ihrer Kultur war den europäischen und nordamerikanischen Produzenten illustrierter Zeitschriften immer eine Abbildung wert: hier die einer Kapitulation neuseeländischer Maoris vor britischen Offizieren im Jahre 1864 (Abb. 24).

Die nächste Station des mit den Begriffen Kulturkontakt und Kulturkonflikt benannten Prozesses läßt sich als Kulturverlust bezeichnen, dokumentiert in den durch die Presse verbreiteten Sieges- und Beutebildern. "Deutscher Turnunterricht in Togoland" heißt die Illustration zu dem gleichnamigen Artikel in der Leipziger "Illustrirten Zeitung" vom Anfang der 90er Jahre (Abb. 25).

Es war die Zeit, als in der deutschen Presse, leicht amüsiert, die Eingeborenen als "unsere neuen Landsleute" und, ganz ernsthaft, der Kilimandscharo als höchster Berg Deutschlands bezeichnet wurden. Der Unterricht wurde erteilt, um "unter der eingeborenen Bevölkerung Vertrauen zu den deutschen Colonisatoren zu erwecken und die heranwachsende Jugend dem Müßiggang, der Trägheit und auch dem Stumpfsinn zu entreißen". Nach den im Bild gezeigten Übungen pflegte das Marschieren auf dem Lehrplan zu stehen, "auch mit Gesang" ("Ich hatt' einen Kameraden"). Der Berichterstatter zeigte sich zufrieden über den Erfolg der pädagogischen Maßnahmen: der Schulbesuch sei, "mit wenigen Ausnahmen", regelmäßig, hauptsächlich seit ein Schüler wegen unregelmäßigen Schulbesuchs ausgewiesen wurde" (Illustrirte Zeitung 2604/1893).

Als Beispiel erfolgreicher Kulturarbeit stellte dieselbe Zeitschrift auch die Eingliederung von Eingeborenen in die "deutsche Streitmacht von Neuguinea" dar. Wie das Unterrichtsbild aus Togo bediente sich auch diese Illustration (Abb. 26) des vielfach angewandten Aus-

Abb. 16:
"Museo scientifico, letterario ed artistico"
Nr.20/16.5.1840

Abb. 17:
"Illustrierte Chronik der Zeit"
1879, S.169

Abb. 18:
"Illustrierte Zeitung"
Nr.2474/29.11.1890

Abb. 19: "Schorer's Familienblatt" Nr.2/1886

Schwarz und Weiß. Ein Bild aus Kamerun.

Abb. 20: "Schorer's Familienblatt" Nr.11/1894

Besitzergreifung von Afrika. Gemälde von Franz Lefler.
Nach einer Photographie aus Oskar Kramer's Kunstverlag in Wien.

Gefangene Araber und Beludschen. (Zu dem Artikel: Selbsterlebtes aus Deutsch-Ostafrika.)

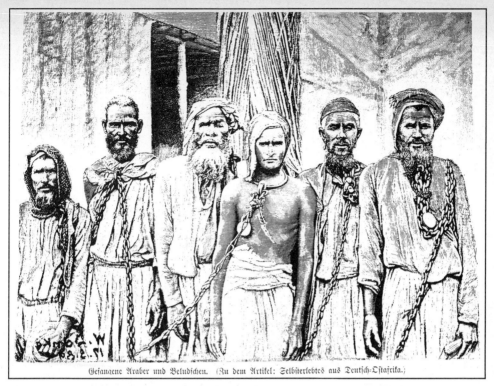

Abb. 21: "Schorer's Familienblatt" Nr.45/1890

# Das Pfennig-Magazin

für

## Belehrung und Unterhaltung.

Nr. 477.] Neue Folge. Zehnter Jahrgang. [21. Februar 1852.

Der Indianer neben seiner in der Europäercolonie erzogenen und zum Christenthume bekehrten Tochter.

1852. 8

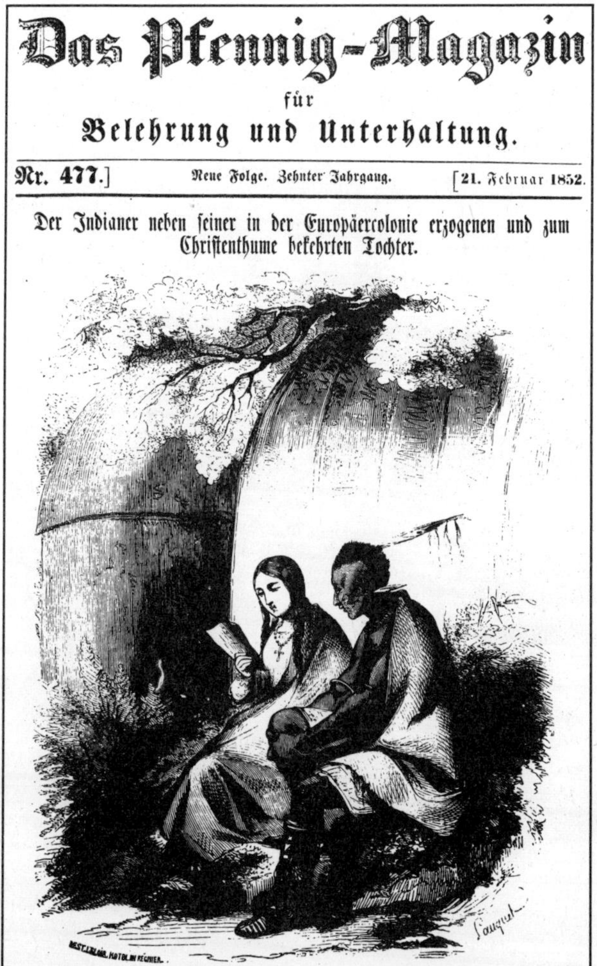

Abb. 22: "Das Pfennig-Magazin" Nr.477/21.2.1852

Abb. 23: "Neue Illustrirte Zeitung" Nr.26/1884

Abb. 24: "Illustrirte Zeitung" Nr.1116/19.11.1864

Der Krieg im Sudan: Die Schlacht bei El Teb am 29. Februar 1884.

Unterwerfung des Tauranga-Stammes in der Te-Papa-Station, Neuseeland.

sagemusters "weiße Herrschaft als kulturelle Chance für die Beherrschten". Es sollte für den europäischen Leser ein Zeugnis sein, das die Wirksamkeit weißer, hier speziell deutscher Kulturbemühungen belegte. Diese Wirksamkeit veranschlagte der Berichterstatter umso höher, als die Eingeborenen, die zunächst den Kontakt mit den Weißen suchten, sich zurückzogen, "wenn sie die zielbewußte Überlegenheit (der Weißen) herausfühlen und das ihnen gänzlich fremde und unverständliche Wesen der Europäer zu fürchten beginnen". Vermutlich hatten sie dazu auch allen Anlaß, den der Artikel auch gar nicht verheimlichte, kam es doch darauf an, "den Bedarf an Arbeitern in unserem deutschen Schutzgebiet in Zukunft decken" (Illustrirte Zeitung 2493/1891). Hatten sich auch die abgebildeten, von den Salomon–Inseln stammenden Eingeborenen als das "civilisationsfähigste Element" unter den Bewohnern der deutschen Südseebesitzungen erwiesen, so scheint die Abbildung doch einen Rest von Mißtrauen der Kolonialherren gegen ihre eingeborenen Helfer nicht ausschließen zu wollen: die farbigen Soldaten werden von weißen Vorgesetzten befehligt – und zugleich von ihnen überwacht. So schnell wurden aus "Wilden" offenbar doch nicht "unsere neuen schwarzen Landsleute".

Der Sieg der Weißen über die farbigen Völker im Kulturkonflikt kam für die europäische Öffemtlichkeit am augenfälligsten in den sogenannten Völkerschauen zum Ausdruck, die zumeist im Rahmen von Welt– und Kolonialausstellungen sowie in zoologischen Gärten gezeigt wurden. Die Bildpresse brachte darüber regelmäßig illustrierte Berichte, z.B. den von der Internationalen Ausstellung in Antwerpen im Jahre 1885. Zweifellos bezog die Zurschaustellung der Kongoneger vordergründig ihren Reiz aus der ethnographischen Perspektive (Abb. 27).
Wenn auch die Hauptdarsteller, besonders die weiblichen, sich nicht so zeigten, wie es den europäischen Pressekonsumenten bei jeder Gelegenheit in Wort und Bild berichtet wurde, nämlich unbekleidet (weil es 1. die Witterung und 2. die Polizei nicht erlaubte), so scheint das dem Andrang der Schaulustigen keinen Abbruch getan zu haben. Dem Fremden, dem Exotischen wird aber wohl nur ein Teil des Interesses gegolten haben. Mit dem Objektstatus der Zur–Schau–Gestellten war vor allem ein Herrschaftsverhältnis entstanden, an dem die Ausstellungsbesucher partizipierten. Zwar hat es schon damals Stimmen gegeben, die an der Ausstellung von Menschen besonders in der Nachbarschaft von Tieren Anstoß nahmen, doch denen hielt die Leipziger Illustrirte Zeitung, fast belustigt über eine solch "sentimentale" Auffassung, entgegen, daß "jeder, der die fremden Gäste näher beobachtete, zugeben (muß), daß sie in einem zoologischen Institut immerhin noch einen recht würdigen Platz haben" (Illustrirte Zeitung 2001/1881). Die Konstellation im Verhältnis zwischen den Betrachtern und den Betrachteten wiederholte sich in und mit der bildlichen Wiedergabe der Situation in der Presseillustration. Auch hier fungierten die den ungenierten Blicken Neugieriger ausgesetzten vor allem als Beutestücke der weißen Kultur, vorgeführt als Repräsentanten der – wie es im Artikel über die Antwerpener Ausstellung mit zynischem Unterton heißt – "dem Civilisations– und Culturwerke Europas ... unterthan gemachten schwarzen Brüder" (Illustrirte Zeitung 2202/1886).

Eine weitere Spielart bildlicher Darstellung der "Fremden in Europa" verkörpert die Abbildung eines für die Wiener Weltausstellung 1873 importierten japanischen Teehauses (Abb. 28).
Hier sind die Fremden nicht hinter Gitter und Zäunen zu besichtigen, sind also nicht nur den Blicken der Besucher ausgesetzt, sondern, wie die Szene zeigt, direkten Handgreiflichkeiten. Der Begleittext (Illustrirte Zeitung 1581/1873) läßt, dazu passend, durchblicken,

daß das Teehaus im Verdacht stand, ein getarntes Bordell zu sein, ein Verdacht, der sich aber als falsch herausgestellt habe. Der Illustrator scheint allerdings genau an diesem Punkt Gefallen gefunden zu haben. In dem Etablissement herrscht auf seiten der Besucher unübersehbar eine gewisse Freizügigkeit und das in zweifacher Beziehung. Zum einen ist das Verhalten der Besucher Ausdruck eines weißen Machtanspruchs gegenüber der fremden Kultur, die zudem von Dienstpersonal repräsentiert wird. Zum anderen reproduziert es die Herrschaftsattitude des weißen Mannes gegenüber dem anderen Geschlecht. Daß dieses hier von einer fremdrassigen Frau vertreten wird, wird den Reiz für den (männlichen) Betrachter des Bildes noch gesteigert haben. Aber der Griff ans Kinn der Kellnerin kam ja nicht allein im japanischen Teehaus vor, sondern noch viel häufiger in hiesigen Kneipen und Lokalen. Der Kolonialismus der weißen Männergesellschaft nach außen und nach innen gehen in dieser Abbildung eine enge Beziehung ein. Die Illustration, auf den ersten Blick eine eher zufällige, eine lustig–ausgelassene Situation wiedergebend, erweist sich bei genauerem Hinsehen als eine wohlüberlegte Inszenierung einer selbstgefälligen männlichen Herrschaftsperspektive.

Lassen Sie mich zum Schluß noch einmal auf die eingangs erwähnten spezifischen Eigenschaften der illustrierten Zeitschriften und deren Konsequenzen für die Rezeption zurückkommen und auf ein Element der bildjournalistischer Praxis aufmerksam machen, dessen Vorhandensein zu behaupten mangels dokumentarischer Beweise gewagt erscheint, das aber zumindest als Möglichkeit in die analytischen Überlegungen einbezogen werden sollte. Ich meine scheinbar zufällige ikonographische Kongruenzen, hinter denen sich, wie ich anzunehmen geneigt bin, publizistische Intentionen verbergen. Ich zeige zwei Beispiele, die mich in meinem Verdacht bestärken, daß bei der Präsentation etlicher Abbildungen nicht der Zufall, sondern journalistische Regie am Werke war, in beiden Fällen mit der Absicht, die in den Bildern enthaltenen Aussagen über die Kultur bzw. Unkultur der Anderen zu verschärfen. Im November 1883 veröffentlichte die Leipziger Illustrirte Zeitung eine doppelseitige Reproduktion eines Gemäldes des seinerzeit bekannten Genremalers Gustav Igler: "Der Geburtstagskuchen" (Abb. 29).
In der redaktionellen Beschreibung dazu heiß es u.a.: " ... hier ... wirkt die köstliche Aussicht auf eine leckere Gabe. Nur viel zu langsam geht die Theilung vor sich" (Illustrirte Zeitung 2107/1883). Dieser Text paßte auch gut zu dem Bild, das in derselben Ausgabe, nur drei Seiten weiter, zu sehen war, wenngleich es sich hier um "Menschenfresser in Neubritannien" handelte (Abb. 30).
Wenn der kulinarische Zusammenhang zwischen dem Kuchen und einer Leiche kein Zufall war, so konnte diese Anordnung nur bedeuten, daß Ekel und Abscheu vor der Anthropophagie beim europäischen Betrachter noch um einiges gesteigert werden sollten. Kein Zufall ist sicher auch der Umstand, daß die Redaktion der "Illustrirten Zeitung" mit der ganzseitigen Wiedergabe der Menschenfresserei eine Tendenz in dem von dem deutschen Reisenden Otto Finsch verfaßten Bericht konterkarierte, in dem zwar auch von dem abgebildeten Vorgang die Rede war, aber doch mehr am Rande. Der Haupttenor lautete nämlich so:

> *Je länger man unter diesen Wilden lebt, um so mehr findet man, daß sie eigentlich sehr glückliche Menschen sind, in gewisser Beziehung viel glücklicher als wir. Sie kennen keine Sorge, keine Convenienz, keinen lästigen Zwang, wissen nichts von Politik, Unterthänigkeit, Abhängigkeit, haben nicht mit der täglichen Sorge ums liebe Brot zu kämpfen und sehen sich weder durch körperliche noch geistiger Vorzüge einzelner überragt (Illustrirte Zeitung 2107/1883).*

Deutscher Turnunterricht in Togoland. Nach einer photographischen Aufnahme.

Abb. 25: "Illustrirte Zeitung" Nr.2604/27.5.1893

Abb. 26: "Illustrirte Zeitung" Nr.2493/11.4.1891

Aus unsern Colonien: Die deutsche Schutztruppe in Neuguinea. Nach einer photogr. Aufnahme des Reisenden Dr. O. Warburg.

Von der Internationalen Ausstellung in Antwerpen: Die Congoneger. Nach einer Skizze unseres Specialzeichners L. v. Elliot. (S. 253.)

Abb. 27: "Illustrirte Zeitung" Nr.2202/12.9.1885

Abb. 28: "Illustrirte Zeitung" Nr.1581/18.10.1873

Wiener Weltausstellung: Das japanische Theehaus im Vauxhall. Nach einer Zeichnung von L. v. Elliot.

Abb. 29: "Illustrirte Zeitung" Nr.2107/17.11.1883 (Ausschnitt)

Abb. 30: "Illustrirte Zeitung" Nr.2107/17.11.1883 (Ausschnitt)

Menschenfresser auf Neubritannien in der Südsee. Nach dem Leben gezeichnet von Dr. O. Finsch. (S. 445.)

## Heribert Rau.

Th. W. In unserer Zeit, in welcher das System der Arbeitstheilung sich in fast allen Gebieten der menschlichen Thätigkeit eingebürgert hat und schon die gesteigerten Anforderungen, die an den einzelnen Menschen in jedem einzelnen Fach gestellt werden, zur Concentration der Kraft auf einen Punkt hindrängen, in dieser unserer Zeit dürfte es schwer sein, einen Schriftsteller zu finden, der so viel und zugleich so vielerlei geschrieben hat wie Heribert Rau, der am 26. September in Frankfurt a. M. verstorben ist. Ja, die Verschiedenheit der Verhältnisse in Betracht gezogen, kann man ihn betreffs seiner Fruchtbarkeit getrost neben Calderon und Lope stellen. Romane und Novellen, lyrische, epische und dramatische Gedichte, Jugendschriften, Volkskalender, populär-wissenschaftliche Arbeiten, Predigten, Katechismen, kirchen- und culturgeschichtliche Werke, Lustspiele und Operntexte wurden von ihm in buntem Wechsel und in so reicher Anzahl zu Tage gefördert, daß seine Werke eine kleine Bibliothek für sich bilden. Liegen doch, die kleinern Schriften und Bühnenarbeiten ungerechnet, nicht weniger als 103 Bände gedruckt von ihm vor.

So staunenswerth die Arbeitskraft ist, die aus einer solch reichen Productivität spricht, so ergibt sich andererseits doch auch von selbst, daß die Gediegenheit der Leistungen damit nicht gleichen Schritt halten konnte. Man müßte sich dessen gewiß bewußt werden, auch wenn man keinen prüfenden Blick in die Schöpfungen Rau's gethan hätte. Erwägt man, daß der (im Februar 1813 geborene) Autor im ganzen eine Lebensdauer von noch nicht 63 Jahren erreicht hat, wovon überdies die ersten zwanzig der Jugend als für die literarische Thätigkeit unergiebig in Abzug zu bringen sind, und erwägt man ferner, daß Rau als Prediger durchaus nicht alle Zeit der Feder widmen konnte, so erhellt zur Genüge, daß bei einer solchen Menge des Geschriebenen von großer Vertiefung und sorglicher Ausreifung nicht die Rede sein kann. Es bleibt vielmehr zu verwundern und darf als der sprechendste Beleg für die Begabung unsers Autors gelten, daß trotz all dieser Hast und Flüchtigkeit ein beträchtlicher Theil der Arbeiten Rau's noch immer eine gewisse Haltung behauptet, die sie vom gewöhnlichen Lesefutter der Leihbibliotheken

Heribert Rau, † am 26. September.

geschieden hält. Und dieser, wir möchten sagen anständige Zug, der bei aller Oberflächlichkeit die meisten Schriften Rau's kennzeichnet, liegt nicht allein in einer gewissen Glätte und Correctheit des Stils, sondern auch, und zwar zuvörderst, in seiner freiheitlichen, für die erhabenen Güter der Menschheit begeisterten Gesinnung, die sich wie ein rother Faden durch alle Gebilde seines Geistes zieht.

Namentlich war es das religiöse Gebiet, auf welchem sein nach Fortschritt und Aufklärung ringender Geist sich thatkräftig erwies. Die freireligiöse Bewegung, welche im Jahr 1844 wie ein frischer Luftzug ganz Deutschland durchwehte, fand unsern Autor als jungen Handlungsbeflissenen, sich tagsüber wider seine Neigung mit Contobuch und Straße abmühend, während er die Abendstunden, seinem Wissensdurst folgend, auf einsamer Stube in ernsten Selbststudium verbrachte. Die neue Strömung ergriff ihn und riß ihn mit sich fort. Er entsagte dem ungeliebten Beruf und stellte sich als Führer an die Spitze der Bewegung. Das Resultat war zunächst die Gründung einer freireligiösen Gemeinde. Allein sehr bald ward er inne, daß der „entlaufene Handlungscommis", wie ihn seine zahlreichen Gegner titulirten, nur ein sehr bedingtes Ansehen genießen könne, und daß ein fachmännisches Studium unerlaßlich sei, wenn er den begonnenen Kampf gegen die römisch-päpstliche Kirche mit Nachdruck und Erfolg weiterführen solle. Er zögerte daher nicht lange und bezog nach Erledigung der erforderlichen Maturitätsprüfung als Student der Theologie die Universität Heidelberg, absolvirte sein Triennium und bestand die vorschriftsmäßige Prüfung, worauf er eine Anstellung als Prediger in Stuttgart erhielt, die er dann drei Jahre später mit einer andern in Mannheim vertauschte. Schon aus diesem eigenthümlichen Lebensgang erhellt die starke Willenskraft und der eiserne Fleiß, welche ihm Zeit seines Lebens zu eigen blieben. Sie waren es einzig, die ihm eine Existenz währten, als bald darauf der Kampf ums Dasein in harter Weise seine Kräfte auf die Probe stellte. Nachdem er folgende Jahre in Mannheim als Prediger der Freien Gemeinde gewirkt hatte, gelang es seinen Feinden, ihn zu verdrängen und vom Amt zu bringen. Sein „Katechismus für die Kirche der Zukunft" bot den Widersachern gediegene Handhabe, um ihn bei der Regierung unmöglich zu machen, und so verließ Rau Mannheim und ging nach seiner Vaterstadt Frankfurt, um sich fortan vorwiegend mit literarischen

Eine Negerfamilie auf der Weltausstellung in Philadelphia.

Zweites und zugleich letzes Beispiel: 1876 publizierte dieselbe Zeitschrift eine vermutlich aus nordamerikanischer Quelle stammende, zur Karikatur überzeichnete Illustration. Das Bild gehört zur Motivgruppe "Wilde, als Zivilisierte verkleidet". Es dürfte dem weißen Betrachter das Gefühl vermittelt haben, daß die Personen an dem abgebildeten Ort fehl am Platze waren und eher in die Völkerschau-Abteilung der Weltausstellung gehörten, aber nicht als Publikum. Diese Gefühl dürfte sich noch verstärkrt haben beim Vergleich beider Abbildungen auf dieser Seite (Abb. 31).
Physiognomie und Habitus des jüngst verstorbenen Frankfurter Predigers und Schriftstellers setzten die vertrauten Maßstäbe europäischer Kultur- und Rassemerkmale und mögen dem Betrachter erst richtig zum Bewußtsein kommen lassen, wie unangemessen, um nicht zu sagen unverschämt er das Auftreten der Negerfamilie finden mußte.
Der zeitliche und funktionale Zusammenhang der Bildpublizistik des 19. Jahrhunderts mit der realen politischen und ökonomischen Aneignung des Fremden im Prozeß der Kolonialisierung der überseeischen Länder ist evident. Vor diesem Hintergrund erweisen sich alle hier gezeigten Pressebilder als herrschaftsfunktional bestimmt. Sie bildeten ein Material, an dem die weiße Öffentlichkeit kollektiv den Blick "von oben herab"[5] einübte und zur Standardperspektive bei der Wahrnehmung fremder Kulturen machte. Selbst die "nur" informierenden oder "nur" Kulturkontakt darstellenden Illustrationen tragen Anzeichen des Kulturkonflikts in sich und künden offen oder verdeckt vom Sieg der weißen Rasse. Das gilt sogar für Darstellungen, die von (zeitweisen) Niederlagen der Weißen berichten. Dabei geht es bei der Analyse primär nicht um die Frage, ob die Darstellung im dokumentarischen Sinne "wahr" sind; es geht demnach auch nicht um den Nachweis journalistischer Ungenauigkeiten oder Versäumnisse bei der Wiedergabe des Fremden und seiner Kultur in den illustrierten Zeitschriften. Es geht vielmehr um die Rekonstruktion des publizistischen Prozesses der Herausbildung und Verfestigung von Vorstellungen, die durch den Einsatz verwandter inhaltlicher und ästhetischer Strukturmerkmale programmiert wurden. Dieses unübersehbare programmatische Element in den Bildern macht deren weit über die informierenden oder unterhaltenden Eigenschaften hinausreichenden Zweckcharakter deutlich: die massenhaft verbreiteten und rezipierten Zeitschriftenillustrationen trugen – davon darf man ausgehen – zu einer weitgehend einheitlichen gesellschaftlichen Wahrnehmung und Bewertung der fremden Rassen und Kulturen im Europa des 19. Jahrhunderts bei und dienten damit zugleich der Propagierung und Legitimierung eines Umgangs mit dem und den Fremden, dessen Verhaltensmuster auch heute noch wirksam sind.

**Anmerkungen:**

[1] Vgl. dazu Steins 1972; Bitterli 1972; Kohl 1981; Warmbold 1982; Brauen 1982; Benninghoff–Lühl 1983; Theye 1985; Harms 1984; Der Afrikaner im deutschen Kinder- und Jugendbuch 1985

[2] Die umfangreiche Studie von Brigida M. von Mentz de Boege: Das Mexicobild der Deutschen im 19. Jahrhundert (1821– 1861) im Spiegel der ersten populären Zeitschschriften (1975), behandelt zwar ausführlich die sich auf Mexico beziehenden Texte in der Leipziger "Illustrirten Zeitung", verzichtet aber auf die Analyse der Illustrationen. Aspekte der Produktion von Illustriertenbildern zum Thema "Reisen in ferne Länder" behandelt Klaus Pohl 1983, 96 ff.

[3] Das dargestellte Geschehen hatte bereits am 3. März 1796 oder, laut Vermerk auf der Bildtafel, 1797 stattgefunden.

[4] Der Mythos Dahome läßt sich auch heute noch "verwerten": In der Illustrierten "Stern" ist in Nummer 38/1987 ein mehrseitiger Bildbericht über die Dreharbeiten zu einem u.a. in Dahome spielenden Film von Werner Herzog enthalten, der keines der Versatzstücke weißer Wahrnehmungsmuster ausläßt. So gibt es einen "verrückten König" und ein "Heer blutrünstiger Frauen". Bei den Aufnahmen von Kampfszenen gab es – so der "Stern" – "Blessuren, weil die Amazonen vergaßen, daß sie nur zum Schein kämpfen sollten". Man sieht: die blutrünstigen Amazonen in Dahome aus den Illustrierten des 19. Jahrhunderts leben immer noch.

[5] Als die Zeitschrift "Daheim" im Jahre 1875 die Abbildung "Die gefangenen Missionare vor König Karekare in Kumase am 12. Dezember 1870" brachte, fügte sie dem erläuternden Text, der sich auf Berichte der später frei gelassenen Missionare stützte, die Bemerkung hinzu, daß die Berichte "nicht so gesammelt (sind), wie es sonst wohl der Fall ist, daß der Europäer die Schwarzen ... von oben herab beschaut, dies Mal sieht er alles *von unten herauf*, denn dieses Mal war der Schwarze der Herr, der Weiße aber der Sklave" (Daheim 1875, 463).

*Thomas Theye*

## Vergessene Schränke

**Fotosammlungen des 19. Jahrhunderts in deutschen Völkerkundemuseen**

### 1. Die Bildarchive

Wenn im weiteren von deutschen Völkerkundemuseen die Rede sein wird, so sind damit die völkerkundlichen Sammlungen der Bundesrepublik und West–Berlins gemeint. Dabei nehmen diejenigen, die sich heute im Museum für Völkerkunde in West–Berlin befinden, ein deutliches Übergewicht gegenüber den anderen Sammlungen ein. Diese Bildsammlung dürfte dem Umfange nach das bedeutendste Fotoarchiv darstellen.

Auch in anderer Hinsicht werde ich noch auf das Berliner Museum zurückkommen. Berlin war im letzten Drittel des 19. Jahrhunderts zugleich Sitz der 1869 gegründeten "Berliner Gesellschaft für Anthropologie, Ethnologie und Urgeschichte" und des 1873 eingerichteten Museums. Unter der Leitung von Adolf Bastian nahm es durch seine enorme Sammeltätigkeit und die ausfernden Bestände schnell einen führenden Rang ein. Die Stadt versammelte um die Jahrhundertwende mit Rudolf Virchow, Adof Bastian, Richard Neuhauss, Felix von Luschan, Sebald Rudolph Steinmetz und Bernhard Ankermann eine Reihe der bedeutendsten Wissenschaftler ihres Faches. Für uns Nachgeborene mag zudem noch interessieren, daß sowohl die Berliner Gesellschaft, als auch das Museum für Völkerkunde ihre jeweilige Geschichte in umfangreichen Festschriften dokumentiert haben.

Bei Kriegsbeginn 1914 umfaßte die fotografische Sammlung der Berliner Gesellschaft 17.950 Abzüge und 2.400 Glasplatten – ein exotischer Bilderberg! Heute dagegen sind diese Sammlungen meist vergessen und nicht mehr genutzt. An einigen Orten, namentlich in Berlin, Bremen, Hamburg, Köln und Stuttgart gibt es Ansätze zu einer Archivierung der Bestände. Zumeist sind die Fotografien nach geographischen oder ethnographischen Kriterien geordnet. Betritt man heute ein völkerkundliches Fotoarchiv, so finden sich in Schränken und Regalen, häufig noch bunt durcheinander, Glasplatten, Visitkarten, Stereoskopkarten, lose aufgezogene Albuminabzüge und solche, die in Packpapier zu Konvoluten eingeschlagen und zugebunden worden waren. Des weiteren gibt es Alben mit prächtigen Einbänden, Mappen und Buchveröffentlichungen mit eingeklebten Fotografien. Gruppiert man das Bildmaterial nach seiner (wahrscheinlichen) Herkunft, denn vielfach ist der exakte Zugang nicht mehr nachzuweisen, ergeben sich drei wesentliche Gruppen:

1. Die als Souvenir gekauften und dann von den Familien oder Reisenden gestifteten Fotoalben.
2. Der gezielte Ankauf von Fotografien durch Forschungsreisende für "ihr" Museum.
3. Die auf Forschungsreisen aufgenommenen Fotografien, die in engem Zusammenhang mit ihrer musealen und wissenschaftlichen Verwertung standen.

Oftmals hatten die zu Kolonialzeiten tätigen Kaufleute, Offiziere, Verwaltungsbeamte oder Reisenden die Fotografien als Erinnerung an die "draußen" verbrachte Zeit erworben. Für viele der Fotografien in den Archiven ist dies der wahrscheinliche Weg ins Archiv gewesen – besonders in Städten wie Bremen oder Hamburg. Zum Beispiel stammen in Bremen besonders viele der sogenannten Japan–Alben aus Familienbesitz. Diese Alben enthalten zumeist delikat kolorierte Abzüge und sind etwa von 1870 bis zur Jahrhundertwende entstanden. Auch aus anderen Weltgegenden gibt es Alben und Mappenwerke, nur ist die Kolorierung eine besondere Eigenheit der japanischen und gelegentlich auch der chinesischen Fotografie. Die Fotografie aus fernen, fremden und exotisch anmutenden Ländern wird häufig und etwas ungenau mit dem Begriff der Reisefotografie belegt. Damit ist nicht bloß das Fotografieren auf Reisen gemeint, sondern auch das Erwerben von Fotografien auf einer Reise. Viele der großen Reisefotografen des 19. Jahrhunderts hatten nämlich in den Handelsplätzen der Kolonien Fotostudios eröffnet, nachdem sie von ihren fotografischen Exkursionen ins Landesinnere zurückgekehrt waren. So auch der Engländer Samuel Bourne, der 1864 in eine von Charles Shepherd in Agra gegründete Firma einstieg. Dank seiner fantastischen Fotografien aus der Bergwelt des Himalaya, der Architektur und Landschaft Indiens wie auch seiner Menschen nahm das Geschäft einen rasanten Aufschwung. 1870 verließ Bourne Indien als gemachter Mann: Sein Fotostudio hatte in Simla, Kalkutta und Bombay Filialen. Lange nachdem der Fotograf die Aufnahmen gemacht hatte, konnten die Kunden, Touristen wie auch Forschungsreisende, noch Abzüge von den Glasplatten aus einem mehrere tausend Nummern umfassenden Katalog auswählen.

Dieser gezielte Ankauf von Fotografien wäre die zweite Möglichkeit, wie die Fotografien in die völkerkundlichen Archive gelangen konnten. Dieser Weg wurde den fotografisch meist unerfahrenen Forschungsreisenden auch von Richard Neuhauss, dem langjährigen Herausgeber der "Photographischen Rundschau" und Betreuer des Bildarchivs der Berliner Gesellschaft, ans Herz gelegt. Der Forscher sollte, wenn er nicht in der Lage sei, schon *vor* der Reise aussagekräftige Bilder zu erzielen,

*die großen Summen, welche die Anschaffung einer guten Reise–Ausrüstung erfordert, lieber zum Ankauf von Photographien verwenden, die jetzt auch in den entferntesten Winkeln der Erde zu haben sind. Auf den Hawaii–, Fidschi– und Samoa–Inseln, mitten im Stillen Ocean, leben Fach–Photographen, ebenso wie an den Hochebenen der Kordillieren. An den entlegensten Punkten reisen Photographen von Ort zu Ort nach völlig uncivilisierten Gegenden, um Aufnahmen von Land und Volk zu machen, für die bei Raritäten sammelnden Engländern willige Abnahme finden. Man wendete dagegen ein, dass derartige Bilder nicht wissenschaftlich sind. Jedenfalls sind sie anschaulicher und belehrender als die verschleierten Erzeugnisse unserer wissenschaftlichen Reisenden (Neuhauss 1894, 2).*

Damit wären wir bei der dritten Möglichkeit, die Fotografien hinsichtlich ihrer Herkunft zu gruppieren, nämlich der Expeditionsfotografie oder Fotografie auf Forschungsreisen. Hierunter sind solche Fotografien zu verstehen, die als Auftragsarbeiten auf Forschungsreisen zur Dokumentation und Illustration wissenschaftlicher Fragestellungen entstanden sind. Unter der Vielzahl solcher fotografischen Forschungsreisenden ist besonders Wilhelm Burger zu nennen, der von 1868 bis 1870 die "K.K. Mission nach Ostasien" begleitete. Aber auch weniger bekannte Fotografen wie Paul Güssfeldt, der 1873 bis 1876 an der von Bastian geleiteten Loango–Expedition im Südwesten Afrikas teilnahm, sind zu erwähnen; John William Lindt, der 1885 die Neuguinea–Expedition von Scratchley begleitete, Rudolf Pöch, der 1904 bis 1906 in Australien und Ozeanien, 1907 bis 1909 in Südafrika forschte. Richard Neuhauss reiste und fotografierte 1908 bis 1910 auf Neuguinea, und auch die Hamburger Südsee–Expedition hatte zur gleichen Zeit einen Fotografen und Maler, Hans Vogel, an Bord. Das heute in bundesdeutschen Sammlungen anzutreffende Bildmaterial ist zumeist in der Zeitspanne von etwa 1860 bis zum Beginn des Ersten Weltkrieges entstanden. In diese Zeit fallen auch die Gründungen der Völkerkundemuseen und die Etablierung einer eigenständigen Wissenschaft, die sich mit den Kulturen fremder Völker befaßte, der Völkerkunde.

## 2. Die Fotografie

Es hatte zu den Intentionen der frühen Fotografie gehört, die Kenntnis möglichst vieler Menschen von fernen Weltgegenden zu vergrößern und ein wahrheitsgetreues Abbild an die Stelle der Überlieferung treten zu lassen. So schrieb 1856 ein Anonymus im britischen "Journal of the Photographic Society":

> *Dank und Lob der glorreichen Sonne, der wir diese neue Freude verdanken, eben der Sonne, von der Shakespeare sagt: "Sie scheint über dem Schloß und wendet sich von der Hütte nicht ab: auf alles schaut sie gleich hinab". Und deswegen erscheinen Paläste und Hütten, Tempel und Ruinen, weite Landschaften und buschige Winkel und jede Abart der menschlichen Rasse aus allen Klimazonen, aus allen Gebieten vor unseren Augen. Alle Reize der Natur werden vor uns ausgebreitet, vom Indus bis zum Pol stehen wir in Verbindung mit Millionen von Menschen, die wir an den entferntesten Orten von Mutter Erde in all ihren Merkmalen und Erscheinungsformen unterscheiden können (Anonymus, zit. n. Kemp 1980, 40).*

Die scheinbar unbestechliche Treue und der mechanische Charakter des neuen Mediums Fotografie nährten von Beginn an die Hoffnung, die Fotografie werde zu einer unverfälschten Darstellung der Wirklichkeit verhelfen. Man verstand die Fotografien nicht bloß als Bild, das dem Betrachter eine Illusion der Wirklichkeit vermittelt, sondern vielmehr als Abdruck und Faksimile der Welt. Fotografische Aufnahmen wurden als "factische Documente" verstanden, "welche jeden Zweifel an die Wahrheit der Darstellung ausschließen" (Pizzighelli 1887, 147). Die Fotografie schien diesem Verständnis nach dazu prädestiniert, fremde Kulturen wahrheitsgetreu abzubilden, schien sie den Zeitgenossen doch frei von den Möglichkeiten der Idealisierung und Verfälschung, wie sie Zeichnung und Stich auszeichneten. Das genaue Verzeichnen dessen, was ist, machte die Fotografie zum Bewahrer – sie konservierte Baudenkmäler, Landschaften, die Eigenheiten der menschlichen Rasse und überlieferte sie der Nachwelt. Schon Dominique François Arago hatte 1839 beklagt,

> *daß die Kenntnisse des fotografischen Verfahrens (auf dem Ägypten–Feldzug Napoleons) im Jahre 1798 uns eine große Zahl der geheimnisvollen Tafeln überliefert hätte, welche die Habgier der Araber oder der Vandalismus gewisser Reisender für immer der gelehrten Welt entzogen haben (Arago, zit. n. Kemp 1980, 51).*

Was für die Aufzeichnung der Hieroglyphen und Dokumentation der Baudenkmäler galt, wurde im 19. Jahrhundert auch auf die Menschen fremder und abgelegener Völkerstämme übertragen. Man ahnte sehr wohl, daß diese Stämme kaum den Schock des Kulturkontaktes und die koloniale Ausbeutung überleben würden und nahm dies auch durchaus billigend in Kauf, wie Bastian schrieb:

> *Man spricht vielfach von einem Aussterben der Naturvölker. Nicht das physische Aussterben, soweit es vorkommt, fällt ins Gewicht, weil ohnedem von dem allmächtigen Geschichtsgang abhängig, der weder zu hemmen, noch abzuwenden ist. Aber das psychische Aussterben – der Verlust der ethnischen Originalitäten, ehe sie in Literatur und Museen für unser Studium gesichert sind – solcher Verlust bedroht unsere künftigen Inductionsrechnungen mit allerlei Fälschungen ... (Schmitz 1963, 62).*

Diesem Ziel der Sicherung der sogen. "ethnischen Originalitäten" sollten auch die in den Archiven gesammelten *anthropologischen Fotografien* dienen. Hierbei rückte man entweder die physischen Merkmale in sogen. *"physiognomischen" Aufnahmen* oder die Kultur der fremden Völker in sogen. *"ethnographischen" Aufnahmen* in den Mittelpunkt seines Interesses. Diese Einteilung wurde von dem Anatomen Gustav Fritsch in seinem 1875 veröffentlichten Aufsatz "Praktische Gesichtspunkte für die Verwendung zweier dem Reisenden wichtigen technischen Hülfsmittel: das Mikroskop und der photographische Apparat" vorgeschlagen, auf den sich im weiteren fast alle Autoren fotografischer Reisehandbücher beriefen.

Die physiognomischen Aufnahmen sollten den "Eingeborenen" entweder in Gänze abbilden oder als sogen. "Typenaufnahme" dessen Kopf en face oder im Profil zeigen. Dabei sollte die Person vor einem möglichst neutralen Hintergrund aufgenommen werden, ihr zur Seite ein Maßstab, eine Meßlatte oder ein Maßband.

Blättert man heute die Handreichungen für Fotografen auf Forschungsreisen durch, so erstaunt die Bedeutung, die auch Amateure dieser Aufgabe beimessen sollten: "Die Erforschung der verschiedenen Menschenracen", so heißt es in Pizzighellis "Handbuch der Photographie für Amateure und Touristen" (1887),

> ist gegenwärtig eine Aufgabe, der sich kein Forschungsreisender entschlagen kann. Die Porträte sind es insbesondere, welche eine hohe Wichtigkeit besitzen und in dieser Beziehung kann man wohl sagen, dass eigentlich alles, was bisher durch Zeichnung gemacht wurde, von sehr zweifelhaftem Werthe ist (Pizzighelli 1887, 171).

Die deutsche Forschung in Person ihrer "Schreibtischgelehrten" versprach sich damals durch Anfragen bei Reisenden, Kaufleuten oder durch Fragekataloge, den Mißstand auszugleichen, daß man später als die anderen Kolonialmächte in die Lage versetzt wurde, in den Kolonien Forschung zu treiben. Zudem fehlte es ihnen an den Mitteln, große Expeditionen auszusenden. So zielte vieles in den Handreichungen der damaligen Zeit auf den Amateur, der um "möglichst vollständige Erledigung" der gestellten Aufgaben gebeten wurde. Die Aufgabe der Anthropologie stellte sich nach Virchow dahingehend,

> die allgemeinen Züge in der körperlichen Erscheinung der einzelnen Stämme zu erkennen und die Merkmale festzustellen, an welchen sich einerseits die Zusammengehörigkeit der einzelnen Glieder eines Stammes im Gegensatze zu benachbarten Stämmen, andererseits aber auch die Verwandtschaft verschiedener Stämme unter einander erkennen lässt (Virchow 1875, 590).

Möglichst viele Fotografien hätten es dieser Ansicht zufolge ermöglicht, eine Summe von Rassenmerkmalen zu erheben, um so die Grenzen zwischen den Rassen festzulegen. Fotografien konnten nach Virchows Meinung, die wörtliche "Beschreibung auf das Glücklichste ergänzen" (Virchow 1875, 584). Nun sind allerdings solche Aufnahmen in den völkerkundlichen Fotoarchiven gar nicht so häufig aufzufinden, wie uns die zeitgenössische Literatur glauben macht. Neben dem ohnehin abstrusen Ziel einer "Rassendiagnose" sind auch die Fotografien selten geeignet, die selbst formulierten Ansprüche einzuhalten. Bisweilen ist die ganze Anordnung schief oder das Maßband flattert im Wind, die Zahlen auf der Meßlatte sind nicht richtig zu entziffern oder es gibt gar keinen Maßstab. So liegt denn der Schluß nahe, daß neben der Machtausübung in der Situation des Fotografierens, die Fotografen ihrer Schaulust unter dem Mantel anthropologischer Forschungen nachgegangen sind. Viele der an sich stummen Fotografien sprechen hierzu eine beredte Sprache.

Die ethnographischen Aufnahmen sollten die physiognomischen ergänzen, ihnen "wird der kleinere Theil der Musse gewidmet sein" Fritsch 1875, 612). Der ethnographische Blick richtete sich ganz im Sinne des damals grassierenden Sammeleifers vorwiegend auf materielle Dinge: Kleidung, Schmuck, Waffen, Geräte, Wohnungen, religiöse Orte, Verkehrsmittel und –wege und die Erzeugnisse menschlicher Tätigkeit. Bei der Aufnahme dieser Dinge hoffte Fritsch, "gleichzeitig Bilder zu erhalten, welche Scenen des privaten und öffentlichen Lebens" oder aber die "Art und Weise der Anwendung von Waffen und Geräthen veranschaulichen" (Fritsch 1875, 613). Diesen Aufnahmen, sogen. "Augenblicksbildern", wohnt aber entgegen ihrem Anspruch auf größere Lebensnähe, der gleiche kühle und inventarisierende Zug inne wie den physiognomischen Aufnahmen. Hatten jene das Herausstellen von Rassenunterschieden zum Ziel, so ging es hier darum, die Andersartigkeit der Gebräuche, die technologische Rückständigkeit und die Primitivität der fremden Kultur zu belegen. Bilder also, die in ein evolutionistisches Schema paßten, das die Kulturen nach ihrem Stand der Technologie und Naturbeherrschung in ein Entwicklungsmodell einordnete, an deren Spitze die westeuropäische Zivilisation stand. Die Naturvölker wurden als Völker ohne Geschichte betrachtet, gleichsam auf dem Entwicklungsstand der Steinzeitgesellschaften verharrend.

Die, im zeitgenössischen Sprachgebrauch, ethnographischen Fotografien wurden von den Forschungsreisenden selbst aufgenommen oder aber in den Fotostudios erworben.

Anonymus: "Missionar Carl Schneiders photographiert, Akpafu–Distrikt", zwischen dem heutigen Ghana und Togo gelegen, um 1895

Meist drangen die Fotografen, getragen von ihrem eurozentrischen Überlegenheitsgefühl, rücksichtslos in die Stammesgesellschaften ein und erzwangen vielfach das Zustandekommen der Fotografien. Dabei bestand man vielfach auf der entwürdigenden starren Form der Pose und suchte dies durch die noch unzureichenden technischen Möglichkeiten zu rechtfertigen. Hierin könnte eine stereotype Form des Kulturkontakts vermutet werden, die auf strikter Abgrenzung vom Fremden beruhte. Jede Möglichkeit des Infragestellens der eigenen Kultur sollte ausgeschlossen sein. Vielen ging es um eine Demonstration ihrer Macht und die Selbstdarstellung als personifizierte Fortschrittsträger.

In der Studiofotografie bediente man sich in starkem Maße der überlieferten ambivalenten Darstellungstraditionen in der Abbildung der Naturvölker. Diese oszillierten zwischen dem "Edlen Wilden", der ein ursprüngliches Leben im Einklang mit der Natur verkörperte und einem in seiner Triebwelt gefangenen und der Natur ausgelieferten "Primitiven". Um dem erschauernden westlichen Betrachter die Aggressivität und ungezügelte "Wildheit" der

Stammesvölker vor Augen zu führen, legte man eine große Erfindungsgabe an den Tag. Vielen Fotografien sieht man ihren inszenierten Charakter an, und häufig wurden Waffen und Werkzeuge dabei nicht richtig verwendet.

### 3. Die Fotografie als Illustration ethnographischer Berichte.
### Ein Beispiel aus dem "Herzen von Afrika":

Das Foto, das ich nun zeigen möchte,[*] trägt den Titel, "O. Schoefft, 'Photographe de la cour': Amber', ein Sandeh (Niam niam), Kairo 1873". Gemeint sind die Zande oder Asande, ein Volk von Savannenbauern aus der Zentralafrikanischen Provinz, in der Gegend der Flüßchen Bomu und Uelle im Norden des heutigen Zaire. Die Bezeichung "Niamniam" stammt aus der Sprache der Dinka, einem Volksstamm des südlichen Sudan, und meint eigentlich nur "Fresser, Vielfresser" (Schweinfurth 1922, 287), spielt hier aber auf angebliche kannibalistische Bräuche an.

Georg Schweinfurth, der als einer der ersten Europäer das Innere Afrikas in den Jahren 1868 bis 1871 durchreiste, charakterisiert die Zande folgendermaßen:

> *Vergegenwärtigen wir uns ... die äussere Erscheinung des Niamniam, wie er im seltsamen Waffenschmuck, die Lanze in der einen, den mit dem Kreuze gezierten Schild und die Zickzackwaffe in der andern, den Dolch im Gürtel, um die Hüften mit langschwänzigen Fellen geschürzt und geschmückt mit den Trophäen, die er der Jagd– und Kriegsbeute entnommen, mit den aufgereihten Zähnen der Erschlagenen geziert auf Brust und Stirn, in herausfordernder Stellung dem Fremden entgegentritt, wie die langen Haarflechten ihm wild um Hals und Schultern fallen, wie er bei weit aufgerissenen Augen die dicken Brauen furcht, im Munde die blendende Reihe spitzer Krokodilzähne hervorleuchten lässt – so haben wir in seinem ganzen Wesen alle Attribute einer gefesselten Wildheit, so recht entsprechend den Vorstellungen, die unsere Phantasie an die Person eines echten Sohnes afrikanischer Wildheit zu knüpfen vermag ... (Schweinfurth 1922, 292).*

Schweinfurth galten die Zande als Anthropophagen (Menschenfresser),

> *und wo sie Anthropofagen sind, sind sie es ganz und ohne Scheu, um jeden Preis und unter jeder Bedingung. Die Antropofagen rühmen sich selbst vor aller Welt ihrer wilden Gier, tragen voll Ostentation die Zähne der von ihnen Verspeisten, auf Schnüre gereiht, wie Glasperlen am Halse und schmücken die ursprünglich nur zum Aufhängen von Jagdtrophäen bestimmten Pfähle bei den Wohnungen mit Schädeln ihrer Opfer (Schweinfurth 1922, 296).*

Schweinfurth wurde selbst nie Zeuge kannibalistischer Praktiken und weist seine Schilderung der Lebensgewohnheiten der Zande auch nicht durch kenntlich gemachte Aussagen von Einwohnern aus. Dem Anthropologen und unermüdlichem Sammler menschlicher Gebeine war der Anblick der von ihm als "Votivpfähle" bezeichneten Trophäenbäume Beweis genug. Neben verschiedenen Tierschädeln waren sie

> *teils in kompletten, teils in nur fragmentarischen Stücken, Weihnachtsbäumen nicht unähnlich, aber mit Geschenken nicht für Kinder, sonder für vergleichende Anatomen reichlich behangen (Schweinfurth 1922, 226).*

Der in ritueller Form vorkommende Kannibalismus einiger Ethnien wurde durch Vorstellungen der europäischen Reisenden von der teuflischen Grausamkeit der "Wilden" mythisch überhöht. Hinzu kam, daß man viele Sitten und Gebräuche nicht verstand und in

---

[*] An dieser Stelle sollten die bei meinem Vortrag gezeigten Fotografien wiedergegeben werden. Leider war es nicht möglich, die Einwilligung des Berliner Museums für Völkerkunde zur Veröffentlichung zu erwirken. Ich bedaure es sehr, daß der Leser sich mit der Wiedergabe der Holzschnitte und der Beschreibung der zugrundeliegenden Fotografien begnügen muß.

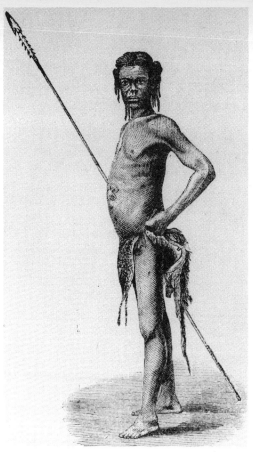

"Niamniamkrieger". Holzschnitt in Georg Schweinfurths "Im Herzen von Afrika", Leipzig 1878

"Junge Niamniam in Kriegsrüstung". Holzschnitt in Georg Schweinfurths "Im Herzen von Afrika",

den sichtbaren Schädeln immer nur Beweise kannibalistischer Praktiken sah. Schweinfurths Bericht kann somit im Sinne Fritz Kramers auch als Zeugnis einer "imaginären Ethnographie" (Kramer 1977, 8) gewertet werden. Reiseberichte dieser Art stellen die fremde als eine Verkehrung der eigenen Welt dar. Was bei uns verboten ist, soll bei den anderen geradezu erwünscht sein und umgekehrt. Schweinfurth geht diesem Gedanken sogar einmal expressis verbis nach:

> *Nein, ... bei euch, ..., ist alles verkehrt und verdreht, wie muss es da erst in euren Köpfen aussehen! ..., es wundert mich nur, dass ihr nicht auf dem Kopfe steht und mit den Füssen esst (Schweinfurth 1922, 378).*

Die beiden Fotografien zeigen einen unbekleideten Mann, der einen Schild und eine Lanze als Waffen mit sich führt. Seine äußere Erscheinung deckt sich in keinem Punkt mit der von Schweinfurth gegebenen Beschreibung: Die Haare sind nicht zu der sonst üblichen Tracht geflochten, es sind keine Ziernarben oder Tatauierungen zu erkennen und es fehlt dem Abgebildeten auch an den so malerisch vom Gürtel herabhängenden Fellen. Besonders auffällig weicht die Form des Schildes von derjenigen ab, die Schweinfurth als typisch für die Zande beschreibt. Auch Körperhaltung und Gesichtsausdruck deuten in keiner Weise auf die so eindringlich geschilderte Gefährlichkeit dieses "Wilden" hin. Die einzige Übereinstimmung mit Schweinfurths Bericht liegt in den menschlichen Knochen und dem Schädel. Beides soll die Neigung des Dargestellten zur Anthropophagie belegen. Dieses Bildattribut wurde schon in den frühen Berichten über die Entdeckungsfahrten in die Neue Welt verwendet. Der abgeschlagene Menschenkopf oder der Schädel stellten stets die Insignien des Kannibalismus dar. Beide Fotografien fanden sich in einem größeren Konvolut der von Schweinfurth auf seinen Reisen erworbenen Fotografien im Berliner Museum für Völkerkunde. Vermutlich sind sie nach Schweinfurths Rückkehr aus Zentralafrika 1873 in Kairo entstanden, wo Schweinfurth mit Unterbrechungen dreizehn Jahre seines Lebens verbrachte.

Amber, so der Name des abgebildeten Zande, begleitete Schweinfurth auf seiner Reise zu den Zande als Dolmetscher und war wahrscheinlich von ihm bei arabischen Sklavenhändlern eingetauscht worden. Schweinfurth ließ ihn nach Beendigung der Expedition 1871 bei einem befreundeten Arzt in Kairo zurück. Es steht zu vermuten, daß sich der Fotograf einiger zusammengesuchter Requisiten bediente, um so der von Schweinfurth gegeben Beschreibung der Zande nahezukommen. Um dem Krieger trotz seiner augenscheinlichen Friedfertigkeit doch etwas kannibalische Wildheit zu verleihen, wurden ihm vermutlich die menschlichen Gebeine zur Seite gegeben.

Beide Fotografien sind in Schweinfurths Reisebericht "Im Herzen von Afrika" (1874) in Form eines Holzschnitts wiederzufinden. Wir erkennen in ihm die Körperhaltung wieder, die Amber auf den Fotografien einnimmt. Sie dienten dem Holzschneider als Vorlage zu seiner Arbeit. Beide Fotografien wurden in einem Holzschnitt gemeinsam reproduziert, eine damals durchaus gängige Methode, um die Dramatik des Bildes zu steigern. Hier stimmen die äußere Erscheinung und die Bewaffnung mit der Beschreibung, wie sie der Text gibt, überein. Auch führt der linke Zande ein "Trumbasch" genanntes Wurfmesser mit sich, das Schweinfurth zu den charakteristischen Waffen der Zande zählt. Allerdings ist auch die Darstellung der beiden Zande im Holzschnitt noch nicht dazu angetan, beim Betrachter jenen Eindruck von "thierischer Wildheit, kriegerischer Entschlossenheit" (Schweinfurth 1922, 289) hervorzurufen, den der Text fordert. So wurde in die Montage der Fotografien noch ein drittes Motiv eingefügt, ein Strauch, wohl ein Trophäenbaum. An seinen Ästen sind neben anderen auch menschliche Schädel zu erkennen. Wiederum wird durch das gleiche Zeichen der Bildsprache die beabsichtigte Information der kannibalistischen Praktiken bei den Zande übermittelt.

## 4. Vermessung oder Exotik?

Vergleicht man die Anzahl der rein physiognomischen, inventarisierenden und der inszenierten Fotografien in den völkerkundlichen Archiven, so würde vermutlich die Überzahl der letztgenannten Aufnahmen zutagetreten. Dies steht im Gegensatz zum Umfang der Handreichungen in dem Aufsatz von Fritsch: 6 Seiten beansprucht die Empfehlung für physiognomische Aufnahmen; ganze anderthalb Seiten werden jedoch nur den ethnographischen Aufnahmen eingeräumt. Man kann in dieser Widersprüchlichkeit zwischen dem Postulat einer quantitativ auswertbaren Fotografie einerseits und dem bevorzugten Ankauf von stark inszenierten, der Überlieferung verhafteten Aufnahmen andererseits, auch die praktische Auflösung eines schon zuvor gehegten Zweifels sehen. Fritsch äußert nämlich angesichts der zu erwartenden Häufung von hunderten monotoner Typenaufnahmen Bedenken an deren wissenschaftlicher Aussagekraft:

> *Während die stricten Normen, die erzwungene Einförmigkeit in der der Darstellungsweise den besprochenen Arbeiten wenig anregende Momente verleihen, bleibt bei den ethnographischen Aufnahmen der künstlerischen Neigung des Photographen ein grösseres Feld. Gerade deshalb darf man darauf rechnen, leichter Hundert solcher Aufnahmen zu erhalten als eine der anderen Art; man darf aber nicht vergessen, dass an wissenschaftlichem Werth die eine vielleicht alle Hundert aufwiegt (Fritsch 1875, 612).*

Es scheint, als hätten viele Reisende diese Zweifel beherzigt und, wenn auch unkritisch, Abstand von der reinen Vermessungsfotografie der physischen Anthropologie genommen. Im Gegenzug sind sie freilich ihren exotischen Sehwünschen und überlieferten Sehweisen vom Fremden zum Opfer gefallen.

*Brigitta Hauser–Schäublin*

# Die Rolle der Völkerkundemuseen bei der Vermittlung von Fremdbildern

Wenn ich von Zeit zu Zeit eine Gruppe von Kunststudenten auf ihren Wunsch hin zum Thema "Masken" durch das renovierte Basler Völkerkundemuseum führe, zeige ich ihnen u.a. die vielfältige Maskenwelt Südamerikas, berichte von Funktionen und Bedeutungen, vom schöpferischen Reichtum, der sich in Form und Material ausdrückt und vergleiche diese Masken und Kostüme mit jenen aus Europa. Kurz: ich versuche mit allen mir zur Verfügung stehenden Kenntnissen und Kniffen der Gruppe von Interessierten diese Masken ferner Völker nahe zu bringen, in ihnen durch ein Verstehenlernen die vermeintliche Exotik in etwas Bekanntes umzuformen. Wenn ich dann, aufgrund der Mimik, des Verhaltens und der Fragen dieser jungen Männer und Frauen glaube, das Ziel meiner Bemühungen erreicht zu haben, entdeckt meistens einer von ihnen etwas, das plötzlich die Aufmerksamkeit der Gruppe bannt: einen südamerikanischen Schrumpfkopf, der, diskret irgendwo zwischen Masken und Maskenfiguren versteckt, ausgestellt ist. Im Handumdrehen schart sich dann die ganze Gruppe um dieses Exponat, und die Fragen darüber überschlagen sich geradezu: ob es sich um einen echten Menschenkopf handle, ob jenes tatsächlich die Wimpern oder die Lippen seien, wie man einen Schrumpfkopf herstelle, und vieles andere mehr. Sie alle drücken nicht primär Interesse am Verstehenwollen dieses Phänomens aus, sondern auch eine Freude am Gruseln, an den zumindest merkwürdigen Sitten irgendwelcher Indianerstämme, von denen man schon seit Kindesbeinen etwas Unbestimmtes weiß. Plötzlich ist es nicht mehr die Nähe, das vor allem intellektuelle Begreifenlernen des Fremden, sondern die emotionelle Faszination des Exotischen, das einem auch einen kalten Schauer den Rücken hinunterzujagen vermag.

In solchen Situationen erlebe ich hautnah die Diskrepanz zwischen intendierten Bildungszielen des Museum sowie den damit verbundenen Bemühungen durch persönliche Vermittlung – also der direkte Kontakt Ethnologe/interessierter Besucher – und den nicht nur intellektuellen, sondern auch emotionalen Erwartungen (wobei beide Ebenen verschiedene Ansprüche haben mögen) der Besucher. Damit ist ebenfalls das Auseinanderklaffen ethnologischen Fachwissens und populärem Vorwissen angesprochen sowie die Frage, die mich jedes Mal mit bangem Unbehagen erfüllt: habe ich mit meinem Versuch der Wissens– und Erfahrungsvermittlung eine Veränderung im Vorverständnis dieser Menschen, in ihren Meinungen und Ansichten zugunsten dieser außereuropäischen Kulturen erreicht? Oder hat das Erblicken des Schrumpfkopfes – was offensichtlich mehr ist als bloßes Sehen, eher ein emotionelles Gesamterlebnis, das je nach Gruppe mehr oder weniger überspielt wird – nicht nur all das, was ich zu vermitteln versuchte, weggeblasen und stattdessen die bereits vorhandene Einstellung bestätigt, vielleicht sogar Vorurteile verstärkt?

## Von der Kuriositätenschau zur Solidarisierung mit der Dritten Welt
"Ethnologie /d.h. außereuropäische Ethnologie/ war", so schrieb Florian Deltgen

> immer eine Wissenschaft von den "Anderen" und ist es noch heute. Gegenstand der Ethnologie waren der Reihe nach die Barbaren, die Primitiven, die Naturvölker, die schriftlosen Völker, die Völker geringer Naturbeherrschung, die Völker mit wenig entwickelter Technik, die ehemaligen Kolonialvölker, die nichtindustrialisierten Völker, die Völker der Dritten Welt, das externe Proletariat (Deltgen 1976, 205).

Ethnologie in diesem Sinn befaßt sich also mit den Anderen, den Fremden, und Deltgen merkt fast zynisch an:"Die bloße Existenz einer Wissenschaft wie der Ethnologie stellt einen Krypto–Exotismus dar."

Völkerkundliche Museen sind von der Ethnologie als Wissenschaft, zumindest heute, nicht mehr zu trennen, auch wenn sie vor allem einen auf die materielle Ausrüstung beschränkten Ausschnitt der gelebten Wirklichkeit außereuropäischer Völker darstellen. Sie sind angesichts des rasanten sozio–kulturellen Wandels in allen Ländern und Kontinenten zur Arche Noah vielfältiger materieller Kultur geworden. Museen aber sind öffentlich zugänglich, während die nicht–museale Völkerkunde als Wissenschaft primär nicht nach außen gerichtet, sondern mehr oder weniger in sich geschlossen ist, resp. so betrieben wird.

Der Ursprung der Sammlungen, die heute in Museen untergebracht sind, geht bekanntlich auf Ethnographica zurück, die im 17., 18. und 19. Jahrhundert Eingang in Raritäten– und Kuriositätenkabinette von Angehörigen der oberen Schichten fanden. Dort wurden sie neben Straußeneiern, Korallen und übergroßen Nieren– und Blasensteinen aufbewahrt. Sie wurden nur gelegentlich bevorzugten Freunden und Gästen des Hauses gezeigt (vgl. Kaleinen 1981, 196). Manchmal waren sie Teil von Sammlungen, die auch ausgestopfte Tiere und sogar Menschen (in Wien "Neger") enthielten (vgl. Klausewitz 1973, 172).

In der Mitte des 19. Jahrhunderts, als durch eine expansive Politik die Länder Europas sich Kolonien in verschiedenen Kontinenten zulegten, wuchsen die Sammlungen sprunghaft an. Museen wurden gegründet, in denen vor allem einem Bildungsbürgertum sämtliche von Entdeckern, Reisenden, Kaufleuten und Beamten nach Hause gebrachten oder gesandten Objekte fremder Völker zugänglich gemacht wurden. Die Ordnung, in die sie gebracht worden waren, spiegelte weitgehend die vorherrschende Sicht der gebildeten Kreise wider, d.h. die Stellung des Menschen in der Welt und seinen langen Weg vom Mitglied einfacher sozialer Verbände, über viele Stufen auf der steilen Treppe der Kulturentwicklung bis zu den europäischen Hochkulturen. Von daher betrachtet bestand keine so große Diskrepanz wie heute zwischen den Zielen und Absichten der Ausstellungsmacher – die damals ja auch keine Ethnologen im heutigen Sinn waren, da es die Völkerkunde als selbständige Wissenschaft an den Universitäten noch nicht gab – und den Erwartungen der Besucher. Immerhin unterschieden sich die Aussagen der Völkerkundemuseen deutlich von denen jener Missionshäuser, die "Idole" und "Fetische" der "Heiden" zeigten.

In den ersten Jahrzehnten dieses Jahrhunderts wurde in den meisten Völkerkundemuseen des deutschsprachigen Raumes eine Trennung in Studien– und Schausammlungen vorgenommen. Das heißt, es wurde nur eine begrenzte Anzahl von Objekten dem Publikum gezeigt. Diese Auswahl, die eine Isolierung einzelner Gegenstände von der Totalität der Sammlung bedeutete, wurde, so v. Gagern (vgl. von Gagern 1979, 105) primär unter dem Aspekt der Schau im Sinn von Sehenswürdigkeit getroffen, d.h. nur die sog. besten oder schönsten Stücke wurden ausgestellt. Auch fand die Ethnologie als junge Wissenschaft ihren

Niederschlag in den Ausstellungen, indem die Objekte z.T. nach Theorien innerhalb der Ethnologie gegliedert und dem Publikum vorgesetzt wurden; so gab es etwa Anordnungen nach Kulturkreisen, nach Kulturverwandtschaften, nach evolutionistischen Gesichtspunkten und anderen.

Nach dem Zweiten Weltkrieg, vor allem aber dann in den 60er Jahren setzten verstärkt erzieherische Bemühungen der Museen ein. Neben der bereits geübten und heute noch vorhandenen Praxis der ästhetisierenden Betrachtungsweise, bei der die Schönheit des Objektes im Sinn eines Museums für primitive Kunst in den Vordergrund gerückt wurde, zeichnete sich immer mehr die Bemühung der Museumsethnologen ab, Vorurteile des Besuchers über fremde Kulturen abzubauen, Verständnis, Toleranz und gar Solidarität zu fördern. Dabei stehen die Angehörigen der fremden Kultur im Vordergrund; das Objekt dient nur als *ein* Medium (neben vielen anderen), um dieses Bildungsziel zu erreichen. Damit aber begannen vermutlich die bildungspolitischen Ziele der Museumsethnologen und die Erwartungen, die Ansprüche und auch die Rezeption des Gebotenen durch die Besucher immer mehr auseinanderzuklaffen. Auch wandten sich die Ausstellungen in ihrem Anspruch und in ihren Zielen nicht mehr nur an ein Bildungsbürgertum, sondern hofften, möglichst alle sozialen Schichten zu erreichen. Die Bildungsziele waren (und sind) darauf ausgerichtet, daß der Besucher die fremden Kulturen als gleichwertig mit den europäischen betrachten, andere Denk- und Lebensweisen zu verstehen lernt und Toleranz walten läßt. Das heißt: das Bild der Fremden (oder des Fremden), das die Völkerkundemuseen dem Besucher zu vermitteln versuchen, ist das des gleichwertigen Partners in der Dritten Welt, den man nicht nur verstehen, sondern mit dem man sich – je nach politischer Färbung der Ausstellung – solidarisieren soll. Gelegentlich ist hier auch eine Idealisierung, die den Besucher fast zum "going native" animiert, erkennbar. Wie aber was und von wem rezipiert wird, läßt sich nicht allgemein beantworten, denn die meisten Besucherumfragen haben gezeigt, daß das Museumspublikum so heterogen ist, daß keine Verallgemeinerungen möglich sind. Aber lassen Sie mich diese Veränderungen der ethnographischen Sammlungen und ihrer Präsentation in bezug auf Fremdbilder, die sie vermitteln, in zwei Punkten zusammenfassen:

1. In den Kuriositäten- und Raritätenkabinetten waren die Objekte, die man nicht in bezug zur europäischen Kultur im Sinne etwa eines Vergleichs oder gar einer Gleichsetzung oder Gleichbewertung setzte, Gegenstand des Bestaunens, sich Wunderns und des Gruselns. Das Fremde war roh, exotisch und primitiv. Die frühen Ausstellungen der Museen, die zugleich Schau- und Studiensammlungen waren, vermittelten dem Besucher Fremdbilder, die er in ein Kontinuum einordnen konnte. An dessen Spitze stand er selbst, als Vertreter einer europäischen Zivilisation, eindeutig und indiskutabel höher als all das Fremde um ihn herum. Das Verhältnis zwischen ihm und dem Fremden war, entsprechend den durch den Kolonialismus geschaffenen Bedingungen, das zwischen Herrschern und Untertan (um es in Anlehnung an den Titel einer Ausstellung in Frankfurt zu formulieren, die 1973 viel Staub aufgewirbelt hat). Damals aber brachte der Besuch eines Völkerkundemuseums dem Besucher nicht nur einen Gewinn an Wissen oder Kenntnissen über andere Kulturen, sondern er befriedigte auch sein Bedürfnis nach Exotik und vielleicht auch nach Schauerlichem. Darüber hinaus konnte er das Museum vermutlich mit gestärktem Selbstwertgefühl wieder verlassen.

2. Mit der Entfaltung der Ethnologie als Wissenschaft und der Abkehr von einer wertenden Betrachtungsweise im Sinn von Kulturgefälle, mit dem Abschütteln des Jochs des

Kolonialismus durch außereuropäische Länder sollte und soll der Besucher je länger je mehr ein Fremdbild rezipieren, das seine eigene Position, die er für überlegen und besser gehalten hatte, in Frage stellte. Er sah sich nun plötzlich nicht mehr an der Spitze eines weltumspannenden Kulturgefälles, sondern sich gleichwertig eingeordnet neben oder mit außereuropäischen Gesellschaften und deren Vertretern. Mehr noch: er entdeckte sich als Nachfahre einer Generation von Kolonialisten und als Mitglied einer Gesellschaft, die mit ökonomischen, politischen und militärischen Abhängigkeiten jene außereuropäischen Kulturen zu Dritt–Welt–Ländern gemacht hatte.

Von daher betrachtet, hat sich das Fremdbild, das Völkerkundemuseen vermitteln wollen und das ja nur auf dem Hintergrund des Selbstbildes gesehen werden kann, also das Fremdbild, das Völkerkundemuseen vermitteln wollen, im Verlauf der vergangenen einhundert Jahren radikal geändert. Der Europäer wähnt sich heute nicht mehr als ein Bringer von Zivilisation und rechtem Glauben den Dritt–Welt–Ländern gegenüber, sondern eher hält er sich für einen Kulturzerstörer. Völkerkundemuseen dienen nicht mehr der befriedigenden Selbstfindung des Besuchers, sondern vielmehr seiner Relativierung. Wahrscheinlich haben Volkskunde– und Heimatmuseen diese Rolle übernommen, auch wenn es dort viel weniger um Identitätsfindung oder Ethnizität geht.

**Der politische Kontext: Zerstörung oder Förderung des Selbstbildes**
Die These, daß Völkerkundemuseen schon vor dem Zweiten Weltkrieg das Fremdbild in positivem Licht, das Selbstbild jedoch nur gedämpft erscheinen lassen wollten, scheint zu stimmen, wenn man die Rolle der Völkerkundemuseen während des Nationalsozialismus' betrachtet. Hog hat festgestellt:

*Im Nationalsozialismus verlieren die Völkerkundemuseen zunehmend an Bedeutung; im Vordergrund stehen zu dieser Zeit aus politischen Gründen Heimat–, Volks– und Heeresmuseen (Hog 1981, 21).*

Man müßte sich in diesem Zusammenhang fragen, wenn man diese kurze Bemerkung überdenkt, wie eigentlich das Verhältnis von Volks– und Völkerkundemuseen und ihre Bildungsziele sowie deren Rezeption zueinander stehen, ob das eine eher der Stärkung des Selbstbildes, das andere einer positiven Förderung des Fremdbildes dient?
Im Hinblick auf die Rolle der Völkerkundemuseen, die Vorurteile im Sinn von falschen generalisierenden bewertenden Urteilen über außereuropäische Kulturen auflösen möchten, wäre zu fragen, in wie weit Völkerkundemuseen dem Besucher überhaupt noch Orientierungshilfen zu geben vermögen. "Völkerkundemuseen ... müssen ihren Beitrag leisten zur Orientierung des verunsicherten Individuums in der sich mit großer Schnelligkeit wandelnden Welt" (Vossen u.a. 1976, 199). Wie aber sehen diese Orientierungshilfen aus, wenn die Grenzen zwischen der eigenen und den fremden Gruppen immer mehr aufgelöst werden sollen, wenn es nicht mehr – soziologisch ausgedrückt – eine Aufteilung und Gegenüberstellung in "in–groups" und "out–groups" geben soll? Wenn Vorurteile ein grundsätzliches Erscheinungsbild des menschlichen Zusammenlebens sind, ein unauflöslicher Bestandteil des Wertbezugssystems einer jeden kulturellen Gruppe (vgl. Pfeil 1978, 174), sind dann Völkerkundemuseen Institute, die das eigene kulturelle Selbstbild zersetzen, d.h. fördern sie indirekt eine Auflösung der eigenen kulturellen Gruppe und ihrer Werte?

Diese vielleicht provokativ formulierte Frage scheint man positiv beantworten zu müssen, wenn man sich die Rolle der Völkerkundemuseen in Dritt–Welt–Ländern bezüglich der Vermittlung eines Eigenbildes (und nicht von Fremdbildern) betrachet. Denn dort ist die Rolle eines Völkerkundemuseums eine völlig andere. Wembah–Rashid formuliert es so:

> In developed countries where the idea of a nation is already deeprooted, the museum is a purveyor (Lieferant) of mass instruction, an auxiliary to scholastic education and a source of documents for research. It is a custodian of portable cultural, educational and scientific treasures of mankind in addition to providing meaningful leisure and escapes for the spirit ... But in developing countries (like Tanzania) where people saw colonial oppression and had to struggle in order to attain their independence, a museum cannot afford to just play the role described above ... (it) must have an even more important role to play in reviving, remoulding and popularising the national culture. It must play the role of a national educational institution at the vanguard (Vorhut) in the process of mobilizing the masses to know and realize their rights and duties to their nation: and to forge a rightful national identity through their own work (Wembah–Rashid 1976, 17).

Der Autor fährt fort, indem er sagt, daß die meisten Tanzanier unter den kolonialen Verhältnissen mit allen damit verbundenen Implikationen aufgewachsen waren und deshalb das Fremdbild des Europäers (Engländern) bei ihnen in der Wertung höher stand als ihr eigenes. Aus diesem Grund gehöre es zu den Hauptaufgaben eines Nationalmuseums "to revive the lost pride of our people." Und K. A Myles aus Ghana betont, daß mit dem Entstehen eines eigenen nationalen Bewußtseins die ethnographischen Exponate "become objects of ethnic identifications"(Myles 1976, 25). Völkerkundemuseen in der Dritten Welt dienen also nicht der möglichst positiven Vermittlung von Fremdbildern, sondern werden aktiv und bewußt in den Dienst politischer Bestrebungen und Ziele gestellt, die die Hebung des Selbstwertgefühles, die eigene Identität und Ethnizität fördern.

Würde ein europäisches Museum, ein Volkskundemuseum, ähnliches explizit als seine grundsätzliche Institutspolitik formulieren, so würde es vermutlich in einen mehr als bloß zweifelhaften Ruf geraten.

Die Rolle der ethnographischen Museen in der Dritten Welt lohnt sich schon deshalb aufmerksam zu verfolgen, weil das Fremde, das oft schon außerhalb des eigenen Staates beginnt – von einem Pan–Afrikanismus etwa, wie er sich noch vor wenigen Jahren im Begriff der Négritude ausdrückte (vgl. Yaba 1983), ist kaum mehr die Rede –, größtenteils vernachlässigt wird. Die Vermittlung von Bildern über europäische Kulturen (abgesehen von jenen über ehemalige Kolonialmächte) geschieht, so weit ich dies beurteilen kann, in Ländern der Dritten Welt kaum durch Museen. Vielmehr bleibt dies dort, auf bildungsmäßiger Ebene, den Auswärtigen Ämtern europäischer Staaten und deren Einrichtungen – ich denke etwa ans Goethe–Institut, an kulturelle Ausstellungen des Auswärtigen Amtes oder der Pro Helvetia – überlassen. In diesen Institutionen aber sind kaum Völkerkundler tätig; damit geschieht dort die Vermittlung des Eigenbildes aus anderer Optik als der kulturwissenschaftlichen. Sie ist vermutlich eher von wirtschaftlich–politischen Überlegungen geprägt.

Doch kehren wir zu den Museen zurück. Ich möchte noch eine Bemerkung des Kollegen aus Tanzania aufgreifen. Er erwähnt in seinem Aufsatz, daß die dort ursprünglich von den Kolonialherren eingerichteten Museen in den ersten zehn Jahren nach Erreichung der Unabhängigkeit völlig überholt wurden:

> This has been a very important exercise to a museum in an ex–colony. Indigenous cultural objects have had the chance to get their rightful interpretation with the essential national bias as opposed to their debased stand during colonial times (Wembah–Rashid 1976, 20).

Dies bedeutet, daß im Prinzip mit den gleichen Objekten in den Ausstellungen neue Aussagen gemacht werden sollten.

**Das statische, konsumentenfreundlich präsentierte Fremde**
Es handelt sich also um die Frage, welche Interpretationen Museen mit der Präsentation von Objekten erzielen können. Ich möchte dazu ein weiteres nicht–europäisches Beispiel heranziehen, das uns das Museum als eines Produktes europäischer Kultur deutlich macht. In Mali wurde mit finanzieller und wissenschaftlicher Hilfe ein ethnographisches Museum eingerichtet, das dem thematischen Schwerpunkt Sahel–Zone gewidmet war. Benninghoff–Lühl, die darüber berichtet hat, schreibt, daß das Publikum recht unterschiedlich auf das Museum mit seiner Ausstellung reagierte: "Angst und Freude sind als affektive Reaktionen gleichermaßen zu verzeichnen." Und weiter:

> *Bis auf einige wenige Intellektuelle (d.h. vermutlich in europäischem Sinn geschulte Menschen) haben die meisten Zuschauer den Sinn des Museums und die Aussage des Museums n i c h t verstanden. Häufig sind Fragen wie: "Warum habt ihr das gemacht? Was soll das?" (Benninghoff–Lühl 1982, 374).*

Das heißt, die Besucher konnten nicht begreifen, warum "tote" Gegenstände aufbewahrt wurden, außerhalb ihres Kontextes und ohne Funktion: weder für den Gebrauch noch für den Verkauf, sondern nur zum Anschauen bestimmt. Die von der Ausstellungsorganisation vorausgesetzte Seh– und Lernweise war, so schreibt Benninghoff–Lühl weiter, europäisch–didaktisch und auf statische Objektrezeption ausgerichtet.

Damit wären wir beim Völkerkundemuseum als einer für *Europa* typischen oder spezifischen Institution angelangt, die abschließend mit der dafür notwendigen kulturellen Distanz betrachtet werden soll. Völkerkundemuseen sind meist in Gebäuden untergebracht, die zur Zeit ihrer Gründung oder kurz danach für die Unterbringung der Sammlungen gebaut wurden. Museen als Gebäude sind als solche schon selbst überlieferte Objekte, die für ihre Entstehungszeit typisch sind und die der Besucher deshalb, trotz vielfacher Innenrenovierungen oft mit dem Nimbus jener Zeit in Verbindung bringt. Das Image des Museums hinkt der Zeit hintennach. Das gleiche gilt übrigens für allgemeine völkerkundliche Kenntnisse des Publikums, die heute noch Entwicklungen der ersten Jahrzehnte dieses Jahrhunderts widerspiegeln. Die Ausstellungen, d.h. die zur Schau gestellten Objekte, sind fast ausschließlich auf optische Weise, meist noch zusätzlich hinter Glasfronten versteckt, zu rezipieren. Akustische, haptische oder olfaktorische Erlebnisse sind fast vollständig ausgeschlossen. Präsentiert werden die Gegenstände nach ästhetisch–modischen Gesichtspunkten (europäischen selbstverständlich!) in Ausstellungsräumen und –möbeln, die am Zeichenbrett eines europäischen Profis entworfen wurden. Flankiert von technischen Hilfsmitteln – Beleuchtung, Unter– oder Auflagematerialien wie Plexiglas, aber auch eingebettet in audiovisuelle Medien – werden sie "besuchergerecht" (oder eben so wie der Ausstellungsmacher sich dies vorstellt) aufbereitet. Zugänglich gemacht während festgesetzten Stunden wird der Museumsbesuch immer noch, wie Münzel dies beschrieben hat (vgl. Münzel 1976, 212) mit etwas Außeralltäglichem verbunden; er besitzt Sonn–und Feiertagscharakter. Man besucht das Museum in Erwartung des Fremdphänomens, das einem aus dem Alltag heraushilft. Dazu gehört auch die Tatsache, daß viele Leute im Rahmen von Ausflügen und Reisen Museen in anderen Städten und Ländern besucht haben, diejenigen ihrer eigenen Stadt aber kaum kennen. Oft hat der Besuch von weltberühmten Museen in anderen Städten schon fast Wallfahrtscharakter.

*Die Rolle der Völkerkundemuseen bei der Vermittlung von Fremdbildern*

Die Begegnung mit dem Fremden, die ein Völkerkundemuseum seinen Besuchern ermöglicht, ist eine durch viele europäische materielle, geistige und wissenschaftsgeschichtliche Prämissen, die untrennbar mit der Institution Museum verbunden sind, vorbelastet. Es ist das didaktisch aufbereitete Fremde, das portionenweise und mehr oder weniger konsumentenfreundlich verabreicht wird. Das spontane, alle Sinne beanspruchende Erleben, die tatsächliche Begegnung mit den Kulturen und ihren Menschen aber können die Völkerkundemuseen nicht bieten.

Entsprechend gelingt es ihnen vermutlich nur punktuell, das zu vermitteln, was sie gerne möchten, und vielleicht sogar Meinungs– und Verhaltensänderungen zu bewirken, die nicht nur momentan sind, sondern anhaltend und sich positiv niederschlagen auch im Umgang mit dem Fremden im Alltag, mit Gastarbeitern und Flüchtlingen.

Längst aber ist die Zeit vorbei, da Völkerkundemuseen das Monopol der direkten oder originalen Fremdbildvermittlung – mit welchen Vorzeichen auch immer – umfassen. Seit den populärwissenschaftlichen Reisebüchern und –zeitschriften, dem Radio und Film, und vor allem seit dem Fernsehen, das lebensnahe Einblicke in fremde Lebensweise, die immer mit einem Hauch Exotik vermittelt werden, bis mitten ins Wohnzimmer hineinbringt, ist das Völkerkundemuseum nur noch eines unter vielen Medien, die das Bild des Fremden, das jemand besitzt, prägen; wohl aber trägt es den Anstrich besonderer Seriösität, vielleicht aber auch der Langeweile und der Schulmeisterei. Am einflußreichsten ist aber wohl der Ferntourismus, der auf die spezifischen Bedürfnisse und Erwartungen des Reisenden ausgerichtet ist, immerhin aber mittenhinein in die Wirklichkeit des Lebens führt – und sei es nur jene des Touristikbetriebes. Gerade aber Touristen, die – auf welche Weise auch immer – Reisen in fremde Länder unternommen haben und sich selber in der Rolle des Entdeckers glaubten, suchen oft nach ihrer Rückkehr das Museum ihrer eigenen Stadt auf, um ihre selbsterworbenen Kenntnisse an jenen der Ausstellung zu messen – und sie vielleicht sogar zu erweitern. Und gerade bei Menschen, bei denen ein Vorwissen über andere Kulturen vorhanden ist, das nicht radikal von den Informationen in der Ausstellung abweicht, besitzen die Völkerkundemuseen wohl die größte Chance dafür, daß ihre Botschaft auch verstanden und aufgenommen wird.

*Ansgar Häfner*

# Das Kinder- und Jugendbuch
# als Träger und Vermittler von Fremdbildern

> *Es war einmal ein Kannibale,*
> *Der war aus Halle an der Saale.*
> *Man sah ihn oft am Bodensee*
> *Für zwanzig Pfennige Entree.*
> (Ringelnatz)

Ich gehe davon aus, daß sich im Kinder- und Jugendbuch, besonders in dem im wilhelminischen Staat für wertvoll gehaltenen Kinder- und Jugendbuch, die besten und wichtigsten Ideen der Erwachsenen ausdrücken. Schließlich soll die nächste Generation, die mit diesen Büchern herangebildet wird, auf den Wahrheiten der Väter und Mütter aufbauen können.
Im Kinder- und Jugendbuch besteht darüber hinaus noch eine besondere didaktische Chance: unbeeinflußt von möglichen wissenschaftlichen Erkenntnissen kann in der literarischen Darstellungsweise der gesellschaftliche und politische Zeitgeist mitgeteilt werden, und zwar auf eine Weise, die neben Sachinformationen auch und vor allem die emotionalen Bewertungen des Gegenstandes enthält.
Deshalb sind Kinder- und Jugendbücher über fremde Völker eine fruchtbare Quelle kulturgeschichtlicher Betrachtungen der eigenen Kultur. Ich möchte Ihnen heute anhand von einigen wenigen Quellen vor allem aus der deutschen Kolonialzeit einiges zu meinen Thesen vortragen.

**1. Das Fremde und das Bekannte:**
Wenn etwas über das Fremde ausgesagt werden soll, muß das Fremde bekannt sein, es muß ein Mindestmaß von Wissen über das Andere vorhanden sein. Inwieweit sich bereits bei der Herstellung dieses Wissens das Interesse der Sache bedient, ist bekannt. Ein Zitat aus der ersten Seite des 1941 erschienenen Buches von Froembgens über die Kolonialpioniere Wissmann, Peters und Krüger gibt ein gutes Beispiel:

> *Dieser sogenannte schwarze Erdteil, der einstmals eine weiße Urbevölkerung barg, an dessen Westrande vor Zeiten Atlantis, Inbegriff einer harmonischen Kultur, blühte, dessen Inneres durchzogen war von Amazonenheeren, auf dessen Grunde das mehr als zehntausendjährige Reich der Ägypter ragte, war, seiner großartigen, sagen- und geheimnisumschleierten Vergangenheit zum Trotz, in Geschichtslosigkeit versunken ... Welch eine ungeheure Lebensfunktion aber Afrika für das volkreiche, rohstoffarme, ins Unendliche drängende, raumenge Europa ausüben konnte, blieb unerkannt (Froembgen 1941, 7).*

Dies war ein Zitat aus einem nicht in erster Linie an die Jugend gerichteten Buch. In einem Kindergedicht mit Bildern um 1910 heißt es viel direkter:

> *Als unsere Kolonien vor Jahren*
> *noch unentdeckt und schutzlos waren*
> *schuf dort dem Volk an jedem Tage*
> *die Langeweile große Plage*

> *denn von Natur ist nichts wohl träger*
> *als so ein faultierhafter Neger.*
> *Dort hat die Faulheit, das steht fest*
> *gewütet fast wie eine Pest.*
> *Seit aber in den Kolonien*
> *das Volk wir zur Kultur erziehen*
> *und ihm gesunde Arbeit geben*
> *herrscht dort ein munteres, reges Leben.*
> *Seht hier im Bild den Negerhaufen*
> *froh kommen die herbeigelaufen*
> *weil heute mit dem Kapitän*
> *sie kühn auf Löwenjagden gehn ...*
> (Entwicklungspolitische Korrespondenz, 110).

Die Leser des ersten Textes glaubten die Behauptung von der weißen Urbevölkerung Afrikas, und die Kinder, die das nette Gedichtchen aufsagen durften, glaubten an den "faultierhaften Neger". Das Wissen vom Fremden, das in Deutschland verbreitet wurde, war offenbar unrichtig. Bevor wir allerdings mit Hilfe von ideologiekritischen Kategorien zu einer, wie ich meine, vorschnellen Einordnung und Erledigung der Angelegenheit kommen würden, sollten wir versuchen, einmal nach den Bedingungen der Möglichkeit von objektiven Nachrichten über das Fremde zu fragen.

Die deutschen Kolonisatoren näherten sich dem fremden Erdteil Afrika nicht ohne innere Voraussetzungen. Sie wußten von sagenhaften Dingen, die sich in Afrika finden sollten. Diese Informationen hatten sie sowohl von frühen Reisenden und Geschichtenerzählern, z.B. von Ritter Arnold von Harff aus dem 16. Jahrhundert, der von Menschen ohne Köpfen und anderem berichtete, als auch aus späteren Berichten von Naturforschern und Völkerkundlern. Ob diese Informationen objektiv im Sinne von "den Tatsachen entsprechend" waren, ist, und das ist meine erste Behauptung, nicht entscheidbar. Auch wenn wir die damaligen soziohistorischen Umstände in den betroffenen afrikanischen Gesellschaften ausreichend rekonstruieren könnten, um sie mit den Auffassungen der Kolonisatoren zu vergleichen, würde dies doch eine sehr oberflächliche Untersuchung bleiben müssen. Es gibt in der Wahrnehmung des Fremden nichts Objektives, es ist nicht "objektiv" wahrnehmbar, sondern nur in den eigenen, subjektiven, Kategorien und Wertzusammenhängen. Genauer: Solange wir das Fremde als das Andere nur phänomenologisch wahrnehmen, verstehen wir es noch nicht. Sobald wir jedoch versuchen, es zu verstehen, sind wir auf unsere, und nur auf unsere Kriterien von Verstehen angewiesen. Das Fremde bekommt auf diese Weise notgedrungen zunächst den Sinn, den wir ihm geben. Der wohlwollende Betrachter wird im Laufe der Zeit imstande sein, seine Sinngebung lernend zu revidieren, und einen fremden Sinn, und das ist der Eigen–Sinn, akzeptieren. Fehlt dieses Wohlwollen, dann wird der Betrachter versuchen, den Eigen–Sinn zu negieren, schließlich sogar, ihn zu brechen.

Ich habe nicht ohne Absicht das Wort "Eigen–Sinn" gewählt. Dies ist ein Wort, das wir alle aus eigener, überwiegend schmerzlicher Erfahrung kennen. Es bezeichnet in der Regel das, was im Prozeß der Erziehung zu einem erwachsenen Menschen auf der Strecke zu bleiben hat. Dieser Prozeß ist die Einordnung in ein bestehendes und erprobtes Gefüge von mehr oder weniger sinnvollen Verhaltensweisen. Der Sinn dieser Verhaltensweisen ist dem noch nicht in ihnen Lebenden, hier dem Kind, oftmals nicht einsichtig. Für den Erzieher, der sich dem Sinn des Bestehenden verpflichtet fühlt, ist der Eigen–Sinn Inbegriff und Sammelbezeichnung für all das, was der Eingliederung des Zöglings entgegensteht. Die Bewertung des Eigen–Sinns fällt in der Regel entsprechend negativ aus.

Nehmen wir die Bewertung des Erziehers für die Bewertung der Kolonisatoren, denn dieser Vergleich entspricht in vielen Fällen dem Selbstverständnis der Eroberer. Das Interesse am Fremden erhält dann zugleich mit der phänomenologischen Wahrnehmung schon eine wertende Einstellung. Es kann nicht objektiv sein. Die in der Kinder– und Jugendliteratur feststellbare pädagogische Absicht ist folglich etwas anderes als die Vermittlung des Fremden. Auch bei einem wohlwollenden Vermittler des Fremden stellt sich die oben geschilderte Unmöglichkeit ein, objektiv zu sein. Bei einem Vermittler, dessen Absicht es in erster Linie ist, pädagogisch wirksam zu sein, können wir fast immer davon ausgehen, daß ihm die Schwierigkeit der Objektivität schon gar nicht bekannt ist. Es ist also, und darauf möchte ich ausdrücklich hinweisen, nicht etwa die Boshaftigkeit oder die moralische Verwerflichkeit der Kinder– und Jugendbuchautoren gewesen, die zu den aus heutiger Sicht skandalösen Produkten geführt hat, sondern es ist ironischerweise gerade ihr übergroßer pädagogischer Eifer gewesen, der sie das Fremde in einer so herabwürdigenden und beschämend instrumentalisierenden Weise darstellen ließ.

## 2. Das Fremde ist das Eigene

Was in deutschen Kinder– und Jugendbüchern bis etwa 1945 über Afrika steht, ist weniger als Information über einen unbekannten Erdteil zu verstehen als vielmehr als Darstellung derjenigen Werte zu begreifen, die im deutschen Erziehungsideal der wilhelminischen Zeit unerwünscht waren. Wir finden also durchgehend das Negative, wenn wir die Informationen der Kinder– und Jugendbücher über Afrika betrachten. Faulheit, besser Müßiggang, Lustorientierung, Genuß, Wildheit oder Unangepaßtheit, Erotik, Sinnenfreude, all das war nicht erwünscht und mußte deshalb ethisch negativ belegt werden. Diese negative Wertung geschah auf der Folie Afrikas. Offenkundig militärisch unterlegene und deshalb selbstverständlich minderwertige Völker und Rassen erhielten die unerwünschten Eigenschaften als unauslöschlichen Stempel aufgedrückt. Das Andere dieser Völker war, soweit es überhaupt zur Kenntnis genommen wurde, vor allem soweit interessant, als es die Funktion der negativen Folie erfüllte. Die positiven Elemente der europäischen Kultur oder Zivilisation konnten dann umso besser zur Geltung kommen.
Dies beginnt bei den menschlichen Grundbedürfnissen und der Gefahr ihrer Übertreibung und Maßlosigkeit. Die Schwarzen essen nicht, sondern sie fressen. In dem sehr verbreiteten Buch "Peter Moors Fahrt nach Südwest" von 1906 wird das folgendermaßen geschildert:

> *In meiner freien Zeit stand ich oft bei den Schwarzen und beobachtete sie, wie sie fröhlich beieinander saßen und in gurgelnden Tönen miteinander schwatzten und wie sie um die großen Eßtöpfe hockten, mit den Fingern eine Unmenge Reis zum Munde führten, und mit ihren großen knarrenden Tiergebissen Beine, Gekröse und Eingeweide ungereinigt fraßen (Frenssen 1906, 30).*

Mögliche Wünsche und Phantasien deutscher Kinder, einmal so richtig nach Herzenslust zu fressen, in Gesellschaft und mit allem Dreck, hatten einen schweren Stand bei diesem Vergleich mit den Wilden, vor allem, wenn damit vielleicht die Gefahr verbunden war, dadurch selbst zum Schwarzen zu werden. Daß dies möglich ist, steht ja schon im Struwwelpeter zu lesen. Und wenn es allzu dreckig zugeht, und man als Kind nicht um Reinlichkeit bemüht ist, dann kann es einem leicht gehen wie in jenem Gedicht von 1877:

> *Erzählen will ich nun geschwind*
> *gleich noch von einem andern Kind,*
> *Das auch sich nicht mehr waschen ließ; ...*

> *Da blieben alle Leute stehn;*
> *Die Kinder kamen all' geschwind*
> *Und riefen: Seht das Mohrenkind!*
> *Juchheisasa! Juchheisasa!*
> *Ein schwarzes Mohrenkind ist da! ...*
>
> *Allein zu spät! ... Man rieb und rieb,*
> *Man wusch und wusch das Kind, es blieb*
> *so schwarz und schmutzig wie zuvor,–*
> *Es blieb sein Leben lang ein Mohr!*
> (Oswalt 1877).

Nicht immer geschah die Warnung vor der Gefahr des Schmutzes und der Maßlosigkeit so direkt und kognitiv. In vielen Fällen vertrauten die Autoren auf die Wirksamkeit bildlicher Darstellungen oder von Andeutungen. So läßt Graf Pocci seinen Kaspar bei den Menschenfressern folgendes Freßlied anhören. Man beachte die Anspielungen in den Morphemen und Endungen:

> *Spissi spassi Casperladi*
> *Hicki hacki Carbonadi*
> *Trenschi transchi Apetiti*
> *Fressi frassi fetti fitti*
> *Schlicki schlucki Casperlucki*
> *Dricki drucki mamelucki*
> *Michi machi Casperlores*
> *Spissi spassi tschu capores*
> (Graf von Pocci 1913, 41).

Neben der im Fremden so leicht zu entdeckenden eigenen Freßlust und der Gleichgültigkeit gegenüber Schmutz finden sich noch einige andere Eigenschaften, die, als eigenes Geschäft zwar wohlbekannt, von den Pädagogen aber doch gerne mit dem "Neger"–Fluch belegt wurden, und die sich deshalb vorwiegend in Afrika bei den Untermenschen finden ließen. Dazu gehört ganz vorrangig die Wildheit, die bei den Wilden und bei den deutschen wilden Kindern sich gleichermaßen findet und die hier wie dort, durch das Kinderbuch aber zuerst hier, gezähmt werden muß.

"Wie ein Pferd ohne Geschirr, verwildert er; ist er aber angeschirrt, so giebt es kein nützlicheres Thier" (gemeint ist hier der "Neger") (Schöppner 1876, 31).

Der Naturzustand, so wird angenommen, und so legt uns dieses Zitat nahe, hat zwei Gesichtspunkte: den Gesichtspunkt der Wildheit, und diese ist als solche schädlich, und den Gesichtspunkt der Latenz. In diesem ist die natürliche Wildheit eine Vorstufe der Zivilisation, und sie kann sinnvoll, d.h. nützlich verwandt werden. Voraussetzung für die Nützlichkeit der Wildheit ist ihre Aufspaltung in Kraft und Ohnmacht. Nützlichkeit zu akzeptieren bedeutet auch Fremdbestimmung zu akzeptieren. Diese ist aber wiederum das Gegenteil des Eigensinns. So wie der Naturzustand ein Mangelzustand hinsichtlich Kultur und Zivilisation war, so ist der Eigensinn dies auch. Wildheit hat nicht das zivilisierte Maß, sondern ein unkalkulierbares Eigenmaß. Dies macht sie dem zivilierten Menschen unerträglich. Für den Kolonialentdecker Wissmann war die Wildheit gleichbedeutend mit der Nicht–Bereitschaft zur geordneten Zusammenarbeit mit ihm und untereinander. Er schreibt:

> *Es war geradezu unheimlich, den Verkehr dieser Wilden untereinander zu beobachten. Wie*
> *die Wölfe rissen sie sich um ein Stück, das ihnen in die Augen stach. Heftig war jede ihrer*
> *Bewegungen, scheu ihr Blick, alles erinnerte an das Benehmen eines wilden Tieres im Käfig,*
> *und in Wahrheit waren diese Leute auch im Käfig aufgewachsen, denn als etwas anderes ist*
> *dieser mächtige Urwald nicht zu bezeichnen (Wissmann 1890, 133).*

Nicht immer gelingt die Zähmung der Wildheit, vor allem dann nicht, wenn die Wilden keine Einsicht in die Überlegenheit der europäischen Kultur zeigen und einen eigenen Wert der Wildheit verteidigen. Dann geschieht, was der schwarze Begleiter des Titelhelden in dem Roman "Helmut der Patrouillenreiter" sagt:
"Die schwarze Farbe und die weiße Farbe können nicht zusammenleben in Afrika, eine muß die andere umbringen" (Niemann 1911, 54).

### 3. Der pädagogische Auftrag

Heimlicher Lehrauftrag der kolonialen Kinder- und Jugendbücher zum Thema Afrika war die Herausarbeitung nicht nur des Unterschieds zwischen den Kulturen, sondern vor allem der Nachweis der Überlegenheit der deutschen Kultur. Das braucht aus heutiger Sicht nicht weiter verwunderlich zu sein. Interessant ist vielmehr, daß zu der Warnung vor den schlechten Eigenschaften, im eingeborenen Afrikaner verdinglicht, auch die Propagierung von positiven Eigenschaften kam, deren Vorhandensein beim Fremden gar nicht erst vermutet wurde. Dabei ist die Vermeidung der unzivilisierten Eigenschaften des Fremden gleichzeitig die Voraussetzung zur Erlangung der positiven Eigenschaften des Deutschen. Beispiel: Wer nicht sauber an Körper und Geist ist, dem fehlen die Voraussetzungen zum Heldentum. Diese positiven Eigenschaften der Deutschen begründen in den hier erwähnten Kinder- und Jugendbüchern nicht nur die Überlegenheit der weißen Rasse, sondern auch den deutschen Kolonialauftrag. Vermittlungsaufgabe der Kinder- und Jugendbücher war also die pädagogische Hinführung zu deutschen Werten, nicht etwa eine vorurteilsfreie und differenzierte Darstellung der afrikanischen Andersartigkeit. Die afrikanische Wirklichkeit hatte sich diesem Auftrag notfalls unterzuordnen.

Eine Eigenschaft, die besonders gut die Exklusivität deutscher Werte sichtbar werden läßt, ist das Heldentum. Nur sehr wenige Autoren (vor allem Falkenhorst) lassen in ihren Schriften auch afrikanische Helden vorkommen, die Mehrzahl[*] siedelt diese Eigenschaft ausschließlich in Weißen an. Schwarze bringen es in der Regel nur zu einer eher passiven Form des Heldentums, nämlich der Treue. Populärstes Beispiel für eine solche Treuehaltung ist die Aufopferung für die weiße Herrschaft bis in den Tod, wie dies in "Onkel Toms Hütte" (vgl. Stowe 1853) geschildert wird. Friedhelm Streiffeler hat in einer "psychologischen Deutung des Heldentums in der kolonialen Jugendliteratur" (vgl. Mergner/Häfner 1985, 30 ff.) eine Identifikation des Heldentums vorgenommen. Er schreibt:

> *Die auffällige Bedeutung des Heldentums in der Kolonialliteratur legt die Vermutung nahe, daß in ihr ein menschliches Grundbedürfnis verwertet wird. Es soll im folgenden plausibel gemacht werden, daß dieses Bedürfnis der Narzißmus ist (Streiffeler 1985, 31).*

Es handelt sich dabei um die Ausnutzung der narzißtischen Organisationselemente der Persönlichkeit und der Größenphantasien für die Erzeugung eines rassischen Überlegenheitsgefühls. In der Realität kann dieses Überlegenheitsgefühl oft nur aufrechterhalten werden, indem der Andere erniedrigt wird. So verfahren auch die Schriftsteller der Kolonialliteratur. Das Andere, Fremde muß apriori minderwertig sein, damit die eigene Größe des jugendlichen Lesers erzeugt werden kann.

---

[*] Z.B. Rochus Schmidt: Deutschlands koloniale Helden und Pioniere der Kultur im schwarzen Kontinent; Lene Haase: Die Helden von Maka und andere afrikanische Geschichten; Roehl: Ostafrikas Heldenkampf; Kolbe: Unsere Helden in Südwestafrika; Maximilian Beyer: Die Helden der Naukluft; Mader: Die Helden von Ostafrika; Rudolf de Haas: Der Löwe von Mozambique – Die Geschichte eines Helden; usw.

Derselbe Mechanismus wird verwendet, wenn Jagdszenen geschildert werden. Hier ist das Tier das minderwertige Fremde, damit kombiniert aber auch der eingeborene Jäger. Vielleicht am deutlichsten kommt dieser Zusammenhang in dem Buch "Wild und Wilde im Herzen Afrikas" von Hans Schomburgk zum Ausdruck (vgl. Schomburgk 1925). Schomburgk nimmt die "primitiven" Jagdgewohnheiten der Eingeborenen als Zeichen ihrer Unterlegenheit und ihrer moralischen Minderwertigkeit, weil ihnen waidgerechtes Töten unbekannt sei. Die Macht seiner Gewehre unterschlagend, stellt sich Schomburgk gerne den Tieren und den Eingeborenen als "Gleicher" gegenüber. Tritt jedoch der Fall ein, daß die Schwarzen ebenfalls mit Gewehren jagen, dann erklärt Schomburgk dies als "Mißbrauch" der Jagd, weil die Eingeborenen dies zur Nahrungsmittelversorgung tun, und nicht zur heldenhaften Bewährung.

## 4. Das distanzierende Bewußtsein

Deutsche Haltung analysiert die afrikanische Wirklichkeit. Fast kein kolonialer Besucher kommt nur zu Jagd–, Reise– oder Kriegszwecken. Fast alle bezeichnen sich auch als Forscher. Dies hat nicht nur legitimatorische Gründe gegenüber der daheimgebliebenen deutschen Öffentlichkeit, sondern ist Zeichen einer bestimmten inneren Einstellung. Es ist die wissenschaftliche Haltung, und sie setzt die methodische Trennung von Subjekt und Objekt voraus. Das erkennende Subjekt kann nur das von ihm getrennte Objekt zuverlässig analysieren. Dem Afrika–Reisenden der kolonialen Jugendliteratur tritt alles als zu Erforschendes gegenüber, Landschaft, Menschen, Tiere, Pflanzen. Er nimmt deshalb gegenüber allem die Trennung vor, er bleibt Subjekt, alles andere muß zum Objekt werden, mit anderen Worten, er distanziert das Andere von sich. Seine Beziehungen zu ihm sind nicht interaktiv, sondern einseitig durch ihn definiert.

Aufschlußreiches, weil vielschichtiges Beispiel für diese Haltung ist die Erzählung "Zum Schneedom des Kilimandscharo" von Carl Falkenhorst (vgl. Falkenhorst 1896). Die Handlung dieses Buches: Eine Karawane befindet sich im Anmarsch auf die deutsche Niederlassung am Kilimandscharo. Sie wird geleitet von dem Hauptmann Lange und dem jungen Naturwissenschaftler Hellmann ("blond, schön und blauäugig"). Durch Hellmann läßt sich Lange überreden, die unterwegs aufgegriffene Nialodia, ein Dschagga–Mädchen, mitzunehmen. Im Verlauf der Erzählung verliebt sich Nialodia in Hellmann. Dieser aber hält sich distanziert, oder besser, er hält sie distanziert, nicht etwa, weil er sie nicht begehren würde, sondern weil er sie und ihr Verhalten dann nicht mehr "studieren" könnte. Hellmann verläßt sie später ohne Gruß und Abschied, sie bleibt liebeskrank in der Missionsstation zurück, wird Christin und heiratet, gebrochen, einen ebenfalls getauften Einheimischen.

Interessant ist die Tatsache, daß die Haltung des distanzierenden Bewußtseins sich erst mit der Kolonialzeit des eigenen Landes voll durchsetzt. 1798 noch schreibt Funke in seinem "Ausführlichen Text zu Bertuchs Bilderbuch für Kinder" (vgl. Weimar 1798) in teilnehmender Weise Positives über die Kaffern und Hottentotten, die er als ausgesprochen schön gebauten Menschenschlag beschreibt:

> Der oftgenannte Reisende fand überhaupt, daß dieses so schändlich verläumdete Volk edelmütig und brav sey, und daß die schwarzen Schilderungen, die man bisher von demselben gemacht hatte, in dem Haß räuberischer Kolonisten ihren Grund haben. Diese verfolgen die unschuldigen Wilden, rauben ihr Vieh und morden bisweilen Weiber und Kinder (Carl Philipp Funke, Bd.2, 384).

Funke erwähnt noch die Sitte der Kaffern, sich mit einer Mischung aus Erde und Fett einzureiben, und hält sie für sehr sinnvoll gegen die Hitze und den Wind. 90 Jahre später dagegen schreibt Robert Keil in dem Jugendbuch "Von der Schulbank nach Afrika" folgendes. Interessant ist dabei, daß er sich, das ergeben Quellenstudien, auf den Text von Funke stützt:

> *Das schwarze, spärlich Kopfhaar war so kurz gekräuselt, daß es wie Warzen oder Pfefferkörner auf der glatten Kopfhaut auflag und kaum noch als Haar zu erkennen war. Diesem absonderlichen Haarwuchs traten noch vorstehende Backenknochen, ein abgeplatteter Schädel, eine kaum sichtbare Nase mit ein paar senkrecht geschlitzten, großen Nasenlöchern und wulstig aufgeworfenen Lippen hinzu und bilden zusammen ein Gesicht, das auf Schönheit gewiß wenig Anspruch machen konnte (Keil 1885, 135).*

Und über die Kaffern:

> *Im übrigen deutete der ganze Gesichtsausdruck auf Sinnlichkeit und Rohheit und verlieh den hohen, mit Fett und Ocker beschmierten Gestalten ein umso schreckenerregenderes Aussehen (ebd., 188).*

In diesem Wandel der Beschreibung liegt auch ein Wandel der Bewertung. Die negative Bewertung, die dem pädagogischen Auftrag entspricht, wird nur möglich aus einer distanzierenden Haltung heraus.

## 5. Die Projektion

Zusammenfassend meine ich, daß die Haltung, die die Autoren der kolonialen Kinder- und Jugendliteratur einnehmen, treffend mit den Begriffen der Projektion und der Spaltung beschrieben werden kann. Das Fremdbild, das auf diese Weise vermittelt wird, ist ein Negativbild der eigenen Zivilisation in doppelter Hinsicht. Zum einen enthält es die Werte und Eigenschaften, die zwar vorhanden sind, die aber im Prozeß der europäischen Sozialisation abgelegt werden müssen. Zum anderen werden diese Elemente gerade in ihrer Eigenschaft als Wünsche und Sehnsuchts-Inhalte deutlich. Zwischen diesen beiden Bereichen muß getrennt werden, um das Sozialisationsziel zu erreichen. Ergebnis dieser Trennung, die die Schärfe einer Spaltung erreicht, ist eine Bewußtseinslage, die unerfüllte und unerledigte Sehnsüchte mit einer narzißtisch organisierten Größenvorstellung im Individuum zusammenbringt. Das Bild vom Fremden war in der kolonialen Jugendliteratur die Folie, auf der dieser Zusammenhang entwickelt wurde. Ihre Aufgabe lag in der Herausbildung von moralischen Kategorien, in der Hilfe bei der Unterscheidung zwischen gut und schlecht. Das so bei den jugendlichen Lesern entstandene Bild vom fremden Afrika war, von den Namen der Schauplätze abgesehen, ein Bild der eigenen Gesellschaft und ihrer – negativen – Werte. An diesen fernen Schauplätzen wurde der gleiche Krieg ausgetragen wie zu Hause, der gleiche Kampf, wie er im einzelnen Individuum schon stattfand. Ziel war es, ein besseres Selbstverständnis des Lesers und dadurch eine höhere Selbstdisziplin zu erzielen. Es kann deshalb nicht erwartet werden, daß die Jugendliteratur über Afrika das Verständnis des Fremden gefördert hat. Das Fremdbild war das Bild des eigenen entfremdeten Selbst.

Damen und Herren, damit schließe ich meinen Vortrag. Für diejenigen, denen die Thesen zu hart oder zu bedrohlich erschienen, habe ich noch ein Zitat von Wilhem Busch an den Schluß gesetzt. Es stammt aus dem Buch "Die Rache des Elefanten" und heißt:

> *Johanniswürmchen freut uns sehr,*
> *Der Jaguar weit weniger.*
> (Wilhelm Busch)

*Herbert Jost*

# Möglichkeiten und Grenzen der Darstellung fremder Lebensweisen im Fernsehen

Die Programme des ZDF und der Anstalten der ARD weisen in allen Sparten, vom Sport über die Politik bis zur Unterhaltung, eine Fülle von Direktübertragungen und Berichten aus dem Ausland auf. Die Auslandsberichterstattung der öffentlich–rechtlichen Fersehanstalten ist längst als "täglicher Dienst", so Heinz Werner Hübner (Hübner 1977, 30 ff.), fester Bestandteil des Gesamtprogramms. Um diesen Service gewährleisten zu können, haben die Anstalten der ARD und das ZDF in den Jahrzehnten ihres Bestehens ein weltumspannendes Netz von Korrespondentenplätzen und Studios in anderen Ländern geschaffen, das zu den größten und dichtesten aller Fernsehanstalten der Welt zählt. Ergänzt wird die Nachrichtensammlung außerdem von externen Quellen, wie internationalen Nachrichtenagenturen oder verschiedenen Möglichkeiten des Programmaustauschs (deren bekannteste die "Eurovision" ist, also der Programmaustausch innerhalb der Europäischen Rundfunkunion).
Die starke Betonung der Auslandsberichterstattung in den öffentlich–rechtlichen Fernsehanstalten der Bundesrepublik Deutschland gründet z.T. auf den Erfahrungen mit der Medienpolitik des Dritten Reiches: die Folgen der gezielten Isolation von den Vorgängen im Rest der Welt, die nötig war für die propagandistische Steuerung der Menschen im faschistischen Deutschland, waren nur zu gut bekannt. Zum anderen mußte im Interesse des kulturellen, vor allem aber des wirtschaftlichen Aufbaus in der Bundesrepublik der Anschluß an die wichtigsten Entwicklungen in der Welt ermöglicht und gesichert werden.
Die zwar noch immer in manchen Gebieten überaus lückenhafte, andererseits jedoch schon sehr weitgehende Erschließung des Globus durch ARD– und ZDF–Korrespondenten und –Teams wurde jedoch nicht nur im geographischen Sinne beständig vorangetrieben, sie ließ auch keine technische Neuerung unberücksichtigt. Beginn und Ausbau der Satellitenkommunikation, Innovationen im Bereich der Aufnahme– und Schnitt–Technik wurden und werden genutzt, um höchstmöglichen formalen Standard hinsichtlich Aktualität und technischer Perfektion zu gewährleisten.
Damit haben die Sendeanstalten eine Erwartungshaltung im Publikum geschaffen und genährt, die nun für sie selbst zum Zwang wird. Eine Folge davon ist, daß man gewisse Angebote des Programmaustauschs – vornehmlich Dokumentarmaterial aus den Ländern der sogenannten Dritten Welt – aufgrund mangelnder technischer Qualität nicht oder nur begrenzt nutzen kann.
Allerdings muß man sich vor Augen halten, daß das selbstgeschaffene Dogma formaler Perfektion zu den wenigen für die Programmplanung und –auswahl bestimmenden Faktoren zählt, die tatsächlich von den Kommunikatoren, den Redakteuren und Korrespondenten, wenigstens im Ansatz eingeschätzt werden können. Ansonsten nämlich erhebt sich – nicht nur im Bereich der Auslandsberichterstattung – die nach wie vor nicht zufriedenstellend beantwortete Frage: wie gestaltet man ein Programm für Menschen, deren Interessen und Bedürfnisse man nicht kennt (nicht zuletzt, weil sie einfach zu zahlreich und zu verschieden sind)?

Für die Auslandsberichterstattung läßt sich auf der Ebene der kurzfristigen, also (tages–) aktuellen Berichterstattung, relativ leicht eine Antwort finden: die Aktualität bestimmt die Auswahl. Und "aktuell" sind allemal Themen, die "nationale Interessen" tangieren oder im Sinne des "human interest" Aufmerksamkeit erregen, wie etwa Katastrophenmeldungen etc.

Auf den Ebenen der mittel– und langfristigen Berichterstattung, der Magazine, Features und "großen Dokumentationen", gestaltet sich das Problem schon schwieriger. Aber dafür sind ja gerade diese Bereiche die Domänen der Korrespondenten, "unserer Männer und Frauen vor Ort", deren Aufgabe es ist, stellvertretend für ihr Publikum ihr jeweiliges Berichtsgebiet kennenzulernen und dort die Informationen zu sammeln, die die Menschen in der Bundesrepublik erhalten sollten, sie so aufzubereiten, daß das bundesdeutsche Fernsehpublikum ihren Gehalt verstehen kann. Um die Korrespondenten nicht den Anschluß an die Entwicklungen in der Bundesrepublik verlieren zu lassen, um den Erhalt ihrer Befähigung zu Nachrichtensammlung und –aufbereitung im obenbeschriebenen Sinne zu gewährleisten, finden neben dem ständigen Austausch mit der Heimatredaktion jährliche "Heimatkonferenzen" statt, für die die Korrespondenten aus ihren Berichtsländern zurückkehren, um sich bei den Anstalten über den neuesten Stand der Dinge, vor allem auch im Hause, kundig zu machen. Werden sie dabei aber auch über eventuelle Änderungen in den Neigungen und Interessen ihrer Zielgruppe, des Fernsehpublikums, informiert?

Hier nun schließt sich der Kreis mit der Frage: Was wissen die Verantwortlichen der Sendeanstalten über ihre Zuschauer?

Die Antwort wurde bereits gegeben: eigentlich nichts. Und wer dies anzweifelt oder Gründe dafür wissen möchte, dem sei – stellvertretend auch für die Anstalten der ARD – eine Betrachtung der Anlagen des ZDF, des "größten Sendezentrums Europas" empfohlen: auf dem Lerchenberg, außerhalb von Mainz gelegen, steht dieser Komplex, in dem etwa 3000 Menschen arbeiten, für die es dort Cafés, Banken und Friseure gibt – eine kleine Gemeinde der Insider, abgeschottet nach außen durch bewachte Schranken, in der "Menschen von draußen" fast ausnahmslos als ehrfürchtig staunende Besuchergruppen anzutreffen sind. Die Welt eines solch großen Sendebetriebs ist notgedrungen abgeschlossen und in dieser Abgeschlossenheit ebenso notgedrungen viel zu sehr mit der Rotation um sich selbst beschäftigt, um vom "normalen Leben" außerhalb wirklich berührt zu werden.

Für die Auslandskorrespondenten, die Außenposten dieser Senderwelt, kommen noch weitere Schwierigkeiten hinzu: sie müssen sich in den zum Teil völlig andersartigen Lebensumständen eines fremden Landes zurechtfinden, diese nicht nur für sich selbst verarbeiten, sondern auch für ein Publikum aufbereiten, von dem sie nichts wissen. Diese Aufgaben erfordern mehr Sensibilität, Kreativität und Phantasie, als viele besitzen. Aber auch Langmut und Erfindungsgeist, um die unterschiedlichsten (meist von den Regierenden der Berichtsländer zu verantwortenden) Hindernisse politischer, juristischer oder ganz praktischer Art (z.B. unzureichende Verkehrsverbindungen) zu überwinden.

Nimmt man den günstigsten Fall an (für den es Beispiele gibt, wenn auch nicht sehr viele), den der Entsendung eines sensiblen und befähigten Korrespondenten, der sich in der neuen Lebenssituation gut und schnell zurechtfindet, dem es gegeben ist, komplexe Sachverhalte verständlich zu vermitteln und Interesse zu wecken, dann ergeben sich für diesen Korrespondenten – neben den eventuell auftretenden Problemen im Berichtsland – auch Schwierigkeiten mit der Programmstruktur seines Heimatsenders: denn komplexe Vorgänge lassen sich am ehesten in der Form einer längeren Dokumentation, also einer dreiviertelstündigen Sendung, vermitteln. Die Sendeplätze für diese Beiträge allerdings sind zahlenmäßig gering und zudem oft unattraktiv.

An durchaus attraktiven Sendeplätzen im Programmschema sind die Auslandsmagazine angesiedelt. Doch müssen Magazinbeiträge anders gestaltet sein, sie müssen sich dem "Magazin–Stil" auch inhaltlich anpassen. Denn Magazine müssen "bunt" sein, sie präsentieren, wie Hans–Dieter Kübler formuliert, "jene Mischung aus Unterhaltung und politischer Information, die eher zur aufgedonnerten Sensationshascherei oder subalterner Huldigung, denn zur Aufklärung gesellschaftlicher Zusammenhänge neigt" (Kübler 1975, 211).

Auslandsmagazine zeigen deshalb oft eine deutliche Affinität zu bunten Belanglosigkeiten aus der "Traumschiff"–Perspektive kommerzieller Reiseliteratur, das "Fremde" wird mit "Exotik" und "Sensation" gleichgesetzt. In anderen Fällen kann es aber auch zum Synonym für "Bedrohung" werden, im Sinne des englischen Wortes "alien", anstatt schlichtweg Andersartigkeit zu vermitteln, ohne den Versuch, diese aufzulösen oder zu verschleiern. Daß etwas "anders" ist und auch so dargestellt wird, widerspricht bereits dem Anspruch des Mediums, Wissen und Bildung (sprich: Erklärung) zu vermitteln.

Man entzieht sich in der Regel diesem Dilemma, indem man "vertraute" Themen wählt, die dem Zuschauer die Assoziationen von Parallelen zur ihm bekannten Lebens–Situation vermitteln und so eine Bewertung nahelegen, die unhaltbar ist.

Unhaltbar ist sie schon allein deshalb, weil dem Zuschauer die scheinbar vergleichbare Situation mit all ihren Hintergründen auch nur aufgrund medial vermittelter Informationen bekannt ist. Er kennt und durchschaut sie also nur soweit, wie es die Medien zulassen. Somit können sich kaum Widersprüche oder Zweifel einstellen, stattdessen wird das Bewußtsein umfassenden Informiertseins genährt.

Die Enge des Bildes vom eigenen Lebensbereich wird mit der Enge des Bildes von der Welt deckungsgleich – die Welt wird, wie Richard W. Dill richtig bemerkt (Dill 1976, 319 ff.), ein "global village", ein "Provinznest". Der Bürger wird so zum "Welt–Bürger"; jene Mündigkeit, die stets von ihm gefordert wird, um sie ihm im nächsten Satz zu attestieren, wird allumfassend, ihre Grenzen, die Grenzen seines Wissens und Verstehens, sind die des Dorfes, in dem er lebt, sind die "eisernen Vorhänge", hinter die er (vertreten durch die Korrespondenten) nicht wirklich zu schauen vermag; hinter ihnen lebt der Feind, jenes "Fremde", das sich entzieht und damit eine Bedrohung in sich birgt.

Zusammenfassend bleibt zu sagen:
Die Auslandsberichterstattung der öffentlich–rechtlichen Fernsehanstalten in der Bundesrepublik Deutschland leidet unter der Enge ihrer Grenzen – Grenzen, die sich die Anstalten selbst gesetzt haben, indem sie zum einen technische Perfektion zur Maxime erhoben, zum anderen bestimmte Programm– und Sendeformen entwickelt haben, denen wiederum einengende Konventionen eigen sind.

Sie leidet auch unter den Ansprüchen, denen sie nicht gerecht werden kann: Erwartungen und Interessen zu befriedigen, die den Kommunikatoren nicht bekannt sind. Darunter leiden wohl vor allem auch die Korrespondenten, die daneben gezwungen sind, "das Fremde" selbst zu verarbeiten und dann zu bearbeiten, wobei sie in den meisten Fällen durch zusätzliche Restriktionen und andere Erschwernisse im Berichtsland behindert werden.

Diese Problembereiche haben in der Vergangenheit zwar nicht verhindert, daß hin und wieder hervorragende Berichte und Reportagen erstellt wurden, in denen fremde Lebensweisen, fremder Alltag anschaulich dargestellt wurden, und sie werden dies auch in Zukunft nicht unmöglich machen – doch sie tragen die Schuld daran, daß wirklich gute Auslandsberichterstattung, eine Auslandsberichterstattung, die weder verwischt, noch abwertet, noch verteufelt, die stattdessen Informationen und Wissen vermittelt und damit Verständnis und

Respekt (und vielleicht auch Verständigung) fördert, so selten ist, daß sich bewußte und unbewußte Mißverständnisse bei den Zuschauern addieren zu einem falschen Weltbild.
Der erste Schritt zur Korrektur dieses Bildes müßte eine Entmythisierung des Mediums selbst, eine realistische Vermittlung seiner Möglichkeiten und Grenzen sein. Und gerade dazu scheinen die Fernsehanstalten am wenigsten bereit.

*Dirk Sager*

## Bilder von den Russen

**Erfahrungen als Auslandskorrespondent**

Zu berichten ist von einem Land, über das man mit einem modernen Verkehrsflugzeug 10 Stunden geradeaus fliegen kann, ohne die Grenzen hinter sich zurückzulassen, in dem viele Nationen unter dem Dach einer Regierung zusammenleben, in dem Geschichte und Geschichten so vielfältig sind wie auf einem Kontinent. Das bestimmende Herzstück dieses Landes aber ist Rußland. Was aber die Annäherung so schwierig macht, ist nicht nur die Vielfalt der Sprachen, Völker und Kulturen, sondern den der Bundesrepublik entstammenden Betrachter begleiten auch die Bilder der Erinnerung an deutsch–russische Geschichte, an den Vorsatz Hitlers, zum Beispiel die Städte Leningrad und Moskau vom Erdboden zu tilgen, und schließlich ist da auch noch die unausweichliche Berührung mit dem fremden politischen System.

Wir, die wir unsere erste Erfahrung im Umgang mit dem, was realexistierender Sozialismus genannt wird, dort gemacht haben, wo er sich auf deutschem Boden mit deutscher Vorgeschichte entwickelte, sind schon in einer Sackgasse, wenn wir die anderen Länder mit ähnlicher Gesellschaftsformation nach diesen Erfahrungen zu erfassen versuchen. Solch gezielter Zugriff hat vor allen Dingen etwas mit unserer eigenen politischen Kultur zu tun, aus der heraus die Neigung besteht, das eigene Wertesystem über alles zu setzen. Bilder aus der Fremde, aus solcher politischer Fremde, dienen dann nur dazu, die Richtigkeit des eigenen Wertesystems zu bestätigen, es zu untermauern. Auf eine schlichte Formel gebracht: kennen wir einen Kommunisten, kennen wir alle Kommunisten. Meinen wir ein Bild von der DDR zu haben, so haben wir ein Bild von allen Ländern jener Welt östlich der Elbe, die als europäisch zu begreifen, die Sache der Deutschen lange Zeit nicht war – nicht in der Zeit des Nationalsozialismus, aber auch lange Zeit danach nicht. Der Blick also verstellt von Geschichte, von politischen Klischees, abendländischem Selbstverständnis, das doch nichts anderes erlaubt als Ausblicke durch eine in ihrem engen Rahmen gemauerte Schießscharte.

So kommt der Korrespondent in eine Stadt, die als Zentrum der Welt des Bösen zu verstehen, keineswegs ein Privileg amerikanischen Provinzialismus war. Ausgestattet mit der profunden Halbbildung des politisch Gutwilligen, das heißt nicht auf Herabsetzung Zielenden, aber auch nur bedingt bewußt der eigenen Vorurteile, die die meisten unserer Erziehung und Herkunft eint. Wohl jeder, der nach Moskau geht, geht freiwillig dorthin. Aber es ist wohl kein Zufall, daß die Liste der Bewerber um Korrespondentenplätze lang ist, wenn es sich um Paris oder Washington handelt. Rom genießt eine besondere Sympathie. Aber wer geht schon nach Moskau?
Hinter jedem Baum ein Polizist, ein limitiertes Angebot an Nahrungsmitteln und neuerdings auch nichts zu trinken. Freudlose Jahreszeiten und Menschen, die durch die Weltanschauung längst zu Robotern wurden – das Leben grau. Ein überzeichnetes Bild der Vorstellungen. Die grenzenlose Bewunderung, die der Politiker Gorbatschow nicht nur beim

schlichten politischen Laien im Westen auslöst, bestätigt wohl eher eine Summe von Negativ–Klischees. Mein eigener Weg in die russische und sowjetische Hauptstadt verlief nicht gradlinig. Mir erschien es immer wünschenswert, dort einmal sein zu dürfen, aber dieser Wunsch lag jenseits vorstellbarer Entwicklungen. Es fügte sich dann jedoch, daß ich 1980 innerhalb von sechs Wochen meinen letzten Arbeitstag in Washington und meinen ersten in Moskau hatte. Ich will die Fülle besorgter Gefühle nicht verhehlen, die mich begleiteten auf dem langen Weg im Taxi vom Flughafen Scheremetjewo in die Stadt, zunächst entlang schier endloser Reihen russischer Bauernhäuser – dann plötzlich die Häuserschluchten, das bewegte Meer großstädtischen Verkehrs in einer Metropole.

Die Besorgnis war deshalb so groß, weil die politische Entwicklung eine Rechnung hatte nicht aufgehen lassen. Weil es eine Vorbereitungszeit für diese Aufgabe nicht gegeben hatte, wollte ich das erste Jahr nutzen, um mich vorsichtig, in der Quantität der Arbeit zurückhaltend einzuarbeiten – nach der schlichten Methode "learnig by doing". Doch nach dem Einmarsch der Sowjetunion in Afghanistan, der damit beginnenden Diskussion über einen Boykott der Olympischen Spiele in Moskau war nicht mehr Zurückhaltung, sondern permanentes Krisenmanagment angesagt. Diese biographischen Anmerkung soll nur ein Hinweis sein, auf die Lücke in den denkbaren Vorbereitungen, zu denen ganz sicher ein Studium der Sprache, aber auch eine weiterführende Beschäftigung mit Literatur und Geschichte des Landes gehören sollten. Der Prozeß der Annäherung dauerte lange, er hat vielleicht immer noch kein Ende gefunden, weshalb ich mich auf die Erwähnung zweier Kapitel am Anfang beschränken will.
In einem ersten Fall für die ZDF–Sendung "Kennzeichen D" versuchte ich die Gefühle zu beschreiben, die ein Deutscher erfährt, wenn er seine ersten Wege in der großen Stadt Moskau macht. Das wichtigste ist: er stößt nirgendwo auf Haß. Zwar gibt es kaum eine Familie, in deren Wohnung er geladen wird, die nicht in Schmerz zu denken hat an den Zweiten Weltkrieg, weil einer der Ihren zu den 20 Millionen Opfern zählt. "Aber", so brachte es eine alte Frau, die selbst zwei Söhne verloren hatte, auf die nachsichtige Formel, "es war eine furchtbare Zeit für alle Völker. So etwas darf nie wieder geschehen." Ich will nicht verhehlen, daß mich solche Nachsicht immer wieder beschämte, eingedenk der in Unwissenheit und Vorstellungslosigkeit gebetteten Ressentiments gegenüber den "Russen" daheim. Es ist, um ein bezeichnendes Wort über die deutsche Nachkriegsgeschichte zu variieren, nach meinem Eindruck gerade die Fähigkeit zu trauern, die meine wechselnden Gastgeber so frei von Haß, friedfertig und friedensfähig machte.
Zu solchen privaten Eindrücken gehörte auch das Bild vom 9. Mai, der in der Sowjetunion als Tag des Sieges nicht gefeiert, sondern begangen wird. Dies ist für die Menschen kein lauter Jubeltag über das Ende des Zweiten Weltkrieges, und auch der Staat versucht nicht, ihn mit Militärparaden stolz aufzupolieren. Es ist ein Tag, an dem viele Familien in einer unbefohlenen Prozession den Weg in die Innenstadt nehmen, zum Grabmal des Unbekannten Soldaten an der Kremlmauer. Alte und junge Menschen, kleine Kinder tragen sie auf den Schultern, und viele von ihnen haben Tränen in den Augen. Daneben gibt es Treffen der Veteranen, jener auf Bildern eher putzig anmutenden ordenbehangenen alten Herren und Damen. Es sind jene, die die Hölle des Krieges überlebten, glücklich deswegen – aber auch nicht ohne Trauer. Für mich war die Summe solcher Erfahrungen, daß es Lebensgefühle zu vermitteln gilt, weil sie etwas über die Kultur des Landes sagen und auch über seine Fähigkeit zum Frieden.

Die zweite bildhaft bleibende Erfahrung machte ich mitten im Trubel der Olympischen Spiele. Sie kulminierte in der Erregung über einen beim sowjetischen Fernsehen, von wo die Beiträge jeweils per Leitung zum Heimathaus überspielt werden, verloren gegangenen Film und mündete in bewegter Einsicht. Beim sowjetischen Fernsehen gingen nie oder fast nie Filme verloren. Und wenn solches geschah, was lag näher, als gelenkte Absicht zu vermuten. Am Morgen jenes Tages war die Nachricht, ohne je vom Rundfunk verbreitet worden zu sein, wie im Fluge durch die Stadt geeilt: Der ungemein geliebte Schauspieler und Liedermacher Vissotzky sei gestorben.

Im Taganka–Theater, so wurde gesagt, sei eine Trauerfeier. Schon weit vor dem Theaterplatz waren die Straßen des Viertels gefüllt mit Menschen. 50.000, so schätzte später ein Polizeioffizier, der auch ein Verehrer des Toten war, in privatem Gespräch. Auch am Ort war Polizei, zu Fuß und beritten, die sich vergeblich bemühte, ein Chaos abzuwenden. Soviele Menschen waren gekommen, um Abschied zu nehmen von einem, den sie liebten. Dabei war zu Lebzeiten nie eine Schallplatte des Sängers erschienen. Keine große Regie hatte zu einem Starkult geführt. Weil der Obrigkeit die Lieder nicht geheuer waren, hatte es nie große Konzerte gegeben. Lieder und Texte waren den Menschen vertraut, weil im Laufe der Zeit Tausende von Kassetten, privat vervielfältigt, in Umlauf gebracht worden waren. Die Verehrung, die an jenem Tag offenbar wurde, reichte durch alle Kreise der Bevölkerung und weit ins Land hinein. Später habe ich einmal in einem entlegenen sibirischen Dorf einen Bürgermeister getroffen, der, um zu unterstreichen, wie wenig entlegen seine Region sei, bei der Begrüßung der Ausländer einen Kassenttenrekorder unter dem Arm trug, aus dem ein Vissotzky–Lied erklang.

In diesem Taganka–Theater steht seitdem am Schminkplatz Vissotzkys stets ein gefülltes Glas Vodka. An seinem Grab treffen sich täglich junge und alte Leute, legen Blumen nieder und spielen seine Musik. Jeweils am Todestag aber versammeln sich dort Zehntausende.

Was ist das für ein Volk, von dessen Kulturlosigkeit soviele Deutsche überzeugt waren, vor dem Angst zu machen lange Zeit ein selbstverständliches Ritual bundesdeutscher Wahlkämpfe blieb? Es ergibt sich, daß gerade in einem solchen Land es nicht nur Aufgabe des Korrespondenten sein kann, vordergründig die politische Bühne zu beleuchten. Er muß unter die Menschen gehen, von ihnen berichten – wenn er dafür zu Hause Sendezeit bekommt.

Die tiefen Eindrücke der ersten Monate wären wohl so überraschend nicht gewesen, hätte der Korrespondent sich mehr beziehen können auf das, was jenes Volk über sich selbst gesagt und geschrieben hat, wären ihm gegenwärtiger gewesen die Welten der Literatur aus dem 18., 19. und 20. Jahrhundert. Nicht, daß wir gar nichts gelesen haben. Aber letztlich waren alle Kampagnen Heinrich Bölls und anderer Wohlmeinender vergeblich, russische und sowjetische Literatur an uns heranzutragen. Der Kreis derer, die Bunin, Mandelstamm, Platonow oder aus jüngeren Jahren Trifonow oder Aitmatow gelesen haben, ist klein. Mag sein, daß die Ausstrahlungskraft des gegenwärtigen Generalsekretärs auch Einfluß nimmt auf unsere literarischen Interessen – die Literatur gab es auch schon vor Gorbatschow.

Den Raum in Erinnerung zu rufen, ist der Korrespondent aufgefordert: die Geschichte, die Literatur, die Kunst, die Zeit der Trauer und die Zeit der Freuden. Dies gilt umso mehr, wenn er für ein Land berichtet, das die Sowjetunion lange in schrecklicher Eindimensionalität zu sehen gelernt hat. Begebe er sich in die Theater, als Gast der Familien in die Küchen – und auch an die Gräber! Ich bin nicht davon überzeugt, daß solche Berichterstattung unmittelbare Wirkung zeigen kann, obwohl, wie mich Briefe von Zuschauern in meinem Moskauer Büro gelehrt haben, auch dies der Fall sein kann. Aber nicht den Versuch unternommen zu haben, wäre unverzeihlich.

Gerade demjenigen, der sich als politischer Korrespondent versteht, empfiehlt es sich, mehr zu lesen als die hauptstädtischen Zeitungen. Zumal in den Zeiten vor Gorbatschow waren die politischen Botschaften auf ihren Seiten verschlüsselt, blieben Stoff für nächtelange Deutungsdiskussionen. Lesen im Leben eines Volkes, das sind nicht nur die Bücher, das ist auch das Entziffern der Informationen, die die Architektur der Häuser, die Planung der Städte erzählen, der Alltag derjenigen, die in ihnen wohnen.

Die Summe solcher Lektüre erweist sich als verläßliche Basis für die politische Analyse. Obwohl in der "Prawda" in der ersten Hälfte der 80er Jahre noch wenig im voraus zu ahnen war von der politischen Zukunft unter einem Generalsekretär Gorbatschow, so sprach doch in Bereichen, die vordergründig gar nicht hochpolitisch erscheinen, vieles dafür, daß die Zeit reif war für grundsätzliche Veränderungen. Das galt zum Beispiel für einen Theaterbesuch im Moskauer "Künstler–Theater", in dem ein Stück von Schartrow ein geschichtliches und politisches Signal gab: die Erinnerung an Lenins Testament als Vorahnung späterer Schrecken und Irrwege. Da wurden Fragen gestellt, für die Gorbatschow später Antworten bot, und so wurde das Stück auch verstanden – als Zeichen der Hoffnung für eine bessere Zeit.

*Rolf Wilhelm Brednich*

# Medien und Kulturkontakt

Zusammenfassung der Diskussionen in der Arbeitsgruppe 5

Die Diskussion wandte sich nach den Referaten von A. Hartmann, D. Richter und P. Mesenhöller zunächst dem Problem der Entstehung und Verbreitung von Stereotypen zu. Es wurde nachdrücklich darauf hingewiesen, daß die vor allem im 18. und 19. Jahrhundert in der Reiseliteratur ausgebildeten stereotypen Vorstellungen von fremden Völkern zum Teil bis in die Gegenwart Gültigkeit besitzen. Dies wurde am Beispiel des Kannibalismusvorwurfs verdeutlicht. R. Schenda verwies auf das Verhalten einer Gruppe österreichischer Politiker, die kürzlich Südafrika bereisten und bei ihrer Rückkehr äußerten, die "Schwarzen" in den von ihnen besuchten Ländern seien für die Aufhebung der Politik der Apartheid einfach noch nicht reif. An diesem Beispiel könne man sehen, wie die historischen Stereotypen noch unser Gegenwartsbild von den Bewohnern der "Dritten Welt" bestimmten. Das Thema der Arbeitsgruppe "Medien und Kulturkontakt" besitze daher auch eine wichtige politische Komponente. Von seiten Ingrid Tomkowiaks wurde z.B. darauf aufmerksam gemacht, daß die Schilderungen der Südseebewohner in den Quellen von P. Mesenhöller in frappierender Weise mit dem Bild des deutschen Bauern übereinstimmen, das die Literatur des 18. Jahrhunderts von den Bauern quasi als Fremden im eigenen Land zeichne. W.D. Könenkamp allerdings brach eine Lanze für die ältere ethnographische Literatur, in der nach seiner Erfahrung teilweise schon sehr differenzierte und abgewogene Urteile über fremde Völker und Kulturen gefällt worden seien. Die Diskussion differenziert daraufhin zwischen der wissenschaftlichen Literatur mit ihren verläßlicheren Daten und der populären bzw. Unterhaltungsliteratur, in der vielfach falsche Vorstellungen perpetuiert worden seien.

Im Anschluß daran wurde die Frage diskutiert, warum die "falschen" Vorstellungen überhaupt so hartnäckig weitergelebt haben. Sie seien offenbar nicht deswegen weitergegeben und ständig wiederholt worden, weil ihnen ein besonderer Wahrheitsgehalt zugekommen sei, maßgebend dafür seien vielfach die Wunschvorstellungen der Autoren gewesen, die in den Berichten Gestalt annehmen. Ein Reiseschriftsteller, der beispielsweise im 18. Jahrhundert die Südeuropäer als wenig arbeitsam und eher sinnenfreudig erlebte und selbst einer Berufs- und Arbeitswelt mit wenig Müßiggang entstammte, wird seine Beschreibungen möglicherweise auch an seinen versteckten und geheimen Wünschen und Wertvorstellungen orientiert haben. Fremdheitserfahrungen sind somit Erfahrungen, die den eigenen Standpunkt des Reisenden verändern. Die Menschen an der Südgrenze Europas, etwa die Neapolitaner, werden in der Reiseliteratur fast schon wie "Wilde" (oder auch Kinder) erfahren, Neapel erscheint überhaupt als der südlichste Fremdheitspol in Europa. Nach Dieter Richter empfinden die mitteleuropäischen Reisenden gegenüber den Neapolitanern eine Art Berührungsangst. Dabei spielen der katholische Glaube, das andere Klima und die von dem Nachleben der Antike geprägte Umwelt eine Rolle. Die Einstellung der Fremden schwankt zwischen den beiden Polen der Romantisierung bzw. Verklärung der Armut und der Verachtung dieser Menschen.

Nach H. Gerndt gehört bei der Analyse solcher Quellen noch eine weitere Perspektive hinzu, nämlich die Beurteilung der Texte und Bilder aus der Sicht der heutigen Kulturkontakte. Wir suchen in den Zeugnissen nach Realität, nach Wirklichkeit, aber Wirklichkeit ohne eine bestimmte Perspektive könne es nicht geben, und diese sei mitzubedenken. Dies gilt für die historische Reiseliteratur ebenso wie für die illustrierten Zeitschriften und Pfennigmagazine des 19. Jahrhunderts (Referat H. Gebhardt), die Fotografien in den Sammlungen der Völkerkundemuseen (Th. Theye) und die völkerkundlichen Sammlungen und Ausstellungen selbst (B. Hauser–Schäublin) sowie für die Fremdenbilder in den Schul– und Kinderbüchern (A. Häfner).

Durch R. Schenda wird die grundsätzliche Frage nach der menschlichen Identität in die Diskussion eingebracht. Was empfindet der Mensch als Heimat? Es sei zu fragen, ob die Xenophobie überhaupt zur menschlichen Grundbefindlichkeit gehöre, also angeboren sei, oder sich nicht vielmehr erst in seiner späteren Entwicklung einstelle und durch Medien vermittelt werde. Die Frage, was angeboren und was angelernt sei, werde damit auch zu einer politischen Frage, zu einer Frage an die Vermittlungsinstanzen von Fremdbildern. Die Medien, die in den einzelnen Referaten der Arbeitsgruppe zunächst mehr unabhängig voneinander auf ihre Problematik befragt wurden, seien im "Verbund" miteinander zu sehen, alle trügen sie ihren Teil zur Entstehung und Tradierung von Fremdbildern in unseren Köpfen bei, und zu den in der Arbeitsgruppe vorgestellten Print– und Bildmedien seien zahlreiche weitere hinzuzurechnen: Bilderbogen und Sammelbilder, Reiseprospekte, Denkmäler und selbst noch die Deutsche Bundespost mit ihren aktuellen Werbebildern. Man dürfe auch, so wurde in der Diskussion weiter gefordert, keine Scheu vor dem Anpacken von Tabubereichen haben, die ihren Teil zur Entstehung von Fremdenhaß, Rassenstereotypen etc. beigetragen hätten. Es wurde u.a. die christliche Missionstätigkeit und –propaganda der beiden großen Konfessionen ins Feld geführt, die dringend der ideologiekritischen Aufarbeitung bedürfe, insbesondere das Missionsschrifttum als Vermittler von Fremdbildern. Ein weiteres Tabuthema sei der Sexualbereich. Hier gelte es u.a. gegen die Bilder der Nacktheit, speziell gegen jene Bilder von der Fremde vorzugehen, in denen der weibliche Körper zum Zwecke sexueller Ausbeutung als Reklame verwendet werde (Bangkok–Tourismus!). Auch Kinderbilder aus der Dritten Welt dienten vielfach als "Schau– und Sentimentalware".

So gesehen verschwand in der Diskussion die durch die Referate vorgegebene vermeintliche Trennlinie zwischen historischen und aktuellen Medien, und besonders wegen der Aktualität wurde von allen Beteiligten die Auseinandersetzung mit dem Thema "Medien und Kulturkontakt" als ein relevanter Beitrag zum Kongreßthema "Kulturkontakt und Kulturkonflikt" aufgefaßt.

## Arbeitsgruppe 6
# Eigene Fremde

*Heinz Schilling*

# Eigene Fremde oder: Die Chance des Fremden, fremd zu bleiben

Wer sich mit der Erfahrung des Fremden auseinandersetzt, tut leicht den Schritt zu weit, wenn er im Beschreiben des Fremden die Aufhebung der Fremdheit betreibt. Die Deskription des Andersseins fällt dann zusammen mit dem Verstehen. Und der Schritt von der Feststellung des Andersseins zum Verstehen–Wollen ist gerade auf einem Kongreß mit dem Rahmenthema *Kulturkontakt – Kulturkonflikt* schnell getan.

Als wollten sich die Referenten der Arbeitsgruppe 6 genau davor hüten: Ihnen ging es zwar um "Eigene Fremde", wobei die Grenze zwischen dem einen und dem anderen, dem Eigenen und dem Fremden, der Heimat und der Fremde nur schwach ausgebildet scheint. Doch es ging um einen Typus von Kulturkontakt, in dem das Anderssein der je anderen, das Fremde der Fremden nicht als störend und aufhebbar, sondern eher als auf Dauer konstitutiv erscheint; als Kontaktfolge wird nicht Annulierung der Widersprüche, Egalisierung der Besonderheiten, Integration ins eigene Verstehenssystem beschreibbar, sondern die Bestätigung der Unterschiede.

Was dies bedeutet, sei durch einige Problemskizzen angedeutet:

- Wie sehr liefert das Anderssein von Migranten einer Majoritätsgesellschaft den Grund, die nationale Integration zu verweigern?
- Wie steht es um das Recht gesellschaftlicher Randgruppen oder ethnischer Minderheiten, in einer Art (auch: selbstdefinierter) Apartheid die Integration zu verweigern und sich in "Zwischenwelten" einzurichten?
- Warum evoziert eine nationale Grenze von der alle behaupten, sie existiere eigentlich gar nicht mehr, emotionale Abgrenzungen?
- Was ist, wenn neue Bürger in einem Dorf sich auf das Dorf nicht "einlassen" und Alteingesessene – korrespondierend dazu – die Anonymisierung und Verfremdung der eigenen Lebenswelt einüben?
- Inwieweit erschließen sich in einem Mehrsprachenstaat arbeitgebende "Aufnahmefamilien" ihren jungen (anderssprachigen) Landsleuten tatsächlich "kulturell", und inwiefern streben diese einen temporären Milieuwechsel tatsächlich auch als Kulturwechsel an?

Fremdsein ernstnehmen – darin trafen sich die Referenten der Arbeitsgruppe "Eigene Fremde". Dieses Treffen war als interdisziplinäres Gespräch geplant, um aus unterschiedlichen Perspektiven von Volkskundlern, Kulturanthropologen, Völkerkundlern, Soziologen und einem Schriftsteller wiederum sehr verschiedene Fremdheitserlebnisse, Fremdheitsmechanismen und Fremdheitsbedeutungen darzustellen und zu analysieren.

"Eigene Fremde", so war in der Vorausdiskussion vereinbart worden, seien zunächst jene Fremden, die in ausgegrenzter Dazugehörigkeit "mitten unter uns" leben, räumlich geschieden oft von der Gesellschaft und ihrer spezifischen Kultur: in sogenannten Ausländervierteln, in Flüchtlingslagern, in Asylantenwohnheimen, in ethnischen Kolonien, in Restricted Areas. Zudem kann "Eigene Fremde" das eigene oder eigenkulturelle Territorium meinen, das sich verändert, bis daß es fremd erscheint, fremd wird, fremd ist und als verfremdete Heimat partiell die "Eigene Fremde" darstellen kann.

In dieser Vorüberlegung oszillieren zwei Bedeutungsdimensionen von "Eigene Fremde"; die soziale kann wie eine Kippfigur überpringen in die territoriale. In meinem Plenarvortrag wird diese Möglichkeit von Raum– und Aneigungskonkurrenz auch als Kategorie des sozialkulturellen Wandels mitbedacht.

Das zweitägige Gespräch der Arbeitsgruppe konzentrierte sich auf ethnische Gruppen als "eigene Fremde" (Fremde scheinen vertraut zu werden), sowie auf verschiedene gesellschaftliche Segmentierungen (Vertrautes scheint fremd zu werden). Diese konzeptionelle Gliederung erwies sich, weil geplant, als zu geradlinig, als daß damit der Gesamteindruck des Kongreßdiskurses auf den verschiedensten empirischen und analytischen Ebenen widergespiegelt werden könnte, der tatsächlich eine größere Vielfalt von Fremdheitserfahrungen und kulturellen Verarbeitungsmustern erbrachte. Deshalb weicht die Reihenfolge der hier zu dokumentierenden Referate ab von derjenigen der Gruppenarbeit.

In dieser Einleitung möchte ich die einzelnen Referate gemäß ihren Kernaussagen charakterisieren, die sich auch für das gemeinsame Reflektieren als Anlässe zur Vertiefung erwiesen haben. Eine kontroverse Diskussion hat sich darüber nicht entzündet. Waren die sehr wachen Teilnehmer der Arbeitsgruppe zu sehr mit dem Verarbeiten und Einordnen des Gehörten beschäftigt? Wurde ein denkbarer Konflikt heterogener Wissenschaftskulturen von der kongreßeigenen Kontaktharmonie zugedeckt? Oder war – wie zu anderen Anlässen in dieser Universität – der "Zeitgeist" präsent, indem man sich momentan still lauschend und meditierend das Wahrgenommene nicht durch schräge Töne mißdeuten lassen will?

Für eine vergleichend–analytische Diskussion, für einen gemeinsamen Systematisierungsversuch oder auch für eine notwendige Abschlußdiskussion des Aspekts "Wert der Fremdheit" – auch in der Variante: Die Chance des Ethnologen, das Beschreiben von Fremdheit nicht als Verstehen mißzuverstehen – fehlte die Zeit. Ein Vorschlag für künftige Kongresse nach dem "Frankfurter Modell": für die Arbeitsgruppen mehr Zeit zu reservieren.

Worum ging es bei der Arbeitsgruppe "Eigene Fremde"?

Am Beispiel der Schweiz wurden – scheinbar "nationalkulturell" fokussiert – einleitend ganz unterschiedliche Probleme von "Eigener Fremde" dargestellt: Umgang mit Fremden als kollektives Paradigma (Schulte–Haller), temporärer Kulturwechsel im eigenen Land (Gyr) und wechselnde Fremde–Sein–Erfahrungen (Steffen).

Tildy Schulte–Haller untersuchte, wie die Schweiz mit "ihren" Fremden umgeht und wie die Identität eines Staates, dem z.B. die Erfahrung internationaler kriegerischer Konflikte fehlt, sich über eine Kette von nationalen Notsituationen herausbildet, zu denen in jüngster Zeit gerade die Abwehr von Fremden im eigenen Land zu zählen ist. Sie arbeitet die "Malaise" als eine schweizerische Grundstimmung heraus zwischen Bodenständigkeit und Weltoffenheit, zwischen Hoffen und Bangen, zwischen bürgerlicher Liberalität und – zunehmend – chauvinistischer Restriktion. Die Bezogenheit auf die Fremden wird durch eine Marge zwischen Grat der Sympathie und Tal der Abgrenzung gekennzeichnet. Letzteres meint politische Entscheidungsprozesse mit der Bezeichnung Überfremdungsinitiativen, in denen das Verhältnis der "Willensnation" Schweiz zu den Nichtschweizern im eigenen Land geregelt wird. Im Umgang mit dem Fremden gewinnt eine sich verändernde schweizerische Identität Priorität, das heißt: das Paradigma von der weltoffenen, pluralistischen Schweiz – kulturelle Vielfalt in einer genossenschaftlichen Demokratie ermöglicht eine spezifische humanitäre Tradition – wird abgelöst von einem restringierten nationalen, welches sich über Negativbilder vom Fremden konstituiert. Vor dem Hintergrund einer nationalen Identitätsdiffusion und einem hohen Prozentsatz ausländischer Arbeitnehmer werden traditionell wohlgelittene Fremdengruppen wie Gastarbeiter oder politisch Verfolgte kulturell, sozial und wirtschaftlich zunehmend geschieden vom "eigentlichen" Schweizervolk; die Distanzen werden immer wieder erneuert oder notfalls auch erst geschaffen. Verantwortlich für die steigende Fremdenfeindlichkeit in der Schweiz sind – nach dem Konzept der "Willensnation" – natürlich die Fremden selbst. Evident als anderes Kulturmuster wurde ein wesentliches Merkmal für die "eigenen" Fremden, nämlich ihre Beherrschbarkeit durch Schuldzuweisung, Distanzierung und kulturelle Ausgrenzung. Dadurch wirken sie konstitutiv für die Gruppenidentität der Mehrheitsgesellschaft. Eine derartige Klassifizierung als Nutzungseigentum der national stimulierten Majorität belegt gleichzeitig eine spezifische Form von Enteignung.

Daß die Mehrheitsgesellschaft in der Schweiz selbst keine homogene Einheit bildet, sondern als Mehrkulturenstaat auch auf den Austausch zwischen den verschiedenen Sprachkulturen angewiesen ist, wurde am Beitrag von Ueli Gyr deutlich. Gyr beschäftigte sich in seinem Forschungsbericht mit einer spezifisch schweizerischen Institution, dem "Welschlandjahr". Um mit der fremden Kultur im eigenen Land vertraut zu werden, aber auch um Sicherheit in der zweiten Landessprache Französisch und individuelle Selbständigkeit zu gewinnen, arbeiten junge Deutschschweizerinnen für eine auf Jahresfrist begrenzte Zeit als Haushaltshilfen und Kindermädchen in französischsprachigen Familien der Westschweiz, dem "Welschland": ein kulturelles Kapital, das sich ökonomisch verwerten läßt. Dieses Kulturkontakt–Muster bietet einerseits die Chance, interkulturelle Alltagserfahrungen innerhalb der eigenen Landesgrenzen zu machen und damit die nahe Fremde aus der Nähe kennenzulernen. Andererseits, so zeigten Gyrs Untersuchungen, sind mit diesem temporären Milieu–Wechsel eine Reihe von Konflikten und Problemen verbunden, die ein intensiveres Kennenlernen der anderssprachigen Kultur erschweren und meist nicht mehr als oberflächliche Berührungen mit dem Alltag in der Fremde zustande bringen. Trotz dieser Hindernisse fragte Gyr nach den Potentialen, nach den positiven Möglichkeiten, wie sich ein solch klassisches Kulturkontakt–Muster verbessern und erweitern ließe. Sein anwendungsorientierter Ansatz zeigt auf, welche ungenutzten, weil bisher unberücksichtigten Chancen der "Welschlandaufenthalt" zu bieten hat.

Katharina Steffen schilderte autobiografisch, wie sie in der Fremde die Schweiz neu "entdeckt", nachdem die Heimat "eigene Fremde" geworden ist. Aus einem zuhause gelebten kritisch–distanzierten Verhältnis zur Schweiz wird während eines längeren Auslandsaufenthalts der Schritt in die eigene – individuelle und enkulturierte – Vergangenheit. Vergangenheit als zeitliche Distanz wird aus der geografischen Distanz eines mobilen Menschen neu bestimmbar und beeinflußt so die künftige Gegenwart. Das bisher kritisch erfahrene Eigene bekommt in der Fremde eine neue Wertschätzung. Nach dem Grenzübertritt, das Verweilen im fremden Land auf Dauer vor sich sehend, muß eine Neudefinition der eigenen Identität geleistet werden. In der Fremde, separiert von allen Schweizern, entwickelt die Autorin – auch unter dem Eindruck der ihr zugewendeten Fremd–Definitionen wie Du=Heidi – ein neues "Wir–Schweizer"–Gefühl. Diese Selbsterfahrung durch Perspektivenwechsel führt jedoch nach der Rückkehr in die Schweiz ebenfalls zu einer erneuten Umdefinition der eigenen Person durch eigene Landsleute, die sie nun nicht mehr für eine Schweizerin halten; für diese wird sie eine "eigene Fremde", und die Sehnsuchtslandschaft wird enteignet, gerät zu einem terrain vague. In dieser Identitätsdiffusion scheint die Hinwendung zu Mundart und Geschichte – belegt durch die Alpen als Emblem für den Garten Eden – wieder festen Boden unter die Füße zu bringen.

Sich in der Fremde als Heidi und Geißenpeter zu fühlen und sich der Heimat über Symbole und Merkzeichen zu versichern, bedient zweifellos die Stereotypen in der Fremde. Dem

Fremden und der sozialen und kulturellen Denomination als Fremde wird auch standgehalten durch die Übernahme einer geografischen Anrainer–Perspektive: "Wir von der südlichen Peripherie".

Die Fremdheitserfahrungen Katharina Steffens wiesen über die Schweiz hinaus. Ich habe in ihrem Referat den Versuch gehört, zwei Heimaten auf Zeit miteinander zu versöhnen, vor allem aber, das Verhältnis zu der einen während eines Vortrags in der anderen zu klären und die Spannung des doch nie beendeten Pendelns zwischen beiden als reale Heimatbedingung zu erklären: an beiden Orten (für sich) eine eigene Fremde vorzufinden und (für die anderen) eine eigene Fremde zu sein.

Eigene Fremdheitserfahrungen waren auch Ausgangspunkt für die Referate von Mechthild Weß–de Velàsquez (Ausländerprojekt mit deutschen Studenten) und Signe Seiler (sozio–ethnologische Recherche "unserer eigenen" bundesdeutschen Amerikaner), Mechthild Weß–de Velàsquez berichtete und analysierte ihre Erfahrungen als Lehrende am Seminar für Volkskunde der Universität Göttingen anläßlich eines zweisemestrigen studentischen Projekts, Thema "Ausländer in der Bundesrepublik". Mit der Erkenntnis, daß die öffentliche Diskussion des "Ausländerproblems" durch die Erscheinung von Ausländerfeindlichkeit ausgelöst wurde, wird der Grundstein gelegt für das Verhalten der Studierenden während des Projekts. So liegt das eigentliche Ergebnis der zwei Semester in der Analyse dieser Verhaltensstrategien.

Es zeigte sich: Das Verständnis der Fremden um jeden Preis geht einher mit der Negierung einer "deutschen Identität" für sich selbst. Verstehen wollen wird zum Wert schlechthin. Mit der kulturell bedingten Andersartigkeit der so nahen "eigenen Fremden" findet keine wirkliche Auseinandersetzung statt. Das Wissen um die eigene emotionale Involviertheit macht die benötigte Distanz unmöglich. Das aufklärerische Motiv radikalen Verstehens wird von Befangenheit erdrückt, wenn die Souveränität zur eigenen Identitätsbeschreibung nicht ausgebildet wurde. Die Angst, man könne zum Lager der Ausländerfeinde gezählt werden, macht Diskussionen schwer und unmöglich.

Eine Antwort auf die Frage nach einer fruchtbareren Umgehensweise mit Ausländern sah Mechthild Weß–de Velàsquez in der Akzeptanz der Schwierigkeiten beim Umgang mit den "eigenen Fremden" (den in der BRD lebenden Ausländern) und der eigenen Fremde (das eigene Befremden über Andersartigkeit ihrer Kultur).

Zu einem leidenschaftslos–resignativen Ergebnis gelangte Signe Seiler, die in ihrem Beitrag das Ausmaß an Fremdheit zwischen den in der BRD stationierten GIs und der westdeutschen Bevölkerung beschrieb und analysierte. Obwohl seit Bestehen der Bundesrepublik eine beachtliche Zahl an amerikanischen Soldaten hier lebt und arbeitet, bleiben Begegnungen im Alltag doch spärlich, sind Kontaktversuche meist zum Scheitern verurteilt. Aus der Perspektive der GIs schildert Signe Seiler, welche militär–strategischen Gründe, welche subjektiven Erwartungen, aber auch welche kulturellen Gegensätze und gegensatzbewahrende Strategien zu der gettoisierten Lebensweise der hier stationierten Soldaten geführt haben: Wo immer auf der Welt ein US–Soldat ankommt, ist die USA für ihn im Kleinen vorbereitet. Die detaillierten Kenntnisse der Ethnologin Signe Seiler führten eindrucksvoll vor Augen, was unter der stereotypen Formel der "deutsch–amerikanischen Freundschaft" verborgen bleibt: jener Bereich an Fremdheit und Isolation, der in unserem Land weder wahrgenommen noch überwunden wird.

Hans Achim Schubert und Roderich Feldes haben sich in ihren Referaten dem Problembereich gesellschaftlicher Entfremdung und Segmetierung zugewandt. Sie realisierten dies in sehr unterschiedlicher Weise: Schubert ist als Soziologe mit Arbeiten über Nachbarschaft und soziale Entfremdung hervorgetreten, Feldes hat als Schriftsteller und Drehbuchautor

*Eigene Fremde* 589

immer wieder Entfremdungsprozesse als Beispiele für den sozialkulturellen Wandel der Dorfkultur thematisiert.
Hans–Achim Schubert näherte sich dem Phänomen Entfremdung von einer historisch–theoretischen Position. Ausgehend von einem z.T. idealisierenden Bild kleiner Gemeinschaften (Dorf, Stamm), für die das Fremde von außen kommt und die dadurch eine Stärkung ihrer Bindungen erfahren, kontrastierte Schubert seine Beschreibung mit den Entfremdungsbegriffen von Marx und Durkheim in einer modernen Dimension.
Aber auch diese Begrifflichkeiten scheinen in heutigen heterogenen, pluralistischen Gesellschaften nicht mehr zu genügen. Mit dem Verlust eines einstigen multifunktionalen Lebensraums und der Teilhabe an verschiedensten, zum Teil gegensätzlichen Gruppen ergibt sich nach Schubert eine neue Beziehung von Entfremdung und Identität: "synchrone Teilidentitäten" entstehen, die teilweise vom Individuum nicht mehr ausbalanciert werden können. Dadurch dringt das Fremde in die engsten, intimsten Lebensbereiche ein. Mit der Forderung nach einer neuen Synthese aus differenziertem und einfachem Leben, also von heterogenen Gesellschaftszuständen und kleinen Gemeinschaften, versuchte Schubert nun eine Lösung aufzuzeigen: eine Orientierung des Menschen an kleinen Gruppen (Vereine, lokale Gemeinschaften), die der erfahrenen Entfremdung, dem Sich–gegenseitig–Fremdwerden, entgegenwirken.
Roderich Feldes nimmt mit einem anderen Sensorium als die meisten Kongreßteilnehmer Fremdheitserfahrungen (für) wahr. Feldes ist Schriftsteller, Autor von Hörspielen und Fernsehspielen; er entwirft also Spiele und beschreibt, wie er selbst sagt, "Modelle". Seine Arbeit besteht – vor allem Schreiben – im Beobachten, im genauen Hinsehen. Er lebt in einer schon recht fremdartig klingenden Gegend der deutschen Provinz, in einem kleinen hessischen Dorf zwischen Rothaargebirge und Westerwald. Und er schreibt mit der Energie aus zwei Distanzierungen: der der Sprache, also *nicht* im Dialekt, und der der Zeit.
Sein Beitrag zur Arbeitsgruppe "Eigene Fremde" war zunächst eine Lesung. Sehr kontrastiv zu Anfang die Auswahl aus zwei Romanen, die im gar nicht fremden "Moosberg" und "Birkenroth" angesiedelt sind. Wir wurden eingeführt in die Dorfwelt als kleinbäuerliche Arbeitswelt der Ernte. In das überkommene Dorf brechen die Fremden aus der Stadt ein, als Feriengäste, als Zuzügler. Sie sind müde von der Zivilisation, bringen aber just deren Geist, Kultur und Stil mit und bequemen sich zumindest zu dieser Konzession: von 10.000 Umdrehungen im urbanen müssen sie auf 5.000 Umdrehungen im dörflichen Milieu zurückschalten. Sie machen, weltgewandt, die Einheimischen mit glatten Sätzen sprachlos, ziehen andere Städter nach und städtische Kriminalität, benutzen Spezialkondome und haben noch andere bedeutende Botschaften. Ihr Einbruch ins Dorf heißt auch, daß sie nicht bereit sind, im Dorf aufzugehen. Stattdessen wirken sie innovatorisch, stilprägend. Es setzt sich durch, bei Konflikten gleich die Polizei zu rufen, per Einschreiben miteinander zu verkehren, zu prozessieren. Die Fremden machen alles ganz sachlich, emotionslos, wenn sie ihre Forderungen anmelden und ihre Ansprüche durchsetzen. Das Dorf wird unfriedlich auf eine neue Weise: Fremde hat es immer schon gegeben, doch sie haben das Aufgehen im Dorf nicht verweigert, und Krach gab es auch schon immer, nur hat man ihn stets direkt ausgefochten und nicht über Rechtsanwälte.
Vielleicht die dichteste Beschreibung von "eigener Fremde", die man in den zwei Tagen hören konnte, eingebettet schon im literarischen Text in analysierende Reflexion. Im Beitrag von Roderich Feldes wird die der Lesung folgende Diskussion, die einiges über die Wahrnehmungs– und Arbeitsweise des Autors verdeutlicht, vollständig dokumentiert.
Und schließlich:

Was macht – im Verhältnis von uns und/zu den anderen – die andere Seite fremd? Das schien eine tautologische Frage, denn die andere Seite – konkret diejenigen jenseits einer territorialen Grenze – ist ja durchaus nicht nur durch die nationale Eigendefinition als das signifikant Andere bestimmt sondern auch dadurch, daß man dort etwas anders macht, als hier. Beatrice Ploch, Susanne Raschke–Ostermann und Hermann Tertilt gingen im letzten Arbeitsgruppenreferat am Beispiel der deutsch–französischen Grenze der Frage, was die andere Seite fremd mache, durch radikales Hinsehen nach. Sie untersuchten, wie nationale Vorurteile wirken und was sie leisten: Heterostereotype sagen etwas über die anderen aus, dienen Selbstdefinition und Distanzierung, und ihr Rezeptcharakter hemmt die Neugierde auf den Fremden. So hält man sich die anderen auf Distanz. Man dringt nicht tatsächlich ein in das andere Referenzsystem mit seiner anderen nationalen, mentalen und kulturellen Logik, sondern nutzt lediglich die vorteilhaften Güter des Nachbarn jenseits der Grenze. Gerade die alltäglich mögliche Grenzpassage, das inlandsmäßige Ingebrauchnehmen des Auslandes führt aber zum Vorstellungsbild, daß "da drüben" die eigene Heimat sich fortsetze, daß es zwar fremdes Territorium, jedoch, da so nah, so etwas wie eine "eigene" Fremde sei. Dies führt weiter zu einer Vereinnahmung der Nachbarn; sie werden die "eigenen Fremden". Sie auf Distanz, also fremd zu halten, wird nicht allein mittels der enkulturierten nationalen Vorurteile besorgt, sondern aktuell auch durch Medien, die Fremdheit tagtäglich definieren durch diskursive Grenzziehungen. Dazu gehört der selektive Blick, Teilung der (im vorgestellten Fall: gemeinsamen) Geschichte, das Tabu der offenen Kritik am Nachbarn und die Vereinheitlichung der Stereotypen. Am Beispiel der gegenseitigen Wahrnehmung durch je eine deutsche und eine französische Tageszeitung im Sommer 1987 wurde die Praxis des gegenseitigen Interesses als Instrument dafür erkennbar, sich gegenseitig fremd zu halten.

Selbst ein dritter Untersuchungsbereich, die grenzüberschreitende Protestbewegung gegen die Atomzentrale Cattenom, erbrachte überraschenderweise Persistenzbelege für das Fremdbleiben – und dies sogar im gemeinsamen Handeln: die deutsche Anti–AKW–Bewegung dominiert die französischen Aktivisten, und mit dem Grenzübertritt geht ein Verfremdungsprozeß der Handlungsmotive einher, weil der Perspektivenwechsel – Arbeitsgruppenkonsens: notwendige Voraussetzung für Fremdverstehen – nicht vollzogen wird.

"Verstehen würde die Mühe des Kennenlernens voraussetzen", formulierten die drei Referenten der Frankfurter Projektgruppe. Stattdessen aber vertraut man dem, was man immer schon von den anderen weiß, also sich selbst. Die eingesetzten Vorurteile sind Urteile über die da drüben, in die "die da drüben" sich nicht einmischen können. Und dieses Recht am eigenen Vorurteil bedeutet eine Art Verfügungsgewalt, liefert die Fremden aus, macht sie zu "eigenen" Fremden und hält so die andere Seite fremd.

*Heinz Schilling*

## Vertraut und unbekannt

**Fremdheitserfahrungen im eigenen Land**

Wenn es ein Wort gibt, das uns in den Frankfurter Kongreßtagen nicht fremd geblieben ist, dann ist es das Wort "fremd". Um das Fremd–Wörterbuch zu gebrauchen: Iterativ stoßen wir auf "fremd", aleatorisch läßt sich das Wort einflicken, ubiquitär ist es, seitdem der Kongreß seinen Namen hat. Doch wir stolpern kaum darüber, es bleibt uns nicht im Halse stecken, fremd auf allen Wegen hat Konjunktur. Es hat den Anschein: fremd ist gar nicht fremd; oder doch?
Man muß sich dieses Wort lange genug vorsagen, dann verändert es seinen Sinn. Mir ist das als Kind oft mit Wörtern wie Zucker oder Salz, Essig oder Öl, Sanella oder Palmin passiert: Hol Salz beim Edeka, hieß es. Und auf dem Weg dachte ich: Salz, Salz, Salz. Und an der Ladentheke vom Kaufmann war daraus ein ganz fremdes Wort geworden, das immer noch Salz hieß aber vielleicht süß schmecke wie Zucker.
Das Wort "fremd" geht uns ja flott von den Lippen. In meinem Kopf klackert es inzwischen hin und her wie die Kugel im Flipperautomaten; bei jedem Hören kann ein anderer Kontakt ausgelöst werden, das sind die Konnotationen: Utz Jeggle 40.000 Punkte, Barbara Kirshenblatt 40.000 Punkte. Und so weiter.
Tilt.
Und jetzt kommt der Silberball aufs Spielfeld "Eigene Fremde". Jeder darf sein eigenes Leporello des Fremden aufrollen, also tu ich's auch und beginne mit meiner Großmutter, der Fremden aus Bayern und mit Erich Kästner, dem Vertrauten aus Büchern.
Meine Großmutter, 20 Kilometer weiter ins Hessische verheiratet, sagte: Ferne macht fremd und Nähe macht eigen. Wer soll sowas kapieren?
Und Erich Kästner sagte: Die Liebe krepiert an der Geografie.
45 die Amis: Weiße Fahnen, Panzer auf der Dorfstraße. Warum sind denn Sie so schwarz? Well, ich bin ein Neger! Ah, drum.
Diese Geschichte höre ich aus Oberfranken.
Mir hat ein Zigeuner "wichtige" Dinge erzählt in der Hoffnung, daß ich fremd bleibe, weil er fremd bleiben will.
Mit dem Fremden Salvatore habe ich mein Haus gebaut. Sein Haus in Sizilien ist fern.
Meine eigenen Fremden sind die fünftausend Einheimischen hier, sagt eine Freundin, neulich in diesem Festzelt habe ich mich fast wie eine Türkin gefühlt. Geht das – fühlen wie eine Türkin fühlt?
Die Kinder, auf der Suche nach Roots, stoßen auf Wallonen 1650 im Mainzischen, auf Salzburger Protestanten 1740 in Ostpreußen, auf Sudetendeutsche 1950 in Hessen.
Und wir hatten doch schon immer unsere eigenen Fremden: Hugenotten in Neu–Isenburg, Polen im Frankfurter Nordend, Siebenbürger Sachsen in Schwaben, Türken und Antiberliner in Kreuzberg. Wer sich einigelt, wird ausgegrenzt.
Nähe macht eigen und läßt doch fremd: Judengasse, Börneplatz, Französisch–Reformierte Kirche, Szymaniak, Mathiopoulos, Salvatore.

Die Sprüche der Sprayer sind vertraut: Ami go home! Anarchisten sind Menschen, die Angst haben. Wir sind die Türken von morgen.
Meine eigenen Fremden. Unsere eigenen Fremden. Die Dahergelaufenen, Eingeplackten, Reingeschmeckten – das sind nachher doch die anderen. Die Immigranten, Siegertruppen, Kolonisten, Flüchtlinge, Asylanten. Ein bißchen müssen sie sich schon den Sitten hier anpassen, sagt der Bademeister, nachdem er die Tamilen rausgeschmissen hat.
Wir unterscheiden zwischen fremd, wildfremd, allzufremd. Wir gewähren und versagen, gestatten und verbieten, dulden und verhindern. Meist war es noch stets eine Frage der Zeit, bis wir Fremde als unseresgleichen fast gelten lassen. Früher oder später kriegen wir sie.
Doch jetzt ist einiges anders.

Fremdheitserfahrungen im eigenen Land möchte ich am Beispiel gegenseitiger Bezogenheit unserer Gesellschaft und zweier nicht unbedeutender, kulturell auffälliger Teilgruppen dieser Gesellschaft erörtern, wobei Fremdheit unterschiedlich sich darstellen wird.
Es handelt sich einmal um jene, die traditionellerweise ethnologisches Interesse wecken. Die anderen Ethnien leben *diesmal* jedoch als Ausländer *mitten unter uns.*
Eine zweite Beobachtung soll – vor dem Hintergrund zunehmenden Dissenses in der Gesellschaft – sich richten auf die Neuen Sozialen Bewegungen, auf Gruppen, die sich im Gesamt kritisch zum enkulturierbaren politisch-ökonomischen Bestand äußern.
Beiden Segmenten gemeinsam sind Minderheitencharakter, Ausprägungen als kontrakulturelle Subkultur, Irritationen der Gesellschaft angesichts von Existenz und Kulturstilen der Segmente und schließlich – graduell durchaus nicht einheitlich – die Anpassungserwartungen dieser Gesellschaft.
Wem das mit der Alternativbewegung nicht "fremd" genug erscheint, den möchte ich animieren, die Leserbriefseiten von taz und FAZ auf sich wirken zu lassen. Wie fremd mögen sich die Leser dieser zwei repräsentativen Zeitungen sein? Nicht daß man sich gegenseitig nicht wahrnähme, sind doch die wichtigsten Nachrichten die von der anderen Seite, und die Persistenz der "anderen Seite" sichert deren und die eigene Fremdheit.
Voraussetzung für Kulturkonflikt, Akkulturation oder Assimilation ist der Kulturkontakt (vgl. Giordano 1982, 35), und wir sollten von der Vorstellung ausgehen, daß die Kontaktsituation zwischen unserer Gesellschaft und den genannten Bestandteilen – bi– oder multilateral – a priori ein prozeßhaftes Zusammenspiel zwischen Kulturen bzw. Ethnien innerhalb unserer komplexen Gesellschaft beinhaltet, deren Pluralismusideal nicht zuletzt seit der kürzlichen Ausgrenzung der "Anti–Berliner" im Mai 1987 seiner Harmonie verlustig ging. Werden also in der sich aus dem Kulturkontakt entwickelnden Dynamik Tendenzen zur Aufhebung oder zur Verstetigung von Fremdheit erkennbar, und wo deuten sich im Konflikt Akkulturationsaspekte im Sinne einer als gegenseitig zu denkenden Transkulturation an (vgl. Hultkrantz 1960, 265 f.)?

### Ethnische Gruppen als "eigene Fremde"
Ausländerforschung ist vor allem am Eigenleben der Fremden interessiert. Zwar stellt die Residenzgesellschaft unübersehbar eine Rahmenbedingung dar, ganz selten jedoch erfahren wir etwas über die Wir–Sie–Beziehung, also über unser Verhältnis zu den ethnischen Gruppen Die Schwierigkeiten der Fremden sind ausschließlich "Integrationsprobleme". Aber:

*Nicht die Probleme von Ausländern mit unserer Kultur, sondern diejenigen, die wir mit der der Ausländer haben, sind für die Existenz von Konflikten entscheidend (Twenhöfel 1984, 421).*

Mit dieser Bemerkung Ralf Twenhöfels wäre ein bedeutsamer Perspektivenwechsel aufgewiesen, denn die Kulturkonfliktvorstellung wird meistens auf die Seite der Migranten projiziert; dort sind Schwierigkeiten bei der Wert-/Normenangleichung für den auch von Forschern erwarteten (!) Integrationsprozeß in die Mehrheitsgesellschaft (vgl. Narman 1978, 90) nun mal nicht zu vermeiden. Wer sich wem anpaßt – oder: anzupassen hat – ist keine Frage.

Mit dem Wechsel des Standorts drehen die Soziologen Lutz Hoffmann und Herbert Even den Spieß regelrecht um in ihrem bitterbösen Befund über die westdeutsche Ausländerfeindlichkeit. Und Tildy Schulte–Hallers kulturanthropologische Studie des Schweizer Selbstverständnisses – das heißt vor allem seine Abwehr des Überfremdungsproblems – kann man frappierter noch lesen, versetzt man sich in die Position eines einlaßbegehrenden Fremden. In beiden Fällen bedient sich die nationale Identitätsbildung ex negativo der ungeliebten Fremden.

Oft muß man also auf der Suche nach Nachrichten über uns, die Hüter der Signatur "fremd", und über unsere "eigenen" Fremden Rückübersetzungen vornehmen. Unsere Inländer–Bezogenheit auf hiesige Ausländer wird etwa im Standardwerk von Glatzer/Zapf über die "Lebensqualität in der Bundesrepublik" drastisch verdeutlicht, wenn Ausländer lediglich als Konfliktfaktoren eine Rolle spielen. Nach Rechts–Links–, Arm–Reich– und Jung–Alt–Konflikt rangiert der "typische Minderheitenkonflikt zwischen Gastarbeitern und Deutschen" mit 55 Prozent auf Platz 4 des bundesdeutschen Konfliktbewußtseins (Glatzer/Zapf 1984, 217). Ausländer gehören nicht in den Sinnhorizont der Deutschen, wohl aber in den der Soziologie: Ranggerecht in Kapitel 16 sind bei Glatzer und Zapf die Ausländer als eigene Spezies dran: Ein limitierter Kosmos, aus dem die Bekundungen über die Lebensqualität ethnischer Gruppen erst wieder rückbezogen müssen in die Referenzwelt bundesrepublikanischer Gesellschaft. Die etwa die Einsamkeit, das komplizierte und überhaupt sehr unglückliche Leben beklagenden Türken tun dies nämlich vor allem mit dem Blick auf uns. Und die Italiener auf ihrer Suche nach der freien Zeit suchen diese nirgendwo sonst als in der westdeutschen Überstundenwelt (vgl. Glatzer/Zapf 1984, 286 ff.).

Ähnlich mühsam die Suche nach dem Fremden im Sammelband von Werner Weidenfeld mit dem verheißungsvollen Titel "Die Identität der Deutschen": Keiner der Autoren kommt auf den Gedanken, die (ehemaligen) Gastarbeiter könnten ein legitimes Identitätselement sein; es gibt auch keinen neuartigen Identitätsentwurf mit den Fremden als irgendwie relevante Größe (vgl. Weidenfeld 1983).

Der Frankfurter Stadtteil, in dem wir uns befinden, heißt Bockenheim; er hat 32.000 Einwohner und – für Frankfurt überdurchschnittlich – 28 Prozent Ausländer. Multiethnisch formuliert besteht Frankfurt aus 77 Prozent Deutschen, 5 Prozent Türken, 4 Prozent Jugoslawen, 3 Prozent Italienern usw. (Prozente gerundet). Türken"hochburgen" befinden sich in Bockenheim nicht, sondern draußen in den Industrievororten. Die Frankfurter Quartiere sind ethnisch höchst differenziert bewohnt, und da es keine "Ethnie Fremdarbeiter" (Hettlage–Vargas/Hettlage 1984) gibt, kann für diese Stadt nicht von Gettos die Rede sein wie etwa in New York.

*Es haben sich bisher in der Bundesrepublik keine Ausländerviertel nach Umfang und Gestalt à la USA, Kanada oder Australien herausgebildet (Hoffmann/Even 1984, 135 f.).*

Eine Ausnahme stellt freilich Kreuzberg dar; in diesem Berliner Bezirk beträgt die Ausländerquote 28 Prozent, der Anteil der Türken daran ist zwei Drittel, und die optische Dominanz dieser ethnischen Gruppe mag die Bewertung Kreuzbergs als "*das*Türkenviertel" hervorbringen. Nun zeigen "Befragungsergebnisse, ... daß es falsch wäre, räumliche Ballung der Ausländer mit ihrer sozialen Segregation gleichzusetzen" (Hoffmann/Even 1984, 135). Räumliche Ballung ist, so mehrere Untersuchungen, von Ausländern nicht primär gewollt, sondern Folge ökonomischer Zwänge und späterhin Konsequenz der "social maps" der Makler. Wohnen ist nicht Ausdruck der Interessenlage der Ausländer, sondern unserer Residenz–Gesellschaft: Wir geben den Fremden der Nicht–"Edlen"–Kategorie die schlechteren Wohnungen.

**Der territoriale Aspekt:**
**Symbolische Enteignung und faktische Entfremdung**
Im Juli 1982 nimmt ein Leserbriefschreiber in der "Frankfurter Rundschau" Anstoß daran,

> *daß zahlreiche deutsche Städte mit Tradition ihre ursprüngliche Identität und Lebensatmosphäre durch den hohen Ausländerzustrom bereits in einem Ausmaß verloren haben, daß der Deutsche sich mitunter als Fremder in der eigenen Stadt fühlen muß (zitiert nach Hoffmann/ Even 1984, 132).*

Wir haben es hier mit einem Seitenaspekt unseres Themas zu tun: Der Kontakt mit den Fremden stellt sich für dieses Mitglied der Residenzgesellschaft auch als territorialer Konflikt dar: die eigene Stadt (ich schließe: als eine von "zahlreichen") scheint wegen der Fremden als Lebenswelt verlorenzugehen, nachdem man ihre "Identität" und Atmosphäre durch Fremde bereits beeinträchtigt sieht. Das bedeutet: Es entwickelt sich – vielleicht nicht nur für diesen einen Schreiber – nicht nur eine Wertekonkurrenz, sondern auch ein Ringen darum, wo die Realisierung der Leitbilder ihren Platz finden soll. Wegen der Raumaneignung (auch) durch Fremde bewertet der Schreiber nun ein angestammtes, altvertrautes Gebiet als fremd; er kehrt die Signatur, die er bisher anderen zugedacht hatte, nun gegen sich selbst. Die Intoleranz der den Raum mindestens symbolisch kontrollierenden Gebietsbesitzer und ihre Angst vor einer funktionalen – etwa ästhetischen – Neubestimmung lebensweltlicher Territorien durch nicht gruppenidentische andere, durch Fremde, führt zu verbalen Grenzziehungen, und in der Tat sind Raumaspekte Argumente in Leserbriefen, denen eine hohe Überzeugungswirkung zugemessen wird. Dies scheint konsequent für eine Gesellschaft, für die Quadratmeter und Hektar entscheidende Wertkategorien darstellen.
Leserbriefe plakatieren Stimmungen aus dem Volksleben: man möchte "Herr im eigenen Haus" bleiben, nicht demnächst "in Reservaten leben", Straßen und Plätze freihalten vom Klang des Türkischen, denn die Fremden "schaffen sich mit Ellenbogen Lebensraum" und verdrängen Eingesessene. Sie machen sich breit, die Fremden, fassen Fuß und nehmen Stück für Stück Boden in Besitz. Deshalb beginnt "Anatolien gleich um die Hausecke", und "1990 hat jedes Dorf seine Moschee". Türken "lümmeln sich in unseren Parklandschaften, wo früher kein Deutscher den Rasen betreten durfte". Soweit eine kleine Auswahl (vgl. Hoffmann/Even 1984, 70 f.).
Sich wegen der Fremden eines Tages zwar auf angestammtem Terrain und doch in der Fremde zu befinden – das macht Angst und führt dazu, ihnen im Schutz von Stereotypen–Katalogen immer auch den Raum streitig zu machen. Man argumentiert in einer Verteidigungshaltung für diese Wertkategorie, formuliert Nutzungs– und Gestaltungsmonopole für Stadtviertel bis in die Niemandsländer hinein und untermauert – oft mit national(chauvinistisch)em Vokabular den Anspruch auf die Ressource Boden. Hier gründet Kulturkonflikt.
Für die Leserbriefschreiber unerheblich scheint die Selbstcharakterisierung von Fremden, die lediglich "Logis im Land der Reichen" bezogen haben, wie eine türkische Autorin es formuliert (vgl. Füruzan 1985).

*Vertraut und unbekannt*

In der "Zeitschrift für Volkskunde" wurde vor einigen Jahren eine spektakuläre Landnahme in Oberhausen geschildert:
Einige türkische Großfamilien beginnen eines Tages illegal mit der Urbarmachung eines brachliegenden Thyssen–Geländes. Folge dieses Claimings: es entsteht eine üppige Gartenlandschaft zwischen Schlackenhalden, gedeutet als Beginn einer "sozialen Bewegung ins Ruhrgebiet hinein" (Rommelspacher/Bosshard 1983, 236); das Ganze sprengt die Kleingartendimension, läßt künftige Nebenerwerbslandwirtschaft ahnen. Weil auch türkische Thyssen–Arbeiter bei der Aktion beteiligt waren, walzt der Werkschutz das Areal erst nach der ersten Ernte platt, womit die Ordnung wiederhergestellt ist: das "Land ... entsprach wieder den deutschen Normen". Was als Kompensation für vertrautes soziales Milieu seitens der Landbesetzer gesehen wird, aktiviert Bedrohungsängste bei den Landbesitzern und einheimischen Anwohnern. Sabotageakte und andere als feindlich gewertete Handlungen gegen die Türken sind die Folge. Die Landnahme, elementares Kennzeichen der Besitzmarkierung in Einwanderungsländern, wird im Ruhrgebiet annulliert, aber auch ordentlich gepachtete Türkengärten sind – der fremden, unordentlichen Gestaltung wegen – Konfliktgegenstand. Seitens der Einheimischen werden auch kleinste Anzeichen einer "Verschwörung zur Vertürkung des Ruhrgebiets", soweit in der Umweltgestaltung erkennbar, konsequent verfolgt (vgl. Rommelspacher/Bosshard 1983, 227).

**Kontaktmeidung zur Konfliktvermeidung**
Zahlreiche ökonomische, soziale und kulturelle Merkmale scheinen den Kulturkontakt mit den eigenen Fremden (die auch wir für die Ausländer sind) von vornherein asymmetrisch zu fixieren und zur Strategie *Kontaktmeidung zur Konfliktvermeidung* zu führen. So haben Ausländer nicht die Integration in unsere Gesellschaft, sondern in den sie unterlagernden Sozialstatus zu erwarten: berufliche Stellung, Einkommen und Karrierechancen sind relativ ungünstig (vgl. Hoffmann–Nowotny 1976, 45). Daß ein ausländischer Arbeiter

*fähig sein könnte, die Werte und Tugenden der ihn überlagernden Schichten ebenso zu verkörpern, wird ihm nicht abgenommen (Hettlage–Vargas/Hettlage 1984, 367).*

Und die mitgebrachten Kulturgüter und –muster werden – um den Preis ihrer Wahrnehmung durch uns – als primitiv, Sprache als unverständliches Kauderwelsch (!), Sitten, Bräuche und Normen als unzivilisiert, Eßgewohnheiten als nicht salonfähig, Moral als antiquiert, Sozialbeziehungen als sowieso mafios und Religiosität als Aberglaube abgewertet (vgl. Giordano 1982, 42).
Was die Fremden also zu erwarten haben, ergibt sich aus ihrem alltäglichen interkulturellen Vergleich, und aus der Dissonanz der Wertvorstellungen erwächst – trotz aller Nachbarschaftsinitiativen – ein Vereinbarkeitszweifel. Hoffmann und Even (1984, 179 ff.) geben dem westdeutschen Einstellungsmuster ohne Wenn und Aber den Namen Ausländerfeindlichkeit: die defensive Abgrenzung soll in der Residenzgesellschaft sowohl den einzelnen vor entfremdender Veränderung der von Kindheit an erfahrenen Eigenwelt als auch für alle die Regeln der Güterverteilung in der Konkurrenzwelt sichern. Erwartung an den Fremden: den Einheimischen Nutzen und Vorteile zu bringen. Ausländerfeindlichkeit erfreut sich institutionell des Schutzes der nationalen Identität und kanalisiert die Enttäuschung von Deutschen darüber, daß Ausländer sich zwar "bestens integriert", jedoch "schlechtestens assimiliert" haben, wie Lutz Hoffmann es formuliert (Hoffmann 1986, 16).
Demzufolge wäre nur Feindschaft das Merkmal der Kontaktkultur. Beziehen wir uns aber nicht auf die Fremden in einer Ambivalenz von Verweigern und Gewähren, von Feindschaft und Sympathie? Distanzhaltung, Respekt und Scheu sind nicht nur Ausdruck von Animosi-

tät, sondern elementare Verhaltensweisen im Umgang von Fremden. Dagegen kann forcierte Fremdenfreundlichkeit, die im generös artikulierten Respekt vor dem anderen steckt, deutlicher auf die eigene Superiorität hinweisen (vgl. Lipowatz 1983, 101).

Für unseren Umgang mit Fremden ist das Vorwissen als Ordnungsraster wesentlich, in das wir etwa jene unauffälligen Griechen (vgl. Marinescu/Kiefl 1987) und die nicht so unauffälligen Türken einpassen. Das Land der einen suchen wir mit der Seele (und mit Rucksack), nicht so sehr den "Kranken Mann am Bosporus". Dies als Andeutung zweier Stereotype, die ihre Gültigkeit noch beweisen, wenn ihre Irrationalität aufklärerisch längst geächtet wurde. Ethnische Vorurteile als Deutungsschemata der Wir–Sie–Gefühlsrelation funktionieren, so vermutet Christian Giordano, unabhängig von ihrem objektiven Wahrheitsgehalt (vgl. Giordano 1979, 446). Vorurteile erleichtern im Sinne des Schützschen Rezeptwissens der Residenzgesellschaft den Umgang mit den Fremden, wenn sie ihn auch nicht selten in die Pfanne hauen.

Beeindruckt von Tugenden wie pedantischer Geiz, Arroganz, Aggression und in Kenntnis von Normen wie Inhumanität, Solidaritätsverweigerung und Unschuldsbewußtsein beachten die Fremden die Barrieren der Einheimischen. Die Hälfte von ihnen hat keinen Kontakt mit Deutschen; alle Ausländer hingegen haben intraethnische Kontakte. Vergleichbar prägnant ist der Segregationsgrad hinsichtlich deutscher Nachbarschaft und Vereine (vgl. Hoffmann/Even 1984, 132), obwohl nähere Kontakte zu Deutschen die Lebenszufriedenheit positiv beeinflussen (vgl. Glatzer/Zapf 1984, 300 ff.). Das ethnische Minoritätenbewußtsein wird durch steigende ausländische Vereinsgründungen verdeutlicht.

Da gibt es aber noch die Skandinavier unter uns, die Amerikaner, Franzosen und andere wenige in der ethnosozialen Rangstaffelung hoch eingestuften Nationalitäten, die E.K. Scheuch als "Edel–Ausländer" bezeichnet (vgl. Tsiakalos 1983, 99). Ich vermute, daß diese Fremden mit hoher politischer, ökonomischer oder kultureller Reputation auch ihrer kleinen Gruppen wegen einen opportunistischen Kredit als reiche Gäste genießen und nicht den Mißkredit der parasitären Armen. Trotzdem ist das Leben in der Fremde nicht für alle satisfaktionierender Alltag, wie Mary Haour–Knipe dies am Beispiel von privilegierten Ausländerfrauen in Genf aufzeigt: soziale Entwurzelung am Wohnort geht einher mit forcierter Rückbindung an die kulturellen Werte des Heimatlandes – Kulturerfahrungen, die denjenigen des

> typischen Gastarbeiters ... gar nicht so unähnlich sind. ... Besonders die Daueremigrantinnen erleben sich – wie die Gastarbeiter – als "transit–people" mit Schuldgefühlen gegenüber den Daheimgebliebenen (Hettlage 1984, 350).

## Die Zwischenwelt als Reservat für Fremdheit
## oder Die Grenzen des Verstehens

In typischen Einwanderungsgesellschaften hatte der Zyklus Ausgrenzung – Gewöhnung – Einpassung eine gewisse Gültigkeit (vgl. Hettlage 1984, 337). Als Ausgrenzung durch die Residenzgesellschaft haben wir bisher zutreffend die Erwartungsperspektive unserer eigenen Fremden skizziert; hinsichtlich der nächsten Phasen wird das Bild unklar, denn der Typus "temporärer Migrant" bringt die Regeln durcheinander.

"Von der Heimat abgestoßen und gleichzeitig nicht entlassen. Vom Gastland angezogen und gleichzeitig nicht angenommen" (Hettlage/Hettlage 1981; zit. nach Giordano 1982, 52), so haben Andrea und Robert Hettlage vor einigen Jahren psychoanalytisch ihr Zwischenweltkonzept begründet. Der temporäre Migrant ist demzufolge ein sozialer und kultureller Pendler; seine Existenz ist jedoch nicht im Sowohl–als–Auch, sondern im Weder–Noch zu

sehen. Er ist gezwungen, gegensätzliche Lebenswelten zusammenzufügen – die seiner Heimat, in die hinein er enkulturiert wurde und die der arbeitgewährenden und vieles verweigernden Residenzgesellschaft. Eine so definierte Lebenswelt ist also keine interkulturelle Passage, sondern ein permanenter Prozeß mit Vorstößen und Rückzügen, wobei die Kulturschock–Bewältigung weniger in assimilativer Einpassung bestehen *kann* und im Moment mehr zum Disengagement zu tendieren scheint (vgl. Greverus 1978, 12). Gerade vom temporären Migranten kann nicht mehr erwartet werden, sein Nachgeben auf den Assimilationsdruck sei eine Frage der Zeit, denn wer weiß etwas über den Lebensentwurf des Fremden selbst, wer überschaut den Horizont seiner Absichten? Es ist ein radikaler Aspekt von Fremdheit, daß die kulturellen Verarbeitungsstrategien der eigenen Fremden ebenso unverstanden bleiben, wie ihre Interessen, ihr je subjektiv gemeinter Sinn, und spätestens jetzt muß die Frage ernstgenommen werden, wie "eigen" die eigenen Fremden sind. Soll Fremdheit überhaupt final aufgehoben werden?
Kommunikation im Sinne vollständiger und dauerhafter Übereinstimmung ist unmöglich, "da immer etwas 'fehlt' (immer etwas verdrängt wird)". In jeder Kommunikation – wie sehr erst in der interkulturellen?! – gibt es "dunkle Stellen" oder "Löcher", "die man respektiert, ohne daran zu verzweifeln" (Lipowatz 1983, 108 f.). Das bedeutet: Verstehen gelingt nach Auffassung des Sprachanalytikers Thanos Lipowatz nur, weil ein Teil eben n i c h t verstanden wird. Und daraus kann man folgern: ein Nicht–alles–durchdringen–Wollen schmälert nicht, sondern steigert die eigene Souveränität, weil der Nicht–Zugriff auf das Ureigene des Fremden nicht unglücklich macht und die Austauschmöglichkeit bestehen bleibt. Daß der andere entdeckt werden muß, darf nicht zu Todorovs Paradoxon vom todbringenden Verstehen führen (vgl. Todorov 1985, 289 ff.).
Für die superiore Residenzgesellschaft ist die Größe der Löcher des Nichtverstehens unerheblich, was andererseits den Fremden eines Übermaßes an Erklärungszwang enthebt; das Signum Ausländer entläßt ihn aus dem Druck, sich das Anderssein Punkt für Punkt legitimieren zu lassen. So könnte man vermuten, daß die Zwischenwelt vor einem tiefgehenden interkulturellen Konflikt regelrecht bewahrt bliebe, da die Kontakte an deren Grenzen sich vollziehen. Als dritte Lebenswelt ist die Zwischenwelt – in unseren Augen – Dritte Welt.
Nach Hermann Bausinger leben temporäre Migranten "grundsätzlich in einer Zwischenwelt", in der sich das Leben abspielt, als gebe es keine Deutschen ringsum als Reaktion darauf, "daß das Leben der Deutschen sich abspielt, als gäbe es keine Türken, Griechen, Italiener ringsum" (Bausinger 1986, 150). Ist Ausblenden des Fremden nicht ein Bewahren von Fremdheit?
Heimatvermeidung aus Heimweh ist ein Merkmal der Zwischenwelt (vgl. Bausinger 1986, 153), und unser eigener Fremder reagiert im Kulturkontakt – ganz anders als der anpassungsorientierte Idealfremde von Alfred Schütz (vgl. Schütz 1972). Fluchtpunkt Caltanissetta, die Vorwahl 0039943 im Kopf und die – wenn auch stets einstige – Heimatkultur als heimliche Goldreserven scheinen interkulturelle Wertediskrepanz, Entwurzelungssyndrom und kulturellen Loyalitätskonflikt aushaltbar und Deutschland, die bleiche Stiefmutter erträglich zu machen. Selbst wenn in deren Augen nichts passiert – im Sinne eines dynamischen Kulturkonzepts beginnen die Prozesse der modifizierenden Übertragung heimatlicher Strukturen und Funktionen sowie des Neuaufbaus formeller und informeller Netzwerke. Dieses neue Eigene der eigenen Fremde liegt jenseits der Stereotypen und deshalb meist auch unserer Beobachtung, aber "Nichts ist mehr das Gleiche, auch wenn es dasselbe zu sein scheint" (Bausinger 1986, 149), wobei die "Reaktive Dynamik", um diesen Ausdruck Hermann Bausingers zu gebrauchen, nicht selten auf die geschilderten Abwertungen und Ablehnungen reagiert. Bausinger hat diesen Zusammenhang an einer in der Fremde

emphatischer verwendeten Sprache verdeutlicht, an regressiven Neufassungen von Sitten und Bräuchen und an einer Wiederbelebung alter Sozialkontakte.
Die neue Instrumentalisierung alter Kompetenzen dient der Selbstvergewisserung und kann einmünden in ethnizistische Programme (vgl. Greverus 1978, 249 ff.). Ina–Maria Greverus hat vor einem Jahrzehnt – Linda Dégh rezipierend – darauf aufmerksam gemacht. Der Kulturkonflikt ist nicht nur als individueller, sondern auch als Gruppenkonflikt zu sehen und zwar dann, wenn man sich von der kulturellen Dominanz einer anderen Gruppe bedroht sieht. Als wichtigste Kennzeichen für Ethnizitätsbestrebungen nennt Giordano: Revitalisierung der Sprache, Reaktivierung des traditionellen Lebensstils, Wiederbelebung kulturspezifischer Vorstellungen und Institutionen, Wiederherstellung der religiösen Tradition (vgl. Giordano 1982, 50 ff.).
Die Austauschperspektive wird durch diese vierfache Retro–Spektive vielleicht ihrer Asymmetrie enthoben. Giordano zweifelt zu Recht daran, daß in komplexen Gesellschaften der Kulturkonflikt tatsächlich einen ersten Schritt zur Assimilation darstellt. Stattdessen bedeutet die Zwischenwelt der Gastarbeiter eine "günstige Voraussetzung zur Subkulturbildung". Die Residenzgesellschaften müssen sich damit vertraut machen, daß fremde Ethnien einmal mehr zu einem ihrer Bestandselemente geworden sind, und daß fremde Kulturen – oft unter Einebnung regionaler oder sozialer Sonderformen – ein Medium eines vor allem in Richtung Binnenintegration offensiven Ethnizitätsmanagements sind. Wir in der Residenzgesellschaft genießen zuweilen in der Begegnung mit den eigenen Fremden die Präsentation dieser Kulturen, wobei die folkloristische Folie sicher einen Teil der Ausländerproblematik verniedlicht, uns aber letztlich auf Distanz hält und die Fremden vor einer allzu umfänglichen Aufhebung von Fremdheit schützt, also davor, ur–eigenste Fremde zu werden. In unserem Frankfurter Zigeunerprojekt habe ich das verstehen gelernt (vgl. Schilling 1979, 149 ff.).

**Wertedissens und eigendefinierte Fremdheit der Alternativbewegung**
Wenn ich jetzt auf die Neuen Sozialen Bewegungen zu sprechen komme, dann soll dieser zweite Aspekt von "Eigener Fremde" nicht vergleichend anharmonisiert werden, sondern stumpf neben dem bisher Gesagten stehen.
Was macht die Neue Soziale Bewegung fremd? Ich vermute, in Begriffen wie Wertedissens, Assimilationsverweigerung oder Subkulturbildung, wie sie zur Kennzeichnung verwendet werden, ist die Dimension des Sich–Distanzierens von der Gesellschaft, des sich der Gesellschaft Fremd–Machens deutlich enthalten. Als "Entmischungsprodukt der Außerparlamentarischen Opposition" der 60er Jahre (vgl. Kraushaar 1978, 14) haben sich unter der Bezeichnung Neue Soziale Bewegung als wichtigste Stränge entwickelt: die Ökologiebewegung, die Alternativbewegung (Stichwort: selbstorganisierte Projekte), die Frauenbewegung und die Friedensbewegung (vgl. Rohrmann/Prester 1987, 476). Wenn heute "Das Ende der Alternativen" (Horx 1985) verkündet wird, und die alternative Avantgarde den Satz "Die Revolution ist vorbei, wir haben gesiegt" im Personal–Computer abspeichert, dann scheint die alte Frage "Autonomie oder Getto?" (vgl. Kraushaar 1978) erledigt. Doch die Formen der "Verweigerung gegenüber der straight society" (Schmid 1978, 92) sind vielfältiger und radikaler geworden, ebenso die staatlichen Reflexe darauf, wie das Beispiel Volkszählung jetzt zeigt. Die "Löcher im Vergesellschaftungsprozeß" haben seit Peter Brückner (Brückner 1978, 83) wohl noch an Bedeutung gewonnen, sonst würde die straight society nicht so nachhaltig an der Verkürzung der Distanz, an der Harmonisierung der Widersprüche, am Lancieren von Returns (ein Begriff der Tennis–Welt) und an der Eingemeindung der alternativen Kreativität in eine künftige "Regenbogengesellschaft" (diesen Begriff aus

der Alternativszene [vgl. Huber 1985] verwenden inzwischen von Konservativen kalt ins Abseits gestellte SPD–Politiker (vgl. Berkemeier 1987) arbeiten, also an einer Aufhebung der 2 Jahrzehnte währenden "Entfremdung der Deutschen" (Krockow 1983, 166). Dies alles in einem markanten Stadt–Land–Gefälle übrigens; auf dem Land ist die Ausgrenzung der Alternativen – nach ihrer institutionellen Etablierung durch Wahlen – in vollem Gange. Nicht nur weil sie einem globalen Vereinheitlichungsprozeß ausgesetzt ist, wie Ina–Maria Greverus aufweist (vgl. Greverus 1978, 153 ff.), ist eine nationale Kultur der Bundesrepublik wohl nicht definierbar, sondern vor allem, weil sie sich, wie Hermann Bausinger vermutet, unterteilt in "zahllose Subkulturen, subkulturelle Milieus und Gruppierungen, denen die einzelnen nicht pausenlos, sondern zu Teilen, in bestimmten Rollen angehören" (Bausinger 1986, 155). In dieser Gleichzeitigkeit des Gegenläufigen haben sich die Neuen Sozialen Bewegungen in den gesellschaftlichen Kulturhorizont eingeschrieben, deutlicher noch: für die Zeitgeistforschung sieht es so aus,

> *als seien die Alternaltiven endgültig im "Bauch der Kultur" angelangt, als sei ihre Thematik ebenso wie ihr Ausdrucksverhalten auf eigentümliche Weise stilbildend geworden (Berking/ Neckel 1987, 48).*

Die negative Bewertung dissatisfaktionierender Lebensverhältnisse und ihre Interpretation als *prinzipielle* Krise des gesellschaftlichen Systems gilt als Ausgangspunkt einer sozialen Bewegung, die "ihre Kritik durch politischen Protest und/oder die praktische gegenkulturelle Gestaltung von Lebensräumen" ausdrückt (Rohrmann/Prester 1987, 476). Die Innenseite eines so definierten subkulturellen Systems "praktizierter Kultur, als die einer Sozietät gemeinsamen Form und Prozesse des Lebensvollzugs" (Greverus 1978, 218) ist ausführlich, die Außenwirkungen sind vielleicht noch zu wenig beschrieben worden.

**Apart sein = fremd sein?**
Fremd ist man sich dann, wenn sich das eigene Fremde und das Eigene der anderen allzu kontrastierend gegenüberstehen und zwar länger als nur die Schrecksekunde, also wenn "die Gesellschaft" abweichende gruppenspezifische Lebensstile, Deutungsmuster und symbolisch gesicherte Territorien samt ihrer Signale zum Regeln von Zugehörigkeit und Ausschluß wahrnimmt. Wenn – mit dem Blick von außen – die Deutungskonkurrenz über eine Schonfrist hinaus fortbesteht, erfolgt die Segregation. Der Wertedissens, der sich durch den gesamten Formenkatalog der alternativen Kultur belegen läßt – mit den Streichungen und Varianten, Retrospektiven, Umformungen und Karrikaturen; mit dem anderen Miteinander–Reden, –Wohnen, –Wirtschaften, –Essen, –Agitieren, –Feiern, –Trauern, usw. – dieser Dissens trifft die Gesellschaft unvermittelter und befremdender, als die von vornherein definierte Unterschiedlichkeit der Ausländer, die bereits fremd sind und es nicht erst werden. Ich verwende "Dissens" und nicht "Wertewandel", weil keine neue Wertehomogenität entsteht (vgl. Berking/Neckel 1987, 48). Die gesellschaftlichen Reaktionen auf das Anderssein und Anderswollen der sozialen Bewegungen zeigen eine grundsätzliche Verblüffung, weil der radikale Partikularismus mit dem Generationenkonflikt nicht mehr allein erklärt werden kann, weil die Subkultur nicht einfach systembegleitende Sonderkultur darstellt, sondern gegenkulturelle Ansprüche formuliert (vgl. Greverus 1978, 155 f.), und weil die Auseinandersetzung nicht mehr am gemeinsamen Ort auszutragen ist, da die Alternativkultur sich auch sozialräumlich neu definiert in eigenen Milieus, in Familien, Cliquen, Clans, Stämmen einer Szene. Vor einem Jahrzehnt bereits hat Matthis Dienstag aus der Innensicht der Frankfurter Sponti–Szene eine Analyse des sozialen Bewegungsgeflechts einer "roten Subkultur" versucht, in der Statuskampf, Abgrenzungen und Feindschaften von einzelnen

und Cliquen eine herausragende Rolle spielen und überhaupt zu einer Kennzeichnung der metropolitanen Szene und ihrer Verkehrskreise und -formen als "provinziell" führt (vgl. Dienstag 1978), aber auch ethnologische Kategorien werden analytisch eingesetzt wie Gruppenehe der Szene und feindliche Stämme (der Bullen und Schweine) (Dienstag 1978, 159).

## "Öko–Tribalisierung"

Wie lohnend wäre wohl nicht die soundsovielte soziologische, sondern eine ethnologische Exploration der Alternativbewegung? Die Selbstbeschreibungen berichten, z.T. durchaus schon im ethnologischen Vokabular, von Ritualen und Symbolen, von Häuptlingen, Priestern, Propheten und Parias, von Initiation und Diffusion. Überträgt man die Charakterisierung von Ethnizitäts- und sozialreligiösen Bewegungen als "nativistisch" (vgl. Giordano 1982, 51) auch auf unsere Neuen Sozialen Bewegungen, könnte diese Exploration vielleicht der These einer "Öko–Tribalisierung" folgen, und der Indianer, der auf dem Fahrrad den Lesern eines der wichtigsten Reader über die Alternativbewegung entgegenfährt (vgl. Kraushaar 1978) wäre identifiziert. Außerdem hätte unser Thema einen Fremdheitsbeleg mehr.

Doch würde mich weniger die "Verstammlichung" der Szene interessieren, als vielmehr die Konsequenzen daraus im Kontakt mit der komplexen Gesellschaft. In Frankfurt lohnenswert wäre die Untersuchung über soziale, ökonomische und kulturelle Überlappungen und Interferenzen von Alternativszene, Ausländern und sogenannten Normalbürgern unter dem Aspekt von Milieubildung und räumlicher Segregation in einer Reihe von Stadtteilen. In Bockenheim beispielsweise wohnen viele Ausländer in der Tradition der Marginalität, sie leben im einstigen Kommunistenviertel hinterm Bahndamm, weit weg vom Villenviertel. Irgendwo dazwischen: Facharbeiter, Studenten, alte Menschen. In einzelnen Stimmbezirken gibt es bis 25% Grünen–Wähler. Die Leipziger Straße zwischen Boutiquen und "bilka" sieht irgendwann alle; nicht alle die verschiedenen multikulturellen Kristallisationspunkte, wie "Brotfabrik" oder "3. Welt–Haus", die jedoch ihr Publikum regional anziehen. Im Kontakt scheinen Konflikte weitgehend ausgespart. Freizeitmobilität und Rückzug ins Subquartier mildern das Aufeinanderprallen von Lebensstilen. Gerade Frankfurt zeigt heute eine Gleichzeitigkeit von Postmoderne und Unterentwicklung, an denen unsere zwei Fremdenkategorien je unterschiedlich beteiligt sind. Es scheint ein Spiel zwischen Stilisierung (von Gefühlen, Identitäten und habituellen Sets) und Distanzierung der Alternativen von der übrigen Gesellschaft mit dem Ziel, neue Lebensordnungen innen zu elaborieren und sie nach außen vorzuleben und gleichzeitig die Unterscheidbarkeit gesellschaftlich garantiert zu bekommen. Dabei geht es um

*die erstaunliche Karriere von Lebensstilen, die den doppelten Vorzug genießen, nicht von allen geteilt zu werden, ohne in ihnen allein zu sein (Berking/Neckel 1987, 47).*

Nach dem Weg vom Meinungsunterschied über den manifesten Protest ist jetzt Phase 3 erreicht: Entmächtigung durch kulturelle Verallgemeinerung der alternativen Sinn- und Bedeutungsproduktion.

## Das todbringende Verstandenwerden

Ich greife im folgenden die Situationsanalyse von Helmut Berking und Sighard Neckel auf, die zeigen, wie die Alternativen im Sich–Entfernen stets wieder eingeholt werden. Dies geschieht in der Konkurrenzsituation von Alternativen und Staat. Die wesentlichste Leistung der Alternativen besteht in der Sinnproduktion. Damit fordern sie das politisch–administrative System auf einer Ebene heraus, wo dem Staat die symbolische Bearbeitung schwieriger Alltagskontexte immer weniger gelingt. Konkrete Ergebnisse alternativen Lebens

> artikulieren sich in den politischen Raum hinein und kehren von dort – mit der Würde des Allgemeinen – als Interpretationsschlüssel zurück. ... Der bedrohte "Alltagskontext reformuliert sich wie von selbst in eine glänzende Symbolisierung und findet so gleichsam seinen industriellen Ausdruck. Diese Art der Vergegenwärtigung mag die sozialen Akteure durchaus beschwichtigen (Berking/Neckel 1987, 54).

Damit beschreiben Berking/Neckel die Falle der Alternativen: sie werden als moralische Investoren und als Frühwarnsystem vom entfremdeten Gemeinwesen Staat durchaus benutzt und absorbiert, Beispiel: die demonstrative ökologische Sensibilität nach Tschernobyl, nachdem in dieser uneindeutigen Situation die Ökologiebewegung die Bedeutung für kurze Zeit nahezu monopolistisch festlegte.
Von "Falle" ist jedoch deshalb zu reden, weil durch die Verallgemeinerung die sozialen Bewegungen ihre stilprägenden Eigenschaften verlieren. "Dieser Verlust politischer Exklusivität signalisiert auf paradoxe Weise ihren größten kulturellen Erfolg" (Berking/Neckel 1987, 55).
Angesichts derartiger todbringender Erfolge wächst die Wachsamkeit im alternativen Milieu. In einem Fernsehfilm im August 1987 wurde die Jubiläumsbilanz "10 Jahre alternative Betriebe" höchst positiv gezogen: Ufa–Fabrik, Wuseltronik, Freiburger Öko–Institut, Radio Dreyeckland, Tageszeitung, Pflasterstrand, Ökobank. Sie haben sich durchgebissen, werden mit Staatsaufträgen gestützt und von konservativen Politikern hofiert. Doch am übernächsten Tag in der "taz":

> Wer diesem "Bericht" folgt, muß zu der durchaus falschen Erkenntnis kommen, wir würden uns bis zur Unkenntlichkeit assimilieren, wir würden genauso sein wie die anderen, wir dächten nur an uns selber und wären in absehbarer Zeit verwechselbar. ... Dieser Film war ein netter Schmarrn, mit dem unserer Revolutions–GmbH ein Bärendienst erwiesen wurde. ... Wir waren das Objekt ihrer Begierde und haben uns prostituiert. Wir ... haben Eindruck gemacht und dabei fast unseren Ausdruck verloren (Opferdach 1987).

Als Anfang Mai 1987 Berliner Politiker einen Teil ihrer Mitbürger als "Anti–Berliner" definierten und sie damit aus dem pluralistischen Spektrum ausgrenzten, nahmen die "Anti–Berliner" dies als Einladung zum weiteren Fremdwerden. Seitdem blüht die Bedeutungsproduktion der alternativen Szene um einige Blumen reicher: Man bekennt auf T–Shirts, Buttons und Schallplatten "Ich bin ein Anti–Berliner". Die Devotionalien verkaufen sich gut.

**Unsere eigenen Fremden: Unterschiede und Gemeinsamkeiten**
Abschließend sollten wir vielleicht doch andeutungsweise einen Systematisierungsversuch unternehmen. Wenn jetzt – außer von Unterschieden – auch von Gemeinsamkeiten der gerade thematisierten eigenen Fremden die Rede ist, dann nicht in der Absicht, Fremdheit zu entstiften, sondern aus der Perspektive "der Gesellschaft", Aspekte der Akkulturation aufzuzeigen.
Sowohl Ausländer als auch Alternativen betrifft die von Bausinger formulierte Tatsache, daß die Deutschen nicht mehr in einer gesicherten kulturellen Identität leben. Dies als Ausgangshypothese; unsere "Fremden" wirken am Zustandekommen dieser Unsicherheit mit. Gemeinsam ist Ausländern wie Alternativen – ohne daß sie dadurch zusammengeführt würden – der Status der marginalisierten Minderheit, die Ausbildung spezifischer sozio–kultureller Milieus, ihre nicht verstetigte Identität als Menschen im Übergang (ohne Klärung:

wohin) und ihre Zugehörigkeit zu sogenannten A–Territorien (zusammen sind dort Arme, Ausländer, Asoziale, Alternative, Aussiedler).

Nun wären 3 bedeutsame Unterschiede zu nennen: Die Fremdheit der Alternativen ist selbst-, die der Ausländer fremddefiniert. Die Statusperspektive der Alternativen geht für einen Teil von ihnen in Richtung gesellschaftliche Elite, die der Ausländer – wenn es gut geht – in Richtung Mittelschicht. Der Rückzug der Ausländer ist entweder in die Heimat oder – weiter zurück – in die Zwischenwelt denkbar, und hier erhebt sich die Frage, ob die Lebensmilieus der Alternativen nicht – allen Selbstbekenntnissen zum Trotz – Zwischenwelten in abgeschwächter Bedeutung darstellen, keine Gettos, sondern selbstdefinierte Reservate. Mit Blick auf das Stichwort Integration heißt dies: Die Gesellschaft bietet sie drängelnd den Alternativen an, den Ausländern jedoch nicht. Die 1. Generation scheint nun auf der Disengagementstrategie zu beharren.

Die Gemeinsamkeiten setzen sich fort hinsichtlich transkultureller Akkulturation: Beiden Gesellschaftssegmenten bietet die Gesellschaft existentielle Sicherheit, politische Partizipation, soziales Terrain und eine veränderte kulturelle Plausibilitätsstruktur tendenziell an. Dafür leisten sowohl Alternative als auch Ausländer für die Gesellschaft Sinnstiftungen der Marke "unmögliche Lösungen" mit Kreativität, Flexibilität, Mobilität, Unbürokratie – in den Augen der Gesellschaft ein kreatives und informelles Wissen als ökonomische Ressource. Die 2. Generation der Alternativen wird beweisen, ob der Ausstieg aus den Alternativen sich fortsetzt und die 2. Generation der Ausländer, ob sich die Zwischenwelt weitere 20 Jahre etablieren wird.

*Mathilde Schulte–Haller*

# Die Schweiz und ihre Fremden

**Die Rolle der nationalen Identität im Umgang mit dem Fremden**

Meinen folgenden Ausführungen liegt der einfache Sachverhalt zugrunde, daß die Art des Umganges mit Fremden wesentlich durch das eigene Selbstverständnis geprägt wird. Dieses wiederum wird definiert durch die Beantwortung der Frage: In welchen Belangen bin ich gleich und in welchen bin ich anders als der andere? Es ist dies die Frage nach den Identifikations– bzw. Abgrenzungskriterien. Um uns selbst sein zu können, ohne gleichzeitig ins soziale Abseits zu gelangen, benötigen wir sowohl verbindende als auch trennende Elemente. Wir alle kennen dies aus unseren täglichen Erfahrungen im Umgang mit unseren Mitmenschen und wissen daher auch, daß die Suche nach Gemeinsamkeiten manchmal so schwierig ist wie das Beharren auf Unterschieden und umgekehrt. Wir machen auch immer wieder die Erfahrung, daß die eigene soziale und persönliche Identität nie absolut und endgültig sein kann, sondern eine Größe ist, die im Lichte vielfältiger und sich verändernder Bedingungen immer wieder neu reflektiert werden will. Um uns dem Verständnis eigen–fremd anzunähern, geht es also um mehr, als um die Benennung ethnischer Unterscheidungsmerkmale. Wir müssen uns fragen, wo die gegenseitigen Annäherungs– und Verständigungsbemühungen aus identitätsstrategischen Gründen enden – oder gar enden müssen? Es ist dies eine Frage, deren Aktualität uns in der Auseinandersetzung Ost–West tagtäglich demonstriert wird. Sie bezeichnet den Grat, wo Toleranz, Offenheit und die Bereitschaft, dem Fremden zu begegnen, in Vorurteile, Rassismus, Fremdenhaß, Nationalismus, Feindbilder, Stereotypen und Ausländerfeindlichkeit umzukippen drohen. Ist es ein Spiegel unserer (traurigen) Realität, daß für die negative Seite dieses Spektrums uns mehr und differenziertere Wörter zur Verfügung stehen als auf der positiven Seite? Oder wie kommt es, daß wir mit Freundbild und Fremdenliebe sprachlich so wenig anzufangen wissen? In der Nähe des Grates sind auch ambitiöse Unterfangen wie der Völkerbund und die UNO anzusiedeln. Doch wir wissen, daß diese Versuche der globalen Völkerversöhnung in ihrer Wirkung sehr beschränkt sind. Mehr noch, sie haben zur Erhellung der Problematik nationaler Identitätsinteressen wenig bis nichts beigetragen. Denn welche Mechanismen menschlichen Verhaltens sind dafür verantwortlich, daß sich radikale Abgrenzungen oft so mühelos durchsetzen und legitimieren lassen? Warum ist der Grat, auf dem wir uns bewegen, so schmal, und warum besitzt das Tal der Abgrenzung in Konfliktsituationen eine solche Anziehungskraft als Konfliktlösungsstrategie?
Lassen Sie mich diesen Gedankenstrang noch einen Augenblick weiter verfolgen. Je nach räumlicher und sozialer Situation werde ich als Angehörige einer bestimmten Gruppe definiert, und mein Gegenüber kann sich berechtigt sehen, mich ausschließlich als solche zu behandeln: Im weißen Mittelstands–Amerika werde ich so zur netten Schweizerin, die mit einem sehr hübschen Akzent Amerikanisch spricht und deren Land landschaftlich zwar sehr reizvoll, aber nicht ganz ernst zu nehmen ist – denn wo liegen schon die Unterschiede zwischen Switzerland und Sweden? In einem Drittweltland werde ich zur weißen, reichen, blonden, mitteleuropäischen Touristin. Für den deutschen Nachbarn stehe ich als Schweize-

rin nicht nur mit der hochdeutschen Sprache auf Kriegsfuß, sondern habe auch ein gebrochenes Verhältnis zu Humor und Lebenskunst; ungebrochener ist allerdings der Wohlstand der Schweiz und vor Kriegen ist sie auch verschont geblieben – beides Dinge, die ein wenig Neid aufkommen lassen – manchmal auch zu einer leicht gönnerhaften Haltung veranlassen, da die Schweizer ja nur ein unvollständiges Spektrum an Lebenserfahrung vorzuweisen haben. Denn was wirkliches Leid ist, können sie ja nicht wissen. Doch vor der eigenen Haustüre ist die Situation kaum differenzierter: Nationalität, Beruf, Geschlecht und Schichtzugehörigkeit definieren auch hier mit Stereotypen behaftete Gruppenzugehörigkeiten, die sich erst mit zunehmender Vertrautheit zwischen mir und dem Gegenüber – zwischen eigen und fremd – aufzuweichen beginnen.

Die Beispiele ließen sich beliebig ergänzen. Gemeinsam ist ihnen allen der Feindbildcharakter. Die Zuflucht hinter die schützenden Mauern der Gruppenzugehörigkeit perpetuiert oder schafft Feindbilder und vermag dadurch die Identität der eigenen Gruppe zu stärken oder gar neu zu definieren. Wir alle sind immer wieder Ziel oder Konstrukteure derartiger Feindbilder. Gruppenzugehörigkeiten zählen zu unseren Alltagserfahrungen – unabhängig davon, wie stark sie in unser Selbstbild eingebunden sind. Sie können im persönlichen Kontakt relativiert werden, lassen sich jedoch auch leicht in den Dienst der Abschottung und Ausgrenzung stellen, indem Gemeinsamkeiten möglichst negiert und Unterscheidungsmerkmale entweder neu geschaffen oder ideologisch überhöht werden. Solche Identitätsprozesse will ich nun am Beispiel des schweizerischen Selbstverständnisses veranschaulichen.

Ich begann meine Ausführungen mit der Aussage, daß die Art des Umganges mit Fremden wesentlich durch das eigene Selbstverständnis geprägt wird, und daß dieses sich wiederum durch die Beantwortung der Frage definiert: in welchen Belangen bin ich gleich, in welchen anders als die anderen? Für die Schweiz war der erste Teil dieser Frage immer leicht zu beantworten: den staatlichen Grenzen entsprechen keine sprachlich–kulturellen. Gemeinsamkeiten mit den angrenzenden Staaten sind sozusagen "naturgegeben". Viel schwieriger gestaltet sich für die Schweiz die Beantwortung des zweiten Teils der Frage: wie unterscheiden wir uns von anderen Nationen und im besonderen von unseren Nachbarn? Die Lage ist paradox: Sie besteht für die Schweiz darin, Abgrenzung dort erstreben zu müssen, wo im Außenkontakt die gemeinsamen Sprachen eigentlich mehr Verbindungs– als Trennungslinien vorgeben und, vice versa, eine Einheit im Innern verwirklichen zu müssen, wo die Mehrsprachigkeit mehr trennende als verbindende Elemente stellt. Diese Problematik stellt praktisch die widersprüchliche Basis des schweizerischen Selbstverständnisses dar, dessen Geschichte eine "... von nationalen Notsituationen ist" (Frei 1964, 219) – eine Geschichte von nie endenden Bemühungen, eine nationale Identität zu finden und zu wahren. Für Schweizer Kulturschaffende gehört die Auseinandersetzung mit diesem Widerspruch zum täglichen Brot. Muschg analysiert dieses Abgrenzungsproblem aus literarischer Sicht folgendermaßen: In einem fiktiven Gespräch mit einem Deutschen und einem Australier setzt er sich mit der Frage der Existenz bzw. Nichtexistenz einer schweizerischen Nationalliteratur auseinander. Während er gegenüber dem Australier freimütig bekennt, daß es die schweizerische Nationalliteratur "... aus historischen und kulturellen Gründen nicht gibt und es sie aus kulturpolitischen Gründen nicht geben darf" (Muschg 1980, 165), so äußert sich im Gespräch mit dem Deutschen das "Bedürfnis nach Identität" (Muschg 1980, 173). Dieses liege zwar jenseits der Vernunft, entspricht aber der "... schweizerischen Not ... eine Nation nicht von Natur, sondern durch geschichtlichen Willen, durch eine immer neu zu erbringende Anstrengung zu sein." Es ist das Dilemma des Schweizer Autoren als Schweizer Bürger "... politisch jenen Anschluß zu verweigern, auf den er kulturell angewiesen ist" (Muschg 1980, 174). Die Schwierigkeit besteht also darin, die Fremde im eigenen Land zu überwinden und dort Fremdheit zu schaffen, wo sie sprachlich–kulturell nicht gegeben ist.

Wie geht nun die Schweiz mit diesen beiden Elementen der Fremdheit um, und in welcher Beziehung steht die "hauseigene" Fremde zur Fremde jenseits der staatlichen Grenzen? Welche Aussagen können wir aufgrund der Analyse dieser Frage in bezug auf den schweizerischen Umgang mit Fremden generell machen?

### 1. Zur "hauseigenen" Fremde

Das Erstaunen war vielerorts groß, als in den frühen 70er Jahren Schwarzenbach's Partei "Nationale Aktion" mit ihren Überfremdungsparolen international Schlagzeilen machte. Das hatte man nicht erwartet: Daß sich ausgerechnet in einem Land offen Fremdenfeindlichkeit manifestierte, das sich seines toleranten Umganges mit verschiedenen ethnischen Gruppen und Fremden aller Art rühmte. Das Ideal der "Einheit in der Vielfalt", wichtigster Bestandteil des Eigen– und Fremdbildes der Schweiz, drohte seinen Glanz einzubüßen. Wie ist die heutige Realität dieses Ideals? Um zu einer Einschätzung dieser zu gelangen, muß zwischen einer kulturellen und einer politischen Ebene unterschieden werden (vgl. zu den folgenden Ausführungen Schulte–Haller 1987).

**Kulturelle Ebene**

Auf kulturellem Gebiet ergeben sich für die vier Sprachregionen in den Beziehungen zu ihren Nachbarstaaten inhaltlich und schwerpunktmäßig unterschiedliche Problembereiche. Das Gleiche gilt auch für die Kontakte und Beziehungen zwischen den Sprachregionen. Während die deutsche Schweiz als größter Landesteil ihre kulturelle Identität vornehmlich gegenüber Deutschland bestätigen muß, befinden sich die französische und italienische Schweiz in der schwierigen Situation, Minderheiten in zweifacher Hinsicht zu sein – ihre Abgrenzungsprobleme beschränken sich nicht nur auf die angrenzenden Kulturräume Frankreich und Italien, sondern werden auch in ihrem Verhältnis zur deutschen Schweiz aktuell. Etwas anders sind die Bedingungen für die Rätoromanen. Ihre Sprachverwandten in Österreich und Italien sind ebenfalls Minderheiten, die um ihre sprachlich–kulturelle Existenz kämpfen. Der Anteil der Romanischsprechenden in der Schweiz beläuft sich auf knapp 1 % der Gesamtbevölkerung. Zweisprachigkeit ist unter den Rätoromanen die Regel. Das Rätoromanische wurde durch das Schweizerdeutsche im Laufe der Zeit aus wichtigen Lebensbereichen verdrängt und für viele Rätoromanen zur Privatsprache. Ungleich der anderen Landessprachen ist das Rätoromanische vom Status der Amtssprache ausgeschlossen.

Für die Tatsache, daß das Bekenntnis zur "Einheit in der Vielfalt" keineswegs automatisch für Gleichberechtigung und Verständnis für den Anderssprachigen verbürgt, gibt es viele Hinweise – ebenfalls für die Vermutung, daß die quantitativen Bevölkerungsverhältnisse ihren Niederschlag im Beziehungsgeflecht der vier Sprachregionen finden. Die deutschsprachige Schweiz stellt mit ihrem 73,6%–Anteil an der Wohnbevölkerung gegenüber 20% französisch– 4,5% italienisch– und 0,9% rätoromanischsprechender eindeutig die Mehrheit. Welche Ausgangsbasis diese Tatsache darstellt für die Betroffenen im Rahmen einer gesamtschweizerischen Kooperation, faßte Riccardo Jagmetti kürzlich an einer Tagung zum

Thema "Warum brauchen wir unsere Landessprachen? Mehrsprachigkeit als Element der nationalen Identität" folgendermaßen zusammen:

> Die deutsche Schweiz handelt als Mehrheit, von der zu Recht Rücksicht auf die anderen erwartet wird; die französische Schweiz kann und muß als starke Minderheit auf ihrer Eigenständigkeit beharren, soll diese in ihren Beziehungen zur übrigen Schweiz auch zum Ausdruck bringen; die italienische Schweiz muß sich als kleinere Minderheit anpassen, den Kontakt in der Sprache der andern suchen und ihr Kulturgut in erster Linie intern wahren; die Rätoromanen schließlich sind in ihrer sprachlich–kulturellen Eigenart hart bedrängt und dazu herausgefordert, ihren Kampf zur Bewahrung des Erbes weiterzuführen (NZZ vom 15. Juni 1987).

In den Medien werden die Spannungen zwischen der deutschen und französischen Schweiz am häufigsten und ausgiebigsten thematisiert. Im Volksmund erhielt dieses spannungsreiche Verhältnis die Bezeichnung "Röschtigraben". Die ungleichgewichtige Aufmerksamkeit, die diesem Verhältnis in der Öffentlichkeit gewidmet wird, täuscht zum Teil darüber hinweg, daß das Verhältnis zu den anderen Sprachregionen ebenfalls nicht unbelastet ist. Die schweizerdeutsche Sprache und Wirtschaftsmacht sind zu dominant, als daß sich die Minderheiten nicht teilweise übergangen und vernachlässigt fühlten: So ist

> ... die Kenntnis der anderen Landessprachen rückläufig ... und die Tendenz zu großräumiger Zusammenarbeit oder zu Zusammenschlüssen in der Wirtschaft stärkt in der Regel die in der deutschen Schweiz liegenden Entscheidungszentren. Die Mundartwelle in den Volks–, Mittel– und teilweise sogar Hochschulen und auch in den nationalen elektronischen Medien bildet ein weiteres Hindernis, das von den sprachlichen Minderheiten kritisiert wird. Auf einigen wichtigen Gebieten der nationalen Politik, wie im Umwelt– und Verkehrsbereich, haben sich in den letzten Jahren erhebliche Meinungsdifferenzen gezeigt ... Die Möglichkeit einer Übergehung welscher Kandidaten bei der Besetzung wichtiger öffentlicher Positionen ... drohen die Empfindlichkeit der Minderheiten weiter zu treffen. Die Unterbesetzung der Kaderstellen der Bundesverwaltung mit Persönlichkeiten, die den sprachlichen Minderheiten angehören, war schon 1978 Ausgangspunkt eines (parlamentarischen Vorstosses)" (NZZ vom 4./5. April 1987, 33).

Hier zeigt sich das Paradox, daß die kulturelle segregative Identitätsarbeit zwar als Element der nationalen Identität benötigt, innerhalb eines aus der Sicht des Staates genehmigten Rahmens auch immer wieder gefordert, von der stärksten Gruppe jedoch bewußt oder unbewußt ständig unterlaufen wird (vgl. Greverus 1978, 257).

Die Fremdheit im eigenen Land, sie auch so weit als möglich zu wahren, ist auf der kulturellen Ebene, um das Vorausgegangene kurz zusammenzufassen, wichtiger Bestandteil der nationalen Identität. Die kulturelle Vielfalt im Dienste der nationalen Identität? Man hat oft das ungute Gefühl, daß sie heute mehr dazu instrumentalisiert wird, als daß sie in erster Linie dem Respekt gegenüber kultureller Autonomie entspringt.

### Politische Ebene

Es ist nun Aufgabe des politischen Systems, die Widersprüchlichkeiten und zentrifugalen Kräfte, welche der kulturellen Vielfalt zugrunde liegen, aufzufangen. Politische und kulturelle Zugehörigkeit – für viele Schweizer sind dies zwei verschiedene Paar Schuhe. Alberto Nessi, Tessiner Schriftsteller, drückte dies kürzlich so aus:

> Der schweizerische Geist wird uns mit der Muttermilch eingeflößt, politisch fühlen wir uns natürlich als Schweizer. Aber kulturell bin ich ein Lombarde. Man soll seiner Kultur treu bleiben. Wenn Italien im Fußball gegen Frankreich verliert und die Jungen im Dorf die Kirchenglocken läuten, so scheint mir das pervers zu sein (Tages–Anzeiger vom 11. Mai 1987, 11).

Was Nessi hier als Selbstverständlichkeit äußert, ist sozusagen die "Hefe" des schweizerischen Selbstverständnisses. Es ist der Wertkomplex der Schweiz als politische, als "Willensnation". Niederer sieht die

> *föderalistische Konzeption des Staates als Willensnation ... als die dominante Kulturäuße-*
> *rung, welche die Grundlage des Selbstverständnisses und die soziale Kohärenz ... des ethni-*
> *schen Komplexes Schweiz (bildet) (Niederer 1970, 43).*

Ist die Integrationskraft dieser "Willensnation" tatsächlich so eindeutig, wie Nessi sie beurteilt? Die Jungen im Dorf, die für Italien die Glocken läuten, scheinen etwas anderer Meinung zu sein. Werfen wir einen kurzen Blick auf die integrative Reichweite dieser Willensnation. Sie läßt sich nach Tajfel mit Hilfe drei konstituiver Gruppenkomponenten ermitteln: der kognitiven, der evaluativen und der emotionalen Komponente (Tajfel 1982, 70).

Die kognitive Komponente ist die beherrschende Größe – d.h. das Bewußtsein der politischen Zugehörigkeit ist in hohem Maße vorhanden. Auch wenn dies heute so erscheinen mag – dies ist keine naturgegebene Selbstverständlichkeit, wenn man bedenkt, daß dieses Bewußtsein bis vor dem 1. Weltkrieg keineswegs ungebrochen und je nach der politischen Lage Europas schweren Zerreißproben ausgesetzt war. Es benötigte gezielte Integrationsbemühungen, die politische Zugehörigkeit eine Selbstverständlichkeit werden zu lassen. 1971 bewerteten 97 % der Befragten ihre politische Zugehörigkeit zur Schweiz positiv. Dieses Ergebnis kann jedoch nicht vorbehaltlos mit politischer Zufriedenheit gleichgesetzt werden. Wie sieht die Realität der evaluativen Komponente aus?

Hier herrschte lange Zeit ein politisches Selbstverständnis vor, das ein Auseinanderklaffen von Ideal und Realität ausschloß und von der Existenz einer gesamtschweizerischen politischen Kultur ausging. Seit rund 20 Jahren machen die zunehmende Stimmabstinenz, Studenten– und Jugendunruhen darauf aufmerksam, daß das Vertrauen in die politischen Institutionen keineswegs so ungebrochen ist, wie man annahm. Max Imboden, der noch Anfang der 60er Jahre "... in der Schweiz die genossenschaftliche Demokratie ... das Urbild der realen Volksherrschaft" sah, prägte 1964 selbst den Begriff des helvetischen Malaise (Wertenschlag 1980, 81):

> *Das Wort Malaise drückt eine immer weiter um sich greifende schweizerische Grundstim-*
> *mung aus. Es bezeichnet eine seltsame Mittellage zwischen ungebrochener Zuversicht und*
> *nagendem Zweifel. Der Wille ist noch immer auf Bejahung gerichtet, aber es stellen sich ihm*
> *aus einem schwer durchdringbaren Halbdunkel entscheidende Hindernisse entgegen. ... das*
> *selbstverständliche Einvernehmen mit der politischen Umwelt und ihrer Form, der Demokra-*
> *tie ist zerbrochen (Imboden 1964, 5).*

Nebst dem gesamtschweizerischen Problem der zunehmenden Stimmabstinenz, der von vielen bemängelten Entfremdung der politischen Instanzen von der Basis, ergeben sich Unterschiede in der Stimmbeteiligung und in den Abstimmungsergebnissen aufgrund regionaler, lokaler, konfessioneller und schichtspezifischer Kriterien. Entlang der Sprachgrenzen zeigen sich einige grundlegende Unterschiede in der Haltung zu gesellschaftspolitischen Problemen und der Aufgeschlossenheit gegenüber gesellschaftlichen Wandlungsprozessen. Die Stimmergebnisse diesseits und jenseits der Sprachgrenze machen aufmerksam auf "... Unterschiede in der tagespolitischen Sensibilität, aber (auch auf Unterschiede) im Selbstverständnis des einzelnen im Verhältnis zu seinem Staat" (Camartin 1982, 335). Für die evaluative Komponente der Gruppenzugehörigkeit ist also eine selektive Teilnahme charakteristisch. Für die Teilnahme am politischen System scheinen in erster Linie zweckorientierte, d.h. interessengebundene Kriterien entscheidend zu sein.

Auf der emotionalen Ebene (der dritten Komponente) führen Mäßigung, Objektivität, Kompromißbereitschaft, Vernunft und Sachlichkeit das Zepter. Das Verhalten auf politischer Ebene wird also weitgehend durch die Enthaltsamkeit emotionalen Engagements geregelt. Politiker, die gegen dieses ungeschriebene Gesetz verstoßen, setzen sich schwerer Kritik aus – ja, man hat manchmal den Eindruck, als ob mit der Verletzung dieser Regel das schweizerische Volksempfinden an einer seiner empfindlichsten Stelle gestört würde. Als vor drei Jahren bei einer Bundesratswahl die nicht–gewählte Kandidatin ihrer Entrüstung und Enttäuschung Ausdruck verlieh, war die Empörung darüber in der Öffentlichkeit groß und lieferte quasi noch im nachhinein das schlagendste Argument gegen die bundesrätliche Qualifikation der Kandidatin. Diese Betonung der Sachlichkeit, der Zurückhaltung entspricht fast einem schweizerischen Charakterzug. Mein Philosophielehrer an einer amerikanischen Universität bezeichnete die Schweizer einmal als "the most rational haters", die er kenne. Dieser Ausspruch traf mich damals sehr, weil er die wunde Stelle offenlegte: Man gehört – sehr vernunftsbetont – politisch zur Schweiz. Gegen sonstige Gemeinsamkeiten hat man Vorbehalte. Dürrenmatt sagt dazu:

> Wir behaupten immer wieder, wir hätten das Zusammenleben verschiedener Kulturen gelöst, und stellen uns als europäisches Vorbild hin. Die Jurakrise beweist, daß diese Behauptung nicht stimmt, wir leben nicht mit den französischen und italienischen Schweizern zusammen, sondern beziehungslos nebeneinander her (Dürrenmatt 1980, 74).

## 2. Zur Fremde jenseits der staatlichen Grenzen

Was man nach innen weder sein muß noch will – nämlich Schweizer – wird in den Beziehungen nach außen, über die Landesgrenzen hinausgehend, eine politische, eine wirtschaftliche und für viele auch eine persönliche Notwendigkeit. Ich erinnere zur Illustration an das bereits zitierte Gespräch Adolf Muschgs mit einem Deutschen und einem Australier.

Ein Zuviel an Ähnlichkeiten weckt in bestimmten Situationen das Bedürfnis, seine Andersartigkeit stärker zu betonen als die Gemeinsamkeiten. Aufgrund der Kleinheit und wirtschaftlichen Besonderheit des Landes (Rohstoffarmut), war die nationale Identitätsarbeit immer darauf ausgerichtet, ein Gleichgewicht zwischen Eigenständigkeit und internationaler Verflechtung, zwischen Bodenständigkeit und Weltoffenheit, zwischen Abgrenzung und Identifikation zu suchen.

### Merkmale der Offenheit und der Verflechtung

In kultureller Hinsicht betonte die Schweiz stets ihre geistige Verbundenheit mit Europa und formulierte explizit den Verzicht auf eine schweizerische Nationalkultur. Dieses Plädoyer für eine geistige Weltoffenheit konstituierte im nationalen Identitätsgefüge immer ein schwaches Element. Es enthält ausgeprägt zentrifugale Kräfte, da es ja die Affinitäten zwischen den Sprachregionen und den angrenzenden Kulturräumen fördert. Zudem entsprach es seit den 30er Jahren zunehmend einem, von einer geistigen Elite geprägten Kultur– und Selbstverständnis und konnte daher keine Breitenwirkung entfalten (Wertenschlag 1980, 65 f.; vgl. zu dieser Problematik auch Schmid 1963; 1978).

Die Rolle des Zünglein an der Waage spielten in der Entwicklung des schweizerischen Selbstverständnisses die Sendungsgedanken, die sich in ihrer Gesamtheit zu einem eigentlichen Sendungsbewußtsein verdichteten (vgl. Frei 1967). Zünglein deshalb, weil sie einerseits universale Menschheitsideale wie Völkerversöhnung, Gerechtigkeit und Solidarität, humanitäres Wirken und die aufklärerischen Ideale Freiheit, Gleichheit und Brüderlichkeit postulierten. Anderseits wurde der gesamte Wertkomplex, flankiert vom politischen Leitprinzip der Neutralität, v.a. in Zeiten akuter Kriesengefahr zu einem Abgrenzungskriterium, welches nach innen eine stark integrative Wirkung auszulösen vermochte. Je unmittelbarer die Bedrohung, deso eindeutiger wurde das Bekenntnis zur Universalität. So beantwortete J. R. von Salis die "höhnischen Vorhaltungen und Abkanzlungen eines Goebbels" mit folgenden Worten:

> *Politisch wunschlos sind wir im Laufe von Jahrhunderten Weltbürger geworden ... Unser Menschheitsideal wird nicht durch die Meeresküste begrenzt ... Die Universalität und das Menschheitsideal sind die lebensnotwendigen Kompensationen unserer Kleinstaatlichkeit und unserer Neutralität (Salis 1942, zit. nach: Frei 1967, 69).*

Oder:

> *... überlassen wir den Nationalismus anderen Völkern, wir Schweizer werden unsere nationale Bestimmung gerade dann am besten erfüllen, wenn wir weniger nach dem nationalen als nach dem wahrhaft Menschlichen fragen (Frei 1967, 50).*

Interessant für unsere Thematik ist der Sachverhalt, daß dieses Bekenntnis zu allgemein gültigen Menschheitsidealen gerade der nationalen Integration diente, indem es die ethnischen Unterschiede und Konflikte im Innern zu nivellieren vermochte und damit die Basis stellte, sich als "Schweizer" fühlen zu können. Denn das Sendungsbewußtsein hatte die Aufgabe,

> *... der Schweiz innerhalb der Völkergemeinschaft einen überragenden Rang zuzusprechen ... und alle Schweizer im Gedanken an eine glorreiche und stolze Zukunft als Musterstaat zu vereinigen (Frei 1964, 87).*

**Merkmale der Abgrenzung**

Die Abgrenzungsbemühungen, die bereits im Sendungsbewußtsein, allerdings auf sehr idealistischer Ebene anklingen, werden in der politischen Grenzziehung konkretisiert. Die Schweiz war in der bewegten Geschichte Europas immer ein "Ort der Gegenläufigkeit". Sie baute ihren "Sonderfall" auf dem Prinzip "Einheit in der Vielfalt" und jenem der genossenschaftlichen Demokratie auf. Letzteres wird definiert durch die Elemente der direkten Demokratie und der Gemeindeautonomie. In der Entwicklung der Schweiz bis zum Ende des 2. Weltkrieges vermochten diese Abgrenzungskriterien Fuß zu fassen, da die Schweiz ein demokratisches Grundverständnis lebte oder teilweise auch zu leben versuchte, welches einen weiten Vorsprung vor demjenigen der umliegenden Länder hatte. Seit Ende des 2. Weltkrieges hat sich die Situation rund um die Schweiz jedoch grundsätzlich geändert. Einerseits haben sich die angrenzenden Länder demokratisiert – die Schweiz kann hier keine qualitative Andersartigkeit mehr für sich in Anspruch nehmen. Andererseits weist eine differenziertere Geschichtsschreibung darauf hin, daß auch der Vielvölkerstatus der Schweiz nicht in dem Maße einen Sonderstatus darstellt, wie es dem nationalen Selbstverständnis dienlich wäre. Wolf bemerkt dazu:

> *... es trifft durchaus nicht zu, daß in Europa eine kulturelle Uniformität dem Prozeß der Staats– und Nationenbildung den Weg geebnet hätte. Jede simple Gegenüberstellung von pluraler Heterogenität und europäischer Homogenität wird durch Beispiele aus der europäischen historischen Realität in Zweifel gezogen. Man denke nur an die Schwierigkeiten, die Regionen Frankreichs zu einem Reich zu integrieren und "Bauern zu Franzosen" zu machen; oder an die Probleme, die all die zentrifugalen Bestrebungen das "rückgratlose Spanien" aufgeworfen haben; oder an die Hindernisse, die einer Verwandlung von Bewohnern einer Vielzahl von Städten und Provinzen in "Italiener" im Wege standen. Man denke an den mühsamen Prozeß, der die individualisierten und widerstrebenden "Heimaten" Deutschlands in ein Reich zusammenzwingen mußte (Wolf 1986, 524).*

Mit der Relativierung der beiden Abgrenzungsgrößen der genossenschaftlichen Demokratie und der Einheit in der Vielfalt wurde der "Sonderfall" Schweiz erheblich geschwächt. Die Entwicklung Europas in der Nachkriegszeit bewirkte, daß sich die Schweiz letztlich nicht mehr wesentlich von anderen westlichen Industrienationen unterscheidet. Auf die nationale Identität wirkt sich diese Entwicklung insofern aus, als das ohnehin fragile Gleichgewicht zwischen Identifikations– und Abgrenzungskriterien verschoben wurde – und zwar zu Ungunsten der Identifikationskriterien. Dieser, immer noch andauernde Prozeß, wird zudem unterstützt durch die ausgeprägten internationalen wirtschaftlichen Verflechtungen der Schweiz ein Aspekt der in der Überfremdungsdebatte eine wichtige Rolle spielte (vgl. Schwarzenbach 1974, 127).

Fazit dieser Ausführungen ist, daß die "Grenzziehung" für die Schweiz seit den 60er Jahren immer problematischer geworden ist. Ulrich Kägi beschrieb 1979 diese Tendenzen der Identitätsdiffusion:

> *Würde sich die Schweiz eines Tages zum Beitritt zu den EG entschliessen wollen oder müssen, bricht ein neues Problem auf, das sogar einen Zusammenhalt und den Bestand dieses Staates in Frage stellt. Denn in dem Maße, wie die Schweiz die Merkmale einer besonderen Schicksalsgemeinschaft einbüßt, werden die zentrifugalen Kräfte anwachsen. ... Die Schwelle die man heute noch beim Überschreiten der Landesgrenze spürt, schwindet, während der Graben zwischen den Sprachregionen entsprechend tiefer und breiter wird. Denkt man diese Entwicklung über eine oder zwei Generationen hinaus zu Ende, werden mitten in der Schweiz die drei großen mitteleuropäischen Kulturräume der Deutsch-, Französisch- und Italienischsprachigen unmittelbar, nicht mehr gedämpft durch den schweizerischen Sonderfall, zusammenstoßen. Wird sich an dieser Drei-Kulturen-Ecke ein selbständiger Staat auf die Dauer halten können? ... Damit stehen wir früher oder später vor der Kernfrage unserer nationalen Existenz. ... Wozu ist diese Schweiz eigentlich noch nötig? ... Der Gang der Ereignisse stellt unsere nationale Existenz in Frage (Kägi 1979, 124).*

**Einige Schlußfolgerungen und Fragen**
Die drohende Identitätsdiffusion hat nun zur Folge, daß in Zeiten der Bedrohung (oder in Zeiten, die als bedrohlich bezeichnet werden) schwache Differenzierungsmerkmale eine überproportional hohe Integrationsleistung erbringen müssen. Sie müssen ideologisch so überhöht werden, daß die Grenzziehung eindeutig und die Basis der Vergleichbarkeit aufgehoben bzw. auf ein Minimum reduziert wird. Dies geschah nun in den Auseinandersetzungen um die Überfremdung in den frühen 70er Jahren: die "schweizerische Eigenart" wurde ganz in der Tradition des Sonderfalldenkens reaktiviert (vgl. Schwarzenbach 1974). Daß es auch beinahe gelungen ist, die Mehrzahl der stimmenden Schweizerbürger an dieser Front zu vereinigen, hat – etwas plakativ ausgedrückt – damit zu tun, daß man sich (nach langen Entbehrungen?) wieder als "Schweizer" fühlen und auch als solcher handeln konnte. Nicht nur in der Ausländerfrage, z.B. auch in dem vom Volk verweigerten UNO-Beitritt (die letzte Abstimmung liegt ca. 1½ Jahre zurück) wird dieser Rekurs auf die schweizerische Eigenart deutlich. Der Weltoffenheit im wirtschaftlichen Bereich entspricht keine geistige oder politische Offenheit:

> *Das überkommene Selbstverständnis ... hat seit den Krisen- und Kriegsjahren Wandlungen durchgemacht ... Es fand eine geistige Verengung statt. Das Bewußtsein der Sonderstellung wurde abgelöst von einem Gefühl der Überlegenheit. Züge der Offenheit gingen verloren ..."*
> (Wertenschlag 1980, 85).

Wesentlich an diesem Vorgang der Grenzziehung – wie er in der Überfremdungs- und Asylantenfrage, in der Frage nach dem Beitritt zur UNO, ja letztlich auch im Fehlen einer aktiven schweizerischen Aussenpolitik zum Ausdruck kommt (vgl. Gruner 1971, 394; Lüthy 1963; 1969, 38) – wesentlich an diesem Vorgang scheint mir zu sein, daß er im Umgang mit dem Fremden dem "Schweizer-Sein" und "Schweizer-Bleiben" erste Priorität einräumt. Alle Nicht- Schweizer sind nun Ausländer und – so meinte ein Chefbeamter der Bundesverwaltung – "... es kann nicht in Frage kommen, daß wir Ausländer einbürgern, bevor sie ganz mit dem Land verwachsen sind und denken und fühlen wie Schweizer Bürger" (Pedotti 1965, 42).

Die Interaktion zwischen eigen–fremd, unter Berufung auf die Gruppenzugehörigkeit, schafft gänzlich andere Ausgangsbedingungen für das gegenseitige Verständnis als die Interaktion auf persönlicher Ebene, wo jeder noch Gemeinsamkeiten mit seinem Gegenüber ausmachen kann – und sei dies ein noch so exotisches. Auch Vorurteile werden hier relativiert: der andere ist ja in den seltensten Fällen ein Unge des Zirkels zu sein. Letztmenschliche Züge, die den eigenen nicht so unähnlich sind, als daß sie eine Verständigung verunmöglichen würden. Was Verstehen, Toleranz und Akzeptanz des Fremden erschwert oder gar ausschließt, ist die Interaktion auf der Basis der Gruppenzugehörigkeit, da die Aufwertung der eigenen Gruppenidentität einer Abwertung der Fremd–Gruppe entspricht (vgl. Tajfel 1982).

Ich denke, daß wir unsere Fragen an diesem Schnittpunkt stellen müssen. Welche Rolle übernimmt z.B. die Gruppenidentität innerhalb der persönlichen Identität? Wie kommt es, daß sich inter– und intranationale Konflikte zunehmend an Identitätsinteressen und weniger an wirtschaftlichen Interessen zu entzünden scheinen (Hoffmann–Nowotny/Hondrich 1982, 620). Das Schweizer–Beispiel deutet auch darauf hin, daß möglicherweise zwei gängige und beliebte Erklärungsmuster für Fremdenfeindlichkeit doch nicht so tief greifen, wie wir uns das wohl manchmal wünschen. Das eine, das aussagt, daß sich im Gastland dann eine Abwehrhaltung gegenüber den Ausländern einstellt, wenn diese einfach zu viele werden, mag evtl. über den Zeitpunkt, zu dem sich die Abwehrhaltung einstellt, etwas aussagen, jedoch nichts über deren Entstehung. Dieses Argument ist insofern massenwirksam und gefährlich, als es impliziert, daß erst Massen von Ausländern unsere Fremdenfeindlichkeit bewirken: Die Ursache fremdenfeindlichen Verhaltens wird nur beim Fremden, nicht beim eigenen Verhalten gesucht.
Das zweite Erklärungsmuster sagt aus, daß mit zunehmender kultureller Distanz zwischen eigen und fremd die Abwehrhaltung gegenüber dem Fremden zunimmt. Vielleicht trifft dies in gewissen Fällen zu. Doch das schweizerische Beispiel zeigt, daß wir uns das Fremde auch immer wieder schaffen, um auf unsere Identitätskosten zu kommen. Und vielleicht ist es gerade die Einebnung kultureller Distanzen, die als bedrohlich empfunden wird und die uns neue – ideologische – Distanzen schaffen läßt, welche viel schwieriger zu überwinden sind als die kulturellen.

Es scheint die Quadratur des Zirkels zu sein. Letztlich müssen wir eine Antwort auf die Frage finden, wie wir unsere zukünftigen Gruppenidentitäten definieren wollen oder überhaupt noch dazu in der Lage sein werden. National definierte Modelle erleben zwar immer wieder Renaissancen (siehe das Amerika Reagans), aber die Ernüchterung folgt der Euphorie meist auf den Fuß. Auch regionalistische Bewegungen haben oft einen stark bewahrenden und konservativen Charakter. Es drängt sich ein Vergleich zum Denkmalschutz auf: wir wollen vom Alten nicht loslassen – möchten es in ein neues Etwas integrieren – aber vom Neuen haben wir keine Vision.

*Ueli Gyr*

# Binnenmobilität
# und interkulturelles Alltagsverhalten

Das Bewußtsein um anderssprachige Nachbarn, Sprachgrenzen und Kulturräume sowie der Zusammenschluß zu einem föderalistischen Mehrkulturenstaat Schweiz sind historisch gewachsen und stellen sich dem Durchschnittsbürger kaum als echtes Problem dar. Anders ist die Situation für den Volkskundler, dem die zahlreichen Beziehungen und Kontakte zwischen einzelnen Sprachräumen anspruchsvolle Forschungsfelder eröffnen. Ein solches Forschungsfeld läßt sich mit dem Welschlandaufenthalt oder dem sogenannten "Welschlandjahr" abstecken – einem Kontaktmuster zwischen der Deutschschweiz und dem Welschland, daß heißt dem französischsprachigen Landesteil.

Über die Kulturerscheinung Welschlandaufenthalt und der Problematik seiner Erforschung im Zusammenhang mit einem im Oktober 1986 angelaufenen Projekt möchte ich im folgenden berichten. Lassen Sie mich vorwegnehmen, daß es dabei nicht um einen methodischen Erfahrungsbericht gehen wird und auch nicht darum, erste Resultate im Detail auszubreiten und zu interpretieren. Da die Feldforschung erst richtig angelaufen ist, scheint es sinnvoller, das Projekt von seiner Konzeption her vorzustellen und dabei jene Aspekte und Fragen aufzugreifen, die das Thema der Begegnung mit Fremden, mit Fremdem und mit Fremdheit, kurz mit kultureller Andersheit als volkskundliches Problem berühren. Die Vorläufigkeit aller Ausführungen und Thesen gilt es zu beachten; ich hoffe, sie wird einer anschließenden Diskussion nicht entgegenstehen.
Das Projekt wird vom Schweizerischen Nationalfonds zur Förderung wissenschaftlicher Forschung finanziert und steht im Rahmen des aufwendigen Nationalen Forschungsprogramms 21 "Kulturelle Vielfalt und nationale Identität", dessen wissenschaftliche Erträge bis 1991, dem Jubiläumsjahr des 700jährigen Bestehens der Schweizerischen Eidgenossenschaft, erwartet werden. Unser volkskundliches Forschungsprojekt hat eine Laufzeit von 30 Monaten und beschäftigt drei Mitarbeiterinnen mit je einer halben Stelle; es soll wissenschaftliche Erkenntnisse möglichst auch mit praxisorientierten Handlungsempfehlungen verbinden, doch davon später.

Was Welschlandaufenthalte formal sind, ist einfacher zu fassen als das, was sie an interkultureller Dynamik und lebensgeschichtlicher Bedeutung real beinhalten. Zu definieren sind Welschlandaufenthalte als temporäre Milieuwechsel von jungen Deutschschweizern und Deutschschweizerinnen, die sich aus Gründen des Spracherwerbs, der Erlernung von Haushaltführung und Kinderbetreuung oder auch zu Überbrückungszwecken in die Westschweiz begeben. Recht häufig geht es um ein praktikumsähnliches Zwischenjahr vor der Berufslehre, in anderen Fällen dient der gleiche Aufenthalt häufig auch einer Notlösung, speziell für Mädchen, die bei der Bewerbung um eine Lehrstelle chancenlos geblieben sind.
Die Trägerschaft, so kann man verallgemeinern, ist seit der Jahrhundertwende überwiegend weiblich. Obgleich sich die Zahl der Welschlandmädchen nicht genau ermitteln läßt, dürfen wir davon ausgehen, daß alljährlich Tausende von Deutschschweizerinnen den Weg ins

Welschland antreten. Am häufigsten entscheiden sie sich nach wie vor für das sogenannte Volontariat, das heißt ein halb familiär, halb dienstliches Angestelltenverhältnis in einer welschen Aufnahmefamilie, in der sie ohne großen Lohn im Haushalt arbeiten und dabei bis zu einem gewissen Grad auch die französische Sprache erlernen. Im Gegensatz dazu steckt man die Töchter aus wohlhabenderen Familien mehrheitlich in Pensionate und Institute, wo sie ein Bildungsjahr absolvieren.

Auf die Frage, ob und wie ober– und unterschichtliche Aufenthaltsmodalitäten zusammenhängen, will ich hier nur kurz eingehen. Ich erlaube mir den Hinweis, daß ich dieses Thema zum Gegenstand einer langjährigen Forschungsarbeit gemacht habe, die nächstes Jahr veröffentlicht wird. Welschlandaufenthalte, um ein Hauptresultat wenigstens anzudeuten, stehen in einer weit hinaufreichenden bildungs– und erziehungsgeschichtlichen Tradition. Außerhäusliche Lebensabschnitte finden wir bereits in der spätmittelalterlichen Hofdiensterziehung und Kaufmannsausbildung sowie auch im universitären Sektor. Bedeutsam wird die Tatsache, daß sich das Prinzip "Erziehung in der Fremde" in einem einzigartigen historischen Absinkprozeß zunehmend popularisiert hat. Als eine Art "gesunkenes Kulturgut" finden wir es im 18. und im 19. Jahrhundert in einer eigentlichen Erziehungslandschaft von westschweizerischen Pensionaten und Instituten. Im ausgehenden 19. Jahrhundert erreichte das Prinzip "Erziehung in der Fremde" schließlich bäuerliche Kreise und soziale Unterschichten. Auch sie haben das außerhäusliche Erziehungsprinzip über die Modalität des populären Volontariats adaptiert, jener noch stets üblichen Aufenthaltsmodalität für Dienstboten, Haushaltshilfen und Kindermädchen also, mit der wir uns in einer volkskundlichen Gegenwartsanalyse nun intensiv zu beschäftigen vorgenommen haben.

Am Gegenstandsbereich "Welschlandaufenthalt" lassen sich je nach Erkenntnisinteressen unterschiedliche Betrachtungsebenen für wissenschaftliche Analysen ausmachen. Im wesentlichen sehe ich deren vier:
Eine erste Betrachtungsebene wird Welschlandaufenthalte unter dem globalen Aspekt der Mobilität thematisieren und von einer temporären Binnenmigration sprechen. Sie führt eine geschlechts– und altersspezifische Trägerschaft über das Prinzip einer saisonalen Rotation mit verschiedenen Bestimmungszwecken von der Deutschschweiz in die Westschweiz. Spricht man die "Welschlandgängerei" als eine Wanderung im Sinne der Migrationsforschung an, muß man sich vergegenwärtigen, daß es nicht um Gruppen, sondern um jugendliche Einzelwanderer mit ausgesprochener Rückkehrerwartung geht.
Eine zweite Betrachtungsebene stellt die Bedeutung des Milieuwechsels für die Akteure in den Vordergrund und fragt nach dem Fremdaufenthalt als einem lebensgeschichtlichen Übergangsereignis, seinen Voraussetzungen, seiner Verlaufsstruktur und seinen durchschnittlichen Wirkungen im Lebenslauf. Das funktionale Spektrum ist recht breit; es reicht vom persönlichkeitsfördernden Übergang (Erwachsenwerden durch Bewährung) über gezielte Berufsvorbereitung (Spracherwerb, Haushaltführung) und Prestigeerhöhung (Bildung, Horizonterweiterung) bis zum Krisenmanagement (Ablösung vom Elternhaus) und schließt auch Konfliktregulative (Vermeidung von Generationenproblemen) sowie Warte– oder Notlösungen (Berufsfindung) durchaus ein.
Der eben angesprochene Absink– und Popularisierungsvorgang von Welschlandaufenthalten führt drittens zu deren bildungs– und erziehungsgeschichtlichen Dimension. Für eine Gegenwartsanalyse wird sie wohl nur dort bedeutsam, wo sich heutige Vorstellungen, Normen und Umgangspraktiken auf historisch gewordene, sprich traditionell verfestigte Wertvorstellungen und Handlungsmuster beziehen, das heißt aus dem Umfeld entsprechender Erziehungsgewohnheiten und Erziehungsideologien erklären lassen.

Auf einer vierten Betrachtungsebene wird schließlich versucht, jenes komplexe Geschehen wissenschaftlich in den Griff zu bekommen, welches sich aus möglichen Begegnungen, Kontakten, Konflikten und Lösungsstrategien im interkulturellen Alltag zusammensetzt. Zentral ist dabei die interkulturelle Alltagskommunikation und zwar für alle daran beteiligten Bezugspersonen aus Herkunfts– wie aus Aufnahmegesellschaft.

Über diese vier Betrachtungsebenen läßt sich die volkskundliche Forschungsintention nun präzisieren und als Projektidee beschreiben. Das Forschungsvorhaben versteht sich, kurz gesagt, als volkskundliche Beschreibung und Analyse durchschnittlicher Aufenthaltsgestaltungen auf dem Niveau zweier Alltagskulturen und fragt qualitativ nach typischen Verläufen, Ereignissen und Verhaltensmustern, die sich aus der Situation eines interkulturell–temporären Milieuwechsels ergeben. Der volkskundliche Blick zielt somit weniger auf den Zusammenstoß von zwei übergeordneten Kultursystemen, er gilt vielmehr den üblichen Mikroprozessen subjektiv erlebter und gelebter Erfahrungen aus der Sicht der Akteure selbst.

Gerade über diesen Mikrobereich üblicher Umgangs– und Begegnungsformen und Kontaktmuster wissen wir nämlich recht wenig. Obgleich sich das "Welschlandjahr" als traditionsreiche Institution etabliert hat und bis heute alljährlich noch immer Tausende von jungen Deutschschweizerinnen zum Aufbruch in ein fremdes Milieu motiviert, fand es wissenschaftlich kein Interesse. Weder Lebenslaufforscher, Pädagogen oder Bildungshistoriker noch Ökonomen, Kulturpsychologen und Volkskundler haben sich des brauchmäßig verbreiteten und beliebten Kontakt– und Übergangsmusters bisher angenommen.

Eine Forschungslücke also, von der unser Projekt seine wissenschaftliche Legitimation für eine gegenwartsbezogene Analyse zwar auch bezieht, doch nicht ausschließlich. Sozialwissenschaftliche Analysen dürfen sich nicht mehr damit begnügen, solche Leerstellen zu füllen – sie müssen von gesellschaftlichen Problemen ausgehen, möglichst mit dem Ziel, zu deren Lösung beizutragen. Beim Kontaktparadigma "Welschlandaufenthalt" gibt es zahlreiche Probleme und Konflikte, kulturelle Vorurteile und Mißverständnisse und nicht zuletzt auch ungenutzte Chancen, über die sich wissenschaftliche Forschungen in mehr als einer Beziehung rechtfertigen lassen. Als Kontaktmuster stehen Welschlandaufenthalte natürlich nicht jenseits des vielbeschworenen wirtschaftlichen und politischen Machtgefälles zwischen der deutschen und der französischen Schweiz, sondern sind in dieses einzubetten. Dabei stellt sich die wichtige Frage, ob die Trennwirkung eines angeblichen Grabens zwischen Deutsch und Welsch das Niveau der hier interessierenden Alltagsmilieus erreicht, und wenn ja, in welcher Form und Intensität.

Was wir über gegenwärtige Welschlandaufenthalte wissen, sind Bruchstücke von persönlichen Einzelerfahrungen ehemaliger Welschlandgängerinnen einerseits, massenmedial verstärkte Zerrbilder über negativ verlaufene Welschlandaufenthalte anderseits. Im Bewußtsein breiter Bevölkerungskreise vermischen sich hier traditionelle Wertvorstellungen ständig mit forcierten Klischees, Tatsachenerlebnisse mit neubelebten Vorurteilen, betreffen diese das spezifische Verhältnis der welschen Nachbarn zur Deutschschweiz, ihren Lebensstil, ihre Mentalität und Kultur, ihre Einstellung zu Arbeit und Freizeit und vieles andere mehr. Daß das Kontaktmuster Welschlandaufenthalt vor einigen Jahren von Zeitungs–, Radio– und Fernsehjournalisten künstlich zu einer Zielscheibe gemacht wurde, auf die man vorurteilsbefrachtete Schwarz–Weiß–Malereien seither gerne projiziert, hat eine Analyse damaliger Berichterstattungen und Bildreportagen der deutschschweizerischen Medienlandschaft ergeben. Da Teile jener "Anti–Welschlandjahrkampagne" – denn um eine solche handelte es sich – bis heute nachwirken und viele unentschlossene Mädchen beim Entscheid für den Fremdaufenthalt noch immer verunsichern und verängstigen, sei kurz an jene Debatte erinnert.

In der Tages-, Regional- und Lokalpresse, in Frauenzeitschriften, Magazinen, Radiosendungen und Fernsehbeiträgen wurde das "Welschlandjahr" nicht nur häufiger aktualisiert, – es geriet unter dem Diktat eines aus Kreisen der deutschschweizerischen Frauenbewegung geschürten und von journalistischen Mitläufern aufgewerteten Medienauftritts unter grundsätzlichen Beschuß. Die kritischen Stimmen galten dem Welschlandaufenthalt als Institution gleicherweise wie den die Welschlandgängerinnen aufnehmenden welschen Familien.

Die Kritik war radikal und heftig. Ihre Zielvorstellung tendierte darauf, Welschlandaufenthalte mit Negativargumenten möglichst abzuschaffen, oder aber über eine zu entwickelnde Kampfbereitschaft zumindest zu verändern. Gegen die Institution Welschlandaufenthalt wurde vorgebracht, sie verhindere die Persönlichkeitsentwicklung in der entscheidenden Übergangsphase zum Erwachsenenalter, indem sie die Mädchen einseitig auf traditionelle, sprich nur dienende Hausfrauen- und Mutterrollen fixiere, und dies im Interesse welscher Aufnahmefamilien. Ihnen warf und wirft man vor, sie hätten nur eines im Sinn, nämlich die billigen Arbeitskräfte aus der Deutschschweiz auszubeuten und persönlichen Profit zu schlagen. Die "Schule des Gehorchens", als welche der Welschlandaufenthalt nunmehr gekennzeichnet wurde, stand am Gegenpol emanzipatorischer Befreiung und ließ nach dieser Auffassung keinerlei Raum für den erhofften Kulturkontakt und Kulturaustausch.

Tatsächlich rückte das Schlag- und Reizwort "Ausbeutung" in den Mittelpunkt einer polemischen Diskussion, die sich letztlich auf die Frage "Welschlandjahr – dafür oder dagegen?" polarisierte. Das Medienbild vom "Welschlandjahr" setzt sich seither aus standardisierten Darstellungselementen und Darstellungsmustern zusammen, die hier interessieren müssen, weil sie den interkulturellen Alltag direkt betreffen.

Glaubt man den Medienreportagen, so scheint der durchschnittliche Alltag im welschen Milieu geradezu ganzheitlich von den Arbeitsabläufen Putzen, Waschen, Kochen geprägt, während die Betreuung der Kinder eher zurücktritt. Von der Aufsicht von Kleinkindern ist meist in einem anderen Zusammenhang die Rede, etwa dort, wo es um die Feststellung der Überstunden in einer wenig geregelten Arbeitszeit geht. Die Erfahrungen zeigten, so verallgemeinerte es ein Großbericht, "daß die Welschland-Aufenthalterinnen in erster Linie nicht die Sprache, sondern putzen, fegen und kochen lernen".

Aus journalistischer Sicht besteht ein wesentlicher Zusammenhang zwischen Arbeitsauftrag und Aufenthaltsqualität. Der Zusammenhang stellt letztere aus zwei Gründen als negativ dar, einmal wegen der routinemäßigen Monotonie der Arbeit selbst und wegen der Kontaktarmut, die den Spracherwerb nicht nur reduziere, sondern bisweilen behindere. Vielen welschen Familien wird mangelnde Bereitschaft und Desinteresse an einer aktiven Sprachförderung zuungunsten des Deutschschweizermädchens unterstellt. Dies scheint umso gewichtiger, als die Sprachvermittlung ja Teil jenes Entgeltes sein sollte, welches das Prinzip des Volontariats einschließt.

Sprachbehindernde Kontaktarmut spielt aber auch und besonders außerhalb der häuslichen Arbeitswelt eine Rolle: Im Katalog der typisierten Darstellungen über die Freizeitbewältigung von Deutschschweizermädchen erscheint sie als ein Hauptproblem. Entweder werden dabei grundsätzliche Barrieren betont, oder konkrete Konflikte, Enttäuschungen und Ängste angesprochen. Einsamkeit, Isolation und ungenügende Sprachbeherrschung – so heißt es – belasteten die ohnehin beschränkten Freizeitmöglichkeiten, abgesehen von der Gefahr, in verhängnisvolle Männerbekanntschaften hineingezogen zu werden. Welsche Jugendliche und Männer agierten vorwiegend in zwei Rollen: Entweder als sexuelle

Zudringlinge oder als desinteressierte Ehemänner. "Die Welschen", so formulierte ein Mädchen einem Journalisten gegenüber, "sind schon total andere Menschen als wir ... Wenn sie merken, daß ich Deutschschweizerin bin, ziehen sie sich zurück." Vielen Berichten zufolge sind auch die Kinder welscher Familien frech, verwöhnt und unerzogen und nützen die sprachliche Unbeholfenheit der neuen Bezugsperson häufig aus.

Solche und ähnliche Vorstellungen und Meinungen charakterisierten das in den Medien präsentierte und von diesen perpetuierte Bild gegenwärtiger Welschlandaufenthalte. Mit ihm fassen wir zweifellos einen interkulturell bedeutsamen, weil weitgehend durch die Medien induzierten Vorstellungs- und Vorurteilskomplex. Er schlägt sich nieder in einer eigenen Ideologie, unter deren Einfluß sprachliche und kulturelle Kommunikationsbarrieren einen gefährlichen Graben zwischen Deutsch und Welsch verfestigen.
Diese Negativcharakteristik von Welschlandaufenthalten ist seit der erwähnten "Anti–Welschlandjahrkampagne" zu Beginn der 1980er Jahre sozusagen zu einem journalistischen Dauerbrenner geworden, auch wenn sich die Diskussion inzwischen beruhigt hat. Für den Volkskundler Anlaß genug, über den tatsächlichen oder zugeschriebenen Gehalt solcher Fremderfahrungen nachzudenken und der Frage nachzugehen, wie denn heutige Welschlandaufenthalte durchschnittlich gestaltet werden. Es ist nicht von der Hand zu weisen, daß sich im eben dargestellten Medienbild authentische Erfahrungen und Enttäuschungen widerspiegeln, doch in welchem Maß dies der Fall ist, bleibt offen. So schlecht können die französischsprachigen Nachbarn ja auch nicht sein, denn sonst würden sich die zahlreichen Deutschschweizerinnen, welche den Welschlandaufenthalt als eine für sie geeignete Übergangsmodalität noch immer wählen, wohl anders entscheiden. Was bewegt sie denn eigentlich zu diesem Schritt? Mit welchen Ansprüchen und Erwartungen brechen sie in die Fremde auf? Wie erleben sie den Milieuwechsel? Wie lösen sie die durch den Druck des interkulturellen Milieus bedingten Alltagsschwierigkeiten? Mit welchen Erfahrungen, Bereicherungen, Enttäuschungen und Bilanzen kehren sie zurück? Und überhaupt: Wer sind die Welschlandgängerinnen?

Mit solchen und vielen anderen Fragen beschäftigt sich unser Forschungsprojekt, welches sich über zwei Zugangsweisen der gegenwärtig im Welschland weilenden Generation von Aufenthalterinnen nähern will. Eine erste Annäherung erfolgte über schriftliche Erhebung. Da es über die Binnenmigration "Welschlandaufenthalte" keine zuverlässigen Statistiken, sondern nur verwirrende Schätzwerte gibt, schien es angezeigt, zunächst nach wichtigen sozio–demographischen Merkmalen und Einstellungen der Aufenthaltergeneration 1987 zu fragen, auch mit quantitativen Verfahren.
Dabei ist zu beachten, daß quantitative Erhebungen hier beschränkt möglich sind; sie vermögen nur jene Welschlandgängerinnen zu erfassen, die über eine offizielle Vermittlungsstelle in eine Welschlandfamilie plaziert wurden. Dies ist, vermuten wir, der wohl größere Anteil. Demgegenüber ist die Zahl derer, die sich über den eigenen Verwandten- und Bekanntenkreis, allenfalls über ein Zeitungsinserat selbst vermitteln, nicht festzustellen, aber auch nicht zu unterschätzen. Auf die Plazierung von Deutschschweizermädchen ins Welschland hat sich ein ganzes Netz von konfessionellen und gemeinnützigen Stellenvermittlungen spezialisiert. Über 37 solcher Vermittlungsstellen wurden 1985 insgesamt 2839 Mädchen in eine welsche Familie vermittelt.
Mit einem reichhaltigen Fragebogen sind wir im Frühling 1987 an 476 zukünftige Welschlandgängerinnen gelangt, kurz vor deren Aufbruch in die Fremde. Bei der Auswahl haben wir darauf geachtet, eine möglichst variierte Verteilung städtischer wie ländlicher Her-

kunftsgebiete zu berücksichtigen. 349 Mädchen haben geantwortet, was einer Rücklaufquote von gut 70% entspricht. Repräsentativität im sozialwissenschaftlichen Sinn wird nicht angestrebt, wohl aber eine Groberfassung wichtiger Sozialdaten und Merkmale dieser Aufenthaltergeneration. Für die Datenkodierung und Datenaufbereitung haben wir einen Soziologen beigezogen. Das Rechenzentrum der Universität Zürich hat uns die ersten Daten inzwischen aufbereitet.

Auch wenn die Daten noch nicht ausgewertet wurden, so zeichnen sich einige Strukturmerkmale bereits jetzt ab. So zeigt sich etwa, um einmal in Zahlen zu sprechen, daß die 16– und 17jährigen Welschlandmädchen zu 12,3% aus bäuerlichen, zu 23,7% aus Angestellten– und zu 26,5% aus Arbeiterkreisen stammen und daß 51,1% von ihnen protestantisch, 45,9% katholisch sind. Fast ein Drittel aller Mädchen gibt an, ohne vorher gesicherten Ausbildungsplatz von zuhause wegzugehen, während 24,1% der Befragten einen solchen fest in Aussicht haben. Gut die Hälfte schiebt den Aufenthalt als "Wartejahr" ein. Nach ersten Angaben der Probandinnen sind 70,9% der Arbeitgeberinnen, der "Madames", teilzeitlich, 28% voll berufstätig und brauchen wohl aus dem Grund eine Haushaltshilfe. Die meisten Mädchen halten Französischkenntnisse zwar als wichtig und als nützlich, doch präzisieren nur 38,5%, daß die Zweitsprache Vorbedingung für ihre spätere Berufslehre sei. Demgegenüber wünschen 79,9% aller Welschlandgängerinnen in einen Haushalt mit Kindern plaziert zu werden, zwei Drittel stufen Haushaltführung, 63,4% Kinderbetreuung als sehr wichtig ein.

Ein zweiter Zugang zum Gegenstandsbereich ist qualitativ. Wir versuchen hier erstmals eine Langzeitbeobachtung mithilfe von gestaffelten Intensivinterviews. Ziel der Befragung ist es, die gegenwärtige Aufenthaltspraxis unter dem Aspekt typischer Verlaufs– und Anpassungsprozesse im Gespräch zu analysieren. Zu diesem Zweck werden 40 Mädchen unterschiedlichster Herkunfts– und Aufnahmemilieus im Laufe ihres Aufenthaltes dreimal befragt. Eine erste Befragung kurz vor dem Aufbruch hat im Februar und März dieses Jahres stattgefunden, eine zweite, die dem Problem von Orientierung und Einfindung im fremden Milieu gilt, wurde im August und September abgeschlossen. Eine dritte Befragung beabsichtigen wir vor der Rückkehr der Welschlandgängerinnen durchzuführen, um Rückblicke und Erfahrungsbilanzen einzufangen.

Den Verlaufs– und Anpassungsstrukturen, die wir über die alltagsbezogenen Erfahrungen, Erlebnisse und Einstellungen zu ermitteln versuchen, gilt unser besonderes Interesse. Dabei sind wir uns der Problematik durchaus bewußt, daß wir mit dem qualitativen Verfahren den Erfahrungs– und Erlebnishorizont unserer Welschlandaufenthalterinnen vorwiegend von der verbalen Seite her ausleuchten, weniger vom tatsächlichen Verhaltensvollzug in Form üblicher Handlungsmuster, aber immerhin. Über die qualitativen Daten möchten wir schließlich auch die Frage beantworten, welche Funktionen Fremdheit beim vorliegenden Kontaktparadigma einnimmt. Im Anpassungsverlauf werden Wahrnehmung und Verarbeitung des fremdkulturellen Milieus von entscheidender Bedeutung sein.

Dies bereits jetzt, also vor Abschluß der noch ausstehenden Befragungen zu bestimmen, geht nicht an, wäre auch kaum möglich, doch gibt es eine Reihe von Fakten, Indizien, Beobachtungen und Aussagen, die wenigstens erste Richtungen für Vermutungen und Arbeitshypothesen im Umfeld zwischenkultureller Kontakte weisen.

So lassen die ersten Gespräche beispielsweise Erwartungshaltungen, Einstellungen und Wünsche der Probandinnen mit Bezug auf den bevorstehenden Milieuwechsel einigermaßen gut erkennen. Auf die Plazierung angesprochen, deuteten viele Mädchen spontan an, der Ort selbst wäre nicht so bedeutsam; vordergründig wichtiger scheint das Kontrasterleb-

nis, zunächst einmal weg von zuhause: "Ja, einfach fort von den Eltern, ... einfach mal schauen, wie an anderen Orten, wie andere Leute arbeiten", wie es ein Mädchen ausdrückte.
Bei genauerer Betrachtung kontextualer Bemerkungen zeigt sich jedoch mehr: Etwa, daß bestimmte Erfahrungs– und Vertrautheitssegmente trotz möglicher Zufälligkeiten bei der Plazierung wirksam ins Spiel kommen können."Für mich ist wichtig", äußerte eine Probandin, "daß es nicht mitten in der Stadt ist, hinten eine Straße und vorne eine Straße. Eben so, wie ich jetzt auch eine habe ... Das hilft schon weiter irgendwie, weil in der Stadt habe ich mich nie so richtig wohl gefühlt."

Einige Mädchen wünschen, in die gleiche Welschlandfamilie plaziert zu werden, in der Geschwister oder Bekannte einen Aufenthalt absolviert haben. Andere wiederum möchten an Orte, wo sich Klassenkameradinnen aufhalten oder in Regionen, von denen aus sie Bekannte und Verwandte besuchen können; sie suchen sich vielleicht eine Familie mit Haustieren oder sporttreibenden Eltern, um ihren Interessen auch in der Fremde nachgehen zu können. Sie gehen auf einen Bauernhof, weil sie in der Deutschschweiz einmal sogenannten "Landdienst" bei Bauern gemacht haben, es zieht sie in die Stadt, weil sie selbst aus städtischen Milieus stammen u.ä.m.
Die Vorstellungen, die sich junge Deutschschweizerinnen über den Aufenthalt und über die Welschen machen, aber auch das reale Wissen über die Ersatzfamilie und über die auf sie zukommenden Aufgaben sind als bescheiden und vage zu bezeichnen. Es sei doch ein Problem, so ein Beispiel, "wirklich Welsche kennenzulernen. Also auch alle, die schon unten waren, haben gesagt, auf der Straße wird man einfach angesprochen von Italienern und auch Welschen, aber sonst, die Welschen haben kein Interesse. Ist ja eigentlich auch verständlich. Es sei schwer, an die ranzukommen."

Umgekehrt berichtete ein anderes Mädchen, beim ersten Telephonanruf habe ihre zukünftige Arbeitgeberin nur gesagt, "pas de problèmes und o.k. und jedes zweite Wort, es sei kein Problem ... Wann kommst du, ja, komm nur; einfach so."

Zugegeben: Das sind nur Einzelaussagen, extrem positioniert, aber recht instruktiv. Fiel uns die hohe Quote von Antwortverweigerungen gerade beim Bild über die Welschen bereits in der schriftlichen Erhebung auf, so hier noch mehr, hatten doch 98,8% aller Mädchen ihre neue Familie inzwischen besucht, einige mehrmals, andere sogar für eine "Schnupperlehre". Die Formen erster Kontaktaufnahmen und Begegnungen sind aufschlußreich, weil sie darüber informieren, wie interkulturelle Spannungen gelöst oder verdrängt werden. Häufig geht das Mädchen nicht allein auf Besuch, es wird von seiner meist besser französischsprechenden Mutter begleitet. Typisch scheint dabei auch, daß wichtige Erstinformationen über den neuen Arbeitsplatz und Arbeitsalltag von jenem Mädchen weitergegeben werden, welches die welsche Familie bald verlassen wird.
Demgegenüber haben die Erwartungshaltungen, welche sich explizit auf mögliche Sinngebungen des Milieuwechsels beziehen, mehr Profil. Der Welschlandaufenthalt wird weniger als gezielte Sprachschulung verstanden, mehr als Herausforderung im Sinne einer persönlichen Bewährungsprobe, die es zu bestehen gilt. "Ich glaube", um dies mit Aussagen zu illustrieren, "es tut irgendwie gut zu sehen, wie man selber fertigwerden muß", "nicht immer fragen gehen: wie soll ich das jetzt machen, kann ich das machen, selber entscheiden", "ja, da muß man sich auch anpassen. Irgendwie mußt du dich auch zusammenreißen. Ein Jahr geht ja noch schnell vorbei".

Was es heißt, sich während eines Jahres in einem fremden Milieu einzufinden und anzupassen, wissen wir noch nicht genau. Vorläufige Beobachtungen und Erfahrungsberichte ehemaliger Welschlandgängerinnen ermöglichen uns bisher lediglich gewisse Einblicke in typische Lösungsmuster und Strategien, mit denen der fremdkulturelle Anforderungsdruck bewältigt wird.

Die Rolle, die das Deutschschweizermädchen einnimmt, ist eine Rolle auf Zeit und stark von der Rückkehrerwartung geprägt. Entweder stellt es sich auf die erwarteten Anpassungsleistungen bei Haushaltarbeiten und Kinderbetreuung einigermaßen ein, oder es verweigert, sucht eine neue Stelle oder bricht ab, was übrigens für rund ein Fünftel der Welschlandgängerinnen zutrifft. Das Anpassungsverhalten ist instrumental–partiell; in vielen Fällen dürfte es wohl mit einem konfliktvermeidenden Schutzverhalten einhergehen, denn schließlich geht es um das Bestehen in der neuen Situation. Wieviel Gewinn für die erhoffte Sprachaneignung daraus noch resultiert, ist schwierig abzuschätzen. Es scheint nämlich, daß bei einem nicht geringen Anteil der Welschlandfamilien ein Teil auch noch Deutsch kann und zweitens, daß wichtige sprachliche Lernschritte über die Kommunikation mit Kindern erfolgen.

Wesentliche Stützfaktoren bei der Bewältigung alltäglicher Fremderfahrungen vermuten wir sodann in außerfamiliären Kommunikationsbereichen. Im Gegensatz zur früheren Aufenthaltspraxis fällt auf, daß immer mehr Mädchen häufiger, manchmal in regelmäßigen Abständen über ein Wochenende nach Hause fahren. Außerdem existieren in allen größeren Städten der Westschweiz eigens für Deutschschweizer eingerichtete Freizeit– und Beratungsstellen, ganz abgesehen von den traditionellen Treffpunkten, Lokalen und Diskotheken, wo sich Welschlandgängerinnen informell treffen. Diesem eigenen Kommunikations– und Kontaktnetz kommt große Bedeutung zu, weil dort mit Sicherheit Erfahrungen ausgetauscht, Informationen vermittelt und Konflikte artikuliert werden. In den welschen Städten ist die Präsenz der jungen Deutschschweizerinnen sprichwörtlich geworden, man weiß auch, daß und wo sie sich in der Freizeit zusammenzuschließen pflegen.

Gerade mit solchen Zusammenschlüssen, seien sie organisierter oder privater Art, fassen wir eines jener Indizien dafür, daß interkulturelle Kontakte bei Welschlandaufenthalten offensichtlich in einem sehr geringen Maß, wenn überhaupt, in Gang kommen. Eine unserer Arbeitshypothesen geht davon aus, daß es bei diesem Milieuwechsel nur gerade zu einer Wahrnehmung kultureller Unterschiede kommt, vielleicht zu Kulturberührungen, keinesfalls aber zu intensiven Kulturkontakten und schon gar nicht zu Akkulturation.

So gesehen ist auch die Vorstellung eines interkulturellen Alltags zu relativieren, Fremdheit in diesem Sinn zu präzisieren. Westschweizerische Haushaltsführung, Kinderbetreuung, Nahrungsgewohnheiten und Freizeitstile unterscheiden sich kaum generell von jenen der Deutschschweiz. Damit sei nicht bestritten, daß es Unterschiede zwischen Deutsch und Welsch gibt, doch liegen sie anderswo, man denke nur etwa an die politische Kultur der Westschweizer, die sich in nationalen Abstimmungsvorlagen äußert, an die kulturelle Ausrichtung nach Frankreich, besonders im Medienbereich, und an anderes mehr. Das sind aber ausgerechnet jene Bereiche, welche die Alltagskultur der Welschlandmädchen gerade nicht erreichen.

Für die Bestimmung von Fremdheit wird eine solche Annahme äußerst aufschlußreich. Fremd meint hier weniger eine übergeordnete westschweizerische Kultur, fremd ist für das Deutschschweizermädchen mehr die andere Sprache, das andere Sozialmilieu, allenfalls die städtische Umgebung, besonders aber die neue Situation, mit der es sich auseinandersetzen muß. Anders ausgedrückt: Das fremde Milieu liefert nur gerade eine Kulisse – deren

Wahrnehmung genügt bereits, um beim Welschlandmädchen innerpsychische, das heißt identitätsbezogene Vorgänge einzuleiten. Das Anpassungsverhalten, konfliktiver oder satisfaktionsvermittelnder Art, erweist sich so als ein Barometer, an dem sich Bereitschaft oder Verweigerung zur situativen Partizipation im neuen Bezugsmilieu ablesen lassen.

Im besten Falle wirken fremdkulturelle Fermente dabei so, daß sie jenen persönlichen und charakteristischen Reifevorgang beschleunigen, den die Mädchen selbst mit der Vorstellung einer ganzheitlichen Bewährungsprobe in der Fremde, einer Art "Lektion fürs Leben", internalisiert haben. Tatsächlich erwarten 82,8% der Mädchen, durch neue Erfahrungen und Herausforderungen selbständiger und gereifter aus dem Welschland zurückzukehren. Die Wirksamkeit interkultureller Bezüge tritt zugunsten lebensgeschichtlicher Entwicklungen deutlich zurück, wissenschaftlich sind sie mit sozialpsychologischen Konzepten aus dem "Karriere- und Lebenszyklus-Ansatz" zu erfassen.

Daß sich unserem Projekt gerade von hier aus praktische Anwendungsmöglichkeiten eröffnen, liegt auf der Hand. Das Interesse an unserer Langzeitstudie von seiten vieler Berufsberatungen, Stellenvermittlungen, Jugend- und Pfarrämter, Sozialfürsorger, Schulen, Eltern und besonders der Welschlandmädchen selbst, ist groß. Ob es uns gelingt, über den bereits initiierten Dialog mit allen Beteiligten bei der Lösung von Konflikten, beim Abbau von Vorurteilen, vor allem auch bei der Aufdeckung bisher ungenutzter Chancen im interkulturellen Alltag etwas beizutragen, wird sich zeigen.

*Katharina Steffen*

# Die Schweiz aus der Ferne

### Ein Land zwischen Babylon, terrain vague und Garten Eden

"Frankfurt", soll Helmut Schmidt über unseren Tagungsort gesagt haben, Frankfurt sei "eine amerikanische Stadt mit türkischen Einwohnern und einem deutschen Namen". So jedenfalls wurde der damalige Bundeskanzler in einem rechtsradikalen Flugblatt 1982 zitiert, zur Zeit als ich in Frankfurt lebte.
Theoretisch wäre es durchaus denkbar, daß die angesprochene ethnische kulturelle Vielfalt, wie sie für moderne Metropolen charakteristisch geworden ist, daß Heterogenität gerade zu einer neuen zeitgenössischen, tatsächlich "pluralistischen" Form von Stadtkultur und urbaner Identität führt (vgl. Steffen 1985, 31 ff.). De facto ist dies, wie wir alle wissen, kaum je ungebrochen verwirklicht. Davon sind die Verfasser des Flugblattes ausgegangen. "Wie", lautet ihre unterschwellige Frage, "wie soll man sich, umgeben von so viel Fremdheit, noch aufgehoben, beheimatet, 'bei sich zu Hause' fühlen?" Deutsche als Fremde im eigenen Land, Frankfurter als Außenseiter in ihrer Stadt – eine verkehrte Welt! Ich freilich, fühlte mich unweigerlich angegriffen, auch wenn ich wußte, daß mit "den Fremden" nicht unbedingt die Schweizer in Frankfurt gemeint waren.
Ungefähr zur gleichen Zeit machte Walter Wallmann für sich als Oberbürgermeister mit der Feststellung Propaganda, er habe "das Ansehen von Frankfurt verbessert". Der Satz fiel nicht auf taube Ohren, Wallmann jedenfalls hatte Erfolg und wurde mit überwältigendem Mehr in seinem Amt bestätigt. So wichtig war den Stadtbewohnern offenbar, was die anderen von ihrem Wohnort hielten, so belastend das damalige, weitgehend negative Fremdstereotyp der Stadt. Dabei waren die hier ins Auge gefaßten andern, denen gegenüber "das Eigene" verteidigt wurde, sicher nicht so sehr die ausländischen Kommentatoren, sondern in erster Linie die Orts-Fremden, die Kritiker im eigenen Land.
Der Redlichkeit halber sei hinzugefügt, daß sich das Image der Mainmetropole in den letzten Jahren tatsächlich merklich gewandelt hat, jedenfalls im benachbarten Ausland; so spricht man in der Schweiz neuerdings vorwiegend von Frankfurt als einer besonderen, einer interessanten Stadt, nicht nur intellektuell, auch z.B. architektonisch. Mich hingegen überfallen jetzt, wenn ich nach Frankfurt zurückkomme, jedesmal heimatliche Gefühle.
Doch kehren wir zu unseren beiden Beispielen zurück. Beim ersten und beim zweiten Versuch, eine spezifische, urbane Selbstidentität zu definieren, ist mit dem Eigenen und dem Fremden jedesmal etwas ganz anderes gemeint. Es sind also Begriffe, deren konkrete Bedeutung sich stets verändert, je nach Kontext, sie weisen auf eine Relation hin, auf das Verhältnis der Reziprozität, das sie miteinander verbindet; das eine läßt sich nicht positiv definieren, ohne das andere negativ dazuzudenken.
Die Art jedenfalls, wie jemand dem Fremden begegnet, weist unweigerlich auch auf sein Verhältnis zur eigenen Fremdheit. Und die ist schließlich ganz beachtlich, sei es psychisch, sei es körperlich, sei es lebensgeschichtlich existenziell. Dieser verhältnismäßig große Anteil an Unbekanntem bei sich selbst und in der Welt bleibt als Tatsache unvermeidbar, schmerzhaft und problematisch, nicht nur für das Individuum, auch für die Wissenschaft –

ganz besonders natürlich für die Wissenschaft vom Menschen. Und da die eigene Erfahrung von Fremdheit für unsere Wissenschaft ein so zentrales Faktum darstellt, sowohl als Problem wie auch als Chance und Voraussetzung für Empathie und Fremdverstehen, möchte ich hier für einmal zuerst von meinen eigenen Erfahrungen, meinen eigenen Voreingenommenheiten, den eigenen affektiven Beziehungen ausgehen, und von denen meiner Nächsten. Anders gesagt: Ich möchte die Verhältnisse gerne etwas auf den Kopf stellen und mich stärker noch als mit dem Fremden mit dem problematischen Eigenen beschäftigen.

Um ehrlich zu sein: Mir kam der Wallmannsche Slogan damals etwas absurd vor. In Zürich, von wo ich 1980 gerade gekommen war, geht man selbstverständlich davon aus, daß man die Limmatstadt schön findet, besonders im benachbarten Ausland, idyllisch, mindestens was das Aussehen angeht. Man weiß auch, daß sich die fremdländischen Besucher so darüber freuen, wenn man sie mit einem "Grüezi" willkommen heißt, daß sie einen nachher überall auf der Welt so ansprechen – und auch noch so verabschieden, obwohl es eigentlich ausschließlich eine Begrüßungsformel ist, und das auch nur in bestimmten Teilen der Schweiz. Überhaupt, die ganze Schweiz sei schön, wird uns oft gesagt, wunderschön sogar, das schönste Land der Welt! Die Landschaft abwechslungsreich, die Alpen imposant, die Altstädte pittoresk, die Straßen und die Toiletten sauber, die Kulinaria teuer aber hervorragend, die Demokratie alt, so alt wie das Land selbst. Die Demokratie ist uns Schweizern im Blut, schon fast angeboren. Helvetien, der Musterknabe Europas!

Vielleicht sind es die vielen Komplimente, die uns verdorben haben, die uns nicht nur selbstgenügsam, sondern in so hohem Maße selbstgerecht werden ließen. Wir sind die, die immer alles recht gemacht haben. Gewisse negative Nebenwirkungen, wie etwa die diskriminierende Rechtsgrundlagen gegenüber Gastarbeitern, sind lediglich nicht zu vermeidende Schönheitsfehler. Notfalls rekurrieren wir auf unsere geringe Größe; unsere Ausdehnung und unsere Aufnahmefähigkeit sind beschränkt, schließlich sind wir ein kleines Land – aber ein Land mit Tradition! Und die hat ein jeder in seinem Innern konserviert. Wir haben die Konventionen – in bezug auf Sauberkeit, Tischsitten, Wohlverhalten, Anstand und Umgangsformen, Lebensstil und äußeres Styling – so radikal verinnerlicht, daß es eigentlich kaum mehr ordnungsbehördlicher Kontrolle bedürfte. Jeder der Polizist des andern, wie auch seiner selbst. Es stimmt, die Umgangsformen sind im allgemeinen recht elaboriert, der Verhaltenskodex des öffentlichen Lebens alles andere als grobschlächtig – Morgenstern und Hellebarde haben wir schon lange beiseite gelegt. Wir sind höflich. Nur selten aber ist es Freundlichkeit, die in unseren Gesten liegt. Was sich hinter den oft umständlichen Begegnungsmodi verbirgt, ist im Gegenteil, außer der Eingenommenheit von sich selbst und seinen Traditionen häufig eine große Kälte: die als Zurückhaltung vorgetragene Abwesenheit von Empathie, das Fehlen von Interaktionen, die über die bloße Zweckrationalität, das rein Mechanische hinausreichen, die als Unduldsamkeit im Kleinen in Erscheinung tretende enorme Aggressivität des modernen Lebens. Der Konkurrenz– und Zermürbungskampf finden im Alltag statt, in aller Banalität, in der Straßenbahn, im Straßenverkehr, in den Warenhäusern. Dem enormen Druck hinter der Fassade des Wohlstandes versuchen wir zu entkommen mit Hilfe von Psychopharmaka – das typisch weibliche Muster – oder dramatischer, mit Suizid – das eher männliche Muster. Auch diesbezüglich ist nun die Schweiz kein Sonderfall, sondern ein Musterbeispiel. In bezug auf den Psychopharmakonsum liegt die Schweiz weltweit an erster Stelle, in bezug auf die Selbstmordrate an zweiter, wobei sich diesbezüglich noch ein besonders beunruhigender Trend abzeichnet:   die wachsende Suizidziffer bei Schulkindern. Unglück, Verzweiflung, Angst und Aggression wendet man vorzugsweise gegen sich selbst. Der Existenzkampf findet im Innern statt.

*Die Schweiz aus der Ferne*

Was auch immer die mannigfaltigen Beweggründe im einzelnen sein mögen, beide Male handelt es sich um Formen der Selbstzerstörung und um Zivilisationserscheinungen mit hohem Symbolgehalt – das ganz speziell in einem so sicheren Land wie der Schweiz, "sicher", was die "physische Gewalt gegen andere" angeht. Hier war nicht nur die Reformation mit besonderer Gründlichkeit am Werk, sondern auch der "Prozeß der Zivilisation" und der Zivilisierung, mit all ihren Zwängen zur "persönlichen Fassade" und zur Anpassung (vgl. Elias 1977 und Goffman 1969).
Deshalb berührte es mich seltsam, als ich im Sommer 1980 nach Frankfurt kam, und hier am Institut gerade die regsten Vorbereitungen für ein bevorstehendes kulturanthropologisch-ethnologisches Feldforschungsprojekt in mein Herkunftsland im Gange waren. Was dort beobachtet und erforscht werden sollte, waren individuelle und kollektive "Versuche, der Zivilisation zu entkommen" – so auch der Titel des von Greverus und Haindl herausgegebenen Sammelbandes (Greverus/Haindl 1983).
Ob im Empfinden der Frankfurter Ethnologen die Reise in die Schweiz an sich schon ein "Versuch" darstellte, "der Zivilisation zu entkommen", fragte ich mich etwas beklommen. Ob mein von den Krankheiten der Moderne geschlagenes Herkunftsland für die Leute von der "Goethe-Universität" so etwas wie ein volkskundliches Reliktgebiet war, ob sie wohl auf ihrer "Schweizerreise" wenn nicht gerade jodelnde Eidgenossen erwarteten, so doch Naturnähe und Ursprünglichkeit, bäuerlich ländliches Brauchtum voller Volksweisheiten und fasnächtlicher Rituale, weise Frauen und herbe Manneskraft, die Milch der frommen Denkungsart und von glücklichen Kühen im Schutze hehrer Berge.
So oder jedenfalls ähnlich sahen die Assoziationen der Frankfurter zum Stichwort Schweiz großenteils aus, war mein Eindruck, außer dem sofortigen Gedanken an Geld, Banken und Reichtum, Nestlé, Sandoz und Ciba-Geigy, Ausländerstatut, Demokratie, Neutralität und

Ludwig Aberli: Schloß Wimmis. Kol. Umrißradierung

Privilegiertsein. Weshalb sollten die unterschwelligen, nonrationalen Vorstellungen, die heimlichen Projektionen der Exkursionsteilnehmer so grundsätzlich anders sein als die der andern? Zu guter Letzt dachte ich mir, war ich für die Frankfurter so etwas wie Heidi, "Heidi in Frankfurt" eben, und mein blondgelockter Lebensgefährte, gebrandmarkt mit einem noch schwereren Akzent als ich, jemand wie "Geißenpeter" ohne Geißen, ein Naturbursche jedenfalls. Was die Forscherinnen und Forscher aus "Manhattan am Main" im verborgensten Winkel ihres Herzens letztlich "dort unten" suchten, bedeckt und behütet vom ewigen Schnee, war vielleicht nichts weniger als die alpenländische Version der noch "guten und edlen Wilden".

Vermutlich kann niemand in der Welt sich selbst, seine Nächsten oder seine Vorfahren als "gute Wilde" verstehen; dafür kennt man sich wahrscheinlich dann doch zu gut. Wenn, dann vermutet man das Wilde stets weitab, in exotischer Ferne, nicht bei sich und nicht im Mietshaus nebenan oder hinter dem nächstbesten Hügelzug. Aus der Frankfurter Perspektive freilich, gehören die Alpen manchmal bereits zur weiten Ferne. Auch mir selbst kam das nun gelegentlich so vor. Wenn ich in den Spiegel blickte, den sie, meine neuen "signifikanten andern" mir entgegenhielten, dann sah ich dort unter der Rubrik "Eigenes" mit einem Mal etwas sehr Fremdartiges.
Jenes ferne auf einmal südliche Land jenseits der Grenze war also das Land meiner Zugehörigkeit, meine Heimat! Bloß, mit Herrn und Frau Schweizer konnte ich mich nicht identifizieren, obwohl ich einsehen mußte, daß wir objektiv zusammengehören – wie mein roter Paß beweist. In welch eine Gesellschaft war ich da geraten! Sie, "die Schweizer", waren für mich, solange ich in der Schweiz gewohnt hatte, stets die andern gewesen. Selbst das, diese große innere Distanz bis hin zur Ablehnung, sei durchaus typisch für meinesgleichen, erfuhr

J.L. Bleuler zugeschr.: Beschießung der Rheinbrücke in Schaffhausen durch franz. Truppen 1799. Aquarell

ich nun, mindestens die Intellektuellen und die Künstler meiner Nationalität reagierten in aller Regel genau so. "Heimat ist", schreibt Muschg in bezug auf seine schweizerische Zugehörigkeit, "dennoch", schreibt er, "Heimat ist, wo einem das eigene begegnet und einen trifft" (Muschg 1985, 12). Ähnliche Formen der Identifikationsverweigerung und der Identität, schicksalshaft gegeben durch den Ort der Geburt, nicht mehr rückgängig zu machen, gemeinsame Hoffnungen, vertrauter Unmut, bekannte Trauer, die ein ganz spezifischer geographisch begrenzter Raum produziert, im Zusammenhang mit dem unaufhörlichen und universellen Versuch des Menschen, seiner Umwelt beizukommen.

Natürlich ist es nicht nur der rote Paß, der meine nationale Identität belegt, es ist auch meine Sprache, ihr formaler Aspekt, die Art und Weise wie ich rede, mein schweizerdeutscher Akzent wenn ich hochdeutsch spreche. Seit ich in Frankfurt gewesen bin, halten mich viele Schweizer, wenn sie mich hochdeutsch sprechen hören, für eine Deutsche. Das ist mir nicht unrecht. Andererseits ist eine Verwechslung dieser Art in Deutschland annähernd ausgeschlossen. Man hört, ich komme von anderswoher – das stimmt. Dennoch hat die Fixierung auf den formalen Aspekt der eigenen Sprache eine schmerzhafte auch diskriminierende Komponente, ebenso wie die Reduktion auf andere formale Indikatoren der Gruppenzugehörigkeit. Und doch habe ich hier, aus der räumlichen Distanz meine Affinität zur Mundart entdeckt resp. gesteigert, zu ihrer vielfachen Fähigkeit auf einen konkreten Kontext zu verweisen, auf eine Geschichte, eine Region, Lebenszusammenhänge, Alltag, zu ihrer Art der Gefärbtheit, ihrem Hang, Geschichten zu erzählen, ihrer Vorliebe für Bilder, ihrer Emotionalität wegen, ihrer Sinnlichkeit und der Vielfalt in den Möglichkeiten sprachlichen Ausdruckes, von der sie ein Zeugnis ist.

Ungestraft allerdings, redet man ihr nicht das Wort. In den Hallen, wo Hochkultur gelebt und gemacht wird, steht sie, ihrer zahlreichen Unzulänglichkeiten wegen nicht eben hoch im Kurs, wegen ihrer mangelnden Objektivität u.a., ihrer weitgehenden Unfähigkeit zur

J. L. Bleuler: Rheinfall bei Schaffhausen. Gouache

Abstraktion, ihrer Kontextspezifik. Mundarten werden daher häufig mit provinziell, unterschichtlich, ungebildet, auch mit kindlich assoziiert. Und um als gebildeter Mensch erkannt und anerkannt zu werden, ist das oft leidvolle Erlernen einer Hochsprache ein notwendiger, wenn nicht unerläßlicher individueller "Prozeß der Zivilisation" und der Disziplinierung. Das wissen wir, die von der südlichen Peripherie sehr wohl. Wir empfinden es auch als Ausdruck deutscher Arroganz, daß die Deutschen so viel besser und schöner hochdeutsch sprechen als wir. Ein echter Schweizer spricht nicht gerne hochdeutsch; er empfindet es als Akt der Unterwerfung unter eine hegemoniale Macht. Ein Schweizer Politiker oder Fernsehsprecher mit makellosem Deutsch hat wenig Chancen. Eine gewisse Deutschenfeindlichkeit gehört in der Schweiz durchaus zum guten Ton. Begründet wird die Skepsis am häufigsten mit der Feindschaft während des Zweiten Weltkrieges und der Abgrenzung gegenüber dem Nationalsozialismus des Nachbarlandes. Doch ob die "freie Schweizerbrust" so frei von jedem Opportunismus und voll von Zivilcourage war und das noch immer wäre, ist mehr als fraglich. Zweifellos prägend hingegen ist die gemeinsame Geschichte als eine Geschichte gemeinsamer Grenzen, d.h. gegenseitiger Abgrenzungen, nicht zuletzt weil man sich in vielem so auffallend ähnlich ist.

Das allerhartnäckigste unter den traditionellen Fremd–Stereotypen ist sicher die Gleichsetzung der Schweiz mit ländlicher Idylle, mit Landschaften, mit Bergen. Die Schweiz und die Alpen, das sind fast Synonyme. Für die meisten Deutschen, hatte ich den Eindruck.
Da die meisten Schweizerinnen und Schweizer heute hingegen in der Stadt oder in städtischen Zonen aufwachsen oder arbeiten und nicht in den Bergen, ist jene Gleichsetzung für

Caspar Wolff: Brücke.  
Farbkupferstich, nach 1770.

Caspar Wolff: Herrenbächli.  
Umrißradierung

*Die Schweiz aus der Ferne*

sie nicht unbedingt sinnfällig; andere Orte und Dinge prägen das zeitgenössische helvetische Lebensgefühl und das Bild vom eigenen Lebensraum im allgemeinen sicher weit stärker. Und doch muß ich zugeben, daß beim Blick zurück aus der Ferne am Horizont meiner inneren Bildwelten eben jene Bergspitzen zum Vorschein kamen, für die die Schweiz so bekannt ist. Konfrontiert mit der nicht zurückzuweisenden Tatsache meiner nationalen Herkunft und beunruhigt durch die Frage, wie ich denn zu der geworden bin, die ich damals war, entdeckte ich, daß zu den optisch–ästhetischen Verdichtungen, die meine Biographie und damit auch mich selbst wie Merkzeichen charakterisieren, daß dazu zweifelsohne auch Erinnerungen an glitzernde Schneelandschaften in den Alpen gehören, an die Seen des lieblichen Mittellandes und an licht– bis tiefblaue Himmel, wie sie sich speziell unmittelbar vor der Abenddämmerung und nur zu bestimmten Jahreszeiten dem Betrachter offenbaren.

So erwies sich mein Schritt über die heimatliche Grenze nicht nur als Schritt in eine neue Zukunft sondern gleichzeitig zurück in die Vergangenheit – zu meiner eigenen Überraschung. Nun vermischten sich durch die territoriale und die historische Distanz die Erinnerungen an kindliche Glückserfahrungen mit der Sehnsucht nach einer Freiheit jenseits aller Gegensätze und Widersprüche zu jenem Gefühlsamalgam, aus dem sich wohl jedes "Prinzip Hoffnung" individualpsychologisch nährt. Erinnerungen an Utopia als Erinnerungen an ein Land, in dem wir vermutlich nie gewesen sind (vgl. Bloch 1973). Vielleicht schwingt auch in jedem Heimweh diese zukunftsorientierte Saite mit.

Für mich jedenfalls war die Anziehungskraft jener landschaftlichen Horizonte auf die Vorstellungswelt um so intensiver, als ich wußte, daß es vor mir schon anderen ebenso ergangen war, angefangen bei den vielen eidgenössischen Söldnern, wie Ulrich Bräker einer war, der "arme Mann vom Tockenburg", wie er sich selbst nennt, bis hin zu berühmteren Denkern und Dichtern wie u.a. Albrecht von Haller, Rousseau, Geßner oder Pestalozzi. Augen-

M. Disteli: Wissenschaftler erforschen das Jungfrauengebiet. Ölbild

zeugen jener Epoche also, als in den Künsten und Wissenschaften die Schweizer Landschaft erst eigentlich entdeckt wurde. Es war jene folgenreiche Übergangszeit zwischen dem 18. und 19. Jahrhundert, zwischen Aufklärung, Revolution und Romantik, zwischen handwerklich agrarischer und industrieller Produktion und einer feudalherrschaftlichen und einer bürgerlichen Ordnung. In jene bewegten Zeiten des Umbruchs und der Liminalität fällt auch die Geburtsstunde der erwähnten helvetischen landschaftlichen Stereotypien. Peter Bichsel hat nicht ganz unrecht, wenn er schreibt, "wir leben in der Legende" (Bichsel 1969, 15).
Damals, nach dem Ende des siebenjährigen Krieges 1763, war der vom siegreichen England ausgehende bürgerliche Reisetourismus in die Schweiz wesentlich mitverantwortlich für die Entstehung der sogenannten "Helvetica"; so heißen die in den graphischen Ateliers der "Schweizer Kleinmeister" entstandenen Landschaftsbilder während der hundert Jahre zwischen ca. 1760 und 1860. Es waren nicht zuletzt ihre Reiseziele, die von ihnen, den aus- und inländischen Touristen besuchten Sehenswürdigkeiten, die auf Kupferstichen, Aquarellen, manchmal auch Ölbildern wiedergegeben wurden: Anfänglich vor allem das Mittelland mit seinen sanften Hügelzügen, seinen Seen, Flüssen und Wasserfällen, später auch die voralpinen und alpinen Regionen. Es waren die Bedürfnisse der Reisenden, Erinnerungsbilder mit nach Hause zu nehmen, die, ebenso wie die Motivwahl, auch die Reproduktionsverfahren, deren Rationalisierung und Verfeinerung entscheidend beeinflußten. Daß sich zwar keine natürlichen Bodenschätze, dafür aber die Natur als ästhetische Ressource ökonomisch nutzen ließ, hat man in der Schweiz recht schnell begriffen.

Zu einem sicheren Geschäft wurde der Handel mit den bildnerischen "Souvenirs de la Suisse" allerdings erst nach 1850/60. Als dann die Veduten nicht mehr in Ateliers, sondern in fabrikähnlichen lithographischen Anstalten als Massenware hergestellt werden konnten, war das einerseits das Ende helvetischer Kleinmeisterkunst und gleichzeitig der Anfang einer radikalen Reduktion auf ein paar wenige, um so eindringlichere landschaftliche Stereotypien. Aus dem Krieg der Schweizer Bilder siegreich hervorgegangen sind, wie wir alle wissen: Das Matterhorn, unser Spitzenreiter, gefolgt von Eiger, Mönch und Jungfrau; viel weiter hinten rangieren Berge wie der Pilatus, die Rigi, der Mont Blanc und andere, vergleichsweise zweifelhafte Größen. Das sind bis heute unsere Insignien geblieben, die heiligen Zeichen, die die "eine und unteilbare Confoederatio Helvetica", die das Ganze in seinem Wesen, seiner Einmaligkeit unverwechselbar veranschaulichen sollen, die natürlichen Darsteller unserer jungfräulichen Tugendhaftigkeit, unbesiegbar, unverrückbar, unvergänglich.

Caspar Wolff: Grindelwaldgletscher, Wetterhorn, Mettenberg, Eiger. Ölbild 1774

*Die Schweiz aus der Ferne*

Allein, je länger und je hieratischer sie uns vor Augen geführt wurden, desto geringer wurde insgeheim unser eigener Glaube an ihre unberührbare Größe und innere Schönheit. Seit das Abbild jener paar Bergrücken oder das ihrer einstigen Bewohner auf jeder zweiten Pralinen– oder Konfektpackung prangt, seit die nun schon über hundertjährigen "Trachtenmädchen" in kaum einer guten Stube fehlen, kaum einer Gasthoftoilette oder Hotelhalle, können wir, kann ich und viele andere sie kaum mehr sehen.

Es ist in der Tat nicht leicht, sich vorzustellen, daß jene emblematischen Zeichen nicht schon als Inbegriff schweizerischer Biederkeit geboren wurden, unglaubhaft, verlogen und kitschig, harmlos, abgedroschen und nostalgisch auf Tradition fixiert. Doch damals, als sich die Schweiz aus feudalherrschaftlichen Verhältnissen löste, um ein modernes zentralisiertes und vereinheitlichtes staatliches Gebilde zu werden, das jedem seiner Bewohner den Status eines freien Bürgers garantiert, und das die Egalität aller – mit Ausnahme der Frauen – in der ersten Bundesverfassung von 1848 gesetzlich verankerte, damals vertrug sich Nationalismus durchaus mit einer fortschrittlichen, radikalen, auch kosmopolitischen Gesinnung, ähnlich wie gegenwärtig in gewissen Ländern der "Dritten Welt".

Ein Beispiel dafür wäre etwa die begeisterte Teilnahme europäischer Intellektueller am "Alphirtenfest von Unspunnen" 1805 und 1808, mit dem die eben erst geborene Vorstellung vom helvetischen Einheitsstaat veranschaulicht werden sollte und unter Berufung auf den ersten heroischen Zusammenschluß der Vorfahren auf dem Rütli gefeiert wurde. So schil-

Unbekannter Meister: Der Gemsjäger

dert Madame de Staël, eine der sechstausend Anwesenden ausführlich, wie sich, angesichts der schwingenden, alphornblasenden und steinstoßenden, singenden und bannertragenden Hirten und Bauern aus dem Oberland, "eine tiefe Rührung der Seele bemächtigte ... Mitten im frohen Feste", heißt es weiter,

> *füllten sich unsere Augen mit Thränen, wie an jenen zugleich glücklichen und gemüthtrüben Tagen, wo wir die Wiedergenesung derer feiern, die wir lieben ...; der Patriotismus des Glücks drückte sich mit einer Herzlichkeit aus, die alle Gemüther durchdrang (de Staël 1814, 141 ff.).*

Entdeckt wurde die helvetische Berglandschaft allerdings schon fast ein Jahrhundert vor Unspunnen. In seinem epochemachenden Gedicht pries der Berner Naturwissenschaftler und Dichter Albrecht von Haller "Die Alpen" – so der Titel seines Epos – als natürliche Umwelt natürlicher Menschen und als Sitz eines Volkes von "Schönen und Edlen Wilden"; dabei setzte er die Einfachheit ihrer Kultur in scharfen Kontrast zur Verderbtheit städtisch feudaler Lebensform, ähnlich wie etwas später Rousseau in seinem Roman "La nouvelle Héloïse" von 1761, mit dem er seinerzeit Genf in Aufruhr versetzte (Rousseau 1761).

Wie verzerrt, wie schwärmerisch oder pathetisch uns die Sehweise Hallers oder auch Rousseaus erscheinen mag, so sind ihre Schriften, ebenso wie viele der kleinmeisterlichen Landschaftsbilder, doch auch Zeugen einer höchst bewegten und bewegenden, interessanten und visionären Epoche. Es stimmt, daß sich der Himmel über Helvetien nur selten von jener paradiesisch ungetrübten, lichtblauen Seite zeigt, wie sie in den Veduten vorherrscht. Viel eher als Dokumente eines realen Ist–Zustandes sind sie, nach meiner Meinung, als Botschaften zu lesen, halb akribisch genaue Beschreibung beobachtbarer Naturphänomene, halb Ausdruck vorbehaltloser Begeisterung, halb Schrecken und halb Faszination angesichts eines neu zu entdeckenden Teiles der Wirklichkeit, einer Welt, u.a. aus Schnee und Eis und Stein und Schluchten und heiligenscheinartigen Regenbogen, halb der Wissenschaft

Elisabeth Vigée-Lebrun: Alphirtenfest von Unspunnen. Ölbild 1808.

verpflichtet, halb der Kunst, halb Kommerz, halb Agit–prop, am Schnittpunkt zwischen Erinnerungsbild und Zukunftsvision, genährt von der Hoffnung auf die Realisierbarkeit des Unmöglichen, dem Glauben an eine gerechtere Welt und einen besseren Menschen.

Haben die Wissenschaften und die Künste zum Glück, zum Fortschritt der Menschheit, "zur Läuterung ihrer Sitten beigetragen?", fragte die Akademie von Dijon in einer öffentlichen Ausschreibung 1749. "Nein", war die leidenschaftliche Antwort Rousseaus, "im Gegenteil!". "Allmächtiger Gott ... erlöse uns", fleht er recht tollkühn am Ende seines "Discours sur les sciences et les arts", "erlöse uns von den Kenntnissen und den unheilvollen Künsten unserer Väter und gib uns die Unwissenheit, die Unschuld und die Armut zurück!" (Rousseau 1971, 57).
Neuerdings wieder hochaktuell ist sowohl die Fragestellung wie auch die Antwort (mit der Rousseau übrigens den Wettbewerb gewann). Ob allerdings die Konsequenzen der aufgestellten Forderung nach selbstverordneter Armut von ebenso vielen Zeitgenossen begrüßt würde, wie der Wunsch danach, bleibe dahingestellt.
Damals, in der Epoche der französischen Revolution, der großen Umwälzungen und der Bilderstürmer schienen in der Schweiz die besten Voraussetzungen für die Realisierung einer radikal neuen bürgerlich demokratischen Gesellschaftsordnung und damit für die Befreiung von Ungleichheit, Unterdrückung und Unglück gegeben – nicht nur in den

J.E. Locher: Elisabeth Grossmann, die berühmte "Belle Batelièrie de Brienz". Kol. Umrißradierung

Augen von Rousseau. Und tatsächlich ließ sich der Traum vom Fortschritt durch Vereinheitlichung, Zentralisierung und Industrie hier früh musterhaft verwirklichen.

Doch ebenso deutlich wie im Verlaufe des letzten und dieses Jahrhunderts erstmals in der Geschichte (weitgehend) geglückte Überwindung von Hunger und Armut, zeigen sich hier neue, eher individuell und innerpsychisch erlebte Formen existentieller Not, ganz neue Formen von Hunger und Armut, Entbehrung und Schmerzen in und an der Zivilisation.

Das heißt: auch Geschichte, auch die Entwicklungsgeschichte unserer Künste und Wissenschaften, ebenso wie die Geschichte einer Zivilisation oder eines Landes, entspricht, ähn-

Samuel Birmann: Das Matterhorn. Aquarellierte Federzeichnung 1816

lich wie die eines Menschen, keineswegs unserer Idealvorstellung zweckrationaler Geradlinigkeit. Was einmal vernünftig war, wird später mitunter zur reinen Unvernunft. So wird auch "das Eigene" im Verlaufe der Zeit teilweise fremd, ebenso wie das Fremde und Entlegene, bisweilen gerade durch den Verfremdungseffekt raum–zeitlicher Verschiebungen näher rücken kann, als das vordergründig unmittelbar und "selbstverständlich" Gegebene. Das Eigene und das Fremde stehen zueinander im Verhältnis der Reziprozität, der Gegenseitigkeit. So können sie voneinander nicht lassen, ähnlich wie der Mensch und sein Schatten, den er bekanntlich ein Leben lang nicht los wird.

Die Suche nach sich selbst, die Frage, was das Eigene denn nun unverkennbar ausmache, beschäftigt den Menschen ein Leben lang, sagen die Philosophen, "keiner kennt sich selbst". Nur eine totalitäre Propaganda, nur diese Art strategischer Blindheit kann zur Unterstellung führen, das Eigene sei etwas Festes, Hieratisches, unverändert seit eh und je. Viel sinnvoller scheint es mir davon auszugehen, daß erst durch einen gewissen Anteil an irritierenden Fremden, Unbestimmbarem das Eigene attraktiv wird oder bleibt und das eigene Leben lebendig.

*Hans–Achim Schubert*

# Entfremdung in der eigenen Gesellschaft oder "eigene Fremde"

## I. Entfremdung oder die "eigene Fremde"

Der Begriff "Entfremdung" ist vielfältig schillernd, meint viele Tatbestände und Lebenslagen und ist vielleicht gerade deshalb so einflußreich. Gestatten Sie mir zwei etwas provokativ entgegengesetzte Beispiele:

> *Das Kanu macht Fahrt; der Wind erhebt sich; große Wogen kommen; der Wind braust du–du–du–du ... Die Segel flattern, der Lamina (Ausleger) steigt hoch: ... Ich spreche Magie, um den Wind zu beruhigen. ... Der Wind läßt nicht nach, kein bißchen. Er braust, er verstärkt sich, er braust laut du–du–du–du. Alle usagelu fürchten sich. Die mulukwausi (Hexen) kreischen u–u, u–u, u–u, u; ihre Stimmen sind im Wind zu hören. Mit dem Wind kreischen sie und kommen angeflogen (Malinowski 1979, 294 f.).*

Eine dramatische Situation bei den "Argonauten des westlichen Pazifik", den Trobriandern. Der Seemann, den Malinowski zitiert, berichtet vom Schiffbruch mit den leichten Booten im Meer, eine Situation, die er wohl mit "Entfremdung" bezeichnet haben würde.
Ganz anders heute:

> *Eine Gewöhnung an die Fließarbeit tritt auch nach den ersten vier Wochen nicht ein. Nach Schichtschluß bin ich jedesmal erledigt. In dem vollgepfropften Arbeiterbus schlafe ich fast im Stehen ein. Selbst die italienischen Arbeiter sind verstummt. Die Fracht Menschen im Bus ist still und apathisch.*
> *Zuhause brauche ich Stunden, um mich von der Arbeit auf die Freizeit umzustellen. Acht Stunden war ich Rädchen am Getriebe Band, jetzt will ich endlich wieder Mensch sein. ... Eingespannt in den Rhythmus der wechselnden Schichten, bin ich nur noch für die Arbeit. Essen, trinken, schlafen zur Erhaltung der Arbeitskraft (Wallraff 1970, 13).*

Das sind die Erfahrungen eines Intellektuellen bei der Fließarbeit. Das Zitat stammt aus Wallraffs Industriereportagen.
Im ersten Fall kommt die lebensgefährliche Bedrohung von außen, von der Natur, dem Sturm, dem Nebel und den Hexen. Er verbindet die Besatzung des kleinen Bootes, die sich mit Magie zu wehren versucht. Im zweiten Fall ist es ein einzelner der dem bestimmenden Einfluß seiner Arbeitswelt innerlich entrinnen will, aber nicht kann. Es ist die "Gesellschaft", die er im großen Industriebetrieb erlebt (nicht mehr die Natur), und mit der er sich – hier kritisch – in Beziehung setzt. Dem entspricht der moderne Entfremdungsbegriff.
Er stammt von Marx, der ihn vor allem in seinen frühen Schriften in Auseinandersetzung mit Hegel im kritischen Blick auf die frühindustrielle Welt des 19. Jahrhunderts entwickelte. Die Arbeit steht für ihn im Mittelpunkt. In ihr verwirklicht sich der Mensch, allerdings nur, wenn sie – im Gegensatz zum Tier – bewußt und frei ist: "Der Mensch macht seine Lebenstätigkeit selbst zum Gegenstand seines Wollens und seines Bewußtseins." Seinem Wesen nach produziert er allseitig, nicht eng spezialisiert auf dem Niveau seiner Gattung (d.i. der Gesellschaft).

> *Eben in der Bearbeitung der gegenständlichen Welt bewährt sich der Mensch ... erst wirklich als Gattungswesen. ... indem er sich nicht nur wie im Bewußtsein intellektuell, sondern werk-*

> *tätig, wirklich verdoppelt und sich selbst in einer von ihm geschaffenen Welt anschaut (Marx 1969, 57 f.).*

Diese kreative Arbeit ging jedoch verloren und wurde zum Wunschbild. Sie entfremdete sich im industriellen Betrieb: Das Produkt ist dem Einfluß des Arbeiters entzogen und den Kräften des Marktes unterworfen; es tritt ihm "fremd, feindlich und mächtig" gegenüber. Die Arbeit ist nicht mehr freiwillig und kreativ, sondern zwanghaft, nur mehr (wie beim Tier) auf Befriedung der physischen Bedürfnisse gerichtet. Sie ist spezialisiert und nicht mehr allseitig: "Er ist Jäger oder Fischer oder Hirt oder kritischer Kritiker, und muß es bleiben", da er nicht mehr über seine eigene Arbeit verfügen kann.

> *Dieses Sichfestsetzen der sozialen Tätigkeit, diese Konsolidation unseres eigenen Produktes zu einer sachlichen Gewalt über uns, die unserer Kontrolle entwächst, unsere Erwartungen durchkreuzt, unsere Berechnungen zunichte macht, ist eines der Hauptmerkmale in der bisherigen geschichtlichen Entwicklung (Marx 1973, Bd. 3, 33).*

Eine zweite Dimension des modernen Entfremdungsbegriffes stammt von Emile Durkheim. Er nennt es in den Untersuchungen über den Selbstmord "Anomie" und meint ein Mißverhältnis zwischen individuellen Bedürfnissen und ihren Befriedigungsmöglichkeiten.

> *Das Funktionieren des individuellen Lebens verlangt nicht, daß die Bedürfnisse an diesem oder jenem Punkt aufhören. Als Beweis dafür gilt die Tatsache, daß sie seit Beginn der Geschichte konstant gewachsen sind, wobei sie immer vollständiger befriedigt wurden. ... Sie sind also unbegrenzt, soweit sie von dem Individuum alleine abhängen. Ohne jedes Korrektiv von außen ist unsere Sensibilität ein bodenloser und nicht zu füllender Abgrund. ... Grenzenlose Bedürfnisse sind als nicht zu befriedigende definiert, und dieser Zustand wird zu Recht als krankhaft bezeichnet. Da sie also grenzenlos sind, überschreiten sie ständig und unendlich die ihnen zur Verfügung stehenden Mittel. Sie können nicht unterdrückt werden. Unlöschbarer Durst ist eine sich ständig erneuernde Qual (Durkheim in: Fischer 1970, 115).*

Die Grenze, d.h. die regulative Kraft, setzt die Gesellschaft. Nur sie kann "diese mäßigende Rolle spielen, da das Individuum nur die moralische Macht, die über ihm steht, und deren Autorität akzeptiert" (Durkheim in: Fischer 1970, 116). Anomie entsteht in plötzlichen Rezessionen ebenso wie in raschen wirtschaftlichen Aufschwüngen. Durkheims Augenmerk liegt stärker auf den psychischen, moralischen und kulturellen Dispositionen des Einzelnen als bei Marx, für beide jedoch ist die Struktur der Gesellschaft zentrale Bedingung für Glück oder Unglück ihrer Glieder.

Wie hat die moderne Soziologie diese grandiosen theoretischen Entwürfe des 19. Jahrhunderts genutzt und weiterentwickelt? Insbesondere die amerikanische empirische Soziologie liefert zahlreiche Beiträge zu dem Thema. A. Fischer faßte sie zusammen und resümiert:

> *(Es) ergibt sich ein verwirrendes Bild: unter den gleichen Begriffen – Entfremdung und Anomie – verbergen sich die unterschiedlichsten Ansätze. Diese Konzepte erweisen sich bei näherer Betrachtung als widerspruchsvoll. Die gesellschaftliche Dimension beider Begriffe ist weitgehend verkümmert, die Frage nach den objektiven Ursachen individueller Entfremdungszustände wird kaum mehr gestellt. Ansätze, Anomie als gesellschaftsbezogenen Zustand zu analysieren, sind kaum vorhanden (Fischer 1970, 35 f.).*

Ellwein und Zoll ergänzen im Vorwort zur deutschen Ausgabe:

> *Den theoretisch wenig oder gar nicht fundierten Ansätzen entspricht verbreitet die Praxis empirischer Forschung, in der man die Objektivität der angewandten Verfahren mit der Objektivität der erzielten Ergebnisse verwechselt (Fischer 1970, 10).*

Das Interesse konzentriert sich auf das Individuum. McClosky und Schaar z.B. definieren Anomia als einen "Geisteszustand, ein Bündel von Einstellungen, Überzeugungen und Gefühlen im Bewußtsein der Individuen" (Fischer 1970, 61). Der Ansatz verengt sich zunehmend auf psychologische Feldforschung. Leo Sroles Operationalisierung von 5 Anomieitems in einer Guttmann–Skala ebnete dazu entscheidend den Weg (vgl. Fischer 1970, 195 ff. und 27 ff.). Über der Faszination an der scheinbaren Präzision mathematischer Statistik vergaß man den Blick auf die theoretischen und sozialen Zusammenhänge. Melvin Seemann bestätigt dies und sieht sozialpsychologisch "vom persönlichen Standpunkt des Handelnden aus fünf Dimensionen der Entfremdung: Machtlosigkeit, Bedeutungslosigkeit, Normlosigkeit, Isolierung und Selbstentfremdung" (Seeman in: Fischer 1970, 180 ff.). Die Arbeiten der amerikanischen empirischen Sozialforschung sind auf dem Hintergrund ihrer Kultur und Gesellschaft zu verstehen. Die amerikanische Gesellschaft ist aus aller Herren Länder eingewanderten Gruppen zusammengewürfelt. Sie ist sozial, ethnisch und kulturell sehr heterogen. Man ist sich fremd und oft macht ein guter Zaun einen guten Nachbarn. Die Hoffnung auf eine in Gruppen, Schichten und Ständen integrierte Gesellschaft mit einer alle verbindenden Kultur ist dort nur schwach und hat kein historisches Beispiel. Der kulturelle Mythos ist die Grenze im Wilden Westen und der Einzelgänger, der sich heimatlos mit der Waffe in feindlicher Umgebung behauptet. Auch deshalb ist der Entfremdungsbegriff weniger kulturkritisch und hat kaum Konnotationen von verlorener Heimat und Unbehaustsein wie bei uns. Der Entfremdungsbegriff ist kulturspezifisch (z.B. dürften in der Bundesrepublik und der Deutschen Demokratischen Republik bereits Unterschiede bestehen).

Eine ganz andere, situationsnahe Interpretation der Entfremdungsproblematik bietet die Rollentheorie. Sie sieht den einzelnen eingespannt in ein Bündel unterschiedlicher Erwartungen, die sich in Rollen kristallisieren: etwa Berufsrollen den Mitarbeitern und dem Chef gegenüber, Familien– und Nachbarschaftsrollen oder politischen Rollen. Das Handeln ist in kürzesten Zeiträumen sozial segmentiert und oft spannungsreich zwischen seinen Teilen. Man ist überall fremd und nirgendwo mehr zuhause. Das Ausbalancieren wird zur Lebenskunst. Nach außen hin kann es (gerade im studentischen Milieu) noch relativ reibungslos sein, wenn man die divergierenden Handlungsbereiche voneinander möglichst isoliert. Aber auch dann wollen sie nach innen hin integriert sein. Man kann Handlungsspielräume nutzen, soweit sie da sind, und die Rollen in den noch einigermaßen konsistenten Komponenten betonen und sie dahin interpretieren. Eine wirkliche Stabilisierung dieser spannungsreichen "balancierenden Ich–Identität", wie Krappmann es nannte, gibt es freiwillig nur in "ganzheitlich", gemeinschaftlichen Gruppen der Gesellschaft, in denen das individuelle Handeln einem Sinn und einer Gruppe ganz eingeordnet ist, z.B. einer Kommunität, wie den hutterischen Bruderhöfen, eine Art Kibbuz auf religiöser Grundlage. Oder, und auch das ist möglich, man senkt den Anspruch auf ein konsistentes, unentfremdetes Handeln in einer spannungsfreien Identität.
Bevor wir zum zweiten Teil, den Chancen unentfremdeten Lebens kommen, noch ein Wort zum Verhältnis von Entfremdung und Identität. Wenn Entfremdung, wiederholt erfahren, sich einschleift und zur Lebenslage verhärtet, greift sie die Identität an, bestimmt und verändert sie. Die soziologische Theorie unterscheidet, angelehnt an Goffmann, nach ihrer zeitlichen Perspektive die diachrone und die synchrone Dimension der Identität (vgl. Hahn 1974, 108 ff.).
Ein Thema der Geschichtswissenschaft und der klassischen Literatur war immer die Biographie der Persönlichkeit über die Zeit hinweg, ihr Lebensweg, seine Gefährdungen und Vollendung. Anders gewendet ist eine sinnvolle und konsistente Konstruktion des Handelns (bzw. des "Lebenslaufes" wie es populär in Bewerbungen heißt) immer Zielbild und Aufgabe einer – mehr oder weniger bewußten – Lebensgestaltung. Diese "diachrone" Identität

ist heute oft unscharf, gebrochen und gewinnt allenfalls angeschmiegt an große Organisationen (z.B. als Berufsbeamter) eine gewisse Festigkeit. Mit dem Zerfall der diachronen Identität ist das Ende des Interesses an der Geschichte prophezeit worden (vgl. Hahn 1974, 119).

Neu und akut problematisch ist in den modernen Industriegesellschaften das Problem der synchronen Identität. Während sich im traditionellen Dorf noch nahezu alle Bereiche des Lebens, etwa die ökonomischen, privaten oder religiösen, in einer umfassenden (multifunktionalen), überschaubaren Gruppe konsistent verbanden, alles vertraut und Fremdes außen und feindlich war, ist heute das Fremde und Widersprüchliche unmittelbar in unsere engsten Lebensbereiche eingedrungen.
Im gleichen Zeitraum, dicht nebeneinander, treffen ganz unterschiedliche und widersprüchliche Sinnfelder und damit Handlungserwartungen aufeinander. Diese "synchronen" Teilidentitäten lassen an ihren Grenzen und Übergängen das Gefühl der "eigenen Fremde" wachsen und den Wanderer zwischen vielen Welten nach einer sinnvollen Synthese suchen. Dies hat sein räumliches Muster: Das historische Dorf hatte viele, für mehrere Zwecke genutzte Flächen, etwa für Wirtschaft und Haushalt oder Verkehr, Geselligkeit und Tausch. Die Grenzen waren weich und die kleine Öffentlichkeit der Dorfgemeinschaft stellte sich immer wieder rasch her. Sie schloß sich nachts ab und öffnete sich tags wieder.
Nehmen wir ein Gegenbild: Die kleinen Wohnungen großstädtischer Hochhäuser. Hinter der im Gegensatz zu früher gut gesicherten Wohnungstür beginnt schon ein Bereich ungeschützter fremder Öffentlichkeit. Der lockere persönliche Kontakt reicht kaum über den Flur hinaus. Der Raum ist funktionsspezifisch, nur noch zum Wohnen, für Verkehr, Wirtschaft, Verwaltung oder Verteidigung. Gerade in den Räumen der Arbeitswelt sind die Grenzen hart und teils sogar bewacht. Die Reste alter Öffentlichkeit beim Einkaufen z.B. in Tante–Emma–Läden, in Kirchen und Gaststätten sind in der Großstadt auch schon recht funktionsspezifisch geworden. Halb–öffentliche Bereiche im Übergang etwa vom Haus zur Straße, auf Plätzen oder im Garten mit seinem interessanten, schon städtischen Kontaktspiel aus Diskurs und Distanz gibt es nur noch in Nischen. Die Multifunktionalität von Lebensraum und Lebenslage ist verloren. Das Dorf taucht hier als literarisch formulierte Sehnsucht, im Museum (auch der Volkskundler) oder konkret als verklärtes Urlaubsziel wieder auf.

## II. Aufhebung von Entfremdung oder Der lange Weg zum Glück
Wäre es nicht zu schön in das Dorfleben der Märchen unserer Kindheit des Hans im Glück oder der Frau Holle einzutauchen, das Brot selbst zu backen und den Herd mit selbst geschlagenen Holzscheiten zu beheizen? Oder, noch eine gesellschaftshistorische Stufe tiefer: Bei den Yanomami–Indianern im Regenwald des Amazonas oder den Trobriandern Malinowskis in Melanesien im Rundzelt bzw. Hüttendorf einfach gemeinschaftlich zu leben (vgl. Lizot 1972 und Malinowski 1979)? Dort, wo Denken und Handeln noch zusammengehen, wo Gefühle noch gelten und Gut und Böse klar bestimmbar ist. Zeigt sich dort nicht das Bild eines unentfremdeten Lebens, das als eine Utopie der Moderne auch bei uns wieder konkret wird?
Die Kultur kann uns schal, leer und sinnlos werden wie einst dem König Salomon:

> Ich gedachte alles,
> was unter der Sonne geschah,
> durch Weisheit zu erforschen
> und zu ergründen:

*Entfremdung in der eigenen Gesellschaft*

> eine leidige Mühe,
> die Gott verhängt hat,
> daß die Menschenkinder
> damit sich abmühen.
> Ich betrachtete alles Geschehen,
> alles, was unter der Sonne geschieht:
> siehe, alles ist nichtig
> und ein Haschen nach Wind
> (Prediger Salomon, Kap. 1, V. 13–14).

Und er verschaffte sich Luxus und lebte üppig:

> Doch als ich all meine Werke ansah,
> die meine Hände gewirkt hatten,
> und die Mühe, die ich damit gehabt,
> siehe, da war alles nichtig
> und ein Haschen nach Wind.
> Es gibt keinen Gewinn
> unter der Sonne
> (Prediger Salomon, Kap. 2, V. 11).

Wenn wir wie König Salomon erleben, können wir uns dann nicht radikal einem neuen, einfachen Leben zuwenden?

Auch der junge Marx hatte ein radikales Bild vom unentfremdeten Leben: Es sollte schöpferisch, bewußt, allseitig und freiwillig sein:

> *In der kommunistischen Gesellschaft, wo Jeder nicht einen ausschließlichen Kreis der Tätigkeit hat, sondern sich in jedem beliebigen Zweige ausbilden kann, (regelt) die Gesellschaft die allgemeine Produktion ... und (macht es) mir eben dadurch möglich ..., heute dies, morgen jenes zu tun (Marx 1973, Bd. 3, 33).*

Theoretisch gewendet bedeutet dies, die Arbeitsteilung und noch allgemeiner die Differenzierung in unserer Gesellschaft drastisch zu reduzieren. Das heißt, wie alternative Projekte und einfache Lebensformen zeigen, den Lebensstandard abzubauen. Die Urproduktion aber ist karg und mühsam. Auch die moderne Gesundheitsfürsorge, die hohe Mobilität und Kommunikationsdichte und weite Bereiche der Kultur sind eine Komplexitätsfolge, d.h. sie setzen einen hohen Grad an Arbeitsteilung voraus.

Allein nicht nur der Soziologe schüttet Wasser in den Wein unserer Utopie, schlimmer noch: die Natur des Menschen selbst scheint uns einen Strich durch die Rechnung der Glücksbilanz zu machen. Die Instinkte des Menschen sind – so Gehlen – reduziert, er leidet unter einem diffusen, ungelenkten Antriebsüberschuß, den die Kultur überformt (Gehlen 1966). Jede Bedürfnisbefriedigung versinkt jedoch bald in den Hintergrund des Bewußtseins, wird zur "Hintergrundsbefriedigung" (vgl. Gehlen 1975, 50–54). Der Mensch bleibt konstitutionell unbefriedigt und sucht sich stets neue Ziele. F.H. Tenbruck ist überzeugt davon,

> *daß wir auf keiner Stufe zu ruhen vermögen, daß im Erreichen schon das nächste Begehren auftaucht, daß wir unsere Wünsche und Bedürfnisse nicht bündeln können, weil sie uns immer auseinanderlaufen, daß wir in keinem Augenblick verweilen können, daß unsere Ziele stets unsicher und schwankend bleiben, daß wir am Ende nichts haben, was wir mit ganzer Seele, ohne Rest und Überschuß, tun können, daß alle Selbstverwirklichung mühselig und fraglich bleibt, daß Unsicherheit und Verzicht unüberwindlich bleiben. Wo Zeitläufe diese Erfahrung übermächtig werden ließen, da werden Güter und Zustände dieser Welt insgeheim zweitrangig, da werden Gewißheit und innerer Frieden vorrangig (Tenbruck 1973).*

Der entgegengesetzte Ausweg, für diejenigen, die die radikale Alternative eines Lebens in solidarischer Gemeinschaft für das Land Nirgendwo der Utopie halten, ist die Anpassung der Verzicht auf einen direkt offenbaren Sinn und Selbstbestimmung. Dies scheint der überwiegenden Mehrheit der Arbeiter gelungen zu sein. Sie sind entgegen allen theoretischen Voraussagen aufgrund einer pragmatischen, materiellen Orientierung überwiegend zufrieden (vgl. Kern/Schumann 1974, Bd. 1, 183 ff., Bd. 2, 143 ff.). Ist Entfremdung also vielleicht ein Phänomen der Intellektuellen, von (in Anlehnung an Max Weber) "Kulturvirtuosen" und der Ausdruck eines kulturellen Umbruchs?

Gerade auch Mittelschicht–Angehörige sind es oft, die fliehen in das ekstatische Aufgehen im Hier und Jetzt, um den Zeithorizont zu schließen und sich selbst als soziale und moralische Person zu vergessen. Ekstasetechniken, Drogen oder einfach Alkohol sind Mittel dazu. Ähnlich wirkt auch die Gefahr, worauf A. Hahn hinwies:

> *So setzt etwa der Bergsteiger bei schwierigem Aufstieg sein Leben aufs Spiel, der Rennfahrer, der Stierkämpfer, der Artist, der Abenteuerer ... In der Regel handelt es sich hierbei um Aktivitäten, die von denen, die sie ausüben, als in hohem Maße gratifizierend empfunden werden oder die jedenfalls die Anspannung aller Kräfte zur Lösung unmittelbarer Aufgaben verlangen. Das gesamte Energiepotential spannt sich in äußerster Aktualisierung auf den gerade zu vollziehenden Akt ... Es ist, als wenn das Leben sich über den normalen Grad hinaus intensivierte, indem sein Vollzug den Handelnden gewissermaßen konsumiert: Euphorie und rauschhafte Zustände stellen sich nicht selten ein ... Es ist möglich, daß das Ausbleiben solcher Sorge um mögliche Folgen einer Handlung typisch ist für eine große Zahl konsumativer Akte und auf die diesen inhärente erlebniszeitliche Struktur zurückzuführen ist ... Das Bewußtsein für die unmittelbare Nähe des Todes erlischt. Das totale Aufgehen im Jetzt führt zur völligen Absorption des Wissens um die Todesgefahr. Seine Verdrängung wird überflüssig. Die eigentümliche Sorglosigkeit um Zukünftiges, gewissermaßen die "Hypertrophie des Präsens", ist kennzeichnend für Zustände dieser Art (Hahn 1976, 55).*

Ins Politische gewendet ist die "Hypertrophie des Präsens" für den Anarchisten der Bombenschlag, der alle Ketten zerreißt und Freiheit entstehen lassen soll. All das zerstört nicht nur den eigenen Körper, es ist für sich eine Flucht aus der sozialen Verantwortung und Moral. Eine Entgrenzung des Handelns und der Wünsche, ein anomischer "Zustand" wird, wie Durkheim betonte, den Staat ordnend und einschränkend auf den Plan rufen.

Wir werden neue Wege gehen müssen, denn weder läßt sich das Rad der gesellschaftlichen Entwicklung einfach zurückdrehen, noch können wir ihr entfliehen. Eine neue Synthese aus Differenzierung und einfachem Leben, aus Gemeinschaft und Gesellschaft, Entfremdung und Heimat ist ein Ziel, über das sich nachzudenken lohnt. Denn hat nicht gerade die Fremde für uns auch einen Reiz, bedeutet sie nicht auch ein Entrinnen aus dumpfer Gewohnheit und Freiheit von den engen Kontrollen der Nahen? Sind nicht die Spannungen unserer "eigenen Fremde" auch kreativ? Spüren wir nicht im Übergang von Heimat zur Fremde auch einen Hauch jener Hoffnungen, die vor hundert Jahren auf Deck des ablegenden Schiffes die Amerika–Auswanderer beseelte?

Wenden wir den Blick weg vom einzelnen auf das Ganze, dann bedeutet es eine gemischte Gesellschaft, in der selbstbewußt, legitim und legal lokale Gemeinschaften und Genossenschaften, Projekte und Vereine neben den Großorganisationen der Industriegesellschaft bestehen. Hier sind viele Formen einer mehr oder weniger friedlichen Koexistenz denkbar, die an vielen Stellen auch schon praktiziert werden. Lassen Sie mich deshalb schließen mit dem Schlußsatz von Blochs "Prinzip Hoffung":

> *Die Wurzel der Geschichte aber ist der arbeitende, schaffende, die Gegebenheiten umbildende und überholende Mensch. Hat er sich erfaßt und das Seine ohne Entäußerung und Entfremdung in realer Demokratie begründet, so entsteht in der Welt etwas, das allen in die Kindheit scheint und worin noch niemand war: Heimat (Bloch 1973, 1628).*

*Roderich Feldes*

# Das Knopfgießersyndrom

**Psychische Klimaveränderungen in einem Dorf**

Ich lese zunächst aus meinen beiden Romanen: "Lilar" (Feldes 1980) und "Das Verschwinden der Harmonie" (Feldes 1981).[1]

Es nieselt. Braun ist der Himmel. Auf den Feldern am Hang qualmen Kartoffelfeuer. Die Männer wuchten pralle Säcke auf die Kastenwagen und decken Planen darüber. Die Kühe ziehen an mit tief gesenkten Köpfen. Peitschen knallen über ihre Rücken, sie stämmen sich in die glatten aufgeweichten Gewannwege, muhen manchmal laut und ziehen die Fuhren auf den Feldweg hoch, der eben ist und in einer langezogenen Kurve um den Berg herum bis ins Dorf führt.
Ich sitz am Wohnzimmerfenster und höre den Wind draußen die Schiefern aufplustern und seh durchs Fernglas, seh den Mann die Mütze abnehmen und sich den Schweiß von der Stirn wischen, seh auf der Plane Forken, Kartoffelhacken, Drahtkörbe, den Pflug festgebunden über der Bremskurbel, seh den Mann mit der Peitsche knallen. Die Kühe rutschen und sinken mit den Vorderbeinen in den morastigen Gewannweg ein. Sie werfen die Köpfe vor und zurück, tanzen im Geschirr, stehen quer zur Deichsel. Der Mann wirft die Peitsche auf die Plane, nimmt die Kartoffelhacke und schlägt mit dem Stil auf die Kühe ein. Sie stoßen mit den Köpfen nach vorn und rucken mit dem Wagen vor. Der Mann schlägt auf die Hinterbeine, die Kühe rucken. Der Mann schlägt energischer, und die Kühe springen gegen den Berg und werfen Schlamm– und Rasenbrocken nach hinten, schlagen aus und ziehen den Wagen hoch bis auf den Feldweg. Der Mann wirft die Hacke auf den Wagen, läßt die Kühe halten, holt leere Säcke unter der Plane heraus und reibt die Kühe ab, klopft mit der flachen Hand auf ihre Flanken. Die Kühe ziehen ruhig und gleichmäßig den Wagen weiter (Feldes 1980, 53 f.).

Wie ein Stein ins Wasser fällt und Kreise zieht, die in der ersten Zeit Wälle sind und erst später brechen, wenn die Kreise an die Ränder des Wassers stoßen und sich als neue Ringe zurückbewegen, so kommt der Fremde ins Dorf, verursacht Wälle, die aber schnell zerbrechen, wenn er zu erkennen gibt, daß er bereit ist, sich anzupassen an die wenigen Rituale, die aus der Zeit der Isolierung übriggeblieben sind.
Aber die Fremden aus den Städten sind nur selten bereit, im Dorf aufzugehen. Sie kommen zunächst viele Jahre lang in den Sommermonaten der guten Luft wegen, genießen Stille und Weltabgeschiedenheit, erwerben ein Grundstück, sehen sich nach einer Arbeitsstelle um oder ziehen nach ihrer Pensionierung nach Moosberg zum Beispiel, schreiben Ansichtskarten, Grüße aus der Idylle an ihre Verwandten in Witten und Oberhausen und gehen durchs Dorf, freundlich laut, fraternisieren, gehen mit einem Kolumbusbewußtsein durch die engen Straßen: sie haben das Dorf entdeckt und erwarten, daß jeder Ureinwohner das Entdecktsein durch sie zu würdigen weiß, und sehen es als unerhörten Akt an, eine Mischung aus Opfer und Zivilisationsmüdigkeit, daß sie sich hier niederlassen und soviel Geist Kultur

und Stil mitbringen, die jeder bloß abzugucken braucht und sich so, ohne die Mühe des Erwerbens in den Städten, da wo das eigentliche Leben ist, die Welt aneignen kann, die sehr weit von hier beginnt.

Sie gönnen den einfachen Leuten die leichte Vermittlung ihrer komplizierten Erfahrung, so wie man einem Hund einen Wurstzipfel großmütig zukommen läßt. Aber er muß auch hüpfen und fiepen dafür, und wer von den Dörflern sie nicht zuerst grüßt, sie nicht beharrlich zum Kaffee einlädt, gilt als unwürdig für ihre bedeutende Botschaft.

Wenn die Fremden ein Jahr in ihren weißen Häusern am Hang zwischen Blautannen, englischem Rasen und Jägerzäunen gewohnt haben, sind sie sicher und deshalb verbittert, daß sie von lauter Unwürdigen umgeben sind, die ihnen sogar aus dem Weg gehen und sich abfällig über ihre Lebensklugheit und ihr Opfer hier für jedermann äußern und sogar verlangen, daß sie ihre sensiblen Hunde draußen vor dem Lebensmittelladen anbinden sollen, als seien es Dorfköter.

Sie werden nicht lernen, daß es nicht genügt, in der Moosbergklause jemanden mit glatten Sätzen, in denen von ihrer praktischen Tüchtigkeit und ihrem Durchblick durch alles die Rede ist, sprachlos zu machen und ihm nach diesem syntaktischen K.O. belebend auf die Schultern zu klopfen, um als Endpunkt der Weltgewandtheit in allen Lebensfragen um Rat angegangen zu werden. Sie werden es nicht begreifen können, daß sie Fremde bleiben, unangenehm und störend wie alles Fremde, weil sie denken, wohnen sei leben, und weil sie sich nicht bemühen, ihre mechanische, von ihrer Seele abgetrennte Urlaubsgeste in eine Alltagsbewegung zu verändern, sich von den Hängen außen in die verschachtelte Ebene zu begeben.

Sie werden immer über den absurden Gedanken lächeln, daß man nur dann die Chance hat, das, was in einem ist, wenn etwas in einem sein sollte, begreiflich zu machen oder gar wirksam werden zu lassen, wenn man den Mut hat aufzugeben, hineinzugehen, etwas anzunehmen, zu begreifen, warum das Leben hier so ist, so die Häuser und Wagen gepflegt werden, so die Abende, die Sonntage, die Zeit zwischen Weihnachten und Neujahr verbracht, so die Frauen Kinder, die betrunkenen und nüchternen Männer behandelt werden (Feldes 1980, 231 f.).

Ich versuchte zu wohnen und zu leben. Versuchte zu begreifen, daß die Mäuerchen in den Gärten gebaut, die Treppen und Zimmer spiegelblank geputzt wurden, weil ihre Besitzer, die da, wo jetzt die Garage, Fremden- und Küchenzimmer sind, noch Kühe hatten stehen und Heu hatten sitzen sehen, die noch, statt über den Hausaufgaben zu sitzen, auf den Äckern gestanden haben, ein bestimmtes Arbeitspotential gewohnt waren.

Und so was kann man nicht einfach stoppen. Wer bis tief in seine Jugend zehntausend Umdrehungen gewohnt war, kann es nicht plötzlich mit nur fünftausend gut sein lassen, ohne Angst in sich aufsteigen zu fühlen vor der vielen sinnlos verfließenden Zeit, Angst, es könne ruchbar werden, daß wieder einer beginne, faul zu werden. Der Sinn der zehntausend Umdrehungen ist nicht, etwas fertig zu bekommen, sondern kein schlechtes Gewissen aufkommen zu lassen. Denn Zeit, das Nicht-Kreiseln in gewohnten Bewegungen, ist die Wurzel allen Übels.

Darin sind sich die Freunde und die Einheimischen ähnlich: Sie ziehen neue Mauern, begraben darunter das alte Leben und zerbrechen die alten Mauern, die das Leben vor den Strudeln draußen schützen (Feldes 1980, 233).

Ja natürlich hätten sie den Möbelwagen gesehn, wer könne schon einen Möbelwagen übersehen, sagten die Nachbarinnen Frau Placzek und Frau Resinski den Polizeibeamten, die

wie Archäologen mit feinen Pinselchen und Folien durch das Haus des Oberamtmanns in Ruh Paul Frerick gingen und sehr sorgfältig Türklinken und Möbeloberflächen behandelten.
Sie hätten Kaffee getrunken und auf ihrem Balkon. Da habe so gegen vier der Wagen angehalten. Drei Männer in blauen Arbeitsanzügen seien ausgestiegen, seien die Auffahrt hoch um die Ecke gebogen. Die Haustür könnten sie nicht einsehen, deshalb könnten sie auch nicht sagen, ob die Männer einen Schlüssel gehabt hätten oder nicht. Zwei Stunden hätten sie eingeladen. Teppiche Bilder Kisten und die schönen Bauernschränke. Frericks seien ja häufig weg, wenigstens seien die Rollos oft unten. Es sei ihnen zwar merkwürdig vorgekommen, daß Frericks umziehen wollten und dann auch noch mitten im Monat und ohne daß sie dabei gewesen wären, aber möglich, möglich sei das alles, so genau kenne man sich ja doch nicht, um alles zu wissen.
Paul Frerick stand im leeren Wohnzimmer im offenen Fenster und schien in Gedanken versunken zu sein und sah wenig intelligent aus. Seine Frau stand auf dem Balkon, hielt fest eine Hand auf den Mund und sah bitter auf die Straße, auf den Polizeibus, in dessen Mitte hinter einer offenen Tür ein Beamter an einem Tisch das Protokoll schrieb.
Sogar einen Safe hätten Frericks gehabt, sagte Frau Placzek, und was hätten sie darin gehabt: Spezialkondome, und das in diesem Alter.
Frau Resinski nickte dazu und war erstaunt, daß diese von ihr an den Zentralstellen des Dorfes verbreitete Information nicht die von ihr erwartete Wirkung hatte.
Die Moosberger waren von etwas anderem berührt.
Beim Metzger sagten die Frauen, früher wäre so was gar nicht möglich gewesen, da wäre niemand auf die Idee gekommen, von Moosberg wegzuziehen, wenn er mal gut hier gewohnt hätte, und wenn dann bestimmt nicht mit einem Möbelwagen und drei blauen Pakkern. Unten im Dorf hätte so was gar nicht passieren können, da hätten die Nachbarn gewußt, daß die Frericks in Urlaub seien und wären hingegangen zu den Packern und hätten sie gepackt.
Und abends in der Moosbergklause sagten die Männer, das sei ja ein Ding. Und nicht daß man den Frericks da oben die Wohnung ausgeräumt habe, sei schlimm, die würden ja sowieso so geschwollen tun, als hätten sie einen Geldschisser zu Haus, sondern daß solche Großstadtmethoden auch schon hier fruchteten. Das Neubaugebiet sei ein Krebsgeschwür, und es sei leider schon so verzweigt, daß es nicht mit einem Schnitt entfernt werden könne.
Die Männer nickten und waren erst wieder verschiedener Meinung, als jemand die ideale Aufstellung der deutschen Fußballnationalmanschaft nannte (Feldes 1980, 250 ff.).

Hannelore Gerhard, am
15. September nachmittags
Neunzehn Häuser, zwanzig Feindschaften, das war schon immer so. Das ist normal. Da gibts die Webersippe, die sind so fromm, die kriegen im Himmel Fensterplätze, hat Jesus gesagt, und der ist denen persönlich begegnet. Das hält aber die Webers aus der Gasse nicht davon ab, Kupfernägel in den Nußbaum von Tauchels zu schlagen, weil der auf ihr Gemüsebeet Schatten wirft. Heusers und die Teichgraben Wagners verkehren nur noch per Einschreiben miteinander, weil sie sich nicht einigen konnten, wessen Katze sich auf dem Fußabstreifer von Hausners vergangen hatte. Hausputz, eine chemische Großoffensive gegen den Gestank und eine Anzeige wegen Sachbeschädigung waren die Folge. Kleinschmitts haben Schöners die Genehmigung verweigert, auf der Grenze eine Garage zu bauen. Seitdem gucken die sich nicht mehr an. Und wenn der eine Wäsche raushängt, verbrennt der andere garantiert Papier im Garten. Oder Schäfers und Hünings. Der Kleine von Hünings

Rainer ist mit einem Dreirad durch Schäfers Vorgarten gefahren im Frühling, hat zehn Osterglocken umgeknickt. Das ist bestimmt ärgerlich, würd mich auch ärgern. Schäfers haben vierzehn Tage später eine Rechnung geschickt: 121 Mark. Haben sich ihr Gärtchen richten lassen vom Landschaftsgärtner. Hünings haben zwei Tage später am Zaun ein Schild angebracht: Vorsicht! Nebenan kostbare Osterglocken, pro Stück 12,10 DM. Jetzt prozessieren sie miteinander, ob das Schild da hängenbleiben darf. Der Dietmar von Schleefs, den müßten Sie ja noch von der Schule her kennen, der hat kurz nach Weihnachten mit seinem neuen Luftgewehr auf Eiszapfen geschossen. Nu hat er ausgerechnet auf die an der Dachrinne gegenüber gezielt und auch nicht immer getroffen. Und gegenüber steht eben das Haus von Schroeckers, etepetete, keine Kinder, wie so Städter halt sind. Die waren im Skiurlaub. Und als sie nach Hause kamen, war ein winziges Loch im Küchenrollo und paar im Kunststoffputz außen. Nu haben die nicht mal bißchen rumgefragt, wie das wohl und wer vielleicht, haben dem Dietmar keinen Spachtel in die Hand gedrückt, damit der mit bißchen Kunststoffmasse aus der Tube den Schaden hätte beheben können. Die haben sich gleich ans Telefon gehängt: Polizei, Anschlag, Anzeige gegen unbekannt. Schon waren zwei Grüne da. Stereospektralmessung oder wie das heißt, Einschußwinkel gleich Dietmar, rubbeldikatz. Und der Erfolg: Der Dietmar ist beim Jugendamt aktenkundig, der braucht jetzt nur noch mal mit seinem Mofa bißchen schnell zu fahren, ist der vorbestraft. So kann man sich natürlich auch jugendliche Kriminelle züchten. Da wären wir in Birkenroth fast alle vorbestraft, wenn jeder schon früher son Trara gemacht hätte (Feldes 1981, 145 ff.).

Die Streitigkeiten früher hatten vor allem was damit zu tun, wie die Leute waren. Wer zusammenpaßte, war sich einig, war im selben Verein oder saß zusammen abends auf der Bank. Und wer nicht, der hat halt irgendwann einen Grund gefunden, sich zu verfeinden, um endlich eine Rechtfertigung für seine Abneigung zu haben. Aber so mit Anzeigen und Polizei, das ist noch nicht lange, das ist eigentlich erst mit den Fremden hier modern geworden. Kaum daß sie hierhergezogen waren, hatten die laufend irgendwas: Ansprüche, Forderungen und immer recht und wußten haargenau, wann man den Rasen mähen darf und wer im Winter und wo Salz streuen muß. Mit den Nachbarn reden oder gar mal was selber anpacken, das war für die nicht drin. In den Städten geht das vielleicht auch gar nicht mehr. Und weshalb hätten sie sich umstellen sollen, wo sie doch ganz sicher waren, uns erst die Zivilisation gebracht zu haben. Und wozu gibts denn auch hier Ämter und Polizeistationen, die müssen schließlich beschäftigt werden.

Und jetzt ist das in Birkenroth schon ne richtige Epidemie, auch unten im Dorf. Da wird nicht lang gefackelt: ein Kratzer am Auto ist ein Versicherungsfall, und ein umgestürzter Blumenkübel ist Sachbeschädigung. Und wenn einer oben am Hang zu dicht an nem Haus vorbeigeht, schalten sich automatisch fünfzig Scheinwerfer ein, eine Sirene heult, und wenn man Pech hat, wird man beschossen. So weit sind wir schon. Das ist Fortschritt. Wer seinen Hund frei laufen läßt, ist schon so gut wie vorbestraft. Nu sagen Sie doch selbst: So gesehen ist die Geschichte mit der Kasse gar nicht mal so unnormal, stand an, ein Fall für die Polizei wie viele andere auch. Aber ein Gutes hat die Sache mit der Kasse, sie hat mir mit einem Ruck die Augen geöffnet.

Ich hab auf einmal gesehn: Feindschaften so wie früher, daß die Männer sich in der Wirtschaft mal an die Köppe kriegen, oder einer mal mit der Zaunlatte seiner Meinung Nachdruck verleihen will, oder daß mal zwei Frauen die Türen voreinander zuschmeißen, und das alles, ohne weiter zu laufen als bis zum Schiedsmann höchstens. Und der hat das fast immer irgendwie regeln können, hat das einmünden lassen in eine stille Feindschaft. Da hat man sich nicht mehr gegrüßt, und damit war der Fall erledigt. Solche Geschichten gibts eigentlich gar nicht mehr.

Heut trimmt sich jeder auf vornehm, sachlich, vor allem sachlich, keiner poltert mehr los. Nur noch die Jugendlichen raufen mal ein bißchen. Alles grinst, grüßt mit spitzem Mund. Jeder erzählt nur noch von seiner Außerordentlichkeit, von seinen Erfolgen. Alles andere wird verschwiegen. Die Frauen machen Ikebanakurse und lesen Tina, und die Männer filmen die Familie, und das Schlimmste, wenn man mal irgendwohin geht, muß man sich das auch noch ansehen. So übern Zaun weg wird nicht mehr gestritten, dafür gibts die Post und eingeschriebene Briefe und die Polizei, die ganz sachlich irgendwelche Übertretungen protokolliert. Alles ganz nüchtern, emotionslos, hart, aber freundlich, alles im Rahmen unserer freiheitlich demokratischen Grundordnung.
Und genau das hat uns hier kaputtgemacht. Wer nicht mehr platzen kann vor Zorn, der kann sich auch nicht mehr freuen wien Dackel. Und zu ner richtigen Dorfgemeinschaft gehört das einfach dazu.
Früher gabs bei jedem Fest ne Schlägerei, aber es gab auch Tische in den Zelten, da sind den Leuten vor Lachen die Tränen aus den Augen geschossen. So das, was der Horst und noch so paar hier mit "Geist" meinen, ist genau das. Nur wo man sich richtig zu Haus fühlt, kann man auch mal richtig aus sich rausgehn und braucht keine Angst zu haben, anderntags schief angesehn zu werden. Aber heutzutag sitzen alle brettsteif da. Jeder nippt an seinem Gläschen, weil jeder mit seinem Auto da ist und Angst um seinen Führerschein hat, anstatt die Kutsche mal zu Haus zu lassen und die drei Schritt zu gehen. Und wenn mal gesoffen wird, wirds auch nicht besser. Dann werden Luftschlösser gebaut, und was einen quält, wird einfach in einen persönlichen Sieg verwandelt, und mit dem Geschwätz wird man dann stundenlang genervt. Und weil mir davon immer so elend wird, bleib ich lieber gleich zu Haus. In einer Familie hat mans nicht nötig, sich ständig aufzuwerten, da weiß jeder Bescheid. Aber wir sind eben keine Familie mehr, auch der Gesangverein nicht. Wir sind in Kleinstgruppen zerfallen, die ab und zu noch so tun, als wären sie eine große Familie. Aber in Wirklichkeit bekämpft einer den anderen, will auf der Leiter an ihm vorbei, will ihn hacken können, wenn gockeln gefragt ist.
Früher gabs das auch, die Hackordnung, aber manchmal konnten die Birkenrother das einfach vergessen. Und heute, wo alles so emotionslos und sachlich ist, da vergißt keiner mehr was.
Horst hat mir erzählt, schon vor Monaten, daß der Friedhelm, der Friedhelm Hausner so perplex war, daß der Vorstand sofort die Polizei geholt hat damals. Der hat das einfach nicht einsehen wollen. Und es gibt noch paar, denen gehts genauso, jetzt noch. Die wollen sich nicht dran gewöhnen, daß das Dorf keine große Familie mehr ist, so was hätten die früher und auch jetzt noch untereinander geregelt. Und ich bin sicher, vor zwanzig Jahren noch wär keiner auf die Idee gekommen, die Polizei zu holen. Und die Kasse wär jetzt schon längst wieder da.
Wenn jetzt auch noch die letzten Reste der Großfamilie Birkenroth verschwinden, dann hat das nur ganz wenig mit der Kasse zu tun. Die war dann nur der berühmte Tropfen. Aber voll war das Faß schon lang. Nur, die meisten haben das nicht gemerkt, auch der Horst nicht, weil das ja nicht plötzlich gekommen ist, sondern vor zwanzig, fünfundzwanzig Jahren angefangen hat (Feldes 1981, 148 ff.)

Brigitte, am
26. Oktober nachmittags
Und jetzt? Was gibts denn jetzt noch? Trainer im Sportverein oder Kirchenvorstand? Die Schule wird sehr wahrscheinlich nächstes Jahr aufgelöst, und der Gesangverein hat sich letzten Samstag selbst erledigt. Die Häuser sind in Birkenroth kleiner und stehn nicht so dicht

aufeinander, die Autos haben Garagen, und etwas stiller ist es auch. Aber was für Unterschiede gibts jetzt sonst noch zu Frankfurt?
Weshalb ziehen wir nicht wieder zurück?
Das ganze Spektrum des Lebens vor der Haustür, hast du gesagt vor fünf Jahren, als wir los sind, raus aus Frankfurt nach Birkenroth, weg von den Müsliessern und dem Wochenend Jetset, raus aus dem engen Zirkel Schule, Schneckenhaus, Number one, Sinkkasten mit immer denselben Leuten, Kollegen. Vielfalt wollten wir, nicht nur den Beruf plus abends was für die Augen, die Ohren, die Zunge. Wollten nicht mehr jeden Augenblick mit fünfzig Bits beschossen werden, wollten Wirklichkeit und keine drapierten Abziehbilder, die zweimal jährlich ausgetauscht werden. Na und das haben wir auch alles erreicht, sind aber ganz schön hart aufgeschlagen auf dem Boden der Tatsachen.
Es gefällt mir in Birkenroth, das schon, wenn ich auch ab und zu son bißchen Vielfalt vermisse, son paar Punkte, grad abends, auf die man zuleben kann, das bißchen Unwirklichkeit hätt ich schon ganz gern.
Ich hab mich eingewöhnt, einigermaßen. Weiß auch genau, bei wem ich über wen schimpfen kann, und wer was mit wem hat. Die Kinder können draußen toben, und ich muß nicht dabeistehn, und der Garten beim Haus ist nicht mit Geld zu bezahlen. Die Luft, die Jahreszeiten, die Ruhe, die Spaziergänge, auch unsere Position zwischen den Leuten, alles wie erwartet.
Aber mir will das einfach nicht so gelingen, aufzugehn in Birkenroth, mich so an den Lauf der Dinge anzupassen, ich will noch zu oft selbst laufen. Ich kann nicht dreißig Jahre einfach abschütteln und sagen, ich brauch das alles nicht mehr, die Nachmittage mitten in der City, mitten unter den Leuten: Verrückten, Modemäuschen, Managern, Aussteigern, mittendrin und doch so weit von mir fort, daß sie mein Leben noch nicht mal tangieren. Ich kann mich nicht einfach, wie du anscheinend, zurücksinken lassen in so eine Art Kindertraum und spielen und immer wissen, daß man spielt, und trotzdem mit geregeltem Ernst und Überzeugung spielen. Vielleicht ist das auch nur Männern möglich. Ich wenigstens kanns nicht.
Ich denk immer häufiger, unser Verhältnis hat sich verändert. Ich bin eine Generation weit weggerückt von dir. Du hast mich zu deiner Mutter gemacht. Du bist lieb, aufmerksam, hilfst mal im Haushalt. Du hältst Schule, du dirigierst, und machst das ja auch wirklich gut, und das freut natürlich jede Mutter, und ich soll dich loben dafür und habs ja auch immer getan. Und dann bist du mal nachts weg bis halb drei, hast noch irgendwo Eierkuchen gegessen, weils so schön war beim Georg und weil die Dotes noch nicht alle erzählt waren, die vom Fernsterln, von den Abenteuern zwischen Theke und Schlafzimmer. Oder du übst nicht nur Klavier mit der krabbeligen Irmi. Und ich soll mild dazu lächeln wie die Muttergottes und dir die Spiele lassen, weil ich ja wissen müßte, daß es nur Spiele sind, auch für dich, und daß du bleiben willst wie immer.
In Frankfurt hab ich nichts davon gemerkt. Vielleicht weil alles gleich unwirklich war, die Spiele und die Pflichten. Vielleicht auch, weil ich immer dabei war an den Abenden. Und in Birkenroth dürfen nach der Heirat nur noch die Männer spielen. Ich weiß, die Frauen holen auf, haben ihre eigenen Kegelclubs, machen Fahrten. Aber die Männer sind keine Väter, unterscheiden nicht zwischen Hausfrau und Keglerin. Und die Frauen gehen auch nicht, nach Georg und Eierkuchen, wie die Männer, sollten ihre geheirateten Mütter sauer reagieren, am nächsten Abend gleich wieder los in die Wirtschaft, in den Verein.
Aber das kommt noch, wie alles andere auch, mit Verspätung zwar, aber es kommt. Und auch in Birkenroth werden die Gruppen immer kleiner, maximal noch Kegelclubgröße, weil eben nicht mehr das ganze Spektrum des Lebens die Klammer ist, sondern gleiche Berufe, Anschauungen, Selbsteinschätzungen, Hobbies die Kontakte bedingen.

Mit deshalb ist der Gesangverein auseinandergebrochen. Da war plötzlich zuviel Spektrum und zu wenig Gemeinsamkeit. Da ist das Konglomerat in seine Einzelbestandteile zerfallen. Wenn wir weiter dort leben wollen, und ich will schon ganz gern, wegen der Kinder und durchaus auch wegen einiger Leute, müssen wir wieder lernen, unsere Spiele zusammen zu spielen. Sonst geraten wir in verschiedene Spielgrüppchen und dividieren uns irgendwann mal auch in den Pflichten auseinander. Unds wär doch eigentlich schad um uns, wenn wir einfach so, ohne Not, auseinandergerieten.

Der Gesangverein ist hin. Ich finds schad, bestimmt. Waren schön, die Familienabende, die Ständchen, hab früher gedacht: Kitsch. Aber kitschig kann nur was Überflüssiges sein, etwas, dessen Zweck und Form auseinanderfallen. Und der Gesangverein war notwendig, und jeder hats gewußt. Aber es ist auch nicht nur schad. Es ist eine Chance für uns, ein Spiel für dich und mich und Kai und Britt zu finden, ein schönes, auf das wir uns jede Woche freuen können wie früher die Sänger auf die Gesangstunde, wo manche den Speis fest werden ließen, nur um pünktlich zu sein, damits uns nicht so geht wie dem Gesangverein, damit wir nicht im Spiel das Spielen vergessen und auseinanderbrechen (Feldes 1981, 176 f.).

## Diskussion nach der Lesung

**Roderich Feldes:** Meine Bücher sind Modelle, zeigen Möglichkeiten, in die Tendenzen und Moden um mich her münden können. Nicht die Abbildung der Wirklichkeit, sondern ihre Folgen interessieren mich.

Da ich in einem Dorf zwischen Westerwald und Rothaargebirge wohne, stammt das Material, das ich mosaikartig zu Geschichten zusammensetze, zumeist auch aus dieser Gegend. Mich interessiert aber nicht das Schicksal dieser Region, sondern die Frage: wie haben sich der Strukturwandel, Hedonismus, Freizeit, Mobilität, die nicht nur über die Dörfer des alten Dillkreises gekommen sind, auf die Psyche der Einwohner ausgewirkt?

Meine Textauswahl für den Kongreß war leicht mit dem Tagungsthema zu verbinden. Schon der Titel des Romans "Lilar" (eine Diktatfehlleistung eines Schülers, der "lila" schreiben soll und gewohnt ist, das kaum hörbare Stadt-"R" zu ergänzen) verdeutlicht die Nähe. Das rauhe "R" meiner Heimat wird oft von den Sprechern dort verwünscht, und sie schämen sich doppelt: schämen sich ihrer rauhen Sprache wegen und schämen sich, weil sie sich schämen und nicht selbstbewußt die Sprache ihrer Väter pflegen.

Die von mir vorgelesenen kurzen Abschnitte zeigen solche Brüche, die schlaglichtartig Veränderungen, den Weg des Knopfgießers, der alles zu gleichförmigen Fällen westlicher Zivilisation einschmilzt, aufzeigen. Ist in "Lilar" eine Person, ihre Entwicklung, ihre zunehmende Entfremdung Handlungszentrum, so ist in "Das Verschwinden der Harmonie" das Dorf Birkenroth die "Hauptfigur", die in ihrem Zerfall die Ursachen für dieses Zerfallen zeigt.

***Diskussionsteilnehmer/in:*** *Warum schreiben Sie nicht direkte Reden oder Passagen in Dialekt?*

Ich halte die ganze Dialektliteratur für eine einzige Lüge. Zum Beispiel: In unserem Dorf sprechen 800 Leute einen Dialekt. Der Dialekt des Nachbardorfes ist schon entscheidend anders, und manches läßt sich durch die Zeichen nicht verdeutlichen, die wir zur Verfügung haben, um ein Wort zu schreiben, die Aussprache ist anders. Und man müßte dann Phoneme anführen und dann kommt dazu, daß die Qualität des Dialektes im Hören liegt. Wie er auf einen wirkt, wenn ihn jemand spricht, also die Verdrehtheit oder das Abgehackte oder die Schnelligkeit oder die Verschmitztheit der verbalen Annäherung an mich. Das ist die Qualität des Dialektes. Und geschrieben wäre er erstens Mal kaum zu entziffern, zweitens entspricht es eben nicht dem, was Dialekt bedeutet, und drittens versuche ich mich auch ganz deutlich abzugrenzen von irgendwelchen Regionalisierungstendenzen. Da ich selbst aus dieser Gegend stamme und auch diesen Dialekt spreche, wehre ich mich entschieden gegen diese globalen regionalen Vereinnahmungen durch Dialektschreibweise. Ich liebe die Kunstsprache, wie ich sie pflege, wie ich sie auch in dem "Verschwinden der Harmonie" andeute. Die bestehende grammatikalische Eigenheit versuche ich so nachzuschreiben, daß ungefähr der Sprachrhythmus, der Sprechrhythmus dessen, der spricht, nachgeahmt wird. Mir geht es auch nicht um ein konkretes Abbild einer ganz bestimmten Gegend, sondern mir geht es im Grunde immer um Modelle. Es sollen Modelle sein vom Leben heute mit den psychischen Umbrüchen, die in Bayern so passieren können wie in unserer Gegend oder auch in Norddeutschland. Und das würde ich mir alles verbauen, würde ich versuchen einen Dialekt zu schreiben.

*Lesen Sie auch in Ihrem Dorf vor?*

Also in diesem Dorf selbst lese ich nicht vor, weil in diesem Dorf selbst auch keiner vorliest. Das ist nicht üblich.
Wir sprechen miteinander. Ich bin ja nun ein Bewohner dieses Dorfes und halte mich in diesem Dorf auf, und wir reden miteinander. Und es gibt viele Leute in diesem Dorf, die meine Bücher besitzen und auch gelesen haben und mich manchmal – tja, sehr direkt – zu einer bestimmten Passage fragen. Das ist aber nicht sehr häufig. Das ist so eine, ja, wie soll ich das bildlich sagen, das ist so eine Art Stachelschwein–Verhältnis, das ich habe. Aber das haben sehr viele Leute. Also, wir gehören schon irgendwie zusammen, aber es ist eine gewisse Distanz da. Aber diese Distanz liegt nicht unbedingt in meiner Arbeit begründet, sondern in meiner anderen Lebensform. Und ich merke aber mehr und mehr, und das nimmt mit dem Alter zu, daß es so eine merkwürdige Gebrochenheit ist. Mir gegenüber. Nun muß ich dazu sagen, mein Vater war in dieser Gegend ein sehr bekannter Mann, so daß also auch ..., und ich bin in dem Roman "Lilar" diesen Gegebenheiten in etwa nachgefolgt, wenigstens noch auf den ersten Seiten, ich bin auch wie die Hauptfigur drei Dörfer weitergezogen und nicht in dem Dorf geblieben, in dem ich geboren bin. Und dennoch wußte man ungefähr, wer ich bin und auch, daß Bücher von mir existieren, daß im Rundfunk ab und zu etwas kommt, im Fernsehen mal was zu sehen ist von mir, dadurch entwickelt sich so etwas wie eine Form von Stolz, so merkwürdig das auch immer klingen mag, daß ich in diesem Dorf wohne. Auf der anderen Seite natürlich auch eine Form von Skepsis, daß ich zuviel über dieses Dorf mitteilen könnte. Aber diese Angst hat sich verloren, weil man durch die Lektüre der Bücher festgestellt hat, daß keine Person erkennbar ist. Mir geht es auch nicht darum irgendjemanden zu denunzieren, sondern mir geht es um Modelle. Mir geht es nicht um Geschehenes und das Abbilden von Geschehenem, sondern um die Frage: was entwickelt sich aus dem, was ich im Moment sehe? Was kann sich daraus entwickeln und wie werden die Personen, die darin verwickelt sind, reagieren? So daß also auch diese Furcht, ich könne Unziemliches über dieses Dorf sagen, mehr und mehr schwindet.
Ich glaube auch, daß vor hundert Jahren meine Situation noch ganz anders gewesen wäre. Aber auch in unserem Dorf muß man es heute schon, wie man so flapsig sagt, ungeheuer bringen, um Aufsehen zu erregen. Diese Schwelle ist sehr, sehr hoch geworden um durch gezielte Indiskretionen oder durch gezieltes Anderssein die Leute so in Harnisch zu bringen, daß sie mir die Fensterscheiben einschmeißen.

*Du schreibst für Leute, die irgendwo und überall sind, die deine Bücher lesen. Also wenn ich als Ethnologe, als Ethnograph gelegentlich auch sogenannte schöngeistige Literatur heranziehe – und ich tue das manchmal sehr gezielt –, so etwa nach den Worten von Hermann Kant: "Literatur ist immer auch die Umverteilung von Erfahrung", dann nehme ich belletristische Literatur als ethnografische Quelle. Ich weiß jetzt gar nicht, ob das die Frage an dich ist, aber ich stelle sie jetzt mal gezielt an dich: schreibst du so, daß das, was du beschreibst den Ansprüchen – in Anführungszeichen – einer Quelle genügen könnte? Oder aber – das ist eine heikle Frage: was ist Fiktion und was ist ..., also: wie hundertprozentig ist dein Modell, was du insgesamt beschreibst? Es geht jetzt nicht um die einzelnen Figuren, es geht um Grundkonstellation, die du beschreibst. Die Grundkonstellation wäre z.B. Entfremdung, Brüche in einem Dorf. So wie du's halt tust.*

Das ist eine äußerst heikle Frage, und ich möchte auch nicht da in irgendwelche Diskussionen hineingleiten. Nämlich diese anderen Quellen, nehmen wir mal schriftliche Quellen aus dem 19. Jahrhundert von Oberlehrern verfaßt: die sind natürlich mindestens genauso verfälscht, so könnte ich gar nicht fälschen. Und dann kommt noch hinzu, daß ich ja nicht mit dem Ziel schreibe, einer späteren Generation von Wissenschaftlern zu dienen, sondern ich versuche zu zeigen, aus dem Erfahrungsbereich heraus, in dem ich groß geworden bin und der mir also heute noch zu schaffen macht, Dinge zu beschreiben, die ich entweder für bedenklich halte oder die mir fremd sind.
Also: das was mich befremdet! Wenn ich das Leben meiner Nachbarn beobachte oder sie reden höre, das regt mich an, mich damit gedanklich auseinanderzusetzen, und ich kann am besten denken, indem ich mir ein Platt ausdenke und diese Figur und diese Lebenssituation da hineingebe. Ich glaube aber, daß ich die Lebenssituation insgesamt in den Dörfern, die ich kenne, äußerst genau darstelle, so daß man also durchaus bestimmte Lebensverhältnisse nach fünfzig Jahren in meinen Büchern aufbewahrt findet und sie auch wohl ziemlich genau beschrieben findet, so daß, wenn man also absieht von dem sogenannten Romanheften, man durchaus eben Material über Dorfleben in den 80er Jahren zwischen Westerwald und Rothaargebirge finden könnte.

*Ich habe mich bei dem Roman "Verschwinden der Harmonie" gefragt: die Figuren, die Sie da sprechen lassen, die haben eigentlich eine Vorstellung von ihrem Dorf, als ob das Dorf früher so eine Harmonie, eine geschlossene Einheit gewesen wäre. Und ich glaube, die erste Person, die da aufgetreten ist, sagt dann ja auch, die Fremden hätten das alles verändert. Schreiben Sie das deswegen, weil das Vorstellungen sind, die Ihnen im Dorf so begegnen? Denn diese Dorfeinheit hat's so nicht gegeben, früher waren da gleich die Städter die Fremden, die eingeheirateten Frauen aus anderen Dörfern, also ... Fremde hat's ja immer schon gegeben, und Sie stellen das jetzt einfach so dar, diese Vorstellungen, weil Ihnen das konkret in Ihrem Dorf so begegnet, oder wie ist das zu verstehen?*

Ja, erstens weiß ich, daß das ein allgemeiner Fehler ist, das möchte ich nicht Ihnen unterstellen, aber es stimmt nicht. Der Eindruck ist falsch, er entsteht immer wieder. Ich glaube, es gibt eine Vorstellung des Zuhörers, die bestimmte Sätze daran hindert, daß sie in seinen Kopf eindringen. Das hat die Frau nicht gesagt! Sie hat gesagt, daß dieser Streit im Dorf schon immer war. So fängt sogar dies Kapitel an: 19 Häuser, 20 Feindschaften, das hat es schon immer gegeben. Aber das wird beim Zuhören verdrängt, weil man die Vorstellung hat, ein Schriftsteller, der über ein Dorf schreibt, wird in der Regel um die Vergangenheit trauern. Aber ich habe zu intensiv in Dörfern gelebt, um das, was war, mit aufrechtem Herzen betrauern zu können. Und das wird immer irgendwie vom Lesenden hineinprojiziert. Natürlich gibt es Strukturen, die eben mehr oder weniger verschollen sind oder nicht mehr richtig greifen, die positiv waren, das will ich nicht verschweigen, aber das, was hier durchgängig ist: sie erzählt doch ständig davon, wie die Schlägereien waren und wie man sich nicht gegrüßt hat, und wie man Gründe gesucht hat, um sich nun so richtig verfeinden zu können. Das stellt diese Dame ja dar, diese erste. Sie sagt, diese Feindschaften, die waren da. Aber mein Tenor in diesem Abschnitt ist: die Feindschaften waren da, aber sie waren bekannt. Und heute wird so getan, als könne man das alles verkleistern, als könne man alles harmonisieren, das ist das, was diese Frau stört. Diese Tendenz, heute zu harmonisieren, eben so freundlich, leger und sachlich und so was zu sein, das ist das, sagt sie, das hat uns hier fertiggemacht. Nicht der Streit damals, nicht das Auseinandergebrochene, das in verschiedene Parzellen geteilte Dorf hat mir zu schaffen gemacht, sondern diese Verkleisterungen.

*Sind dafür die Fremden verantwortlich?*

Nun gut, das macht die an diesem Fremden fest. Ob das so ist, behaupte ich nicht, wage ich auch sehr stark zu bezweifeln, nur eines unterscheidet die zugeheiratete Frau von zugereisten Ruhrgebietsmenschen, nämlich: die zugereiste Frau hat zunächst in einer Form von Demut in diesem Dorf versucht, ihren Platz zu finden, während der zugereiste Ruhrgebietsmensch mit der Urlaubsgeste in diesem Dorf lebt und jedem auf die Schulter zu klopfen bestrebt ist. Und das ist ein großer Unterschied und das hat eben auch diese Aggression ausgelöst in den meisten, zumindest in den Leuten, die in dem Dorf wohnen, in dem auch ich lebe. Diese patriarchalische Haltung, die hat eben gewisse Aversionen ausgelöst, und da wird natürlich – klar – alles dran festgemacht, alles Schlechte kann ausgehen vom Zuzug des ersten Ruhrgebietlers in unser Dorf. Den Punkt kann man festlegen. Es stimmt natürlich nicht, das weiß ich, weiß jeder, ist ein Spiel, ein Sprachspiel.

*Ich verstehe nicht das Knopfgießer–Syndrom. Mir fehlen die Assoziationen. Wer wird wo umgegossen und wer gießt? Also das mit den "psychischen Klimaveränderungen", das habe ich gut verstanden, aber den Knopfgießer kann ich nicht ansiedeln. Ich bitte um Erkenntnishilfe.*

Ja, vielleicht habe ich das am Anfang etwas zu verschwommen ausgedrückt. Ich behaupte, es gab, zumindest in unserer Gegend, aus der ich stamme, nicht so ein geschlossenes Dorf mit einer geschlossenen Dorfkultur, sondern es war schon immer etwas, was dem Knopfgießer zum Opfer geworden wäre. Nur heute wird in der Diskussion oder wo ich auch immer bin und mich mit Leuten unterhalte, die vom Dorf reden, so getan, als sei früher eine feste Dorfkultur oder so irgendetwas da gewesen, die man jetzt entweder als Opfer der Fremden oder der Medien oder der Gebietsreform oder was auch immer eben als Ursache benannt wird, das seien die Faktoren, die einschmelzen. Und ich versuche zu zeigen, daß ist es nicht unbedingt, das war schon immer. Also, diese Kulturformen wären schon immer dem Knopfgießer zum Opfer gefallen, weil wir in unserer Gegend nur von diesen Konglomeraten gelebt haben.
Ich kann also woanders als in meiner Heimat gar nicht schreiben; ich brauche nicht nur bestimmte Zeiten, sondern ich brauche einen bestimmten Blick, ich brauche das Unauffällige. Es muß alles stimmen in meiner Umgebung. Und zwar muß es so sein, daß ich nicht abgelenkt werde. Ich muß alles kennen, jedes Detail sehen. Jeder Riß in irgendeiner Hauswand ist mir vertraut, ich weiß, der ist neu oder der war schon immer. Und das ist etwas sehr

*Das Knopfgießersyndrom*

Beruhigendes für mich, das zu wissen. Das macht mir im Moment also nicht zu schaffen. Aber wenn ich in der Stadt bin, da sind so viele andere Eindrücke, so daß ich nicht zur Ruhe komme und unfähig bin, konzentriert zu arbeiten.

Das Modell gewinne ich, indem ich nicht direkt schreibe, sondern Geschichten entstehen lasse in mir in sehr langer Dauer. Ich arbeite im Moment an einer Geschichte, die ist mir seit fünf Jahren präsent. Da weiß ich, daß ich die schreiben werde. Bei mir ist der zeitliche Abstand ein sehr wesentliches Moment. Ich könnte also nicht eine Gegenwartsgeschichte in dieser Gegenwart schreiben, weil ich das Gefühl hätte, hier bist du verwickelt. Du bist hier also nicht Beobachter oder Aufschreiber oder was auch immer, du bist da dabei und in einem Abstand von mehreren Jahren, da weiß ich, wie sich die Geschichte entwickelt hat und was an dem Gerüst, was ich mir ausgedacht habe, schlecht oder gut ist. Und eben nach langen Zeitabständen beginne ich erst mit der Niederschrift.

**Anmerkung:**

[1] Die zitierten Textpassagen entstammen den Romanen:

Roderich Feldes: Lilar. Hamburg 1980

Roderich Feldes: Das Verschwinden der Harmonie. Hamburg 1981

Wir bedanken uns beim Verlag Hoffmann und Campe, Hamburg, für die freundliche Erteilung der Abdruckrechte.

*Signe Seiler*

## "Wir sind hier, um euch zu beschützen"

### PCS to Germany (permanent change of station)

Vor einigen Jahren, als ich meine Untersuchung über amerikanische Soldaten machte, traf ich in einer Gaststätte einen jungen Amerikaner. Während unseres Gesprächs meinte er plötzlich: "Ich bin GI, und das sind 50 Punkte gegen mich, 50 von 100 Punkten". Dieser Satz hat mich lange beschäftigt. Hinzu kam nämlich, daß er ein Chippewa–Indianer war, doch sein Indianersein war ihm nicht der Erwähnung wert, das brachte keine nennenswerten Minus–Punkte. Aber als US–Soldat in Deutschland stationiert zu sein, das gab ihm das Gefühl, nur ein halber Mensch zu sein.

Ich erwähne diese Begebenheit, weil den meisten von uns nicht bekannt ist, wie fremd sich viele Soldaten hier fühlen. Manche äußern sich noch krasser, sie sagen: "I hate to be here". In meinem Vortrag versuche ich zu erklären, warum die Soldaten sich hier so fremd fühlen. Zuvor werde ich einen kleinen Umweg machen müssen und einige Hintergrundinformationen über das amerikanische Militär liefern. Anschließend werden ich einige Begegnungen zwischen GIs und Deutschen schildern, um daran aufzuzeigen, wie schwierig es ist, die Fremdheit zu überwinden. Zuvor jedoch einige einführende Bemerkungen.

In Deutschland sind rund 240.000 Soldaten stationiert. Zusammen mit Familienangehörigen und Zivilisten wohnen hier eine halbe Million Amerikaner. Jedes Jahr landen 90.000 Soldaten auf Rhine Main Air Base, dem großen amerikanischen Flughafen in Frankfurt. Ihr Marschbefehl lautet: PCS to Germany – permanent change of station. Hier leisten sie ihre Dienstzeit von 18 oder 24 Monaten ab.

Seit 40 Jahren leben die Amerikaner bereits unter uns – erst als Befreier, dann als Besatzer, heute als Verbündete. Blättert man jedoch in der Literatur über Ausländer in Deutschland, so wird man Untersuchungen über Amerikaner vergeblich suchen. "Ausländer" scheinen immer nur Gastarbeiter, Asylanten oder Studenten zu sein, aber nie US–Soldaten oder auch französische und englische Soldaten in Deutschland. Hinzu kommt das Paradox, daß ja eigentlich nur das Militär als Organisation seit 40 Jahren hier ist, während jedes Jahr zigtausend Soldaten zum ersten Mal in ihrem Leben nach Deutschland kommen. Das ist ein nie endender Kulturkontakt, der aber von den Sozialwissenschaften bisher ignoriert wurde. Warum ist das bisher total vernachlässigt worden? Die Gründe dafür seien hier nur stichwortartig genannt:

1. Die Abschottung des Militärs in ein Getto.
2. Die Geheimhaltungspolitik des Militärs, die hier in Deutschland weit größer ist als in den USA selber.
3. Das Thema ist politisch kontrovers und brisant; Untersuchungen hierzu werden eher gemieden als gefördert.

Mein Zugang zu dem Thema ergab sich dadurch, daß ich in einem Ort mit 2.000 Deutschen und (damals noch, d.h. 1982–83) 2.000 US–Soldaten lebe. Man braucht nur auf die Straße zu treten und sich die jungen Soldaten anzusehen, dann kommen einem die Gedanken und

Fragen ganz von selbst: Wie fühlt sich z.B. so ein Puertoricaner, der aus dem vibrierenden Harlem in New York plötzlich in ein Winzer- und Kirschendorf versetzt wird? Wie ergeht es den jungen Mädchen in dieser rauhen Männergesellschaft? Und was wissen diese einfachen Soldaten eigentlich von Deutschland, wenn sie wieder nach Hause zurückkehren? Es gibt Dutzende und Hunderte von Fragen über diese bisher unerforschte Ethnie, von denen ich nur einige wenige beantworten kann.

Während meiner Recherche fiel mir auch auf, wie sehr die politische Rhetorik der banalen Alltagsrealität widerspricht: offiziell sind die Amerikaner unsere Partner und Verbündete, aber der einfache GI fühlt sich als halber Mensch. Andererseits betonen die Soldaten selber immer wieder, daß sie hier sind, um uns zu beschützen. Aber wissen sie eigentlich so genau, wen sie hier warum beschützen?

Und von deutsch-amerikanischer Freundschaft ist viel die Rede. Doch dem widersprechen die selbstgewählten Gettos, in denen die Soldaten mit ihren Familien leben. Man redet von Freundschaft und geht sich aus dem Wege. Deutsche Politiker fordern Integration, doch kein Amerikaner will das ernstlich. Man redet von Partnerschaft, doch der Soldat fühlt sich als halber Mensch, weil er US-Soldat ist.

Sehen wir uns zunächst an, in welchem Getto die Amerikaner hier leben. Wer nicht täglich mit ihnen zu tun hat, dem ist kaum bewußt, wie weit ihre Autarkie reicht.

Der Soldat bekommt seinen Sold in Dollar ausgezahlt. Er kauft amerikanische Produkte in amerikanischen Geschäften, zu denen Deutsche keinen Zutritt haben. Das Konto hat der Soldat bei einer amerikanischen Bank, die gleichfalls keine deutschen Kunden hat. Das Postwesen ist amerikanisch; Sendungen nach USA werden nach dem Inlandstarif berechnet (in dieser Hinsicht sind wir ein Teil Amerikas). Die Versicherungen sind amerikanisch und im Krankheitsfall geht man zu amerikanischen Ärzten in ein US-Hospital. Die Kinder besuchen amerikanische Kindergärten und Schulen, und alle Soldaten können in Deutschland amerikanische Universitäten besuchen und Bibliotheken benutzen. Sie haben ihre eigenen Feiertage und wissen oft nicht um unsere. Sonntags geht die Familie in die amerikanische Kirche, in der Freizeit sehen sie US-Filme in amerikanischen Kinos, essen ihre Hamburger und Steaks in eigenen Snack-Bars und Clubs, treiben Sport in ihrer eigenen Turnhalle, sehen amerikanisches Fernsehen und hören ihr eigenes Radioprogramm. (Es meldet sich so: "This is AFN – serving American Forces in Europe". Eines Tages sagte ein verwirrter Ansager: "This is AFN – forcing Americans to serve in Europe"). Die Aufzählung geht noch weiter: Die Amerikaner haben ihre eigene Polizei (die auch Zivilsachen ahndet), sie heizen mit importierter amerikanischer Kohle und telefonieren innerhalb ihres eigenen Telefonnetzes. Kurzum, die Amerikaner leben in Deutschland in Amerika. Von uns beziehen sie nur Strom und Wasser und sie benutzen unsere Straßen und Mülldeponien.

Warum grenzt sich das US-Militär so weitgehend von seiner Umwelt ab? Der Hauptgrund dieser Abschottung ist sicherlich militärischer Natur. Im Spannungsfall müssen sie voll funktionsfähig sein und dürfen nicht von deutschen Organisationen abhängig und damit verwundbar sein.

Ein weiterer Grund hängt damit zusammen, daß das US-Militär eine permanente Überseestreitkraft ist. Sie haben Truppen in Italien, Griechenland, Spanien, Portugal, Holland, Belgien, England, Dänemark (Grönland), Norwegen, Island und der Türkei. Außerhalb Europas gibt es amerikanische Truppen in Japan, Korea, den Philippinen, in Panama, den Westindischen Inseln, auf Bermuda, Kuba, den Bahrein-Inseln und Kanada. Das US-Militär hat Standorte in 21 Ländern der Welt.

Für das reibungslose Funktionieren des Militärs ist es notwendig, daß die Standorte in aller Welt gleichartig aufgebaut sind. Bei dieser Vielfalt kann niemand erwarten, daß der Soldat sich erst lange damit aufhält, Sprache, Geschichte und Kultur des Landes zu lernen. Sein militärischer Auftrag geht vor, und die kulturellen Eigenheiten seines Stationierungslandes kümmern ihn allenfalls in seiner Freizeit.

Hiermit bin ich jetzt eigentlich schon bei den psychologischen Beweggründen für das kulturelle Desinteresse vieler Soldaten. Bevor ich das aber vertiefe, möchte ich noch einen kleinen Umweg machen. Es erscheint mir notwendig, einige typische Merkmale des US–Militärs zu schildern. Danach wird dann nämlich das Verhalten vieler US–Soldaten besser verständlich.

Ein Merkmal wurde schon genannt – der große Anteil amerikanischer Truppen im Ausland. Weitere Merkmale sind:

1. Der hohe Anteil an Frauen im Militär (rund 10%).
2. Der hohe Anteil an Farbigen (rund 30%).
3. Es gibt kein Wehrpflicht, sondern nur einen Dienst von Freiwilligen im Militär.

Der hohe Prozentsatz von Frauen wie von Farbigen hängt natürlich mit dem Freiwilligen–Dienst zusammen, darum beginne ich damit.

Die Geschichte Amerikas ist eng verknüpft mit der Weigerung, ein eigenes Militär zu unterhalten. In der über 200–jährigen Geschichte des Landes hat es kaum 35 Jahre lang eine allgemeine Wehrpflicht gegeben. Die erste Wehrpflicht wurde während des Bürgerkrieges 1863 eingeführt, dann wieder im Ersten Weltkrieg ab 1917 und schließlich im Zweiten Weltkrieg ab Dezember 1941. 1947 wurde die Wehrpflicht wieder abgeschafft, doch schon ein Jahr später forderte Präsident Truman ihre Wiedereinführung. Er begründete das mit der Besatzung von Deutschland und Japan, der Einrichtung neuer Standorte im Pazifik und dem Kalten Krieg.

Erst 1973 wurde die Wehrpflicht wieder abgeschafft. Damit kehrte man nach 25 Jahren wieder zum Normalzustand zurück. Die Gründe dafür waren verschiedener Art:

- Es war die Zeit des Vietnam–Krieges und die Proteste gegen den Krieg wogen schwer; man wollte soziale Ungleichheiten beenden: zu viele Schwarze wurden zum Militärdienst eingezogen und fielen in Vietnam, während die weiße Mittelschicht, vor allem Studenten, den Dienst verweigerte und sogar außer Landes floh.
- Sehr schwer wogen ökonomische Gründe: man erhoffte sich vom Freiwilligendienst geringere Kosten und einen verringerten Personalwechsel.
- Und schließlich gab es politische Gründe: der Widerwille gegen das Zwangssystem der Wehrpflicht war ungebrochen.

Der Republikaner Senator Hatfield drückte seine Ablehnung so aus:

> *Diese Nation wurde gegründet, um dem Volk zu dienen und nicht umgekehrt ... Ein erzwungener, obligatorischer Dienst am Staat ist eine Grundlage des Totalitarismus" (zit in: Berger 1981, 109).*

1973 wurde also das Freiwilligen–Militär wieder eingeführt. Die Hoffnung der militärischen Führung auf bessere Qualität der Mannschaften und geringere finanzielle Kosten haben sich nicht erfüllt. Stattdessen sank die Qualität enorm: Schulbildung, Intelligenz und Lesefähigkeit haben sich zunächst deutlich verschlechtert, ebenso Disziplin, Ausbildungsstand und Kampfbereitschaft. Ein großer Teil der Soldaten, rund 40%, beendete seine vertragliche Verpflichtung vorzeitig. Diese Aussagen gelten für die ersten 10 Jahre des Freiwilligen–Dienstes. Inzwischen hat sich die Situation wieder geändert. Durch die hohe Arbeitslosigkeit in den USA stieg die Anzahl der Bewerber, so daß das Militär nun die besser Qualifizierten auswählen kann.

Ein weiteres Merkmal des US–Militärs ist der hohe Anteil von Frauen. Mit einem Anteil von 10 Prozent liegen sie weit an der Spitze. Zum Vergleich: In den russischen Streitkräften sind 0.2% Soldatinnen, bei den Israelis waren es 1976 5%. In Amerika leisteten Frauen schon im Zweiten Weltkrieg ihren Dienst ab, damals noch überwiegend in typisch weiblichen Berufen, also als Krankenschwester, Sekretärin und Telefonistin. Man sprach von WAAC, später WACs (Women's Army Auxiliary Corps). Von den WACs hieß es: "Eine WAC–Sekretärin ersetzt zwei Männer, aber sie ißt nur halb so viel wie ein Mann". Damit war ihr ökonomischer Nutzen zweifelsfrei begründet. Nach dem Zweiten Weltkrieg gab es eigene Einheiten, in denen nur Frauen Dienst tun konnten – vom Gefreiten bis zum weiblichen General. Seit 1978 sind alle Einheiten integriert. In der Grundausbildung tun Frauen auch Dienst an der Waffe, danach werden sie jedoch von allen Kampfeinheiten ferngehalten.
Inzwischen sind die Frauen in allen Rängen vertreten, doch schwankt ihr Anteil zwischen 17% (unterster Offiziersrang) und 0,4% (höchster Unteroffiziersrang). Häufig sind Frauen besser qualifiziert als ihre gleich alten männlichen Kollegen. Eine der Ursachen dafür ist die strengere Auswahlpolitik des Militärs; eine andere die Motivation der jungen Frauen. Nach einer Analyse des Soziologen David Gottlieb (1980) in Fort Sills, Oklahoma, sehen Frauen im Vergleich zu den Männern das Militär seltener als einzige Alternative, die ihnen noch bleibt. Für sie ist es eher eine Herausforderung, um einen neuen Lebensstil auszuprobieren oder um neue Karrieremöglichkeiten zu testen.
Und schließlich gibt es ihnen die Möglichkeit, etwas von der Welt zu sehen. Das ist zwar für viele Frauen ein Motiv, ins Militär zu gehen, doch das Verhalten vor Ort widerspricht dem. Ich habe häufig gefunden, daß die Frauen sich noch mehr als die Männer in ihr Klein–Amerika zurückziehen. Während die männlichen Soldaten auf der Suche nach Mädchen eher die Kaserne verlassen, ist das für die Soldatinnen umgekehrt nicht der Fall. Sie suchen ihren Freund oder Ehemann nur unter den Kollegen. Das wird auch deutlich an der Zahl der Eheschließungen: jedes Jahr heiraten rund 2.000 Soldaten ein deutsches Mädchen, aber nicht eine Soldatin heiratet einen Deutschen. Dabei wäre bei einem Anteil von 10% Frauen im Militär rein rechnerisch eigentlich 200 Ehen zu erwarten gewesen. So entsteht die paradoxe Situation, daß die Mädchen zwar in einem "exklusiven" Männerberuf arbeiten, sich aber in dem fremden kulturellen Umfeld eher passiv und damit konventionell verhalten.

Das dritte oben genannte Merkmal des amerikanischen Militärs ist der hohe Anteil Farbiger. Im Gesamtdurchschnitt sind knapp 30% aller Soldaten Farbige (19% Schwarze, 4% Latinos, also Mexikaner oder Puertoricaner, und 4% Indianer, Eskimo und Bewohner der pazifischen Inseln). Je nach Truppenteil, Rang und Einheit schwankt die Anzahl der schwarzen Amerikaner aber beträchtlich, nämlich zwischen 4% und 50%. So ist in manchen Infanterie–Einheiten die Hälfte der Soldaten in den unteren Rängen schwarz. Demgegenüber liegt ihr Anteil in Bereichen wie Elektronik und Medizin knapp unter 5%.
Im Vergleich zum Bevölkerungsdurchschnitt (11%) sind im Militär mehr als doppelt so viele Schwarze. Woran liegt das? Häufig wird die Meinung vertreten, es hänge mit ihrer hohen Arbeitslosigkeit zusammen. Das ist nicht ganz falsch, aber so ausgedrückt auch nicht richtig. Die Wahrheit ist ein wenig komplizierter als diese kurzschlüssige Logik.
Es fällt zunächst auf, daß viele schwarze Soldaten aus den Südstaaten Amerikas kommen.

Das hat wiederum verschiedene Gründe:
1. Im Süden sind überproportional viele Kasernen im Vergleich zu anderen Teilen der USA. Das hat historische Gründe, auf die ich hier nicht näher eingehen werde.
2. Über die Hälfte aller schwarzen Amerikaner lebt in den Südstaaten.
3. Überdurchschnittlich viele Schwarze sind arbeitslos.
4. Nicht alle Arbeitslosen sind ohne berufliche Qualifikation, aber selbst mit einer qualifizierten Ausbildung werden Schwarze im Süden immer noch stärker von den Weißen diskriminiert als es im Norden der USA der Fall ist.
5. Das amerikanische Militär ist die Institution in den Staaten, in der bisher das größte Maß an Gleichberechtigung verwirklicht wurde.

Nimmt man also alle diese Faktoren zusammen – viele Kasernen, viele arbeitslose Schwarze, ein Militär, das nicht diskriminiert – dann erklärt sich daraus die große Anziehungskraft für diese Minderheiten. Schwarze Soldaten stammen aber nicht nur aus dem Süden, sondern ebenfalls in großer Zahl aus den Slums der Großstädte wie New York oder Washington, D.C.

Der Freiwilligen–Dienst im Militär setzt voraus, daß junge Menschen erst einmal zum Dienst an der Waffe motiviert werden müssen. Die Werber (recruiter) haben große Mühe, jedes Jahr ihr Soll an neuen Rekruten zu erfüllen.
Ein amerikanischer Bataillionskommandeur in Deutschland befragte acht Monate lang alle neu angekommenen Soldaten nach ihren Motiven, sich für das Militär zu verpflichten. Das Resultat war erschreckend: die Soldaten hatten vor Eintritt ins Militär nur Fehlschläge erlebt, andere Möglichkeiten als das Militär standen ihnen nicht offen (so ihre persönliche Wahrnehmung). Sie erwarteten vom Militär einen schnellen Erfolg mit minimaler eigener Anstrengung. Manche Soldaten waren zum Militär gekommen, um der elterlichen oder gesetzlichen Autorität zu entfliehen (Ingram 1983, 4).
Einer der Hauptgründe, ins Militär einzutreten, ist die Suche nach einem Beruf, der finanzielle Sicherheit für die Zukunft verspricht. Bisweilen versprechen die Werber dem Rekruten eine Ausbildung in dem attraktiven Bereich Elektronik, doch die Realität sieht später anders aus.

1. Für qualifizierte Berufe nimmt das Militär nur solche Leute, die bereits eine Qualifikation nachweisen können. Wer also – krass ausgedrückt – als Analphabet ins Militär eintritt, wird es nicht als EDV–Spezialist verlassen. Wer aber mit fundierten Grundkenntnissen seinen Dienst antritt, der wird viel eher zusätzlich gefördert. Hinzu kommt, daß viele Jobs, (z.B. bei der Infanterie) keinerlei Ausbildung verlangen – also hat das Militär kein Interesse, dem einfachen Schützen oder Gefreiten eine überflüssige und teure Ausbildung zu gewähren.
2. Die meisten Jobs im Militär sind militärspezifisch. Im zivilen Leben können sie nicht verwendet werden. 80% aller Aufgaben im Militär entsprechen nur 11% der Berufe im zivilen Bereich (Cortright 1975, 194).
Resultat: Viele Soldaten sind enttäuscht und frustriert, wenn sie begreifen, daß die Zukunft nach dem Militär immer noch düster aussieht.

Die Versetzung nach Deutschland nehmen viele mit gemischten Gefühlen auf. Sie haben meist nur vage Vorstellungen, wo dieses Land liegt, und warum sie dort Dienst tun sollen. Um mit Deutschland vertraut zu werden, gibt es hier zwei Wochen lang ein Programm, in dem Mannschaften ("Headstart") und Offiziere ("Gateway") lernen, wie man telefoniert, wie man Busse, Bahnen und Taxis benutzt, sich im Restaurant verhält etc. Es gibt in diesen zwei Wochen auch täglich Deutschunterricht, in dem sie die wichtigsten Worte und Sätze lernen. Aber das bleiben nur Bruchstücke, mit denen sie noch kein Gespräch führen können. Zum Programm gehört auch eine Fahrt an die Zonengrenze, damit sie mit eigenen Augen sehen, wie bedrohlich nahe der Kommunismus ist. Man schärft ihnen ein, daß sie hier sind, um uns vor den Russen zu schützen. "We are here to protect you" heißt es dann, und: "Wenn wir hier abziehen, dann könnt ihr gleich anfangen, russisch zu lernen". Zweifel am Rüstungswettlauf äußern sie nicht; Kritik hört man allenfalls von älteren oder politisch aktiven Soldaten (als politisch aktiv habe ich zumeist Schwarze und Indianer erlebt). Gängig ist ein naiver Patriotismus, wie er in dem markigen Satz "My country – right or wrong" ausgedrückt wird.

Aus politischen und humanitären Gründen wird die deutsch-amerikanische Freundschaft wieder und wieder betont, fast möchte ich sagen, beschworen und herbeigeredet. Die Hälfte aller Zeitungsartikel, die sich mit US-Soldaten beschäftigen, sollen die guten Beziehungen zwischen deutscher Bevölkerung und Amerikanern beweisen. Kein Anlaß ist so nichtig, daß er nicht doch erwähnt wird (gemeinsame Gottesdienste, Schüleraustausch, Baumpflanzaktion). Man will die einsamen GIs aus ihrer Isolation befreien, redet gar von Integration und bemüht sich mit wechselndem Erfolg um sie. Man will ihnen die Fremde etwas weniger fremd machen, möchte, daß sie sich ein bißchen wie zuhause fühlen. Im folgenden will ich drei Begegnungssituationen schildern (Weihnachten, Sonntag im Dom, auf dem Bauernhof), die zeigen, wie schwierig das ist.

1. Zu Weihnachten werden die Soldaten in deutsche Familien eingeladen. Die Absicht ist edel: alleinstehende Soldaten sollen deutsche Weihnacht unterm Tannenbaum erleben, damit sie kein Heimweh haben. Die Realität ist weniger edel: viele melden sich, weil sie dann garantiert Ausgang haben; hinterrücks lästern sie über diese öden Familien; vielen ist das förmliche Verhalten der Deutschen ein Greuel und sie sitzen mehr oder weniger stumm dabei. Es gibt Sprachprobleme und die Soldaten wissen oft nicht, wie sie sich benehmen sollen. – Andererseits gibt es bisweilen auch geglückte Kontakte. Dann verstehen sich beide so gut, daß der Soldat wieder kommt oder z.B. zu Ostern wieder eingeladen wird. Aber das ist nach meinen Erfahrungen eher die Ausnahme als die Regel.
2. An einem Sonntagmorgen wollte ich Chris, einer Soldatin, die ich gut kannte, einen Gottesdienst im Mainzer Dom zeigen. Sie stammte aus dem ländlichen Pennsylvania und war eine der wenigen Soldatinnen, die Interesse an Deutschland zeigte. Doch unser Besuch im Dom verlief ganz anders als erwartet: schon die Sonntagskleidung der wohlhabenden Bürger irritierte Chris – die Mennoniten bei ihr zuhause legten keinen Wert auf Pelze und elegante Hüte. Das Gepränge und Gedränge stießen sie ab; mit ihrer sportlichen Daunenjacke fühlte sie sich fehl am Platze. Auch die Anonymität der Kirchenbesucher erschreckte sie. Bei den Mennoniten, so erzählte sie mir später, war der Umgangston sanfter, persönlicher. Chris fühlte sich sichtlich unwohl. Ich hingegen genoß die Musik, vor allem die gregorianischen Choräle. Als wir die Kirche verließen, atmete sie auf und meinte: "So, jetzt brauche ich ein gutes Frühstück. Können wir zu MacDonald's gehen?" Ich protestierte, doch umsonst. Zum Frühstück gab es Big Mäc mit Pommes und Cola. An diesem Morgen bekamen wir Streit – die kulturellen Gegensätze waren für uns beide zu groß: Chris litt unter dem ungewohnten Kirchenprunk, und ich vertrug keinen Big Mäc nach gregorianischen Chorälen.

3. Das Militär hat ein Programm, in dem amerikanische Soldaten deutschen Bauern bei der Ernte helfen. Dieses Programm ist sehr beliebt und sehr erfolgreich – und das trotz großer Sprachprobleme. Woran liegt das?
- Es geht hier um eine Alltagssituation, um körperliche Arbeit, da ist nichts formelles dabei.
- Das Handeln steht im Vordergrund, und das heißt Schweine füttern, Kartoffeln ernten; dabei sind Sprachkenntnisse irrelevant.
- Kleidung und Essen sind einfach und zweckmäßig; das entspricht der täglichen Erfahrung des Soldaten.
- Die gemeinsame Arbeit und Anstrengung verbindet.
- Der Kontakt mit alten und jungen Menschen, der Umgang mit Pflanzen, Tieren, Maschinen – all das ist abwechslungsreiche und sinnvolle Tätigkeit. Hier fühlt er sich wirklich als Familienmitglied, das gebraucht wird.

Diese drei Begegnungssituationen machen deutlich, wie schwierig freundschaftliche Beziehungen zwischen Soldaten und Bevölkerung sind. Nur die wenigsten Soldaten haben enge Kontakte zu Deutschen, mit Sicherheit weniger als 10%. Meist sind die Kontaktversuche zum Scheitern verurteilt. Welche Gründe gibt es für das Scheitern? Ich möchte im folgenden fünf Gründe nennen, die mir wichtig erscheinen: Sprachprobleme, Desinteresse, Unkenntnis, Unsicherheit und Ablehnung.

**Sprachprobleme**
Wir verstehen oft nicht, warum ein Ausländer, der 18 oder 24 Monate in einem fremden Land lebt, dessen Sprache nicht lernt. Dieses Unverständnis rührt von unserer eigenen europäischen Erfahrung her. Wir sind es gewohnt, Fremdsprachen zu lernen und innerhalb weniger Stunden Sprachgrenzen zu überschreiten. Amerikaner gehen von anderen Voraussetzungen aus, und unter den ihnen eigenen Voraussetzungen erscheint mir ihre Weigerung, deutsch zu lernen, verständlich.
Im Vergleich zu uns Europäern haben Amerikaner weniger Erfahrung im Sprachenlernen als wir. Kaum ein Viertel der US–Schüler lernt Fremdsprachen und das oft nur zwei Jahre lang. Sie können einen ganzen Kontinent bereisen, ohne Fremdsprachen zu benötigen. Warum sollen sie also hier deutsch lernen, wenn sie diese Kenntnisse später nie mehr brauchen? Außerdem sehen sie nicht ein, welchen beruflichen Nutzen ihnen diese Sprachkenntnisse später bringen könnten. Und schließlich verbringen sie hier den ganzen Tag in einer rein amerikanischen Umgebung, in der Fremdsprachenkenntnisse nicht gefragt sind. Für die wenigen Stunden oder Tage, die sie wirklich in Old Germany verleben, reichen ein paar Sprachbrocken. Die Mehrzahl radebrecht mehr schlecht als recht: "Guten Tag. Entschuldigen Sie. Wo ist der Bahnhof? Ein Bier bitte". Das sind die Rudimente, die aus dem Headstart–Kurs hängengeblieben sind, und die man im täglichen Leben auch wirklich gebrauchen kann. Da viele Deutsche hinreichend gut englisch sprechen, um zu verstehen, was der Soldat nun eigentlich will, ist dieser nicht motiviert, sich darüberhinaus sprachlich anzustrengen. Warum soll er unregelmäßige Verben pauken, wenn er nur ein Hähnchen und ein Bier bestellen will?
Wer dann aber wirklich ernstes Interesse an einem Sprachkurs hat, der wird bisweilen durch organisatorische Probleme abgehalten, sei es, daß sich nicht genügend Lernwillige für einen Kurs melden, oder daß der Soldat wochenlang im Manöver ist und den Unterricht in dieser Zeit versäumt. Danach verliert er schnell die Lust daran. Nur wer einen normalen Acht–Stunden–Tag hat, z.B. auf der Schreibstube arbeitet, kann regelmäßig am Deutsch–Unter-

richt teilnehmen. Da muß jemand schon sehr motiviert sein, daß er seine karge Freizeit mit Vokabelpaukerei verbringt – demzufolge gibt es nur wenige Soldaten, die hier gut deutsch sprechen lernen.

**Desinteresse und Unkenntnis**
Die meisten Soldaten haben keine Kenntnisse über europäische Geschichte und Kultur und auch kein Interesse daran. Sie kommen schließlich nicht aus Familien, in denen es zum guten Ton gehört, mal eine Europa–Reise zu machen und sich zu bilden. Sie kommen aus einfachen Verhältnissen und sind zumeist aus wirtschaftlichen Gründen ins Militär gegangen.
Wie gering ihre Begeisterung für Deutschland ist, sieht man an ihrer Freizeitgestaltung. Sehen wir uns an, was sie nach Dienstschluß mit ihrer Zeit anfangen. Da ist zum einen die Gruppe der sog. "barrack rats". Sie verlassen die Kaserne höchst selten, sondern verbringen ihre Freizeit auf der Stube, wo die Stereoanlage dröhnt, wo sie trinken und mit den Kollegen plaudern. Sie gehen in den NCO Club, ins Recreation Center, doch sie sind nicht daran interessiert, Deutschland kennenzulernen. Sie zählen die Tage bis zu ihrer Abreise und sehnen sich nach zuhause, "back to the world". Bisweilen hört man den Satz "I hate to be here" – eine Mischung aus Heimweh und Wut aufs Militär. Niemand weiß genau, wie groß der Anteil der "barrack rats" ist. Schätzungen schwanken zwischen 4% und 90%. Beides sind unrealistische Extremwerte. Nach meiner Kenntnis sind etwa 50% der Soldaten "barrack rats".
Nur eine Minderheit von vielleicht 10% der Soldaten reist immer wieder auf eigene Faust durch Deutschland und Europa, um Neues zu sehen. Sie sind die Ausnahme und werden von den anderen teils bewundert, teils verständnislos angesehen. Die übrigen reisen hin und wieder, weil sie mal was Neues sehen wollen oder ein paar Tage Urlaub machen. Beliebt sind Fahrten zu den amerikanischen Erholungszentren in Süddeutschland (Chiemsee, Berchtesgaden, Garmisch). Aber letztlich ist auch das ein Inselspringen: vom US– Standort zu den amerikanischen Tankstellen und Snack–Bars und von dort schließlich zu den amerikanischen Erholungszentren. So reisen sie in Deutschland, ohne deutsche Sprache und deutsches Geld zu benötigen.
Schließlich gibt es noch die Reisen von USO, einer zivilen amerikanischen Organisation, die die Soldaten im Ausland betreut. USO bietet Fahrten in die nähere Umgebung an: nach Heidelberg, zu den Burgen am Rhein und zu Fabrikbesichtigungen, wo sie Souvenirs kaufen können (Glas, Keramik etc.).
Unkenntnis und Desinteresse gibt es natürlich auf deutscher Seite ebenso. Der normale Bürger weiß oft kaum, ob und welche Soldaten in seiner Nähe stationiert sind oder sogar privat wohnen. Im täglichen Leben berühren sich ihre Welten so gut wie überhaupt nicht. Die Amerikaner haben allenfalls flüchtige Kontakte, sei es mit Taxifahrern und Bankbeamten, mit Busfahrern und Bedienungen, mit Verkäuferinnen, Mädchen in der Disco und Prostituierten. Engere Kontakte ergeben sich dann, wenn sie privat wohnen, nämlich mit Hausbesitzern und Nachbarn.
Zum Teil versuchen spezielle Klubs (besonders der Kontakt–Club), die Amerikaner besser zu integrieren. Doch wenn es kein attraktives Programm und nette Mädchen in den Klubs gibt, springen die Sodaten schnell wieder ab.
Ein weiterer Sachverhalt erschwert die Beziehungen, nämlich die große Fluktuation unter den Soldaten. Kaum hat man nette Kontakte geknüpft, schon droht die baldige Versetzung des Soldaten. Wiederholt sich das einige Male, so verlieren viele gutwillige Deutsche irgendwann die Lust, immer nur Beziehungen auf Zeit einzugehen.

Viele Deutsche, die immer wieder Kontakte zu US–Soldaten suchen, tun das überwiegend aus kommerziellen Gründen. Hier floriert nämlich ein schwungvoller Schwarzhandel mit Zigaretten, Alkohol, Benzin und Lebensmitteln.

**Unsicherheit**
Aus der Unkenntnis und dem Desinteresse an Deutschland folgt auch eine gewisse Unsicherheit in bezug auf das eigene Verhalten, die viele Soldaten spüren. Nicht nur bei offiziellen Anlässen, sondern auch im privaten Kreis kann man beobachten, wie unsicher sich viele Soldaten fühlen.
Unser formelles Siezen und die Anrede mit "Herr…" und "Frau…" irritiert sie. Im Restaurant wagen sie nicht, sich zu jemand an den Tisch zu setzen; manche können nicht mit Messer und Gabel essen und genieren sich deswegen. Darum gehen sie am liebsten zu MacDonald's und Burger King, zu Wendy's und Pizza Hut, wo sie die Gepflogenheiten kennen und sich wie zuhause fühlen.
So gibt es viele Kleinigkeiten, die einen Soldaten verunsichern, wobei Alter und (fehlende) Lebenserfahrung sicher auch eine große Rolle spielen. Aus alledem resultiert, daß sie sich unwohl fühlen und sich lieber in die Kaserne, in ihr Little America zurückziehen – das ist ihnen Zuflucht und Heimat, hier kennen sie sich aus und fühlen sich wohl. Hier wird die Cola mit Eisstücken serviert und die Pizza wird ihnen gleich in handliche Stücke geschnitten – so wie es sich gehört. Es stünde uns schlecht an, diesen Ethnozentrismus zu belächeln – die Deutschen, die in Spanien Sauerkraut und Bier verlangen, verhalten sich schließlich ganz genauso.
Aus all dem klingt auch an, daß sie nicht neugierig darauf sind, ein anderes Land kennenzulernen. Ihr Interesse ist eher oberflächlicher Natur – aus Mangel an Bildung und Zeit. Sie mögen Weinfeste, das Münchner Oktoberfest und den Fasching. Bei diesen Festen, die sie immer in Gruppen besuchen, gehen sie in der Menge unter, so daß sich die Unsicherheit reduziert. Und ab einem gewissen Alkoholspiegel ist das Problem eh vergessen.

**Ablehnung**
Amerikaner sind höfliche Menschen, und sie würden uns nicht spüren lassen, wenn sie uns – als Deutsche – ablehnen. Sie ziehen sich lieber zurück, bleiben unter ihresgleichen. So erfährt man auch selten, ob und was ihnen hier mißfällt. Einige Dinge kamen jedoch im Laufe der Jahre immer wieder zur Sprache: Sie halten die Deutschen für aggressive Autofahrer, für unhöfliche Drängler, die sowohl auf der Autobahn drängeln wie vor Bustüren und Schaltern. Auch das Anrempeln in der Menge verläuft in Amerika friedlicher als bei uns: dort entschuldigen sich beide, hier jedoch keiner. Das alles mögen Kleinigkeiten sein, doch sie addieren und potenzieren sich.
Schließlich kommt die noch unangenehmere Erfahrung hinzu, daß Deutsche sie als Amerikaner ablehnen: sei es, daß sie nicht in eine deutsche Disco eingelassen werden, sei es, daß sie irgendwo lesen "Ami go home", oder in einer Gaststätte mal nicht bedient worden sind. Sie fühlen sich unwillkommen und ziehen sich zurück.

Bisher habe ich die Gründe genannt, die einen Abbau der Fremdheit erschweren. Man kann nun umgekehrt fragen, welche Erwartungen die Amerikaner an uns haben. Wie sollen wir uns verhalten, damit sie sich wohlfühlen? Sie sagen das natürlich nicht explizit, doch aus ihren Reaktionen heraus und aus einer Vielzahl von Gesprächen würde ich folgende Erwartungen herausdestillieren:

- Wir sollen mit ihnen englisch reden (es sei denn, jemand will deutsch lernen, dann ist er frustriert, wenn wir ihm auf englisch antworten).
- Wir sollen ihre Arbeit anerkennen als Leistung eines Amerikaners für die Verteidigung der deutschen Sicherheit; sie erwarten Dankbarkeit.
- Wir sollen Verständnis zeigen für ihn und seine Arbeit.
- Wir sollen ihn freundlich behandeln – schließlich haben wir allen Grund dazu.

Die Amerikaner leben in Deutschland in einem selbstgewählten Getto. Ihr Klein–Amerika ist ihnen lieb und teuer, es bedeutet ihnen ein Stück Heimat in der Fremde.
Gleichzeitig vermindert dieses Klein–Amerika die Notwendigkeit, Deutschland kennenzulernen. Die Amerikaner sind autark, und der Standort "West Germany" verursacht ihnen allenfalls lästige Unannehmlichkeiten. Alles Wesentliche findet im amerikanischen Sektor statt: Arbeit, Wohnen, Einkaufen, Arztbesuch, Schule etc. Nur in der Freizeit, wenn man nichts besseres vorhat, beschäftigt sich der eine oder andere vielleicht mit den pittoresken Seiten Deutschlands.
Zeitmangel und Bequemlichkeiten sind Faktoren, die dieses Verhalten bestimmen. Hinzu kommen die oben genannten: Sprachschwierigkeiten, Unkenntnis, Desinteresse, Unsicherheit und Ablehnung.
Wird die Fremdheit zwischen amerikanischen Soldaten und deutscher Bevölkerung je abgebaut werden? Nein – ich bin sicher, daß die Amerikaner (wenn sie so lange bleiben) in 40 Jahren noch genauso in ihrem selbstgewählten Getto leben werden wie heute.

*Mechthild Weß-de Velásquez*

# Ein Ausländerprojekt als Erfahrungsprozeß

Die Brisanz und Aktualität des sog. Ausländerproblems waren der Grund für meinen Entschluß, im Wintersemester 1986/87 sowie im Sommersemester 1987 im Seminar für Volkskunde der Universität Göttingen ein Projekt mit dem Thema "Ausländer in der Bundesrepublik Deutschland" durchzuführen.
"Ausländerproblem" – dieser Begriff enthält zwei Interpretationsmöglichkeiten. Einmal können damit die Probleme gemeint sein, die *Ausländer* in Deutschland und mit den Deutschen haben. Diesem Aspekt widmete sich vor allem der zweite Teil des Projektes, die empirische Untersuchung der Lebenssituation ausländischer Studentinnen und Studenten in Göttingen. Zum anderen – und damit beschäftigte sich das Projekt zu Beginn – sind darunter auch die Probleme der *Deutschen* mit den Ausländern zu verstehen. Natürlich sind dies im Grunde zwei Seiten ein und desselben Problems, aber die Perspektive, aus der man es betrachtet, ist doch jeweils eine andere. Die Auseinandersetzung mit dem Ausländerproblem aus deutscher Sicht machte die Projektteilnehmer[1] in sehr viel stärkerem Maße zu Mitbetroffenen. Wenn ich mich im folgenden also nur diesem Projektteil zuwende, so liegt der Grund hierfür in den Reaktionen, die diese Selbstbetroffenheit hervorrief. Das Wissen um die eigene Involviertheit gestaltete sich als Barriere, die den Verlauf der Diskussionen unbewußt bestimmte. Doch bevor ich näher auf das Seminargeschehen eingehe, möchte ich kurz den inhaltlichen Rahmen des Projektes skizzieren: die Entstehung und das Erscheinungsbild des Ausländerproblems.

### Entstehung und Erscheinungsbild des Ausländerproblems

Die Anwesenheit von Menschen anderer Nationalität oder fremder Kulturkreise in Deutschland ist nichts Neues. Ein Blick in die deutsche Vergangenheit fördert eine Vielzahl von Beispielen Fremder in unserem Land zutage. Wenn auch die Aufarbeitung der Geschichte der Ausländer in Deutschland – wie sie z.B. der Historiker Ulrich Herbert vornimmt – "einen z.T. überraschend großen Fundus ähnlicher Problemkonstellationen" (Herbert 1986, 10) sichtbar macht, so spricht auch viel gegen eine synchronisierende Betrachtungsweise. Herbert resümiert selbst:

> Die Beschäftigung von polnischen Saisonarbeitern in der noch patriarchalisch strukturierten Landwirtschaft im Osten des Deutschen Kaiserreiches läßt sich mit der Situation der Türken bei Opel in Rüsselsheim höchstens sehr abstrakt vergleichen, und der "Arbeitseinsatz" eines sowjetischen "Ostarbeiters" im Jahre 1943 ist mit dem Leben eines italienischen Pizzabäckers in der Bundesrepublik im Jahre 1983 kaum in direkten Zusammenhang zu bringen (Herbert 1986, 10).

Das Aufstellen einer bruchlosen Kontinuitätskette würde einer Ausblendung des jeweiligen historischen Kontextes gleichkommen und – trotz Parallelen – der Beurteilung der historischen Einzelsituationen nicht gerecht werden. In seiner Einarbeitungsphase beschäftigte sich das Projekt daher nicht mit dem ganzen Spektrum der Ausländergeschichte Deutschlands, sondern nur mit dem Teil der historischen Entwicklung, der für das Verständnis der heutigen Ausländerproblematik unmittelbar maßgebend ist. Wir setzten deshalb bei dem

Eintreffen ausländischer Arbeitskräfte in der Bundesrepublik Ende der 50er Jahre ein und verfolgten die Veränderungen ihrer Lebens- und Arbeitsbedingungen bis heute.
Nach dem Vertrautwerden mit den reinen Fakten der Ausländergeschichte war ein zweiter Arbeitsschritt, die Entstehung des Ausländerproblems zu rekonstruieren. Der Sachverhalt, daß viele Ausländer in Deutschland leben, wurde zu Beginn der 80er Jahre *zum sozialen Problem erklärt*. Überträgt man Theorien[2] zur Entwicklung sozialer Probleme auf das Ausländerproblem – wie es von Micha Brumlik (vgl. Brumlik 1984) versucht wird – so läßt sich feststellen: Anfang der 80er Jahre trat das zukünftige Ausländerproblem aus der Phase des ersten Auftauchens in Form von Protesten einzelner gegen die Anwesenheit von Ausländern hinaus. Spätestens mit der ausländerpolitischen Debatte des Deutschen Bundestages am 4. Februar 1982 war die zweite Stufe erreicht: die gesellschaftliche Anerkennung und Legitimation als soziales Problem. In diesem Entwicklungstadium rückt ein Problem in den Mittelpunkt des allgemeinen Interesses und wird Gegenstand der öffentlichen Diskussion (vgl. dazu auch Blumer 1975, 109 f.). Damit ein soziales Problem überhaupt kommunizierbar wird, muß es jedoch über einen zentralen Begriff codiert werden, der im wesentlichen zwei Bedingungen zu erfüllen hat:

1. er muß von allen am Diskurs Beteiligten akzeptiert werden, also auch von konträren Parteien;
2. er muß aber gleichzeitig so vage und unpräzis bleiben, daß auch gegensätzliche Vorschläge zur Lösung des sozialen Problems jeweils als schlüssig erscheinen (vgl. Brumlik 1984, 77 f.)

Das Stichwort, unter dem das Ausländerproblem seit den 80er Jahren immer wieder kontrovers diskutiert wird, ist "Ausländerfeindlichkeit". Das heißt: das Ausländerproblem tritt als Ausländerfeindlichkeitsproblem auf. Als "Erscheinungsbild des Ausländerproblems" bildete die Ausländerfeindlichkeit daher einen weiteren inhaltlichen Schwerpunkt des ersten Projektteiles.

**Das Projekt**
Aus dem dargestellten Kontext – Entstehung und Erscheinungsbild des Ausländerproblems – wurde die Ausländerfeindlichkeit zum interessantesten, aber auch zu einem brisanten Diskussionspunkt. Dabei traten Schwierigkeiten zutage, die meines Erachtens auch das Kernproblem der derzeitigen Ausländerforschung widerspiegeln: die starke Emotionalität im Umgang mit dem Thema, verbunden mit hohen ethischen Ansprüchen und Zielvorstellungen. Diese Problematik möchte ich an drei Beispielen aus dem Seminargeschehen verdeutlichen.

1. Als eine Form der Annäherung an das Thema Ausländerfeindlichkeit wurde die Analyse von Konflikten zwischen Deutschen und Ausländern gewählt. Als Arbeitsvorlagen für die beiden dafür vorgesehenen Seminarsitzungen dienten zum einen der 1980 erschienene Aufsatz "Die Gewalt der Ehre. Ali, Veli, Erol in Kreuzberg" von Werner Schiffauer (Schiffauer 1980), zum anderen der 1986 gedrehte Dokumentarfilm von Hans–Dieter Grabe "Abdullah Yakupoglu: 'Warum habe ich meine Tochter getötet?'".
In dem genannten Text von Schiffauer wird der Fall einer 18jährigen Deutschen beschrieben, die 1978 in Berlin nachts von 13 türkischen Jugendlichen sowie einem türkischen Erwachsenen vergewaltigt wurde. Schiffauer versucht, die Tat vor allem aus der Perspektive der beteiligten Türken nachzuzeichnen und aufgrund biographischer Informationen erklär-

bar zu machen. In dem oben erwähnten Film von Grabe wird die Ermordung einer türkischen Jugendlichen durch ihren Vater aufgerollt. Der Film verdeutlicht, daß der Mord am Ende einer langen Kette von Divergenzen zwischen Vater und Tochter stand, die sich daraus ergaben, daß für den Vater nach wie vor die türkische, für die Tochter jedoch mehr und mehr die deutsche Kultur zum Verhaltensmaßstab wurde. Verstärkt wurden die Probleme zwischen Vater und Tochter noch durch das Eingreifen deutscher Freunde und Arbeitskollegen der Tochter, deren Positionen im Film ebenfalls dargelegt werden.
Aufgabe der Konfliktanalyse sollte es nun sein, erstens die verschiedenen konkurrierenden Normsysteme und zweitens die jeweilige Normgebundenheit der agierenden Personen herauszuarbeiten. Die Erkenntnis deutscher Normen und Normgebundenheit sollte in einem weiteren Arbeitsschritt zu einer Diskussion über die Frage führen: Kann Ausländerfeindlichkeit in Deutschland als Reaktion auf wiederholte Verletzung deutscher Normen interpretiert werden? Kann jeder ausländerfeindlich reagieren, wenn seine Normen durch Ausländer verletzt werden?
Der Verlauf der Seminarsitzungen entwickelte sich indessen anders als geplant. Nicht die Rolle der Deutschen im Rahmen von Konflikten zwischen Nicht–Deutschen und Deutschen stand im Mittelpunkt des Interesses. Der Akzent verschob sich genau umgekehrt in Richtung einer Reflexion über türkisches Verhalten und dessen Normgebundenheit. Obwohl die Schuldfrage in beiden Fällen von mir bewußt ausgeklammert worden war, gestalteten sich die Seminarsitzungen zu einer Verteidigung sowohl der türkischen Jugendlichen als auch des türkischen Vaters. Jedoch ergab sich keine kontroverse Diskussion. Für ihr Verhalten Verständnis zu zeigen war einhellige Meinung.

2. Die Auseinandersetzung mit dem Problem Ausländerfeindlichkeit sollte noch auf andere Weise erfolgen und zwar über die Diskussion von Theorien zur Entstehung von Ausländerfeindlichkeit. In den insgesamt zwei Seminarsitzungen zu diesem Themenkomplex wurde sowohl versucht, einen Überblick über das ganze Spektrum der Erklärungsversuche (wie z.B. Xenophobie–Theorie, Sündenbock–Theorie, Rechtsextremismus–Theorie, Kulturrassismus–Theorie, Identitäts–Theorie) zu gewinnen, als auch ein neuerer Ansatz exemplarisch herausgegriffen und betrachtet, und zwar der von Lutz Hoffmann. Zugrunde gelegt wurde dabei der 1986 veröffentlichte Aufsatz Hoffmanns: "Ausländer raus? Ein deutsches Dilemma" (Hoffmann 1986), der auf der von Hoffmann gemeinsam mit Herbert Even verfaßten Untersuchung: "Soziologie der Ausländerfeindlichkeit. Zwischen nationaler Identität und multikultureller Gesellschaft" (Hoffmann/Even 1984) basiert. Die Kernthese beider Publikationen läßt sich wie folgt zusammenfassen:
Nach Hoffmann sind die Wurzeln der Ausländerfeindlichkeit in der nationalen deutschen Identität (vgl. Hoffmann 1986, 11) zu suchen. Diese umschließe nämlich ein Bild von der Bundesrepublik, nach welchem lediglich die kulturellen Besonderheiten der Deutschen ihre Daseinsberechtigung in Deutschland hätten (vgl. Hoffmann/Even 1984, 183). Durch die Anwesenheit der Ausländer ständen die Deutschen daher vor einem Dilemma: Einerseits sei ihnen durch die Ausländer ihre seit dem Kriegsende eher verdrängte deutsche Identität wieder bewußt geworden, denn "Identität lebt von der Erfahrung des Andersseins der anderen" (Hoffmann 1986, 27). Andererseits habe eben diese deutsche Identität keinen Platz für die Präsenz von Ausländern, jedenfalls nicht für die solcher Ausländer, die "zu einem nicht mehr problematischen Bestandteil unserer Gesellschaft würden, ohne zugleich aufzuhören, Ausländer zu sein" (Hoffmann 1986, 11). Der Abbau von Ausländerfeindlichkeit kann nach Hoffmann daher nur durch einen Wandel der deutschen Identität herbeigeführt werden, und zwar hin zu einer Identität, "für die Deutschtum nicht mehr zwingende Voraussetzung ist" (Hoffmann 1986, 17).

Die Diskussion des Für und Wider der Hoffmannschen These führte unweigerlich zur Problematisierung des Begriffs "deutsche Identität". Schon einmal war die deutsche Identität Diskussionspunkt gewesen, und zwar gleich zu Beginn des Projektes, in einer der ersten Seminarsitzungen, im Rahmen einer Erörterung des Bausinger–Aufsatzes von 1986 "Kulturelle Identität – Schlagwort und Wirklichkeit" (Bausinger 1986). In allen drei Seminarsitzungen zeigten sich nun die gleichen Schwierigkeiten im Umgang mit der deutschen Identität: Während "kulturelle Identität" im Sinne Bausingers sowohl mit positiven als auch mit negativen Wertungen belegt werden konnte – einerseits als "Sensibilisierung für die Eigenart, den Eigen–Sinn und den Eigenwert", andererseits als "leere Beschwörungs– und Beschwichtigungsformel" (Bausinger 1986, 144) –, rief der Definitionsversuch von "deutscher Identität" nur Ablehnung hervor. Eine inhaltliche Füllung des Begriffs war den Seminarteilnehmern zwar möglich, aber niemand wollte sich mit diesen Inhalten identifizieren. Eine deutsche Identität mochte keiner aus dem Seminar für sich in Anspruch nehmen.

3. Um das Problem der Ausländerfeindlichkeit nicht nur als abstraktes Phänomen abzuhandeln, sondern auch konkreter fühlbar zu machen, legte ich den Seminarteilnehmern den Plan für ein Rollenspiel vor. Die Rollenvorgabe sah wie folgt aus: Ein deutsches Paar sitzt in einem Café, eine deutsche Frau allein am Nachbartisch. Ein Ausländer betritt das Café und setzt sich zu der Frau. Durchgespielt werden sollte sowohl eine Szene, in der es zu einem Konflikt kommt, als auch eine konfliktfreie Variante der Situation. Der Vergleich beider Spielversionen sollte dazu verhelfen, Interaktion als Aktions– und Reaktionsverhalten zu begreifen, das von Erwartungen und Erwartungserwartungen determiniert wird. Gleichzeitig sollte damit eine Diskussion über den Zusammenhang von Vorurteilen und Ausländerfeindlichkeit ausgelöst werden.
Mein Vorschlag stieß jedoch nicht auf Gegenliebe. Zwar darf man nicht vergessen, daß der Gedanke "Rollenspiel" meistens Unbehagen auslöst. In diesem Fall steckte in der Ablehnung aber noch mehr als die reine Angst, sich vor den anderen produzieren zu müssen. Die Teilnehmer weigerten sich zu spielen, aus der Furcht heraus, daß ihr Spielverhalten in der negativen Fassung mit ihrem Alltagsverhalten gleichgesetzt werden könnte. Die Idee des Rollenspiels mußte fallengelassen werden, aber wir einigten uns darauf, sich die betreffende Konstellation im Café vorzustellen und Assoziationen dazu aufzunotieren (natürlich in anonymer Form). Die Frauen sollten sich dabei in die Rolle der alleinsitzenden Frau hineinversetzen, die Männer eine Beobachterperspektive einnehmen.
Wie sahen nun die Ergebnisse der Befragung aus? Die Aussagen – in diesem Fall nur der Seminarteilnehmerinnen[3] – ähnelten sich in großem Maße. Von fast allen wurde für den tatsächlichen Fall das Einnehmen einer "Achtung–Stellung" angegeben. Hervorgerufen würde diese Haltung jedoch lediglich durch den Umstand, daß sich ein *Mann* an den gleichen Tisch setze. Auffallend war, daß immer wieder betont wurde, die Nationalität (d.h. ob Deutscher oder Ausländer) spiele keine Rolle. Die z.T. erheblichen Differenzen zwischen den Frauenbildern verschiedener Kulturen und die daraus resultierenden Möglichkeiten von Verhaltensunsicherheiten und Mißverständnissen wurden überhaupt nicht zur Sprache gebracht.

Die beschriebenen Verhaltensweisen der Seminarteilnehmer, die sich überspitzt skizzieren lassen als: unbedingtes Verständnis für andere Kulturen, Verdrängen eigener Probleme mit den Fremden und betonte Nicht–Identifizierung mit der deutschen Kultur – sie alle können auf einen gemeinsamen Nenner gebracht werden, nämlich *Abgrenzung gegenüber Auslän-*

*derfeindlichkeit.* Warum scheint eine solche demonstrative Abwendung nötig zu sein? Diese Frage verweist auf die derzeitige Ausländerfeindlichkeitsdiskussion (unter Ausländerfreunden), auf die ich jetzt abschließend eingehen möchte.

### Zum Umgang mit dem Ausländerproblem

In seiner Studie von 1983 "Vom Auswanderungsland zum Einwanderungsland? Deutschland 1880–1980" (Bade 1983) analysiert Klaus J. Bade die Ergebnisse von Anfang der 80er Jahre durchgeführten Repräsentativuntersuchungen zur Haltung der Bundesbürger gegenüber der Ausländerfeindlichkeit und kommentiert sie folgendermaßen:

> *Neben mit nüchternen Bestandsaufnahmen und Hinweisen auf erkennbare bzw. absehbare Fehlentwicklungen begründeten Warnungen vor einem weiteren Ausländerzustrom ... stehen in der "Ausländerdiskussion" dunkle Abwehrhaltungen allgemeiner "Ausländerfeindlichkeit", in der aus dem düstersten Kapitel deutscher Geschichte hinlänglich bekannte und von kritischen Stimmen zunehmend auch damit verglichene Denk– und Argumentationsmuster durchzubrechen scheinen. ... Falsche Propheten machen mit gefährlichen einschlägigen Vorstellungen von sich reden. Die Zahl ihrer Anhänger ist noch ungewiß, aber der Konflikt wird emsig programmiert. Sündenbocktheorien gehen um, "Türkenwitze" erinnert fatal an die "Judenwitze" der NS–Zeit, gewalttätige Ausschreitungen gegenüber Ausländern fordern erste Opfer, Angst vor ideologischen Widergängern breitet sich aus: Steht der "häßliche Deutsche" wieder auf, volkstümelnd, rassenkundig und brutal? Wohl kaum, denn jene in der Tat gefährliche, dumpfe "Ausländerfeindlichkeit" ... ist weder schlichtweg "faschistisch" noch ausgesprochen "deutsch". Es gibt sie auch in anderen Industriestaaten mit hoher Ausländerbeschäftigung. Ihre besondere Brisanz aber ergibt sich in der Diskussion in der Bundesrepublik aus dem langen Schatten der jüngsten deutschen Geschichte ... (Bade 1983, 115).*

Und damit hat Bade eigentlich das Problematische am Ausländerproblem benannt. Immer wieder taucht nämlich in der Ausländerdiskussion die Frage auf, ob die z.T. an Rassismus grenzende Ausländerfeindlichkeit nur eine Fortsetzung dessen ist, was im Dritten Reich geschah. Wie schon eingangs erwähnt, möchte ich vor dem Aufstellen einer Kontinuitätskette warnen. Die Behandlung der Ausländer in der Bundesrepublik heute ist auf keinen Fall gleichzusetzen mit der Ausrottung und Vernichtung der Juden im Nationalsozialismus. Obwohl die Taten nicht vergleichbar sind, ist jedoch eine Verwandtschaft des Gedankenguts nicht von der Hand zu weisen (an dieser Stelle genügt ein Verweis auf das Heidelberger Manifest und auf biologistische Ausländerfeindlichkeitstheorien).

Die Parallele zum Faschismus erweist sich nun gerade für Ausländerfreunde als eine schwere Hypothek. Das zeigte sich z.B. auf dem Kongreß "Wissenschaftler gegen Ausländerfeindlichkeit", der Ende 1983 ebenfalls in Frankfurt stattfand und auf dem der Faschismusvergleich die Diskussion weitestgehend stagnieren ließ (vgl. Lauermann 1984). Manfred Lauermann – einer der Teilnehmer – faßt zusammen:

> *Durch die verzerrte Wahrnehmung, die BRD sei das ausländerfeindlichste Land der Welt, ist es schwer möglich, irgendeine Abwehrstrategie zu diskutieren. Besonders der unglücklich rasch vollzogene Vergleich mit dem Faschismus führt unbeabsichtigt zu Resignation und Hilflosigkeit. Die Parallele ziehen zu damals, als die Mehrheit der Bevölkerung passiv der Ermordung der Juden zugeschaut hat, bedeutet eine fast schon geschlagene Schlacht (Lauermann 1984, 13)*

In der Tat ruft die Angst, daß – wie Hoffmann es ausdrückt – "der 30. Januar 1933 und der 9. November 1938 noch einmal möglich wären" (Hoffmann 1986, 27) zum Teil Verhaltensweisen hervor, die der Ausländersache eher schaden als nutzen. So hat beispielsweise die Pro–Ausländerliteratur seit einiger Zeit ein neues Schlagwort entdeckt: "alltägliche Ausländerfeindlichkeit" bzw. "alltäglicher Rassismus". Ein Blick auf den Titel des Buches von

Annita Kalpaka und Nora Räthzel verrät dem Leser, worum es geht: "Die Schwierigkeit, *nicht rassistisch* (Hervorhebung im Original; MW) zu sein"(Kalpaka/Räthzel 1986). Ihren Standpunkt beschreiben Kalpaka und Räthzel in der Einleitung:

> Wir haben hier eine erste Annäherung an das Thema versucht, indem wir es vermieden, dem Kapitalismus für alles die Schuld zu geben und die einzelnen, die in guter Absicht handeln, von jeder "Mittäterschaft" freizusprechen. Wir wollen nicht vereinfachend "objektive Gründe" (Arbeitslosigkeit, Krise usw.), die zweifellos rassistische Verhaltensweisen begünstigen, als Ursache für Ethnozentrismus und Rassismus deuten; vielmehr ging es uns darum zu fragen, wie und weshalb man/frau als handelndes Individuum rassistische Verhaltensweisen "braucht" und sie reproduziert bzw. stabilisiert (Kalpaka/Räthzel 1986, 8).

Natürlich ist Kalpaka und Räthzel insofern zuzustimmen, als daß rassistische Elemente in unserer Kultur bis heute tradiert worden sind und daß wahrscheinlich jeder von uns Reste davon mit sich herumträgt. Aber die teilweise hektische Suche nach rassistischen Rückständen im eigenen Verhalten kann auch in eine ganz falsche Richtung losgehen. Dann nämlich, wenn die Furcht, die eigenen Äußerungen könnten als rassistisch bewertet werden, zu einer Tabuisierung der Kritik an Ausländern führt, die sich im Extremfall auch zu Xenophilie steigern kann.

Übertriebene Fremdenfreundlichkeit hat aber die gleichen Wurzeln wie die Fremdenfeindlichkeit, gegen die sie sich doch absetzen will. Beide entspringen einem "Unbehagen in unserer Kultur" (vgl. Kohl 1986, 66 ff.), das sich aus verschiedenen Aspekten zusammensetzt.

An erster Stelle ist da die unaufgearbeitete Faschismusvergangenheit zu nennen, die zu einer beharrlichen Verdrängung des Themas "Nationalgefühl" geführt hat. Angesichts der Anwesenheit von Ausländern ist die Frage nach unserem Verhältnis zu unserem Nationalbewußtsein jedoch zu neuem Leben erwacht. Im wesentlichen sind zwei Reaktionstypen festzustellen (vgl. Trabandt 1985, 39 f.): Entweder findet eine Rückbesinnung auf die deutsche Identität statt, die – bedingt durch ihr jahrzehntelanges Schattendasein – nun um so heftiger hervorbricht und sich um so krasser gegen alles Nicht–Deutsche abzusetzen versucht, oder das Gegenteil tritt ein. Im Hinblick auf die jüngste deutsche Geschichte wird eine deutsche Identität für unannehmbar erklärt. Stattdessen findet eine Identifikation mit den Ausländern und ihrer/ihren Kultur/en statt.

Der Vergleich von Fremdenhaß und Fremdenliebe ließe sich noch fortsetzen. Cornelia Trabandt und Abudi Zein fassen zusammen:

> Beide Haltungen, die Fremdenfeindlichkeit und die –freundlichkeit, sind Produkte von Verunsicherung in unserer Gesellschaft und Kultur, von Identitätskrise und Sinnverlust. Einmal, im Extremfall im Rassismus, wird ein Feindbild gesucht, um daran die eigene Höherwertigkeit scheinbar aufbauen zu können. Im anderen Fall, bei der kritiklosen und oft unbewußten Identifikation mit Fremden, werden größere Lebendigkeit, Ursprünglichkeit, Sinnlichkeit, Stärke in den Ausländer projiziert, seine Kultur ohne eigene Erfahrung damit als "unverfälscht" und besser angenommen und damit nichts als Exotismus praktiziert (Trabandt/Zein 1985, 11).

Die Einsicht, daß eine xenophile Haltung ebenso gefährlich ist wie ihr Gegenstück, dringt erst langsam ins Bewußtsein. Um nur einige kritische Punkte zu nennen:

– Eine pauschal positive Einstellung gegenüber allen Ausländern reduziert sich auf eben dieses eine Merkmal: sie sind und bleiben *nur* Ausländer. Der Einzelne, seine Interessen, Fähigkeiten usw. können so nicht gesehen werden.
– Die Identifikation mit den Ausländern läßt keinen Raum für kulturelle Unterschiede. Fremdheit wird auf diese Weise weder überwunden noch akzeptiert. Sie wird lediglich nicht mehr wahrgenommen.

- Xenophilie erwächst aus Problemen mit und in der eigenen Kultur. Die Erfüllung der Wünsche wird in die andere Kultur projiziert. Das Bild vom Fremden, das dabei entsteht, ist kein realistisches. Es geht am Ausländer und seiner tatsächlichen Situation vollkommen vorbei.

Die Toleranz der Ausländerfreunde entpuppt sich somit als "repressive Toleranz", wie Cornelia Trabandt es nennt:

> Dabei wird das Ausländische als Ausländisches liquidiert, gerade indem es scheinbar toleriert wird. Exotik, Folklore, eine quasi–touristische Haltung gegenüber Ausländern, eine Distanz, die nur projektiv überwunden wird – damit werden Ausländer nicht ernstgenommen, als Partner nicht, denn dazu sind sie zu fremd, als Fremde nicht, denn Fremde gibt es nicht für diese Art von Toleranz. ... Daß damit auch P r o b l e m e (Hervorhebung im Original; MW) der Ausländer nicht verstanden werden können, ist die Konsequenz. Er wird zum bloßen Objekt guten Gewissens und von Phantasien. Die sind zwar positiv – aber er oder sie bleibt draußen (Trabandt 1985, 40 f.).

Die vermeintliche Freundschaft mit den Ausländern steht daher letztlich auf tönernen Füßen. Ihr Scheitern in der Praxis, im Alltag, in der konkreten Erfahrung ist vorprogrammiert.

Nach diesem Exkurs zum derzeitigen Stand der Ausländerfeindlichkeitsforschung komme ich nun zum Projekt zurück. Meiner Ansicht nach muß auch das Verhalten der Seminarteilnehmer im Lichte der eben beschriebenen Problematik des Ausländerproblems interpretiert werden.

Aufgabe der Projektteilnehmer war die Reflexion des Ausländerproblems in der Bundesrepublik. Wenn schon die wissenschaftliche Beschäftigung mit menschlichen Problemen ganz allgemein ein hohes Maß an Engagiertheit, d.h. an emotionaler Betroffenheit, bei den Beteiligten auslöst, wie Elias schreibt (vgl. Elias 1987), dann trifft dies noch in viel stärkerem Maße zu, wenn es sich um Probleme der eigenen Gesellschaft handelt:

> Es ist sehr schwierig, den Übergang zu finden von der Objektivität, um die man sich bemüht, wenn man die Gesellschaftsformen von außen betrachtet, zur Situation, in der man sich, ob man nun will oder nicht, innerhalb der eigenen Gesellschaft befindet (Lévi–Strauss 1972, 12).

Als Deutsche mit der deutschen Ausländerfeindlichkeit konfrontiert, war den Seminarteilnehmern ein distanziertes Betrachten des Ausländerproblems nicht mehr möglich. Die Erkenntnis der eigenen Betroffenheit von diesem Problem führte zu Wertsetzungen, die in diesem Fall für die Pro–Ausländerseite ausfielen. Dabei wurden aber auch die "Fehler" der Ausländerfreunde mitübernommen. Das ängstliche Bemühen, nur ja nicht den Verdacht von Ausländerfeindlichkeit aufkommen zu lassen, hat eine differenzierte Erörterung verhindert. Abgrenzung von der eigenen und Hinwendung zu der/den fremden Kultur/en standen als unausgesprochenes "Muß" im Raum und haben in vielen Seminarsitzungen die Diskussion zum Verstummen gebracht.

Bleibt als letztes die Frage, wie eine andere, eine fruchtbare Umgehensweise mit dem Ausländerproblem aussehen sollte.

Identifikation mit den Ausländern ist sicher nicht der richtige Weg. Diese sind nun einmal anders, verschieden von den Inländern. Wenn jedoch das eigene Erstaunen, die Verständnislosigkeit oder auch Kritik angesichts ihrer Andersartigkeit unterschlagen und stattdessen zu früh und zu problemlos verstanden wird, dann kann sich kein positives Zusammenleben entwickeln. Der Einsatz der Ausländerfreunde für die Erreichung dieses Zieles kann aber nur dann Erfolg haben, wenn sie bereit sind, in eine echte Auseinandersetzung zu treten und zwar nicht nur mit den Ausländerfeinden sondern auch mit den Ausländern selbst. Und dazu gehört, daß eigene Bedürfnisse reflektiert und benannt, daß gegensätzliche Interessen gleichberechtigt nebeneinandergestellt, daß Fremd– und Eigenheiten auch als solche gesehen und zugelassen werden.

Abschließend bleibt daher – nicht zuletzt als Resultat der mit dem Projekt gemachten Erfahrungen – anzumerken: Der Umgang mit *den* eigenen Fremden (d.h. den in Deutschland lebenden Ausländern) und *der* eigenen Fremde (d.h. dem eigenen Befremden über die Ausländer und ihre Kultur) ist schwierig. Man kann diese Schwierigkeiten aber nur dann überwinden, wenn man sie sich auch eingesteht.

**Anmerkungen:**

[1] Im Wintersemester nahmen an dem Projekt 37 Studierende teil, 36 Deutsche (davon 31 Frauen und 5 Männer) und eine Ausländerin. Im Sommersemester waren es 25 Teilnehmer (davon 21 Frauen und 3 Männer) und wiederum eine Ausländerin, die jedoch nicht identisch war mit der aus dem Wintersemester.

[2] Aus dem ganzen Spektrum von Theorien zur Entwicklung sozialer Probleme wurde hier nur der interaktionistische Ansatz aufgegriffen (vgl. dazu Stallberg/Springer 1983).

[3] An dieser Stelle ist anzumerken, daß sich an der schriftlichen Fixierung 20 der weiblichen und nur einer der männlichen Seminarteilnehmer beteiligten. Daher wurden hier nur die Antworten der Seminarteilnehmerinnen berücksichtigt.

*Beatrice Ploch, Susanne Raschke–Ostermann und Hermann Tertilt*

# Eigene Fremde jenseits der Grenze

Zwischen Lothringen und dem Saarland verläuft die deutsch–französische Grenze, eine Grenze, die wegen ihres offenen Charakters dazu einlädt, überschritten zu werden. Wenn in diesem Grenzgebiet von der je anderen Seite die Rede ist, spricht man von "Nachbarschaft" und "Freundschaft", von den Verbindungen "rüwwer" und "nüwwer", von "historischen und kulturellen Gemeinsamkeiten". Man spricht z.T. sogar denselben Dialekt. "Die Grenze existiert nicht mehr", sagen viele, die direkt an ihr leben. In den Grenzgemeinden scheinen die nationalen Unterschiede tatsächlich ihre alltagsweltliche Relevanz verloren zu haben. Dort gehört der Grenzübertritt zum lebensweltlichen Bezugsrahmen, zu den unbewußten und unhinterfragten Bestandteilen der Alltagsroutine.
Ausgehend von unserem Projekt "Leben an der Grenze" in der Region Saarland/Lorraine (vgl. Schilling 1986) wollen wir nun versuchen, das Phänomen dieser Grenze genauer zu beleuchten. Trotz der vielzitierten Gemeinsamkeiten trennt die Grenze in Vertrautes und in Fremdes. Uns interessiert insbesondere das Ausmaß und die Relevanz von Fremdheit zwischen den zwei Regionen.
Unsere Frage lautet also: Was macht die andere Seite fremd? Dieser Frage werden wir anhand von Beispielen auf drei verschiedenen Ebenen nachgehen: Zum einen soll die Ebene der nationalen Vorurteile zeigen, was Saarländer und Lothringer voneinander halten; auf der publizistischen Ebene untersuchen wir, was beide Seiten voneinander erfahren; und die Handlungsebene schließlich soll einen Eindruck davon vermitteln, wie beide Seiten miteinander umgehen.

### Was Saarländer und Lothringer voneinander halten
Welche Rolle spielen nationale Vorurteile, die Deutsche gegenüber Franzosen hegen und umgekehrt, für die Menschen, die direkt an der Grenze leben? Haben sie dort eine besondere Bedeutung?
Mit Bernard Trouillet gehen wir davon aus, daß der Ursprung zahlreicher nationaler Vorurteile schon Jahrhunderte zurückliegt. In seinem Buch "Das deutsch–französische Verhältnis im Spiegel von Sprache und Kultur" (Trouillet 1981) geht der Autor nicht nur ihrer Entstehung auf den Grund, sondern zeigt auch deren Persistenz während der vergangenen 200 Jahre auf. Vorwiegend Intellektuelle, die Oberschicht oder politisch Einflußreiche schufen Urteile über die anderen. Durch Medien verbreitet, erreichten sie als Information die große Öffentlichkeit. Die Urteile wurden zur Volksmeinung. Obwohl sie auf der Erfahrung einzelner basieren, werden sie von vielen übernommen. Sie werden zu einem Teil des Wissensvorrats und somit zum Bestandteil der Enkulturation. So bewunderten Deutsche schon immer das "savoir–vivre" und den "Esprit" ihres französischen Nachbarn. Sein "laissez–faire" und seine "Leichtlebigkeit" ließen sie jedoch zu dem Urteil kommen, daß der Franzose auch "arrogant", "selbstherrlich" und "dekadent" sei. Umgekehrt schauten die Franzosen ein wenig herab auf ihren deutschen Nachbarn, sie hielten ihn für "naturverbunden", "ursprünglich", "schwerfällig" und "treu", bewunderten seine "Wissenschaftlichkeit" und verfolgten wachsam sein "Streben nach Kultur und Macht".

Die Erfahrung der Kriege zwischen den beiden Staaten prägten das Bild voneinander wesentlich. Die Franzosen bekamen den aggressiven deutschen Imperialismus zu spüren und sahen nun in ihrem Gegner eine "menschenverachtende Kriegsmaschine", die ihren eigenen revolutionären humanistischen Prinzipien entgegenstrebte. In Zeiten des Konflikts überwiegen die negativen Urteile gegenüber den anderen; ehemals ambivalente Seinszuschreibungen werden nun zu negativen Eigenschaften. Aus dem "ursprünglichen" Deutschen wird der "kriegerische Germane".

Heinz E. Wolf beschäftigt sich eingehender mit dem Verhältnis von Konflikten und Vorurteilen. Demzufolge werden Vorurteile bei wachsenden Spannungen von den gegnerischen Gruppen mobilisiert und funktionieren als relativ selbständig motivierende Konfliktgrößen. Auch nach Beseitigung der Konfliktursache wirken die Vorurteile aufgrund ihres größeren Beharrungsvermögens nach (vgl. Wolf 1978, 164). So halten auch heute noch Franzosen den Deutschen für politisch unmündig und begegnen seiner Politik mit entsprechender Wachsamkeit. Die vertraglich besiegelte "deutsch–französische Freundschaft" bedeutet keineswegs, daß alle negativen Vorurteile vergessen sind. Sie leistet nur eine Vorgabe für den Umgang mit ihnen. Das politische Klima bestimmt also, welches Bild vom anderen gerade Konjunktur hat.

Mit Christian Giordano verstehen wir Vorurteile als "von Generation zu Generation tradierte Einstellungen", die für ihre Träger einen "absoluten Wahrheitsgehalt" haben (Giordano 1979, 444 ff.). Vorurteile sind demnach ein Teil der alltäglichen Lebenswelt. Als "historisch investierte Erfahrungen" *weniger* gehen Vorurteile, indem sie den Mitmenschen übermittelt werden, in den "Wissensvorrat" *vieler* ein. Sie werden zu einem Bestandteil des als "fraglos" gegebenen Wirklichkeitsbereichs, der von Kultur zu Kultur verschieden ist. Vorurteilen kommt somit eine "kognitive Funktion" zu. Sie bestimmen auch "die objektive Orientierung in der sozialen Wirklichkeit", die "Orientierung und Definition der eigenen Position in der Gesellschaft" (Heintz 1979, 744).

Indem Vorurteile eine Aussage über den anderen machen, dienen sie der Selbstdefinition und Distanzierung gegenüber dem anderen. In gewisser Weise liefern sie sogar Rezepte für den Umgang mit ihm und hemmen die Neugierde nach dem anderen, dem Fremden. Das Bedürfnis, dieses Wissen über den anderen durch eigene Erfahrungen zu verifizieren oder zu falsifizieren, bleibt gering, da es die Gefahr einer Instabilität und Infragestellung der eigenen Identität in sich birgt. Man bleibt sich fremd, da man schon lange "alles" voneinander weiß. In einer Situation, in der sich zwei Gruppen voneinander entfremden, da der direkte Kontakt untereinander abnimmt, kommt Vorurteilen eine kognitive Funktion zu. Die Lücken des Wissens über den anderen werden mit Vorurteilen ausgefüllt, durch sie ersetzt.

Wie gehen nun die Menschen im Saarland und in Lothringen mit bereits erwähnten nationalen Vorurteilen um? Wie wirken diese direkt an der Grenze und welche Funktion übernehmen sie im Miteinander der Nachbarn?

Die Bevölkerung beiderseits der Grenze hat eine gemeinsame Geschichte. Durch Grenzverschiebungen kam es zu Nationalitätenwechseln. Mit Kriegsbeginn wurde der Nachbar der je anderen Seite zum Feind, dann zum Besetzer oder Protektor. An der Grenze verabschiedeten sich die Menschen voneinander. Um voneinander in Sicherheit gebracht zu werden, wurden sie in das je eigene Inland evakuiert. Dies sind nur einige Beispiele für die ähnliche, teilweise sogar gemeinsam erlebte Geschichte der Bevölkerung beiderseits der Grenze. Historisch investierte Erfahrungen dieser Art entschärfen Vorurteile gegenüber dem jeweils anderen.

## Eigene Fremde jenseits der Grenze

Für die Menschen, die heute direkt an der Grenze leben, gehört ein kleiner Teil der jeweils anderen Seite zu ihrem alltagsweltlichen Bezugsrahmen. Beschränkt bleibt dieser jedoch meist auf Einkäufe, Arztbesuche oder seltene Ausflüge. Ziel dieser Kontakte ist nicht die Begegnung mit dem Nachbarn, sondern die Nutzung seiner Güter zum eigenen Vorteil. Administrative, institutionelle, nationalstaatliche Strukturen der anderen Seite bleiben unbekannt, so wie die geschichtliche Erfahrungen es für die jüngere Generation werden. Die Menschen werden sich fremder. Eine ältere Lothringerin verdeutlicht dies am Beispiel der Abstimmung von 1955, als sich die Saarländer für die Angliederung an die BRD entschieden:

> *Die Saarbrücker, die rede fascht wie mir. Aber mehr oder weniger hat man das schon gedacht, weil die immer deutsch waren. Die Politik haben mir dann nimmer verfolgt – weil das dann deutsch war, hat uns das nimmer interessiert (SL 7.1, 31 f.).*\*

Die politische Realisierung des Volksentscheids läßt die Saarländer für die Lothringer wieder zu richtigen Deutschen werden. Das politische Interesse verflacht, da sie jetzt endgültig zur anderen Seite gehören. Die Grenze wird erneut zur Trennungslinie zweier Kommunikationsbereiche. Für die Menschen auf der anderen Seite gelten nun wieder von den eigenen klar unterscheidbare kulturelle Werte und Leistungsstandards. Die eigenen Zeichen und Symbole sind den Menschen auf der anderen Seite fremd. Die Umgehensweise miteinander erfährt eine neue Qualität, denn wir gehen mit Henri Tajfel davon aus:

> *(Wenn) Individuen mit Individuen umgehen, gehen sie aber nicht notwendigerweise als Individuen miteinander um, sehr oft verhalten sie sich hauptsächlich als Mitglieder gut definierter und voneinander klar abgehobener sozialer Kategorien (Tajfel 1982, 69).*

Auf unsere Situation übertragen, bedeutet dies, daß Individuen im Umgang miteinander sich auch als Mitglieder nationaler Gruppen verhalten. Zu ihrer nationalen Enkulturation gehören dann auch Vorurteile gegenüber ihren Nachbarn. Ein Lothringer mittleren Alters weiß beispielsweise zu berichten:

> *Der Lebensstandard in Deutschland ist trotzdem ein wenig besser. Die Häuser sind besser in Schuß ..., obwohl die Leute an der Grenze hier auch sehr viel halten für ihr Heim, für ihr Haus. Wenn man da ein wenig weitergeht – Richtung "Innerfrankreich" –, ist das nicht mehr der Fall. Man sagt hier auch: die Deutschen kennen nichts von der Küche. Da gibt es das Klischee, wenn ein Restaurant viele deutsche Kunden hat, dann geht man da nicht mehr hin, dann ist die Küche am untergehen. Ich habe aber wirklich festgestellt, daß es ein– oder zweimal so war (SL 7.9, 8 ff.).*

Das sogenannte Klischee hat sich also bewahrheitet, es ist Wirklichkeit. Eine Saarländerin behauptet das Gegenteil ihres lothringischen Vorredners:

> *Die (Lothringer) sind nicht so anspruchsvoll wie wir, leben viel einfacher; das sieht man an allem: der Pflege der Frau, wie das Haus aussieht ... Der Franzose ißt gern gut, der Saarländer ißt auch gerne gut. Die französische Frau ist gerne chic, die saarländische Frau macht das nach: chic, adrett. Wogegen – tiefer in die Bundesrepublik hinein – da sieht sie mehr hausbakken aus (Schlesinger 1986, 26).*

---

\* SL = Projektarchiv "Saarland/Lorraine". Die einzelnen Nummern kennzeichnen Protokolle, Tonaufnahmen inkl. Transkriptionen des Forschungsprojektes "Leben an der Grenze. Regionale Kulturanalyse im industriellen Ballungsgebiet Saarland/Lorraine", die im Archiv des Instituts für Kulturanthropologie und Europäische Ethnologie der Universität Frankfurt aufbewahrt werden.

Und indem ein 80jähriger Lothringer behauptet, "da sagt keiner: Du bist ein Saupreuß oder ein Dreckfranzos", spricht er aus, was zu seinem Wissensvorrat zählt, was er vielleicht schon einmal selbst zu spüren bekommen hat. Trotz der weitverbreiteten Behauptung: "Zwischen dem Saarland und Lothringen, da gibt es keine Unterschiede, das ist alles eins", besteht ein Bedürfnis nach Abgrenzung gegenüber dem direkten Nachbarn. In jenen Passagen drückt sich aber auch ein doppelter Abgrenzungsmechanismus aus: der anderen und der eigenen Seite gegenüber. Das positiv empfundene Vorurteil wird zum Autostereotyp, dient somit der Aufwertung der eigenen Position in dem je eigenen gesellschaftlichen Bezugsrahmen. Die Deutschen ruinieren zwar die lothringische Küche, aber die Ordnungsliebe der Saarländer färbt auf die Lothringer ab, was sie wiederum von den Franzosen aus dem "Innern" unterscheidet. Die Lothringer an der Grenze sind für die Saarländer gar keine richtigen Franzosen, denn ihnen fehlt das "savoir–vivre", an dem die Saarländer angeblich partizipieren. Indem die Saarländer dies aber nicht vom direkten Nachbarn, sondern aus dessen Metropole Paris importieren, kompensieren sie einerseits die eigene Marginalität, andererseits nehmen sie dem direkten Nachbarn einen Teil seiner nationalen Identität.

Da für die Saarländer positive nationale Vorurteile nicht direkt auf der anderen Seite der Grenze zu wirken beginnen, werden den Lothringern typisch französische Werte, mit denen diese sich identifizieren, nicht zugestanden. Den Grund für die in dieser Form relativierten Vorurteile sehen wir in einer spezifischen regionalen Enkulturation, die auf den gemeinsamen, u.a. historischen Erfahrungen basiert.

An der Grenze stoßen zwei unterschiedliche nationale Identifikationsbereiche aufeinander, aber die regionalen Identifikationsfelder überlappen sich auch teilweise. Dies gilt jedoch ausschließlich für einen nur wenige Kilometer breiten Gürtel beiderseits entlang der Grenze. Dazu eine junge Französin:

> *Direkt an der Grenze verstehen sich die Leute besser mit den Deutschen. In St. Avold, und das ist nur 20 km von der Grenze entfernt, da geht man auf die andere Seite, wenn jemand Deutsches kommt (SL 9.0, 4).*

Je größer also die Distanz zur Grenze oder die Eingebundenheit in das nationalstaatliche System, desto geringer ist die Rolle dieser spezifisch regionalen Enkulturation. Sie wirkt nur noch, wenn überhaupt, direkt an der Grenze. Wir kommen zu dem Schluß, daß sich die Menschen beider Regionen mittels stereotyper Bilder voneinander distanzieren und dies ein Zeichen dafür ist, daß sie sich fremder werden. Diese Bilder übernehmen zunehmend die Funktion eigener Erfahrungen und sind damit das Surrogat direkter Kontakte.

**Was beide Seiten voneinander erfahren**

Neben den nationalen und regionalen Vorurteilen finden sich aber auch Grenzziehungen anderer Art, die von einem Geflecht aus Medieninstitutionen, Politik und Wirtschaft organisiert und getragen werden. Es sind dies Grenzziehungen, die sich dem Willen zur nationalen und regionalen Identität verdanken.

Ich möchte darauf eingehen, daß das Phänomen "Grenze" in erster Linie diskursiv hergestellt wird. Mit anderen Worten heißt das: *An der Grenze ist die Grenze nicht einfach da, sie muß gewissermaßen im Kopf mitgebracht werden.* Sie formiert sich vornehmlich in jenem Diskurs, der – ganz unscheinbar – von den regionalen Medien über das Nachbarterritorium produziert, kontrolliert und gesteuert wird. In Anschluß an Michel Foucault verstehe ich unter "Diskurs" das an die Sprache geknüpfte System der Wissensproduktion, das kraft seiner Regeln und Ausschließungen in der Lage ist, Wirklichkeiten zu konstituieren (vgl. Foucault 1977). Die Wirklichkeit von Grenze läßt sich mitunter auf einen Wissenstypus zurückführen, den die Medien in ihrer Berichterstattung über die Nachbarregion täglich organisieren und in Umlauf bringen. Es handelt sich dabei um ein Wissen, das regionale und nationale Unterschiede, kulturelle Abgrenzungen und Selbstdefinitionen, und auch die gerade behandelten stereotypen Bilder und Vorurteile zur Geltung bringt, das bestimmt, was als "fremd" und was als "eigen" anerkannt wird – ein Wissen, das die Grenze erst zur real erlebbaren Grenze macht.

Als Beleg meiner These möchte ich die publizistische Wahrnehmung des lothringischen "Nachbarn" in der "Saarbrücker Zeitung" und umgekehrt die Wahrnehmung des saarländischen "Nachbarn" im "Républicain Lorrain" anführen. Beide Tageszeitungen haben aufgrund ihrer regionalen Monopolstellung eine ungeheure Bedeutung für die Konstituierung dessen, was als Grenze erfahrbar wird. Meine Fragestellung zielt darauf, die Formen der diskursiven Grenzziehungen zu ermitteln, um zu sehen, wie sich die Phänomenbereiche von Fremd– und Eigenwelt in der Ordnung des Wissens formiert haben.

Im folgenden möchte ich vier Typen von diskursiver Grenzziehung vorstellen und anhand solcher Beispiele erläutern, die wir aufgrund unserer aktuellen und früheren Lese–Erfahrung mit diesen beiden Monopolzeitungen für signifikant halten. Die aufgeführten Beispiel stammen allesamt aus dem Zeitraum April bis Juni 1987 und basieren auf einer systematischen Auswertung der beiden Tageszeitungen.

Am sichtbarsten unter jenen Prozeduren, die Fremdheit schaffen und damit die Grenze organisieren, ist der "selektive Blick", oder – um es deutlicher zu sagen – das gegenseitige Nicht–Wahrnehmen und Wegblenden von journalistischen Themen, die den Nachbarn auf der anderen Seite der Grenze gerade am stärksten beschäftigen. Es ist schon erstaunlich zu beobachten, wie solche Ereignisse, die in einer Region tage– oder wochenlang die Schlagzeilen füllen, in der Nachbarregion kaum bzw. gar nicht zur Kenntnis genommen werden. Während beispielsweise die Diskussion um ein grenzüberschreitendes Müllbeseitigungsprojekt über Wochen Thema Nr. 1 der "Saarbrücker Zeitung" war (vgl. SZ vom 28.4.–10.6.1987), fand diese Debatte im "Républicain Lorrain" überhaupt keine Ressonanz. Ebensowenig wurde von lothringischer Seite das französische Theaterfestival in Saarbrücken, die "Perspectives du Théâtre", beachtet. Obwohl dieses Festival, dessen Schirmherrschaft Staatspräsident Mitterand übernommen hatte, von einem Franzosen organisiert und von französischen Theatergruppen getragen wurde, war es für den "Républicain Lorrain" kein Thema zu berichten, wie die Künstler aus dem eigenen Land vom deutschen Publikum wahrgenommen worden sind.

Umgekehrt erfährt man als Leser der "Saarbücker Zeitung" z.B. nichts darüber, daß und wie in Lothringen die Feiern zum 8. Mai begangen werden. Der 8. Mai wird, wie vieles andere auch, einfach totgeschwiegen. Solche Formen der Ignoranz, des gegenseitigen Sich–nicht–wahrnehmen–Wollens, sind alles andere als Ausnahmeerscheinungen. Sie werden auf der lothringischen und saarländischen Seite gleichermaßen praktiziert. Da, wo der Markt und damit das journalistische Interesse endet, eröffnet sich jener Bereich von Fremdheit, der seine Existenz allein dem Schweigen des Nachbarschaftsdiskurses verdankt.

Eine zweite Form der Grenzziehung ist die *Verdrängung von gemeinsam erlebter Geschichte*. Geschichte wird diskursiv aufgespalten in eigene und fremde Vergangenheit. Was dies konkret heißt, möchte ich am Beispiel des Barbie–Prozesses verdeutlichen. Die lothringische Tageszeitung begleitete den Prozeß gegen den ehemaligen deutschen Gestapo–Chef, den "Schlächter von Lyon", täglich mit einer Sonderseite, berichtete ausführlich über die Verbrechen, die von den Nazis während der Okkupationszeit begangen wurden (vgl. RL vom 5.5.–5.7.1987). Ein Wissen formierte sich, in dem Vergangenes eine neue Aktualität gewann: Zeugen erinnern sich, die Opfer kommen zu Wort, der fast vergessen geglaubte Haß zwischen Deutschen und Franzosen tritt wieder ins Licht der Öffentlichkeit. Aber der Fall "Barbie" hat nicht nur mit der deutsch–französischen Geschichte etwas zu tun, er hat auch einen besonderen regionalen Aspekt, auf den der "Républicain Lorrain" in seinem ersten Sonderbericht hinweist. Gleich zu Anfang heißt es dort:

> Le sait–on assez, chez nous, en Lorrain? Klaus Barbie est un proche voisin, notre voisin germain. Certes, il est né ... à Bad Godesberg, dans la banlieue de Bonn, mais c'est en Sarre qu'il a ses racines. C'est d'ailleurs en Sarre, à Merzig, que ses parents se marient quatre mois après sa naissance (RL vom 5.5.1987).

Die Familie Barbie, so erfahren die lothringischen Leser, kommt aus dem Saarland, dort ist Klaus Barbie aufgewachsen. Ein Umstand, der für den "Républicain Lorrain" wichtig genug ist, um ihn zum Aufhänger der gesamten Berichterstattung zu machen. So unbedeutend die Herkunft von Barbie auch sein mag, daß sie in der lothringischen Tageszeitung an solch exponierter Stelle erwähnt wird, läßt ahnen, daß der "nahe Nachbar" nicht unbedingt auch der gewünschte Nachbar ist. Wenn in Lothringen über den deutschen Nachbarn gesprochen und geschrieben wird, ist die nationalsozialistische Vergangenheit anwesend. Sie ist die versteckte Kehrseite der offiziell propagierten "deutsch–französischen Freundschaft" – eine Kehrseite, die sich zwar tabuisieren, nicht aber aus der Welt schaffen läßt. "Aus dem Erzfeind", so sagte es ein lothringischer Bürger, "ist der Erzfreund geworden".
Zum selben Thema "Barbie–Prozeß" hielt sich die saarländische Tageszeitung vergleichsweise bedeckt. Ihre recht mager ausgefallene Berichterstattung orientierte sich an den spektakulären Auftritten des Verteidigers Jaques Vergès und an dessen Zweifel gegenüber der Legitimität dieses Verfahrens: Wie kann ein Land Anklage wegen Verbrechen gegen die Menschlichkeit erheben, das in Algerien selber foltern und morden ließ und dessen Bewohner während der Okkupationszeit mit den Nazis kollaborierten? (vgl. SZ vom 6.5.1987).
Der "Saarbrücker Zeitung" ist der Barbie–Prozeß alles andere als ein Anlaß, sich mit der eigenen Geschichte zu beschäftigen. Daß Barbie aus dem Saarland kommt, erfährt der Leser nicht. Was die französischen Opfer den grausamen Deutschen heute noch zu sagen haben, ebenfalls nicht. Auch nicht, welches publizistische Echo dieser Prozeß beim lothringischen Nachbarn gefunden hat: dessen Umgang mit dem Thema bleibt fremd. Denn all dies paßt nicht so recht in den Freundschaftsdiskurs, den man auf der saarländischen Seite so gerne hegt und pflegt. Ein wichtiger Bereich der eigenen Geschichte, der das Verhältnis zum lothringischen Nachbarn nach wie vor belastet, wird hier einfach unter den Teppich gekehrt. Das Eigene soll, weil historisch und entfernt, den Lesern einer jungen Generation fremd bleiben; es ist nicht integrierbar in den Diskurs über regionale Geschichte, sondern erscheint als die Geschichte von anderen. Der Fall "Barbie" wird den Lesern der "Saarbrükker Zeitung" als eine innerfranzösische Angelegenheit präsentiert, über deren High–lights zwar berichtet wird, dessen Brisanz allerdings an der Grenze endet. Mögen sich die Franzosen um das Vergangene streiten, uns stört es nicht. Effekt dieser Art von Grenzziehung ist die Scheidung einer gemeinsamen in eine eigene und eine fremde Vergangenheit, eine publizistische Vorgabe dafür, was eine Kultur in ihre Geschichtsschreibung aufnehmen soll und was sie abspalten und verdrängen muß. Ohne Ausgrenzungsmechanismen kommt die "Saarbrücker Zeitung" offenbar nicht zu dem einheitlichen Bild, das sie – auch in historischer Hinsicht – von der Heimat zeichnen möchte. Würde denn die Thematisierung von Konflikten und inneren Widersprüchen das regionale Identitätskonstrukt wie ein Kartenhaus zum Einstürzen bringen?

Ein anderer Typ von diskursiver Grenzziehung ist, so will ich es einmal nennen, *das Tabu der offenen Kritik*. Offene Auseinandersetzungen mit unterschiedlichen Interessen und Lebensformen in der Nachbarregion werden durch die Ordnung des Freundschaftsdiskurses gebannt und ausgeschlossen. Dieses Tabu der Kritik, das zwangsläufig zur Entfremdung der anderen Seite führt, kann jedoch umgangen werden, indem interne Kritik aus dem Nachbarland aufgegriffen und von einem quasi neutralen Standpunkt aus wiedergegeben wird. So läßt man die anderen sagen, was man eigentlich immer schon einmal sagen wollte. In dieser Weise publizierte die "Saarbrücker Zeitung" einen Artikel, der die Ergebnisse einer Untersuchung über die französische Arbeitsmoral zusammenfaßt, einer Untersuchung, die im Auftrag der französischen Regierung durchgeführt wurde (vgl. SZ vom 12.6.1987). Den saarländischen Lesern wird nun von kompetenter Seite endlich bestätigt, daß es der Wirtschaft im Nachbarland deshalb so schlecht geht, weil die Franzosen unter einer mangelnden Arbeitsmoral, zu viel "Schlendrian" und Ideenlosigkeit leiden. "Das Volk von Faulenzern", so konnte die "Saarbrücker Zeitung" berichten, muß seine "Laissez–faire"–Mentalität ändern, muß künftig "mehr und besser" arbeiten. Und wenn den Franzosen nahegelegt wird, sich die Deutschen zum Vorbild zu nehmen, wird offensichtlich, wie die Publizierung kultureller Unterschiede, der Selbstaufwertung und Selbstbestätigung dienlich sein kann.

Die Kritik der schlechten Fremde, die nur verhalten und unter Einhaltung gewisser Spielregeln vorgetragen werden kann, verweist umgekehrt auf eine Stilisierung der heimischen Idylle. Die Wirtschaftskrise in der eigenen, nämlich der saarländischen Region scheint vergessen; es gibt ja noch die Franzosen, auf die das projiziert werden kann, was man in der eigenen Heimat nicht wahrhaben will, worunter man jedoch leidet. Dabei lassen sich stereotype Bilder, insbesondere wenn sie von den Franzosen selbst ins Spiel gebracht werden, hervorragend verwenden; sie markieren nationale Mentalitätsbarrieren und erlauben qua Abgrenzung, die eigene kulturelle Identität zu bestimmten und zu bestätigen: den fleißigen Deutschen.

An diesem Beispiel wird zugleich ein vierter Typus diskursiver Grenzziehung deutlich. Ich meine *die Schaffung einheitlicher Fremd–und Selbstbilder*, die auf einer nationalen und regionalen Vergleichsebene Identitäten definieren sollen. Das Bild vom "faulen Franzosen" oder, auf französischer Seite, vom "tumben Deutschen" definiert natürlich nicht nur den anderen, sondern auch denjenigen, der diese Klassifizierung vornimmt. Dieser ritualisierte Diskurs von Vorurteilen setzt seine Grenzen durch ein Spiel festgefügter nationaler Identitäten. Bei diesem Spiel handelt es sich um reziproke Abgrenzungen, deren Regeln und Gesetze in der Presse permanent aktualisiert werden, um in den verschiedensten Situationen das immer gleiche mit der gleichen penetranten Selbstbezüglichkeit zu sagen: wir sind anders als die andern anders sind. Zugunsten von nationalen und regionalen Unterscheidungsstrategien geraten die internen Unterschiede im eigenen und fremden Land aus dem Blick. Eine differenziertere Wahrnehmung der Fremden wird so auch in der Presse den nationalen Stereotypen geopfert. Diese Verknappung des Diskurses über den Nachbarn trägt dazu bei, daß die Fremde nur als Klischee wahrgenommen werden kann und damit fremd bleibt.

### Wie beide Seiten miteinander umgehen

Anschließend an die These, daß die Grenze nicht einfach da ist, sondern u.a. in den Medien diskursiv hergestellt wird, möchte ich nun auf der Ebene des gemeinsamen Handelns von

Deutschen und Franzosen zeigen, wie sich kulturelle Abgrenzungen, Selbstdefinitionen und Vorurteile konkret auswirken.
Ein geeignetes Beispiel für das deutsch–französische Miteinander und Gegeneinander ist die Protestbewegung gegen das inzwischen ans Netz gegangene Atomkraftwerk in Cattenom. Der Fall "Cattenom" ist in vielschichtiger Weise für unsere Fragestellung interessant: einerseits ist hier das Aufeinanderprallen von verschiedenen Weltanschauungen und Perspektiven innerhalb je einer Gesellschaft zu beobachten (gemeint sind hiermit z.B. innerfranzösische Diskussionen zwischen Befürwortern und Gegnern des Projekts Cattenom). Andererseits wird im grenzüberschreitenden Protest die nationale Grenze übergangen und gewissermaßen eine neue quer durch beide Gesellschaften gezogen, indem sich beiderseits bestimmte Interessensgruppen trotz der Verschiedenheit ihrer Symbolsysteme allein aufgrund ähnlicher Leitmotive und Zielvorstellungen verbünden. Wenn dadurch ein neues Wir–Gefühl über die nationale Grenze hinweg entsteht, darf dies allerdings nicht darüber hinwegtäuschen, daß innerhalb dieser neu entstandenen Gruppen die nationale Identitäten nicht aufgegeben werden: hier liegt die eigentliche Grenze, an der die verschiedenen Symbolsysteme verschiedener Gesellschaften aufeinandertreffen. Die nationale Grenze wird also erst auf der Ebene und im Moment des gemeinsamen Handelns spürbar, sie erschwert die Verständigung unter den Bündnispartnern und schränkt damit die Handlungsmöglichkeiten ein.

Das AKW in Cattenom war bereits in seiner Planungsphase in den 70er Jahren in Frankreich umstritten. Zum Reizwort für gutnachbarschaftliche Beziehungen geriet es, als an der Grenze schließlich bekannt wurde, daß die Entscheidung für den Bau des Atommeilers auf der Regierungsebene Paris–Bonn längst getroffen war, bevor man die deutschen Landesregierungen informierte.
Seitdem weder eine großangelegte Demarche des Saarlandes gegen Cattenom zum endgültigen Baustopp führte, noch die anhaltenden Proteste und Demonstrationen der Bevölkerung angesichts der häufigen Störfälle irgendwelche Erfolge zeigten – seitdem ist Cattenom selbst zum "Störfall" der deutsch–französischen Beziehungen, ja zum Grund für die "atomisierte Freundschaft" auf regionaler Ebene geworden (vgl. Spiegel 36/1986; Frontières 4/1987).
Der Konflikt um Cattenom läßt noch immer vorhandenes Mißtrauen und schlummernde Vorurteile dem ehemaligen Kriegsgegner gegenüber wieder erwachen. Besonders Politiker und Journalisten erheben z.T. massive Vorwürfe gegenüber dem Nachbarn: auf französischer Seite hält man die Proteste der deutschen Atomgegner für eine von "demagogischen Politikern" geschürte "Hysterie", für ein Ventil, durch das sich die "germanisch–mystische Naturverbundenheit" der Deutschen und ihr "schulmeisterlicher Perfektionismus" Luft mache. Überhaupt sei die Ökologie der "neue deutsche Patriotismus". Die Kritik von der deutschen Seite, besonders aber die hauptsächlich von Deutschen getragenen Demonstrationen vor Ort, stellen für die Franzosen eine Einmischung in französische Angelegenheiten dar, die die einheimische Bevölkerung aufwiegelt und damit die nationale Sicherheit gefährdet.
Von deutscher Seite her bescheinigt man den Franzosen bezüglich ihrer Leistungen auf technischem Gebiet eine gewisse "mediterrane Sorglosigkeit" verbunden mit einem "übersteigerten Nationalstolz". Man wirft ihnen vor, die während der Ölkrise erlittene "nationale Demütigung" nun um jeden Preis kompensieren zu wollen und eine eigene unabhängige Energiegewinnung mit Atomtechnik zu einer "Frage nationaler Würde" zu erheben. Damit

tabuisiere man in Frankreich jede Kritik an der Atomtechnologie und erkläre alle Atomgegner quasi zu Staatsfeinden.

Welche Bedeutung aber haben Ressentiments wie diese direkt an der Grenze auf der Ebene des gemeinsamen Handelns zwischen deutschen und französischen Bürgern, dort, wo weder Diplomatie noch formale Bürokratie als Puffer wirken?
Mit Hilfe der Theorie der symbolischen Interaktion werde ich nun versuchen, die deutsch–französische Widerstandsbewegung gegen Cattenom auf bestehende Gemeinsamkeiten, aber vor allem auf Fremdheitsaspekte hin zu untersuchen. Wie ich schon vorhin erwähnte, sind vor allem Deutsche an dieser Bewegung maßgeblich beteiligt. Gründe dafür bieten einmal das föderalistische System der BRD, zum zweiten das direkt an der Grenze gelegene urbane Umfeld. Das in diesem Umfeld vorhandene gesellschaftskritische Potential in der Bevölkerung kann außerdem auf einen gewissen Fundus an organisatorischen Erfahrungen der nationalen Anti–Atom–Bewegung zurückgreifen.
In Lothringen dagegen erschweren die strukturellen Bedingungen eher die Protestbereitschaft in der Bevölkerung. Das zentralstaatliche System Frankreichs fördert zum einen autoritative politische Entscheidungen, andererseits ist die Abwanderungsrate gerade unter der jüngeren, tendenziell kritischen Bevölkerung wegen der nicht–urbanen Struktur und der schlechten ökonomischen Bedingungen Lothringens hoch. Gleichzeitig starten Regierung und das staatliche Energieunternehmen EDF großzügige Subventions–, sprich: Werbekampagnen vor Ort, die in diesem ökonomischen Krisengebiet das Protestpotential nochmals vermindern.
Was deutsche und französische Aktivisten seit 1978 vereint, ist das Gefühl der Bedrohung durch das Atomkraftwerk sowie die Angst vor der Atomtechnologie überhaupt. Gemeinsames Ziel war und ist, den Bau des Atommeilers zu stoppen bzw. heute den weiteren Ausbau zu einem der größten Atomzentren der Welt zu verhindern. Jedoch werden bei den Versuchen, den Widerstand gemeinsam zu planen und Aktionen gemeinsam zu organisieren, die Verschiedenheit struktureller Bedingungen – vielmehr aber die Verschiedenheit gesellschaftlicher Symbolsysteme – spürbar. Über das elementare gemeinsame Ziel hinaus bleibt das gegenseitige Verstehen zweckgerichtet, trotz der immer wieder bekundeten freundschaftlichen Beziehungen. Nun ermöglicht erst die Reziprozität bzw. der Wechsel der Perspektiven, das eigene Handeln mit dem Handeln anderer sinnvoll zu verknüpfen und soziale Beziehungen zu stabilisieren (vgl. Schütz 1971, 11 ff; Schmidt 1982, 105).
Da dies nur aufgrund gemeinsamer Perspektiven erfolgen kann und in der Region Saarland/Lorraine schon bei der mittleren und jüngeren Generation regional–kollektive Symbolsysteme wie die gemeinsame Sprache und Vergangenheit mehr und mehr außer Gebrauch und in Vergessenheit geraten, bleibt man einander größtenteils fremd. Am Rande sei bemerkt, daß dieser Fremdheitsaspekt auch bei der Standortwahl für das Nuklearprojekt entscheidend war. Es gibt in dieser Region keine grenzübergreifende regionalistische Bewegung wie z.B. im Elsaß.
Es stellt sich hier die Frage, inwieweit die deutschen Cattenomgegner dadurch, daß sie quantitativ und qualitativ den Widerstand in Lothringen nach deutschem Muster organisieren und dominieren, Fremdheit gegenüber ihren französischen Mitstreitern eher fördern. Oder anders gesagt: inwieweit das massive Engagement von deutscher Seite nicht letztlich konträr zu den Bemühungen der Franzosen steht und das Erstarken einer eigenen französischen Anti–Atom–Bewegung eher beeinträchtigt.
Konkret greifbar wird Fremdheit selbst bei gemeinsamen Aktionen, die Deutsche und Franzosen in zwei verschiedene Begriffswelten trennt. Was Deutsche "Demonstration" nennen,

Die Frage, was "die andere Seite" an einer territorialen Grenze fremd mache, ist mit dem Hinweis auf Inhalt und Charakter der jeweiligen Stereotypen unzureichend beantwortet; wesentlich erscheint auch die Persistenz der Fremd–Bilder. Als Konkretisierungen kollektiver Einstellungsinhalte funktionieren sie als das definierte Andere, das draußengehalten werden kann und als frei verfügbare Modelliermasse zur Herausbildung der eigenen Identität zu handhaben ist: Der Fremde hat kaum einen Einfluß auf das Bild, was man sich von ihm machen möchte. Titelbilder wie diese stimulieren kollektive Imagination: Der Fond von Sentiments und Ressentiments wird aktiviert; die jeweilige Leserschaft der beiden größten Nachrichtenmagazine (in) der Bundesrepublik Deutschland und (in) Frankreich erfährt einen Meinungsimpuls; das repräsentative Medium ist Enkulturationsinstanz.

Das Titelbild von "Le point" (23.11.1981) bringt sie vor schwarzrotgoldener Fahne auf den Punkt, die Identifikationsmerkmale, die ein französischer Leser für Deutsche zur Verfügung hat: Germanenhelm, Schwert, Blondzopfmaid mit undurchdringlicher Miene, kurz: Deutsche, so die Botschaft, sind germanisch, unauslotbar, kriege-

risch. Noch hält die Titelfigur das Heft in der Hand. Doch auf ihren Schultern lastet in Frakturschrift der "deutsche Taumel" der BRD–Protestbewegung, der eine 6seitige Geschichte im Innern gewidmet ist. Reaktiviert wird ein historischer Zweifel: Kann man den Deutschen trauen?
Die "heikle Disziplin der Völkerpsychologie" belebt, wie er selbst formuliert, auch der "Spiegel" mit seiner Frankreich–Geschichte (1.9.1986). Reaktivierbare Stereotypen hier: Schlampigkeit – diesmal gepaart mit französischer Technik–Gigantomanie. Plakatiert wird letzteres: Wir erkennen auch hier nationale Symbole (Eiffelturm, Hahn, Schlagzeile en tricolore), aber auch Kriegsgerät und Energieprojekte, die in Frankreich selbst so gut wie nicht umstritten sind.
Zweimal: praktizierte Distanzierung, Aktivierung einer mentalen Grenze, die sich durch Information nicht aufhebt.
Wie bleibt die andere Seite fremd? Zum Beispiel so.

das ist für die Franzosen "Manifestation" – trotzdem treffen sie sich bei derselben Veranstaltung. Abgesehen von der verschiedenen Bedeutung, die sie jeweils hat, ist eine Protestaktion ein symbolischer Akt an sich und macht die Verschiedenheit der jeweiligen Symbolsysteme anschaulich. Aus diesem Grund geraten sowohl deutsche als auch französische Aktivisten ins Spekulieren, wenn sie die Gefühle der anderen oder die Atmosphäre und die Stimmung bei einer "Demo" oder "Manif" in Cattenom einschätzen sollen. Dort, wo das unbefragte Verstehen endet und das Gefühl der Fremdheit aufkommt, dort beginnen auch die Vorurteile zu wirken. Zwar werden an dieser Grenze aufgrund der historischen Erfahrung des häufigen Nationalitätenwechsels nach Kriegen Nationalismen eher vermieden und negative Vorurteile gegenüber dem Nachbarn durch momentan sanktionierte positive Zuschreibungen aufgefangen. Jedoch überbrücken auch hier kollektive Projektionen die Lücken des gegenseitigen Verstehens und führen so zu den für jede Seite typischen Interpretationen und Mißdeutungen der anderen.

Deutsche äußern beispielsweise Zweifel, ob ihr Verhalten bei Demonstrationen nicht zu lärmend, "zu deutsch" erscheint. Sie geben sich einerseits Mühe, bei den Gesprächen mit Franzosen nicht missionarisch oder besserwisserisch aufzutreten, andererseits fühlen sie sich aber von der großen "Unkenntnis" und "Technikgläubigkeit", die sie den Franzosen bescheinigen, herausgefordert. Das Auftreten von französischen Sicherheitskräften als reale und symbolische Präsenz des fremden Systems flößt ihnen mehr Respekt ein als Polizeieinsätze bei Demos im eigenen Land. Man legt Wert darauf, die Spielregeln einzuhalten und keine Krawalle zu provozieren.

Mit dem Grenzübertritt geht offenbar ein Verfremdungsprozeß der Handlungsmotive einher. Für die Mehrheit der Franzosen protestieren in Cattenom weniger "Menschen gegen Atom", sondern vielmehr "Deutsche, die sich in französische Angelegenheiten einmischen". Das Mißverstehen von Motiven ist ebenfalls wieder ein Aspekt von Fremdheit. Die Franzosen registrieren, mehr als die Deutschen es wahrhaben wollen, die Unterschiede im Heer der Demonstranten und kommentieren Auftritte von deutschen Autonomen mit: "Seht, da kommt die neue SS!"

Aber auch die Penetranz von "Demotouristen" aus Rheinland–Pfalz und sogar Hessen befremdet die einheimischen Franzosen, weil jene offenbar das Ritual der allsonntäglichen Demo in Lothringen mehr aus einer privaten Sehnsucht nach Gemeinschaft und Geselligkeit heraus pflegen, denn aus politischer Überzeugung. Auch verärgert französische Aktivisten immer wieder die missionarische Scheinheiligkeit, mit der deutsche Demonstranten gegen Mißstände in zwar befreundeten, aber souveränen Staaten zu Felde zögen, um dabei die eigenen zu verdrängen. Erstaunen löst auf französischer Seite aus, wie wenig selbst seit langem engagierte deutsche Cattenomgegner über die politischen Strukturen Frankreichs und den Druck, dem die französischen Atomgegner ausgesetzt sind, wissen und wissen wollen. Bei seltenen gemeinsamen Treffen werde, so die Franzosen, mehr über deutsche Regionalpolitik als z.B. über aktuelle politische Entwicklungen in Lothringen diskutiert. Ein besonders eindrückliches Beispiel für Nichtverstehen und Fremdheit, bei dem nationale Vorurteile zum Einsatz kommen, ist die französische Einsicht, daß sich in der Bundesrepublik eine "irrationale Angst" ausgebreitet habe trotz umfassender Aufklärung bezüglich der Atomtechnik. Ein französischer Cattenom–Aktivist, den wir befragten, erklärte diese für ihn widersprüchliche Tatsache in klassischer Weise: "Das liegt an der Mentalität der Deutschen. Die sind eben nicht gemäßigt wie die Franzosen. Für Deutsche gibt es immer ein 'Entweder–Oder', ein 'Zuviel–oder–Zuwenig' – sie sind immer extrem".

*Eigene Fremde jenseits der Grenze* 685

"Was macht die andere Seite fremd?", fragen wir zum Schluß noch einmal. Wir haben den Aspekt der "eigenen Fremde" angesprochen, also daß man von der anderen Seite quasi inlandsmäßigen Gebrauch macht. Immer wieder sind wir an unserem Grenzbeispiel darauf gestoßen, daß dieses Die-andere-Seite-Nutzen, also die Ausdehnung der alltagsweltlichen Souveränität im kleinen Grenzverkehr doch etwas asymetrisch geschieht, daß sich die französische Seite einem gewissen vereinnehmenden Druck der Deutschen ausgesetzt sieht. Selbst wo man es nicht vermuten würde, dominiert der deutsche Teil einer grenzüberschreitenden Protestbewegung den französischen.

Und wir stoßen darauf, daß dort, wo die eigene Souveränität begrenzt wird, Vorurteile zu herrschen beginnen. Die Wirkung der Vorurteile scheint direkt an der Grenze noch in Watte gepackt. Den Grund sehen wir aber nicht darin, daß reale Kontaktmöglichkeiten die Vorurteile automatisch abbauen, sondern daß der Fonds einer gemeinsamen Geschichte so wirkt, daß die gegenseitigen Projektionen entschärft werden.

Mit der Grenze und mit den Vorurteilen hält man sich letztlich den Nachbarn auf Distanz. Die Saarländer okkupieren die Nachbarregion als Freizeitland, ohne sich jedoch mit der französischen Symbolwelt, den fremden Sinnhorizonten und der anderen staatlich enkulturierten Logik vertraut machen zu wollen. Verstehen würde die Mühe des Kennenlernens voraussetzen. Vorurteile helfen auf verblüffend einfache und zugleich kulturell "legitime" Weise bei der eigenen Identitätsfindung. Es sind Urteile über den Fremden, in die dieser sich nicht einmischen darf. Das ist es was die andere Seite fremd hält.

## Die Exkursionen
# Fremdes in der Nähe sehen

*Kristin Koch, Regina Römhild, Cornelia Rohe*

# Stadtgeschichte und Identitätsmanagement

**Aspekte aktueller Architekturrezeption in Frankfurt am Main**[*]

Frankfurt – das war vor einigen Jahren noch ein Synonym für alle negativen Auswüchse rücksichtsloser wirtschaftlicher Expansion: eine kaputte, unmenschliche, von den Interessen des Geldes regierte Stadt. Doch das Image scheint sich langsam, aber unaufhörlich zu wandeln. Dieser Prozeß bildet sich am deutlichsten sichtbar in den äußeren Erscheinungsformen ab. Wer heute an Frankfurt denkt, hat nicht nur das Bild "unwirtlicher" Hochhäuser und Wohnsilos vor Augen, sondern auch wieder einmal – nach der Landmann/Ash/May– Ära der zwanziger Jahre – das "Neue Frankfurt": An allen Ecken bemüht sich die Stadt, um ein neues Gesicht. Dabei spielt auch – für Frankfurt bislang kaum typisch – die eigene Geschichte und die in Architektur repräsentierte Erinnerung eine Rolle.
Der Umwandlungsprozeß des Stadtbildes ist in vollem Gange: Zahlreiche Großprojekte, für die vielfach Architekten von internationalem Rang gewonnen wurden, sind hier in den letzten Jahren verwirklicht worden oder befinden sich im Bau. Am bekanntesten dürften das imposant–filigrane Museum für Kunsthandwerk von Richard Meier, das torähnliche Messehochhaus von Oswald Matthias Ungers und die verspiegelten Zwillingstürme der Deutschen Bank sein. All dies jedoch eingebettet in ein städtebauliches Gesamtkonzept, für das bislang 500 Millionen DM ausgegeben worden sind. Investiert wird allerdings – wie andernorts auch – vor allem in die City. In den Stadtteilen als den eigentlichen Wohnquartieren ist das städtebauliche Engagement deutlich geringer. Frankfurts Innenstadt, deren Architektur in der jüngeren und älteren Vergangenheit als eher bescheiden bezeichnet werden muß, avancierte damit in kürzester Zeit zu einem Mekka postmodernen Bauens.
Architektur ist immer Bedeutungsträger, sichtbarer Ausdruck unsichtbarer gesellschaftlicher Strukturen. Und vor allem dort, wo sie den öffentlichen, großstädtischen Raum prägt, wird Architektur zum Politikum. Städtebauliche Planung und Entwicklung spiegeln damit auch immer zu einem guten Teil das politische Gesamtkonzept wider, mit dem eine Stadt regiert wird. Das "Neue Frankfurt", während der Ära 20er Jahre Synonym für soziale Siedlungsbauprojekte, wird heute als Begriff neu besetzt und ist diesmal unauflöslich mit der Person Walter Wallmanns verbunden. Es steht für den Versuch, Frankfurt zur europäischen Metropole zu katapultieren. Zwar lagen einige der jetzt verwirklichten Ideen unausgereift schon in den Schubladen der zuvor mehrheitsbildenden SPD, etwa unter Rudi Arndt, aber erst Wallmann, langjähriger Oberbürgermeister der Stadt, seit April 1987 hessischer Ministerpräsident, gelang es, sie in ein umfassendes Gesamtkonzept einzugliedern, das nun

---

[*] Die Führung stützt sich in weiten Teilen auf die Magisterarbeit unserer Kommilitonin Sabine Dreher: "Was weg is, is weg." Zur Rekonstruktion der Ostzeile auf dem Frankfurter Römerberg. Frankfurt 1987.

Der Eingang zum Römerberg – Römer, Salzhaus und Engel

Der Römerberg von oben: Im Hintergrund die Anschlußbauten an die Ostzeile, rechts das Technische Rathaus, links die achsiale Ausstellungshalle mit Rotunde, im Vordergrund der Historische Garten

auch optimal zum neuen, postmodern – retrospektiven Zeitgeist paßte. Womit sich SPD–Politiker noch schwer getan hatten, das gelang der CDU: Mit der postmodernen Architektur und ihrer Vorliebe für historisierende Zitate, für ein in der Moderne verpöntes, antifunktionales Schmuckbedürfnis, ließ sich scheinbar mühelos an die bis dahin eher stiefmütterlich behandelten Reste der Stadtgeschichte ganz im Sinne der restaurativen Wendepolitik anknüpfen. So sind Geschichte und Erinnerung überhaupt *die* Vokabeln der momentan praktizierten Städtebaupolitik in Frankfurt. Die schon verloren geglaubte Identität der Stadt soll so zurückgewonnen werden. Die Stadt soll, wie Walter Wallmann mehrfach formulierte, wieder zur gemütlich–anheimelnden "Gudd Stubb" werden, in der sich die Frankfurter wohl fühlen und auf die sie, die sich vorher schämen mußten, auch wieder stolz sein können.

Die plötzliche Begeisterung für Geschichte hat auch ihre Grenzen, und diese Grenzen sind – typisch für Frankfurt – meist wirtschaftlicher Natur. So ist die Stadt nicht nur ein Brennpunkt der Architekturavantgarde, sondern auch der Schauplatz der zur Zeit wohl umstrittensten Baustelle Deutschlands. Gemeint ist der Börneplatz – benannt nach dem jüdischen Dichter Ludwig Börne – wo einst die von Beckmann verewigte Synagoge und das jüdische Getto ihren Platz hatten.
Bei den Vorarbeiten für einen Erweiterungsbau der Stadtwerke stieß man hier auf umfangreiche Restbestände des ehemaligen, mehrfach zerstörten Gettos. Trotz des inzwischen bundesweiten Protests läßt sich die Stadt nicht von ihrem Plan abbringen, das Verwaltungs– und Kundenzentrum der Stadtwerke an dieser Stelle zu errichten. Der Weg Frankfurts vom "Schmuddelkind der Nation" zur vielbeachteten, repräsentativen Metropole läßt anscheinend nur bevorzugte Ausschnitte aus der Geschichte als vorzeigbare Schaustücke zu.
Man kann dies als einen Versuch werten, eine saubere, nahtlose Geschichte Frankfurts zu rekonstruieren und den Anschluß an die Zukunft zu gewährleisten. Die zunächst blendende Erscheinung des Neuen spiegelt das Gesamtkonzept, mit dem die Stadt regiert wird, und wirft Schatten auf die Zukunft Frankfurts. Die politische Beliebigkeit im Umgang mit historisch bedeutsamen Stadträumen und die moralisch/restaurative Argumentation bei der Auflösung gewachsener Sozialstrukturen in den Stadtvierteln, um Platz für gewerbliche Nutzung zu schaffen – wie im Gallus und im Bahnhofsviertel – muß als Vorbereitung einer privatwirtschaftlichen, partikularen Ausbeutung der Innenstadt erscheinen.

Wenn wir den Römerberg mit den angrenzenden Bereichen für unsere Frankfurt–Führung ausgesucht haben, so vor allem deshalb, weil sich hier die Prioritäten der jeweils aktuellen Städtebaupolitik am deutlichsten präsentieren.
Die Platzgestaltung mit dem außergewöhnlichen Nebeneinander verschiedenster Baustile vermittelt den Eindruck, ein begehbares Exzerpt der Architekturgeschichte zu sein, und entspricht der Ansicht der Kritiker, der Römerberg sei das teuerste Freilichtmuseum der BRD. Jedes Gebäude steht für eine andere architektonische Stilrichtung, für eine andere Epoche sozial– und geistesgeschichtlicher Ausprägung. Die Geschichte läßt sich an diesem Ort von den Römern bis zur jüngsten Gegenwart an Objekten nachvollziehen.

### Geschichtlicher Abriß
Die Erstnennung der Pfalz als Keimzelle des Frankfurter Römerbergs und Sitz Karl des Großen erfolgte 794. Reste aus dieser Zeit, aber auch römische Funde sind im Historischen Garten zu sehen.

1147 findet in Frankfurt die erste Königswahl statt, 1356 wird die Stadt unter Kaiser Karl IV. aus dem Hause Luxemburg zur gesetzlichen Wahlstadt.
Mit dem Erwerb des Schultheißenamtes 1372 ist die Entwicklung Frankfurts zur selbständigen Reichsstadt mit eigener Finanzhoheit abgeschlossen. Die Stadt lebt zu dieser Zeit schon hauptsächlich vom Handel, es finden jährlich zwei Messen statt, im Herbst und zu Ostern. Obwohl Frankfurt politisch und wirtschaftlich sehr bedeutend ist, werden nur wenige Prunkbauten errichtet. Dies wird deutlich, als 1405 das "neue" Rathaus erstellt werden soll. Zu diesem Zweck kauft der Rat einen kleinen Komplex an Bürgerhäusern auf, die lediglich umgebaut werden. Die Halle im Erdgeschoß wird zudem an Messetagen vermietet.
Um 1450 wird das jüdische Getto ausgewiesen. Der Anteil der jüdischen Bevölkerung muß wegen der Bedeutung der Juden im Handelswesen und dem damit verbundenen Geldwesen zu jener Zeit relativ hoch gewesen sein. Und wie in anderen Städten Deutschlands werden sie immer wieder, z.B. beim Fettmilchaufstand (1614), zum Sündenbock für soziale und gesellschaftliche Mißstände gemacht.
1562 wird die freie Reichsstadt Frankfurt zur Krönungsstadt. Die Krönungen mit Volksfestcharakter finden auf dem Römerberg statt: Es gibt Ochs am Spieß, aus dem Brunnen fließt Wein, der Sadtkämmerer wirft Münzen unters Volk. Außer einigen wenigen prunkvollen Bürgerhäusern gibt es in Frankfurt noch immer keine repräsentativen Bauten, was wohl dem kleinbürgerlichen, vom Handelswesen geprägten sparsamen Charakter der Bevölkerung zuzuschreiben ist.
1792 findet die letzte Kaiserkrönung statt.
Während der folgenden Jahre nimmt die Bedeutung Frankfurts als Messe- und Handelsstadt, aber auch als Verkehrsknotenpunkt und Zentrum des Geldwesens mehr und mehr ab. Die Altstadt verslumt, diejenigen, die es sich leisten können, wandern ins Westend ab. 1831 versucht man die Altstadt durch den Bau der Braubachstraße zu revitalisieren. Über hundert Wohnhäuser werden abgerissen, doch anstatt eine Verbindung zu schaffen, wird die Altstadt durch den Bau dieser Straße noch mehr vom Zentrum des Geschehens abgeschnitten.
Der Tiefpunkt in der Entwicklung Frankfurts ist 1866 erreicht, als Preußen die immer noch freie Stadt annektiert und preußischem Recht unterstellt. Sie wird von Wiesbaden aus regiert, Berlin ist Hauptstadt, Frankfurt wird degradiert zu einer Provinzstadt. Der Oberbürgermeister Viktor Fellner nimmt sich das Leben.
Die drei darauf folgenden Bürgermeister, Mumm von Schwarzenstein, Miquel und Adickes, sind in erster Linie darum bemüht, die städtische Autonomie und die ehemalige Bedeutung Frankfurts wiederherzustellen.
Oberbürgermeister Mumm von Schwarzenstein wird vom Wiesbadener Regierungsvertreter vereidigt. Da der Geldadel nach und nach abgewandert ist, versucht man nun die Stadt für die sich entwickelnde Industrie attraktiv zu machen.
Seit 1864 herrscht Gewerbefreiheit in Frankfurt und so auch die uneingeschränkte Möglichkeit, Industrie anzusiedeln. Mumm von Schwarzenstein baut dabei auf zwei Strategien, zum einen wird die Pferdebahn – der Vorläufer der Straßenbahn –, die Kanalisation, eine neue Markthalle, die Obermain- und Untermainbrücke und die Neue Börse gebaut. Zum anderen läßt er bürgerliche Repräsentativbauten wie z.B. Palmengarten, Städelsches Kunstinstitut und Opernhaus errichten. Diese Versuche, Frankfurt zu einer Metropole zu machen, enden, trotz Beteiligung finanzstarker Bürger, in einer hohen Verschuldung der Stadt, weswegen Mumm nach Ablauf seiner Amtszeit nicht wiedergewählt wird.
Sein Nachfolger, Johannes von Miquel, setzt in der Folgezeit vor allem auf die Verbesserung der Verkehrsführung und des Handels. Unter seiner Regierung findet die erste Musterschutzausstellung statt, der Main wird kanalisiert, das erste Klärwerk Deutschlands in Schwanheim gebaut, der Schlachthof, der Westhafen und der Hauptbahnhof errichtet. Oberbürgermeister Adickes (1890–1912) führt die Politik seines Vorgängers fort.
Neben einem Erweiterungsbau am Römer, dessen Fassaden neugotisch gestaltet werden und der Errichtung anderer kommunaler und kultureller Bauten legt er ein System von Ring- und Radialstraßen an. Er betreibt eine offensive Eingemeindungs- und Erschließungspolitik, die das Stadtgebiet Frankfurts bedeutend anwachsen läßt. Einige der erschlossenen Gebiete können heute noch bebaut werden. Frankfurt gewinnt wieder an Bedeutung, die Politik hat den gewünschten Erfolg – der Industrieadel ersetzt den Geldadel (z.B. 1895 durch die Eingemeindung Bockenheims kommen die Industriebetriebe Hartmann & Braun, Pokorny & Wittekind, Bauersche Gießerei, Georg Schiele & Co zu Frankfurt; Farbwerke Hoechst A.G. drängt in die

Medikamentengroßproduktion, Cassella in Frankfurt–Mainkur entwickelt neue Farbstoffe, es beginnt der Aufstieg von Griesheim–Elektron).
1914, zwei Jahre nach der "Ära Adickes" wird die Universität als eine Stiftung von Frankfurter Bürgern eröffnet.
Die Unzahl der Industriearbeiter, die in die Stadt einströmen (1871: 91.000 Einwohner; 1910: 410.000) führt zu einer akuten Wohnungsknappheit. Die Altstadt ist hoffnungslos überbelegt, da die Mieten sich während der Kriegsjahre verdreifacht haben. In der Kaiserstraße gibt es "Dritte Hinterhöfe". Unter diesem sozialen Druck und als Nachfolger des Arbeiter- und Soldatenrates entschließt sich der sozialdemokratische Oberbürgermeister Landmann zu einer extrem bevölkerungsnahen Politik. Bekannt unter dem Namen "das Neue Frankfurt" baut Ernst May eine Reihe neuer Siedlungen, die möglichst billig und funktional auf kleinstem Raum jedem Arbeiter ein menschenwürdiges Leben ermöglichen sollen. Das "Neue Frankfurt" hat Vorbildcharakter im Bereich des Sozialbaus und der Stadtgestaltung. Landmann sucht auch die regionale Anbindung an Frankfurt durch den Ausbau von Straßen zu verbessern (z.B. nach Bad Homburg, Hanau, Wiesbaden). Geplant war auch eine Verkehrstrasse Frankfurt–Basel.
1932 werden die ersten Römerbergspiele von einem Frankfurter Juden, Alwin Kronacher, dem Intendanten des Schauspielhauses zur Feier des Goethe–Jahres angeregt.
1933 werden die Nationalsozialisten stärkste Partei in Frankfurt, sie übernehmen die Straßenbaupolitik und bauen die Römerbergspiele aus zu einer großangelegten Feier des Deutschtums. Auf dem Römer finden Aufmärsche und Bücherverbrennungen statt. Die Altstadt wird saniert – dabei ist man bemüht, der Handelsstadt, eine Vorstellung, die jüdisch besetzt ist, das Image einer Handwerksstadt zu geben. Das Fachwerk der verschieferten Häuser wird freigelegt. Während man die Reste der Judengasse schleift und die Synagoge auf dem Börneplatz zerstört, werden alte Klosteranlagen, die für "Deutsche Geschichte" stehen, restauriert.
Im März 1944 erfolgt die fast vollständige Zerstörung der Altstadt.

## Der Phönix aus der Asche: Die Neugestaltung des Römerbergs nach 1945

Der nach 1944 verwüstete Römerberg wurde markiert vom Dom, der Nicolai–Kirche, der ausgebrannten und teilweise zusammengebrochenen Fassade des Römers. Die einstige Enge und Kleinteiligkeit, das Gassengewebe der Altstadt, ließ sich nur noch aus den Grundmauerresten zusammenreimen.
Mit der Eröffnung der Kulturschirn im März 1986 wurde die letzte Freifläche zwischen Dom und Römer geschlossen und damit ein Erinnerung und Gedenken provozierender Raum gestopft.
Zwischen damaligem und heutigem Erscheinungsbild liegt das lange Zeit ungelöste Problem der Bedeutung und der entsprechenden Nutzung des Platzes für Frankfurt und seine Bürger. Vielfältige Aktivitäten fanden hier ein öffentliches Forum zur Entfaltung und Artikulation.
Vom Gestaltungswillen für diesen brachliegenden Raum zeugen eine Reihe von Gestaltungswettbewerben und die damit verbundenen breitgefächerten Diskussionen. Schließlich bildete der Römerberg- Bereich einen Prüfstein für das Verständnis der gesellschaftlichen Zusammenhänge und der darauf ausgerichteten Politik, die in der Stadtgestaltung neuen Lebensformen Zukunft eröffnet – oder auch nicht.

### 1. Phase: 1952 – Römer
Im Zuge eines die gesamte Innenstadt umfassenden Gestaltungswettbewerbs wurde 1952 die Westzeile des Römerbergs wiederaufgebaut.
Der Römer erhielt seine aus dem Mittelalter überlieferte dreigeteilte Form mit Stufengiebel, wurde jedoch zum größten Teil seines überladenen, historisierenden Fassadenzierrats entledigt – erst 1897 auf besonderen Geheiß Wilhelm III. angebracht, war er bereits 1923 Ernst Mays Streben nach "Neuer Sachlichkeit" ein Stolperstein.

Die beiden nördlich an den Römer grenzenden, den Eingang zum Römerberg bildenden Häuser – Haus Engel und Salzhaus – wurden auf dem historischen Erdgeschoß im Stil der Nachkriegsmoderne aufgebaut. Das Alte ist weitmöglichst erhalten, das Neue dem Bestehenden in Proportion, Form und Material angepaßt, ohne jedoch zeitgemäße Ansprüche und Geschmack zu verleugnen. Aufbauwille und Fortschrittsglaube der 50er Jahre sind am treffendsten ausgedrückt in dem Mosaik "Phoenix aus der Asche" an der nördlichen Fassade des Salzhauses.

Im Zuge dieses Wettbewerbs entstanden zwischen Main und Dom, also in – aus heutiger Sicht – bester Wohnlage, zahlreiche Mietshäuser mit begrünten Innenhöfen im sozialen Wohnungsbau.

### 2. Phase: 1962 – Technisches Rathaus und Historisches Museum

In dem Bewußtsein, "die Zeit zur Gestaltung sei reif" (Schumacher 1962), wurde 1962/63 ein weiterer Wettbewerb ausgeschrieben. Das bauliche Gefüge sollte ein Kulturzentrum schaffen, das die verschiedensten Menschen, Gruppierungen und Institutionen in Kontakt miteinander bringt, um ein lebendiges Zusammensein zu ermöglichen. Vorgesehen waren u.a. eine Bibliothek, eine VHS–Zweigstelle, Seniorentreff und Jugendzentrum, eine Kleinkunstbühne und Ausstellungsräume.

Wegen finanzieller Schwierigkeiten, die auch nicht durch private Zuwendungen überbrückt werden konnten, mußte die Stadt die Bautätigkeit am Römerberg mit der Fertigstellung des Historischen Museums und des Technischen Rathauses 1972 beenden.

Die Bauweise des Rathauses ist typisch für die 60er Jahre: ein wuchtiger, schmuckloser Komplex, der aus einem offenen Grundriß, d.h. ohne bestimmte Richtung, in die Höhe wächst, selbstbewußt die Historie des Ortes ignorierend.

Die einzelnen Gebäudeelemente sind wenig differenziert und unterscheiden sich nur durch ihre Stockwerkzahl. Übereinandergeschichtete Betonebenen wechseln sich mit durchgehenden Fensterbändern ab. Betonstelzen anstelle der Außenfassade lassen einen gedrungenen Umgang um die im Erdgeschoß zurückgesetzten Souvenierläden und gastronomische Lokalitäten entstehen.

Die Gleichheit aller Bauteile anstrebende Konzeption geht soweit, daß sie nicht nur Hierarchie erzeugende Repräsentationsformen ablehnt, sondern auch auf die Kennzeichnung wichtiger funktionaler Gebäudeteile, wie z.B. den Eingang verzichtet.

Die Dimensionen des Rathauses sind aus der Fußgängerperspektive nicht überschaubar und von anfang an heftig umstritten. Ein an die Kleinteilung und Verschachtelung der Altstadt gewöhntes Raumempfinden muß um so stärker durch die Wucht und die zum Dom kontrastierende Erscheinung des platzverlangenden Gebäudes konsterniert worden sein.

Sowohl das Technische Rathaus als auch das in dem gleichen Stil erbaute Historische Museum verschwinden heute weitgehend durch die in den 80er Jahren entstandene historisierende Kulisse aus dem Blickfeld des Römerberg–Besuchers.

### 3. Phase: Zwischen Historizismus und Postmoderne – Ostzeile, Schirn, Musterschau

Der bislang letzte Wettbewerb im Jahre 1979 führt schließlich zu dem, was heute vordergründig auf dem Römerberg zu sehen ist. Zuvor, also bis 1984, erstreckte sich vom Römer bis zum Dom ein großflächiger Platz, begrenzt von Historischem Museum und Technischem Rathaus. Dieser Platz bot den Freiraum für Schauplatz viele Aktivitäten, Feste und immer wieder auch Großdemonstrationen. Bis heute ist die Tatsache, daß hier überhaupt gebaut wurde, nicht unumstritten. Die Kritiker gehen davon aus, daß die Zerstörung der Altstadt eine historische Realität ist, die nicht durch eine Wiederbebauung zugedeckt werden dürfe.

Die Stadt war jedoch anderer Meinung. Der Wettbewerbskatalog von 1980 konstatiert ein eher auf das Ideelle als auf die gesellschaftliche Realität ausgerichtete Zielsetzung für das Gestaltungsprogramm: das "Verlangen nach historischer Identitätsfindung Frankfurts als vielhundertjährigem Mittelpunkt deutscher Reichsgeschichte" (Dom–Römerberg–Bereich 1980, 27). Entsprechend sollte mit der Gestaltung des Römerbergs an die ehemalige Reichsherrlichkeit angeknüpft werden, ein glanzvoller, identitätsstiftender Mittelpunkt sollte entstehen. Fast 200 Jahre nach der letzten Kaiserkrönung will Walter Wallmann (im Amt seit 1977) nach eigenen Worten den Römerberg wieder "als gute Stube des Heiligen Römischen Reiches Deutscher Nation" verstanden wissen. Um dem größtenteils abhanden gekommenen historischen Image des Platzes wieder auf die Sprünge zu helfen, liebäugeln die Stadtväter von Anfang an mit einer historisierenden Konzeption. Alle am Wettbewerb beteiligten Architekten müssen eine Pflichtversion einreichen, die von einer Rekonstruktion der sogenannten Ostzeile, eines Komplexes mittelalterlicher Bürgerhäuser, ausgeht. Alternativ dazu kann eine moderne Version mit zeitgemäßer Formensprache entworfen werden. Von dieser Möglichkeit machen allerdings nur 24 der insgesamt 79 beteiligten Architekten Gebrauch. Alle anderen beschränken sich auf eine Umsetzung der ohnehin höher im Kurs stehenden Rekonstruktionsvariante. Die Berliner Architekten Bangert, Jansen, Scholz und Schultes gewinnen den Wettbewerb. Ihre Konzeption sieht einen idealisierenden Wiederaufbau der bis auf die Grundmauern zerstörten Ostzeile vor, dem sich im hinteren Bereich ein historisierend–postmoderner Komplex anschließt. Zwischen Historischem Museum und Dom wird ein monumentaler Museumsbau errichtet, die sogenannte "Kulturschirn", eine Reminiszenz an die als Schirnen bezeichneten Metzgerstände, die sich früher am Dom entlangzogen. Desweiteren entsteht im Bereich der Saalgasse im Rücken der Ostzeile quasi eine Musterschau postmoderner Wohnarchitektur; verschiedenste Architekten gestalteten hier jeweils ein Objekt.

*Ostzeile*
Auf dem leicht ansteigend angelegten Platz, dem Samstagberg, zerteilt eine "mittelalterliche" Häuserzeile aus sechs miteinander verwachsenen Einzelgebäuden das bis dahin offene Areal zwischen Dom und Römer.
"Die Häuser am Samstagberg" – so preist eine Broschüre des Frankfurter Presse– und Informationsamts – "mit ihren eindrucksvollen Fachwerkfassaden und den weit auskragenden Stockwerken sind die *originalgetreuen Rekonstruktionen* ihrer im Zweiten Weltkrieg zerstörten Vorgänger, wiederaufgebaut in tradierter Handwerkstechnik."
Da es unbedingt Fachwerk sein mußte – eine der populärsten postmodernen Moden –, man den Originalzustand der verschieferten Gebäude aber nicht eindeutig rekonstruieren konnte, wurden keine Kosten und Mühen gescheut, idealtypische Frankfurter Fachwerkhäuser aufzubauen. Selbst die wenigen noch erhaltenen Originalteile konnten – wegen unsachgemäßer Lagerung – nicht wiederverwendet werden.
Nichts an dem gesamten Bauwerk deutet auf seine Neuentstehung in den Jahren 1979–1983 hin. Im Gegenteil: das Haus "Großer Engel" trägt an der Fassade die Jahreszahl 1562.
Weiter heißt es in der Broschüre: "Mit dem äußeren Erscheinungsbild haben die Neubauten auch die klangvollen Namen ihrer historischen Vorbilder übernommen" – und nicht nur das. Soll nicht hier auch eine heile Welt, entsprechend den heutigen Vorstellungen über das Mittelalter, suggeriert und möglichst direkt nachvollzogen werden?
Die Einheit von Arbeiten und Wohnen in den hallenartigen Erdgeschossen mit den großen Schaufenstern und den einladenden Rundbogenpforten, und in den darüberliegenden Wohngeschossen.

Festlichkeit am Feierabend: Empfänge, Hochzeitsfeiern und Weihnachtsmarkt.
Die Enge der dicht zusammengerückten Architektur, die das Gefühl der Überschaubarkeit und Geborgenheit vermittelt.
Das räumliche und zeitliche Ausblenden all jener Bereiche, die an Chaos und Desorientierung erinnern mit den Mitteln und Symbolen der gebauten Form ...

Szenenwechsel: Die Anschlußbauten hinter der Ostzeile sollen einen architektonischen Übergang schaffen zwischen dem mittelalterlichen Charakter des Römerbergs und der Stilansammlung des Dom-Bereichs bestehend aus Neugotik, Moderne und zeitgenössischer Postmoderne.
Zwei Langhäuser erstrecken sich fluchtend und glatt über fünf Stockwerke hochgezogen in der Deckung der Repräsentationsfassade Ostzeile. Sie bilden zwei schnurgerade Gassenschluchten zwischen sich: das ehemalige Rapunzelgäßchen und das Schwertfegergäßchen. Das erste der beiden Langhäuser besitzt eine wichtige Funktion: Es enthält die Treppenhäuser und Gassenüberbrückungen zu den oberen Stockwerken der Ostzeile.
Das zweite der beiden Gebäude öffnet sich mit einer zweigeschossigen Arkadenhalle zum Dombereich und zur Schirn. Die Gebäudeöffnungen und vor allem die eckigen Arkaden scheinen nicht als solche während des Bauens entstanden zu sein, sondern wirken wie nachträglich aus den Mauern herausgeschnitten. Der Eindruck der Massivität verschwindet nie. Immer wieder ziehen sich die eckigen Arkadenpfeiler zu undurchdringlichem Mauerwerk zusammen.
Die hinter den Arkaden zurückgezogenen, im mittleren Langhaus untergebrachten Läden, die im baulichen Zusammenhang eher an italienische Bottegas als an alte Frankfurter Metzgerschirnen erinnern, kündigen ihre Existenz mit großformatigen Schildern an.

*Die Schirn*
Mit der Kulturschirn wurde ein Meisterwerk der Monumentalität in den Altstadtbereich eingepfropft. Bedrohlich nahe und mit schroffer Ausdrucksgebärde dehnt sich die neue Ausstellungshalle in den Wirkungsbereich des Doms aus.
Kuben verschiedenster Formen und Ausmaße sind collageartig zusammen- und ineinandergesteckt. Die Rotunde, ein mächtiger, aufgerichteter Zylinder mit viel Hohlraum und wenig nutzbarem Platz ist als Drehmoment des Ensembles konzipiert. Sie steht auf dem Kreuzungspunkt einer in Ost–West–Richtung weisenden Stoa mit der gebauten Nord–Süd–Achse aus einem die Rotunde ummantelnden Halbkreiselement und einem Baukörper mit abgeflachtem Tunnelgewölbedach. Die je nach Perspektive entstehenden Fluchtlinien ziehen den Besucher mit sich in ihren Endpunkt, die Rotunde. Tatsächlich, die Wege kreuzen sich hier, an dieser Stelle ist der Zutrittsverteilerknoten.
Eines der rätselhaftesten Bauteile ist ein auf quadratischem Grundriß errichteter Vier–Stützen–Raum, ein begehbarer, überdimensionierter Tisch. Wollte man den Platz füllen? Von höherer Warte einen Einblick in den Historischen Garten ermöglichen? Soll hier der Kunst und Kultur im Angesicht des Doms in Zeremonien gehuldigt werden? Oder ist dies eine Anspielung auf die nackte, kubische Bauweise der Moderne, die sich die Postmoderne – sich von ihr distanzierend – dennoch als Zitat einverleibt?
Die zahlreichen Möglichkeiten der Deutung erzwingen im Nachhinein eine eindeutige Definition: Ein kleiner Betonsockel in der Mitte macht das Teil zu einer überdachten Ausstellungsfläche im Freien und nimmt ihm das funktionslose Monumentale.
Diese architektonischen Zusammenhänge des ganzen Ensembles sind aus einem Blickwinkel von unten natürlich nicht erfaßbar. Dazu muß der Interessent schon den Domturm

erklimmen, um sich einen Überblick über das Baugefüge und sein Zusammenspiel mit der Umgebung zu verschaffen.

Wie auch immer, ein Erkennen und Verstehen der Bedeutungszusammenhänge, der Auswahl und Anordnung der historischen und sakralen Elemente wird nur mit umfangreichen Kenntnissen der Frankfurter Geschichte im besonderen und der Architekturgeschichte im allgemeinen möglich sein.
Für wen wurde dies alles gebaut?
Jugendmusikschule und die Junge Deutsche Philharmonie haben in der Schirn ihre Übungsräume. Für die älteren Bürger wurde Raum abgegeben, in den etwas abgelegeneren Bauteilen zwar, wie z.B. auf der Höhe des Historischen Gartens der Seniorentreff. Ansonsten: Platz für besondere, prestigeträchtige Wanderausstellungen und Happenings – Das Welttelephonorchester, die Dinnerparty und zur Zeit die Südsee-Ausstellung, die man getrost unter dem Stichwort "Exotismus" einreihen kann.
Von den teuren "Musterschau"-Stadtwohnungen südlich der Schirn, die bis heute nicht fertig gestellt sind, da sich zuwenige Interessenten finden, erhofft man sich belebende Impulse über die Geschäftsstunden hinaus.

**Identitätsmanagement – für wen?**
Die Strategie Walter Wallmanns, mit der Neugestaltung des Römerbergs einen zentralen Identifikationspunkt zu schaffen, scheint geglückt. Vielen Frankfurtern, auch den meisten Besuchern, gefällt der schön herausgeputzte Platz. Gerade in Frankfurt war der durch die Kahlschlagpolitik bedingte Verlust an sichtbaren Dokumenten der Geschichte offensichtlich so groß, daß das berechtigte Bedürfnis nach einer Kontinuität und Identität vermittelnden Stadtgestalt sich auch mit Surrogaten zufrieden gibt.
Ein Surrogat ist es allemal: die nostalgische Fachwerkkulisse suggeriert eine harmonische Idylle, die es so nie gegeben hat. Die alte Herrlichkeit der freien Reichs- und Krönungsstadt, die hier beschworen werden soll, ist nur ein Ausschnitt aus der Geschichte dieses Platzes, die noch dazu mit den meisten heute lebenden Stadtbewohnern wenig zu tun hat. Näher läge da schon die kleinbürgerliche und proletarische Vergangenheit der Altstadt, die wenig herrliche Alltagswelt der Handwerker und kleinen Geschäftsleute, die das Bild der engen Gassen über Jahrhunderte prägten. An sie erinnert heute nichts mehr, ebenso wenig wie an die Kriegseinwirkungen.

Die allzu perfekten Fassaden beherbergen jetzt noble Geschäfte und Restaurants, die die wenigsten Frankfurter von innen kennenlernen werden. Und auch der Wohnraum dürfte für die meisten unerschwinglich sein: 4.700 DM Miete muß man z.B. für die Wohnung im Haus Klein Dachsberg pro Monat aufbringen. Der sozialdemokratische Anspruch der 50er und 60er Jahre, den zerstörten Altstadtbereich z.B. durch den Bau von Sozialwohnungen der traditionell hier ansässigen Bewohnergruppe zurückzugeben, ist gänzlich abhanden gekommen. Von Nutzungskontinuität in diesem Sinne kann keine Rede sein. Der Römerberg ist heute, was er eigentlich nie war: ein schickes, elitäres Ambiente, zugeschnitten auf die Selbstdarstellungsbedürfnisse nicht *der* Frankfurter, sondern einer priviligierten Minderheit.

Der Römerberg ist eine Kulisse, nicht nur in seinem äußeren Erscheinungsbild, sondern auch, weil er kaum eine andere Aktivität als die des Betrachtens zuläßt. War in früheren Konzepten noch vorgesehen, die Zentralität des Platzes für aktivitätsorientierte Angebote wie Volkshochschule und sogar Jugendzentrum zu nutzen, so ist davon im weitesten Sinne nur noch die museale Kulturschirn geblieben.

Damit ist der Römerberg tatsächlich zur "guten Stube" geworden, eine gute Stube, die – wie im traditionellen bürgerlichen Haushalt – keinen profanen Alltag zuläßt: Sonn– und Feiertagsarchitektur, die sich zum Vorzeigen eignet. Nachdem Frankfurt aus Gründen kaufmännischer Sparsamkeit jahrhundertelang auf einen adäquaten baulichen Ausdruck seiner tatsächlichen wirtschaftlichen und politischen Macht verzichtet hat, scheint man das Versäumte jetzt um so mehr nachholen zu wollen: Der Römerberg ist nicht nur anheimelnde, vermeintlich historische Kulisse, sondern vor allem auch Repräsentationsarchitektur.

**Die andere Seite der Medaille – der Börneplatz**
"Frankfurt" steht nach den Entwicklungen der letzten Jahre nicht mehr nur für die Metropole des Kapitals. Bewußt wurde eine Bebauungs– und Kulturpolitik betrieben, die die Stadt für die kulturellen Ansprüche einer gehobenen Gesellschaftsschicht als Wohnstandort attraktiver machen sollte. Alte Oper, Schirn, Museumsufer, Ausbau des Palmengartens, Bundesgartenschau – die Parallelen zur Kulturpolitik Mumms lassen sich leicht ziehen. Frankfurt wird wieder sauber und überschaubar, nett, freundlich und gemütlich. Die lange Scheindiskussion über die "Säuberung" des Bahnhofsviertels ist abgeschlossen. Es wird, wie geplant, zum Sperrgebiet erklärt und die Nutten müssen den Banken weichen und statt direkt am Eingang zu Frankfurt nun in den Randbereichen der Stadt auf Freier warten.
Die Ostzeile, die "gudd Stubb", der Vorzeigeplatz mit seinem "neuhistorischen" Ambiente, wurde rekonstruiert bzw. neu errichtet, da "die Bundesrepublik ... arm an Zeugnissen des kaiserlichen Deutschlands vom Mittelalter bis zum Barock" ist. Das Zitat stammt übrigens aus der Wettbewerbsauslobung für die Römerbergbebauung.

Mauerreste des alten jüdischen Gettos

*Stadtgeschichte und Identitätsmanagement* 699

Lediglich ein Blick durch eine Plexiglasscheibe auf die Mauerreste ist erlaubt ...

Informationsstand des Aktionsbündnisses "Rettet den Börneplatz"

Die Ostzeile steht mittlerweile im Mittelpunkt fast aller Berichte über Frankfurt, ihr Bild prangt von Postkarten und Werbeprospekten. Die Baupolitik scheint sich zu bestätigen und so wird sie mittlerweile auch konsequent weitergeführt: Neuerrichtung des Leinwandhauses, Rekonstruktion der Paulskirche und auch das Salzhaus soll wieder in seinem Renaissanceprunk erstehen;
und Zeugnis vom Mittelalter ablegen.

Aber was hat dies nun alles mit dem Börneplatz zu tun?
Bei den Ausschachtungsarbeiten für die Errichtung des Verwaltungsbaus der Stadtwerke auf dem Börneplatz wurden, wie erwartet, Reste des jüdischen Gettos gefunden.

Das jüdische Getto wurde 1450 ausgewiesen, brannte im Laufe der Geschichte zweimal ab, in ihm fanden Pogrome statt, und es wurde, nachdem 1864 der Zwang im Getto zu leben endgültig aufgehoben war, 1884 von seinen letzten Bewohner verlassen. Die Häuser wurden abgetragen, die Steine für Neubauten verwandt, die Synagoge blieb stehen.
Das Getto war nie ein geliebter Ort – für die einen ein Schandfleck in einer sauberen, aufstrebenden Stadt, für die anderen symbolisierte es Unterdrückung und Erniedrigung.

Die z.T. mittelalterlichen Mauerreste, auf die man nun stieß legten deutlicher "Zeugnis" ab von jener Zeit, als man erwartet, vielleicht auch gewünscht hatte. Der Archäologe, der für die Ausgrabung verantwortlich ist, Herr Prof. Meier–Arendt vom Museum für Vor– und Frühgeschichte, klassifizierte die Reste nach denkmalpflegerischen Gesichtspunkten in "erhaltenswert" und "nicht erhaltenswert". Was nach Beseitigung des "Nicht–Erhaltenswerten" verloren ging, war das Gefühl der bedrückenden Enge, in denen die Bewohner vom Mittelalter bis in die Neuzeit leben mußten.

In den letzten Wochen und Monaten kam es zu vielen Protesten und Aktionen bis hin zur Besetzung des Platzes, um die Beseitigung der Mauerreste zu verhindern. Noch immer ist die Diskussion in vollem Gange. Das Aktionsbündnis "Rettet den Börneplatz", das sich aus den unterschiedlichsten Interessensgruppen der Frankfurter Bevölkerung zusammensetzt – von SPD über Grüne, Teile der jüdischen Gemeinde, linke Studentengruppen, evangelische und katholische Gruppierungen – hatte im Grunde mit ihren Aktionen großen Erfolg. Sämtliche Medien griffen bundesweit das Thema auf, selbst die Tagesschau berichtete von der Besetzung, es wurde sogar auf europäischer Ebene diskutiert. Jedoch mit ihrer Forderung nach einem Baustopp, einer Denkpause oder gar den Platz als eine "offene Wunde" zu begreifen, als eine Gedenkstätte Frankfurter Geschichte anderer Art, kamen die Kritiker beim Magistrat nicht durch. Dessen Prämisse bzw. Diskussionsgrundlage war die Erstellung des Stadtwerkebaus auf dem Börneplatz – davon wurde nicht abgegangen. So ging es auch immer nur darum, die besten Kompromisse zu finden.
Was sich nun im Zusammenhang mit der Römerbergbebauung als Frage aufdrängt, ist der Umgang mit Geschichte in dieser Stadt. Während auf der einen Seite Kulissen erstellt werden, die dreidimensional Geschichte (mittelalterliche) wieder greifbar machen sollen, kommt man andererseits, nach langem Hin und Her, starken Protesten und heftigen Diskussionen im Fall Börneplatz zu folgender Lösung:
Von dem gesamten Ensemble, 13 Grundmauern, werden 6, d.h. eine Fläche von ca. 500 qm, erhalten. Dazu gehören das jüdische Ritualbad (Mikwe), drei kleinere ("Sperber", "Widder", "Lamm") und zwei größere Häuser ("Steinernes Haus", "Warmes Bad").

Sie werden in das Tiefgeschoß des Verwaltungsbaus der Stadtwerke integriert und erhalten einen separaten Eingang, so daß sie, unabhängig von den Öffnungszeiten der Stadtwerke, begehbar sind. Im Stockwerk darüber wird diesselbe Grundfläche noch einmal als Ausstellungsfläche zur Verfügung gestellt. Als Dependance des jüdischen Museums sollen dort die Funde "museal" aufbereitet werden, Bücher von Börne und Heine ausliegen und – als besonderes Bonbon – ein Modell der jüdischen Gasse erstellt werden, wie sie im Mittelalter ausgesehen haben könnte. Mittels moderner Videotechnik soll dann in 3D ein Gang durch diese Gasse simuliert werden.
Geschichte zum Anfassen!
Das Konzept für die Integration der Funde muß noch erstellt werden, es wird wieder einmal ein Wettbewerb ausgeschrieben.
Inzwischen baut man weiter.

*Erika Haindl*

## Dorferneuerung – ten years after

**Exkursion nach Waldamorbach**

Im Rahmen des Kongresses der Deutschen Gesellschaft für Volkskunde in Frankfurt am Main fand als eines der Angebote des gastgebenden Instituts am letzten Tag des Kongresses eine Exkursion in die Odenwald–Gemeinde Waldamorbach statt, die seinerzeit als eine der Gemeinden ausgewählt worden war, in denen für die hessischen Dorferneuerungsmaßnahmen modellhaft umfassende Erhebungen nicht nur der Bausubstanz, sondern auch der soziokulturellen Strukturen und der subjektiven Einstellungen der Bewohner durchgeführt wurden.

Die Untersuchungen wurden als Auftragsforschung für das Hessische Ministerium für Landwirtschaft und Umwelt ab 1976 als Gemeinschaftsprojekt von den Instituten für Kulturanthropologie und Europäische Ethnologie mit dem Kunsthistorischen Institut der Universität Frankfurt in Zusammenarbeit mit Architekten der TH Darmstadt und dem Hessischen Landesamt für Denkmalpflege durchgeführt. Die Ergebnisse des Forschungsprojekts liegen in der Reihe der Hessenbibliothek im Inselverlag unter dem Titel "Das Hessische Dorf" vor.

**Anmerkungen zur Untersuchungsgemeinde**
Waldamorbach liegt am Nordrand des Odenwaldes in Abseitslage, sowohl was die Geographie als auch die strategisch–historischen kollektiven Erfahrungen anbelangt. In der Gebietsreform verlor Waldamorbach seine gemeindliche Eigenständigkeit; es gehört seit 15 Jahren als einer von 5 Stadtteilen zur Stadt Breuberg.

Die verkehrsmäßige Anbindung ist aufgrund der topographischen Gegebenheit schon immer schlecht gewesen. Weder die großen historischen Fernstraßen noch die Eisenbahnen und Buslinien der Gegenwart banden bzw. binden das Dorf an das vorhandene regionale System an, das im direkten "Grenz"–Gebiet zwischen Hessen und Bayern liegt. Schul– und Arbeitspendelbusse sind die einzigen nicht–privaten Verkehrsmittel, die inoffiziell von den Bürgern mitgenutzt werden können.

Nichtberufstätige Frauen, Kinder und alte Menschen sind damit am Wohnstandort Waldamorbach deutlich benachteiligt.

Alle Straßen des Dorfes führen mehr oder weniger deutlich zum Dorfmittelpunkt, dem sogenannten Marktplatz, an dem sich der ehemalige Schul– und Rathausbau, die Kirche und das älteste Gehöft der Gemeinde befinden. Etwas abseits, aber in einer wichtigen Sichtachse liegt der größte Hof des Ortes (heute Sitz einer alternativen Kommune), der einzige heute noch als Vollerwerbsbetrieb geführte Hof der Familie Schanz sowie das Backhaus, das heute, nach der Sanierung wieder zum Brotbacken verwendet wird.

Historisch ist das Dorfbild in enger Anlehnung an die Topographie entstanden. Die landschaftliche Lage der Gemeinde ist ausgesprochen schön. Der alte Dorfkern bezeichnet die Stelle, an der drei Täler ineinander münden, eine geradezu perfekte historische Siedlungskonstellation.

56% der Gemeindefläche sind mit Wald bedeckt; Angesichts einer veränderten Einstellung gegenüber nicht–strangulierter Natur hat die Gemeindefläche wichtige Ressourcen an regenerierungsfähiger Naturlandschaft aufzuweisen. Im Hinblick auf die Absichten der EG zur Flächenstillegung dürfte sich Waldamorbach aufgrund seiner Topographie und der Anzahl brachgefallener Flächen für diese Maßnahmen anbieten.

Die Gemeinde weist in der historischen Entwicklung eine auffallende Statik aus. Zwischen 1834 und 1939 blieb die Einwohnerzahl mit geringen Schwankungen unter der 300–Einwohner–Grenze. Durch den Zustrom von Flüchtlingen und Heimatvertriebenen erfolgte zwischen 1939 und 1946 ein Anstieg um 43,3%. Nach der Stabilisierung im Verlauf des beginnenden Wiederaufbaus der Bundesrepublik Deutschland, d.h. der Abwanderung der unfreiwillig gekommenen Neubürger in die nahe gelegenen Verdichtungsräume pendelte sich die Bevölkerungszahl auf 338 Personen ein.

Ab 1961, dem Jahr mit dem tiefsten Nachkriegs–Bevölkerungsstand setzte ein kontinuierliches Bevölkerungswachstum aufgrund eines sich schnell ausweitenden Neubaugebietes ein. Dieses neue Wohngebiet ist auch ein Indikator dafür, wie der kleinen Gemeinde die Übersicht über Entstehung und Wachstum der kommunalen Probleme entglitten. Aus Wildwuchs entstanden, bedeutete das neue Wohngebiet am Sonnenhang über dem Dorf zwar auch neuen Siedlungsraum für die jüngere Generation der alteingesessenen Familien; vorwiegend entstanden jedoch Wochenendhäuser wohlhabender Bewohner des Rhein–Main–Ballungsraumes, die nach Waldamorbach der ländlichen Ruhe und der natürlichen Qualitäten wegen kamen. (Zuzug aus Entfernungen unter 50km=47,4%, zw. 50km und 100km=32,1%. Zahlen von 1977).

Diese Zuzugsgründe schlagen sich mit zunehmender Deutlichkeit in der Alterspyramide der Gemeinde nieder. In Waldamorbach hat die Gruppe der Bewohner über 60 Jahren bereits 1977 fast die 20%– Marke erreicht.

Die Frankfurter Untersuchung hatte seinerseits ein sehr dichtes System verwandtschaftlicher Beziehungen erbracht. 28% der Bewohner hatten 4 bis 6 verwandte Familien im Ort, 15% sogar mehr als 6 verwandte Familien am Ort. Über 14% gaben an, daß bereits ihre Ur– und Ururgroßeltern im Dorf gewohnt hätten. 18,2% konnten ihre Vorfahrenkette sogar weiter als 4 Generationen zurückverfolgen.

Im Frankfurter Institut entstand als Nachfolgearbeit zu der großen interdisziplinären Untersuchung der 70er Jahre die Dissertation von Ingeborg Meyer–Palmedo zum Thema der Verwandtschaftsbeziehungen in Waldamorbach. Frau Meyer–Palmedo hat vor allem auch die Verwandtschaftssysteme des 18. Jh. und des 19. Jahrhunderts aufgearbeitet und damit der Bevölkerung des ehemaligen Dorfes ein wichtiges Stück der soziokulturellen Identität zurückgegeben.

Für die interdisziplinäre Untersuchung im Auftrag des Hessischen Ministeriums für Landwirtschaft und Umwelt war von Ina–Maria Greverus ein Raumorientierungsmodell entwickelt worden, das als Grundlage für die kulturanthropologische Untersuchung der subjektiven Einstellung der Bevölkerung diente. Aufgrund dieses Modells lagen der Untersuchung im Waldamorbach die drei folgenden Hypothesen zugrunde:

1. Die Identifikation mit einem Raum hängt von dem Grad der in diesem Raum möglichen Befriedigung von Lebensbedürfnissen ab, denen verschiedene Raumorientierungen zugrundeliegen. Je besser diese Bedürfnisse befriedigt werden, desto größer ist das Identifikationspotential, das zur Anerkennung (und konstruktiven Erhaltung) dieses Raumes führt.

2. Je konfliktreicher sich in einem gegebenen Raum für die einzelnen die unterschiedlichen Raumorientierungen gegenüberstehen und je sozio–ökonomisch heterogener der Raum besetzt ist, desto stärker ist die Tendenz zur privaten Konfliktlösung im Rahmen individueller und/oder interessenspezifischer Möglichkeiten.
3. Je stärker in eine räumliche Entwicklungsplanung eine kollektive Konfliktlösungsstrategie einbezogen wird, desto größer sind die Chancen für eine solidarische Zusammenarbeit der Bewohner hinsichtlich der Interessenvertretung ihres Lebensraums.

Analog den angewandten Hypothesen war es bereits im Untersuchungszeitraum eines der Ziele des Instituts gewesen, mithilfe einer intensiven Öffentlichkeitsarbeit die Bevölkerung zur aktiven Wahrnehmung ihrer Interessen zu motivieren. Leider waren entsprechende Vorschläge seitens des Instituts zur festen Installation eines Beraterteams für die Zeit nach der Feldphase, das unabhängig von der offiziellen staatlichen Planung sogenannte "Anwalts"–Arbeit leisten sollte, seinerzeit nur widerstrebend von den involvierten Ministerien aufgenommen worden, sodaß die Mitglieder einer kleinen Arbeitsgruppe nur unter eingeschränkten Rahmenbedingungen arbeiten konnten.

Den eigentlichen Durchbruch für die Wiederbelebung der Gemeinde erarbeitete Ingeborg Meyer–Palmedo, die lange Zeit sehr sorgfältig in der Gemeinde recherchierte und im Verlauf dieser Arbeit eine Form der Action Anthropology entwickelte, die, da sie auf einem hohen Grad an mitmenschlichem Interesse aufgebaut war, von der Bevölkerung "angenommen" wurde. Das hat die Entwicklung eines Selbstbewußtseins der Gemeinde langfristig sehr günstig beeinflußt.

Die Überprüfung der Hypothesen: Mit der Exkursion im Rahmen des Kongresses sollte vor allem den fernerwohnenden und ausländischen Kolleginnen und Kollegen Gelegenheit geboten werden, die Untersuchungsgemeinde zu besichtigen. Vermutlich jedoch war diese Exkursion am spannendsten für die Teilnehmenden aus dem Frankfurter Institut selbst, da eine Rückkehr in die Gemeinde fast zehn Jahre nach der großen Untersuchung eine Überprüfung der Hypothesen verhieß.

Anmerkungen zum Konzept der Exkursion: Es war mir klar, daß eine wissenschaftliche Exkursion unsererseits in die ehemalige Untersuchungsgegend nicht als Fortsetzung der Experten–Besichtigungen stattfinden sollte, wie sie die Gemeinde als Folge des Status, hessische Modellgemeinde für Dorferneuerung zu sein, in den Jahren nach der Sanierung über sich ergehen lassen mußte. Das bedeutete: keine "Zoo"–Position für die Bewohner! Es war also notwendig, eine Situation zu schaffen, in der die Bewohner selbst sprechen und die Wissenschaftler zuhören konnten. Dazu war es notwendig, die Einwohner für die Exkursion selbst zu interessieren und zur Mitwirkung zu gewinnen. Mir kam es sehr darauf an, nicht nur die üblichen lokalen Experten aus Politik und Verwaltung zu Wort kommen zu lassen, sondern es sollte sich die Pluralität der heutigen Bevölkerung in der Gesprächsrunde wiederfinden, also auch Neubürger vom Sonnenhang über dem Dorf dabei sein, Kinder und Jugendliche, alte Leute und natürlich auch Frauen.

Vorbereitende Schritte: Am wichtigsten war es, Dr. Ingeborg Meyer–Palmedo um eine gemeinsame Aktion zu bitten, da niemand über so fundierte Kenntnisse der räumlichen, sozialen und politischen Strukturen verfügte wie sie. Gemeinsam entwickelten wir ein Konzept, das in einer Vorexkursion nach Waldamorbach mit Mitgliedern einer alten dorfansässigen Familie in konkrete Handlungsschritte umgesetzt wurde.

Die Bereitschaft der angesprochenen Familie Weber zur Mitwirkung war sehr beeindruckend. Das vorgesehene Gespräch wurde als Chance begriffen, wieder einmal einen Impuls einzubringen und das Sanierungsgeschehen und dessen Auswirkungen, die längst Alltag geworden waren, zu reflektieren. In sehr dankenswerter Weise übernahmen es die Gebrüder Weber, für die Pressearbeit und die Raumbeschaffung zu sorgen.

**Die Exkursion**
Als Erkenntnisziele waren von mir fünf Themenbereiche vorgesehen.
Zu folgenden Aspekten wurde Information vermittelt:
1. Information über die Planungsbedarfe zum hessischen Dorferneuerungsprogramm allgemein und speziell der Sanierungsnotwendigkeiten in Waldamorbach als Modellgemeinde.
2. Anschauliche Vermittlung des materiellen Dorfbildes und wenn möglich auch der soziokulturellen Besonderheiten.
3. Überblick über die Ergebnisse unserer interdisziplinären Forschung im Modelldorf Waldamorbach, wie sie in "Das hessische Dorf" dokumentiert sind.
4. Informationen über die Art und Weise der Vorbereitung der Sanierung und Sanierung des Dorfes als behördliche Maßnahme.
5. Überblick über die Entwicklung der materiellen und sozialen Ressourcen der Gemeinde zehn Jahre nach der Untersuchung.

Die Annäherung an den Untersuchungsort aus dem Verdichtungsgebiet Rhein–Main in den noch immer relativ ländlichen Odenwald erfolgte in einer Art Trichterverfahren zunächst über die Autobahn und dann über die jeweils kleiner werdenden Landstraßen–Kategorien, womit nicht nur die landschaftliche Schönheit der Ortslage, sondern eben auch die Probleme des Arbeits–Pendelns sich vermitteln ließen.
Außerdem wurden Informationen über Planungsbedürfnisse und Planungsbedarfe, die dem hessischen Dorferneuerungsprogramm zuzuordnen sind, vermittelt.
Die Dorfbegehung hatte das Ziel, eine Anschauung des materiellen Dorfbildes zu vermitteln und dabei möglichst auch die soziokulturellen Aspekte sichtbar zu machen.
Unter der Führung eines "lokalen Experten", Herrn Willi Weber, wurden die einzelnen Bereiche des Dorfes sehr ausführlich besichtigt, wobei nicht nur Ortsgestalt und Sanierungsmaßnahmen erläutert wurden, sondern auch persönliche Kontakte und Besichtigungen privater Liegenschaften möglich waren.
Das Mittagsessen war ein "Arbeitsessen". Nach einem kurzen Überblick über die Forschungsergebnisse erläuterte Ingeborg Meyer–Palmedo die Vorbereitung und Durchführung der Sanierung seitens der Behörden und der entsprechenden "Experten" (Architekten, Stadtplaner etc.) und vor allem über die begleitende Beratung durch das freiwillige Team von Wissenschaftlern, dem Dr. Ingeborg Meyer–Palmedo angehört hatte.
Die Aussagen der Bevölkerung im Rahmen der Untersuchung zum Thema der politisch–strategischen Raumorientierung waren bemerkenswert resignativ gewesen. Es war deshalb auch als moralische Verpflichtung seitens der Beteiligten unseres Instituts empfunden worden, die Bevölkerung in der Irritation, die durch die massive Feldforschung und die anschließenden behördlichen Maßnahmen entstanden war, nicht ohne Hilfe zu lassen. Der Bedarf auch an begleitenden menschlich–verstehenden Maßnahmen war nicht zu übersehen. Zwei Darmstädter Architekten konnten ebenfalls für diese Arbeit gewonnen werden.
Wenngleich diese Arbeitsgruppe Sanierungsfehler auf der materiellen Ebene, wie etwa das heutige Aussehen der Dorfstraße, die ästhetisch eher einer urbanen Fußgängerzone gleicht denn einer hessischen Dorfstraße, nicht verhindern konnte, haben doch viele Gespräche auch zögernde Bewohner erreicht und die Dorfsanierung zu einem alle betreffenden Anliegen werden lassen.

Waldamorbach im Odenwald. Das marginale Dorf...

... gewinnt durch die Dorferneuerung Bedeutung zurück

Ingeborg Meyer–Palmedo mit dem internationalen DGV–Publikum

Familie Weber und andere Bewohner Waldamorbachs hatten in der Turnhalle alles für den "erweiterten Stammtisch" vorbereitet. Die Eingeladenen waren alle gekommen: Vertreter der Alt- und Neubürger, Jugendliche, alte Menschen, Frauen; auch Vertreter aus der Gemeindepolitik und Verwaltung waren da. Sie bildeten einen Halbkreis, der vom Halbkreis der wissenschaftlichen Gäste vervollständigt wurde. Dr. Ingeborg Meyer-Palmedo hatte sich zur Übernahme der Diskussionsleitung bereit erklärt. Das Interesse aus der Bevölkerung selbst war gering; allerdings war die nachmittägliche Stunde auch nicht für eine Teilnahme der arbeitenden Bevölkerung geeignet.
Von anfänglichen allgemeinen Zustimmungen zur Dorfsanierung, vor allem seitens des Stadtverordnetenvorstehers der Gesamtstadt und der Älteren kam der einheimische Gesprächskreis sehr schnell zu einer Benennung von Unbehagen: die Stadtsanierungsvorbereitung und die Durchführung der Sanierung sei zu schnell erfolgt, die Bevölkerung selbst habe keinen Spielraum gehabt, eine eigene Meinung zu bilden. Der ganze Prozeß sei gewissermaßen über sie hinweggerollt.
Es entspricht traditionell dörflichen Ritualen der Bewältigung von Konflikten, den dorfintern vorhandenen Informationsstand über die Struktur vorhandener Unstimmigkeiten vorzugeben, d.h. für Außenstehende wird nicht immer leicht erkennbar, welcher Art die eigentlichen Konflikte sind. Immerhin wurde deutlich, daß sich der aktive Teil der einheimischen Bevölkerung ganz offensichtlich von den an übergeordneten Stellen beschlossenen Maßnahmen überrumpelt gefühlt hat, man im Nachhinein gerne den immensen Input von außen nicht nur zur materiellen Sanierung einzelner Objekte genutzt hätte, sondern auch zur Sanierung der gelockerten soziokulturellen Strukturen.
Am Beispiel der Sanierung des Backhauses konnte die Bevölkerung gewissermaßen in einem kleinen Teilbereich erfahren, welche Möglichkeiten in der Dorf-Sanierung entwickelt werden könnten (vgl. Haindl 1986). Die Sanierung und Wiederinbetriebnahme des zentral gelegenen Backhauses erweist sich nämlich als eine Maßnahme mit sehr verblüffenden soziokulturellen Folgen: mehrere Backgemeinschaften haben sich gebildet, einzelne Altersgruppen entdeckten wieder einen traditionellen dörflichen Treffpunkt. Angesichts des lokalen Angebots der Bäckerei wird die eigene Herstellung von Brot nicht nur ein regelmäßiges Wiederkehren einer Gemeinschaftsaktion befreundeter oder verwandter Familien, sondern zugleich auch Anstoß für eine bewußtere Ernährung mit gesünderer Nahrung.
Wenngleich einige der "Multiplikatoren" auch enttäuscht sind, daß die Sanierung die Entfremdung innerhalb der Dorfgemeinschaft weniger aufgehoben hat als sie vor zehn Jahren erhofft hatten, so ist doch nicht zu übersehen, daß das Dorf wieder an alltagsweltlicher Attraktivität gewonnen hat. Mehrere abgewanderte junge Familien sind inzwischen zurückgekehrt, der historische Bestand der Dorfmitte ist neu belebt, auch durch Zuzüge von Fremden von außen. Dienstleistungsangebote sind vorhanden, die man im Untersuchungszeitraum noch vergeblich gesucht hatte.
Eine gemeinsame Aussage der lokalen Gesprächsteilnehmer wird den Teilnehmenden der Exkursion vermutlich in Erinnerung bleiben: Ohne Dr. Ingeborg Meyer-Palmedos mitmenschliches Verständnis, ohne ihre ermutigenden und manchesmal "munter"-machenden Aufforderungen, sich wieder um die Angelegenheiten zu kümmern, die das historische und gegenwärtige kollektive Bewußtsein und Gemeinschaftsleben anbelangten, hätten die Waldamorbacher ihre Resignation nicht so gut überwinden können.
Was auch am nachmittaglichen Gespräch auffiel: die eingeladenen Frauen mischten sich nicht in das Gespräch ein, obwohl sie doch von dem Verschwinden der traditionellen dörflichen Alltagswelt am meisten betroffen sind.

Und dann noch eine kleine Szene: In einer lebhaften Passage des Gesprächs über das Für und Wider der Art und Weise, wie die Dorfbevölkerung die gebotenen Sanierungsmöglichkeiten genutzt habe, sprach ein offensichtlich ansonsten akzeptierter Neubürger von "die Waldamorbacher". Die Reaktion der alteingesessenen Gesprächsteilnehmer zeigte, wie empfindlich die Berührungspunkte zwischen Alt- und Neubürgern sind, trotz oder vielleicht gerade wegen der Annäherungsversuche der letzteren.

Die Exkursionteilnehmerinnen und -teilnehmer waren an diesem Nachmittag so gut wie nicht zu Wort gekommen. Die lokalen Bewohner, meist eher Objekte wissenschaftlichen Forschungsinteresses, hatten mit großer Ernsthaftigkeit und sehr eindrucksvoll gezeigt, daß die Bedingungen, unter denen Leben stattfindet, immer subjektiv empfunden werden, daß immer sowohl individuell als auch kollektiv unter den Bedingungen gegebener Interessenskonstellationen Möglichkeiten zur Bewältigung von Herausforderungen gesucht werden. Sie haben aber auch aufgezeigt, daß der ländliche Lebensraum, für den Waldamorbach wieder einmal als Modell hergehalten hat, viele lebenswerte Qualitäten hat und es wert ist, sich für die Erhaltung ländlichen Lebensraums auch durch wissenschaftliche Arbeit einzusetzen.

# Anhang

# Autoren

Hüsnü **Arıcı**, Dr., geb. 1933, Universitätsprofessor, Leiter der Psychologischen Abteilung der Hacettepe Universität Beytepe – Ankara, TR Ankara

Peter **Assion**, Dr., geb 1941, Universitätsprofessor am Institut für Europäische Ethnologie und Kulturforschung der Universität Marburg, 3550 Marburg

Eno **Beuchelt**, Dipl.-Psychologe, Dr. phil., geb. 1929, Professor für Psychologie am Psychologischen Institut I der Universität Köln, 5000 Köln 41

Jutta **Beyer**, Dr., geb. 1955, Wissenschaftliche Mitarbeiterin im Bildungszentrum der Stadt Nürnberg

Munip **Bineytioglu**, geb. 1959, Diplompsychologe, Wissenschaftlicher Mitarbeiter an der Pädagogischen Hochschule Heidelberg

Christine **Blaser**, geb. 1960, Studentin am Institut für Kulturanthropologie und Europäische Ethnologie Frankfurt, 6000 Frankfurt 90

Jeremy **Boissevain**, Dr., geb. 1928, Professor für Sozialanthropologie am Antropologisch–Sociologisch Centrum der Universiteit van Amsterdam, NL 1405 BN Bussum

Rolf Wilhelm **Brednich**, Dr., geb. 1935, Universitätsprofessor am Seminar für Volkskunde der Universität Göttingen, 3400 Göttingen

Andreas **Bruck**, M.A., geb. 1954, Kulturanthropologe in Göttingen, 4817 Leopoldshöhe

Dieter **Danckwortt**, Dr., geb 1925, Deutsche Stiftung für internationale Entwicklung (DIE), 5300 Bonn

Roderich **Feldes**, Dr., geb. 1946, Schriftsteller, 6345 Eschenburg 5

Elisabeth **Fendl**, M.A., Doktorandin am Lehrstuhl für Volkskunde der Universität Regensburg, 8400 Regensburg

Jurij **Fikfak**, geb. 1954, Studium der Slovenistik und Ethnologie, Postdiplomstudium der Ethnologie (Magister), arbeitet am Institut za slovensko narodopisje (Institut für slovenische Volkskunde) in Ljubljana, YU 66230 Postojna

Christel **Gärtner**, geb. 1958, Studentin am Institut für Kulturanthropologie und Europäische Ethnologie Frankfurt, 6000 Frankfurt 70

Hartwig **Gebhardt**, Dr., geb. 1943, Wissenschaftlicher Angestellter an der Universität Bremen (Deutsche Presseforschung), 2807 Achim

Christian **Giordano**, Dr. habil., geb. 1945, Privatdozent am Institut für Kulturanthropologie und Europäische Ethnologie der Universität Frankfurt; Projektleiter am entstehenden Museum für Außereuropäische Kulturen in Lugano, 6000 Frankfurt

Andreas **Grether**, geb. 1958, 8000 München 40

Ina–Maria **Greverus**, Dr., geb. 1929, Professorin am Institut für Kulturanthropologie und Europäische Ethnologie der Universität Frankfurt, 6335 Lahnau–Atzbach

Hans **Grießmair**, Dr. phil., geb. 1938, Direktor am Südtiroler Landesmuseum für Volkskunde Dietenheim bei Bruneck, I 39042 Bressanone

Abdurrahman **Güzel**, Dr., geb. 1943, Professor an der Abteilung für Didaktik der türkischen Sprache und Literatur der Gazi Üniversitesi Ankara

Klaus **Guth**, Dr. geb. 1934, Universitätsprofessor für Volkskunde und Historische Landeskunde an der Universität, 8600 Bamberg

Ueli **Gyr**, Dr., PD, geb. 1945, Oberassistent am Volkskundlichen Seminar der Universität Zürich, CH 8702 Zollikon

Ansgar **Häfner**, Dr., geb. 1946, Philosoph, Universität Karlsruhe, Institut für Soziologie. Betreibt eine philosophische Beratungspraxis in Karlsruhe, 7500 Karlsruhe

Hans **Haid**, Dr., Schriftsteller, geb. 1938, A 3713 Reinprechtspölla und A 1180 Wien

Erika **Haindl**, Dr., geb. 1931, Kulturanthropologin, Lehrbeauftragte am Institut für Kulturanthropologie und Europäische Ethnologie, 6238 Hofheim am Taunus

Volker **Hamann**, M.A., geb. 1951, Ethnologe und Bildhauer, 1000 Berlin

Andreas **Hartmann**, Dr., geb. 1952, Hochschulassistent am Seminar für Volkskunde der Universität Göttingen, 3400 Göttingen

Brigitta **Hauser–Schäublin**, Dr., geb. 1944, Wissenschaftliche Mitarbeiterin am Museum für Völkerkunde Basel und Privatdozentin an der Universität Basel, CH 4001 Basel

Everhard **Holtmann**, Dr. phil. habil., geb. 1946, Privatdozent und Akad. Oberrat a.Z. am Institut für Politische Wissenschaft der Universität Erlangen–Nürnberg

Utz **Jeggle**, Dr., geb. 1941, Professor am Ludwig–Uhland–Institut für empirische Kulturwissenschaft der Universität Tübingen, 7400 Tübingen

Gerhard **Jost**, Dr., geb. 1959, Soziologe, A 1200 Wien

Herbert **Jost**, Dr., geb. 1960, Medienreferent, 3550 Marburg

Güther **Kapfhammer**, Dr. phil. habil, geb. 1937, Privatdozent für Volkskunde an der Universität Augsburg, 8034 Germering

Barbara **Kirshenblatt–Gimblett**, Dr., Professorin am Department of Performance Studies, Tisch School of the Arts, N.Y. University, 10003 New York

Kristin **Koch**, geb. 1961, Studentin am Institut für Kulturanthropologie und Europäische Ethnologie Frankfurt, 6000 Frankfurt

Konrad **Köstlin**, Dr. Professor, geb. 1940, Lehrstuhl für Volkskunde an der Universität Regensburg, 8400 Regensburg

Regina **Koy**, geb. 1956, Studentin am Institut für Kulturanthropologie und Europäische Ethnologie Frankfurt, 6000 Frankfurt 1

Dieter **Kramer**, Dr., geb. 1940, Wissenschaftlicher Mitarbeiter im Dezernat Kultur und Freizeit der Stadt Frankfurt, 3550 Marburg

Sabine **Künsting**, Dr., geb. 1957, Ethnologin, Wissenschaftliche Mitarbeiterin am Institut für geschichtliche Landeskunde der Universität Bonn, Abt. Rheinische Volkskunde, 5000 Köln

Juhani U.E. **Lehtonen**, Dr., geb. 1942, Professor, Helsinki

Rolf **Lindner**, Dr., geb. 1945, Hochschulassistent am Institut für Soziologie der Freien Universität Berlin, Schwerpunktbereich Kultur und Interaktion, 1000 Berlin 41

Ronald **Lutz**, Dipl. Sozialpädagoge, geb. 1951, Doktorand am Institut für Kulturanthropologie und Europäische Ethnologie der Universität Frankfurt, 6101 Pfungstadt

Martina **Majer**, geb. 1961, Studentin der Empirischen Kulturwissenschaft am Ludwig–Uhland–Institut sowie der Psychologie am Psychologischen Institut der Universität Tübingen, 7400 Tübingen 2

Max **Matter**, Dr., geb. 1945, Professor am Institut für Kulturanthropologie und Europäische Ethnologie der Universität Frankfurt, 6000 Frankfurt 90

Peter **Mesenhöller**, geb. 1956, Doktorand am Seminar für Europäische Ethnologie und Kulturforschung der Universität Marburg, 5000 Köln 1

Gerhard **Mittelstädt**, Dr. geb. 1927, Professor für allgemeine Pädagogik an der Pädagogischen Hochschule Heidelberg, 6903 Neckargemünd

Gabriele **Müller**, geb. 1957, Studentin am Institut für Kulturanthropologie und Europäische Ethnologie der Universität Frankfurt, 8700 Würzburg

Monika **Neuhoff**, geb. 1962, Studentin am Institut für Kulturanthropologie und Europäische Ethnologie Frankfurt, 6000 Frankfurt 50

Péter **Niedermüller**, Dr., geb. 1952, Wissenschaftlicher Mitarbeiter am Ethnographischen Institut der Ungarischen Akademie der Wissenschaften Budapest, H 125250 Budapest, Ungarn

Gerhard Th. **Ongyerth**, Diplomgeograph, geb. 1960, Dozent an der Volkshochschule München

Alexander von **Plato**, Dr. phil., geb. 1942, Historiker, Wissenschaftlicher Mitarbeiter an der Fernuniversität Hagen, 5802 Wetter 2

Beatrice **Ploch**, geb. 1963, Studentin am Institut für Kulturanthropologie und Europäische Ethnologie Frankfurt, 6078 Neu–Isenburg

Susanne **Raschke–Ostermann**, geb. 1959, Studentin am Institut für Kulturanthropologie und Europäische Ethnologie Frankfurt, 6054 Rodgau 3

Cillie **Rentmeister**, Dr.phil., geb. 1948, Kulturwissenschaftlerin, 1000 Berlin

Regina **Römhild**, M.A., geb. 1960, Kulturanthropologin, Mitarbeiterin am Deutschen Institut für Internationale Pädagogische Forschung, 6000 Frankfurt

Cornelia Maria **Rohe**, geb. 1962, Studentin am Institut für Kulturanthropologie und Europäische Ethnologie Frankfurt, 6632 Schwarzenholz

Kai **Rohkohl**, geb. 1951, Studienrat, 2300 Kiel

Dirk **Sager**, geb. 1940, Journalist, Zweites Deutsches Fernsehen Berlin, Redaktion "Kennzeichen D", 1000 Berlin

Annemie **Schenk**, Dr., geb. 1935, Volkskundlerin, 6243 Lorsch

Werner **Schiffauer**, Dr., geb. 1951, Hochschulassistent am Institut für Kulturanthropologie und Europäische Ethnologie der Universität Frankfurt, 6395 Weilrod 2

Heinz **Schilling**, Dr., M.A., geb. 1942, Akademischer Rat und Lehrbeauftragter am Institut für Kulturanthropologie und Europäische Ethnologie der Universität Frankfurt, 6369 Schöneck

Claudia **Schöning–Kalender**, Dr., geb. 1951, Kulturwissenschaftlerin, Wissenschaftliche Angestellte bei der Stadt Mannheim, AG Kommunale Sozialplanung, 6800 Mannheim

Adelheid **Schrutka–Rechtenstamm**, Dr., geb. 1957, Hochschulassistentin am Volkskundlichen Seminar der Universität Bonn

Hans–Achim **Schubert**, Dr., geb. 1943, Lehrbeauftragter für Soziologie an der Universität Göttingen, 3430 Witzenhausen

Mathilde **Schulte–Haller**, Dr., geb. 1946, Kulturanthropologin, Adjunktin beim Sozialamt der Stadt Zürich, CH 8005 Zürich

Christiane **Schurian–Bremecker**, geb. 1960, Studentin an der Universität Marburg, 3571 Wohratal

Herbert **Schwedt**, Dr., geb. 1935, Universitätsprofessor am Deutschen Institut, Abt. Volkskunde, der Universität Mainz, 6531 Schöneberg

Peter **Schwinn**, Wissenschaftlicher Mitarbeiter am Institut für Europäische Ethnologie und Kulturforschung der Universität Marburg, 3550 Marburg

Signe **Seiler**, Dr., geb. 1948, Freie Journalistin, 6501 Wackernheim

Gabriele **Speckels**, M.A., geb. 1960. Tätig am Niederbayerischen Landwirtschaftsmuseum in Regen

Katharina **Steffen**, Dr., geb. 1945, Lehrbeauftragte am Institut für Kulturanthropologie und Europäische Ethnologie der Universität Frankfurt, CH 8003 Zürich

Hermann **Tertilt**, geb. 1961, Student am Institut für Kulturanthropologie und Europäische Ethnologie der Universität Frankfurt, 6000 Frankfurt

Thomas **Theye**, geb. 1955, Lehrer, 2800 Bremen

Ulrich **Tolksdorf**, Dr., geb. 1938, Wissenschaftlicher Direktor am Germanistischen Seminar (Preußisches Wörterbuch) der Universität Kiel, 2301 Schierensee

Lothar **Voigt**, M.A., geb. 1952, Kulturanthropologe, Doktorand am Institut für Kulturanthropologie und Europäische Ethnologie der Universität Frankfurt, 6000 Frankfurt 90

Hannelore **Vögele**, geb. 1954, Buchhändlerin, Doktorandin der Ethnologie an der Universität zu Köln, 5000 Köln

Libuše **Volbrachtová**, Dr., geb. 1931, Wissenschaftliche Angestellte am Ludwig–Uhland–Institut für empirische Kulturwissenschaft der Universität Tübingen, 7400 Tübingen

Gisela **Welz**, M.A., geb. 1960, Kulturanthropologin, Wissenschaftliche Mitarbeiterin am Institut für Kulturanthropologie und Europäische Ethnologie Frankfurt, 6230 Frankfurt

Katja **Werthmann**, geb. 1964, Studentin am Institut für Kulturanthropologie und Europäische Ethnologie Frankfurt, 6000 Frankfurt 90

Mechthild **Weß – de Velásquez**, M.A., geb. 1957, Wissenschaftliche Mitarbeiterin am Seminar für Volkskunde der Universität Göttingen, 3400 Göttingen

Barbara **Wolbert**, Dr., geb. 1951, Ethnologin, Freie Universität Berlin, 1000 Berlin

Süleyman **Yıldız**, Dr., geb. 1944, Universitätsprofessor, Direktor der Abteilung für Deutsche Sprache und Literatur der Hacettepe Universität Beytepe – Ankara, TR Kücükesat/Ankara

Marita **Zimmermann**, Diplompädagogin, geb. 1954, Wissenschaftliche Mitarbeiterin am Institut für Kulturanthropologie und Europäische Ethnologie der Universität Frankfurt, 6000 Frankfurt 50

# Sach- und Ortsregister

Abgrenzung 595, 599, 603, 609
Abwanderer 55
Abwanderung 49, 51, 56
Abwehrhaltung 611
Afrika 463, 563
afrikanischer Tanz 461
Agrarmobilität 198
Akkulturation 171, 231, 592, 601
   Akkulturationsphase 169
   Akkulturationsprozeß 244, 307
   Akkulturationsvorgang 145
   transkulturelle Akkulturation 602
Alltag 351, 369, 483, 620, 596
   Alltagserscheinungen 504
   Alltagshandeln 251
   Alltagskontext 601
   Alltagskultur 620
   Alltagsleben 79, 345
   Neuer Alltag 403
   Alltägliches 483
   Außeralltägliches 483
   Alltäglichkeit 34
Alternativbewegung 403
Alternativkultur 403, 411–413, 461, 469–471, 478, 599
Alternativprojekte 472
Amazonen 443, 449
American dream 167
Amerika 171, 231, 425, 489
Amerikabild 159
Amerikanische Soldaten 655
Amsterdam 177
Andere, das 463
Andorf 491
Ankara 283
Anpassungsprozeß 145, 618
Anpassungsverhalten 620
Anthropologie 407, 507, 548
   physische Anthropologie 553
   prozessuale Anthropologie 44
Anthropologische Utopie 46
Anthropophage 511
Antwerpen 177
Apodemik 505
Arbeiter 199
   Arbeiterautobiographien 197
   Arbeiterkinder 311
   Arbeiterschaft 199
   Erntearbeitern 199
   Landarbeiter 197, 198, 231
   Saisonarbeiter 199

Arbeit
   Arbeitsmärkte 199
   Arbeitsmigranten 232, 262
   Arbeitsmigration 231, 251, 255
   Arbeitsmobilität 197
   Arbeitsstrukturen 366
Argentinien 100
Ascona 101
Assimilation 307, 592, 598
Aufklärung 434
Aufschreibsysteme 499
Ausbildungssystem 314
Ausgrenzung 251, 500, 502, 505, 587, 592, 596, 599, 604
Ausländer 81, 94, 110, 117, 127, 216, 217, 232, 233, 238, 241, 263, 264, 293, 318, 365, 577, 588, 592–597, 599–602, 610, 655, 661, 665–672
   Ausländerfeindlichkeit 290, 666
   Ausländerfreundlichkeit 671
   Ausländerproblem 665
   Ausländerpolitik 232
Ausland
   Auslandsberichterstattung 571, 575
   Auslandsmagazine 573
   Auslandstourismus 340
Aussteiger 100, 368, 509
Austauschforschung 326, 339
Australien 99
Auswanderer 128, 158–167, 169, 171, 174–186, 193, 642
   Auswandererbriefe 161
   Auswandererkultur 157
   Auswandererpsychologie 158
   Gruppenauswanderer 181
   jüdische Auswanderer 180
   Nordamerika-Auswanderer 177
Auswanderung 51, 231
   Auswanderung nach Amerika 157
   Auswanderungsforschung 157
   Kettenwanderung 180
Autobiographie 197
Autonomie 445
Avebury 429

Baltimore 177
Bamberg 178
Banat 148
Barbar 507, 556
Bären
   Glücksbärchis 360
   Tanzbären 358

Batschka 151
Bauern 56
    Bauernkultur 82
Bayerischer Wald 384
Bayern 135, 169, 197, 199
Berlin 443
Besatzungsmächte 136
Besuchsehe 457
Bevölkerungswachstum 446
Bewegung 483
    Arbeiterbewegung 484
Bildung
    Bildungsarbeit 385, 472
    Bildungsbürgertum 556
    Bildungssystem 312
    Bildungsziel 555
Binnenmigration 614, 617
Biographie 204
Birkenroth 648
Blues 484
Böhmen 198
Bonneval 363
Boston 177
Brasilien 190
Brauchtumspflege 384
Bremen 177
Budapest 80
Bundesrepublik Deutschland 255, 307, 339
Bürokratisches Dilemma 41

Catal Hüyük 447
Cattenom 680
Chicago 177
Cincinatti 177
Dahome 523
Danzig 189
Denkmuster 379
Deutsch–amerikanische Freundschaft 656
Deutsch–französische Grenze 673
Deutsch–französische Freundschaft 678
Deutschschweiz 613
Dialekt 649
Dilettant 42
Dillkreis 649
Diskriminierung 169, 170, 236, 240, 253, 263, 264, 290
Donauebene 201
Donauraum 153
Donauschwaben 145, 154
Dorf 20, 24, 28, 33, 35, 51, 53, 54, 82, 91, 110, 117, 118, 147, 153, 154, 212, 219, 253, 255–259, 285, 296, 335, 365, 366, 368, 447, 456–458, 472, 473, 474, 476–478, 494, 577, 585, 589, 594, 606, 607, 640, 643, 645–647, 649–652

Dorferneuerung 56
Dorfform 147
Dorfgemeinschaft 304, 647
dörfliche Kommunikation 474
dörfliches Vereinswesen 53
Dritte Welt 330, 403, 557, 571, 597
Dunkles Zeitalter 446

Edle Wilde 490, 549
Eifel 472
Eigen– und Fremdbild 605
Eigenbild 605
Eigene Kultur 463, 504
Eingliederung 129, 132, 135, 139, 141, 143, 184, 234, 244, 339, 532, 564
    Eingliederungsstrategie 136
Einheimische 379, 591, 595, 596
Einstellungen 379
Elbing 189
Emanzipation 445
Emigration 198, 209–211, 214, 216, 269, 456
Endogenes Potential 56, 385
Engagierter Film 496
England 422
Entfremdung 12, 22, 23, 42, 99, 100, 138, 241, 341, 588, 589, 594, 599, 607, 637, 638–640, 642, 649, 651, 679
    Entfremdungsthese 99
    Aufhebung von Entfremdung 640
    Dimensionen der Entfremdung 639
    Entfremdung und Anomie 638
    Entfremdung und Identität 639
Entropie 42
Entsendeländer 232
Entwicklungshelfer 403, 471, 472
Entwicklungshilfe 473, 478
Entwicklungspolitik 326, 331, 341
Erinnerungsvermögen 499
Erzähltradition 195
Erziehung 313
    Erziehungsgewohnheiten 614
Eskimo 508
Esoterik 426
Ethnische Gruppen 153
Ethnische Kolonie 239
Ethnische Minderheiten 427
Ethnisch–kulturelle Differenzierung 244
Ethnizität 261, 383, 558, 559
Ethnoanthropologie 27
Ethnograph 99, 651
Ethnographica 556
Ethnographie 99
    ethnographische Allegorie 44
    ethnographische Texte 503

imaginäre Ethnographie 552
russische Ethnographie 101
Ethnologe 11, 35, 38, 45, 79, 101, 103, 111, 112, 169, 238, 241, 283, 327, 388, 403, 406, 494, 507, 545, 556, 557, 675
Ethnopsychoanalyse 118
Ethnozentrismus 26, 216, 235, 243, 248, 494, 499, 663, 670
Europa 71
Eurozentrismus 381, 490, 512
Evolutionismus 331, 549
Exil 209
Exotik 90, 555
Exotismus 102, 556

Fakelore 35
Familie 649, 183, 351, 294
Faschismus 102, 669
Fastenfeuer 49, 50
Feldforschung 28, 35, 99, 102–105, 115, 117, 118, 174, 192, 211, 334, 365, 369, 370–373, 379, 479, 496, 613, 639
Feminismus 443, 450, 451
    Feministische Theologie 451
Feste 50, 54
    family celebrations 74
    Festa 73
    Festivities 72
Fiji 27
Film 500
    ethnographischer Film 494
    volkskundlicher Film 493
    wissenschaftlicher Film 489
Flucht 51, 123, 209
Flüchtlinge 106, 123–127, 129–143, 189, 233, 190, 201, 204, 237, 592
    Flüchtlingsforschung 123
    Flüchtlingsgemeinden 201
Flugblatt 489
Folklorismus 52, 205, 405
Forschendes Lernen 113
Fotografie 500, 547
    Expeditionsfotografie 546
    völkerkundliches Fotoarchiv 545
Franken 170
Frankfurt 593, 599, 600, 623, 648
Frankreich 327
Frauen 360
    Frauenbewegung 443, 450, 616
    Frauenfest 444
    Frauenfrage 450
    Frauenkultur 444
    Frauenwelten 443
Freizeit 616, 649

Fremdbild 12, 89, 255, 346, 489, 490, 507, 514, 557–559, 563, 569, 605
    Rezeption von Fremdbildern 490
    Vermittlung von Fremdbildern 512
    Fremd– und Selbstbilder 679
Fremde 202, 251, 339, 369, 473, 476, 504, 555, 563
    Fremde als Vermittler 53
    Fremde Kultur 403, 478, 479
    Fremde Nähe 27
    Fremdenbild 499
Fremdenfeindlichkeit 235, 670
Fremdenfreundlichkeit 596, 670
Fremdenhaß 670
Fremdenliebe 670
Fremdenverkehr 333, 349
Fremderfahrungen 620
Fremdes
    Unbekanntes 504
    Vermittlung des Fremden 511, 565
Fremdheit 49, 606, 655, 413, 623, 677
Fremdsein 203, 478
Fremdverstehen 326
Fremdwahrnehmung 255, 256
Friedenspolitik 340
Friesland 189
Frontier–hypothesis 152

Ganzheitlichkeit 421, 451, 452, 472
Gastarbeiter 126, 169, 231, 237, 243, 245, 247–249, 253, 311, 315, 316, 339, 587, 593, 596, 598, 655
Gastfreundschaft 351
Gedächtnis, kollektives 325, 377
Gegenkultur 36
Gegenutopie 163
Gemeindeforschung 11
Gemeinschaftsleben 474
Getto 655
Glastonbury 429
Gleichberechtigung 445
Going native 28, 101
Grenze 674, 677
Griechenland 365
Großstadt 463
Gruppe
    Gruppenzugehörigkeit 604, 611
    In–group 558
    kulturelle Gruppe 558
    Out–group 558
Gruppenreisende 380

Hamburg 177
Hammerstein 190
Harburg 177
Hausfrau 352

Heiden 556
Heiler 424
    Geistheiler 430
Heiltraditionen 431
Heilungspraktiken 403
Heimat 20, 25, 27, 31, 49, 51–53, 94, 101, 125–129, 131–133, 135–137, 141, 142, 148, 154, 155, 169–171, 174, 175, 178–182, 184–186, 192, 194, 202, 203, 206, 209–211, 214–216, 222, 223, 233, 238, 240, 241, 252, 257, 258, 264, 266, 267, 289, 290, 315, 317, 331, 339, 341, 346, 354, 357, 383, 558, 580, 585–587, 590, 596, 597, 602, 626, 627, 639, 642, 649, 652, 663, 664, 678, 679
    Heimat- und Flüchtlingsproblematik 53
    Heimatabend 384
    Heimatgefühl 209
    Heimatkultur 305
    Heimatpolitik 136
    Heimatverein 384
    Heimatvertriebene 125, 203
    Heimatverwiesene 198, 201, 203
    alte Heimat 202
    idyllische Heimat 257
    Beheimatungsprozeß 154, 170
    Identifikation mit der Heimat 210
Historische Brauchforschung 52
Historisierung 405
Hochzeit 294

Idealisierung 557
    Idealisierung des Fremden 404
Identifikation 73, 484, 603
    Identifikationsverweigerung 627
Identität 115, 154, 472, 559, 593–595, 600, 601
    Identitätsdiffusion 610
    Identitätsfindung 192
    Identitätsinteresse 611
    Identitätsprozeß 593, 604
    deutsche Identität 667
    individuelle Identität 429
    kollektive Identität 429
    kulturelle Identität 169, 192, 378, 605, 668
    lokale Identität 336, 376
    nationale Identität 595, 603, 606
    soziale Identität 192
    Selbstidentität 623
Images populaires 507
Immigration 180
Indianer 428, 491
Indien 490
Initiation 463
Inländer 593
Innovation 50, 51
Inquisition 434
Insel 476

Integration 31, 125, 129, 133, 136, 139, 141–143, 152, 157, 231, 233, 234, 236, 237, 240, 243–245, 251, 263, 264, 266, 270, 272, 318, 343, 371, 404, 441, 453, 585, 595, 602, 609, 656, 660
Interkulturell
    interkulturelle Begegnungen 339
    interkulturelle Kontakte 620
    interkulturelle Passage 597
    interkulturelle Übernahme 467
    interkultureller Alltag 615
    interkultureller Konflikt 597
    interkulturelles Lernen 339, 469
    interkulturelles Verhalten 381
Interpretation 118, 484
Interview 117
    Direktbefragung 198
    Intensivinterviews 618
    narratives Interview 126
Intraethnisch 596
Irrationalismus 103
Islam 260, 261, 304, 317
    islamischer Religionsunterricht 317
Isolation 660

Kameralisten 148
Kanada 190
Kannibalismus 490, 550
Kenia 379
Kirche 202, 304, 385
Kirchweihbräuche 57
Kleidung 354
Kleinlosnitz 183
Kollektives Gedächtnis 325
Kolonialisierung 330
Kolonialvölker 556
Kolonien 556, 563
Kolonisten 145–148
Kommunalpolitik 142
Kommunikation
    Kommunikationsbarrieren 617
    interkulturelle Kommunikation 597
Kommunität 42
Kondom
    Spezialkondom 645
Konflikt 592, 593, 595, 597, 600, 620
    Konfliktvermeidung 595
    territorialer Konflikt 594
    Konflikte und Vorurteile 674
Konkurrenz 473
Kontaktkultur 595
Kreuzberg 591, 593, 594
Kultur 565
    Kulturanthropologie 103, 406
    Kulturaustausch 323, 325, 326, 344–346, 461, 616

Kulturberührung 620
Kulturbeziehung 323, 344, 373, 383
Kulturdilemma 27
Kulturexport 340
Kulturgemeinschaft 136
Kulturkonflikt 123, 211, 243, 290, 469
Kulturkontakt 36, 323, 340, 375, 378, 383, 415, 461, 473, 655
Kulturkritik 411
Kulturpessimismus 100
Kulturpolitik 326
Kulturrelativismus 261, 331
Kulturschock 35, 209, 257
Kulturspezifik 251
Kulturtransfer 341
Kulturverflechtung 324
Kulturwandel 329, 407
kulturelle Blöcke 79
kulturelle Distanz 611
kulturelle Fremde 126
Kulturelle Homogenisierung 244
kulturelle Identität 84, 125, 186, 251, 264, 331, 340, 605, 668, 679
kulturelle Integration 125
kulturelle Komplexe 79
kulturelle Kontakte 79
kulturelle Minoritäten 128
kulturelle Praxis 314
kulturelle Symbole 79
kulturelle Theorie 413
kulturelle Übernahme 461, 463
kulturelle Übernahmen 433
kulturelle Unterschiede 211
kultureller Austausch 349
kulturelles Muster 422
fremde Kultur 416, 483
materielle Kultur 556
Alternativkultur 413, 483
Dorfkultur 652
Nahrungskultur 479
Nationalkultur 79, 295, 312, 559
"Aufnehmen" fremder Kultur 415
"Übernehmen" fremder Kultur 415
Kulturenvergleich 411

Labradorier 508
Landflucht 170
Lappen 508
Le Havre 177
Lebenslauf 614
Lebensreformbewegung 403
Lebenswelt 369, 594, 597
Leistungsdenken 473
Leistungsgesellschaft 333
Liminalität 34, 630

Literarisierung 504
Liverpool 177
London 177
Louisville 177
Lübeck 177

Malta 71
Mannheim 251
Marginalisierung 56, 247, 253, 264
Martinsbrauch 49, 50, 52, 53
Massenkommunikation 489
Massentourismus 35
Matriarchat 449
    Matriarchatsdebatte 403, 443, 446
Matrifokale Kultur 454
Medien 485, 489
Melanesisch–Neuguinea 99
Memory culture 127
Mennoniten 189
Merkantilismus 145, 149
Migranten 199, 294, 307
Migration 28, 34, 42, 55, 76, 169–171, 175, 178–180, 184–186, 197–199, 221, 233, 246, 253, 254, 256, 262, 269, 271, 323
    Migrationsforschung 198, 243
Milieuwechsel 618
Milwaukee 177
Minderheiten 51, 55, 57, 99, 131, 139, 144, 170, 234, 248, 268, 302, 304, 339, 408, 424, 427, 429, 434, 459, 481, 585, 601, 605, 606, 659, 662
    Minderheitencharakter 592
    Minderheitenkonflikt 593
Minoritäten 57, 485, 596
Miserabilismus 248
Missionar 512
Missionsgeschichten 513
Missionshäuser 556
Mittelfranken 171, 185
Mittelmeerraum 233
Mobilität 28, 106, 125, 173, 174, 183, 197, 198, 285, 602, 614, 641, 649
    Social mobility 76
Modernisierung 79
Mölln 190
Monte Verità 101
München 171
Museum 11, 60, 61, 101, 219, 220, 493, 510, 545, 547, 552, 555, 557, 559–561, 640
Musik 211, 484
Mythologie 490
Mythos 201, 480
    Mythen vom Anfang 202
    Mythos vom Edlen Wilden 499

Nachbarschaft 673
Nation
  Nationalbewußtsein 152, 209, 670
  Nationalgefühl 670
  Nationalidentität 82
  Nationalkultur 79, 295
  nationale Identität 604, 676
  nationale Integration 609
  nationale Minderheit 234
  nationale Vorurteile 673, 682
  Nationalitätenproblem 154
  Nationalitätenwechsel 682
Nationalsozialismus 89, 95, 97, 98, 117, 118, 133, 558, 575, 628, 669
  Drittes Reich 462
Naturvölker 556
Naxxar 71
Nayar 454
Neuschönau 383
Neuseeländer 511
Neusiwatz 148
Neutraubling 201
New Age 36, 425, 403, 451
New Orleans 177
New York 177
Niederbayern 198
Niederlande 189
Nordbaden 294
Nordrhein–Westfalen 130, 135
Normen 473
Nürnberg 171, 491

Oberbayern 171
Obergurgl 330, 358
Oberhausen 595
Oberpfalz 198
Ödipus 446
Ökologie 451
Ökosophie 452
Ötztal, 360
Ostbayern 383
Österreich 145
Ostfriesland 189
Oswego/Illinois 183
Ouray 181

Pan–Afrikanismus 559
Paraguay 100, 190
Paris 499
Partizipation 385
Patriarchat 445, 447, 652
Pazifik 507
Philadelphia 177
Pitztal 360
Popular culture 73

Prenzlau 190
Primitive 509, 549, 556
Psychoanalyse 101
Punks 483

Rassismus 669
Raum 594
  politischer Raum 601
Reblingen 462, 464
Region
  Regionale Identität 351
  Regionale Kulturen 56
Reise 499
  Reisebericht 499, 505, 552
  Reisefotografie 546
  Reisehandbuch 505
  Reiseliteratur 579
Reliktgebiet 49, 51
Remigranten 285
Remigration 178, 241, 288, 290, 471
Residenzgesellschaft 592, 594–598
Ressentiments 576
Restraum–Mentalität 51
Revitalisierungen 54
Reziprozität 476, 623
Ritual 71, 444, 453
Rothaargebirge 649
Rotterdam 177
Ruhrgebiet 130, 231
Ruhrpolen 232
Rumänen 147
Rußland 190, 575

Salzburg 358
San Francisco 177
Sandler 358
Scheinfeld 174
Schleswig–Holstein 189
Schwaben 198
Schweiz 603, 613
Segmentierung 422, 504
Segregation 594, 596, 599, 600, 606
Selbstbefriedigung 468
Selbstbild 35, 117, 118, 166, 255, 346, 558, 604, 679
Selektion 405, 504
Sendungsbewußtsein 512, 608
Senegal 462
Separatismus 445
Sequenzmodelle
  Generationensequenzmodelle 236
Serben 152
Seulbitz 183
Sexualität 358, 484
Sibirien 101, 190

Sinn
  Sinnfindung 485
  Sinnhaftigkeit 424
  Sinnverlust 421
Slawen 147
Sölden 360
Solidarität 472
Sowjetunion 576
Sozialisation 283, 473
Soziologie 101
Spiritualität 424, 451, 453
St. Louis 177
Städtepartnerschaft 325, 343
Stadtkultur 79
Stereotypen 491, 579
Stonehenge 429
Stoupa 365
Strukturwandel 170, 649
Subay 255
Subjektivität 27, 373
Subkultur 36, 39, 48, 81, 105, 403, 408, 412, 592, 599
Subsistenzwirtschaft 160
Süd–Transdanubien 148
Südindien 454, 508
Südosteuropa 145, 146
Südsee 27, 507
Suva 27
Symbol 65, 82, 296, 302, 346, 425–428, 440, 447, 449, 453, 479, 523, 530, 587, 675, 680
Synkretismus 406

Tahiti 509
Tanzgruppe 206, 305, 461
Tenochtitlán 491
Textualisierung 44
Thorn 189
Toleranz 557
Tonga 27
Tourismus 329, 346, 375, 383
  Badetourismus 365
  Ferntourismus 561
  Inlandstourismus 375
  Pauschaltourismus 334, 381
  Sanfter Tourismus 329, 349, 385
  Verbandstourismus 335
  Tourismusforschung 351, 383, 387
  Tourismusindustrie 379
  Rucksacktourist 381
  touristische Infrastruktur 365
  Urlaub auf dem Bauernhof 349
Tradition 82, 304, 465
  Traditionsbruch 153
Transit–people 596
Traum 46, 95–96, 118
Türkei 251, 283, 295, 307, 312

Überlagerungsrationalität 377
Uffenheim 174
Umsiedler 130
Ungarn 79, 145, 205
Ungarndeutsche 205
Urbanisierung 79
USA 190
Utopie 24, 33–35, 43, 45, 46, 57, 163, 165, 166, 413, 640, 641

Vent 330, 363
Verein 54, 56, 384, 647
Vereinigte Staaten von Amerika 339
Verfremdung 117, 119, 481, 585
Verhaltenssicherheit 52
Verhaltenswissenschaften 27
Verkehrte Welt 255, 493
Vertriebene 123, 130, 132, 133, 142, 202 (siehe auch Heimatvertriebene)
Verwandtschaft 252
Volk 17, 19, 20, 22, 81, 82, 84, 85, 99, 189, 191, 192, 223, 311, 315, 333, 509, 513, 522, 524, 529, 546, 550, 563, 564, 568, 577, 610, 657, 679
Völkerkunde 546
Völkerkundemuseum 546, 555
Volkserzählungen 252
Volkskultur 22, 82, 83, 126, 211, 405
Volkskunde 103
  deutsche Volkskunde 109
  Gegenwarts–Volkskunde 124
  Nach–NS–Volkskunde 96
  Neusiedlungs–Volkskunde 124
  slowenische Volkskunde 109
  volkskundliches Erkenntnisinteresse 504
  volkskundliche Feldforschung 496
  volkskundliche Migrationsforschung 169
  volkskundlicher Forschungsfilm 495
Volksliedersammlung 509
Volksmedizin 423
Volkstanz 206
Volkstrachten 115
Vorurteile 13, 39, 54, 102, 166, 169, 217, 233, 235, 236, 241, 267, 325, 339, 340, 343, 369, 372, 381, 481, 494, 555, 557, 558, 575, 590, 596, 603, 611, 615, 621, 668, 673–677, 679, 680, 682, 683
Vorurteilsforschung 330
Vorurteilskomplex 617

Welsche 619
Welschlandaufenthalt 613
Weltbürgerschaft 115
Weltgesellschaft 332
Werte 473, 595, 596
  Wertediskrepanz 597
  Wertedissens 598, 599
  Wertehomogenität 599

Wertekonkurrenz 594
Wertesystem 154, 558, 575
Wertewandel 367, 599
West–Berlin 307
Western Samoa 27
Westerwald 649
Westeuropa 190
Westpreußen 189
Westsumatra 454
Wilden 507

Xenophilie 670

Zentralafrika 550
Zivilisation 403, 565, 649
    Zivilisationskritik 404, 472
    Zivilisationsmüdigkeit 643
    Prozeß der Zivilisierung 625
Zwangsmobilität 198
Zweite Generation 236, 286
Zwischenwelt 596–598, 602

# Literaturverzeichnis

Abadan–Unat, N.: The Effect of International Labor Migration on Women's Roles: The Turkish Case. In: Kağıtçıbaşı, Ç. (ed.): Sex Roles, Family and Community in Turkey. University of Indiana Press 1982

Abadan–Unat, N. und N. Kemiksiz: Türk Dışgöçü 1960–1984. Açıklamalı Bibliyografya. Ankara 1986. (Ersch. in dt. Übers. u. d. T. "Die türkische Migration 1960–1984")

Ackerknecht, E.A.: Natural Disease and Rational Treatment in primitive Medicine. In: Bulletin of the History of Medicine 20:1946

Ackerknecht, E.A.: Kurze Geschichte der Medizin. Stuttgart 1975

ADAC: Tourismus auf neuen Wegen. Ein Diskussionsbeitrag des ADAC. München 1987

Adams, W.P. (Hg.): Die Vereinigten Staaten von Amerika. Fischer Weltgeschichte. Bd. 30. Frankfurt 1977

ADV: Atlas der deutschen Volkskunde. Leipzig 1937

Agar, M.H.: The Professional Stranger. An Informal Introduction to Ethnography. New York u.a. 1980

Akaike, N.: The Ontake cult association and local society: the case of the Owori–Mikawa Region in Central Japan. In: Japanese Journal of Religious Studies 8:1981, pp. 51–82

Akçayı, N.: F. Almanya'da Çalışan Türk Işçilerinin Toplu Dönüşleri ve Uyum Sağlamaları Ile Ilgili Sorunlar. Prof. Dr. Orhan Tuna'ya Armağan, Sosyal Siyaset Konferansları (31. Kitap). I. Ü. Iktisat Fakültesi, Çalışma ve Endüstri Ilişkileri Merkezi 1982, S. 223–230

Aksoy, F. und T. Doyran: Işçi Çokularının Kendi Ülkelerinde Okul ve Çevre Adaptasyonu Problemleri. Kaseki Tıp Bülteni 14:1976, S. 352–355

Albrecht, G.: Soziologie der geographischen Mobilität. Zugleich ein Beitrag zur Soziologie des sozialen Wandels. Stuttgart 1972

Ali, P.S.: Status of women in the Muslim World. A study in the Feminist Movements in Turkey, Egypt, Iran and Pakistan. Lahore 1975

Allmende. Eine alemannische Zeitschrift. 1981, 1

Die Alpen in alten Stichen und Zeichnungen. Ausstellungskatalog Kunstmuseum Basel. Basel 1970

Die Entdeckung der Alpen in der Malerei. Ausstellungskatalog Aargauer Kunsthaus. Aargau 1962

Amft, G.: Volkslieder aus der Grafschaft Glatz. Habelschwerdt 1911

Andrásfalvy, B.: Wald–Viehhaltung in Südost–Transdanubien. Bedeutung der Waldweide im ungarischen Hirtenwesen. In: Viehwirtschaft und Hirtenkultur. Budapest 1969, S. 391–401

Andree, C.: Geschichte der Berliner Gesellschaft für Anthropologie, Ethnologie und Urgeschichte 1869–1969. In: Festschrift zum hundertjährigen Bestehen der Berliner Gesellschaft für Anthropologie, Ethnologie und Urgeschichte 1869–1969. Berlin 1969, S. 9 ff.

Anonymus: Photography and the elder Fine Arts. In: Journal of the Photographic Society 1856, p. 32, zit. n.: W. Kemp (Hg.): Theorie der Fotografie. Bd. 1, 1839–1912. München 1980, S. 40

Ansay, T.: Eheschließung der Türken in der Bundesrepublik Deutschland. In: Welt des Islams, 15:1974, S. 26–38

Archa. Exilzeitschrift, 33:1958, 1

Archiv für Sozialgeschichte 24:1984. Schwerpunktthema: "Ausländer"

Arıcı, H.: Türkiye'ye Dönüş Yapan Gençlerin ve Çocukların Bazı Uyum Sorunları. Ankara 1985

Arıcı, H.: Türkiye'ye Kesin Dönüş Yapan Işçi Çocuklarının Eğitimi Üzerine. Ankara 1986
Ariès, Ph.: Geschichte der Kindheit. München 1975
Armaner, N.: Batı Almanya'da Türk Işçi Çocuklarının Psiko–sosyal Sorunları. Eğitim ve Bilim, 37:1982, 4, S. 21–26
Arnold, K.: Ueber die Nützlichkeit und Notwendigkeit eines "Alpinen Knigge". In: Mitteilungen des Deutschen und Österreichischen Alpen–Vereins 1906, S. 182–185
Assion, P. (Hg.): Acht Jahre im Wilden Westen (1882–1890). Erlebnisse einer Farmersfrau. Marburg 1982
Assion, P. (Hg.): Der große Aufbruch. Studien zur Amerikaauswanderung. Hessische Blätter für Volks– und Kulturforschung NF 17:1985
Assion, P.: Von Hessen in die Neue Welt. Eine Sozial– und Kulturgeschichte der hessischen Amerikaauswanderung mit Text–und Bilddokumenten. Frankfurt 1987
Assion, P.: Von der Volksforschung zur volkskundlichen Kultursoziologie. Klassen–, Schichten– und Gruppenkultur als Forschungsobjekt der Volkskunde. In: I. Chiva und U. Jeggle (Hg.): Deutsche Volkskunde – Französische Ethnologie. Zwei Standortbestimmungen. Frankfurt 1987a, S. 153–177
Atabek, E.: Alkol ve Insan. Istanbul 1982
Attali, J.: Die kannibalische Ordnung. Von der Magie zur Computermedizin. Frankfurt 1981
Atten, A.: Die Jahresfeuer im luxemburgischen Brauchtum. In: Rheinische Vierteljahresblätter 42:1978, S. 468–488
Auerbach, I.: Die hessischen Soldaten und ihr Bild von Amerika 1776. In: Hess. Jb. f. Landesgeschichte 35:1985, S. 137–158
Aurelius, G.: The Schooling of Immigrant Children and its Influence upon their Reintegration in the Native Countries. Paper presented at the International Conference on the Children of Migrant Workers Problems specific to the Countries of Origin. Ankara 1977

Bach, E.: Blumen, die durch die Seele heilen. München 1980
Bade, K.J.: Vom Auswanderungsland zum Einwanderungsland? Deutschland 1880–1980. Berlin 1983
Bade, K.J. (Hg.): Auswanderer, Wanderarbeiter, Gastarbeiter. Bevölkerung, Arbeitsmarkt und Wanderung in Deutschland seit der Mitte des 19. Jahrhunderts. Ostfildern 1984
Badger, G.P.: Description of Malta and Gozo. Malta 1838
Bailey, F.G.: Morality and Expediency. The Folklore of Academic Politics. Oxford 1977
Ballhaus, E.: Dorfentwicklung im Spiegel der Fotografie und im Bewußtsein der Bewohner am Beispiel von Echte. Wiesbaden 1985
Ballhaus, E.: Der volkskundliche Film. Ein Beitrag zur Theorie– und Methodendiskussion. In: Hessische Blätter für Volks– und Kulturforschung NF 21:1987, S. 108–130
Barthes, R.: Image – Music – Text. New York 1977
Barthes, R.: Mythen des Alltags. Frankfurt 1982
Bastian, A.: Der Völkergedanke im Aufbau einer Wissenschaft vom Menschen. In: C.A. Schmitz (Hg.): Kultur. Frankfurt 1963, S. 54 ff.
Baud–Bovy, D.: Les maîtres de la gravure suisse. Neufchâtel 1935
Bauer, F.J.: Flüchtlinge und Flüchtlingspolitik in Bayern 1945–1950. Stuttgart 1982
Bauer, F.J.: Zwischen "Wunder" und Strukturzwang. Zur Integration der Flüchtlinge und Vertriebenen in der Bundesrepublik Deutschland. In: Aus Politik und Zeitgeschichte 32:1987, S. 21–33
Bäumer, G. et al. (Hg.): Frauenbewegung und Sexualethik: Beiträge zur modernen Ehekritik. Heilbronn 1909

Bausinger, H., M. Braun und H. Schwedt: Neue Siedlungen. Stuttgart 1959
Bausinger, H. et al.: Grundzüge der Volkskunde. Darmstadt 1978
Bausinger, H.: Heimat und Identität. In: K. Köstlin und H. Bausinger (Hg.): Heimat und Identität. Probleme regionaler Kultur. Neumünster 1980, S. 9–25
Bausinger, H.: Az ujrarajzolt nép. Budapest 1985
Bausinger, H.: Kulturelle Identität – Schlagwort und Wirklichkeit. In: H. Bausinger (Hg.): Ausländer – Inländer. Arbeitsmigration und kulturelle Identität. Untersuchungen des Ludwig–Uhland–Instituts der Universität Tübingen 67:1986, S. 141–159
Bausinger, H.: Heimat in einer offenen Gesellschaft. Begriffsgeschichte als Problemsgeschichte. In: J. Kelter (Hg.): Die Ohnmacht der Gefühle. Heimat zwischen Wunsch und Wirklichkeit. Weingarten 1986a, S. 89–116
Bausinger, H.: Volkskultur in der technischen Welt. Frankfurt 1986b
Bausinger, H.: Alltag und Exotik. In: Exotische Welten – Europäische Phantasien. Stuttgart 1987, S. 114–120
Beals, R.: Acculturation. In: A.L. Kroeber (Hg.): Anthropology Today. Chicago 1953, pp. 621–642
Beauvoir, S. de: Das andere Geschlecht. Reinbek 1968
Bebel, A.: Die Frau und der Sozialismus. Berlin 1980
Beck, U.: Risikogesellschaft. Auf dem Weg in eine andere Moderne. Frankfurt 1986
Becker, E.: To See Ourselves. In: Th. Weaver (ed.): Anthropology and Modern Social Issues. Glenview/Ill. and London 1973
Becker, G. et al. (Hg.): Aus der Zeit der Verzweiflung. Frankfurt 1977
Beckmann, J.: Beyträge zur Geschichte der Erfindungen. Leipzig 1803
Beecher–Stowe, H.: Onkel Tom's Hütte. Leipzig 1853
Behr, W.: Sozialdemokratie und Konservatismus. Ein empirischer und theoretischer Beitrag zur regionalen Parteianalyse am Beispiel der Geschichte der Nachkriegsentwicklung Bayerns. Hannover 1969
Behrend, Th. et al. (Hg.): Global 2000. Der Bericht an den Präsidenten. Frankfurt 1980
Bellak, L.: Das Stachelschweindilemma. Hamburg 1975
Bellmann, G. und J. Göschel: Tonbandaufnahmen ostdeutscher Mundarten. 1962–1965. Gesamtkatalog. Marburg 1970
Benda–Beckmann, F.: Ayam Gadang toh Bataluah? In: Kertas Kerja 16, Padang 1980 (Typoskript)
Bendix, R.: Tradition and Modernity reconsidered. In: Comparative Studies in Society and History 9:1967, pp. 292–346
Benjamin, W.: Berliner Kindheit um 1900. In: Illuminationen. Ausgewählte Schriften. Frankfurt 1971
Benninghoff–Lühl, S.: Wirkungsaspekte der Museumsarbeit in einem Entwicklungsland am Beispiel des Sahel–Museums in Mali/Westafrika. Baessler–Archiv NF 30:1982
Benninghoff–Lühl, S.: Deutsche Kolonialromane 1884–1914. Bremen 1983
Beradt, Ch.: Das Dritte Reich des Traums. Frankfurt 1966
Berger, J. (ed.): The military Draft. New York 1981
Bergmann, K.: Agrarromantik und Großstadtfeindschaft. Meisenheim am Glan 1970
Berkemeier, K.H.: Die Sozialdemokraten und der neue Typus des Stadtbewohners. In: Frankfurter Rundschau vom 31.8.1987
Berking, H. und S. Neckel: Politik und Lebensstile. (Manuskript). Hessischer Rundfunk vom 17.2.1987
Bernhard, Th.: Der Keller. Eine Entziehung. München 1983

Bernstein, R.J.: Beyond Objectivism and Relativism: Science, Hermeneutics and Praxis. Oxford 1983

Berwing, M. und K. Köstlin (Hg.): Reise–Fieber. Begleitheft zur Ausstellung des Lehrstuhls für Volkskunde der Universität Regensburg. Regensburg 1984

Bianco, C. und M. Del Ninno (Hg.): Festa, Antropologia e Semiotica. Firenze 1981

Binay, H.: Yurt Dışındaki Türk Çocuklarının Eğitimi. Milli Eğitim 59:1982, S. 42–45

Bichsel, P.: Des Schweizers Schweiz. Zürich 1969

Bienek, H.: Vorbemerkung des Herausgebers. Warum dieses Buch? In: H. Bienek (Hg.): Heimat. Neue Erkundungen eines alten Themas. München und Wien 1985, S. 7–11

Bineytioglu, M.: Der Gebrauch von Zigaretten und leichten Alkoholika türkischer Jugendlicher in West–Berlin. Eine empirische Untersuchung. Dipl.–Arb. Berlin 1986

Bitterli, U.: Die "Wilden" und die "Zivilisierten". Grundzüge einer Geistes– und Kulturgeschichte der europäisch–überseeischen Begegnung. München 1976/1982

Bitterli, U.: Alte Welt – neue Welt. Formen des europäisch–überseeischen Kulturkontaktes vom 15. bis zum 18. Jahrhundert. München 1986

Blank, T.: Eine Million Gastarbeiter. In: Bulletin des Presse– und Informationsamtes der Bundesregierung 1964, 160

Blegen, Th.C.: America becomes the Common Man's Utopia. In: M.L. Hansen (Hg.): The Atlantic Migration 1607–1860. A History of the continuing Settlement of the United States. Cambridge/Mass. 1940, pp. 146–171

Blendinger, F.: Die Auswanderung nach Nordamerika aus dem Regierungsbezirk Oberbayern in den Jahren 1846–1852. In: ZBLG 27:1964, S. 431–487

Bloch, E.: Das Prinzip Hoffnung. Frankfurt 1959/1973/1980

Blum, J.: Die bäuerliche Welt. Geschichte und Kultur in sieben Jahrhunderten. München 1982

Blumer, H.: Soziale Probleme als kollektives Verhalten. In: K.O. Hondrich: Menschliche Bedürfnisse und soziale Steuerung. Eine Einführung in die Sozialwissenschaft. Reinbek 1975, S. 102–113

Bock, Ph. (Hg.): Culture Shock. A reader in modern Cultural Anthropology. New York 1970

Bodemann, U.: Folklorismus – ein Modellentwurf. In: Rheinisch–Westfälische Zeitschrift für Volkskunde 28: 1983, S. 101–110

Boeckel, O.: Deutsche Volkslieder aus Oberhessen. Marburg 1885

Bofill, J.: Participatory Education. In: Wain, K. (Hg): Lifelong education and participation. Malta 1985, pp. 49–60

Bogardus, E.S.: A Race Relations Cycle. In: American Journal of Sociology 35:1929/30, pp. 612–617

Boissevain, J.: Saints and Fireworks. Religion and Politics in Rural Malta. London 1965

Boissevain, J. und J. Friedl (eds.): Beyond the Community: Social Process in Europe. Amsterdam 1975

Boissevain, J.: Ritual Escalation in Malta. In: Wolf, E.R. (ed.): Religion, Power and Protest in Local Communities. New York 1984, pp. 163–183

Boissevain, J.: Changing bethrothal and marriage ceremonies in Malta: 1960–1986. Paper prepared in Advance for International Society for Ethnology and Folklore Conference on the Life Cycle, University of Zürich, April 8–12th, 1987

Bonewitz, R.: Der Kosmos der Kristalle. München 1987

Boos–Nünning, U. und W. Nieke: Orientierungs– und Handlungsmuster türkischer Jugendlicher zur Bewältigung der Lebenssituation in der Bundesrepublik Deutschland. In: Psychosozial 16:1982, S. 63–90

Boos–Nünning, U. (Hg.): Die türkische Migration in deutschsprachigen Büchern 1961–1984. Eine annotierte Bibliographie. Bonn 1986

Bornemann, E.: Das Patriarchat. Frankfurt 1975

Börner, P.: Utopia in der Neuen Welt: Von europäischen Träumen zum American Dream. In: Wilhelm Voßkamp (Hg.): Utopieforschung. Interdisziplinäre Studien zur neuzeitlichen Utopie. Bd. 2. Frankfurt 1985, S. 358–374

Böth, G.: "Selbst gesponnen, selbst gemacht ...". Wer hat sich das nur ausgedacht? Trachtenforschung gestern – Kleiderforschung heute. Cloppenburg 1986

Bourdieu, P.: Entwurf einer Theorie der Praxis. Frankfurt 1979

Bourquin, M.: Die Schweiz in alten Ansichten und Schilderungen. Konstanz 1968

Bräker, U.: Lebensgeschichte und natürliche Abentheuer des Armen Mannes vom Tockenburg. Zürich 1960

Brand, K.–W., D. Büsser und D. Rucht: Aufbruch in eine andere Gesellschaft. Neue soziale Bewegungen in der Bundesrepublik. Frankfurt 1986

Brauen, M. (Hg.): Fremden–Bilder. Zürich 1982

Bravo, G.L.: Festa contadina e società complessa. Milano 1984

Brednich, R.W.: Die rußlanddeutschen Mennoniten in Saskatchewan (Kanada) und ihre Hochzeitsbräuche. In: Jb. f. ostdeutsche Volkskunde 20:1977, S. 61–98

Brednich, W.: Zur Anwendung der biographischen Methode in der volkskundlichen Feldforschung. In: Jb. f. ostdeutsche Volkskunde 22:1979, S. 279–329

Brednich, R.W.: Mitteleuropa, Baden – Wolfacher Fasnet. Publikationen zum wiss. Film, Sektion Ethnologie 14:1984, 1

Brednich, R.W.: Quellen und Methoden. In: R.W. Brednich (Hg.): Grundriß der Volkskunde. Einführung in die Forschungsfelder der Europäischen Ethnologie. Berlin 1988, S. 73–93

Brepohl, W.: Der Aufbau des Ruhrvolkes im Zuge der Ost–West–Wanderung. Recklinghausen 1948

Brepohl, W.: Industrievolk im Wandel von der agraren zur industriellen Daseinsform, dargestellt am Ruhrgebiet. Tübingen 1957

Bretting, A.: Soziale Probleme deutscher Einwanderer in New York City 1800–1860. Von Deutschland nach Amerika. Bd. 2. Wiesbaden 1981

Bromlej, J.: Ethnos und Ethnographie. Berlin (DDR) 1977

Bruck, A.: Uneheliche Sexualbeziehungen von Frauen: Ein kulturenvergleichender Überblick. In: G. Völger und K.v. Welck (Hg.): Die Braut – Zur Rolle der Frau im Kulturvergleich. Bd. 2. Köln 1985a, S. 798–805

Bruck, A.: Funktionalität beim Menschen: Ein konstruktiv–systematischer Überblick. Frankfurt 1985b

Bruck, A.: Sexuelle Eifersucht und sozietäre Kultur: Eine kulturenvergleichende Theoriebildung in praktischer Absicht. 1988 (in Druck)

Brückner, P.: Thesen zur Diskussion der "Alternativen". In: W. Kraushaar (Hg.): Autonomie oder Getto? Kontroversen über die Alternativbewegung. Frankfurt 1978, S. 68–85

Brückner, W.: Popular Culture. Konstrukt, Interpretament, Realität. In: Ethnologia Europaea XIV:1984, S. 14–24

Brumlik, M.: Was heißt Integration? Zur Semantik eines sozialen Problems. In: A. Bayaz et al. (Hg.): Integration. Anpassung an die Deutschen? Weinheim und Basel 1984, S. 75–97

Brümmer, F.: Vorwort zur Reclam–Ausgabe zu Friedrich Ludwig Jahn: Deutsches Volkstum (1810). Leipzig o.J.

Buck–Morss, S.: "Semiotic Boundaries and the Politics of Meaning: Modernity on Tour – A Village in Transition". In: Marcus G. Raskin et al. (eds.): New Ways of Knowing: The Sciences, Society and Reconstructive Knowledge. Totowa/N.J. 1987, pp. 200–236

Bühler, W.: Der Leib als Instrument der Seele. Stuttgart 1981

Burke, P.: Helden, Schurken, Narren. Europäische Volkskultur in der frühen Neuzeit. Stuttgart 1981

Burszta, J.: Kultura ludowa – kultura narodowa. 1974

Busch, W.: Die Rache des Elefanten. Münchner Bilderbogen 354. München 1929

Buschenreiter, A.: Unser Ende ist Euer Untergang. Düsseldorf und Wien 1983

Caine, M.: The Glastonbury Zodiac. Ashford 1978

Camman, A: Donauschwaben erzählen. Teil I–IV. Marburg 1976–1979

Campbell, J.: The Hero With a Thousand Faces. Princeton/N.J. 1968

Caplow, T. and M.H. Williamson: Decoding Middletown's Easter Bunny: A Study in American Iconography. In: Semiotica 32:1980, pp. 221–231

Capra, F.: Wendezeit. Bern u.a. 1984

Capra, F.: Das neue Denken. Bern u.a. 1987

Carletti, F.: Reise um die Welt. Tübingen und Basel 1966

Castles, S. und G. Kosack (Hg.): Immigrant Workers and Class Structure in Western Europe. London 1973

Castles, S: Migration und Gesellschaftstruktur – Klasse, Ethnizität oder Community. In: H. Bausinger (Hg.): Ausländer – Inländer. Arbeitsmigration und kulturelle Identität. Untersuchungen des Ludwig–Uhland–Instituts der Universität Tübingen 67:1986, S. 31–44

Chardin, P.T. de: Der Mensch im Kosmos. München 1981

Chesi, G.: Geistheiler auf den Philippinen. Wörgl/Ö. o.J.

Chiellino, G.: Literatur und Identität in der Fremde. Augsburg 1985

Illustrirte Chronik der Zeit. Stuttgart 1879

Cifter, I. und F. Karaboncuk: Lise ögrencilerinin tibbi amaclar disinda ilac ve diger maddeleri kullanma aliskanliklari. In: XII. Ulusal Psikiyatri ve nöroloji Bilimler Kongresi. Istanbul 1976

Clarke, J., et al.: Jugendkultur als Widerstand. Milieus, Rituale, Provokationen. Frankfurt 1979

Clemente, P.: Magiolata e Sega–la–Vecchia nel Senese e nel Grossetano. Note sulla festa. In: Bianco, C. e M. Del Ninno (eds.): Festa, Antropologia e Semiotica. Firenze 1981, pp. 46–57

Clifford, J.: On Ethnographic Allegory. In: J. Clifford und G.E. Marcus (eds.): Writing Culture. The Poetics and Politics of Ethnography. Berkeley u.a. 1986, pp. 98–121

Clifford, J. und G.E. Marcus (eds.): Writing Culture. The Poetics and Politics of Ethnography. Berkeley u.a. 1986

Cocchiara, G.: Storia del folklore in Europa. Torino 1971

Cohen, S.: Criminology and the Sociology of Deviance in Britain. In: P. Rock and M. McIntosh (eds.): Deviance and Social Control. London 1974

Conti, Ch.: Abschied vom Bürgertum: Alternative Bewegungen in Deutschland von 1890 bis heute. Reinbek 1984

Cortright, D.: Soldiers in Revolt. The American Military today. Garden City 1975

Crick, M.: Tracing the Anthropological Self: Quizzical Reflections on Field Work, Tourism, and the Ludic. In: Social Analysis 17:1985

Crowley, A.: Das Buch Thot. München 1985

Csaplovicz, J.v.: Gemälde von Ungern. Zweiter Theil. Pesth 1829

Curti, M. und K. Birr: The Immigrant and the American Image in Europe 1860–1914. In: Mississippi Valley Historical Review 37:1950, pp. 203–230

Daheim. Leipzig, 28:1872

Daxelmüller, C.: Vorwort zum Reprint des Handwörterbuchs des Deutschen Aberglaubens. Berlin 1986

Debro, J.: Dialogue with Howard S. Becker. An Interview Conducted and Prepared f. Issues in Criminology by Julius Debro. In: Issues in Crimonology 5:1970, pp. 159–179

Deloria, V.: Eine fiebrige Lust. In: H.–P. Duerr (Hg.): Der Wissenschaftler und das Irrationale. Bd. III. Frankfurt 1985, S. 238–264

Deltgen, F.: Cultural Integration of Drugs: The Theory of "Fundamental Ideologem" and its Political Consequences. Washington, D.C. 1987 (Manuscript)

Deltgen, F.: Völkerkundemuseen = Medienmuseen. Zeitschrift für Ethnologie 101:1976

Demiröz, F. ve diğerleri: Yurtdışından Dönen ve Şu Anda Ankara'daki Üniversitelerde Okuyan Gençlerimizin Türkiye'de Karşılaştıkları Uyum Güçlükleri. Sosyal Hizmetler Yüksek Okulu. Ankara 1985

Derlon, P.: Die geheime Heilkunst der Zigeuner. Basel 1981

Derlon, P.: Die Gärten der Einweihung. Basel 1982

Desmond, R.: Photography in India during the 19th century. In: India Office Library Report for 1974. London 1976, pp. 26 sqq.

Despres, L.A.: Toward a Theory of Ethnic Phenomena. In: L.A. Despres (Hg.): Ethnicity and Resource Competition in Plural Societies. The Hague und Paris 1975

Dethlefsen, T.: Krankheit als Weg. München 1983

Deutsch–Französisches Jugendwerk: Von der Versöhnung zum Alltag interkultureller Beziehungen – deutsch–französischer Jugendaustausch. Bilanz und Perspektiven. Arbeitstexte, Sonderheft. Bad Honnef und Paris 1984

Deutscher Städtetag: Hinweise zur Beteiligung der Städte am Internationalen Kulturaustausch und zur Zusammenarbeit mit den kulturellen Mittlerorganisationen. Köln–Marienburg 1983

Devereux, G.: Normal und Anormal. Aufsätze zur allgemeinen Ethnopsychiatrie. Frankfurt 1974

Devereux, G.: Angst und Methode in den Verhaltenswissenschaften. Frankfurt u.a. 1976

Diamond, S.: Anthropologie am Scheideweg. In: Leviathan 1975, S. 213–233

Diamond, S.: "Was wir von den primitiven Gesellschaften lernen können – und lernen müssen." Gespräch mit Aurel Schmidt. In: H.–J. Heinrichs (Hg.): Das Fremde verstehen. Gespräche über Alltag, Normalität und Anormalität. Frankfurt 1982, S. 85–95

Diamond, S.: Kritik der Zivilisation. Anthropologie und die Wiederentdeckung der Primitiven. Frankfurt 1976

Dias, J.: Verbreitung und Geschichte der Dreschmethoden auf der iberischen Halbinsel. In: Zeitschrift für Volkskunde 64:1968, S. 186–202

Dienstag, M.: Provinz aus dem Kopf. Neue Nachrichten über die Metropolen–Spontis. In: W. Kraushaar (Hg.): Autonomie oder Getto? Kontroversen über die Alternativbewegung. Frankfurt 1978, S. 148–186

Dill, R.W.: Internationaler Programmaustausch zwischen Wirklichkeit und Erfindung. In: Rundfunkpolitische Kontroversen. Zum 80. Geburtstag von Fritz Eberhard. Frankfurt und Köln 1976, S. 319–331

Dilsiz, B.: Göçmen İşçi Çocuklarının Ruh Sağlığı ve Göçmen İşçide Tutum Değişiklikleri Ile Ilgili Bir Araştırma. (Uzmanlık Tezi). Ankara 1977

Dittrich, U.: Die Hamburger Passagierlisten als Quelle für die hessische Amerikaauswanderung. In: Hess. Blätter für Volks– und Kulturforschung NF 17:1985, S. 221–228

Dobbert, G. A.: German–Americans between New and Old Fatherland. In: American Quarterly 19:1967, pp. 663–680

Dohm, H. et al.: Ehe? Zur Reform der sexuellen Moral. Berlin 1911

Dom–Römerberg–Bereich. Wettbewerb 1980. Hg.: Stadt Frankfurt am Main, der Magistrat – Baudezernat. Braunschweig und Wiesbaden 1980

Dorn, W.J.: Inspektionsreisen in der US–Zone. Notizen, Denkschriften und Erinnerungen aus dem Nachlaß. Übersetzt und herausgegeben von L. Niethammer. Stuttgart 1973

Dreher, S.: "Was weg is, is weg". Zur Rekonstruktion der Ostzeile auf dem Frankfurter Römerberg. Mag.–Arb. Frankfurt 1987

Dresler, A.: Die Zeitung. Von Cäsar über Gutenberg bis zur Neuzeit. In: Die Zeitung und ihr Papier. Düsseldorf 1955, S. 9–64

Duala–M'bedy, M.: Xenologie. Freiburg und München 1977

Dudeck, A.: Selbstorganisierte Bildungsarbeit im Wandel. In: R. Roth und D. Rucht (Hg.): Neue Soziale Bewegungen in der Bundesrepublik Deutschland. Frankfurt 1987, S. 220–237

Dumézil, G.: Les dieux souverains des Indo–Européens. Paris 1977

Durkheim, E.: Le suicide. Paris 1973

Dürrenmatt, F.: Politik. Essays und Reden. Zürich 1980

Eaubonne, F. de: Feminismus oder Tod. München 1975

Ebert, M. et al.: Feldforscher zwischen Verstand und Gefühl. In: Kulturanthropologie und Europäische Ethnologie in Frankfurt. NOTIZEN 20:1984, S. 167–181

Ehrenfels, Ch. v.: Sexualethik. Wiesbaden 1907

Eimann, J.: Der deutsche Kolonist oder die deutsche Ansiedlung unter Kaiser Joseph II. in den Jahren 1783 bis 1787 besonders im Königreich Ungarn in dem Batscher Komitat. F. Lotz (Hg.). München 1965

Eisenstadt, S.: Tradition, Change, and Modernity. New York and London 1973

Eksi, A. und H. Alpinar und M. Birsun: 4613 ilk üniversite ögrencisinde uyusturucu, uyarici ve teskin edici madde kullanimi ile ilgili bir arastirma. In: M. O. Öztürk und A. Gögüs (Hg.): Onücüncü Ulusal Psikiyatri ve Nörolojik Bilimler Kongresi bilimsel calismalari. Ankara 1977, S. 147–153

Eksi, A.: Karsilastirmali olarak son iki yildir Istanbul Üniversitesine giren ögrencilerdeki, uyusturucu, uyarici, teskin edici maddeler kullanimi. Vortrag, gehalten auf dem XV. Ulusal Psikiyatri ve Nörolojik Bilimler Kongresi. Eylül 1979

Eliade, M.: Die Religion und das Heilige. Salzburg 1954

Eliade, M.: Schamanismus und archaische Ekstasetechnik. Frankfurt 1975

Elias, N.: Über den Prozeß der Zivilisation. Bern 1969

Elias, N.: Der Prozeß der Zivilisation. Frankfurt 1977

Elias, N.: Engagement und Distanzierung. In: M.v. Schröter (Hg.): N. Elias: Engagement und Distanzierung. Frankfurt 1987, S. 7–71

Engels, F.: Po und Rhein. In: Institut für Marxismus–Leninismus beim ZK der SED (Hg.): Karl Marx und Friedrich Engels Werke. Bd. 13. Berlin (DDR) 1987, S. 225–268

Engelsing, R.: Bremen als Auswanderungshafen 1683–1880. Veröffentlichungen aus dem Staatsarchiv der freien Hansestadt Bremen 29:1961

Enzensberger, H.M.: Eine Theorie des Tourismus. In: Einzelheiten I: Bewußtseinsindustrie. Frankfurt 1958; 1964, S. 197–205

Erdei, F.: A magyar társadalom a két világháború között, I–II. In: Valóság 19:1976, 4, S. 23–53; 5, S. 36–58

Erdheim, M.: Die gesellschaftliche Produktion von Unbewußtheit. Eine Einführung in den ethnopsychoanalytischen Prozeß. Frankfurt 1982

Erdheim, M. und M. Nadig: Ethnopsychoanalyse. In: W. Mertens (Hg.): Psychoanalyse. München 1983, S. 129–135

Erler, A.: Art. Germanist. In: Handwörterbuch der deutschen Rechtsgeschichte. Bd. I, Sp. 1582–1584

Erös, F. und A. Kovács: The Biographical Method in the Study of Jewish Culture in Contemporary Hungary. Budapest 1987

Esser, H.: Aspekte der Wanderungssoziologie. Assimilation und Integration von Wanderern, ethnischen Gruppen und Minderheiten. Darmstadt und Neuwied 1980

Esser, H.: Situationale Bedingungen der Eingliederung von Arbeitsmigranten. In: W.S. Freund: Gastarbeiter. Neustadt 1980a

Esser, H.: Ist das Ausländerproblem in der Bundesrepublik Deutschland ein Türkenproblem? In: R. Italiaander (Hg.): Fremde raus? Fremdenangst und Ausländerfeindlichkeit. Frankfurt 1983, S. 169–179

Fabian, J.: Time and the Other: How Anthropology Makes its Object. Columbia University Press 1983

Fabre, D. et Ch. Chamberoque: La fête en Languedoc. Regards sur le carnaval d'aujourd 'hui. Toulouse 1977

Falkenhorst, C. (d.i. Stanislaus Jezewski): Zum Schneedom des Kilimandscharo. Dresden 1896

Fél, E. und T. Hofer: Bäuerliche Denkweise in Wirtschaft und Haushalt. Eine ethnographische Untersuchung über das ungarische Dorf Atány. Göttingen 1972

Feldes, R.: Lilar. Hamburg 1980

Feldes, R.: Das Verschwinden der Harmonie. Hamburg 1981

Ferguson, M.: Die sanfte Verschwörung. Persönliche und gesellschaftliche Transformation im Zeitalter des Wassermanns. Basel 1982

Fidus (d.i. Hugo Höppener): Zukunftsehe. In: Die Schönheit 21:1925, S. 107–133

Fielhauer, H.P.: Fest–Land Österreich? Kritische Anmerkungen zur Kultur des Tourismus. In: O. Bockhorn et al. (Hg.): Kulturjahrbuch 1. Wiener Beiträge zur Kulturwissenschaft und Kulturpolitik. Wien 1982, S. 316–321

Filip, O.: Wo ist meine Heimat? In: J. Kelter (Hg.): Die Ohnmacht der Gefühle. Heimat zwischen Wunsch und Wirklichkeit. Weingarten 1968, S. 52–57

Filip, O.: Keine Wehleidigkeit, bitte. In: I. Ackermann und H. Weinrich (Hg.): Eine nicht nur deutsche Literatur. Zur Standortbestimmung der "Ausländerliteratur". München und Zürich 1985, S. 82–86

Fischer, A.: Die Entfremdung des Menschen in einer heilen Gesellschaft. München 1970

Fischer, H.: Völkerkunde–Museen. In: Mitteilungen aus dem Museum für Völkerkunde Hamburg NF 1:1971

Fischer, H.: Die Hamburger Südsee–Expedition. Frankfurt 1981

FÖHN. Zeitschrift fürs Tiroler Volk. Fremdenverkehr. Innsbruck, 2:1979

Fontaine, J.: Heilung beginnt im Unsichtbaren. Entdeckungsreisen zur Medizin des Energiekörpers. München 1986

Forbes, F.E.: Dahomey and the Dahomans. London 1966

Forster, J.R.: Bemerkungen über die Gegenstände der physischen Erdbeschreibung, Naturgeschichte und sittliche Philosophie, auf einer Reise um die Welt gesammelt. Berlin 1783

Foucault, M.: Psychologie und Geisteskrankheit. Frankfurt 1968

Foucault, M.: Überwachen und Strafen. Die Geburt des Gefängnisses. Frankfurt 1976

Foucault, M.: Die Ordnung des Diskurses. Frankfurt 1977

Francis, E.K.: The Nature of the Ethnic Group. In: The American Journal of Sociology 1947, 2

Franz, K.: Johann Peter Hebel. Kannitverstan. Ein Mißverständnis und seine Folgen. München und Wien 1985

Frecot, J. et al.: Fidus 1868 – 1948: Zur ästhetischen Praxis bürgerlicher Fluchtbewegungen. München 1972

Frei, D.: Die Förderung des schweizerischen Nationalbewußtseins nach dem Zusammenbruch der alten Eidgenossenschaft 1798. Zürich 1964

Frei, D.: Neutralität – Ideal oder Kalkül? Zweihundert Jahre außenpolitisches Denken in der Schweiz. Frauenfeld und Stuttgart 1967

Freilich, M. (Hg.): Marginal Natives. Anthropologists at Work. New York 1970

Die Fremden sehen. Ethnologie und Film. München 1984

Frenssen, G.: Peter Moors Fahrt nach Südwest. Ein Feldzugsbericht. Berlin 1906

Freud, S.: Notiz über den "Wunderblock". In: S. Freud: Gesammelte Werke. Band 14. Frankfurt 1963, S. 3–8.

Freud, S. und D.E. Oppenheim: Träume in Folklore. In: Über Träume und Traumdeutungen. Frankfurt 1971

Freud, S.: Gesammelte Werke. Bd. XII, XIII, XIV. Frankfurt 1972

Frey, R.: Le Socrate rustique. Paris 1762

Frigessi Castelnuovo, D. und M. Risso: Emigration und Nostalgia. Sozialgeschichte, Theorie und Mythos psychischer Krankheit von Auswanderern. Frankfurt 1986

Fritsch, G.: Praktische Gesichtspunkte für die Verwendung zweier dem Reisenden wichtigen technischen Hülfsmittel: das Mikroskop und der photographische Apparat. In: G. Neumayer: Anleitung zu wissenschaftlichen Beobachtungen auf Reisen. Berlin 1875, S. 591 ff.

Fritsche, M.: Der Verlust schriftsprachlicher Fähigkeiten in der Muttersprache. In: ZDL 32:1980

Froembgen, J.: Wissmann, Peters, Krüger. Stuttgart 1941

Fromer–Im Obersteg, L.: Die Entwicklung der schweizerischen Landschaftsmalerei im 18. und frühen 19. Jahrhundert. Basel 1945

Fromm, E.: Wege aus einer kranken Gesellschaft. Frankfurt u.a. 1981

Frontières. Freyming–Merlebach 4:1987

Frykman, J. und O. Löfgren: Culture Builders. A Historical Anthropology of Middle–Class Life. New Brunswick 1987

Fuller, C.J.: The Nayars today. Cambridge 1976

Funke, C.Ph.v.: Ausführlicher Text zu Bertuchs Bilderbuch für Kinder. Weimar 1798

Füruzan, S.: Logis im Land der Reichen. Wie eine türkische Schriftstellerin das Leben ihrer Landsleute in Deutschland sieht. München 1985

Gagern, A.v.: Das Völkerkundemuseum zwischen Wirklichkeit und Verwirklichungen. Zu Fragen seines Fortschritts. Ethnologica NF 8:1979

Gallini, C.: Le nuove feste. In: Bianco, C. und M. del Ninno (eds.): Festa, Antropologia e Semiotica. Firenze 1981, S. 104–116

Gambaroff, M.: Utopie der Treue. Reinbek 1984

Die Gartenlaube. Leipzig 25:1888

Garfinkel, H.: Studies in Ethnomethodology. Englewood Cliffs 1967

Gauss, A.K. und J. Weidenheim: Die Donauschwaben. Bild eines Kolonistenvolkes. Freilassing 1961

Gebhardt, H.: Illustrierte Zeitschriften in Deutschland am Ende des 19. Jahrhunderts. In: Buchhandelsgeschichte 2:1983, S. 93

Geertz, C.: Making Experiences, Authoring Selves. In: V.W. Turner and E.M. Bruner (eds.): The Anthropology of Experience. Urbana 1986, pp. 373–380

Gehlen, A.: Der Mensch. Frankfurt 1966

Gehlen, A.: Urmensch und Spätkultur. Frankfurt 1975

Geiger, Th.: Zur Kritik der Arbeitspsychologischen Forschung. In: Die Gesellschaft. Internationale Revue für Sozialismus und Politik, 8:1931, S. 237–254

Geramb, V.v. (Hg.): Die Knaffl–Handschrift, eine obersteirische Volkskunde aus dem Jahr 1813. Berlin und Leipzig 1928

Geramb, V. v.: Ein Leben für die Anderen. Erzherzog Johann und die Steiermark. Wien 1959
Germani, G.: Migration und Akkulturation. In: P. Atteslander und B. Hamm (Hg.): Materialien zur Siedlungssoziologie. Köln 1974, S. 301–321
Gerndt, H. (Hg.): Volkskunde und Nationalsozialismus. Referate und Diskussionen einer Tagung der DGV. München 1987
Geshekter, Ch.L.: International Tourism and African Underdevelopment: Some Reflections on Kenya. In: Tourism and Economic Change, Studies in Third World Societies 6:1978, pp. 57–88.
Gesundheitswesen in medizinischer und politischer Verantwortung. Ärztetagung der Evangelischen Akademie Bad Boll, Okt. 1971. In: Ethnomedizin 1:1972, 3/4
Gimbutas, M.: The Gods and Goddesses of Old Europe, 7000–3500 B.C. London 1974
Ginsberg, A.: Das Geheul und andere Gedichte. Wiesbaden und München 1979
Giordano, Ch.: Vorurteil, eine ethno–soziologische Kategorie? In: SSIP–Bulletin 49/50:1979, S. 442–450
Giordano, Ch.: Assimilation und Kulturkonflikt. In: J. Ruhloff (Hg.): Aufwachsen im fremden Land. Frankfurt und Bern 1982, S. 33–53
Giordano, Ch.: Geschichte und Skepsis: Das Überlagerungsmotiv in mediterranen Agrargesellschaften. In: Schweizerische Zeitschrift für Soziologie 8:1982a: Die post–traditionale Welt der Bauern. S. 63–84
Giordano, Ch.: Soziologie, Ethnologie, Kulturanthropologie. Zur Bestimmung wissenschaftlicher Horizonte. In: Kulturanthropologie und Europäische Ethnologie in Frankfurt. NOTIZEN 20:1984, S. 79–90
Giordano, Ch.: Mosé Bertoni: Anarchist – Aussteiger – Anthropologe. In: Schweizerisches Archiv für Volkskunde, 80:1984a, S. 131–146
Giordano, Ch.: Zwischen Mirabella und Sindelfingen. Zur Verflechtung von Uniformierungs– und Differenzierungsprozessen bei Migrationsphänomenen. In: Schweizerische Zeitschrift für Soziologie 10:1984b, S. 437–464
Gitmez, A.S.: Dış Göç Öyküsü. Ankara 1979
Gitmez, A.S.: Yurtdışına Işi Göçü ve Geri Dönüşler. Istanbul 1983
Glatzer, W.: Unzufriedenheit und gesellschaftliche Konflikte. In: W. Glatzer et al. (Hg.): Lebensqualität in der Bundesrepublik. Objektive Lebensbedingungen und subjektives Wohlbefinden. Frankfurt und New York 1984, S. 206–220
Glatzer, W. und W. Zapf (Hg.): Lebensqualität in der Bundesrepublik. Objektive Lebensbedingungen und subjektives Wohlbefinden. Frankfurt und New York 1984
Gleichmann, P.R.: Die Verhäuslichung körperlicher Verrichtungen. In: P. Gleichmann et al. (Hg.): Materialien zu Norbert Elias' Zivilisationstheorie. Frankfurt 1977, S. 254–278
Gleiss, I., R. Seidler und H. Abholz: Soziale Psychiatrie. Zur Ungleichheit in der psychiatrischen Versorgung. Frankfurt 1976
Goffman, E.: Wir alle spielen Theater. München 1969
Gordon, M.M.: Assimilation in American Life. New York 1964
Gormsen, E.: Haben Dörfer eine Zukunft? Mainz 1987 (Manuskript)
Gorsen, P.: "Lebensreform" und "Alternativkultur": Notizen über Beschädigungserfahrungen. Neue Rundschau 95:1983, 3, S. 56–66
Gottlieb, D.: Babes in Arms; Youth in the Army. Beverly Hills 1980
Göttner–Abendroth, H.: Die Göttin und ihr Heros. München 1980
Göttner–Abendroth, H.: Die tanzende Göttin. München 1982
Gould–Davis, E.: Im Anfang war die Frau. München 1977
Gouldner, A.W.: Reziprozität und Autonomie. Frankfurt 1984
Graafen, R.: Die Aus– und Abwanderung aus der Eifel in den Jahren 1815–1922. Forschungen zur deutschen Landeskunde 127:1961

Gradmann, E. und C.: Anna–Maria. Schweizer Malerei und Zeichnungen im 17. und 18. Jahrhundert. Basel 1944

Greenblatt, St.: Renaissance Self–Fashioning: From More to Shakespeare. Chicago 1980

Grether, A. und S. Scheuermann: Rückwanderung aus Amerika. Zum Problem der Rückkehr aus der Fremde. In: P. Assion (Hg.): Der große Aufbruch. Studien zur Amerikaauswanderung. Hessische Blätter für Volks– und Kulturforschung NF 17:1985, S. 215–220

Greverus, I.–M., Kiesow, G. und R. Reuter (Hg.): Das hessische Dorf. Frankfurt 1982

Greverus, I.–M. und Haindl, E. (Hg.): Versuche, der Zivilisation zu entkommen. München 1983

Greverus, I.–M.: Heimweh und Tradition. In: Schweizerisches Archiv für Volkskunde 61:1965, S. 1–35

Greverus, I.–M.: Zu einer nostalgisch–retrospektiven Bezugsrichtung der Volkskunde. In: Hessische Blätter für Volkskunde 60:1969, S. 11–28

Greverus, I.–M.: Der territoriale Mensch. Frankfurt 1972

Greverus, I.–M.: Brauchen wir Feste? In: Feste in Hessen. Hess. Blätter für Volks– und Kulturforschung 4:1977, S. 1

Greverus, I.–M.: Kultur und Alltagswelt. Eine Einführung in Fragen der Kulturanthropologie. München 1978

Greverus, I.–M.: Zur Kulturstimmung Nostalgie. In: I.–M. Greverus: Auf der Suche nach Heimat. München 1979, S. 171–181

Greverus, I.–M.: Die Sehnsucht des Forschers nach dem Feld. In: H. Nixdorff und Th. Hauschild (Hg.): Europäische Ethnologie. Theorie– und Methodendiskussion aus ethnologischer und volkskundlicher Sicht. Berlin 1982, S. 207–219

Greverus, I.–M.: Zur Problematik des interkulturellen Vergleichs und der interkulturellen Adaptionen von Lebenswelten. In: Hauswirtschaft und Wissenschaft, 58:1982a, 231–239

Greverus, I.–M.: Zur Frage der Effizienz ökologischer Nischen im universitären Bereich. Gefragt aus dem Institut für Kulturanthropologie und Europäische Ethnologie. In: Kulturanthropologie und Europäische Ethnologie in Frankfurt. NOTIZEN 20:1984, S. 7–23

Greverus, I.–M.: Das wandelbare Glück. "Pursuit of Happiness" in Amerika und Europa. In: U. Jeggle et al. (Hg.): Volkskultur in der Moderne. Probleme und Perspektiven empirischer Kulturforschung. Reinbek 1986, S. 271–289

Greverus, I.–M.: Kommunität. Modelle und Redefinition einer Lebensform. In: N.–A. Bringéus et al. (Hg.): Wandel der Volkskultur in Europa. Festschrift für Günter Wiegelmann. Bd. 1. Münster 1988, S. 193–204

Greverus, I.–M.: Neues Zeitalter oder Verkehrte Welt. Wider den Moloch Moderne. Erscheint 1988a

Grew, R.: Modernization and its Discontent. In: American Behavioral Scientist 12:1977, pp. 289–313

Grew, R.: More on Modernization. Journal of Social History 14:1980, pp. 179–187

Grimm, J.: Deutsche Rechtsalterthümer. Vorrede. Göttingen 1828

Grimm, J. und W. Grimm: Volkslieder. In: C. Oberfeld et al. (Hg.): Aus der Handschriftensammlung der Universitätsbibliothek Marburg. Bd. 1: Textband. Marburg 1985

Griselini, F.: Aus dem Versuch einer politischen und natürlichen Geschichte des Temeswarer Banats in Briefen 1716–1778. H. Dilplich (Hg.). München 1969

Groenman, S.: Über Kolonisationstheorien. In: J. Matthes (Hg.): Soziologie und Gesellschaft in den Niederlanden. Neuwied und Berlin 1965, S. 225–248

Gruner, E.: Die Schweiz in ihrer Umwelt. In: E. Gruner (Hg.): Die Schweiz seit 1945. Bern 1971

Grunsky–Peper, K.: Der volkskundliche Film – ein wissenschaftliches Stiefkind? In: Zeitschrift für Volkskunde 81:1985, S. 245–254

Gruppe Neues Reisen (Hg.): Sanfter Tourismus – ein Schlagwort mehr? Reisebriefe. Schriften zur Tourismuskritik. Berlin, 17/18:1986

Gulick, J.: Urban Anthropology. In: J.J. Honigmann (ed.): Handbook of Social and Cultural Anthropology. Chicago 1973, pp. 979–1029

Gümüş, A. ve diğerleri: F. Almanya'dan Dönen Türk Işçi Çocuklarının Türkiye'ye Döndükten Sonra Karşılaştıkları Günçlükler. Ankara 1985

Günçe, G.: Almanya'da Yaşayan Türk Işçi Çocuklarının Eğitimlerine ve Çevreye Uyumlarına Ilişkin Sorunları Konusunda Bir Ön–Araştırma. Ank. Üniv. Eğitim Fak. Dergisi. C.9, 1–4, Ankara 1977

Güran, N.: Batı Almanya'da Yaşayan Bir Grup Türk Genci Üzerinde Psikososyal Yönlü Bir Inceleme. (Doçentlik Tezi), Ankara, H.Ü. Sosyal Hizmet Ana Bilim Dalı 1984

Güssfeldt, P.: Die Loango–Expedition (1873–1876). Leipzig 1879

Guth, K.: Hausweberei im Fichtelgebirge (1810–1825). Situation und Lebensform ländlicher Heimarbeiter zu Beginn der Frühindustrialisierung. In: Wittelsbach und Bayern. Bd. III, 1. München 1980, S. 191–208

Guth, K.: Louis Mark, Konsul der Vereinigten Staaten von Nordamerika für das Königreich Bayern. In: Bericht des Historischen Vereins Bamberg 116:1980, S. 191–208

Guth, K.: Landjudentum in Franken. Lebensformen einer Minderheit im 18. Jahrhundert. In: Archiv für Geschichte und Altertumskunde von Oberfranken 65:1985, S. 363–378

Guth, K.: Landjudentum in Franken am Ende des Alten Reiches. Umrisse der Herrschafts– und Sozialverhältnisse einer Minderheit. In: Geschichte am Obermain 16:1987/88, S. 137–144

Guth, K. (Hg.): Jüdische Landgemeinden in Oberfranken (1800–1942). Ein historisch–topographisches Handbuch. Bamberg 1988 (in Druck)

Gyr, U.: Milieuwechsel und Kulturkontakte unter Beschuß. Anmerkungen zur Problematik des Medienbildes vom "Welschlandjahr". In: Der Dialog zwischen Schweizern. Jb. der Neuen Helvetischen Gesellschaft 52:1981, S. 131–144

Gyr, U.: Erziehung in der Fremde. Beitrag zu einer Ethnographie der Übergänge. In: R.W. Brednich (Hg.): Lebenslauf und Lebenszusammenhang. Autobiographische Materialien in der volkskundlichen Forschung. Freiburg/Br. 1982, S. 214–229

Gyr, U.: Welschlandaufenthalte. Zur Popularisierung außerhäuslicher Erziehungs–, Bildungs– und Überbrückungsmuster vom Spätmittelalter bis zur Gegenwart. (Habilschrift, im Druck)

Hack, H.: Die Kolonisation der Mennoniten im paraguayischen Chaco. Den Haag 1961

Hahn, A.: Religion und der Verlust der Sinngebung. Identitätsprobleme in der modernen Gesellschaft. Frankfurt 1974

Hahn, A.: Das Entfremdungsproblem bei Marx. In: Wissenschaft in der Demokratie, Verantwortung und Freiheit. Bonn 1973, S. 66–83

Hahn, A., F. Reuter u. G. Vonderach: Fremdenverkehr in dörflicher Lebensumwelt. Zum sozialen Wandel in einem Sielhafenort. Frankfurt und New York 1987

Hahnemann, Ch.F.S.: Organon der Heilkunst. 1810

Haid, H.: Tanzbären und Lemminge. Ein Beitrag zum Verhältnis Tourismus/Kultur. 1987 (Manuskript)

Haindl, E.: Revitalisierung dörflicher Alltagswelt – Versuche und Chancen, dargestellt an Waldamorbach im Odenwald, Corippo und Brione in der Schweiz. In: Schmals, M. und R. Voigt (Hg.): Krise ländlicher Lebenswelten. Frankfurt und New York 1986

Haindl, E.: Die Mythen kehren zurück. In: Welt der Mythen. Texte und Bilder zu den Frankfurter Festen '87. Hg. Alte Oper Frankfurt. Frankfurt 1987, S. 130–145

Halbwachs, M.: Das kollektive Gedächtnis. Stuttgart 1967; Frankfurt 1985
Hall, E.T.: Verborgene Signale. Hamburg 1985
Haller, A.v.: Die Alpen. Zürich 1919
Haller, R.: Alte Briefe aus Amerika. Grafenau 1981
Hamburger, F. et al. (Hg.): Sozialarbeit und Ausländerpolitik. Darmstadt und Neuwied 1983
Hamer, T.: Tourismus und Kulturwandel. Soziokulturelle und ökonomische Auswirkungen des Tourismus auf die Indios von Panjachel in Guatemala. Starnberg 1979
Hanák, P.: Magyarország társadalma a századforduló idején. In: Magyarország története, 1890–1918. Budapest 1978, S. 403–515
Handlin, C.: The Uprooted. Boston 1973
Hanika, J.: Volkskundliche Wandlungen durch Heimatverlust und Zwangswanderung. Methodische Forschungsanleitung am Beispiel der deutschen Gegenwart. Salzburg 1957
Haraway, D.: A Manifesto for Cyborgs: Science, Technology, and Socialist Feminism in the 1980s. Socialist Review 80:1983
Harbach, H.: Internationale Schichtung und Arbeitsmigration. Reinbek 1976
Harder, J.: Kultur, Sitte, Brauchtum. In: Kolonie Fernheim (Hg.): 50 Jahre Kolonie Fernheim. Ein Beitrag in der Entwicklung Paraguays. Fernheim 1980
Hardwicke: An Account of the Sheep–Eater of Hindustan. By Major–General Hardwicke. In: Transactions. London 1833, pp. 379–382
Harms, V.: Toleranz oder Solidarität als Leitvorstellung für die Bildungsarbeit in ethnologischen Museen von morgen? In: Zeitschrift für Ethnologie 101:1976
Harms, V. (Hg.): Andenken an den Kolonialismus. Tübingen 1984
Harms, V. (Hg.): Afrikaner im deutschen Kinder–und Jugendbuch. Oldenburg 1985
Hartfiel, G. und K.–H. Hillmann (Hg.).: Wörterbuch der Soziologie. Stuttgart 1973
Hartinger, W.: Epochen der deutschen Volkskultur. In: Ethnologia Europaea XV:1985, S. 53–92
Hartke, W.: Die geographischen Funktionen der Sozialgruppe der Hausierer am Beispiel der Hausierergemeinden Süddeutschlands. In: Berichte zur deutschen Landeskunde, 31:1963, S. 209–235
Hartmann, K.D.: Die Wirkungen des Bildungstourismus auf Länderkenntnis und Völkerverständigung. In: W. Günter (Hg.): Handbuch für Studienreiseleiter. Pädagogischer, psychologischer und organisatorischer Leitfaden für Exkursionen und Studienreisen. Starnberg 1982, S. 60–76
Häussler, M. et al.: Bauchlandungen. München 1983
Hawthorne, J.: Humors of the Fair. Chicago 1983
Heathcote, P.F.: Samuel Bourne of Nottingham. In: History of Photography 6:1982, 2, pp. 99 sqq.
Hebdige, D.: Subculture. The Meaning of Style. London and New York 1979
Heckmann, F.: Einwanderung als Prozeß. In: J. Blaschke und K. Greussing (Hg.): "Dritte Welt" in Europa. Frankfurt 1980, S. 95–125
Heckmann, F.: Zur Rekonstruktion, empirischen Erscheinungsform und politisch–praktischen Relevanz des sozial–räumlichen Konzepts der Einwandererkolonie. In: L.A. Vascovics (Hg.): Raumbezogenheit sozialer Probleme. Opladen 1982, S. 151–176
Hegner, F.: Das bürokratische Dilemma. Zu einigen unauflöslichen Widersprüchen in den Beziehungen zwischen Organisation, Personal und Publikum. Frankfurt und New York 1978
Heilen und Pflegen. Hessische Blätter für Volks– und Kulturforschung NF 19:1986

Heinrichs, H.-J.: Das Unbewußte und das Fremde. Die Einflüsse von Psychoanalyse und Ethnologie auf die moderne Philosophie. Sendungsms. Hessischer Rundfunk, Abendstudio v. 11.2.1987 (Postmoderne oder Der Kampf um die Zukunft [3]).

Heinsohn, G.: Privateigentum, Patriarchat, Geldwirtschaft. Frankfurt 1984

Heintz, P.: Soziale Vorurteile. In: W. Bernsdorf (Hg.): Wörterbuch der Soziologie. Bd. 3. Frankfurt 1979

Helbich, W. (Hg.): "Amerika ist ein freies Land ... ". Auswanderer schreiben nach Deutschland. Darmstadt und Neuwied 1985

Heller, H.: Die Peuplierungspolitik der Reichsritterschaft als sozialgeographischer Faktor im Steigerwald. In: Mitteilungen der Fränkischen Geographischen Gesellschaft, 17:1971, S. 149–264

Helsloot, J.: De verspreiding von het carnaval in nederland na 1945 – enkele voorlopige vooronderstellingen. In: Carnaval: niet van gisteren. 's–Hertogenbosch 1981

Hentz, L.: Die deutsche Volkstracht in Mezöberény. In: Beiträge zur Volkskunde der Ungarndeutschen, Budapest 1975, S. 121–159

Herbert, U.: Geschichte der Ausländerbeschäftigung in Deutschland 1880 bis 1980. Saisonarbeiter, Zwangsarbeiter, Gastarbeiter. Berlin und Bonn 1986

Herget, W. und K. Ortseifen (Hg.): The Transit of Civilisation from Europe to America. Essays in Honor of Hans Galinsky. Tübingen 1986

Hermand, J.: Der Schein des schönen Lebens: Studien zur Jahrhundertwende. Frankfurt 1972

Hertzka, T.: Freiland: Ein soziales Zukunftsbild. Leipzig 1890

Hesse, H.: Die Stadt. Ein Märchen ins Bild gebracht von W. Schmöger. Frankfurt 1981

Hessisches Hauptstaatsarchiv Wiesbaden, Bestand 405, Abteilung 4491

Hettlage, R.: Unerhörte Eintragungen in ein Gästebuch – A propos "Gastarbeiter"! In: Schweizerische Zeitschrift für Soziologie 1984, S. 331–354

Hettlage–Vargas, A. und R. Hettlage: Kulturelle Zwischenwelten. Fremdarbeiter – eine Ethnie? In: Schweizerische Zeitschrift für Soziologie, Genf 1984, S. 357–404

Hippel, W. v.: Auswanderung aus Südwestdeutschland. Studien zur württembergischen Auswanderung und Auswanderungspolitik im 18. und 19. Jahrhundert. Stuttgart 1984

Hirsch, F.: Printed reports on the early discoveries and their reception. In: F. Chiapelli (ed.): First Images of America. The Impact of the New World on the Old. Vol. 2. Berkeley u.a. 1976, pp. 537–560

Hoerder, D.: Akkulturationsprobleme in den USA: Die "New Immigration". In: K.J. Bade (Hg.): Auswanderer, Wanderarbeiter, Gastarbeiter. Bevölkerung, Arbeitsmarkt und Wanderung in Deutschland seit der Mitte des 19. Jahrhunderts. Ostfildern 1984, S. 410–417

Hoffmann, L. und H. Even: Soziologie der Ausländerfeindlichkeit. Zwischen nationaler Identität und multikultureller Gesellschaft. Weinheim und Basel 1984

Hoffmann, L.: Ausländer raus? Ein deutsches Dilemma. In: H. Bausinger (Hg.): Ausländer – Inländer. Arbeitsmigration und kulturelle Identität. Untersuchungen des Ludwig–Uhland–Instituts der Universität Tübingen 67:1986, S. 9–30

Hoffmann–Nowotny, H.-J.: Migration. Ein Beitrag zu einer soziologischen Erklärung. Stuttgart 1970

Hoffmann–Nowotny, H.-J.: Soziologie des Fremdarbeiterproblems. Eine theoretische und empirische Analyse am Beispiel der Schweiz. Stuttgart 1973

Hoffmann–Nowotny, H.-J. und K.-O. Hondrich (Hg.): Ausländer in der Bundesrepublik Deutschland und in der Schweiz. Segregation oder Integration: Eine vergleichende Untersuchung. Frankfurt 1981

Hoffmann–Nowotny, H.-J. und K.-O. Hondrich: Zur Funktionsweise sozialer Systeme – Versuch eines Resümees und einer theoretischen Integration. In: H.-J. Hoffmann–

Nowotny und K.-O. Hondrich: Ausländer in der Bundesrepublik Deutschland und in der Schweiz. Segregation und Integration: Eine vergleichende Untersuchung. Frankfurt und New York 1982, S. 569–635

Hofstadter, R. und S.M. Lipset (Hg.): Turner and the Sociology of the Frontier. New York and London 1968

Hog, M.: Ziele und Konzeptionen der Völkerkundemuseen in ihrer historischen Entwicklung. Frankfurt 1981

Höhler, G.: Die Bäume des Lebens. Stuttgart 1985

Den Hollander, A.N.J.: Der "Kulturkonflikt" als soziologischer Begriff und als Erscheinung. In: Kölner Zeitschrift für Soziologie und Sozialpsychologie 7:1955, S. 161–187

Den Hollander, A.N.J.: The Great Hungarian Plain: A European Frontier Area. In: Comparative Studies in Society and History. Cambridge, 3:1960/61, pp. 74–88; pp. 155–167

Holliger, E.: Schon in der Steinzeit rollten die Pillen. Bern 1972

Holzer, E.: Die frühesten und wichtigsten Drucke über die Entdeckung und Erforschung Amerikas. In: Philobiblon 10:1983, S. 469–490

Honour, H.: Wissenschaft und Exotismus. Die europäischen Künstler und die außereuropäische Welt. In: K.-H. Kohl (Hg.): Mythen der neuen Welt. Zur Entdeckungsgeschichte Lateinamerikas. Berlin 1982, S. 49–56

Horstmann, K.: Zur Soziologie der Wanderungen. In: R. König (Hg.): Handbuch der empirischen Sozialforschung. Bd. 5: Soziale Schichtung und Mobilität. Stuttgart 1976, S. 104 ff.

Horx, M.: Das Ende der Alternativen. München 1985

Horx, M.: Die wilden Achtziger. Eine Zeitgeist–Reise durch die Bundesrepublik. München und Wien 1987

Huber, J.: Die Regenbogengesellschaft. Ökologie und Sozialpolitik. Frankfurt 1985

Hübner, H.W.: Die Grenzen des Möglichen. Absichten und Grundsätze der Auslandsberichterstattung im Fernsehen. In: R. Neudeck (Hg.): Den Dschungel ins Wohnzimmer. Auslandsberichterstattung im bundesdeutschen Fernsehen. Frankfurt 1977, S. 30–35

Hübner, K.: Die Wahrheit des Mythos. München 1985

Hugelshofer, W.: Schweizer Kleinmeister. Zürich 1943

Huggler, M. und C.: Anna-Maria. Schweizer Malerei im 19. Jahrhundert. Basel 1941

Hultkrantz, A.: General Ethnological Concepts. Kopenhagen 1960

Ichenhaeuser, E.: Zur Ehereform. In: Kultur und Fortschritt. Leipzig 1909, S. 228–230

Ilien, A. und U. Jeggle: Leben auf dem Dorf. Opladen 1978

Illich, I.: Entschulung der Gesellschaft. Reinbek 1973

Illich, I.: Genus. Reinbek 1983

Illich, I.: Die Nemesis der Medizin. Hamburg 1984

Illustrirte Zeitung. Leipzig

Imboden, M.: Helvetische Malaise. Zürich 1964

Ingram, K.: Ninety–three strong? A battalion commander's perception of the all–volunteer force. Washington, D.C. 1983

Internationale Alpenschutzkommission (Hg.): Sanfter Tourismus – Schlagwort oder Chance für den Alpenraum? Schlußbericht der CIPRA–Jahrestagung. Vaduz 1984

Jackson, A.: Anthropology at Home. London 1987

Jahn, F.L.: Deutsches Volkstum. Lübeck 1817

Janssen–Jurreit, M.: Sexismus. Frankfurt 1979

Jantz, H.: The Myths About America: Origins and Extensions. In: A. Ritter (Hg.): Deutschlands literarisches Amerikabild. Neuere Forschungen zur Amerikarezeption der deutschen Literatur. Hildesheim und New York 1977, S. 37–49

Jarchow, K. (Hg.): Dörfer wachsen in der Stadt. 1980

Jaspers, R.: Die missionarische Erschließung Ozeaniens. Ein quellengeschichtlicher und missionsgeographischer Versuch zur kirchlichen Gebietsaufteilung in Ozeanien bis 1855. Münster 1972

Jeggle, U.: Soziale Grundlagen. In: Dörfliche Fastnacht zwischen Neckar und Bodensee. In: Volksleben 12:1966, S. 14–81

Jeggle, U.: Alltag. In: H. Bausinger et al.: Grundzüge der Volkskunde. Darmstadt 1978, S. 89

Johansen, U. und B. Wolbert: Gastarbeiterfamilien. Eine Bibliographie unter ethnologischem Aspekt. Berlin 1981

Jong, P.E.J. de: Minangkabau and Negri Sembilan. 1980

Jordan, S.: Die kaiserliche Wirtschaftspolitik im Banat im 18. Jahrhundert. München 1967

Jorgensen, J.G.: The Sundance Religion. Chicago and London 1972

Jost, G.: Tourismus in einem griechischen Dorf (Stoupa). Eine Fallstudie. Soziokulturelle Aspekte des Phänomens Tourismus in einer Gemeinde und seiner Region (Mani). Diss. Wien 1986

Jung, C.G.: Symbole der Wandlung. Analyse des Vorspiels der Schizophrenie. Zürich 1952

Jung, C.G.: Der philosophische Baum. Zürich 1954

Jung, C.G.: Archetyp und Unterbewußtsein. Olten und Freiburg i.Br. 1984

Kägi, U.: Die Schweiz wozu? In: Schweizer zwischen Ärgernis und Hoffnung. Jb. d. Neuen Helvetischen Gesellschaft 50:1979, S. 121–125

Kagitçibaşi, Ç: Intra–Family Interaction and a Model of Change. In: Family in Turkish Society. Ankara 1985, pp. 149–165

Kagnas, T.: Guest worker or Immigrant – Different Ways of Reproducing an Underclass. Paper presented at a workshop on "Cultural Identity and Structural Marginalization of Migrant Workers". European Science Foundation 1980

Kaiser, G.: Türk Gençleri Benlik Krizi Geçiriyor. Milliyet Gazetesi, 1.4.1985

Kaiser, R.: Das "Pfennig–Magazin". Ein Orbis xylographicus des 19. Jahrhunderts. In: Das Pfennig–Magazin der Gesellschaft zur Verbreitung gemeinnütziger Kenntnisse. Nachdruck der Ausgaben 1833–1855. Bd. 1. Nördlingen 1985

Kakuska, R. (Hg.): Andere Wirklichkeiten. München 1984

Kalnein, W.v.: Die Rolle der Museen in der Vermittlung der bildenden Kunst der Dritten Welt. In: H. Auer (Hg.): Das Museum und die Dritte Welt. München 1981

Kalpaka, A. und N. Räthzel (Hg.): Die Schwierigkeit, nicht rassistisch zu sein. Berlin 1986

Kamphoefner, W.D.: Westfalen in der Neuen Welt. Eine Sozialgeschichte der Auswanderung im 19. Jahrhundert. Münster 1982 (Beiträge zur Volkskultur in Nordwestdeutschland 26)

Kamphoefner, W.D.: "Entwurzelt" oder "verpflanzt". Zur Bedeutung der Kettenwanderung für die Einwandererakkulturation in Amerika. In: K.J. Bade (Hg.): Auswanderer, Wanderarbeiter, Gastarbeiter. Bevölkerung, Arbeitsmarkt und Wanderung in Deutschland seit der Mitte des 19. Jahrhunderts. Bd. 1. Ostfildern 1984, S. 321–349

Karagözoğlu, A.G.: The Role of Ministry Supervision in the Turkish Educational System. Ann Arbor 1971

Karagözoğlu, A.G.: Yükseköğretime Girişte Öğretmenlik Mesleğine Yönelme. Eğit. Fak. Dergisi. 2, 1987

Karagözoğlu, A.G.: Educational Supervision in Development Countries. ERIC Document Resumes. 22–3, 1987

Karasek–Langer, A.: Neusiedlungen in Bayern nach 1945. Einschnitt in unsere Volksgeschichte. In: Jb. f. Volkskunde der Heimatvertriebenen 2:1957, S. 24–102

Karbursicky, V.: Die musikalische Massenkultur. 1986 (Ms.)

Karnoouh, C.: A folklór felhasználásáról avagy a folklorizmus átváltozásairól. In: Ethnographia, Budapest 94:1983, S. 442–447

Kastner, P.: Die Revision des Fragebogens zum Drogengebrauch im Berliner Jugendlängsschnitt, die Einführung eines diskriminationsvaliden Fragebogens zum Sportverhalten und epidemiologische Daten zum Drogengebrauch Jugendlicher 1982 und 1983. Berichte aus der Arbeitsgruppe TUdrop Jugendforschung, Nr. 53. Berlin 1985

Kato, T.: Matriliny and Migration. Ithaca and London 1982

Katz, A.-R.: Aus Schiefweg schimmerte die Hoffnung. In: Süddeutsche Zeitung vom 23.9.1987

Keil, R.K.: Von der Schulbank nach Afrika. Kreuznach 1885

Kemp, W. (Hg.): Theorie der Fotografie. Bd. 1: 1839–1912. München 1980

Kern, H. und M. Schumann: Industriearbeit und Arbeiterbewußtsein. Frankfurt 1974

Kerouac, J.: On the Road. New York 1955

Killick, J.R.: Die industrielle Revolution in den Vereinigten Staaten. In: W.P. Adams (Hg.): Die Vereinigten Staaten von Amerika. Fischer Weltgeschichte. Bd. 30. Frankfurt 1977, S. 125–183

Kindermann, W. und S. Zank: Deviante Einstellungen und Wahrnehmung devianten Verhaltens im sozialen Umfeld, Adaption von Fragebogen. Berichte aus der Arbeitsgruppe TUdrop Jugendforschung, Nr. 15. Berlin 1982

Kiray, M.: Metropolitan City and the Changing Family. In: T. Erder (Hg.): Family in Turkish Society. Sociological and Legal Studies. Ankara 1985, pp. 79–89

Kirchner, K.H.: Von Deutschland nach Deutschland. In: KZ 27:1981, S. 4–5

Kisbán, E.: Maisnahrung im Karpatenbecken. In: Festschrift Matthias Zender. Studien zur Volkskultur, Sprache und Landesgeschichte. Bd. 1. Bonn 1972, S. 264–280

Klausewitz, W.: Das Museum als Lehr- und Bildungsstätte in der modernen Industriegesellschaft. In: Museologie. Seminarbericht der Deutschen UNESCO–Kommission 18:1973

Kleff, H.-G.: Türkische Jugendliche in Berlin zwischen den Wertvorstellungen und Lebensweisen der türkischen und der deutschen Kultur. In: D. Bischoff (Hg.): Jugenddelinquenz und Integration junger Ausländer. Publikationen der Fachhochschule für Verwaltung und Rechtspflege Berlin 44/1:1985

Klessmann, C.: Polnische Bergarbeiter im Ruhrgebiet 1870–1954. Soziale Integration und nationale Subkultur einer Minderheit in der deutschen Industriegesellschaft. Göttingen 1978

Klíma, I.: Vúdery ráno. In: Svedectví, New York 1979, pp. 496–515

Klippstein, N. und A.: Die schöne alte Schweiz. Die Kunst der Schweizer Kleinmeister. Stuttgart und Zürich 1926

Knussmann, R.: Der Mann, ein Fehlgriff der Natur. Hamburg 1982

Koç, A.A.: Socio–Psychological Factors in the Language Acquisition of Turkish Migrant Workers in the Federal Republic of Germany and the Netherlands (A Report). 1982

Koehler, B.: Art. Fremde. In: Handwörterbuch der deutschen Rechtsgeschichte. Bd. 1, Sp. 1266–1270

Koepping, K.-P.: Feldforschung als emanzipatorischer Akt. Der Ethnologe als Vermittler von Innen- und Außensicht. In: Kölner Zeitschrift für Soziologie und Sozialpsychologie. Sonderheft 26:1984: Ethnologie als Sozialwissenschaft, S. 216–239

Köknel, Ö.: Alkolden Eroine Kisilikten Kacis. Altin Kitaplar Yayinevi 1983, S. 527–531

Könenkamp, W.-D.: Wirtschaft, Gesellschaft und Kleidungsstil in den Vierlanden während des 18. und 19. Jahrhunderts. Göttingen 1978

König, M.E.P.: Die Frau im Kult der Eisenzeit. In: R. Fester (Hg.): Weib und Macht. Frankfurt 1979

Köstlin, K.: Folklorismus und Ben Akiba. In: Rhein. Jb. für Volkskunde 20:1970, S. 234–256

Köstlin, K.: Relikte: Die Gleichzeitigkeit des Ungleichzeitigen. In: Kieler Blätter zur Volkskunde 5:1973, S. 153–157

Köstlin, K.: Folklore in der Biographie: Lügengeschichten? In: Zeitschrift für Volkskunde 76:1980, S. 58–73

Köstlin, K.: Der Eintopf der Deutschen. Das Zusammengekochte als Kultessen. In: Tübinger Beiträge zur Volkskultur 1986, S. 50–65

Kohl, K.-H.: Exotik als Beruf. Wiesbaden 1979; Frankfurt und New York 1986

Kohl, K.-H.: Entzauberter Blick. Das Bild vom Guten Wilden und die Erfahrungen der Zivilisation. Berlin 1981; Frankfurt 1981

Kohl, K.-H. (Hg.): Mythen der neuen Welt. Zur Entdeckungsgeschichte Lateinamerikas. Berlin 1982

Kohl, K.-H.: Abwehr und Verlangen. Zur Geschichte der Ethnologie. Frankfurt und New York 1987

Kolb, G.: Strukturelle Wandlungen im wirtschaftlichen und sozialen Gefüge der Bevölkerung Bayerns seit 1840. Diss. Erlangen 1960

Kopp, P. et al.: Malerische Reisen durch die schöne alte Schweiz. Zürich 1982

Korff, G.: Kultur. In: H. Bausinger (Hg.): Grundzüge der Volkskunde. Darmstadt 1978, S. 17–80

Koster, A.: Y. Kuiper en J. Verrips (eds.): Feest en ritueel in Europa. Antropologische essays. Amsterdam 1983

Krabbe, W.R.: Gesellschaftsveränderung durch Lebensreform: Strukturmerkmale einer sozialreformerischen Bewegung im Deutschland der Industrialisierungsperiode. Göttingen 1974

Krader, L.: Bogoraz, Vladimir G., Sternberg, Lev Y. und Jochelson, Vladimir. In: D.L. Sills (ed.): International Encyclopedia of the Social Sciences, London 2:1968, pp. 116–119

Kraftzwerg e.V. – Verein für ganzheitliche, ökologische und politische Bildung (Hg.): Tagungshäuser: freie – autonome – unabhängige – selbstverwaltete... bundesweites Verzeichnis. Altenau 1986

Krallert–Sattler, G.: Auswahlbibliographie zum Flüchtlings– und Zuwanderungsproblem 1979/1982. In: AWR–Bulletin. Wien 1984, 3 Beiheft 1

Kramer, D.: Der sanfte Tourismus. Umwelt– und sozialverträglicher Tourismus in den Alpen. Wien 1983

Kramer, F.: Verkehrte Welten. Zur imaginären Ethnographie des 19. Jahrhunderts. Frankfurt 1977

Kramer, K.-S.: Grundriß einer rechtlichen Volkskunde. Göttingen 1974

Kraushaar, W.: Thesen zum Verhältnis von Alternativ– und Fluchtbewegung. Am Beispiel der Frankfurter Scene. In: W. Kraushaar (Hg.): Autonomie oder Getto? Kontroversen über die Alternativbewegung. Frankfurt 1978, S. 8–67

Kraushaar, W. (Hg.): Autonomie oder Getto? Kontroversen über die Alternativbewegung. Frankfurt 1978

Krauss, F.S.: Allgemeine Methodik der Volkskunde. Berichte über Erscheinungen in den Jahren 1890–1897. In: Kritischer Jahresbericht über die Fortschritte der Romanischen Philologie IV:1899, 3, S. 21–134

Kremenšek, S.: Etnološka misel v obdobju romantike. (Volkskundliches Denken in der Romantik). In: Obdobje romantike v slovenski kulturi, literaturi in jeziku. Ljubljana 1980, S. 525–531

Krieg, G.: Entwicklung und gegenwärtiger Zustand des Auswanderungswesens im Königreich Bayern. In: E. v. Philippovich (Hg.): Auswanderung und Auswanderungspolitik in Deutschland. Leipzig 1902, S. 1–96

Krippendorf, J.: Die Landschaftsfresser. Tourismus und Erholungslandschaft – Verderben oder Segen? Bern 1975

Krockow, Ch. G. v.: Die fehlende Selbstverständlichkeit. In: W. Weidenfeld (Hg.): Die Identität der Deutschen. Bonn 1983, S. 154–169

Krug, A.: Heilkunst und Heilkult. München 1985

Krünitz's ökonomisch–technologische Encyklopädie 178:1841, Art. "Südindien", S. 243–357

Krusenstern, A.J. von: Reise um die Welt in den Jahren 1803, 1804, 1805 und 1806 auf Befehl seiner Kaiserlichen Majestät Alexanders des Ersten. Berlin 1811

Kubach–Reutter, U.: Überlegungen zur Ästhetik in der Ethnologie und zur Rolle der Ästhetik bei der Präsentation völkerkundlicher Ausstellungsgegenstände. Nürnberg 1985

Kübler, H.–D.: Unterhaltung und Information im Fernsehen. Dargestellt am Beispiel der Abendschau Baden–Württemberg. Tübingen 1975

Kudat, A. und A. Gitmez: Emigration Effects on the Turkish Countryside: A Representative Study of Settlement Units, Part 1. Berlin 1975

Kuhn, H.: Amerika – Vision und Wirklichkeit. In: F. Link (Hg.): Amerika. Vision und Wirklichkeit. Frankfurt und Bonn 1968, S. 13–24

Kultusministerium Nordrheinwestfalen (Hg.): Sekundarstufe – Gymnasien. Geschichte – Erdkunde. Unterrichtsempfehlungen. Düsseldorf 1976

Künsting, S., A. Bruck und P. Tschohl (Hg.): Mit Theorien arbeiten: Untersuchen in der Kulturanthropologie. Münster 1987

Kutzschenbach, G. v.: Feldforschung als subjektiver Prozeß. Berlin 1982

Ladendorf, O.: Historisches Schlagwörterbuch. Ein Versuch. Straßburg und Berlin 1906

Lange, Th.: Idyllische und exotische Sehnsucht. Formen bürgerlicher Nostalgie in der deutschen Literatur des 18. Jahrhunderts. Kronberg/Ts. 1976

Langsdorff, G.H. v.: Bemerkungen auf einer Reise um die Welt in den Jahren 1803–1807. Frankfurt 1812

Laube, A.: Schweizer Kleinmeister 1770–1840. Katalog. Zürich 1972

Lauermann, M.: Wissenschaftler gegen Ausländerfeindlichkeit: Verzerrte Wahrnehmung. In: extra sozialarbeit 8:1984, 3, S. 12–14

Lavater. J.C.: Physiognomische Fragmente zur Beförderung der Menschenkenntniß und Menschenliebe. Bd. 1. Leipzig und Winterthur 1775. Nachdruck: Zürich 1986

"Leben und Arbeiten im Industriezeitalter". Eine Ausstellung zur Wirtschafts– und Sozialgeschichte Bayerns seit 1850. Nürnberg 1985

Leben und Ereignisse des Peter Prosch, eines Tirolers von Ried im Zillertal, oder das wunderbare Schicksal. Geschrieben in den Zeiten der Aufklärung. München 1789. Nachdruck in: Lebensläufe. Biographie, Erinnerungen, Briefe. Bd. 2. München 1964

LeCompte, G. und W. LeCompte: Parental Attitudes and Cultural Adaption of Turkish Families in the Netherlands. Istanbul 1983

Lehmann, A.: Wie sie sich den Kommunismus vorstellten. In: Der Donauschwabe. Bundesorgan der Heimatvertriebenen aus Jugoslawien, Rumänien und Ungarn, 36:1986, S. 6

Leiris, M.: Die eigene und die fremde Kultur. Frankfurt 1979

Leiris, M.: Phantom Afrika. Tagebuch einer Expedition von Dakar nach Djibouti 1931–1933. Bd. 1. Frankfurt 1980

Lemberg, E. und F. Edding (Hg.): Die Vertriebenen in Westdeutschland. Ihre Eingliederung und ihr Einfluß auf Gesellschaft, Wirtschaft, Politik und Geistesleben. Kiel 1959

Leopold, U.: Sozioökonomische Ursachen der Migration türkischer Arbeitskräfte. Veröffentl. aus dem Übersee–Museum Bremen Reihe D, 4:1978

Lévi–Strauss, C.: "Primitive" und "Zivilisierte". Nach Gesprächen aufgezeichnet von G. Charbonnier. Zürich 1972

Lévi–Strauss, C.: Strukturale Anthropologie. Frankfurt 1972a

Levi–Strauss, C.: Traurige Tropen. Köln 1974

Lévi–Strauss, C.: Strukturale Anthropologie II. Frankfurt 1975

Liazos, A.: The Poverty of the Sociology of Deviance: Nuts, Sluts, and Perverts. In: Social Problems. Brooklyn/NY, 19:1972, pp. 103–120

Lichdi, D.G.: Über Zürich und Witmarsum nach Addis Abeba. Die Mennoniten in Geschichte und Gegenwart. Maxdorf 1983

Lindner, R.: Die Angst des Forschers vor dem Feld. Überlegungen zur teilnehmenden Beobachtung als Interaktionsprozeß. In: Zeitschrift für Volkskunde 77:1981, S. 51–66

Lindner, R.: Ohne Gewähr. Zur Kulturanalyse des Informanten. In: U. Jeggle (Hg.): Feldforschung. Tübingen 1984, S. 59–71

Lindner, R.: Habitus und Fachkultur. Ein Besprechungsessay. In: Zeitschrift für Volkskunde 82:1986, S. 263–267

Lindt, J.W.: Picturesque New Guinea. With an historical introduction and supplement chapters on the manner and customs of the Papuas. London 1887

Linton, R.: Nativistische Bewegungen. In: C.A. Schmitz (Hg.): Religionsethnologie. Frankfurt 1964, S. 390–404

Lipowatz, Th.: Die Frage des Anderen. In: J. Geringhausen et al. (Hg.): Interkulturelle Kommunikation und Fremdverstehen. München 1983, S. 100–118

Lizot, J.: Im Kreis der Feuer. Aus dem Leben der Yanomami–Indianer. Frankfurt 1982

Llobera, J.: Fieldwork in Southwestern Europe. Anthropological Panacea or Epistemological Straijacket. In: Critique of Anthropology 6:1986, pp. 25–33

Longchamp, F.C.: Manuel du Bibliophile suisse. Paris und Lausanne 1923

Loth, H. (Hg.): Altafrikanische Heilkunst. Leipzig 1986

Lozica, I.: Metateorija u folkloristici i filozofija umetnosti. (Metatheorie in der Folkloristik und der Philosophie der Kunst) In: Narodna umjetnost, Zagreb 16:1979, S. 33–56

Lurker, M.: Der Baum im Glauben und Kunst unter besonderer Berücksichtigung der Werke des Hieronymus Bosch. Baden–Baden 1976

Lüthy, H.: Die Schweiz als Antithese. Zürich 1969

Lutz, R.: Frauen Zukünfte. Weinheim und Basel 1984

Maddox, R. F.: Religion, Honor and Patronage. A Study of Culture and Power in an Andalusian Town. Ann Arbor 1986

Mächtige Schweiz. Ausstellungskatalog. Kopenhagen 1973

Mäder, U.: Sanfter Tourismus: Alibi oder Chance? Zürich 1985

Mäder, U.: Vom Kolonialismus zum Tourismus – von der Freizeit zur Freiheit. Zürich 1987

Malinowski, B.: Argonauten des westlichen Pazifik. Schriften Bd. 1. Frankfurt 1979

Mann, Th.: Bruder Hitler. In: Gesammelte Werke in 12 Bänden. Bd. XII. Frankfurt 1960, S. 845–853

Mann, Th.: Joseph und seine Brüder. Frankfurt 1964

Marcus, G.E.: The Nobility and the Chiefly Tradition in the Modern Kingdom of Tonga. Wellington 1980

Marcus, G.E. und M.J. Fischer: Anthropology as Cultural Critique. An Experimental Moment in the Human Sciences. Chicago 1986

Marcus, J.R.: Early American Jewry. Philadelphia 1951; 1955

Marienfeld, M.: Schulbuchanalyseverfahren am Beispiel von Schulbuchdarstellungen zum Thema Islam und Kreuzzüge. In: Geschichtsdidaktik 4:1979, S. 130–156

Marinescu, M. und W. Kiefl: Unauffällige Fremde – Zur geringen Prägnanz des ethnischen Stereotyps der Griechen in der Bundesrepublik Deutschland. In: Zeitschrift für Volkskunde 83:1987,   S. 32–46

Marketingleitbild 1987–1989. Tiroler Fremdenverkehrswerbung. Innsbruck 1987

Markl, J.: Hudební folklór národního obrození a dechová hudba. In: Ceskýlid 63:1976, S. 23–31

Marschalck, P.: Deutsche Überseeauswanderung im 19. Jahrhundert. Ein Beitrag zur soziologischen Theorie der Bevölkerung. Stuttgart 1973

Martin, G.: The discovery of Szék traditions and their role in contemporary Hungarian folk revival movements. In: Ethnographia, Budapest76 93:1982, pp. 73–83

Martin, J. (ed.): An Account of the Natives of the Tonga Islands in the South Pacific. Compiled and Arranged of the Extensive Communications of Mr. William Mariner. London 1818

Marx, K.: Deutsche Ideologie. MEW Bd. 3. Berlin (DDR) 1973

Marx, K.: Ökonomisch–Philosophische Manuskripte. Reinbek 1979

Mayer, M.: Bayerns Bevölkerung in konfessioneller Schichtung und Entwicklung seit den letzten hundert Jahren. München 1917

Mehrlander, U.: Migration Policy in the Federal Republik of Germany. European Association for Development Research and Training Institutes, Working Group, Migration and Development. In: Information Bulletin 3:1976

Meili–Dworetzki, G.: Spielarten des Menschenbildes. Bern und Stuttgart 1982

Meillassoux, C.: Gegen eine Ethnologie der Arbeitsmigration in Westeuropa. In: J. Blaschke und K. Greussing (Hg.): "Dritte Welt" in Europa. Probleme der Arbeitsimmigration. Frankfurt 1980, S. 53–59

Meiners, C.: Ueber die Natur der Völker im südlichen Asien, auf den Ostindischen und Südsee–Inseln, und in den Südländern. In: Göttingisches Historisches Magazin 7:1790, S. 258–306

Meisel–Heß, G.: Das Wesen der Geschlechtlichkeit: Die sexuelle Krise in ihren Beziehungen zur sozialen Frage und zum Krieg, zur Moral, Rasse, Religion und insbesondere zur Monogamie. Jena 1916

Mejborg, R.: Das Bauernhaus im Herzogtum Schleswig und das Leben des schleswigschen Bauernstandes im 16., 17. und 18. Jahrhundert. Schleswig 1896

Mellaart, J.: Catal Hüyük. A Neolithic Town in Anatolia. London 1967

Mennoblatt. Zeitschrift für Gemeinde und Kolonie. Filadelfia 1930 ff.

Mentz de Boege, B.M.v.: Das Mexicobild der Deutschen im 19. Jahrhundert (1821–1861) im Spiegel der ersten populären Zeitschriften. Diss. München 1975

Mergner, G. und A. Häfner (Hg.): Der Afrikaner im deutschen Kinder– und Jugendbuch bis 1945. Oldenburg 1985

Merten, K.: Das Bild der Ausländer in der deutschen Presse. Frankfurt 1986

Metz, F.: Beiträge zur fränkischen Auswanderung. In: Jb. f. fränkische Landeskunde 1:1935, S. 22–39

Meusel, A.: Die Abtrünnigen. In: Kölner Vierteljahreshefte für Soziologie, 3:1923/24, S. 158 f.

Meusel, J.G. (Hg.): Miscellaneen artistischen Inhalts. Erfurt 27:1785

Meyer–Abich, K. und B. Scheffold: Die Grenzen der Atomwirtschaft: Die Zukunft von Energie, Wirtschaft und Gesellschaft. München 1986, S. 33–38

MGESB Raporu: Yurtdışından Dönen Işçi Çocukları Uyum Kursları. Milli Eğitim Gençlik ve Spor Bakanlığı. Ankara 1984

Michel, J.: Die Geomantie von Atlantis. München 1986

Minkowski, E.: Il tempo visuto. Torino 1968

Mintzel, A.: Die CSU. Anatomie einer konservativen Partei, 1945–1972. Opladen 1975

Der Kleine Missionsfreund. Berlin 8:1900

Mitscherlich, A. et al. (Hg.): Der Kranke in der modernen Gesellschaft. Frankfurt 1984

Mitteilungen des Deutschen und Österreichischen Alpen–Vereins 1885

Mittelstädt, G.: Ausländerpädagogik, Migrantenpädagogik, interkulturelle Pädagogik. In: H. Hierdeis (Hg.):Taschenbuch der Pädagogik. Bd. 1. Baltmannsweiler 1986

Mittelstädt, G.: Zum Fremdverstehen des Islams und der türkischen Nationalgeschichte. In: Heidelberger Hauptschulwoche. Heidelberg 1987

Mitzka, W.: Das Niederländische in Ost- und Westpreußen. In: W. Mitzka: Kleine Schriften zur Sprachgeschichte und Sprachgeographie. Berlin 1968

Möller, H.: Aus den Anfängen der Volkskunde als Wissenschaft. A. Volkskunde, Statistik, Völkerkunde 1787. In: Zeitschrift für Volkskunde 60:1964, S. 217–233

Moltmann, G. (Hg.): Deutsche Amerikaauswanderung im 19. Jahrhundert. Sozialgeschichtliche Beiträge. Stuttgart 1976

Moltmann, G.: Auswanderung als Revolutionsersatz? In: M. Salewski (Hg.): Die Deutschen und die Revolution. Göttingen 1984, S. 272–297

Moltmann, G.: Auswandererforschung als interdisziplinäre Aufgabe. In: Hessische Blätter für Volks– und Kulturforschung NF 17:1985, S. 9–17

Morgner, I.: Amanda. Darmstadt 1983

Moser, H.: Volksbräuche im geschichtlichen Wandel. Forschungshefte des Bayerischen Nationalmuseums München 10:1985

Muchembled, R.: Kultur des Volkes – Kultur der Eliten. Die Geschichte einer erfolgreichen Verdrängung. Stuttgart 1984

Mühlmann, W.E.: Homo Creator. Wiesbaden 1962

Mühlmann, W.E.: Chiliasmus und Nativismus. Berlin 1964

Müller, B.: Die Last der großen Hoffnungen. Methodisches Handeln und Selbstkontrolle in sozialen Berufen. Weinheim 1985

Müller, J.: Volkskunde. In: H. Aubin et al. (Hg.): Kulturströmungen und Kulturprovinzen in den Rheinlanden. Bonn 1926, S. 186–227

Münzel, M.: Völkerkundemuseen in der Tradition Lévy–Bruhls. In: Zeitschrift für Ethnologie 101:1976

Murphy, R.C.: Gastarbeiter im Deutschen Reich. Polen in Bottrop 1891–1933. Wuppertal 1982

Müschen, K.: "Lieber lebendig als normal!" Selbstorganisation, kollektive Lebensformen und alternative Ökonomie. Bensheim 1982

Muschg, A.: Gibt es eine schweizerische Nationalliteratur? In: Ich hab im Traum die Schweiz gesehen. 35 Schriftsteller aus der Schweiz schreiben über ihr Land. Salzburg u.a. 1980, S. 161–175

Muschg, A.: Ansichtssachen. In: Empörung durch Landschaften. Zürich 1985

Myles, K.A.: Problems in presenting African ethnographical materials in an African museum. In:The role of anthropological museums in national and international education. Hojbjerg 1976

Myrzynowska, K.: Die polnischen Erwerbsauswanderer im Ruhrgebiet während der Jahre 1880–1914. Dortmund 1979

Mythos Tahiti. Südsee–Traum und Realität. Katalog der gleichn. Ausstellung im Linden–Museum. Stuttgart 1987

Nadig, M.: Die verborgene Kultur der Frau. Frankfurt 1986

Narman, H.: Türkische Arbeiter in Münster. Ein Beitrag zum Problem der temporären Akkulturation. Münster 1978

Narr, D. und H. Bausinger: Aus den Anfängen der Volkskunde als Wissenschaft. B. "Volkskunde" 1788. In: Zeitschrift für Volkskunde 60:1964, S. 233–241

Narrenfreiheit. Beiträge zur Fastnachtsforschung. Untersuchungen des Ludwig–Uhland–Instituts der Universität Tübingen 51:1980

Nash, D.: The Ethnologist as Stranger: An Essay in the Sociology of Knowledge. In: Southwestern Journal of Anthropology 19:1963, pp. 149–167

Neils Conzen, K.: Immigrant Milwaukee, 1836–1860. Accomodation and Community in a Frontier City. Cambridge 1976

Neils Conzen, K.: Die Assimilierung der Deutschen in Amerika: zum Stand der Forschung in den Vereinigten Staaten. In: W.P. Adams (Hg.): Die deutschsprachige Auswanderung in die Vereinigten Staaten. Berichte über Forschungsstand und Quellenbestände. Materialien. Bd. 14. Berlin 1980, S. 33–64

Neue Zürcher Zeitung vom 4./5.4.1987; vom 15.6.1987

Neuhauss, R.: Deutsch Neu–Guinea, Berlin 1911

Neuhauss, R.: Die Photographie auf Forschungsreisen und die Wolkenphotographie. In: Enzyklopädie der Photographie Heft 5. Halle/Saale 1894

Neumann, E.: Die große Mutter. Darmstadt 1957; Olten 1974

Neusüss, A. (Hg.): Utopie. Begriff und Phänomen des Utopischen. Neuwied und Berlin 1968

Neutraublinger Faschingsanzeiger 1964; 1966

Neutraublinger Geschäftsanzeiger 1966, 4

Nicolai, F.: Beschreibung einer Reise durch Deutschland und in die Schweiz im Jahre 1781. Band 1. Stettin 1783

Niederer, A.: Wege zum nationalen Selbstverständnis und zum Fremdverständnis. In: Ethnologia Europaea IV:1970, S. 43–49

Niemann, A.: Helmut der Patroullienreiter. Eine Kriegserzählung aus Südwest. Leipzig 1911

Niethammer, L. und A.v. Plato (Hg.): "Wir kriegen jetzt andere Zeiten". Auf der Suche nach der Erfahrung des Volkes in nachfaschistischen Ländern. Berlin und Bonn 1985

Nikolinakos, M.: Anmerkungen zu einer allgemeinen Theorie der Migration in Spätkapitalismus. In: J. Blaschke und K. Greussing (Hg.): "Dritte Welt" in Europa. Probleme der Arbeitsimmigration. Frankfurt 1980

Nizon, P.: Diskurs in der Enge. Aufsätze zur Schweizer Kunst. Bern 1970

Nord–Süd–Kommission (Hg.): Das Überleben sichern. Gemeinsame Interessen der Industrie– und Entwicklungsländer. Köln 1980

Nordau, M.: Die conventionellen Lügen der Kulturmenschheit. Leipzig 1884

Nordhofen, E.: Der greinende Moloch. Über die religiöse Wurzel des Exotismus. In: Frankfurter Allgemeine Zeitung vom 11.7.1987

NOTIZEN. Schriftenreihe des Instituts für Kulturanthropologie und Europäische Ethnologie der Universität Frankfurt am Main. Frankfurt 1974 ff.

Oberländer Rundschau vom 10.4.1987

Ohle, K.: Das Ich und das Andere. Grundzüge einer Soziologie des Fremden. Stuttgart 1978

Ongyerth, G.: Leben mit dem Nationalpark–Tourismus. Dokumentation eines sozio–kulturellen Wandels durch Tourismuseinflüsse, dargestellt am Beispiel der Gemeinde Neuschönau/Bayerischer Wald. Dipl.–Arb. München 1987

Onulduran, E. und H.C. Renselaar: International Relations and Political Dimensions. In: Abadan–Unat, N. und R. Keleş a.o. (eds.): Migration and Development. Ankara 1976

Ören, A.: Der Gastkonsument. Bologna 1979

Oswalt, H.: Ein Märchenbaum. 1877

Ottenjahn, H. (Hg.): Mode, Tracht, Regionale Identität. Historische Kleidungsforschung heute. Cloppenburg 1985

Paine, S.: Exporting Workers: The Turkish Case. London 1983

Pak, O.-K.: The Minangkabau Conceptualization of Male and Female. In: Kertas Kerja 20, Padang 1980 (Typoscript)

Das wohlfeilste Panorama des Universums. Prag 43:1834

Parker, W.N.: Der amerikanische Farmer. In: J. Blum (Hg.): Die bäuerliche Welt. Geschichte und Kultur in sieben Jahrhunderten. München 1982, S. 181–208

Parsons, T.: Theorie der modernen Gesellschaft. München 1969

Paul, R.: 300 Jahre Pfälzer in Amerika. 300 Years Palatines in America. Landau/Pfalz 1983

Paungarten, F. (Hg.): Das Eheproblem im Spiegel unserer Zeit: Äußerungen bekannter Persönlichkeiten zu dieser Frage. München 1913

Pechuël–Loesche, E.: Volkskunde von Loango. Stuttgart 1907

Pekin, H.: Yabancı Ülkelerde Çalışan Türk İşçilerinin Anayunda Dönüşlerinin Ortaya Çıkardığı Sorunlar ve Çözüm Önerileri. Çalışma Dergisi. Mayıs 1983

Pelicier, Y.: Aperçus généraux sur la psychologie des transplantes. Zit. nach: Frigessi Castelnuovo, D. und M. Risso: Emigration und Nostalgia. Frankfurt 1986, S. 187

Penner, H.: Weltweite Bruderschaft. Ein mennonitisches Geschichtsbuch. Karlsruhe 1972

Pennick, N.: Die alte Wissenschaft der Geomantie. München 1982

Pesch, D.: Das Martinsbrauchtum im Rheinland. Münster 1969

Petersen, A.: Ehre und Scham. Das Verhältnis der Geschlechter in der Türkei. Berlin 1985

Petschel, G.: Das Cammann–Archiv in Rotenburg/Wümme. In: Jb. f. ostdt. Volkskunde, 29:1986, S. 390–398

Pfaff, C.W.: Sociolinguistic Problems of Immigrants: Foreign Workers and Their Children in Germany. Freie Universität Berlin 1980 (Unpublished Ms)

Pfeil, H.: Bildungsinhalte des Völkerkunde–Museums. Vorurteile als zentrales Problem ethnologisch–musealer Bildungsarbeit. Ethnologica NF 8:1979

Pfeil, H.: Ethnologie und Völkerkundemuseen. Ein Beitrag zur museums–ethnologischen Diskussion. Arbeiten aus dem Institut für Völkerkunde der Universität zu Göttingen 11:1978

Pfennig–Magazin für Kinder. Leipzig 37:1836, S. 292

Piaget, J. und B. Inhelder: Kinderpsychologie. Olten 1973

Piar Report: Problems Related to the Reintegration of Children of the Returnees. Piar Market Research Comp. Ltd. Istanbul 1984

Picard, M.: Hitler in uns selbst. Erlenbach und Zürich 1946

Pizzighelli, G.: Handbuch der Photographie für Amateure und Touristen. Bd. 2: Die Anwendung der Photographie für Amateure und Touristen. Halle/Saale 1887

Plato, A.v.: "Der Verlierer geht nicht leer aus". Betriebsräte geben zu Protokoll. Berlin 1984

Plato, A.v.: "Fremde Heimat. Zur Integration von Flüchtlingen und Einheimischen in die Neue Zeit". In: L. Niethammer und A.v. Plato (Hg.): "Wir kriegen jetzt andere Zeiten". Auf der Suche nach der Erfahrung des Volkes in nachfaschistischen Ländern. Berlin und Bonn 1985, S. 172–219

Plessner, H.: Mit anderen Augen. In: H. Plessner: Zwischen Philosophie und Gesellschaft. Frankfurt 1979

Pocci, F. Graf v.: Schattenbilder. Mit Versen. Düsseldorf 1913

Pohl, K.: Die Welt für jedermann. Reisephotographie in deutschen Illustrierten der zwanziger und dreißiger Jahre. In: K. Pohl: Ansichten der Ferne. Gießen 1983

Pollig, H.: Der wechselseitige Austausch von Ausstellungen durch das Institut für Auslandbeziehungen. In: H. Auer (Hg.): Das Museum und die Dritte Welt. München 1981

Polsky, N.: Hustlers, Beats and Others. Harmondsworth 1971

Popp, B.: Die Heimatgeschichte von Kleinlosnitz. In: Blätter vom Fichtelgebirge und Frankenwald 72:1986, 9

Popp, B.: Johann Konrad Dietel – Der Bauernlehrer. In: Heimatkalender für Fichtelgebirge und Frankenwald 1988, S. 43–49

Posselt, F.: Apodemik oder die Kunst zu reisen. Ein systematischer Versuch zum Gebrauch junger Reisenden aus den gebildeten Ständen überhaupt und angehender Gelehrten und Künstler insbesondere. Leipzig 1795

Powdermaker, H.: Stranger and Friend. The Way of an Anthropologist. New York 1966

Preglau, M. et al.: "Fremdenverquer". Kosten und Nutzen des Tourismus am Beispiel Obergurgl. Gaismair–Gesellschaft. Innsbruck 1985

Príbram, J.: Zahrada, o kterou se nestarají, zpustne. In: Svedectví XX:1987, S. 837–851

Price, Ch.A.: The Study of Assimilation. In: J.A. Jackson (Hg.): Migration. Cambridge 1969, pp. 181–237

Projektgruppe "Touristiker" an der Universität Bielefeld (Hg.): Tourismus als Berufsfeld. Handlungskompetenzen für Freizeitberufe im touristischen Bereich. Frankfurt 1982

Qpferdach: Alles oder nichts. In: tageszeitung vom 29.8.1987

Quiring, W.: Mennonitisches Brauchtum. In: Mennonite Life 4:1949, 4, pp. 11–12

Raeithel, G.: "Go West". Ein psychohistorischer Versuch über die Amerikaner. Frankfurt 1981

Rammstedt, O.: Subjektivität und Sozialwissenschaften. In: Schülein, J.A. et al. (Hg.): Politische Psychologie. Entwürfe einer historisch–materialistischen Theorie des Subjekts. Frankfurt 1981, S. 39–75

Ranke, K. (Hg.): Volkskunde und wissenschaftliche Bilddokumentation. Göttingen 1962

Ranke–Graves, R. (Hg.): Griechische Mythologie. Reinbek 1960; 1965

Raschke, J.: Soziale Bewegungen: Ein historisch–systematischer Grundriß. Frankfurt 1985

Rassem, M.: Die Volkstumswissenschaften und der Etatismus. Basel 1951

Rath, C.–D.: Die Reste der Tafelrunde. Das Abenteuer der Eßkultur. Reinbek 1984

Raulff, U.: Vorwort. In: U. Raulff (Hg.): Mentalitäten–Geschichte. Zur historischen Rekonstruktion geistiger Prozesse. Berlin 1987, S. 7–17

Ravensdorf, D.: Psychologische Probleme der Eingliederung im Ausland. Konstanz 1973

Rehs, M. und H.J. Haager: Wurzel in fremder Erde. Zur Geschichte der innerdeutschen Auswanderung nach Amerika. Stuttgart 1984

Reimarus, J.A.H.: Darstellung der Unmöglichkeit bleibender körperlicher, örtlicher Gedächtnis–Eindrücke und eines materiellen Vorstellungs–Vermögens. Hamburg 1812

Reinhardt, E. et al.: Tourismus und regionale Entwicklung. Die Beteiligung Ortsansässiger an der touristischen Entwicklung. In: J. Krippendorf et al. (Hg): Tourismus und regionale Entwicklung. Dissenhofen 1982

Reiter, N.: Gruppe, Sprache, Nation. Berlin 1984

Reitz, E.: Heimat. Ein Entwurf. In: H. Bienek (Hg.): Heimat. Neue Erkundungen eines alten Themas. München und Wien 1985, S. 75–83

Rentmeister, C.: Blick zurück im Zorn. Die Geschichte des Ö(dipus). In: G. Dietze (Hg.): Die Überwindung der Sprachlosigkeit. Darmstadt 1979

Rentmeister, C.: Wandel der Wirklichkeit. In: W. Pieper (Hg.): Zukunftsperspektiven. Löhrbach 1983

Rentmeister, C.: (W)affendämmerung? Evolutionsszenarios ... In: R. Lutz (Hg.): Frauenzukünfte. Weinheim 1984

Rentmeister, C.: Frauenwelten – Männerwelten. Opladen 1985

Républicain Lorrain, Est–Journal, Édition de Forbach vom 24.4. bis 5.7.1987

Richter, D.: Das fremde Kind. Zur Entstehung der Kindheitsbilder des bürgerlichen Zeitalters. Frankfurt 1987

Riesman, D.: Listening to Popular Music. Zit. in: Ch. Gillett: The Sound of the City. (Revised Edition) London 1983, S. 11 ff.

Rippley, La Vern J.: The German–Americans. Boston 1976

Rochlitz, K.-H.: Sanfter Tourismus: Theorie und Praxis – das Beispiel Virgental. In: Naturnaher Tourismus im Alpenraum – Möglichkeiten und Grenzen. Arbeitsmaterialien zur Raumordnung und Raumplanung 37:1986, S. 1–233

Roebke, R.: Die Akkulturationsproblematik im Spiegel der deutsch–amerikanischen Vereinspresse. Befunde aus dem "Deutschen Pionier" von Cincinnati. In: P. Assion (Hg.): Der große Aufbruch. Studien zur Amerikaauswanderung. In: Hessische Blätter für Volks– und Kulturforschung NF 17:1985, S. 173–190

Rohkohl, K.: Zur Bezeichnung von Pflanzen im Chaco von Paraguay durch rußlanddeutsche Mennoniten. In: Jb.f. ostdeutsche Volkskunde 29:1986, S. 292–302

Rohkohl, K.: Zum Sprachengebrauch rußlanddeutscher Mennoniten in Fernheim (Paraguay). Kiel 1987

Rohmeder, J.: Methoden und Medien der Museumsarbeit. Köln 1977

Röhrich, L.: Auswandererschicksal im Lied. In: P. Assion (Hg.): Der große Aufbruch. Studien zur Amerikaauswanderung. Hessische Blätter für Volks– und Kulturforschung NF 17:1985, S. 71–108

Rohrmann, B. und H.G. Prester: Neue soziale und politische Verhaltensformen. In: D. Frey et al. (Hg.): Sozialpsychologie. Ein Handbuch in Schlüsselbegriffen. München und Weinheim 1987, S. 475–483

Römhild, R.: Lokale Geschichte als Ressource zwischen Selbst– und Fremdbestimmung: Zum Phänomen des "Histourismus". Implikationen fremdenverkehrsorientierter Sanierungspraxis im ländlichen Raum. Mag.–Arb. Frankfurt 1987

Rommelspacher, Th. und R. Bosshard: Türkische Gärten im Ruhrgebiet. In: Zeitschrift für Volkskunde 79:1983, S. 223–237

Rosaldo, R.: Imperialist Nostalgia. Longing For What We Have Destroyed. Stanford 1987

Rosanvillon, P.: Für eine Wissenschaft der Autonomie. In: J. Huber (Hg.): Anders arbeiten – anders wirtschaften. Frankfurt 1983, S. 213–227

Rosenberg, G.: Wilhelm Burger. Ein Welt– und Forschungsreisender mit der Kamera (1884–1920). Wien 1984

Rossi, A. e R. De Simone: Carnevale si Chiamava Vincenzo. Rituali di Carnevale in campania. Roma 1977

Roth, E. (Hg.): Hösbach. Geschichte und Gegenwart eines Dorfes vor dem Spessart. Hösbach 1983

Rousseau, J.-J.: La Nouvelle Héloïse. Paris 1761

Rousseau, J.-J.: Discours sur les science et les arts. Paris 1971

Rudolf Steiner Haus Frankfurt. Festschrift zur Einweihungsfeier des Rudolf Steiner Hauses Frankfurt. Frankfurt 1986

Rudolph, H.: Evangelische Kirche und Vertriebene 1945 bis 1972. Bd. I: Kirche ohne Land. Göttingen 1984

Ruedebusch, E.F. (d.i. Erich Mühsam): Die Eigenen: Ein Tendenz–Roman für freie Geister. Berlin 1903

Saarbrücker Zeitung, Ausgabe für Völklingen und Warndt vom 24.4. bis 5.7.1987

Sahlins, M.: Culture and Practical Reason. Chicago and London 1976

Sahlins, M.: Islands of History. Chicago and London 1985

Said, E.: Orientalism. New York 1979

Salomonsson, A.: Some thoughts on the concept of revitalization. In: Ethnologia Scandinavia Lund 14:1984, pp. 34–47

Sárkány, M.: Weddings in Hungary and their functions. Journal of Folklore Research 21:1984, p. 201

Sayler, W.: Gastarbeiterkinder in Deutschland. Bonn 1980

Schäfer, H.: Italienische "Gastarbeiter" im Deutschen Kaiserreich (1890–1914). In: Zeitschrift für Unternehmensgeschichte 1982, S. 192–214

Scharfe, M.: Probleme der Gegenwartsvolkskunde. Gedankensplitter zum einer vorläufigen Kongreßbilanz anläßlich der Einleitung der Abschlußdiskussion (1). In: Probleme der Gegenwartsvolkskunde. Wien 1985, S. 347–352

Scharlau, B.: Beschreiben und Beherrschen. Die Informationspolitik der spanischen Krone im 15. und 16. Jahrhundert. In: K.-H. Kohl (Hg.): Mythen der neuen Welt. Zur Entdeckungsgeschichte Lateinamerikas. Berlin 1982, S. 92–100

Schaub, H.: Auswanderung aus Oberfranken nach den Vereinigten Staaten von Nordamerika im 19. Jahrhundert. Diss. Bamberg 1988

Scheffer, M.: Die Bachblütentherapie. München 1981

Schelbert, L. und H. Rappolt: Alles ist ganz anders hier. Auswandererschicksale in Briefen aus zwei Jahrhunderten. Olten 1977

Schelbert, L.: Themen und Antithemen zur europäischen Auswanderung: Vom Forschungsgegenstand der englisch– und deutschsprachigen Sekundärliteratur. In: Schweizerisches Archiv für Volkskunde 80:1984, S.147–159

Schenda, R.: Die Verfleißigung der Deutschen. Materialien zur Indoktrination eines Tugendbündels. In: U. Jeggle et al. (Hg.): Volkskultur in der Moderne. Probleme und Perspektiven empirischer Kulturforschung. Reinbek 1986, S. 88–108

Schenda, R.: Volk ohne Buch. Studien zur Sozialgeschichte der populären Lesestoffe 1770–1910. Frankfurt 1970

Scherzer, R.: Hebammen. Frankfurt 1988

Schiffauer, W.: Die Gewalt der Ehre. Ali, Veli, Erol in Kreuzberg. In: Kursbuch 62:1980, S. 1–16

Schiffauer, W.: Die Gewalt der Ehre. Erklärungen zu einem türkisch–deutschen Sexualkonflikt. Frankfurt 1983

Schiffauer, W.: Die Bauern von Subay. Stuttgart 1987

Schilling, H. (Hg.): Leben an der Grenze. Recherchen in der Region Saarland/Lorraine. NOTIZEN 25:1986

Schilling, H.: Wie sich Zigeuner fotografieren lassen oder Dreizehn Vermutungen über die Pose. In: Greverus, I.-M. und H. Schilling (Hg.): Zigeuner und wir. NOTIZEN 9:1979, S. 149–164

Schlesier, E.: Ethnologisches Filmen und ethnologische Feldforschung. Überlegungen zur theoretischen und methodischen Begründung ethnologischer Filmarbeit. Göttingen 1972

Schlesinger, M.: Muß Heimat an der Grenze enden? In: H. Schilling (Hg.): Leben an der Grenze. Recherchen in der Region Saarland/Lorraine. NOTIZEN 25:1986, S. 11–34

Schlumpf, H.-U.: Kleine Freiheit. Schweizerisches Filmzentrum. Texte zum Schweizer Film. Zürich 1978

Schmid, K.: Unbehagen im Kleinstaat. Zürich 1978

Schmid, Th.: Stämme und Stammtisch oder Bescheidener Vorschlag, die alternativen Institutionen wieder abzuschaffen. In: W. Kraushaar (Hg.): Autonomie oder Getto? Kontroversen über die Alternativbewegung. Frankfurt 1978, S. 86–94

Schmid, W.: Romantische Schweiz. Bern 1952

Schmidt, M.: Theorie des sozialen Wandels. Opladen 1982

Schneider, N. F.: Ewig ist nur die Veränderung: Entwurf eines analytischen Konzepts sozialer Bewegungen. Frankfurt 1987

Schöfthaler, T.: Kultur in der Zwickmühle. Zur Aktualität des Streits zwischen kulturrelativistischer und universalistischer Sozialwissenschaft. In: Das Argument 139:1983, S. 333–347

Scholmer, J.: Das Geschäft mit der Krankheit. Köln 1984

Schomburgk, H.: Wild und Wilde im Herzen Afrikas. Zwölf Jahre Jagd– und Forschungsreisen. Berlin 1925

Schöne, A.: Aufklärung aus dem Geist der Experimentalphysik. Lichtenbergische Konjunktive. München 1982

Schöning–Kalender, C.: Henna heißt "Freude". Türkische Hochzeit in Deutschland. In: Ausländerkinder. Forum für Schule & Sozialpädagogik 19:1984, S. 81–89

Schöppner, A.: Hausschatz der Länder– und Völkerkunde. Leipzig 1876

Schottenloher, K.: Die Bayern in der Fremde. In: Schriftenreihe zur bayerischen Landesgeschichte 44:1950, S. 20–37

Schroubek, G. R.: "Das kann ich nicht vergessen". Der Erinnerungsbericht als volkskundliche Quelle und als Art der Volksprosa. In: Jb. f. ostdeutsche Volkskunde 17:1974, S. 27–50

Schubert, H.–A.: Nachbarschaft, Entfremdung und Protest. Freiburg 1977

Schulte–Haller, M.: Aspekte und Entwicklungstendenzen des schweizerischen Selbstverständnisses, dargestellt am Problem der "Überfremdung". Eine theoretische Integration ethnischer und sozialpsychischer Faktoren. Diss. Frankfurt 1987

Schultheiß, W.: Franken in Übersee. In: Jb. f. Fränkische Landeskunde 11/12:1953, S. 323–330

Schulze–Western, I.: Das Flüchtlingsproblem. Münster 1949

Schumacher–Just, M.: Aber hier sind sie eine Quelle der Information. Rückkehrerarbeit im DED. In: DED–Brief 1986, 2, S. 3–5

Schumann, O.: Die Fremden als Herausforderung. In: R. Italiaander (Hg.): Fremde raus? Fremdenangst und Ausländerfeindlichkeit. Frankfurt 1983, S. 48–56

Schurz, C.: Sturmjahre. Lebenserinnerungen 1829–1852. Berlin 1982

Schütz, A.: Collected Papers. Bd. 1: The Problem of social Reality. The Hague 1971

Schütz, A.: Der Fremde. Ein sozialpsychologischer Versuch. In: A. Brodersen (Hg.): Alfred Schütz. Gesammelte Aufsätze. Bd. 2: Studien zur soziologischen Theorie. Den Haag 1972, S. 53–69

Schwab, D.: Grundlagen und Gestalt der staatlichen Ehegesetzgebung in der Neuzeit bis zum Beginn des 19. Jahrhunderts. Bielefeld 1967

Schwarzenbach, J.: Die Überfremdung der Schweiz wie ich sie sehe. Zürich 1974

Schwedt, H.: Ist eine Volkskunde der Heimatvertriebenen überflüssig geworden? In: Jb. f. ostdeutsche Volkskunde 17:1974, S.20–26

Schwedt, H.: Wenn das Vertrauen in die Zukunft schwindet. Schicksale von Dörfern in Abwanderungsgebieten. In: H.–G. Wehling (Hg.): Das Ende des alten Dorfes. Stuttgart 1980, S. 43–51

Schwedt, H.: Abschied von der Dorfidylle. In: M. Blümcke (Hg.): Abschied von der Dorfidylle. Stuttgart 1982, S. 13–20

Schwedt, H. (Hg.): Migration und Dorfkultur. Untersuchungen in Abwanderungsregionen des Landes Rheinland–Pfalz. Mainzer Studien zur Sprach– und Volksforschung 7:1984

Schweinfurth, G.: Im Herzen von Afrika. Leipzig 1922

Schwicker, J.H.: Geschichte des Temeser Banats. Pest 1872

Scott, M.B. und S.M. Lyman: Praktische Erklärungen. In: M. Auwärter et al. (Hg.): Seminar: Kommunikation, Interaktion, Identität. Frankfurt 1977

Sebestyén, B.: Maisanbau in Ungarn. In: Agrar–, Wirtschafts– und Sozialprobleme Mittel– und Osteuropas in Geschichte und Gegenwart. Wiesbaden 1965, S. 147–178

Sehringer, W.: Zeichen und Spiele als Instrumente der psychologischen Diagnostik. Heidelberg 1983

Seiler, K. und W. Hildebrandt: Die Landflucht in Franken. Berichte zur Raumforschung und Raumordnung. Bd. 3. Leipzig 1943

Seiler, S.: Die GIs. Amerikanische Soldaten in Deutschland. Reinbek 1985

Selbmann, S.: Der Baum. Karlsruhe 1984

Semmingsen, I.: Emigration and the Image of America in Europe. In: H. Stele (ed.): Immigration and American History. Essays in Honor of Theodore C. Blegen. Minneapolis 1961, pp. 26–54

Senn, J.: Ein Kind des Volkes. Zürich 1971

Sennett, R.: Verfall und Ende des öffentlichen Lebens. Die Tyrannei der Intimität. Frankfurt 1983

Sereny, G.: Am Abgrund. Eine Gewissenserforschung. Gespräche mit Franz Stangl, Kommandant von Treblinka. Berlin und Wien 1979

Die Shaker. Leben und Produktion einer Commune in der Pionierzeit Amerikas. Eine Ausstellung der Neuen Sammlung München (1974)

Shiner, L.: Tradition/Modernity: An Ideal Type Gone Astray. In: Comparative Studies in Society and History 17:1975, pp. 245–252

Shostak, M.: Nisa. The Life and Words of a !Kung Woman. Cambridge/Mass. 1981

Sievers, K.-D.: Stand und Aufgaben der Überseewanderungsforschung in Schleswig-Holstein. In: K.-D. Sievers (Hg.): Die deutsche und skandinavische Amerikaauswanderung im 19. und 20. Jahrhundert. Neumünster 1981, S. 89–110

Sievers, K.-D. (Hg.): Die deutsche und skandinavische Amerikaauswanderung im 19. und 20. Jahrhundert. Studien zur Wirtschafts- und Sozialgeschichte Schleswig-Holsteins. Bd. 3. Neumünster 1981

Silbereisen, R.K. und K. Eyferth: "Jugendentwicklung und Drogen". Zweiter Fortsetzungsantrag an die Deutsche Forschungsgemeinschaft. Berichte aus der Arbeitsgruppe TUdrop Jugendforschung Nr. 24. Berlin 1983

Silbereisen, R.K. und P. Kastner: Entwicklung als Drogengebrauch – Drogengebrauch als Entwicklung? In: R. Oerter (Hg.): Lebensbewältigung im Jugendalter. Weinheim 1985

Simmel, G.: Soziologie. Berlin 1968

Simmel, G.: Soziologie. Untersuchungen über die Formen der Vergesellschaftung. Berlin 1983

Simon, F.: Volkskundliche Filmdokumentation. In: Research Film 5:1966, 6, pp. 604–611

Sinclair, K.: A History of New Zealand. Harmondsworth 1980

Skuttnab-Kangas, T. und P. Toukomaa: Teaching children's mother tongues and learning the language of the host country in the context of the socio-cultural situation of the migrant family. Helsinki 1976

Solanas, V.: Manifest der Gesellschaft zur Vernichtung der Männer. Darmstadt 1969

Sosyal Bilgiler: Orta Okul 2 o.O., o.J.

Speckels, G.: Warum schmeckt Tofu? Kulturelle Gehalte des Geschmacks an Naturkost. Mag.-Arb. Regensburg 1986

Spiegel. Hamburg 1986, 36

Spitzer, G.: Der deutsche Naturismus: Idee und Entwicklung einer volkserzieherischen Bewegung im Schnittfeld von Lebensreform, Sport und Politik. Ahrensburg bei Hamburg 1983

Staden, H.: Brasilien. Die wahrhaftige Historie der wilden, nackten, grimmigen Menschenfresser-Leute. Hg. und Einl. G. Faber. Tübingen 1982

Staël-Necker, A.-L.G. de: Das Fest zu Interlaken. In: Mme de Staël: Deutschland. Berlin 1814

Stagl, J.: Kulturanthropologie und Gesellschaft. Eine wissenschaftssoziologische Darstellung der Kulturanthropologie und Ethnologie. Berlin 1981

Stagl, J.: Die Beschreibung des Fremden in der Wissenschaft. In: H.P. Duerr (Hg.): Der Wissenschaftler und das Irrationale. Bd. 1. Frankfurt 1981a, S. 273–295

Stallberg, F.W. und W. Springer: Soziale Probleme als Theoriegegenstand. In: F.W. Stallberg und W. Springer (Hg.): Soziale Probleme. Grundlegende Beiträge zu ihrer Theorie und Analyse. Neuwied und Darmstadt 1983, S. 23–31

Steffen, K.: Ursprünge schweizerischer Landschaftsdarstellung bei den Kleinmeistern. In: Schweiz im Bild – Bild der Schweiz. Zürich 1974

Steffen, K.: "Souvenir de la Suisse". In: Das Werk/Schweiz, 1975, 2

Steffen, K.: Zu den Anfängen des bürgerlichen Tourismus in der Schweiz. In: Schweiz/Suisse/Svizzera/Switzerland 1976, 1

Steffen, K.: Über die äußeren und inneren Territorien des eigenen und des anderen Geschlechts in einer auto–mobilen Gesellschaft. Perspektiven von Taxifahrerinnen und ihrer Kundschaft. Ein kulturanthropologischer Versuch reflexiver Forschung. Diss. Frankfurt 1985

Steiner, R. und I. Wegmann: Grundlegendes für eine Erweiterung der Heilkunst nach geisteswissenschaftlichen Erkenntnissen. Dornach 1961

Steiner, R.: Die Kunst des Heilens. Ungek. Teilausgabe: Anthroposophische Menschenerkenntnis und Medizin. Dornach 1961

Steinert, J.–D.: Vertriebenenverbände in Nordrhein–Westfalen 1945–1954. Düsseldorf 1986

Steins, M.: Das Bild des Schwarzen in der europäischen Kolonialliteratur 1870–1918. Frankfurt 1972

Stenbock–Fermor, A.: Meine Erlebnisse als Bergarbeiter. Stuttgart 1928

Stenbock–Fermor, A.: Der rote Graf. Autobiographie. Berlin (DDR) 1975

Stenger, E.: Photographie in Kultur und Technik. Leipzig 1938

Stenographische Berichte über die Verhandlungen des Reichstages, X. Legislaturperiode, II. Session 1900–1903. Bd. 9. Berlin 1903

Stephanson, G.M.: When America was the Land of Canaan. In: Minnesota History 10:1929, pp. 237–260

Stern. Hamburg 38/1987

Steward, W.E.: Die Reisebeschreibung und ihre Theorie im Deutschland des 18. Jahrhunderts. Bonn 1978

Stewart, K.C.: Narrative Appalachia. Diss. University of Michigan 1987

Stiens, G.: Regionale Entwicklung und Regionalbewußtsein. In: Bundesforschungsanstalt für Landeskunde und Raumordnung (Hg.): Ziele und Wege zur Entwicklung dünn besiedelter ländlicher Regionen. Bonn 1983

Stölting, E.: Goldene Stadt und arkadische Heimat. Mechanismen des Emigrationsdiskurses. In: Zibaldone Oktober 1986

Straube, H.: Türkisches Leben in der Bundesrepublik. Frankfurt und New York 1987

Studienkreis für Tourismus e.V. (Hg.): Möglichkeiten für einen sanften Tourismus in den Randgemeinden des Nationalparks Bayerischer Wald. Projektvorschlag. Starnberg 1986 (unveröffentlichte Tischvorlage)

Sveistrup, H. und A.v. Zahn–Harnack (Hg.): Die Frauenfrage in Deutschland: Strömungen und Gegenströmungen 1790–1930; Sachlich geordnete und erläuterte Quellenkunde. Tübingen 1934

Swift, J. (Hg.): Bilinguale und multikulturelle Erziehung. Würzburg 1982

Syrup, F.: Die ausländischen Industriearbeiter vor dem Krieg. In: Archiv für exakte Wirtschaftsforschung IX:1918, 22, S. 278–301

Toukomaa, P. und T. Skuttnab–Kangas: The intensive teaching of the mother tongue to migrant children of pre–school age and children in the lower level of comprehensive school. Helsinki 1977

Szabó, Z.: Das Buch der Runen. München 1985

Szilvassy, J. et al.: Rudolf Pöch – Arzt, Anthropologe und Ethnograph. In: Annalen des Naturhistorischen Museums Wien, Jg. 83, S. 743 ff.

Tacheographia. Oder Geschwinde Schreib–Kunst/vermittelst Ein jedweder die Teutsche Spraache so geschwinde schreiben kan/als selbe mag geredet werden. 1679

Tafferner, A.: Quellenbuch zur donauschwäbischen Geschichte. München 1974

Tages-Anzeiger Zürich vom 11.5.1987

Tajfel, H.: Gruppenkonflikt und Vorurteil. Entstehung und Funktion sozialer Stereotypen. Bern u.a. 1982

Tan, M.G. und B. Soeradji: Ethnicity and Fertility in Indonesia. Singapore 1985

TC. Milli Eğitim Gençlik ve'Spor Bakanlığı. Tebiğler Dergisi. No. 2190

Teber, S.: Işçi Göçü ve Davranış Bozuklukları. Konuk Yayınları, Istanbul 1980

Tenbruck, F.H.: Friede durch Friedensforschung. In: Frankfurter Allgemeine Zeitung vom 22.12.1973

Theye, T. (Hg.): Wir und die Wilden. Reinbek 1985

Thieme, H.: Art. Fremdenrecht. In: Handwörterbuch der deutschen Rechtsgeschichte. Bd. 1, Sp. 1270–1272

Thiessen, J.: Studien zum Wortschatz der kanadischen Mennoniten. Marburg 1963

Thiessen, J.: Plattdeutsch in Kanada. In: Quickborn 68:1978, S. 76–79

Thimme, J.: Kunst und Kultur der Kykladeninseln im 3. Jahrtausend v. Chr. Karlsruhe 1977

Thoma–Venske, H.: Die Bedeutung des Islams im Prozeß der Integration türkischer Arbeiterfamilien in die Gesellschaft der BRD. Hamburg 1981

Thomas, A. (Hg.): Erforschung interkultureller Beziehungen: Forschungsansätze und Perspektiven. Saarbrücken 1983

Thomas, A. (Hg.): Interkultureller Austausch als interkulturelles Handeln. Saarbrücken 1985

Thomas, L. und F.v. Benda–Beckmann: Change and Continuity in Minangkabau. Athens 1985

Thompson, E.P.: Class Consciousness. In: R.S. Neale (ed.): History and Class. Essential Readings in Theory and Interpretation. Oxford 1983, pp. 114–142

Thränhardt, D.: Wahlen und politische Strukturen in Bayern 1848 bis 1953. Düsseldorf 1973

Thurnwald, R.: Grundfragen menschlicher Gesellung. Berlin 1957

Tiemann, D.: Frankreich– und Deutschlandbilder im Widerstreit. Bonn 1982

Timur, S.: Charakteristika der Familienstruktur in der Türkei. In: N. Abadan–Inat (Hg.): Die Frau in der türkischen Gesellschaft. Frankfurt 1985, S. 56–76

Tinten–Faß: Das aufs neue wohl zubereitete Tinten–Faß. Helmstedt 1736

Todorov, T.: Die Eroberung Amerikas. Das Problem des Anderen. Frankfurt 1985

Tolksdorf, U.: Eine ostpreußische Volkserzählerin. Geschichten – Geschichte – Lebensgeschichte. Marburg 1980

Toprak, Z.: Almanya'ya Ilk Işçi ve Ögrenci Göçü 1916–1918. In: Bilim ve Sanat 3, 1981

Trabandt, C. und A. Zein: Einleitung. In: A. Schulte et al. (Hg.): Ausländer in der Bundesrepublik. Integration, Marginalisierung, Identität. Frankfurt 1985, S. 6–13

Trabandt, C.: Fremdenhaß und Fremdenliebe. In: A. Schulte et al. (Hg.): Ausländer in der Bundesrepublik. Integration, Marginalisierung, Identität. Frankfurt 1985, S. 35–41

Traub, M.: Jüdische Wanderungen. Berlin 1922

Treinen, H.: Das Museum in der Gesellschaft der Gegenwart. In: Das Museum im technischen und sozialen Wandel unserer Zeit. Pullach 1975

Trommler, F. (Hg.): Amerika und die Deutschen. Opladen 1986

Trouillet, B.: Das deutsch–französische Verhältnis im Spiegel von Kultur und Sprache. Weinheim 1981

Tsiakalos, G.: Ausländerfeindlichkeit. Tatsachen und Erklärungsversuche. München 1983

Tufan, B.: Dışgöçe Katılan Çocukların Yurda Döndükten Sonraki Uyum Durumları: Ankara Anadolu Lisesi Almanca Bölümü Öğrencileri Üzerinde Bir Araţırma. In: Sosyal Hizmetler Yüksekokulu Dergisi. Cilt 2:1–3. Ocak–Eylül 1984

Tufan, B.: Türkye'ye Dönen Ikinci Kuşak Göçmen Işçi Çocuklarının Psikp–Sosyal Durumları. Sosyal Planlama Başkanlığı, Planlama Dairesi, Ankara 1987

Tuncer, O. und N. Yıldırım: Aileleri Yurtdışında Çalışan Çocukların Gösterdiği Davranış Sorunları. In: Ege Üniversitesi Tıp Fak. Dergisi. 16 (1) 1977

Turner, V.W.: Liminal to Liminoid in Play, Flow, and Ritual. An Essay in Comparative Symbology. In: From Ritual to Theatre. New York 1982, pp. 21–60

Turner, V.W. und E.M. Bruner (eds.): The Anthropology of Experience. Urbana/Chicago 1986

Turrini, P.: Die touristische Bananenrepublik. In: Der Spiegel. Hamburg 1986, 46, S. 155–156

Twenhöfel, R.: Kulturkonflikt und Integration. Zur Kritik der Kulturkonfliktthese. In: Schweizerische Zeitschrift für Soziologie 10:1984, S. 405–434

Tyler, S.: The Said and the Unsaid. New York 1971

Tyler, St.: Post–Modern Ethnography: From Document of the Occult to Occult Document. In: J. Clifford und G.E. Marcus (eds.): Writing Culture. The Poetics and Politics of Ethnography. Berkeley u.a. 1986, pp. 122–140

Ucar, A.: Die soziale Lage der türkischen Migrantenfamilien. Berlin 1982

Uhlig, O.: Die Schwabenkinder aus Tirol und Vorarlberg. Innsbruck u.a. 1983

Unruh, B.J.: Die niederländisch–niederdeutschen Hintergründe der mennonitischen Ostwanderungen im 16., 18. und 19. Jahrhundert. Karlsruhe 1955

Unschuld, P.U.: Professionalisierung und die Folgen. In: Schipperges et al. (Hg.): Krankheit, Heilkunst, Heilung. Freiburg i.Br. 1978

Utješenović, Og.M.: Die Hauskommunion der Südslaven. Eine Denkschrift zur Beleuchtung der volkstümlichen Acker– und Familienverfassung des serbischen und des kroatischen Volkes. Wien 1859

Vaerting, M.: Die weibliche Eigenart im Männerstaat und die männliche Eigenart im Frauenstaat. Berlin 1974

Vanselow, K.: Sexualreform: Beiblatt zu Geschlecht und Gesellschaft. Washington 1967

Vassaf, G. Daha Sesimizi Duyurmadık, Avrupa'da Türk Işçi Çocukları. Belge Yay. 20, Istanbul 1983

van Velzen, L.: International Labour Migration and Development Processes in Yugoslavia and Turkey, a Trend Report. The Hague 1974

Verzeichnis der wissenschaftlichen Filme. Teilverzeichnis Ethnologie Europa. Göttingen 1983

Virchow, R.: Anthropologie und prähistorische Forschungen. In: G. Neumayer: Anleitung zu wissenschaftlichen Beobachtungen auf Reisen. Berlin 1875, S. 571 ff.

Vladislav, J.: Antwort auf eine Umfrage. In: Svedectví 1979, S. 545–546

Voigt, L.: Punks als jugendliche Subkultur. Mag.–Arb. Frankfurt 1984

Vollmy, S. (Hg.): Leben und Schriften Ulrich Bräkers, des Armen Mannes im Tockenburg. Basel 1945

Vorwärts. Bonn 1987, 37: Der Streit der Ideologien und die gemeinsame Sicherheit, S. 31–34

Vossen R.H. et al.: Bilanz und Zukunft der Völkerkundemuseen. Zeitschrift für Ethnologie, 101:1976, 10

Wahrlich, H.: Tourismus – Eine Herausforderung für Ethnologen. Berlin 1984

Wallraff, G.: Industriereportagen. Reinbek 1970
Wallraff, G.: Ganz unten. Köln 1985
Walsh, G.: Louis Jacobi – Baumeister und Bürger Homburgs. Briefe aus Amerika an seine Eltern. In: Alt Homburg 29:1986, 5, S. 2–7; 6/7, S. 2–8
Wang, R.: Der Tarot des Golden Dawn. Sauerlach 1985
Waniorek, K.: Untersuchung über die berufliche Reintegration ehemaliger Entwicklungshelfer der Rückkehrerjahrgänge 1982 bis 1984. Berlin 1986 (Manuskript)
Warmbold, J.: Deutsche Kolonialliteratur. Basel und Lübeck 1982
Waschulewski, E.: Auswirkungen des Bildungstourismus aus der Sicht der Gastländer. In: W. Günter (Hg.): Handbuch für Studienreiseleiter. Pädagogischer, psychologischer und organisatorischer Leitfaden für Exkursionen und Studienreisen. Starnberg 1982, S. 77–87
Watzlawick, P.: Menschliche Kommunikation. Bern 1971
Weber, M.: Gesammelte politische Schriften. München 1921
Weber, M.: Wirtschaft und Gesellschaft. Grundriß der verstehenden Soziologie. Köln und Berlin 1964; Tübingen 1976
Weber–Kellermann, I.: Deutsche Volkskunde zwischen Germanistik und Sozialwissenschaften. Stuttgart 1969
Weber–Kellermann, I.: Familienforschung zwischen Riehl und Bachofen. In: K. Köstlin et al. (Hg.): Volkskunde im 19. Jahrhundert, Protokollmanuskript. Kiel 1968, S. 30–37
Weber–Kellermann, I.: Die Rolle der Frau beim Akkulturationsprozeß in einer gemischtsprachigen Siedlung Ungarns. In: I. Weber–Kellermann (Hg.): Zur Interethnik. Donauschwaben, Siebenbürger Sachsen und ihre Nachbarn. Frankfurt 1978, S. 315–325
Weber–Kellermann, I.: Zur Interethnik. Donauschwaben, Siebenbürger Sachsen und ihre Nachbarn. Frankfurt 1978
Weidenfeld, W. (Hg.): Die Identität der Deutschen. Bonn 1983
Weiler, G.: Ich verwerfe im Land die Kriege. München 1984
Weinhold, K.: Was soll die Volkskunde leisten? In: Zeitschrift für Völkerpsychologie und Sprachwissenschaft 20:1890, S. 1–5
Weinlich, E. und H. Kessler: Tourismus. Situation der Vermieter. Situation der Touristen. Das Pitztal, wie es zwei "Touristinnen" kennenlernen. Manuskript (im Auftrag der "Initiative Mein Dorf") Reinrechtspölla o.J.
Wellhausen, M.: Über deutsche Auswanderung nach den Vereinigten Staaten von Nordamerika im 19. Jahrhundert unter besonderer Berücksichtigung Mittelfrankens. Diss. Erlangen 1949
Wembah–Rashid, J.A.H.: The Role of a National Museum in Tanzania Today. In: The Role of Anthropological Museum in National and International Education. Hojbjerg 1976
Wenk, S.: Aufgerichtete weibliche Körper. Zur allegorischen Skulptur im deutschen Faschismus. In: Neue Gesellschaft für Bildende Kunst (Hg.): Inszenierung der Macht. Ästhetische Faszination im Faschismus. Berlin 1987, S. 103–118
Werdmölder, H.: Carnaval anders bezien. Een studie naar het organisatorische aspect van het carnaval te Venlo. In: Volkskunding Bulletin, Amsterdam 5:1979, pp. 1–20
Werner–Künzig, W.: Johannes–Künzig–Institut für ostdeutsche Volkskunde. In: Jb. f. ostdt. Volkskunde, 29:1986, S. 381–389
Wertenschlag, R.: Grundrechte der Ausländer in der Schweiz. Eine Studie zur Entwicklung und Zustand der politischen Freiheit im Bundesstaat. Basel und Frankfurt 1980
Wescher, P.: Die Romantik in der Schweizer Malerei. Frauenfeld 1947
Westphal–Hellbusch, S.: Zur Geschichte des Museums. In: Hundert Jahre Museum für Völkerkunde Berlin. Baessler–Archiv NF XXI:1973

Wiebe, G.: Ursachen und Geschichte der Auswanderung der Mennoniten aus Rußland nach Amerika. (Chortiz, Manitoba 1900). Nachdruck: Cuauhtémoc, Chihuahua, Mexico o.J.

Wiedemann, I.: "Der hinkende Bote" und seine Vettern. Familien–, Haus– und Volkskalender von 1757 bis 1929. Katalog der Kalendersammlung des Museums für Deutsche Volkskunde. Berlin 1984

Wiegelmann, G.: Erste Ergebnisse der ADV–Umfragen zur alten bäuerlichen Arbeit. In: Rheinische Vierteljahresblätter 33:1969, S. 208–262

Wiegelmann, G.: Tischsitten. Essen aus der gemeinsamen Schüssel. In: M. Zender (Hg.): Atlas der deutschen Volkskunde, NF 4/2:1981, S. 225–249

Wiesemann, F. und U. Kleinert: Flüchtlinge und wirtschaftlicher Wiederaufbau in der britischen Besatzungszone. In: D. Petzina und W. Euchner (Hg.): Wirtschaftspolitik im britischen Besatzungsgebiet 1945–1949. Essen 1968, S. 297–326

Wiesemann, F.: Flüchtlingspolitik und Flüchtlingsintegration in Westdeutschland. In: Aus Politik und Zeitgeschichte 23:1985, S. 163 ff.

Wiesemann, F.: Erzwungene Heimat: Flüchtlinge in Nordrhein–Westfalen. In: G. Brunn (Hg.): Neuland. Nordrhein–Westfalen und seine Anfänge nach 1945/45. Essen 1986, S. 163 ff.

Wilber, K.: Halbzeit der Evolution. Bern u.a. 1981

Williams, R.: The Country and the City. New York 1973

Willis, P.: "Profane Culture". Rocker, Hippies: Subversive Stile der Jugendkultur. Frankfurt 1981

Wilpert, C.: Structural Marginality and the Role of Cultural Identity for Migrant Youth. Paper presented at the Workshop on Cultural Identity and Structural Marginalization of Migrant Workers. European Science Foundation 1980

Wilpert, C.: Die große Kluft zwischen Wunsch und Wirklichkeit. Eine Erhebung über Situation und Zukunftserwartungen der türkischen Zweiten Generation in Deutschland. In: Zeitschrift für Kulturaustausch 31:1981, S. 292–298.

Wilpert, C.: Zukunftsorientierungen von Migrantenfamilien: Türkische Familien in Berlin. In: H. Reimann (Hg.): Gastarbeiter. Opladen 1987, S. 198–221

Wintersberger, G.: Lebensreformer, Anarchisten, Freisozialisten: Reformer und Revolutionäre in Österreich von der Jahrhundertwende bis zum 1. Weltkrieg. Wien 1986

Wissmann, H.v.: Meine zweite Durchquerung Äquatorialafrikas. Frankfurt/Oder 1890

Wnuck, B.: Ein Konzept für bedürfnisorientierte Kulturplanung. Fallstudie von Rezeption und Akzeptanz in einem Dorf im Ballungsraum Rhein–Main. Mag.–Arb. Frankfurt 1984

Wolf, Ch.: Voraussetzungen einer Erzählung: Kassandra. Darmstadt und Neuwied 1983

Wolf, E.R.: Die Völker ohne Geschichte. Europa und die andere Welt seit 1400. Frankfurt und New York 1986

Wolf, G.: Das Institut für den Wissenschaftlichen Film. In: Der Film im Dienste der Wissenschaft. Festschrift. Göttingen 1961, S. 5–16

Wolf, G.: Der Wissenschaftliche Dokumentationsfilm und die Encyclopedia Cinematographica. München 1967

Wolf, H.E.: Zur Problemsituation der Vorurteilsforschung. In: R. König (Hg.): Handbuch der empirischen Sozialforschung. Bd. 12. Stuttgart 1978

Wolff, O.: Anthroposophisch orientierte Medizin und ihre Heilmittel. Arlesheim 1977

Woolf, V.: Ein Zimmer für sich allein. Berlin 1978

Yaba, A.: Négritude. Eine kulturelle Emanzipationsbewegung in der Sackgasse. Göttingen 1983

Yasa, I.: Yurda Dönen Işçiler ve Toplumsal Değişme. TODAIE Ayaın No. 182. Ankara 1979

Yıldız, S.: Interkulturelle Pädagogik und ihr Stellenwert aus türkischer Sicht. In: H. Wiedmann und Ü. Abalı (Hg.): Probleme der Reintegration türkischer Migrantenkinder. Giessen 1987, S. 30–44

Yoder, D.: Akkulturationsprobleme deutscher Auswanderer in Nordamerika. In: G. Wiegelmann (Hg.): Kultureller Wandel im 19. Jahrhundert. Verhandlungen des 18. Deutschen Volkskunde–Kongresses in Trier vom 13. bis 18. September 1971. Göttingen 1973, S. 184–203

Yurt Dışındaki Türk Çocuklarının Eğitim Sorunları. Ankara 1979

Zachariah, K.C.: The Anomaly of the Fertility Decline in India's Kerala State. Washington 1984

Zank, S. und R.K. Silbereisen: Entwicklung eines Fragebogens zur Verarbeitung selbstbezogener Informationen bei Jugendlichen. Berichte aus der Arbeitsgruppe TUdrop Jugendforschung Nr. 19. Berlin 1982

Illustrirte Zeitung. Leipzig

Zijderveld, A.C.: Die abstrakte Gesellschaft. Zur Soziologie von Anpassung und Protest. Frankfurt 1972

Zoga, E.: Ülke Dışında Çalışanların Yurda Entegre Edilmeleri. In: Sevk ve Idare Dergisi. 12 (112) Aralık 1977

Žvanut, M.: Slovenska etnologija: med željami in re šnicnostjo. (Slovene Ethnology: between wishes and truth) In: Varstvo spomenikov. Ljubljana 27:1985, S. 103–104

Zweitausend. 2000–Magazin für Neues Bewußtsein. München, Nr. 71

Zwier, G. J.: Mien lutje kipkapkogel. De opleving van Sint Maarten. In: NRC–Handelsblad, Rotterdam 11.11.1986, p. 10